O DIABO NA ÁGUA BENTA

ROBERT DARNTON

O diabo na água benta

Ou a arte da calúnia e da difamação
de Luís XIV a Napoleão

Tradução
Carlos Afonso Malferrari

COMPANHIA DAS LETRAS

Grafia atualizada segundo o Acordo Ortográfico da Língua Portuguesa de 1990,
que entrou em vigor no Brasil em 2009.

Título original
The devil in the holy water or the art of slander from Louis XIV to Napoleon

Capa
Mariana Newlands

Imagem de capa
Um autor, J. Emmanuel La Coste, posto no pelourinho em 1760 por ter escrito libelos.
Bibliothèque Nationale de France.

Preparação
Isabel Junqueira

Índice remissivo
Luciano Marchiori

Revisão
Carmen S. da Costa
Márcia Moura

Dados Internacionais de Catalogação na Publicação (CIP)
(Câmara Brasileira do Livro, SP, Brasil)

Darnton, Robert
  O diabo na água benta Ou a arte da calúnia e da difamação de
Luís XIV a Napoleão / Robert Darnton ; tradução Carlos Afonso
Malferrari. — 1ª ed. — São Paulo : Companhia das Letras, 2012.

  Título original: The devil in the holy water or the art of slander from Louis XIV to Napoleon.
  ISBN 978-85-359-2128-1

  1. Autores e editores - França - História - Século 18 2. Calúnia e
difamação - França - História - Século 18 3. Calúnia e difamação
na literatura 4. Direito e literatura - França - História - Século 18
5. Editores e editoras - França - História - Século 18 6. Literatura
alternativa - Editores - França - História - Século 18 7. Literatura
e sociedade - França - História - Século 18 8. Literatura francesa
- Século 18 - História e crítica I. Título. II. Título: A arte da calúnia
e da difamação de Luís XIV a Napoleão.

12-05634   CDD-840.9005

Índices para catálogo sistemático:
1. Literatura francesa : Século 18 : História e crítica   840.9005
2. Século 18 : Literatura francesa : História e crítica   840.9005

[2012]
Todos os direitos desta edição reservados à
EDITORA SCHWARCZ S.A.
Rua Bandeira Paulista 702 cj. 32
04532-002 — São Paulo — SP
Telefone (11) 3707-3500
Fax (11) 3707-3501
www.companhiadasletras.com.br
www.blogdacompanhia.com.br

À memória de Lawrence Stone

Sumário

Figura 1. *Le gazetier cuirassé*, frontispício da edição de 1777. (Cópia particular)

Le Plénipot.... reçoit l'abjuration de Charlo[
et R.......r lui donne la croix de S'Andre

Figura 2. *Le diable dans un bénitier,* frontispício. (Cópia particular)

Figura 3. *La police de Paris dévoilée*, frontispício. (Cópia particular)

Figura 4. *Vie secrète de Pierre Manuel*, gravura usada como frontispício. (Biblioteca da Universidade de Princeton)

Introdução

Os quatro frontispícios reproduzidos nas páginas precedentes pertencem a uma curiosa vertente da literatura, das mais execradas nos primórdios da Europa moderna, conhecida pelo nome genérico de libelo. Os quatro frontispícios ornam e destacam o texto de quatro libelos que, juntos, contam uma história — uma narrativa tão cheia de intrigas, confusões e mixórdias que soa extravagante demais para ser verdade, mas é confirmada em cada ponto por documentos dos arquivos da polícia francesa e do serviço diplomático. Por que tentar reconstruí-la? Afora seus atrativos de verdadeiro romance policial, ela revela muito sobre a autoria, o comércio de livros, o jornalismo, a opinião pública, a ideologia e a revolução na França do século XVIII. Estudando esses quatro libelos particularmente pungentes, veremos como a arte e a política da difamação se desenvolveram ao longo de quatro regimes — do reinado de Luís XV ao de Luís XVI, a monarquia constitucional de 1789-92 e a república jacobina de 1792-4. E, do estudo desses casos, poderemos ampliar a investigação para a literatura libelista de modo geral.

Para entender os libelos, é importante estudar seus autores — os libelistas — e o mundo que habitavam. Eles viviam em Grub Street,* um ambiente que

* Rua de Londres onde se concentravam os *hack writers*: escritores pobres, biscateiros literários,

foi se atulhando de gente depois de 1750 devido à explosão populacional da República das Letras. Em 1789, havia na França uma enorme subcultura de autores indigentes — só os poetas eram 672, segundo estimativa contemporânea.[1] A maioria vivia nos bairros mais miseráveis de Paris, sobrevivendo como podiam de trabalhos de encomenda e migalhas de patronagem. Quando levados ao desespero pelas dívidas ou pela ameaça da Bastilha, tentavam escapar e fugiam para Bruxelas, Amsterdã, Berlim, Estocolmo, São Petersburgo e outros centros urbanos que tinham sua própria Grub Street. Uma diáspora inteira de escritores maltrapilhos buscou fortuna onde quer que pudesse explorar o fascínio pelas coisas francesas. Davam aulas particulares, traduziam, vendiam panfletos nas ruas, dirigiam peças, praticavam um pouco de jornalismo, especulavam no mundo editorial e disseminavam modas parisienses em tudo, de boinas a livros.[2]

A maior colônia era a de Londres, que recebera *émigrés* franceses desde o século XVI, quando os primeiros huguenotes lá buscaram refúgio. A cultura da Grub Street londrina era a mais vivaz da Europa. Ali ficava o pasquim *Grub Street Journal* (1730-7), e a rua em si, que percorria todo o West End, começara a agregar uma população de mascates literários no início do século XVII. Em 1726, quando Voltaire lá chegou refugiado da Bastilha, os *hack writers* já tinham se mudado para outros endereços e se mantinham em grande parte graças aos constantes pega-pegas e trocas de acusações típicas da política hanoveriana.[3] Seus colegas parisienses viviam em estilo semelhante, ocupando sótãos e porões por toda a cidade, e desenvolveram um modo próprio de jogar lama: os *libelles*, relatos escandalosos das questões públicas e da vida privada das grandes figuras da corte e da capital. O termo não é muito usado em francês moderno, mas fazia parte da linguagem cotidiana do mundo editorial do Ancien Régime e os autores de tais obras eram fichados nos arquivos da polícia como *libellistes*.[4]

A colônia de libelistas franceses em Londres aprendera a viver nas Grub Streets de ambas as capitais. A maioria obteve o treinamento básico em calúnia e difamação nos subterrâneos literários de Paris e havia emigrado para evitar a prisão, não apenas na Bastilha, mas nas celas ainda mais sórdidas do Bicêtre ou

---

escribas de aluguel, nefelibatas, subliteratos, picaretas letrados e toda sorte de autores que eram forçados pelos mais variados motivos a produzir literatura. Neste livro, o termo refere-se tanto à rua especificamente (atual Milton Street) como aos subterrâneos literários europeus de modo geral. (N. T.)

do Fort l'Evêque, ou nas galés de Marselha, depois de serem marcados a ferro e postos no pelourinho da Place de Grève. Ao chegar em Londres, maravilhavam-se com um mundo livre e irrestrito de panfletagem e jornalismo, financiados em grande parte por políticos que contratavam escritores de aluguel para vilificar seus rivais. Alguns desses expatriados se tornaram jornalistas, muitos deles colaboradores do *Courrier de l'Europe*, um jornal quinzenal publicado em Londres e impresso também em Boulogne-sur-Mer, que trazia as reportagens mais completas sobre a Revolução Americana e a política britânica disponíveis aos leitores franceses nas décadas de 1770 e 1780. Outros viviam de escrever libelos e pasquins. Valendo-se de relatos fornecidos por informantes secretos em Paris e Versalhes, produziam um sem-número de livros e panfletos que difamavam todos, desde o rei e seus ministros até dançarinas de cabarés e homens do mundo. Suas obras eram vendidas abertamente na Inglaterra, sobretudo numa livraria na St. James Street, em Londres, dirigida por um expatriado genebrês chamado Boissière. Mas o mercado principal era a França, onde os libelos se tornaram artigo trivial do comércio livresco clandestino.[5]

É impossível dizer até onde ia e quais eram as ramificações desse mercado subterrâneo. Com certeza, penetrava cada canto do reino e tornou-se um dos setores mais vitais da indústria editorial na segunda metade do século. Na época, para ser publicado legalmente, um livro tinha de atravessar um verdadeiro corredor polonês de censores e burocratas ligados ao órgão do governo responsável pelo comércio livresco, a Direction de la Librairie. Em 1789, o governo empregava quase duzentos censores, que avaliavam manuscritos e frequentemente condenavam tanto as falhas de estilo e conteúdo como qualquer coisa que ofendesse a Igreja, o Estado, a moral convencional e a reputação de indivíduos. Sem sua aprovação por escrito, nenhum livro podia receber privilégio real, concedido pelo Tribunal Superior, que conferia legalidade e algo semelhante a direitos autorais. Fiscais de livros policiavam o comércio nas principais cidades, confiscando obras ilegais em depósitos alfandegários e fazendo batidas em livrarias. A guilda de livreiros de Paris, Communauté des Libraires et des Imprimeurs de Paris, também exercia poderes de polícia, os quais usava para reforçar seu monopólio privilegiado da literatura.[6]

O sistema era menos rígido na prática do que no papel — inevitavelmente, pois as regulamentações impressas (cerca de 3 mil éditos só para o comércio livresco entre 1715 e 1789) eram tantas e tão frequentes que nenhum livreiro tinha como manter-se a par das regras do jogo, mesmo que tivesse a intenção de respeitá-las.[7] Os fiscais costumavam fazer vista grossa quando remessas ilegais entravam em seu território e o uso de medidas semioficiais, como *permissions tacites* (acordos para tolerar livros que não poderiam receber privilégio), abriam enormes brechas na legislação repressiva. Mesmo assim, obras contrárias à perspectiva ortodoxa — inclusive praticamente toda a literatura do Iluminismo — tendiam a ser impressas em gráficas que proliferavam fora do território francês, de Amsterdã a Haia, Bruxelas, Liège, Renânia, Suíça e Avignon, que na época era território papal. Essas editoras também pirateavam tudo o que tivesse venda garantida no comércio legal. Montaram redes requintadas de contrabandistas, que levavam livros através das fronteiras porosas da França para distribuidores, que por sua vez os enviavam para livrarias e mascates em todas as partes do reino. Oferecendo a leitores sequiosos uma dieta apimentada de literatura proibida e obras pirateadas, os negociantes informais montaram um negócio gigantesco. É provável que tenham sido responsáveis por transmitir mais da metade de toda a literatura corrente produzida no século XVIII — isto é, livros em todas as áreas de ficção e não ficção, além de obras de referência, publicações religiosas, almanaques e folhas avulsas, ao estilo de cordel.[8]

Em outro estudo, compilei as encomendas de obras literárias proibidas feitas por livreiros espalhados por toda a França e criei uma lista retrospectiva de best-sellers, que incluía livros de Voltaire, Rousseau e outros filósofos famosos, bem como muitas obras pornográficas e antirreligiosas. Mas uma porcentagem surpreendente desses best-sellers eram libelos — biografias caluniosas de figuras públicas, relatos inflamatórios de história contemporânea e uma variedade provocativa de jornalismo conhecida como *chroniques scandaleuses*. Cinco dos doze livros mais requisitados, de uma amostra de 720 títulos, pertenciam a essa categoria. Eram eles: *Anecdotes sur madame la comtesse du Barry* (1775); *Journal historique de la révolution opérée dans la constitution de la monarchie française par monsieur de Maupeou* (1774-6), sete volumes; *L'Arrétin* (1763), intitulado *L'Arrétin moderne* em algumas edições posteriores; *Mémoires de l'abbé Terray, contrôleur-général* (1776), dois volumes; e *Mémoires de Louis XV, roi de France et de Navarre* (1775).[9] Outros libelos no alto da lista de best-sellers eram *L'observateur anglais, ou correspondance secrète entre milord All'Eye et milord All'Ear* (1777-8), dez volumes; *Vie privée de Louis XV, ou principaux événements, particularités et anecdotes de son règne* (1781), quatro volumes;

Correspondance secrète et familière de monsieur de Maupeou avec monsieur de Sor***, conseiller du nouveau parlement (1771), três volumes; *Les fastes de Louis XV, de ses ministres, maîtresses, généraux e autres notables personnages de son règne* (1782), dois volumes; *Mémoires secrets pour servir à l'histoire de la république des lettres en France* (1777-89), 36 volumes; e *Le gazetier cuirassé, ou anecdotes scandaleuses de la cour de France* (1771).

Todos esses livros eram anônimos. Todos foram escritos por autores obscuros. Muitos eram obras de fôlego, em vários volumes, que ofereciam uma perspectiva desencantada dos eventos atuais e da vida privada dos *les grands*. Quando mergulhei nos textos, constatei que eram difamatórios, tendenciosos, mal-intencionados, indecentes e de excelente leitura: por isso vendiam tanto. Mas nunca foram incluídos na história da literatura e raramente são citados em estudos eruditos de política e ideologia. Um mundo inteiro perdido aguarda ser explorado.

Esse mundo pareceu-me vasto demais para circum-navegá-lo em apenas um livro. Depois de publicar alguns estudos sobre a clandestinidade em si — o modo como funcionava e o caráter geral da literatura que oferecia —, decidi investigar os gêneros que os franceses agrupavam sob a denominação *libelles*. Porém, em vez de examinar centenas de obras caluniosas e montar uma exposição livro a livro para chegar a conclusões gerais, preferi examinar a fundo alguns textos representativos e, a partir deles, buscar uma interpretação geral da arte e política da calúnia. Os libelos tinham alvos óbvios, mas brincavam com a sensibilidade dos primeiros leitores modernos de uma maneira que hoje seria vista como desnorteante. Alguns textos funcionam como quebra-cabeças. Para chegar à sua mensagem, o leitor tem de decifrar um código e, após decifrá-lo, surge toda sorte de perguntas sobre o ambiente dos autores e o esforço das autoridades francesas para reprimi-los.

Muitos dos libelos mais inflamatórios das décadas de 1770 e 1780 foram produzidos por expatriados franceses em Londres — "a cem léguas da Bastilha", como dizia a página de rosto de seus tratados. Eles não só difamavam qualquer um que tivesse alguma importância em Versalhes, como também incorporavam chantagens a seus empreendimentos literários. O governo francês retrucou enviando uma série de agentes secretos para assassinar, sequestrar ou subornar os libelistas em Londres. Suas aventuras e desventuras constituem uma narrativa rocambolesca que culmina diretamente na Revolução Francesa. O mesmo

tipo de literatura, produzida por muitos dos mesmos autores, insuflou polêmicas até mesmo durante o Terror. Sua substância mudara, mas sua forma permanecera a mesma.

Para compreender o jogo de continuidade e mudança, é necessário ver as
polêmicas do final do século XVIII de uma perspectiva mais ampla. A longa história da literatura satírica ou injuriosa nos leva às intrigas de corte do século
XVII, às guerras religiosas do século XVI, às lutas pelo poder na Itália renascenti-
ta e à literatura grega e romana da Antiguidade. Sem tentar recontá-la em detalhes, procurei mostrar como os libelistas mais recentes recorreram a técnicas
desenvolvidas pelos primeiros mestres, como Aretino e Procópio. Destruir a
reputação de alguém pode parecer fácil: basta desencavar alguma sujeira e lan-
çá-la aos quatro ventos. Os libelos, porém, se os estudarmos de perto e os examinarmos ao longo dos séculos, têm algumas características peculiares. Incorporavam certos ingredientes básicos cujos nomes nos soam familiares — "anedotas",
"retratos", "*nouvelles*" [notícias anedóticas ou anedotas noticiosas] — mas, na
verdade, eram técnicas retóricas consagradas para agradar os primeiros leitores
modernos. Seja como for, todos os libelos tinham uma coisa em comum: reduziam as lutas de poder a um jogo ou choque de personalidades. Não importa se
infamassem as amantes reais ou os agitadores sans-culotte, eles sempre evitavam questões complexas de política e princípios, concentrando todo o seu poder de fogo no caráter de suas vítimas. Desse modo, as questões públicas aparecem na literatura libelista como um subproduto de vidas privadas — às vezes
literalmente, como na série de "vidas privadas" que se estende da *Vie privée de
Louis XV* à *Vie privée du général Buonaparte*.

Por que dedicar tanto esforço e tantas páginas a um assunto tão dissoluto?
É quase inevitável que todo livro sobre a França do século XVIII discorra sobre
questões clássicas de ideologia, política e da primeira grande revolução da mo-
dernidade. Este livro tem implicações para todas essas questões, por certo, mas
seu propósito é outro. Sua intenção é explorar certo repertório literário e a
subcultura que o gerou. Quero entender a vida dos libelistas, a relação de suas
obras com o ambiente em que viviam, o modo como compunham seus textos
(as imagens e os recursos tipográficos que usavam tanto quanto a sua retórica),
as interconexões entre os libelos como um corpus de literatura e, na medida do
possível, a reação dos leitores. Os libelos também fizeram parte das lutas políticas e das rivalidades entre facções cortesãs antes de 1789 e entre partidos políti-

cos depois. Indicarei sua relevância para a história política no momento oportuno, mas não estou tentando reescrever essa história e não pretendo retomar assuntos familiares como o jansenismo, a oposição parlamentar à Coroa, a ideologia do absolutismo, o movimento de reformas patrocinadas pelo Estado e a aplicação de ideias iluministas a questões políticas. Quero, ao contrário, partir em uma direção diferente, que leva a uma região problemática em que história e literatura se mesclam em antropologia.[10]

Examinados em conjunto, os libelos transmitem uma visão da autoridade política que pode ser caracterizada como folclórica ou mitológica.[11] Embora tendenciosos e inexatos, foram um meio através do qual os franceses interpretaram e deram sentido ao mundo à sua volta — não o mundo imediato da vida familiar e do trabalho, mas a esfera maior das pessoas famosas e dos grandes acontecimentos. A constituição de significado, tal como entendida pelos antropólogos, é um aspecto fundamental da condição humana e se dá primordialmente por meio de mitos e símbolos. Foi o que aconteceu de diversas maneiras na França do século XVIII, por meio de histórias que eram contadas, ouvidas, escritas e lidas. Narrativas sobre o rei, suas amantes, seus ministros e outras personagens públicas prestavam-se a uma visão mítica das grandes figuras (*les grands*). Conforme retratados pela literatura libelista, todos *les grands* habitavam uma espécie de reino encantado e satânico onde podiam dar rédeas livres à concupiscência e à luxúria pelo poder. Em ambientes afastados, como os apartamentos do rei em Versalhes, os boudoirs das mansões parisienses e os camarotes da Ópera, eles se comportavam como deuses, como as deidades caprichosas e malévolas que haviam presidido sobre o destino da Grécia e de Roma. O destino da França, porém, estava ligado aos eventos atuais. Os ricos, os bem-nascidos e os poderosos determinavam o curso das coisas que afetavam a vida das pessoas comuns — ou, pelo menos, despertavam seu interesse. À medida que o século avançava e as calamidades se acumulavam — na guerra, na paz, no mercado —, a intensa demanda por informações sobre o comportamento no topo da sociedade aumentava entre aqueles próximos da base, que constituíam uma população alfabetizada e semialfabetizada concentrada nas vilas e cidades. Essa demanda não podia ser satisfeita pela literatura oficial, pois biografias de personalidades públicas, relatos de eventos correntes e a maioria das formas de história contemporânea eram proibidos. Para obter informações sobre esses assuntos, os franceses tinham de recorrer ao que havia disponível na literatura subterrânea — ou seja, em grande parte, aos libelos. Os libelos transportavam-nos a um imaginário povoado de personagens que corporificavam a vida entre *les grands* — o abbé Dubois, o marechal de Richelieu, madame de Pompadour, madame du Barry e todos os membros da família real. Os franceses aprenderam a enxergar o destino da França nas histórias narradas em *Vie privée de Louis XV* e em dezenas de obras similares.

Reduzir contingências complexas a narrativas sobre figuras públicas é um fenômeno visto em muitas épocas e lugares. Ocorre ainda hoje, e a personalização da política tornou-se mais insidiosa que nunca, pois a tecnologia moderna tornou possível disseminar escândalos numa escala inconcebível no passado. Na verdade, a mídia de massa de hoje segue um princípio que foi formulado nas tipografias manuais de séculos atrás, a saber, nomes são notícia.

Calúnia e difamação sempre foram um negócio sórdido, mas seu caráter odioso não é motivo para considerá-las não merecedoras de estudo sério. Ao destruírem reputações, ajudaram a deslegitimar regimes e derrubar governos em diversas épocas e lugares. O estudo da calúnia e da difamação na França do século XVIII é particularmente revelador, pois mostra como uma corrente literária foi corroendo a autoridade de uma monarquia absoluta e acabou absorvida por uma cultura política republicana, que atingiu seu ápice sob Robespierre mas que incorporava variedades de detração desenvolvidas nos tempos de Luís XV. Nossa história começa, portanto, com um dos ataques mais pérfidos a Luís XV, *Le gazetier cuirassé* (1771).

PARTE I

LIBELOS ENTRELAÇADOS

1. O gazeteiro encouraçado

Diante da primeira das quatro ilustrações apresentadas no início deste livro, somos quase compelidos a uma pergunta que deve fazer parte do começo de qualquer investigação, segundo fórmula atribuída a Erving Goffman: O que está acontecendo aqui?

O frontispício aparece defronte à página de rosto de *Le gazetier cuirassé ou anecdotes scandaleuses de la cour de France*, um dos libelos mais chocantes e mais vendidos do Ancien Régime, e mostra como um libelista quis representar a si mesmo. Ele é um gazeteiro ou jornalista encouraçado que lança petardos em todas as direções, especialmente contra as figuras ameaçadoras que habitam os céus. Embora se destaque como uma imagem particularmente drástica de um escritor do século XVIII, é difícil decifrá-la (talvez propositalmente), pois o livro foi concebido para provocar. Utiliza dois recursos básicos para atrair e manter a atenção dos leitores: chocá-los com calúnias sobre os poderosos e diverti-los ocultando essas calúnias em alusões que têm de ser decifradas.

A primeira edição do *Le gazetier cuirassé* surgiu em 1771, no auge da maior crise política do reinado de Luís XV.[1] O *chancelier* [ministro da Justiça], René Nicolas de Maupeou, reorganizara o sistema jurídico do país por meio de um golpe, suficientemente espetacular para ser chamado de "revolução" pelos contemporâneos, que destruiu o poder político dos *parlements* (altos tribunais, que muitas vezes se opunham à política real) e eliminou os principais obstáculos ao exercício do poder real. Com apoio da amante do rei, Jeanne Bécu, condessa du Barry, Maupeou e os ministros Emmanuel Armand de Vignerot (duque d'Aiguillon) e o abbé Joseph Marie Terray governaram a França com mão de ferro até a morte do rei em 1774. Houve protestos em profusão, muitos deles sob a forma de libelos, e tantos destes foram dirigidos a Maupeou que passaram a ser conhecidos coletivamente como Maupeouana. *Le gazetier cuirassé* destaca--se como o exemplo mais ousado e mais descarado dessa literatura subterrânea.

A primeira edição foi uma impressão grosseira em papel vagabundo, sem frontispício. A página de rosto proclama seu caráter: a obra regalará o leitor com anedotas escandalosas e destroçará as maiores figuras da França a partir de um local seguro, indicado pelo endereço: "Impresso a cem léguas da Bastilha, sob o signo da liberdade". Um subtítulo, acrescentado na segunda edição, especifica que as anedotas transmitirão "notícias", mas notícias de uma variedade bem peculiar: "políticas", "apócrifas", "secretas", "extraordinárias", "enigmáticas" e "transparentes" — e também indecentes, pois incluem material abundante sobre damas de pouca virtude. Esse tipo de jornalismo parece conformar-se com o gênero da *chronique scandaleuse* e vangloria-se de seu caráter sedicioso. No entanto, soa estranhamente brejeiro. O que o gazeteiro quer dizer com "miscelânea confusa sobre questões muito claras", anunciada no subtítulo? Estaria provocando o leitor? E por que adota um tom jocoso ao discutir a crise política desesperadamente séria que acabara de engolfar a França? Há algo muito enigmático sobre essa gazeta.

Contrabandeado para a França, reimpresso e pirateado diversas vezes, *Le gazetier cuirassé* obteve tanto sucesso, *succès de scandale*, que em 1777 já recebera o requintado frontispício mostrado aqui e material suplementar revelando o funcionamento interno da Bastilha.[2] Edições subsequentes continuaram alardeando o endereço provocador, que identificava a França com despotismo, simbolizado pela Bastilha, e contrastava-a com a Inglaterra, a cem léguas de distância, onde a publicação ocorria "sob o signo da liberdade".

A página de rosto da edição de 1777 parece arcaica aos olhos modernos, sufocada por excesso tipográfico. A tipologia inclui pelo menos oito fontes, incluindo caracteres redondos e itálicos, em caixa-alta e baixa, em combinações requintadas. O espaçamento e o uso de entrelinhas variadas criam padrões complexos e a configuração do material impresso força o olhar do leitor a dan-

LE

Gazetier Cuiraſſé:

OU

Anecdotes Scandaleuſes

DE LA

COUR de FRANCE.

———————————

——— *Nous autres ſatiriques,*
Propres à relever les ſottiſes du tems ;
Nous ſommes un peu nés pour être mé-
contens.   BOILEAU.

Imprimé à cent lieües de la Baſtille,
à l'enſeigne de la liberté.

M. D C C. L X X I.

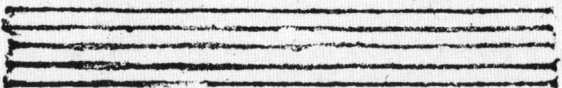

Figura 5. *Le gazetier cuirassé*, página de rosto da edição de 1771. (Cópia particular)

çar de um lado para o outro das margens, e para cima e para baixo na página. Ler essa página de rosto é como contemplar uma fachada rococó de um edifício ou um quadro de Boucher. O design é ao mesmo tempo facecioso e provocativo, como o frontispício no verso (veja Figura 1), e desafia o leitor a decodificar os detalhes para desvendar o enigma do seu significado geral.

A legenda em latim na parte inferior do frontispício é a primeira peça do quebra-cabeça. Um leitor culto seria capaz de decifrar o suficiente da frase para perceber que celebra o poder do gazeteiro em destruir seus alvos.

> Etna confere essas armas vulcânicas para o homem fiel,
> Etna que derrotará a louca fúria dos gigantes.[3]

Por outro lado, uma epigrama latina em versos heptâmetros parece incongruente como porta de entrada de uma obra desfaçadamente escandalosa, pois parece dirigir-se a leitores sofisticados o bastante para ler latim e reconhecer o mito que evoca — a história de Tifão, um rebelde titânico que tentou tomar de assalto o reino de Zeus erguendo o monte Etna e lançando-o contra o céu. Zeus reage lançando uma saraivada de raios, que prendem Tifão debaixo do Etna, onde permanece até hoje, vomitando fumaça e lava. A despeito da couraça anacrônica, o gazeteiro evidentemente concebe-se como um herói moldado nos antigos. Contudo, em vez de identificar-se com os deuses, trata-os como adversários, "gigantes" que desferem rajadas de relâmpagos, enquanto ele próprio assume a posição de Tifão, disparando canhonadas vulcânicas. Ele é o herói, o "homem fiel", que lidera um ataque contra as forças malignas das alturas.

As iniciais no topo do frontispício mostram quem são os vilões, embora identificá-los exija um pouco mais de decifração. Se conseguissem deslindar as letras convolutas e relacioná-las com as figuras mais eminentes de Versalhes, os leitores do século XVIII perceberiam que DB no canto superior esquerdo representa Du Barry, SF ao lado indica Saint-Florentin e DM no canto direito denota De Maupeou. Em 1771, quando o livro foi lançado, a condessa du Barry estava no auge de sua influência como amante de Luís XV. Louis Phélypeaux, conde de Saint-Florentin e mais tarde duque de La Vrillière, exercia autoridade sobre a Bastilha e a emissão das lettres de chachet [cartas em branco assinadas pelo rei que permitiam a seus portadores colocar qualquer pessoa na prisão por tempo indeterminado] na condição de ministro responsável pela Maison du Roi [en-

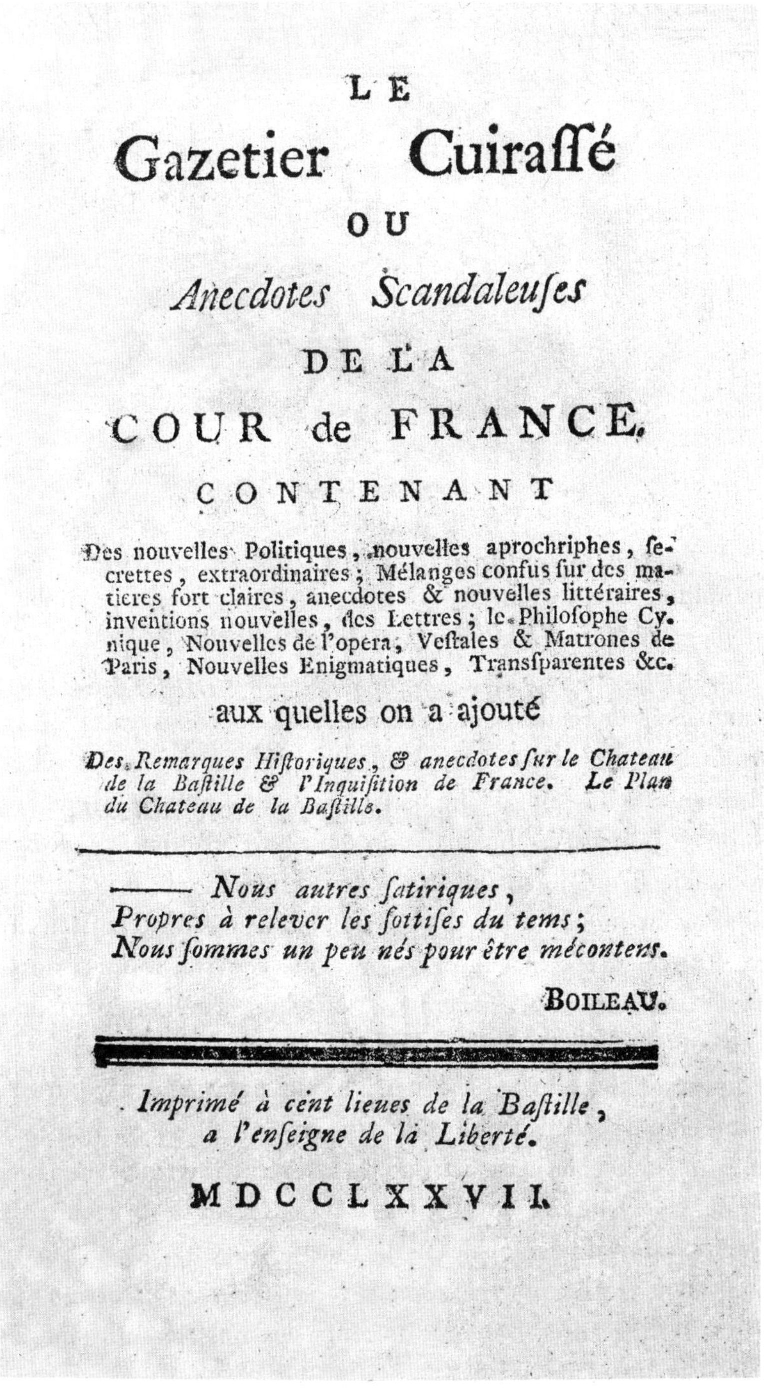

LE

Gazetier Cuiraßé

OU

Anecdotes Scandaleuses

DE LA

COUR de FRANCE,

CONTENANT

Des nouvelles Politiques, nouvelles aprochriphes, fe-
crettes, extraordinaires; Mélanges confus fur des ma-
tieres fort claires, anecdotes & nouvelles littéraires,
inventions nouvelles, des Lettres; le Philofophe Cynique, Nouvelles de l'opéra, Veftales & Matrones de
Paris, Nouvelles Enigmatiques, Transfparentes &c.

aux quelles on a ajouté

Des Remarques Hiftoriques, & anecdotes fur le Chateau
de la Baftille & l'Inquifition de France. Le Plan
du Chateau de la Baftille.

———

——— *Nous autres fatiriques,*
Propres à relever les fottifes du tems;
Nous fommes un peu nés pour être mécontens.

BOILEAU.

Imprimé à cent lieues de la Baftille,
a l'enfeigne de la Liberté.

MDCCLXXVII.

Figura 6. *Le gazetier cuirassé*, página de rosto da edição de 1777. (Cópia particular)

Figura 7. *Le gazetier cuirassé*, detalhe do frontispício mostrando uma lettre de cachet. (Cópia particular)

tourage militar, doméstico e religioso em torno da família real] e também pelo Département de Paris. E Maupeou, ministro da Justiça, acabara de produzir uma "revolução" no sistema de poder ao impedir que os *parlements* restringissem a autoridade do rei recusando-se a registrar os decretos reais.

As imagens debaixo das iniciais identificam os três grandes vilões mais explicitamente. O desenho de um barril à esquerda é um rébus que denota a amante do rei, pois no século XVIII (como ainda hoje) a última letra de *baril* não era pronunciada, dando aos libelistas oportunidades sem fim para fazerem trocadilhos com du Barry.[4] Uma *nouvelle* típica, de um parágrafo, encontrada no texto ilustra bem essa maledicência: "A estátua equestre de um de nossos reis [i.e., a estátua de Luís XV erigida em 1763 onde hoje é a Place de la Concorde] apareceu coberta de imundícies até os ombros. Os perpetradores desse feito emborcaram sobre ela um daqueles barris usados nas valas de esgoto de Paris".[5] Serpentes saem da cabeça medusoide de Saint-Florentin e cospem raios que contêm lettres de cachet. O cachet, ou selo, aparece claramente como uma forma oval nas cartas, junto à frase "*et plus bas Phélypeaux*" ("e mais abaixo Phélypeaux") — a fórmula padrão de tais documentos, que traziam a assinatura do rei (comumente grafada por um secretário) e, abaixo, a assinatura do ministro (neste caso, Phélypeaux, sobrenome do conde de Saint-Florentin) que efetivamente emitia o mandado de prisão.

A cabeça de Maupeou também cospe raios, como se indicasse sua tentativa de obliterar (*foudroyer*) toda oposição às medidas despóticas que promulgara. Assim como madame du Barry, Saint-Florentin e Maupeou são escarnecidos ao longo do texto, juntamente com o duque d'Aiguillon, o abbé Terray e outras figuras importantes do governo. Escrevendo no momento mais explosivo da crise desencadeada por Maupeou, o libelista queria dramatizar a ameaça de despotismo e a sua própria reação à tirania, visto que ele é o herói do livro. O frontispício mostra-o disparando cópias da sua obra, como se fossem balas de canhão ou metralhas, contra os poderes mais malignos da monarquia.[6]

Essa autodramatização estende-se por todo o introito do livro, especialmente a dedicatória, que parodia o estilo obsequioso das inscrições a patronos.

Epístola Dedicatória
a MIM
Caríssima Pessoa,

Rejubila-te em tua glória sem temeres qualquer perigo! A ele serás exposto, por certo, por obra de todos os inimigos de tua terra pátria. Aguçar-lhe-ás a fúria e duplicar-lhe-ás a ferocidade. Mas deves saber, caríssima Pessoa, que ao revelares os mistérios iníquos que perpetram nos recessos escuros e secretos de sua consciência, estarás vingando os inocentes. [...] Faze-os tremer, esses monstros cruéis cuja existência é tão odiosa e tão nociva para a humanidade. [...]

Conheço-te bem demais para recear qualquer transigência de teus princípios. Tua determinação é garantia de que jamais te desviarás deles. E, nesta opinião, sou teu, caríssima Pessoa.

Teu mais humilde e obediente servo,
Eu mesmo.

Não há dúvida quanto ao ímpeto político do livro: ele é dirigido às principais figuras do governo francês e ao despotismo que estariam perpetrando. Mas a retórica exagerada e autoglorificante é esmorecida por um tom de bufonaria, que vai gradualmente se dissolvendo em cinismo. Na metade do texto, o autor deixa de lado a pose de gazeteiro heroico e adota a postura do "filósofo cínico", quando passa a lançar anedotas sem fim sobre prostitutas e seus clientes aristocratas. Ele descreve essas histórias como *nouvelles* e narra-as em parágrafos curtos e lapidares, mais ou menos como os "flashes" de reportagem dos tabloides e dos programas de rádio modernos. Não há uma narrativa entretecendo essas anedotas díspares, que se sucedem desordenadamente uma após a outra, sem um tema que as conecte exceto a noção vaga da decadência moral que carcome as camadas superiores da sociedade. A maioria, especialmente na seção dedicada a "notícias da Ópera, vestais e matronas de Paris", não tem significação política. Aparentemente, visam apenas chocar, divertir ou excitar e provocar o leitor. Muitas eram obviamente fictícias — muitas, mas não todas e não inteiramente: a mistura de fato e ficção conferia um sabor peculiar às notícias que apareciam nos libelos, em oposição aos relatos afiançáveis mas censurados da *Gazette de France* oficial. Cabia ao leitor filtrar a verdade dos rumores. É o que o próprio autor diz no prefácio, com sua petulância habitual: "Devo advertir o público que certas notícias que apresento como verídicas são, quase todas, prováveis e que dentre estas encontram-se outras cuja falsidade é óbvia. Não me imputo a necessidade de distingui-las; cabe às pessoas na alta sociedade, que conhecem a verdade e as mentiras (pelo uso frequente que fazem de ambas), julgar e fazer sua escolha".

Mais um chamariz do que uma advertência, o prefácio alerta os leitores a respeito do que poderiam esperar do livro e como lê-lo. Também lhes atribui uma responsabilidade específica: devem se imaginar pessoas sofisticadas, *gens du monde*, capazes de triar os fuxicos e encontrar pepitas de verdade. *Le gazetier cuirassé* oferecia-lhes jogo e diversão, e certamente provocaria muito frisson acerca dos horrores do governo francês. Mas nem por isso deixaria de entreter. O livro podia ser desfrutado como um quebra-cabeça, como os jogos de palavras tão populares nas revistas literárias da época. Em vez de identificar claramente suas vítimas, o autor anônimo imprime apenas as primeiras letras de seus nomes, seguidos de reticências, asteriscos ou seus títulos, que sempre aparecem em itálico; e, ao expor suas vidas privadas, levanta apenas parte do véu. Cabe ao leitor fornecer as informações que faltam, captar as insinuações, descortinar as alusões e extrair a verdade que há no cerne de cada anedota.

As anedotas não seriam eficazes se fossem inteiramente fantasiosas; os libelos funcionavam melhor quando recorriam a meias verdades. O libelista relembra amiúde seus leitores que está sacando de um fundo de informações sólidas, as quais distorce em nome do refinamento do espírito. Após uma anedota sobre a doença venérea transmitida por madame du Barry ao rei, o autor afirma em nota de rodapé: "Esta aventura pode muito bem não ser inteiramente verdade, mas foi-me assegurado que não é inteiramente falsa".[7] O livro é composto de notícias, mas notícias com tempero especial, e, ao admitir que ornamenta a verdade, o libelista torna sua mensagem ainda mais insidiosa, pois desafia o leitor a participar de um jogo que ele só poderá vencer decifrando enigmas repetidamente, até chegar aos fatos concretos no fundo das histórias. E de onde o autor obtinha esses fatos? O gazeteiro não revela suas fontes, mas libelos subsequentes indicam que ele tinha informantes em Versalhes. Dizia-se que um deles era uma mulher, de Courcelles, que estaria de posse de informações tão comprometedoras que não podia sequer confiar nos correios e por isso levava-as pessoalmente para ele em Londres.[8]

Os exemplos abaixo, extraídos de uma única página da primeira seção do livro, intitulada "Notícias políticas", mostram como funciona sua retórica.

Ao primeiro oficial de justiça do velho *parlement* foi oferecido o cargo de primeiro presidente do novo [i.e., no tribunal subserviente que Maupeou instituíra no lugar do antigo *parlement* de Paris]; ele recusou.

O *magist...* e o duque *d'Aiguill...* dominam o *R...* de tal modo que o deixam livre apenas para dormir com sua amante, brincar com seus cachorros e assinar contratos de casamento.

As prostitutas de Paris fizeram tantas reclamações a madame du Barry contra o chefe de polícia que ele foi proibido de pôr os pés em qualquer b...[9]

As duas primeiras anedotas não devem ser lidas literalmente, mas ilustram atitudes que haviam se disseminado por toda a população parisiense: desprezo pelo tribunal que Maupeou criara para substituir o *parlement* de Paris e repulsa diante da disposição do rei em deixar-se manipular por seus ministros. A terceira anedota tinha certa base na realidade: madame du Barry havia sido prostituta.[10] O livro amplia essa informação e transforma-a numa história sobre seu senso de solidariedade com as antigas colegas de profissão, a ponto de proibir a polícia de entrar em qualquer bordel. Uma nota de rodapé explicita esse ponto, observando que ela estendera sua "graça" a todas as meretrizes com que tinha convivido.

O livro é repleto de notas de rodapé, sincronizadas com as anedotas, cada uma das quais ocupa um parágrafo distinto no texto. A diagramação da página, pois, estimula o olhar do leitor a mover-se para cima e para baixo, pulando de um comentário provocante para outro. Algumas notas ajudam o leitor a decifrar os nomes e entender o desfecho das anedotas, mas normalmente elas são usadas para acrescentar novos fatos tão escandalosos e ambíguos quanto os comentários no texto. Às vezes, chegam até a engodar e zombar do leitor. Uma delas diz: "Metade deste artigo é verdade".[11] Qual metade? Cabe ao leitor decidir.

Frequentemente, os libelos da época de Luís XV pretendiam deliciar os leitores ao mesmo tempo que difamavam suas vítimas. Lê-los era participar de um jogo. Como nos *romans à clef* — outro gênero favorito da época —, que costumavam ser libelos disfarçados de romance, o jogo consistia em identificar as personagens cujos nomes apareciam dissimulados, geralmente com reticências. Em uma edição de *Le gazetier cuirassé*, as notas de rodapé foram transferidas para o fim do livro e identificadas como "Chave das anedotas e notícias", adotando explicitamente o modelo do *roman à clef*.[12] O atrativo dos libelos para os leitores do século XVIII ia muito além do efeito de choque dos escândalos narrados; era também o prazer de desvendar enigmas, montar quebra-cabeças, decodificar rébus, entender piadas e resolver charadas.

As charadas que vimos acima são fáceis de resolver. Mas o jogo de adivinhação torna-se mais difícil à medida que o autor vai mergulhando o leitor cada vez mais em "segredos de bastidores, os quais revelarei puxando a cortina".[13] Por exemplo: "Diz-se *sotto voce* que a condessa de *la Mar...*, impossibilitada de gerar um príncipe, decidiu ao invés conceber um bispinho e que recebeu naquela ocasião a bênção do coadjutor de Rheims, que é o prelado francês mais confiável para esse tipo de coisa depois de monsieur *de Montaz...* e do príncipe Luís".[14]

Era de esperar que a maioria dos leitores reconhecesse a alusão anticlerical — um príncipe da Igreja pondo cornos num conde — e que muitos soubessem preencher as lacunas depois dos nomes: a condessa de la Marck e o arcebispo de Lyon, de Montazet. Mas uma nota leva a irreverência religiosa ainda mais longe: "Os três prelados mencionados aqui são os que mais se aproximam do cardeal de *Bernis*, que tomou e destilou doze ovos frescos em doze ocasiões distintas num intervalo de três horas". A referência à notória vida sexual do cardeal Bernis em Roma é inequívoca, mas o que é exatamente a alusão aos doze ovos? Talvez uma referência a comportamentos escandalosos relatados em outro libelo contra Maupeou, *Oeufs rouges*. Talvez uma sugestão de que Bernis deflorara doze virgens em três horas, um recorde nos anais da sexualidade do clero francês, embora ele figure em outras partes do texto como um homossexual que prefere copular com cardeais.[15] Maupeou, por sua vez, teria predileção por jesuítas, tema que permitiu ao libelista associar sodomia a rumores de que o governo pretendia restaurar a Sociedade de Jesus, que fora dissolvida em 1764.[16] Embora tais ambiguidades e insinuações tornem o texto mais instigante, às vezes é impossível desemaranhá-las, mesmo com as notas que acompanham as anedotas e, ostensivamente, pretendem elucidá-las. Seja como for, ao pularem do texto para as notas e das notas para o texto, relacionando uma anedota a outra, é provável que os leitores do século XVIII fossem capazes de entender a maioria das piadas. E as que não conseguissem tornavam-se indicativas de mistérios ainda mais profundos a resolver. As dificuldades só aumentavam o prazer do jogo, que, à medida que ia se tornando mais difícil, dava aos leitores a sensação de estarem penetrando nos segredos mais íntimos e tenebrosos do Estado.

Quando expunha os mistérios do governo em vez da vida sexual do clero, o jogo se tornava sedicioso, ou mesmo revolucionário. *Le gazetier cuirassé* nunca pede a derrubada do regime nem vislumbra a possibilidade de uma mudança fundamental na ordem política. Como muitos outros panfletos antes de 1789, denuncia o despotismo ministerial. Entremeando piadas e charadas, faz algumas denúncias graves e diretas do mandato de Maupeou, mas essa mensagem óbvia não deve ser descartada como mera propaganda gerada pela política cortesã do século XVIII.[17] Embora o libelista dirija a maior parte de seu ardor difamatório aos ministros que estavam no poder e demonstre simpatia por seus opositores (os que apoiavam o exilado duque de Choiseul), ele não evita criticar aqui e ali os choiseulistas[18] — e exala forte desdém por todos os grandes: nobres, generais, juízes, cortesãos, clérigos, grã-finos e até literatos, incluindo Voltaire, d'Alembert e toda a Académie Française. Vistas em sua totalidade, as anedotas se encaixam como as peças de um mosaico, revelando o quadro de uma sociedade corroída pela incompetência, imoralidade e impotência. A incapacidade de os aristocratas propagarem sua linhagem é um dos temas prediletos do libelista, juntamente com as doenças venéreas transmitidas dos bordéis para a corte. Madame du Barry é a expressão máxima dessa linha de transmissão. Sendo uma plebeia e ex-prostituta que supostamente conduzia o rei com rédeas curtas, ela corporificava as violações sexuais e sociais que faziam Versalhes parecer a fonte de todas as coisas ofensivas à suscetibilidade do século XVIII. O escárnio pela corte estende-se ao próprio rei. Dominado por uma mulher depra-

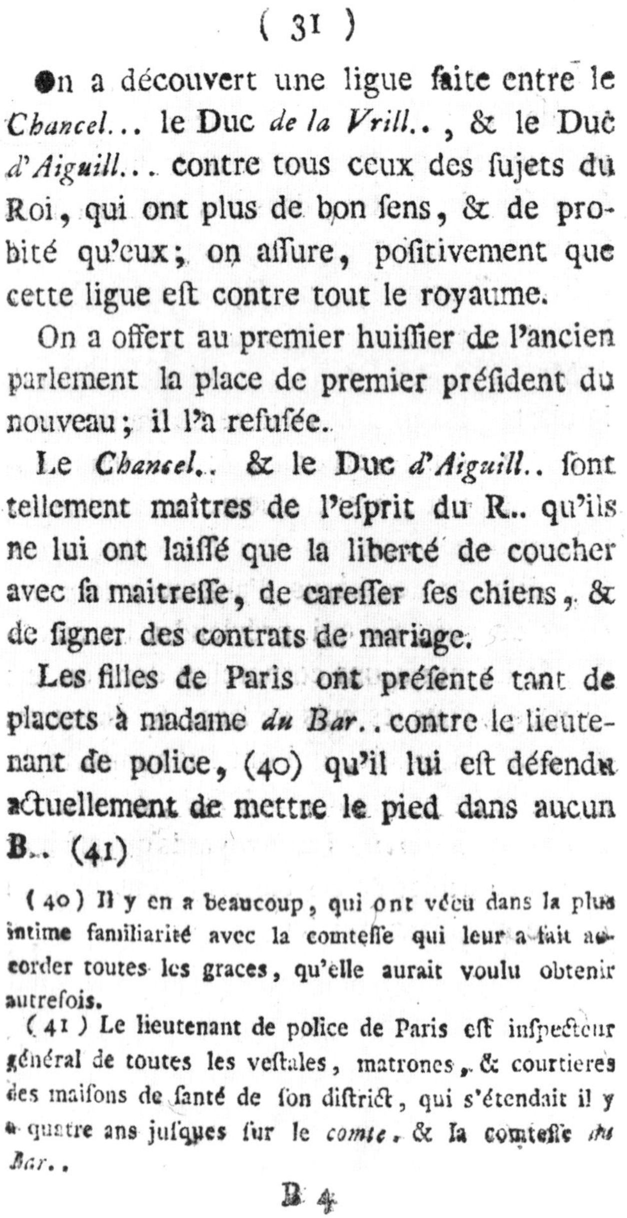

On a découvert une ligue faite entre le *Chancel...* le Duc *de la Vrill..* , & le Duc *d'Aiguill...* contre tous ceux des sujets du Roi, qui ont plus de bon sens, & de probité qu'eux; on assure, positivement que cette ligue est contre tout le royaume.

On a offert au premier huissier de l'ancien parlement la place de premier président du nouveau; il l'a refusée.

Le *Chancel..* & le Duc *d'Aiguill..* sont tellement maîtres de l'esprit du R.. qu'ils ne lui ont laissé que la liberté de coucher avec sa maitresse, de caresser ses chiens , & de signer des contrats de mariage.

Les filles de Paris ont présenté tant de placets à madame *du Bar..* contre le lieutenant de police, (40) qu'il lui est défendu actuellement de mettre le pied dans aucun B.. (41)

(40) Il y en a beaucoup, qui ont vécu dans la plus intime familiarité avec la comtesse qui leur a fait accorder toutes les graces, qu'elle aurait voulu obtenir autrefois.

(41) Le lieutenant de police de Paris est inspecteur général de toutes les vestales, matrones , & courtieres des maisons de santé de son district, qui s'étendait il y a quatre ans jusques sur le *comte .* & la comtesse *du Bar..*

Figura 8. *Le gazetier cuirassé*, composição de uma página típica. (Cópia particular)

vada, manipulado por ministros corruptos e incapaz de preservar a posição da França na Europa, Luís XV aparece como um ser vil e desprezível — a antítese de seu predecessor, Luís XIV, o Grande. E seu sucessor, o futuro Luís XVI, não seria capaz sequer de procriar um herdeiro.[19]

Embora não expresse simpatia alguma pelo republicanismo, *Le gazetier cuirassé* avilta os símbolos que haviam criado uma aura sagrada em torno dos monarcas franceses — o cetro, o trono, o próprio corpo do rei, corrompido pela varíola e destituído de virilidade.[20] Em certo momento, o gazeteiro ataca até mesmo o fundamento religioso da monarquia: "Desafio os reis da França a provar sua origem divina apresentando o contrato que assinaram com o pai eterno".[21] Edições posteriores da obra contêm um suplemento que expõe os horrores da Bastilha — as celas isoladas, as paredes grossas, o frio penetrante, a terrificante escuridão, os ratos e lagartos, os odores mefíticos, a comida repulsiva — "que clamam por vingança perante Deus e os homens".[22] Esse protesto se conforma com o leitmotiv que percorre toda a literatura libelista — a monarquia francesa se degenerara em despotismo — e está presente não só em *Le gazetier cuirassé* mas também em obras anteriores, como *Mémoires sur la Bastille* (1783), de Simon-Nicolas-Henri Linguet, que transformaram a Bastilha num mito que expressava tudo que os franceses temiam e odiavam em seu sistema político. Entretanto, a retórica radical é entremeada com motejos e ditos espirituosos de mau gosto. A mistura parece incongruente para o leitor moderno, mas o que achavam os leitores franceses do século XVIII?

Não sabemos. Como acontece com a maioria das obras daquele século, há poucas informações sobre a recepção do *Le gazetier cuirassé* entre os leitores comuns. Todavia, o impacto do livro pode ser apreciado pela reação de um leitor extraordinário: Voltaire. As obras de Voltaire tinham escandalizado o público leitor de toda a Europa e, tendo sido censuradas e queimadas, também elas circulavam clandestinamente. Para seu autor, entretanto, nada tinham em comum com *Le gazetier cuirassé*, que o horrorizara: "Uma obra satânica acaba de surgir na qual todos, do monarca ao último dos cidadãos, são furiosamente insultados, na qual as mais atrozes e absurdas calúnias espalham hediondo veneno sobre tudo o que respeitamos e amamos".[23]

A reação de Voltaire, contudo, requer alguns comentários. Ao contrário da maioria dos outros *philosophes* [pensadores iluministas], Voltaire apoiava o ministério de Maupeou e aplaudiu a destruição dos *parlements* como uma vitória sobre os poderes da superstição e do farisaísmo que haviam condenado não só seus livros, mas também vítimas inocentes de uma justiça extraviada, como Jean Calas. Além disso, o próprio Voltaire é caluniado no *Le gazetier cuirassé*. O gazeteiro o ridiculariza como um pederasta e, para piorar, observa que Voltaire acusara Fréron do mesmo vício.[24] Voltaire frequentemente lançava epítetos como *bougre* ["fanchono" ou sodomita] contra seus inimigos, talvez até mesmo contra Frederico II (uma referência ao capitão dos "búlgaros" em *Cândido* é provavelmente uma alusão à homossexualidade de Frederico). Será que Voltaire pode também ser considerado um libelista?

Embora a pergunta soe absurda, não há como negar que Voltaire recorreu à calúnia e à difamação em suas obras polêmicas. Em 1759-60, quando os *philosophes* sofreram ataques de todos os lados — da Igreja, do *parlement* de Paris, do Conselho do Rei e até da Comédie Française, sem falar na legião de panfletistas ávidos por explorar o ânimo repressivo de Versalhes depois que Robert François Damiens tentou assassinar Luís XV —, d'Alembert pediu ajuda a Voltaire: os *philosophes* em Paris estão encostados contra a parede, escreveu. Voltaire, como comandante em chefe dos iluministas, deveria socorrê-los com uma barragem de panfletos, que poderia produzir na segurança de seu retiro em Ferney, perto da fronteira com o cantão de Genebra. Voltaire concordou e começou a preparar sua munição. Descubram podres sobre os escritores da ala inimiga, instruiu a seus agentes em Paris. Não houvera algum tipo de suruba quando o arcebispo de Lyon interveio em prol das enfermeiras do hospital? Qual jesuíta do Collège Louis le Grand era mais famoso por tomar liberdades com os alunos? "É coisa boa expor os farsantes", escreveu Voltaire, e solicitou que lhe enviassem *anecdotes* — o ingrediente essencial de todos os libelos, desde o seu *Anecdotes sur Fréron* até best-sellers como *Anecdotes sur madame la comtesse du Barry*.[25] D'Alembert respondeu com relatos de como Abraham Chaumeix contraíra doença venérea no Opéra Comique e como o abbé Nicolas Trublet seduzia paroquianas no confessionário.[26] Quando acumulou informações suficientes desse tipo, Voltaire colocou-as em salvas de obras anônimas que começou a disparar de Ferney. Elas contribuíram para virar a maré da opinião pública em 1760, mas Voltaire continuou atirando contra os inimigos do Iluminismo até sua morte em 1778.[27] Na verdade, ele produzira obras libelistas desde o início de sua carreira: depois de ter sido (erroneamente) apontado como autor de libelos contra o regente (em especial, o maldosíssimo *Philippi-*

ques, de François Joseph de La Grange-Chancel), passou sua primeira temporada na Bastilha em 1717. Por outro lado, libelistas podem ser encontrados em toda parte nas batalhas políticas e literárias do século XVIII — as *mazarinades* do século XVII, os *flugschriften* da Reforma, as *pasquinades* da Renascença e gêneros similares que remontam desde a Antiguidade. Nem todos esses tipos de literatura podem ser vistos como difamatórios, mas os libelos expressavam um estilo particularmente polêmico. Voltaire em Ferney usou as mesmas táticas do libelista que o atacara. Por trás de *Le gazetier cuirassé* existe uma vasta literatura que merece ser resgatada do esquecimento. Uma maneira de começar é perguntando: Quem foi o gazeteiro encouraçado?

2. O diabo na água benta

Embora o gazeteiro encouraçado se ocultasse por trás de um véu de anonimato em *Le gazetier cuirassé*, ele foi exposto — mais do que exposto, difamado — numa obra posterior: *Le diable dans un bénitier, et la métamorphose du gazetier cuirassé en mouche, ou tentative du sieur Receveur, inspecteur de la police de Paris, chevalier de St. Louis, pour établir à Londres une police à l'instar de celle de Paris* (1783), ou, *O diabo na água benta e a metamorfose do gazeteiro encouraçado em informante da polícia, ou a tentativa do sr. Receveur, inspetor de polícia, cavaleiro [condecorado] de St. Louis, de estabelecer uma força policial em Londres modelada na de Paris*. O título resume o tema do livro: a transformação do gazeteiro encouraçado num espião da polícia (*mouche*) quando um inspetor de Paris tentou montar um ramo secreto da polícia parisiense em Londres. O intrépido gazeteiro desertara para as fileiras do inimigo: esse é o principal escândalo revelado no livro, que também possui um frontispício que expressa seu argumento em imagens (veja Figura 2).

Nesse caso, também, a imagem exige certa decifração da parte do leitor. A legenda, que contém as indefectíveis reticências depois das iniciais dos nomes, explica que o plenipotenciário francês em Londres (o conde de Moustier) está presidindo uma cerimônia em que "Charlot" renuncia a seu passado e, em troca, recebe a cruz de St. Andrew das mãos de "R......r" (Receveur, o inspetor da polícia parisiense). Charlot é o anti-herói do livro, o supremo libelista do século XVIII e o autor de *Le gazetier cuirassé*: Charles Théveneau de Morande. A cena corresponde ao momento climático da narrativa, que fornece as outras informações necessárias para decifrar o frontispício.[1] Morande está ajoelhado aos pés de Receveur, o "grão-mestre" da Ordem de Saint Andrew, uma confraria do tipo maçônico, batizada com o nome da cruz de santo André em forma de X, na qual a polícia supostamente torturava suas vítimas. (Receveur ostenta um emblema da cruz em seu paletó acima das algemas, e instrumentos de tortura pendem de seu bolso.) Enquanto Morande presta juramento de lealdade como agente secreto da polícia, Receveur inicia-o na ordem, condecorando-o com as tenazes usadas para segurar carvão em brasa sobre os pés de prisioneiros da Bastilha e torturá-los para que revelem seus cúmplices. Moustier preside a cerimônia de uma espécie de trono defronte a cortinas decoradas com as flores-de-lis dos Bourbon. À esquerda, Pierre Ange Goudar, assistente de Receveur, entrega a Morande a insígnia da ordem: uma medalha na forma da roda em que os prisioneiros eram alquebrados. Goudar, um conhecido aventureiro literário, aparece no texto como um subliterato que se torna espião da polícia; ele é identificado na figura pelo título de sua obra mais renomada, *L'espion chinois*, uma *chronique scandaleuse* em seis volumes (que pode ser vista numa tira de papel saindo de seu bolso, do mesmo modo que a identidade de Morande é mostrada por um pedaço de papel sob seus pés onde se lê "Le Gazetier Cuirassé"). Ele traz debaixo do braço uma caixa rotulada "frascos de esquecimento" e "grânulos de ópio", sugerindo que o passado de Morande será esquecido agora que ele ingressou nas forças da lei.

A página de rosto espelha essa zombaria das autoridades francesas. Como a página de rosto de *Le gazetier cuirassé*, sua tipologia é densa. A variedade de caracteres e a complexa articulação dos espaçamentos servem como meio de induzir o leitor a deter-se nos detalhes e desfrutar os trocadilhos que vão se acumulando linha após linha. Porém, em vez de observações abertamente insolentes, ela provoca o leitor com uma paródia paratextual. A obra se apresenta como um documento suprajurídico. Ostenta uma homologação e um privilégio falsos, um endereço falso (a imprensa real em Paris), uma dedicatória falsa (ao marquês de Castries, ministro da Marinha e uma das personagens chacoteadas no texto), um editor falso (o abbé Jean Louis Aubert, editor da ortodoxa *Gazette de France* e censor da edição francesa de *Courrier de l'Europe*, o que o transformou na *bête noire* dos autores franceses expatriados que trabalhavam no *Courrier* em Londres) e um autor falso (possivelmente Arnold Joseph Leroux, jornalista e gráfico clandestino no principado de Liège). O diabo do título é Receveur, que chegou a Londres em 1783 numa missão secreta para reprimir libelos e sequestrar os libelistas. As futuras vítimas ficaram sabendo de seus planos e engodaram-no com tantas intrigas infrutíferas que, no final, ele corria de um lado a outro de Londres como uma galinha com a cabeça cortada — ou, como dizem os franceses, "como um demônio numa pia batismal". Para o leitor moderno, a expressão pode sugerir uma força satânica solapando instituições sagradas, mas no linguajar comum do século XVIII denotava apenas agitação frenética mas fútil, como num verso do popular poema *Vert-vert*, de J.-B.-L Gresset (1734).

> Bien vite il sut jurer et maugréer
> Mieux qu'un vieux diable au fond d'un bénitier.

> (Logo ele aprendeu a xingar e esbravejar/ Melhor que um velho diabo no fundo de uma pia batismal.)[2]

Receveur pode ter sido irrecuperavelmente mau, mas seu diabolismo era essencialmente cômico, mais perto do *Le diable boiteux* de Alain-René Lesage do que do Satã de Milton. Juntos, o frontispício e o rosto prometiam muitas revelações chocantes, mas nada que cheirasse a revolução. Acima de tudo, ofereciam uma leitura arrebatadora.

O texto do livro é tão atulhado e tão complicado quanto o material da capa e, como esta, tem de ser lido como uma charada, não só porque as personagens estejam ocultas por reticências, mas porque contém toda sorte de insinuações, alusões e piadas só para íntimos, que precisam ser decifradas e que são acompanhadas por muitas provocações e piscadelas para o leitor, como que o tornando cúmplice da trama. O enredo em si tem algumas características de um *roman à clef*. Uma das cópias que sobreviveram chega a trazer uma chave, anexada ao final por um leitor do século XVIII, que identificou as personagens a partir dos pontos e traços depois das iniciais do nome e indicou as páginas em que apareciam.

Diferentemente do *Le gazetier cuirassé*, *Le diable dans un bénitier* segue uma linha narrativa coerente, embora às vezes um pouco confusa devido a uma

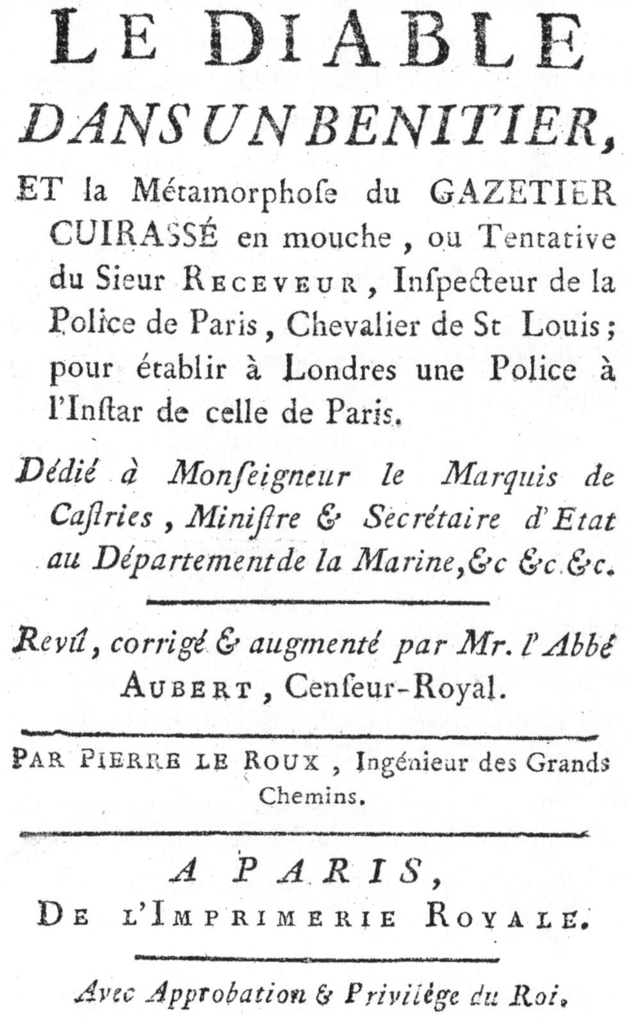

LE DIABLE

DANS UN BENITIER,

ET la Métamorphofe du GAZETIER
CUIRASSÉ en mouche, ou Tentative
du Sieur RECEVEUR, Infpecteur de la
Police de Paris, Chevalier de St Louis;
pour établir à Londres une Police à
l'Inftar de celle de Paris.

Dédié à Monfeigneur le Marquis de
Caftries, Miniftre & Secrétaire d'Etat
au Département de la Marine,&c &c.&c.

Revû, corrigé & augmenté par Mr. l'Abbé
AUBERT, Cenfeur-Royal.

PAR PIERRE LE ROUX, Ingénieur des Grands
Chemins.

A PARIS,
DE L'IMPRIMERIE ROYALE.

Avec Approbation & Privilége du Roi.

Figura 9. *Le diable dans un bénitier*, página de rosto. (Cópia particular)

cronologia emaranhada. É a história de dois vilões, Morande e Receveur, que juntam forças na empresa conjunta de pôr fim à produção de libelos em Londres. Segundo o autor anônimo, suas biografias representam ambas as faces de Grub Street: Morande, o arquilibelista, personifica os pobres escritores de aluguel, e Receveur, o inimigo supremo dos libelistas, encarna os esforços da polícia para reprimir essa literatura. Suas vidas se cruzaram num momento em que a própria Grub Street era tomada pelas idas e vindas de panfletistas e policiais, pois os libelistas frequentemente se tornavam informantes da polícia e os inspetores às vezes ajudavam a divulgar os libelos. É essa alternância de lugares e as viradas de casaca que tornam a narrativa tão pungente.

Morande surge no livro pela primeira vez como um "retrato". Os retratos verbais, gênero corriqueiro para leitores franceses desde o início do século XVII, enfatizavam os traços morais tanto quanto os físicos das personagens. Eram presença comum nos libelos, para grande consternação das autoridades francesas, ocupadas principalmente em proteger a reputação de figuras públicas. O narrador de *Le diable dans un bénitier* apresenta Morande sem rodeios para os leitores e intensifica o efeito abandonando temporariamente a terceira pessoa que prevalece no restante do texto: "Imaginem, leitores, um rosto largo e achatado, cujos traços são formados de matéria lívida, adiposa, móvel; um olhar abatido realçado por pálpebras pesadas; um nariz chato e as narinas grandes e abertas, que parecem querer inalar o mais descarado ar de lascívia; [...] uma boca de cujos cantos emana um fio constante de pus esmaecido, emblema legítimo da peçonha que não cessa nunca de espalhar".[3]

Esse retrato, que faz jus à imagem de Morande no frontispício, é seguido de uma breve biografia. Graças a sua disposição natural e ao fato de ter nascido na família de um corrupto tabelião borgonhês, Morande iniciara-se precocemente no mal. Alistara-se num regimento de cavalaria, desertara e descera ao submundo dos antros de jogatina e bordéis de Paris. Logo se viu atrás das grades no Bicêtre, uma prisão para criminosos particularmente infames. Ao ser libertado, escamoteou-se da polícia francesa mudando para o baixo mundo de Londres. Lá conseguiu sobreviver como proxeneta de homossexuais, só para chantageá-los em seguida. Mas logo descobriu oportunidades melhores de extorsão na França, graças a correspondentes que lhe transmitiam informações sobre comportamentos escandalosos em Versalhes. Ele compilou essas anedotas em *Le gazetier cuirassé*, uma obra de calúnias tão afrontosas que o governo se dispôs a pagar uma fortuna para impedir o lançamento da sua continuação, *Mémoires secrets d'une femme publique*, estrelada por madame du Barry, e enviou Beaumarchais numa missão secreta para negociar o preço da sua não publicação: 32 mil *livres* mais uma pensão anual de 4,8 mil *livres*. Foi quando os dois trapaceiros passaram a colaborar como espiões, vendendo seus serviços a quem pagasse melhor, fosse francês, britânico ou americano, durante a Revolu-

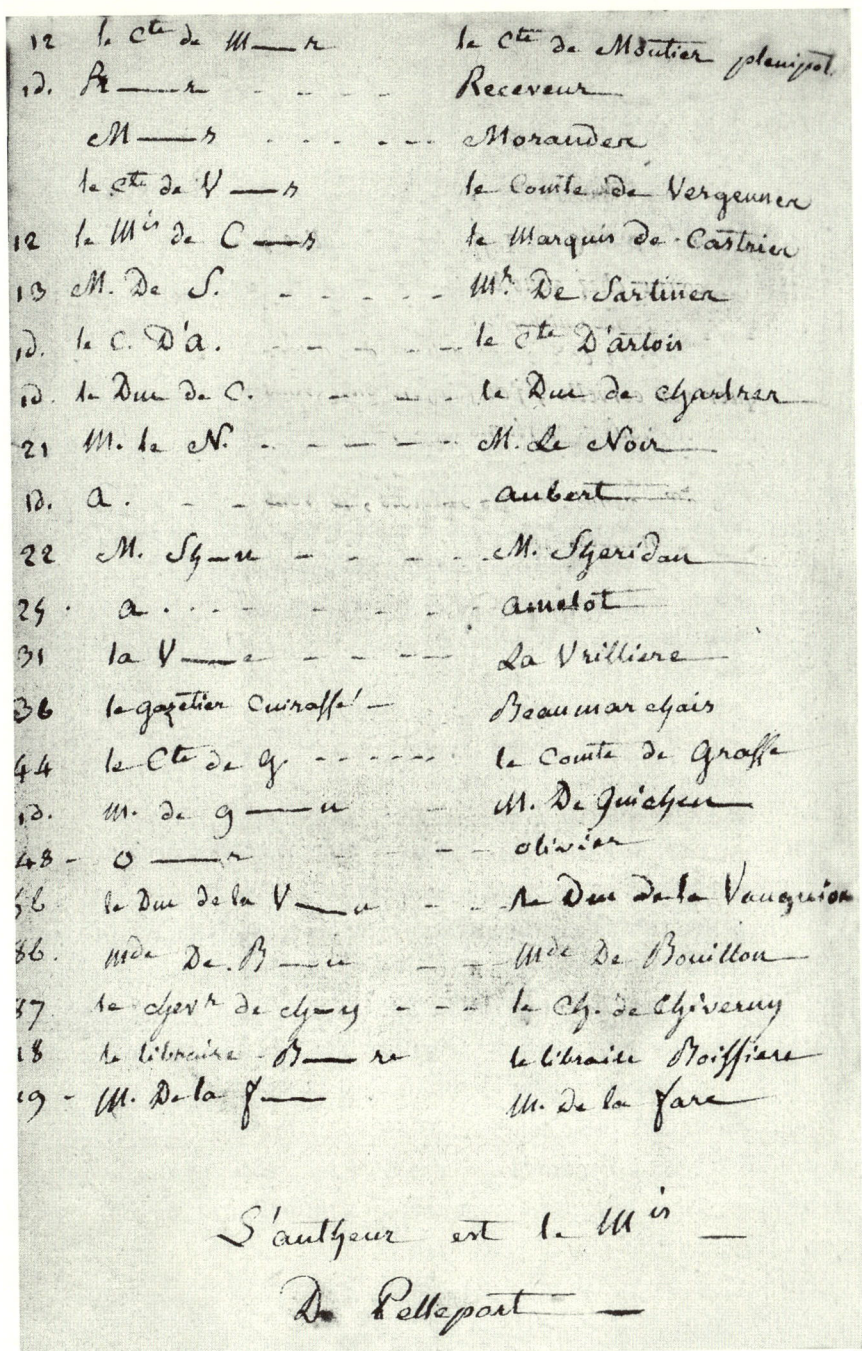

Figura 10. Manuscrito particular com chaves para decifrar *Le diable dans un bénitier*. A coluna da esquerda indica o número da página em que um personagem aparece; a do meio contém o nome disfarçado do personagem; e a da direita lista a identificação feita por um leitor do século XVIII. (Cópia particular)

ção Americana. Quando Beaumarchais partiu para outras intrigas, Morande associou-se com a polícia parisiense em sua sede em Londres. Por honorários ainda mais extravagantes, passou a oferecer conselhos sobre como lidar com os outros expatriados franceses, que tentavam seguir o seu exemplo e enriquecer por meio da extorsão. Com o apoio do marquês de Castries no Ministério da Marinha e do conde de Vergennes no Ministério das Relações Exteriores, a polícia enviou um agente secreto depois do outro para silenciar os libelistas — fosse por assassinato, sequestro ou suborno. A mais importante dessas missões foi conduzida por Receveur em 1783 e foi assim que sua carreira cruzou-se com a de Morande, tornando-se o tema principal do *Le diable dans un bénitier*.

O livro descreve Receveur como igualmente satânico, mas muito mais sinistro, e ao delinear sua vida fornece muitas informações sobre o tráfico internacional de libelos. De origens humildes na classe trabalhadora de Paris, ele ascendeu aos píncaros da vilania como assassino profissional da polícia, que tentava esmagar tudo que pudesse cheirar a liberdade de imprensa. Embora nunca tenha conseguido dominar a arte de ler ou de escrever, mostrou logo disposição nata para a violência. Ainda menino, passou a conviver com informantes e acompanhava, esfuziante, os verdugos da polícia quando arrastavam suas vítimas para a prisão. Cortejou a filha de um carrasco público na esperança de seguir o ofício de seu pai, mas o seu próprio pai, um honesto fabricante de carroças com noções convencionais de honra e família, impediu o matrimônio. Diante disso, Receveur ingressou no exército. Enquanto servia no exterior, conheceu seu primeiro expatriado, a quem atraiu com engodos para Paris e fez supliciar na roda por um inexistente crime literário. Essa proeza foi o início de uma gloriosa carreira como agente secreto da polícia: vinte anos de espionagem, ciladas, lettres de cachet, enforcamentos e torturas no Bicêtre e na Bastilha, coroados no final com uma Croix de St. Louis em recompensa por seus serviços ao rei.

Tendo dominado com maestria as artes do despotismo, Receveur — o monstruoso Receveur conjurado em *Le diable dans un bénitier* — embarcou em duas missões, que convergiram na missão de Londres em 1783. Em 1781, ele seguiu a trilha de uma grande coleção de libelos inéditos — ataques contra a princesa de Guémenée, a duquesa de Bouillon e outros nobres, acompanhados de gravuras e ameaças de extorsão — até Amsterdã. Lá, com ajuda das autoridades holandesas, fez uma batida surpresa numa gráfica e encontrou informações que levavam até a fonte: dois homens em Paris que tinham colaborado em lados opostos de Grub Street: panfletagem de um lado, atividades policiais de outro. O panfletista era Louis de Launay, um médico de parcas posses que se tornara jornalista e vinha redigindo libelos e pasquins desde a falência da *Gazette Anglo--Américaine*, que ele editara em Maestricht. (O proprietário, Samuel Swinton, também publicava um periódico similar, *Courrier de l'Europe*, que se constituí-ra num polo de atividades dos libelistas em Londres.) O agente policial era Jean--Claude Jacquet de la Douay, inspetor encarregado do comércio livresco estran-geiro que encomendara um dos libelos com o intuito de arquitetar seu confisco — e, desse modo, coletar os frutos da extorsão ao mesmo tempo que impressio-nava os superiores com seu zelo e dedicação. Armado com essas informações, Receveur voltou às pressas a Paris, prendeu os dois e provavelmente torturou-os até a morte numa masmorra. O autor de *Le diable* pôde apenas especular sobre seu destino: ele acredita que de Launay foi estrangulado na Bastilha, mas não sabe o que sucedeu a Jacquet, embora tenha uma explicação para o mistério em torno do seu desaparecimento. Um Terceiro Homem, identificado apenas como o "dono" de um carregamento dos mesmos libelos de Londres, também colabo-rara com Jacquet e advertira que publicaria todo o material se ficasse sabendo que algo acontecera com Jacquet.

Na realidade, esse ameaçador Terceiro Homem (que se parece suspeitosa-mente com o autor anônimo de *Le diable*) logo começou a enviar ameaças de que publicaria as obras e a fazer novas chantagens a partir de um local impossí-vel de identificar. As ameaças foram encaminhadas para as autoridades france-sas por um livreiro expatriado chamado Boissière. Sua loja em St. James Street oferecia todo tipo de literatura francesa, particularmente libelos, e servia de ponto de encontro para os libelistas. A situação pareceu séria o bastante para a polícia francesa transferir seu principal palco de operações dos Países Baixos para a Inglaterra e enviar uma sucessão de agentes secretos para investigar. Conforme descrito em *Le diable*, estes constituíam uma trupe variada. Usando os mais improváveis disfarces e desconcertados por seu desconhecimento da língua inglesa, nunca chegaram a entender os costumes nativos — e, em espe-cial, entidades estranhas como habeas corpus, julgamentos com júri e liberdade de imprensa.

O primeiro a chegar foi Louis Valentin Goesman, que adquirira notorieda-de como adversário de Beaumarchais durante seu famoso julgamento no tribu-nal de Maupeou, que fora substituído pelo *parlement* de Paris quando Luís XVI restaurou os antigos *parlements* em 1774. Goesman se apresentou na livraria de Boissière como um nobre da Alsácia, o barão de Thurne, e iniciou uma série de intrigas bizarras, que acabaram resultando na supressão de uma das obras da coleção de Jacquet, *Les amours de Charlot et Toinette* (um panfleto-poema sobre a impotência de Luís XVI, a fogosa libido da rainha e o suposto caso desta com o conde d'Artois, tudo fartamente ilustrado com gravuras obscenas), por 17,4 mil *livres*. Porém, tão logo esse libelo foi pago e eliminado, Goesman anunciou que vários outros estavam no prelo. Afirmou que poderia arranjar a sua destruição, graças às excelentes relações que estabelecera com Boissière, mas que isso custaria muito mais. A perspectiva de infindáveis libelos e gastos sem fim levou as autoridades francesas a escolher outro agente secreto.

Escolheram Alexis d'Anouilh, informante do submundo parisiense, e enviaram-no para investigar tanto Goesman como seus libelistas. Depois de esquadrinhar os antros de jogo e bordéis de Londres — *Le diable dans un bénitier*, ao narrar suas aventuras, enfatiza sua ligação com os ambientes que frequentava em Paris —, d'Anouilh estabeleceu contato com o dramaturgo Richard Sheridan, que se tornara subsecretário de Estado de Relações Exteriores do governo britânico e esperava usar a posição para engordar seu patrimônio. A princípio, parecia que um bom dinheiro seria suficiente para persuadir Sheridan a deportar um sortimento variado de expatriados franceses como caluniadores. Mas investigações subsequentes revelaram que o código britânico de crimes contra a honra não se aplicava a ofensas contra estrangeiros. Desse modo, d'Anouilh partiu para um projeto mais ambicioso: com a ajuda de Sheridan, alterariam a própria lei — seria mera questão de mobilizar uma maioria no Parlamento e oferecer subornos em escala muito maior do que a prevista. Como já investira os 5 mil *louis d'or* alocados pelo Ministério da Marinha, que estava copatrocinando sua expedição com a polícia parisiense, retornou a Paris com um pedido de muito mais dinheiro. De Castries, ministro da Marinha, ouviu a história de d'Anouilh e despachou-o imediatamente para a Bastilha, onde foi torturado por Receveur até confessar que ficara com a maior parte do dinheiro para si.

Quem enviar em seguida? Receveur era a escolha óbvia. É verdade que ele não sabia uma palavra de inglês e mal conseguia escrever garranchos em francês, mas pelo menos era confiável. Já capturara dezenas de escritores de aluguel e poderia investigar não só as tramoias de d'Anouilh como as de Goesman e dos expatriados que este investigara. Receveur também decidiu viajar como um falso barão, acompanhado de um séquito de assistentes, incluindo Ange Goudar, o autor de *L'espion chinois*, que falava inglês fluentemente e, segundo a polícia, seria um excelente espião. E assim — pelo menos de acordo com a narrativa picaresca de *Le diable dans un bénitier* — sucedeu-se que Receveur, travestido de "le baron de Livermont", estabeleceu seu quartel-general em Jermyn Street, de onde lançou a campanha que pretendia pôr fim aos libelos de Londres.

Suas manobras, e as de Morande, constituem o assunto principal de *Le diable dans un bénitier*. A história dá tantas reviravoltas que se torna difícil acompanhá-la, mas oferece ao leitor um relato bastante completo das táticas empregadas pela polícia secreta. Eram essencialmente três. Primeiro, *force majeure*. Receveur desembarcou com as ferramentas de seu ofício: algemas, correntes e, dizia-se, uma carruagem com compartimento secreto grande o suficiente para conter uma vítima bem amarrada. Sua equipe de apoio incluía um sicário chamado Humbert, capaz de dominar qualquer escritor e despachá-lo para a Bastilha, onde torturas e interrogatórios revelariam toda a rede de cúmplices. Entretanto, Londres estava cheia de escritores franceses maltrapilhos. Quem dentre eles havia produzido a última rodada de libelos? Quem era o Terceiro Homem responsável pelo estoque de manuscritos difamatórios de Jacquet? Quando Humbert apareceu na Grobetty's Tavern, o reduto etílico favorito dos expatriados, estes se dispersaram, aterrorizados, mas logo depois estavam distribuindo uma folha volante nas ruas.

O volante foi escrito em inglês, mas em prol do público leitor do outro lado do Canal apareceu em francês em *Le diable dans un bénitier*.

UM SINAL DE ALERTA
Contra
ESPIÕES FRANCESES
e
UMA ADVERTÊNCIA.
Especialmente para estrangeiros que não se aprazem em
ser trancafiados na *Bastilha*.
O bravo e livre Espírito dos Britânicos ergueu-se contra duas Gangues brutais de *Espiões Franceses*, e seus Confederados, alguns alojados na City, outros nas

cercanias de St. James Street, e estão constantemente em Vigília (Dia e Noite), providos de *Mordaças, Algemas* e *Adagas,* a fim de capturar e transportar para Paris, *vivos* ou *mortos,* os Autores ou Editores dos três seguintes Panfletos:

Les Passe-temps d'Antoinette, avec figures.

Les Amours et Aventures du Vizir Vergen***.

Les Petits-Soupers et les Nuits de l'Hôtel-Bouill**.

Os dois primeiros dos quais estariam no prelo em *Londres* e o último, impresso em *Bouillon,* está à Venda em *St. James Street,* em *Haymarket* e em *New- -Bond Street.*

Para a execução de seu Propósito diabólico, duas [carruagens] Post-Chaises, construídas de acordo com suas Especificações, foram preparadas, não longe de *Duke Street,* com Caixas em seu interior para esconder dois ou três Homens: também Cavalos viçosos em Lugares diferentes da Rua, e um *Paquete Francês* pronto para transportá-los para a França.

*** O Chefe dos ESPIÕES acima, é o nefasto e notório Senhor R-CEVEUR (ignominiosamente condecorado com a Cruz de St. Louis), para cá enviado dez Anos atrás para o mesmo Negócio infame, e posteriormente desmascarado nos Documentos Públicos; vive agora sob um Título fictício, a não mais de cem Milhas de Jermyn e Bury Street.

Esse golpe publicitário acabou com o perigo de sequestro ou assassinato, visto que em 1783 Londres ainda fervilhava de hostilidade contra a França e ainda era passível de explodir em violência, como aconteceria durante os Gordon Riots [tumultos antipapistas] de 1780. Como o volante indicava, Morande incitara a multidão a expulsar o destacamento da polícia francesa, do qual Receveur fazia parte, que tentara sequestrá-lo em 1774.[4] Agentes secretos franceses podiam ser executados como espiões até 3 de setembro de 1783, quando o Tratado de Versalhes pôs fim formal às hostilidades entre França e Grã-Bretanha. *Le diable dans un bénitier* nota que um agente, François Henry de La Motte, fora enforcado em 1781. Ao narrar a missão de Receveur em 1783, destaca que a polícia francesa passou a correr o perigo de ser destroçada por uma turba enfurecida de tipógrafos autônomos, "sólidos defensores da liberdade de imprensa".[5] Desse modo, o volante forçou Receveur a bater em retirada para seu apartamento em Jermyn Street e, ao mesmo tempo, serviu para divulgar que três novos libelos estavam prestes a ser publicados.

AN ALARM-BELL 378

'gg AGAINST

FRENCH SPIES,

AND

A CAUTION,

Efpecially to Foreigners who do not approve of
being fhut up in the *Baftille.*

THE brave and free Spirit of Britons is rouzed againft two
defperate Gangs of *French Spies*, and their Confederates,
fome lodged in the City, the other about St. James's, who are
continually on the Watch, (Day and Night) furnifhed with
Gags, *Hand-cuffs*, and *Daggers*, in order to feize and tranfport to
Paris, either *alive* or *murdered*, the Au_thors or Editors of the
three following Pamphlets :

> *Les Paffe-temps d'Antoinette,* avec figures.
> *Les Amours et Avantures du Vizir Vergen***,*
> *Les Petits-Soupers et les Nuits de l'Hôtel-Bouill**.*

The two firft of which are reported to be now printing in
London, and the latter printed at *Bouillon*, is on Sale in *St.*
James's Street, *Haymarket*, and *New-Bond Street.*

For the execution of their diabolical Purpofe, two Poft-
Chaifes, conftructed for their Defign, are prepared, not far
from *Duke-Street*, with Boxes infide, made for concealing
two or three Men : alfo frefh Horfes at different Places on the
Road, and a *French Packet* ready to convey them to France.

*** The Chief of the above SPIES, is that wicked and notorious
Fellow R-CEVEUR, (fhamefully decorated with the Crofs of St.
Louis) fent here ten Years ago for the fame infamous Bufinefs, and
then expofed in the Public Papers; now living under a fictitious
Title, not an hundred Miles from Jermyn and Bury Street.

Figura 11. Volante distribuído em Londres pelos libelistas franceses advertindo sobre
a ameaça da polícia parisiense. Da cópia original contida em um despacho para o
conde de Moustier, plenipotenciário francês em Londres, para o conde de Vergennes,
ministro do Exterior francês, em 7 de abril de 1783. Arquivos do Ministério das Relações Exteriores francês, correspondência política, Inglaterra, ms. 539.

Aconselhado por Morande e por Moustier na embaixada francesa, Receveur decidiu recorrer a uma segunda linha de ataque, de acordo com *Le diable dans un bénitier*. Ele contratou um advogado inglês para preparar um relatório sobre a viabilidade de processar os libelistas por difamação num tribunal britânico. Também tentou dar continuidade ao esforço de d'Anouilh para superar as barreiras jurídicas e obter a aprovação de uma lei especial no Parlamento por alguma tramoia. Sheridan, porém, se recusou a cooperar e o relatório, publicado em parte em *Le diable dans un bénitier*, apenas confirma a santidade dessa instituição peculiarmente britânica, a liberdade de imprensa.

O fracasso em obter a cooperação das autoridades britânicas deixou a Receveur uma única opção: negociar. A grande dificuldade aqui era o malogro de uma rodada anterior de negociações acerca de um importante libelo anunciado no volante: *Les petits soupers et les nuits de l'hôtel Bouill-n: lettre de milord comte de ****** à milord ****** au sujet des récréations de monsieur de C-stri-s, ou de la danse de l'ours; anecdote singulière d'un cocher qui s'est pendu à l'hôtel Bouill-n, le 31 décembre 1778 à l'occasion de la danse de l'ours* (*As ceias e noites íntimas do hotel Bouill-n: carta do lorde conde de ****** a lorde ****** sobre os divertimentos de monsieur de C-stri-s, ou a dança do urso; uma anedota singular sobre o cocheiro que se enforcou no hotel Bouill-n em 31 de dezembro de 1778, por ocasião da dança do urso*). Como insinua o subtítulo tipicamente provocador, esta obra pretendia revelar um caso escandaloso entre a princesa de Bouillon e Charles Eugène Gabriel, marquês de Castries, o ministro da Marinha. *Le diable dans un bénitier* narra as intrigas em torno da publicação de *Les petits soupers* e recapitula a trama em tamanho detalhe que esta se transformou num libelo dentro de um libelo.

Segundo o resumo da trama, que corresponde de perto ao original, de Castries desviou quantias enormes de seu ministério para pagar as dívidas de jogo da princesa e depois acabou se comprometendo numa orgia envolvendo os criados dela e, em especial, um cocheiro que foi flagrado chicoteando um padre. O padre, um irmão particularmente peludo da Ordem Teatina chamado Fortuné, vinha entretendo de Castries e a princesa cabriolando completamente nu com uma velha camareira — daí a referência à "dança do urso". A cena ocorreu a portas fechadas, mas o cocheiro, que pensava ter acesso exclusivo ao leito da camareira, lá encontrou Fortuné. Num acesso de fúria, atacou-o com seu chicote e impeliu-o até a rua, fazendo tamanha algazarra que o vigia noturno interveio. O burburinho deixou a princesa temerosa de que sua vida sexual — uma sequência de atos devassos conhecidos apenas por seus parceiros, seus criados e, como se veio a descobrir, pelo libelista anônimo — pudesse ser exposta a público. A fim de aquietar as coisas, ameaçou despachar o cocheiro para Bicêtre. Este, porém, julgou que tal destino seria pior que a morte e enforcou-se com a corda presa a seu chicote.

Le diable dans un bénitier resume *Les petits soupers et les nuits de l'hôtel Bouillon* de tal maneira que sugere que ambos vieram da mesma fonte. E apresenta um relato suspeitosamente bem informado das tentativas de se usar *Les petits soupers* para chantagear a princesa. Após receber algumas cartas ameaçadoras, ela convenceu de Castries a autorizar negociações com o libelista anônimo, intermediadas por Boissière. O governo francês propôs-se a pagar 150 *louis d'or* (3,6 mil *livres tournois*) para suprimir a obra, mas o autor exigiu mais do que o governo estava disposto a desembolsar: 175 *louis* (4,2 mil *livres*). Diante disso, *Les petits soupers* foi colocado à venda — e ainda podia ser adquirido na livraria de Boissière, conforme informava o autor de *Le diable* a seus leitores. Teria o mesmo homem escrito os dois livros?

Um estudo minucioso parece confirmar essa conclusão, mas o trabalho detetivesco de Receveur, conforme narrado em *Le diable*, não envolveu análise literária. Como ele mal conseguia ler em francês e não falava uma palavra de inglês, precisou confiar em Morande. Como decano dos libelistas, Morande conhecia cada trapaça e todo trapaceiro das Grub Streets de ambas as capitais. E como fora recrutado pelo ramo secreto da polícia parisiense em Londres, estava disposto a compartilhar seus conhecimentos. Em *Le diable*, ele dá informações a Receveur numa saleta nos fundos de uma taverna londrina, a Dog and Duck.[6] Conversaram sobre emboscadas e lettres de cachet, compararam suas façanhas e vilanias passadas (Receveur gabava-se de ter prendido 4 mil homens, um terço dos quais havia sido supliciado na roda), esvaziaram várias garrafas de vinho "às custas do Ministério das Relações Exteriores",[7] como disseram às gargalhadas, abraçaram-se efusivamente e despediram-se como velhos amigos, unidos pelo compromisso comum de suprimir a liberdade de imprensa. Morande, no entanto, preservara algumas conexões secretas com o velho mundo da extorsão. Em vez de apresentar Receveur à fonte dos libelos, ele o levou a uma série de buscas infrutíferas — ou pelo menos é o que diz *Le diable dans un bénitier*, mas, como veremos mais adiante, todos os detalhes essenciais podem ser confirmados por documentos do Ministério das Relações Exteriores da França.

Essas perseguições envolveram um labirinto de tavernas, cafés e alcovas onde Receveur e seus homens lidavam com expatriados das mais variadas estirpes. Seu objetivo era apreender os dois outros libelos do estoque do Terceiro Homem — *Les passe-temps d'Antoinette* e *Les amours du visir de Vergennes* —, que estavam prestes a ser publicados na esteira de *Les petits soupers de l'hôtel Bouillon*, segundo os bilhetes de extorsão enviados para a França e encaminhados para Receveur. Para chegar desses bilhetes a seus autores, Receveur ordenou que seus homens recolhessem amostras da caligrafia de todos os suspeitos que pudessem encontrar. Contudo, seus asseclas foram tão canhestros nessa tarefa que a notícia logo se disseminou por toda a colônia francesa. Um dos aventureiros franceses forjou uma carta e vendeu-a a um agente à paisana como prova para incriminar outro subliterato, a quem denunciara na esperança de receber uma recompensa. Esse outro expatriado, no entanto, limpou seu nome com arrojo, solicitando uma audiência com Receveur e redigindo uma carta com caligrafia totalmente diferente. E já que obtivera acesso ao campo inimigo, aproveitou para oferecer-se como intermediário nas negociações para impedir o aparecimento de mais um libelo — cuja existência ele mesmo anunciou e o qual ele mais tarde produziu compilando material de publicações anteriores.

Após várias semanas correndo atrás de pistas falsas, Receveur finalmente entrou na livraria de Boissière, apresentou-se como o barão de Livermont e iniciou conversas preliminares para suprimir os libelos. Boissière, contudo, já estava negociando com Goesman, na pele do barão de Thurne, e dois falsos barões eram mais do que ele podia suportar. Também recusou todos os convites para ir à embaixada francesa, temendo ser sequestrado. Com isso, o tempo foi passando e a polícia parisiense continuou correndo em círculos sem chegar a lugar algum. Em julho de 1783, um novo embaixador, o conde d'Adhémar, substituiu Moustier e recomendou que fossem abandonadas todas as negociações com os libelistas, argumentando que esse modo de agir só provocava a produção de novos libelos. No final, Receveur foi obrigado a concordar. Percebendo, enfim, que Morande vinha colaborando com um bando de trapaceiros que haviam feito gato-sapato dele, empacotou seu kit de implementos de tortura e embarcou de volta para a França, amaldiçoando a terra da liberdade: "Terra maldita de meretrícia liberdade e um povo que odeia a autoridade de reis e de inspetores de polícia. Enfrentei os maiores perigos em teu solo; tuas leis macularam meus lauréis [...] mas, não importa, estou me vingando à altura, cruéis ingleses, pois estou vos deixando Morande".[8]

Le diable dans un bénitier termina com essa observação. Para o livro, a missão de Receveur foi não só uma tentativa de suprimir escândalos, mas também de destruir a liberdade de imprensa. Sua aliança com Morande é vista como uma conspiração para criar um Estado policial ao estilo francês numa terra de liberdade, e os libelistas como heróis de uma luta mais ampla para defender "os direitos da humanidade", "os direitos do homem", "os direitos sagrados da natureza" e os princípios personificados pela Revolução Americana.[9] É verdade que o autor evita mencionar a maioria dos libelistas pelo nome e não nega que seus tratados contêm material execrável e que eles recorriam a alguns golpes sujos, até mesmo uns contra outros. Mas, de modo geral, é o radicalismo da sua mensagem que se destaca claramente. Como *Le gazetier cuirassé*, a obra perpetuou a noção mítica da França como uma terra despótica e foi ainda mais longe que Morande em seu escárnio pelo "imbecil Luís XV",[10] seus ministros infestos e os sucessores destes sob Luís XVI.

Curiosamente, porém, a ideologia radical, expressa em golfadas ocasionais de indignação, contrasta com o tom zombeteiro que permeia o livro, que também tem certa afinidade com a retórica sardônica de *Le gazetier cuirassé*. *Le diable dans un bénitier* trata a polícia como um bando de palhaços, uma trupe de trôpegos espiões e agentes secretos que metem os pés pelas mãos em disfarces absurdos, minando todos os seus ensaios de vilania. Em Paris, explica o livro, bastava a eles exibir uma lettre de cachet para lançar suas vítimas na Bastilha. Em Londres, tiveram de lidar com instituições incomuns — um sistema judicial com júris, uma imprensa sem censores — e pessoas estranhas que tinham um desnorteante amor à liberdade. Seus esforços canhestros para defender a causa do despotismo tornaram-nos risíveis e o livro parece aprazer-se no ridículo pelo ridículo para divertir ou chocar os leitores. Algumas personagens são difamadas gratuitamente, como a princesa de Bouillon, sem qualquer vínculo com os princípios mais elevados que a obra diz defender. E nela encontramos indícios de mais escândalos e de novos libelos prestes a serem impressos, como que abrindo a possibilidade de uma nova rodada de chantagens e extorsões. O autor anônimo parece falar em nome do "depositário", ou Terceiro Homem, da quadrilha de libelistas de Jacquet[11] e o livro em si soa como um libelo, mas com uma diferença: transformou a própria polícia — e figurões como Moustier, de Castries e Vergennes — em objeto de maledicência. Retirou o véu que encobria suas atividades, oferecendo aos leitores uma denúncia sensacional dos canalhas e das conspirações do lado policial de Grub Street. É um libelo sobre o libelismo, ambientado em pleno mundo dos libelistas. Oculta-lhes a identidade, é claro, e distorce a própria narrativa para que eles apareçam como defensores da liberdade que desconcertam os terríveis agentes do despotismo. Seja como for, revela muito sobre esse mundo. De toda a literatura efêmera do Ancien Régime, *Le diable dans un bénitier* é a fonte mais rica de informações sobre a história da calúnia e da difamação. Na realidade, é tão importante para uma compreensão abrangente dos libelos que levanta novas questões: Quais foram as circunstâncias de sua publicação? Quem o escreveu? Quem eram os colegas do autor na extraordinária colônia de franceses expatriados em Londres? Para responder a essas perguntas, temos de consultar a terceira obra que trata dos libelistas de Londres, *La police de Paris dévoilée*.

3. A polícia de Paris desvelada

Como anuncia seu título, *La police de Paris dévoilée* (*A polícia de Paris desvelada*) oferece aos leitores outra denúncia das iniquidades da polícia parisiense. Seu frontispício (veja Figura 3) mostra dois agentes policiais arrastando uma vítima algemada para a Bastilha, que paira ameaçadoramente ao fundo. Em primeiro plano, outra vítima do despotismo dorme, agrilhoada, sobre um monte de palha, como se estivesse numa cela da Bastilha, e um assassino com ares de Medusa se prepara para enfiar uma adaga no peito do prisioneiro. Os trajes arcaicos das duas figuras principais sugerem seu caráter simbólico: Inocência ou Verdade está prestes a ser aniquilada pelo Mal ou pela Tirania, que acaba de retirar sua máscara. Esse desmascaramento ecoa o desvelamento retratado ao alto: um anjo vingador expõe a maldade que existe no mundo abaixo levantando a cortina que a mantivera oculta e inundando a cena com a luz de uma tocha. O autor, Pierre Manuel, provavelmente quis se identificar com o espargir da luz, pois colocou seu nome em letras maiúsculas logo abaixo do portador do archote. Além disso, ao longo de todo o texto, ele aparece como um paladino do Iluminismo na forma de "publicidade" — isto é, da exposição do despotismo por meio da palavra impressa.[1]

Esse tema é ressaltado na epígrafe da página de rosto: "Publicidade é a salvaguarda da lei e da moral", uma declaração escrita em francês comum pelo próprio Manuel, que diverge do tipo de epígrafe usada na maioria das outras obras, com sua predileção por citações dos autores clássicos. Manuel coloca seu nome em posição proeminente abaixo do título e identifica-se como "um dos administradores de 1789" — isto é, um dirigente eleito da Comuna de Paris revolucionária. Também inclui o nome e endereço do editor, J. B. Garnery, ao lado da data de publicação: "o segundo ano da liberdade", ou 1790. Tudo sobre o livro proclama o seu caráter de produto da Revolução. Mesmo a diagramação da página de rosto rompe com os modelos antigos do Ancien Régime. Em vez de verbosos título e subtítulo, repletos de alusões crípticas e tipologias exóticas, a mensagem é reduzida ao mínimo — declarações simples e curtas, envoltas por muito espaço em branco. Se tivéssemos de escolher uma analogia com a pintura, o design da página de rosto evoca David, não Boucher. E quaisquer que sejam suas afinidades estéticas, o teor político do livro destaca-se claramente já na primeira página, uma dedicatória aos membros do Clube dos Jacobinos.

Dirigindo-se a seus fraternos militantes, Manuel explica que pretende enaltecer a liberdade sob o novo regime revelando quão terrivelmente ela foi reprimida sob o antigo. Depois de eleito para a Comuna, ele ficou responsável pelo departamento do governo municipal que fiscalizava o comércio livresco. Manuel insiste que, ao contrário de seus predecessores, ele não encarcerava autores nem apreendia livros. Pelo contrário, fazia o máximo possível para promover a liberdade de imprensa e usava seu cargo para coletar material dos arquivos da antiga força policial com o intuito de publicar um dossiê completo sobre seus abusos de poder. Seus maiores crimes, perpetrados com o uso irrestrito de espiões, de lettres de cachet e da Bastilha, necessitaram do entorpecimento da opinião pública. Por isso, Manuel dedica grande parte dos dois volumes de sua obra à detenção de escritores e ao confisco de livros, polvilhando a narrativa com excertos dos arquivos da polícia. A operação secreta em Londres forneceu-lhe o material mais sensacional, que incluiu em várias seções: "O policiamento dos libelos", "O policiamento dos espiões", "O policiamento das prisões" e "O policiamento dos refugiados políticos franceses mais notáveis de Londres".

Sob alguns aspectos, portanto, *La police de Paris dévoilée* é uma continuação de *Le diable dans un bénitier*. Examina os mesmos episódios, documenta-os com material de arquivo que Manuel garante ser preciso, e narra o seu *dénouement*: uma sucessão de intrigas barrocas por toda a colônia de libelistas que termina com a captura do autor anônimo de *Le diable*. Manuel identifica-o

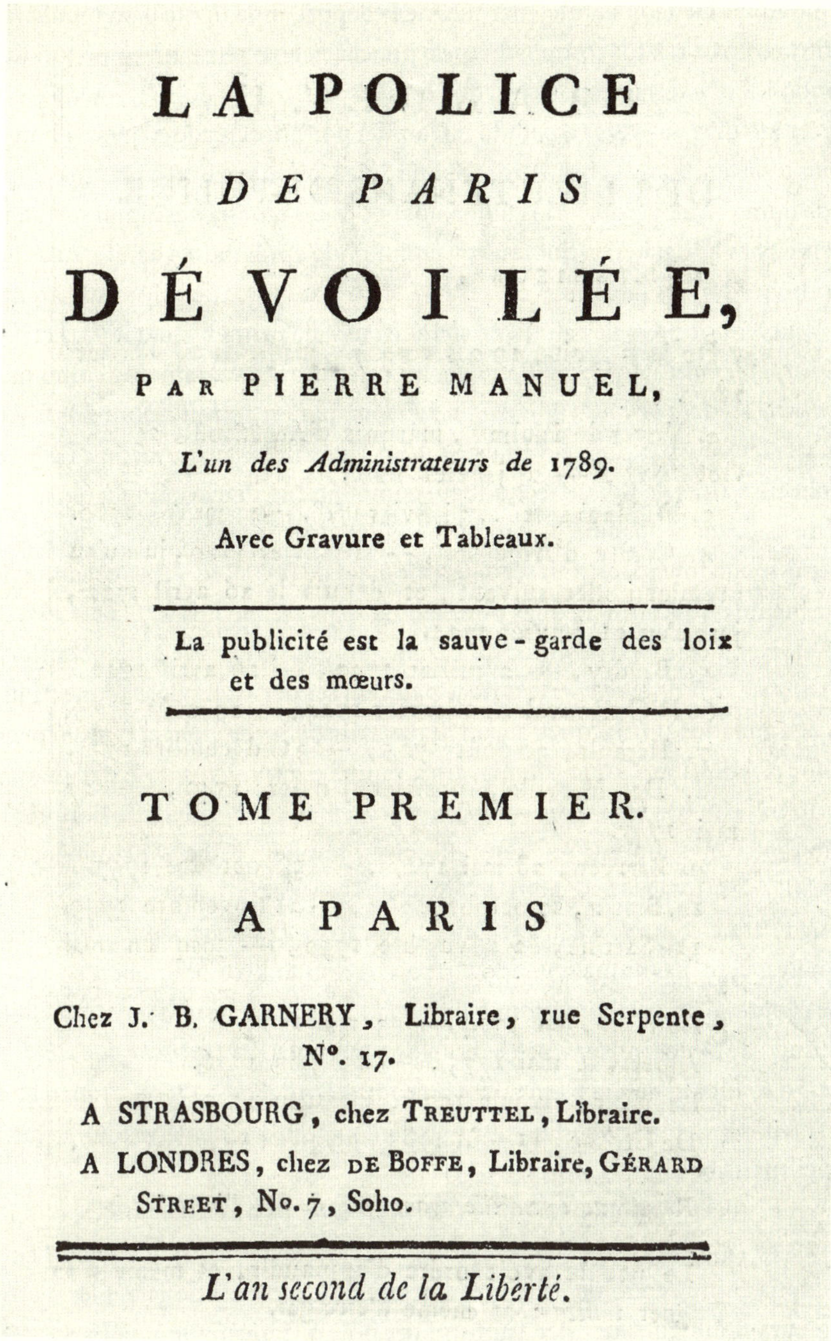

LA POLICE

DE PARIS

DÉVOILÉE,

PAR PIERRE MANUEL,

L'un des Administrateurs de 1789.

Avec Gravure et Tableaux.

La publicité est la sauve - garde des loix
et des mœurs.

TOME PREMIER.

A PARIS

Chez J. B. GARNERY, Libraire, rue Serpente,
Nº. 17.

A STRASBOURG, chez TREUTTEL, Libraire.

A LONDRES, chez DE BOFFE, Libraire, GÉRARD
STREET, Nº. 7, Soho.

L'an second de la Liberté.

Figura 12. *La police de Paris dévoilée*, página de rosto. (Cópia particular)

como Anne-Gédéon Lafitte, marquês de Pelleport, uma figura bem repulsiva de acordo com os relatos compilados pela polícia. Estes o retratam como um vagabundo inútil e um irresponsável que fora dispensado de dois regimentos e encarcerado diversas vezes a pedido da família por "atrocidades contra a honra".[2] Após uma temporada como professor na Suíça, onde se casou com uma empregada doméstica e gerou vários filhos, abandonou a família e escapou sorrateiramente para a Inglaterra. Sobreviveu como pôde em Londres dando aulas e fazendo traduções até que, inspirado pelo exemplo de Morande, tentou enriquecer por meio de calúnias e chantagens. Sua primeira tentativa, *Les petits soupers et les nuits de l'hôtel Bouillon*, foi um fracasso, exatamente como narra *Le diable dans un bénitier*, pois exigiu 175 *louis* para suprimir a obra e os franceses se recusaram a oferecer mais de 150. Durante as negociações, Pelleport ocultou-se atrás de Boissière, que agiu como intermediário e fingiu nada saber sobre as origens dos libelos, embora a polícia suspeitasse que ele próprio os houvesse encomendado. Em seguida, por meio de Boissière, Pelleport anunciou a iminente publicação de duas obras ainda mais escandalosas, *Les passe-temps d'Antoinette* (também conhecida como *Les amusements d'Antoinette*) e *Les amours du visir de Vergennes*. As duas parecem ser derivadas do estoque de libelos acumulados por Jacquet de la Douay, o inspetor de polícia que se tornou editor clandestino. Como difamavam a rainha e o ministro do Exterior, o governo colocou o agente mais confiável, Receveur, na sua trilha, com autoridade para raptar ou subornar seu autor. Receveur também tinha a incumbência de investigar outro agente secreto do governo, Goesman (disfarçado de barão de Thurne), que começara a negociar a supressão de *Les passe-temps d'Antoinette* com Boissière mas vinha obtendo tão parcos resultados que a polícia suspeitou que ele passara a colaborar com o outro lado. Receveur não conseguiu chegar ao fundo de tantas intrigas, pelos motivos explicados em *Le diable dans un bénitier*, e o resultado de seu fracasso foi o próprio *Le diable* — ou seja, outro libelo escrito por Pelleport e vendido por Boissière, expondo todas as maquinações da polícia parisiense em Londres.

A história, como tantas outras, terminou na Bastilha. Depois de obter as provas de *Les petits soupers et le nuits de l'hôtel Bouillon*, Morande identificou a caligrafia como sendo de Pelleport e denunciou-o para a polícia. Eles o atraíram para Boulogne-sur-Mer, capturaram-no e o trancafiaram na Bastilha em 11 de julho de 1784. No dia seguinte, também prenderam seu grande amigo,

Jacques-Pierre Brissot de Warville, futuro líder dos girondinos na Revolução Francesa. Brissot juntara-se aos expatriados em Londres, onde tentou fundar um clube filosófico, ou *Licée*, como o chamou, e ganhar a vida como jornalista. Mas seus projetos estavam ameaçados de acabar em bancarrota e, quando viajou a Paris para tentar levantar mais dinheiro, foi preso pela polícia sob suspeita de colaborar com Pelleport — ou talvez até mesmo incriminado por Pelleport durante seus interrogatórios na Bastilha.

Ao narrar o destino de dois prisioneiros, *La police de Paris dévoilée* retrata Brissot como inocente de qualquer ligação com a indústria de libelos. Na realidade, ele aparece como a encarnação da virtude, em contraste com Pelleport e os demais réprobos da colônia francesa em Londres.[3] Mas essa versão pode estar distorcida, visto que Manuel já estabelecera laços fortes com Brissot em 1790. Os dois foram aliados políticos e percorreram trajetórias paralelas durante a Revolução — desde as primeiras agitações em Paris até o período dos girondinos no poder e, por fim, a guilhotina.[4] Em outro livro, *La Bastille dévoilée*, que inclui excertos dos dossiês dos prisioneiros da Bastilha, Manuel explica que, em vez de publicar o processo de Brissot, pediu que ele próprio redigisse o relato de seu *embastillement*. Brissot escreveu que nunca tivera nada a ver com a publicação de libelos. "A verdadeira causa de minha detenção foi o zelo com que, em todos os momentos e em todos os meus escritos, defendi os princípios que hoje estão triunfando."[5] Pelleport, por sua vez, não recebeu um atestado de antecedentes tão positivo. *La Bastille dévoilée* descreve-o como o principal libelista de Londres depois da defecção de Morande para o lado da polícia: "Os registros dos interrogatórios a que foi submetido poderiam servir de catálogo de todos os panfletos que apareceram nos últimos seis anos. Ele era suspeito de haver composto todos eles".[6] Qualquer que tenha sido o grau de colaboração entre ambos, Brissot defendeu-se bem melhor do que Pelleport ao ser interrogado na Bastilha. A polícia soltou-o quatro meses depois, mas Pelleport permaneceu confinado por mais de quatro anos — até a morte de Vergennes, que emitira sua ordem de prisão, e a nomeação em 1788 de Laurent de Villedeuil, um secretário de Estado menos hostil encarregado dos assuntos parisienses.

La police de Paris dévoilée concentra-se mais na polícia do que em suas vítimas, mas as vidas dos libelistas, tal como aparecem nos arquivos policiais, são tão interessantes que Manuel dedica bastante espaço a elas. Pelleport e Morande merecem as resenhas biográficas mais completas, mas o livro examina toda a população de expatriados franceses e inclui extensos relatórios sobre eles preparados por espiões da polícia — todos transcritos, Manuel insiste, sem alteração alguma. Qualquer que seja a precisão desses documentos, o fato é que traçam um quadro vívido do ambiente geral em que habitavam os libelistas e chegam até a sugerir o surgimento de uma subcultura específica — os primórdios de *la bohème*.

Segundo os espiões da polícia, os libelistas se congregavam "em cortiços e botequins da pior espécie" — tavernas vulgares, restaurantes de preço fixo como o Grobetty's e bares como o Café de Stangter e o Café d'Orange, "onde todos os refugiados franceses em Londres se reuniam para vociferar contra a França".[7] Os expatriados eram naturalmente atraídos para a livraria de Boissière na St. James Street, onde podiam encontrar um sortimento completo de obras francesas e, em especial, os últimos libelos. Os arquivos da polícia sobre Boissière indicam que ele veio de Genebra e desperdiçara a juventude em companhia de aventureiros internacionais. Enquanto trabalhava como lacaio em Lubeck, envolveu-se em algum esquema de jogatina e foi parar no tribunal acusado de furto, mas acabou sendo solto por falta de provas. Foi quando ingressou no ramo dos livros em Londres e transformou sua loja num estabelecimento "cujo principal negócio consiste em encomendar libelos de uns coitados famintos e, em seguida, negociar a sua supressão".[8] Os expatriados também se reuniam nos escritórios do *Courrier de l'Europe*, impresso em francês e especializado em notícias da política britânica e no que acontecia nos Estados Unidos. Era publicado em Londres por Samuel Swinton, o empresário escocês que também fundara a efêmera *Gazette Anglo-Française* de Maestricht, editada por Launay antes de ele começar a escrever libelos e desaparecer na Bastilha. O chefe de redação do *Courrier de l'Europe* era Antoine Joseph de Serres de La Tour, que também detinha um terço das ações da empresa. Seu nome foi incluído nos arquivos da polícia como alguém que "conduziu intrigas durante vinte anos nas ruas de Paris fazendo-se passar por filho de um comandante de batalhão do regimento de Navarre".[9] Depois de envolver-se em um confuso processo de falência, conseguiu emprego como secretário de um funcionário administrativo, para logo fugir para Londres com a esposa do patrão.

Vários expatriados escreviam para o *Courrier*, inclusive Brissot, que editava a versão censurada do periódico publicada em Boulogne-sur-Mer, e Morande, que substituíra Serres de La Tour como chefe de redação da versão londrina em 1784. A polícia, é claro, tinha um arquivo especial sobre Morande, que correspondia de perto ao relato mais tendencioso de sua carreira em *Le diable dans un bénitier*. Ele chegou a ser considerado o mais afrontoso e mais ultrajante libelista de Londres, mas como mudara de lado, renunciando às calúnias e chantagens, acabou ganhando as boas graças das autoridades francesas. Entre os colaboradores do *Courrier* estavam dois outros aventureiros da mesma estirpe, Perkins MacMahon e John Goy. O primeiro, um padre católico irlandês que foi expulso da sua ordem, nascera e fora criado na França. Tinha fugido com uma jovem da sua paróquia em Rouen e acabou ganhando a vida escrevendo relatos escandalosos sobre a corte francesa para jornais ingleses e também para periódicos franceses. Goy deixara a França havia mais tempo e passara a maior parte da sua vida adulta na Inglaterra dando aulas e fazendo traduções para a embaixada de seu país. Tornou-se subchefe de redação do *Courrier*, mas foi despedido depois de passar alguns documentos comprometedores para Receveur.

O jornalismo, especialmente a variedade francesa publicada na relativa segurança de cidades estrangeiras, proporcionou empregos, intermitentemente, para muitos conterrâneos que tentavam manter a máxima distância da Bastilha — e, mais ainda, do abominável presídio Bicêtre ("prisioneiro foragido de Bicêtre" era um dos mais execrandos insultos dos panfletos). O mais conhecido dentre eles foi Simon-Nicolas-Henri Linguet, que se mudou para Londres com seu *Annales politiques, civiles, et littéraires* ao ser libertado da Bastilha em 1782. Enquanto tentava manter seu periódico vivo, publicou *Mémoires sur la Bastille* (1783), o mais influente dentre todos os livros que propagavam o ponto de vista de que a monarquia se degenerara em despotismo. Linguet recebera tratamento bastante favorável em *Le diable dans un bénitier*, mas mantinha distância da maioria dos expatriados. Segundo a polícia, sua aceitação em Londres não foi nada estelar e ele transferiu sua base de operações para Bruxelas em 1785. Os demais jornalistas eram mascates literários obscuros cuja vida alternava entre mansardas e prisões. Certo sieur Maurice, que sobrevivera em Paris fazendo bicos literários — como secretário e censor para a polícia, como redator da *Gazette de France* —, buscou refúgio em Londres depois de ser preso por seu envolvimento na falência do príncipe de Guémenée. Ainda de acordo com a polícia, ele se mantinha principalmente atuando como cáften da esposa. Certo sieur Saint-Flozel, que dizia chamar-se Lefebvre, colaborou no *Journal encyclopédique* de Bouillon e trabalhou como secretário da embaixada francesa em

Coblentz até ser despedido por fazer "falcatruas".[10] Ele então juntou forças em Londres com o abbé Séchamp, que fugira da França para evitar a prisão por cumplicidade no assassinato de um rico comerciante de Nantes. Eles tentaram lançar uma revista filosófica/filantrópica, como a *Correspondance Universelle sur ce qui Intéresse le Bonheur de l'Homme et de la Société* de Brissot, mas acabaram voltando ao tráfico de libelos — ou assim pareceu à polícia, que identificou Séchamp como um dos intermediários nas negociações entre Receveur, Boissière e Pelleport.

Em Grub Street, Receveur também cruzou com muitos outros refugiados que mereceram breves notas em *La police de Paris dévoilée*: um dilapidado barão de Navan, que desertara de seu regimento e tentara impingir libelos a Receveur e Goesman; certo chevalier Joubert, outro desertor, que acompanhara Pelleport a Londres, onde passou a prestar serviços a Receveur e depois tentou ludibriá-lo com provas falsificadas; certo sieur Doucet, que também fugira das dívidas na França e da prisão para devedores em Ghent, a quem Pelleport tentou contratar para copiar o manuscrito de *Les passe-temps d'Antoinette* (para que fosse vendido a Receveur numa caligrafia que não a sua); certo chevalier Echelin, ex-cafetão e informante da polícia no submundo homossexual de Paris, que passara sete anos como prisioneiro e espião nas penitenciárias de Paris e depois tornou-se informante em Londres, onde ofereceu seus serviços a Receveur (seus préstimos foram recusados por ser ele totalmente indigno de confiança); certo sieur Lamblet, um suíço que lecionava línguas em Londres e associou-se a Pelleport, que acabou incriminando-o falsamente como o autor de *Les passe-temps d'Antoinette*; e certo sieur Belson, que fingia ser médico, com o nome de la Boucharderie, e acabou se envolvendo nas intrigas de Goesman e Boissière enquanto espionava tanto para os britânicos como para os franceses.

Foi essa súcia de mascates literários do círculo de conhecidos de Pelleport que deu um verdadeiro baile na polícia francesa pelas ruas de Londres, segundo o documento publicado em *La police de Paris dévoilée*. E esse núcleo foi se matizando em círculos cada vez mais amplos de personagens igualmente dúbias e ainda mais obscuras. O *registre* da polícia, como Manuel o designa, incluía 39 deles[11] e mostrava como seus caminhos se cruzavam nas Grub Streets de Londres e como suas vidas se entrelaçavam no submundo dos aventureiros que viviam cortejando desastres e acumulando ressentimento contra o regime do qual haviam fugido. Assim foi com dom Louis, um monge que escapara com alguns medalhões roubados de seu mosteiro. A polícia encontrou-o produzindo literatura sediciosa num apartamento em Hampstead. Ele redigira um tratado anticatólico, *L'enfer fermé et le paradis ouvert à tous les hommes*, e estava trabalhando ativamente num ataque geral à monarquia francesa, *Histoire des rois de France cités au tribunal de la raison*. Um ex-jesuíta e ex-prisioneiro chamado Delatouche era um caso semelhante. Depois de ser libertado de uma prisão em Rennes, emigrou para Haia, onde se casou com uma prostituta, e depois para Londres, onde produzia um *Courrier de Londres* repleto de diatribes contra a França. La Rochette, um geógrafo exilado, e Ipreville, um matemático *émigré*, também vociferavam contra tudo que fosse francês, embora ficassem apenas nas invectivas, membros de "um grupo de agitadores radicais que se reúne na loja de Boissière".[12] Para além dessa orla dos "agitadores", a polícia localizou uma chusma de criminosos explícitos, dispostos a fazer qualquer coisa por dinheiro. Desertores do exército, padres exonerados de suas ordens, fraudadores de falências, escriturários que fugiram com o caixa da empresa, fugitivos acusados de roubo e assassinato, jogadores e trapaceiros de toda espécie — uma galeria e tanto de patifes. Manuel provavelmente esperava que suas biografias fossem boa leitura para um público ávido de deliciar-se com revelações sobre as condutas dissolutas do Ancien Régime. Mas teria ele dado alguns retoques para torná-las mais vendáveis?

Na apresentação dos relatórios da polícia, Manuel insiste que não alterou uma palavra sequer.

> Encontrei anotações sobre eles [os expatriados franceses em Londres], que reproduzi tal como eram. Ninguém que seja suspeito ou acusado poderá reclamar de mim. Estou lhes oferecendo uma oportunidade, que jamais teriam de outra maneira, de exigirem justiça ou clemência.
>
> A polícia nunca teve o direito de julgar um cidadão em segredo, mas todo cidadão deve estar sempre pronto para prestar contas de sua vida para o povo francês.[13]

Como sugere o tom defensivo, Manuel talvez estivesse receoso de que seu livro fosse tomado como uma indiciação dos libelistas, não da polícia, ou considerado um libelo. O fato é que a obra apresenta muitas das qualidades estilísticas do gênero: anedotas curtas e sensacionalistas sobre figuras proeminentes; alusões provocadoras para atrair o leitor; nomes famosos semidisfarçados com reticências; escândalos relatados pelo simples deleite no escândalo, sem qualquer relevância para a narrativa. Nada sugere que Manuel tenha modificado os documentos que cita, é verdade; por outro lado, quando não os cita diretamente, ele os parafraseia para ressaltar os aspectos mais chocantes e, no prefácio, promete revelar os pecados de muitos *"nobres poderosos e de alta estirpe"*. Seu livro expõe-nos "tal como eu os vi, com suas fraquezas, vícios e crimes".[14] E ele manteve sua palavra.

Grandes trechos do livro consistem em nada mais que anedotas fuxiqueiras, comprimidas em uma ou duas sentenças, alinhadas em sequência, exatamente como as notícias breves e sensacionalistas em *Le gazetier cuirassé*. O formato deriva em parte das fontes utilizadas, pois a polícia costumava reformatar os relatórios de seus espiões nos moldes de uma gazeta — uma versão própria dos boletins manuscritos conhecidos como *nouvelles à la main*, que eram encaminhados para Versalhes a fim de divertir o rei e seus ministros. Manuel, porém, fez mais do que apenas reimprimir os materiais que extraiu dos arquivos da polícia. Ele os selecionou e organizou, como Morande fizera com as notícias que obtinha das suas fontes. *La police de Paris dévoilée* contém seções inteiras dedicadas a aventuras de padres em bordéis (trinta páginas), à prostituição em geral (48 páginas), a antros de jogatina (catorze páginas) e a vícios diversos (144 páginas, envolvendo principalmente anedotas curiosas ou chocantes sobre aristocratas depravados, dançarinas de cabaré e doenças venéreas). Alguns exemplos típicos:

O príncipe de Conti foi incapacitado por uma moça conhecida como Pequena F..... Ele culpa Guerin, seu conselheiro médico.

Mademoiselle Allar teve seu retrato nu pintado por le Noir. Todos a reconhecem.

O duque de... surpreendeu a esposa nos braços do preceptor de seu filho. Ela lhe disse, com impudência digna de uma cortesã: "Por que não estavas aqui, monsieur? Pois quando não tenho meu senhor, tomo os braços de meu lacaio".[15]

Essas passagens poderiam ter saído diretamente de *Le gazetier cuirassé* e correspondem em tudo ao estilo e conteúdo das muitas *chroniques scandaleu-*

ses do reinado de Luís XV. Contudo, há uma diferença. Ao contrário de seus predecessores, Manuel expõe escândalos do passado. Entre ele e seu assunto interpusera-se uma revolução e ele escreve para leitores cujas atitudes e expectativas haviam sido moldadas pelos grandes acontecimentos de 1789. Em vez de uma dedicatória convencional, o livro abre com uma carta aberta aos colegas do Clube dos Jacobinos identificando o tema principal do livro com a meta primordial da Revolução: a purificação da moralidade cívica (*moeurs*). Manuel insiste que não bastava produzir uma nova constituição: "A França tem de mudar seus costumes e tradições do mesmo modo que vem mudando suas leis".[16] A única força que poderia ser mobilizada para alcançar esse fim era a opinião pública, a qual, por sua vez, dependia de dois fatores cruciais: homens de letras independentes que denunciassem todas as formas de corrupção e uma imprensa livre que divulgasse suas ideias. Toda cidade deveria nomear um beletrista para promover a virtude e reprimir o vício — não por insinuações e ironias, como faziam os autores da moda no Ancien Régime, mas por argumentos livres e vigorosos. Verdade: era disso que a França precisava — isto é, lições viris sobre virtude cívica que fortalecessem a sociedade organizada, do mesmo modo que os censores haviam formado a fibra moral da Grécia e de Roma na Antiguidade: "A grande força que molda a moralidade é a *opinião* e esta jamais será eficaz se for acompanhada de tíbia condescendência. A polidez hipócrita só debilitará o caráter de todos. [...] Lições! Verdades! É isso o que devemos a nós mesmos. Que críticas e repreensões sinceras expulsem de nossos lares as calúnias covardes".[17] Em vez das ágoras de outrora, o censor moderno usava a imprensa. Contudo, críticas e admoestações não são censura. Manuel adverte contra toda e qualquer restrição à palavra impressa e prega a liberdade de imprensa como se espalhasse o evangelho de uma religião civil.

> Falemos isso agora, falemos isso sempre: é especialmente a liberdade da *imprensa* que conservará para o povo todos os benefícios da *revolução*. Tipografias são mais úteis que paróquias; se a pátria tivesse apóstolos como os da religião de outrora, então os ricos que não sabem o que fazer com sua fortuna correriam para fundar gráficas, como no passado se fundavam capelas; e como patronos dessas instituições, assegurariam que missionários da filosofia as usariam para disseminar os princípios da *constituição* por toda a nação.[18]

Essas noções, oriundas de Rousseau e de diversas linhagens de republicanismo civil, podem ser encontradas espalhadas nos escritos de todos os revolucionários. A linguagem pode soar falsa para os ouvidos modernos, mas incorpora o tipo de retórica que permeava toda a política da revolução, desde as primeiras sessões dos Estados Gerais até a Convenção, e que agradava particularmente os membros do Clube dos Jacobinos, a saber, a retórica da denúncia. "Foi preciso coragem para que eu denunciasse os culpados", Manuel escreve em sua epístola aos jacobinos.[19] Ao contrário dos libelistas do Ancien Régime, que expunham os vícios do clero e da corte em tom ligeiro, como se quisessem entreter seus leitores, Manuel apresenta-se como alguém que ousou retirar os véus que encobriam a podridão moral. Não há o menor indício de humor em seus escritos. Ele não está brincando com seus leitores, nem divertindo-os com jogos de palavras, nem provocando-os com alusões semiocultas. Não: ele está denunciando a corrupção moral e fazendo-o abertamente, como o seu nome na página de rosto proclama. Somente compreendendo plenamente os males que afligiam o Ancien Régime os cidadãos recém-liberados da França poderiam se proteger da escravidão futura: a contrarrevolução alimentava-se da corrupção e o despotismo poderia reviver caso houvesse algum enfraquecimento das *moeurs*.

Este é um argumento capaz de justificar qualquer tipo de combate à corrupção e é preciso dizer que Manuel trouxe à tona grande quantidade de sujeira ao vasculhar os arquivos da polícia — não apenas em *La police de Paris dévoilée* (1790), dois volumes, mas também em *La Bastille dévoilée* (1789), oito *livraisons* em quatro volumes, e *La chasteté du clergé dévoilée* (1790), dois volumes. Todas essas compilações vieram das mesmas fontes e divulgavam a mesma mensagem: para a Revolução ser vitoriosa, precisaria expurgar do povo politicamente organizado toda a imoralidade herdada do Ancien Régime. Se alguém duvidasse dessa conclusão, deveria consultar os documentos publicados ao longo da série. Todos os volumes baseiam-se em documentos capturados depois da queda da Bastilha; todos expõem escândalos; e todos o fazem do mesmo modo, recorrendo às mesmas metáforas. Manuel passou os dois primeiros anos da Revolução desvelando, desmascarando e escancarando as cortinas que haviam ocultado os horrores até o despertar de uma nova era de abertura.

Seu maior achado foi um lote de cartas que Mirabeau havia escrito na prisão de Vincennes e que a polícia guardara em seus arquivos depois de permitir que fossem lidas pelos destinatários. Entre elas havia algumas acaloradas cartas de amor enviadas por Mirabeau a sua amante, Sophie de Monnier, que abandonara o marido para fugir com ele e que estava definhando em outro presídio, vítima tanto da paixão como de uma lettre de cachet. Como o título sugere, *Lettres originales de Mirabeau, écrites du donjon de Vincennes pendant les années 1777, 78, 79 e 80, contenant tous les détails sur sa vie privée, ses malheurs, et ses amours avec Sophie Ruffei, marquise de Monnier* (*Cartas originais de Mirabeau, escritas dos torreões de Vincennes durante os anos de 1777, 78, 79 e 80, contendo todos os detalhes de sua vida privada, suas desventuras e seu caso de amor com Sophie Ruffei, marquesa de Monnier*) (1792), dois volumes, pode ser considerado um libelo, como as "vidas privadas" do Ancien Régime. Para a mãe de Mirabeau, que se tornou também sua herdeira após sua morte em abril de 1791, o livro era uma publicação estritamente comercial que não só difamava o filho como violava os direitos que ela teria ao seu patrimônio. Ela processou Manuel, que se defendeu no tribunal argumentando ser apenas um patriota que queria cumprir sua obrigação denunciando os abusos do Ancien Régime. Manuel usara o mesmo argumento num "discurso preliminar" incluso no *Lettres* e foi o suficiente para o caso ser arquivado. (Chegou a ser transferido para outro fórum mas foi abandonado depois da queda da monarquia em 10 de agosto de 1792.)[20]

Qualquer que seja o estatuto legal das publicações de Manuel — *La police de Paris dévoilée* e todas as outras —, elas levantam questões sobre a carreira revolucionária de seu autor. Teria sido ele um jacobino determinado a acabar com o vício ou um subliterato que só queria vender livros? Ele realmente acreditava em todo esse desvelamento e desmascaramento, ou usava esse pretexto para explorar um novo mercado literário criado pela Revolução e sôfrego de novas revelações sensacionalistas sobre o Ancien Régime? Suas denúncias expressavam um engajamento genuíno na política jacobina, ou eram mero recurso retórico, adaptado para um novo tipo de libelo que se adequava melhor ao clima político criado em 1789?

A resposta a essas dúvidas deve parecer óbvia para aqueles que acreditam que todo compromisso ideológico pode ser explicado por interesses egoístas. Mas essa suspeita moderna de carreirismo talvez seja inapropriada para entendermos um autor tragado pelo vórtice da Revolução Francesa. Antes de tirarmos conclusões precipitadas, seria melhor fazermos uma pergunta mais simples e mais direta: Quem foi Pierre Manuel? Uma resposta pode ser encontrada no último desses quatro libelos entrelaçados.

4. A vida secreta de Pierre Manuel

Vie secrète de Pierre Manuel (1793), o último desta série de libelos, leva a história dessas obras interligadas e suas imagens para o âmago da Revolução. O desenho da página de rosto continua a tendência de simplificação e austeridade exemplificadas por *La police de Paris dévoilée*.

Reduzido a cinco palavras em fonte ultra black, o título conclama o leitor como a manchete de um cartaz: Manuel, um dos deputados mais conhecidos da Convenção, tinha uma vida secreta! E provavelmente era sórdida, pois a epígrafe em latim (Virgílio, *Eneida*, livro II, verso 65: "Pelo crime de um, conhece a todos") começa com uma palavra que seria evidente a qualquer um, mesmo sem o menor conhecimento de latim: *Criminé*. Manuel teria tido uma vida secreta no crime e, ao abrir o livro, ter-se-ia acesso a um relato de suas malfeitorias. Entretanto, a página de rosto dá sinais conflitantes. Para começar, o nome do autor está ausente, de modo que o livro poderia ser um libelo escrito por algum borra-papéis anônimo contratado pelos inimigos de Manuel. Por outro lado, a indicação ostensiva, na parte inferior da página, do endereço da gráfica onde foi impressa, sugere que esta não era uma publicação clandestina. Embora *Vie secrète de Pierre Manuel* não tenha data de publicação, a obra circulou no verão de 1793, depois de Robespierre ingressar no Comitê de Salvação Pública e de seus inimigos, os girondinos, terem fugido ou desaparecido na prisão.

Como aliado dos girondinos, Manuel era um alvo óbvio para a vitoriosa esquerda montanhesa radical. Será que esse ataque a ele representava uma nova linha política sendo divulgada pelo novo governo revolucionário?

O livro tem uma espécie de frontispício; porém, em vez de aparecer no lugar habitual, oposto à página de rosto, a gravura surge inesperadamente entre as páginas 6 e 7 (veja Figura 4). A ilustração separa o discurso preliminar do corpo principal do texto, que começa na página 7, de modo que há certa lógica em sua posição. Mesmo assim, ela parece incongruente — um retrato cinzelado, em papel grosso, inserido entre as folhas finas do panfleto anônimo de 63 páginas — e o leitor trava contato com ela às avessas, por assim dizer, deparando-se primeiro com o seu verso, em branco, para em seguida confrontar a imagem de Manuel em uma moldura oval a encará-lo com ar confiante, tendo ao peito a faixa transversal de deputado da Convenção Nacional. É um retrato bastante lisonjeiro. Não é, certamente, uma caricatura; no entanto, a legenda logo abaixo parece ter sido extraída de algum libelo.

> P. Manuel
> Não nasci com índole delicada,
> Minha alma é sórdida e vulgar,
> Saqueei altares e traí o Estado
> Para aumentar minha fortuna.

O que está por detrás de tal incongruência?

A estranha posição do frontispício coaduna-se com a qualidade inferior da obra em si. Tudo no livro (ou panfleto, dependendo de como se define tal publicação) sugere que foi montado às pressas, com material de segunda. O papel é extremamente grosseiro — marrom-sujo na cor, desigual na textura, desfigurado por buracos e pedaços de tecido que resistiram ao processo de trituração no moinho. O texto, redigido de maneira descuidada, é dividido em três partes mal concatenadas, como se houvesse sido produzido com máxima rapidez por diversos autores. A primeira parte concentra-se no início da vida de Manuel, a parte dois em suas atividades nos primórdios da Revolução, e a parte três em sua carreira como deputado da Convenção Nacional em 1792-3. Mas a última parte também se dobra sobre os períodos cobertos pelas outras duas, empilhando anedotas sem alinhá-las numa narrativa coesa.

VIE SECRETTE

DE

PIERRE MANUEL

Criminé ab uno,
Disce omnes.   VIRG.

Se trouve à l'Imprimerie de FRANKLIN
rue de cléry Nº 75.
    et chez les Libraires du Jardin de la
Révolution.

A PARIS.

Figura 13. *Vie secrète de Pierre Manuel*, página de rosto. (Biblioteca da
Universidade de Princeton)

A história termina com uma denúncia geral do anti-herói. Depois de ter tosquiado sua base eleitoral, conspirado com a contrarrevolução e desertado da Convenção, Manuel acaba desfrutando seus ganhos imerecidos num vilarejo nos arredores de Paris. A nota de rodapé na última página, evidentemente incluída de última hora, anuncia de maneira triunfal que ele acabara de ser preso: "Soubemos há pouco que Manuel foi preso em Fontainebleau e levado para a Abbaye. [...] Que ele sirva de exemplo para qualquer outro que seja impudente o bastante para imitá-lo".[1] A prisão ocorreu em 20 de agosto de 1793. Manuel foi julgado pelo Tribunal Revolucionário em 12 de novembro e executado como contrarrevolucionário dois dias depois. *Vie secrète de Pierre Manuel* foi um chamado grotesco para a guilhotina.

Nesse aspecto, é representativo de um novo gênero, o libelo jacobino. Mesmo assim, deriva de uma linhagem da literatura difamatória que floresceu ao longo do século XVIII: as biografias hostis, que normalmente tinham títulos começando com "*Vie privée de...*" ou "*Vie secrète de...*". Ao revelarem a vida privada de figuras públicas, pretendiam destruir reputações e solapar-lhes o poder. No caso de Manuel, o biógrafo anônimo deixou sua intenção bem clara com um pouco de moralismo canhestro num "discurso preliminar". Ele adverte os leitores que a Revolução abrira caminho para uma nova raça de hipócritas chegar ao poder, ainda mais pérfidos do que os padres e cortesãos do Ancien Régime. Esses aventureiros e intriguistas fingiam-se de patriotas a fim de se eleger ou obter nomeação para os novos cargos criados pela Revolução e, uma vez instalados, tiravam proveito de tudo que estivesse sob seu comando para enriquecerem às custas do povo. Manuel era o epítome desse tipo de gente. Na primeira parte do texto, um esboço de sua juventude — reforçado por alguns remates no final da parte três — mostra o quanto ele se esforçara para desvencilhar-se de suas origens humildes e subir na vida sob as condições adversas do Ancien Régime.

Nascido numa família pobre de comerciantes de roupas masculinas em Montargis (na verdade, ele nasceu em Nemours em 14 de dezembro de 1753 e foi criado em Montargis), Manuel saiu-se bem o suficiente na escola local para que seus pais, na esperança de vê-lo padre, o enviassem a um seminário em Sens, onde conseguiu polir suas maneiras o bastante para ser visto como um *petit-maître* [janotinha]. Ele brilhava em sala de aula e fora das classes lia obras filosóficas e ia aprendendo a se dar bem com as mulheres (tudo isso de acordo com *Vie secrète*). Entre suas conquistas estava a filha de um rico burguês, que acabou sendo abandonada grávida e sem perspectiva de um casamento decente, enquanto Manuel avançava para coisas maiores: a vida regalada e os prostíbulos de Paris. No início, fazia cobranças e prestava outros pequenos serviços para o pai, mas gastava todo o dinheiro consigo mesmo. Quando essa fonte de renda secou, vestiu a sotaina novamente; com extrema lábia, conseguiu ingressar no seminário Saint Louis, onde chegou a lecionar teologia. Entretanto, como vivia deixando escapar comentários voltairianos no refeitório, acabou sendo expulso e se viu de volta à sarjeta sem um centavo no bolso. Precisou refugiar-se por um tempo em Montargis, onde foi acolhido por uma irmã, que se casara com certo "Desnoyers, tabaqueiro e mestre de bilhar".[2] (O autor anônimo fornece nomes e detalhes concretos suficientes para firmar sua autoridade como uma espécie de repórter investigativo do século XVIII.) Manuel retornou a Paris e passou uma breve temporada em outra casa religiosa, quando por fim deixou a Igreja em favor do que prometia ser sua verdadeira vocação, o comércio de livros.

O relato dessa fase da carreira de Manuel na primeira parte de *Vie secrète* refere-se apenas a um "pequeno emprego no comércio livresco", mas a parte três dá mais detalhes.[3] Em 1785, Garnery, um tipógrafo e livreiro na rue Serpente, ofereceu um quarto a Manuel em troca de sua ajuda na oficina. Manuel corrigia provas, produzia textos para alguns "libelos"[4] e distribuía material para os mascates. O apoio desses mascates, diz a narrativa, foi o impulso inicial de sua carreira revolucionária, pois participaram da sua campanha para eleger-se representante distrital na Comuna e ajudaram-no a obter uma posição estável no governo municipal, onde acabou chefiando o órgão responsável pela fiscalização do comércio livresco. Em vez de reprimir com força policial as publicações não autorizadas, como acontecia no Ancien Régime, Manuel deixou os mascates, livreiros e tipógrafos livres para fazer o que quisessem. Sob esse aspecto, diz *Vie secrète*, ele merece elogios. Fiel a seus princípios iluministas, "agiu como um verdadeiro *philosophe*".[5] Ao mesmo tempo, porém, descobriu que poderia usar o poder para encher os bolsos. Seu cargo lhe conferira acesso a uma rica provisão de documentos dos arquivos da polícia e da Bastilha. Examinando-os, compilou dossiês sobre padres flagrados em bordéis — material suculento de impecável autenticidade, reunido pela própria polícia e ideal para oferecer a um público sequioso de anedotas escandalosas do Ancien Régime.

Manuel vendeu os dossiês a um editor por mil *livres* cada um, além de receber 3 mil *livres* de Champion de Cicé, arcebispo de Bordeaux, em troca da supressão de parte do material mais comprometedor. O resultado, *La chasteté du clergé dévoilée*, foi publicado em dois volumes, bem a tempo de faturar em cima da atmosfera anticlerical criada pelos debates em torno da Constituição Civil do Clero em 1790. Mas não teve valor algum para a causa revolucionária, diz *Vie secrète*, pois a divulgação de escândalos servia apenas para corromper a moral dos jovens, não para inspirá-los com os ideais de austeridade republicana. Em suma, como qualquer libelista do Ancien Régime, Manuel denunciara a corrupção apenas para ganhar dinheiro.

Depois dessa lição sobre o uso de cargos públicos para ganhos pessoais, Manuel nunca mais olhou para trás, segundo *Vie secrète*. No livro, a narrativa de seus delitos emaranha-se em repetições e cronologias confusas, provavelmente porque o texto foi montado às pressas, como vimos. Mas o ponto principal fica claro: tendo aprendido a arte da difamação antes de 1789, Manuel continuou a praticá-la durante a Revolução. Os documentos da polícia a que tinha acesso forneceram-lhe material para infindáveis "desvelamentos" — *La Bastille dévoilée*, *La police de Paris dévoilée* e *La chasteté du clergé dévoilée*. *Vie secrète* só se refere a essas compilações em diversos volumes de passagem e apenas para enfatizar a motivação subjacente a todas: Manuel não publicou material escandaloso dos arquivos do Ancien Régime por um anseio patriótico de servir à Revolução; ele explorou a Revolução para fazer fortuna. *Vie secrète* afirma que ele vendeu uma das compilações para Garnery por 12 mil *livres* e ainda complementou essa renda chantageando pessoas que não queriam que suas fichas policiais fossem a público.

O maior golpe de Manuel foi *Lettres originales de Mirabeau, écrites du donjon de Vincennes pendant les années 1777, 78, 79 e 80, contenant tous les détails sur sa vie privée, ses malheurs, et ses amours avec Sophie Ruffei, marquise de Monnier*. Embora exalte o papel de Manuel nesta publicação como um ato de patriotismo — novas revelações de abusos do Ancien Régime —, *Vie secrète* condena a obra como uma mera especulação comercial. Por ocasião de sua morte, quando era presidente da Assembleia Nacional em 1791, Mirabeau destacou-se aos olhos do público como o mais audacioso e mais visível líder da Revolução. Suas cartas de amor a Sophie Monnier eram material eminentemente publicável e Manuel extraiu o máximo do seu valor de mercado retirando-as dos arquivos e publicando-as com Garnery em janeiro de 1792. De acordo com o relato desse incidente em *Vie secrète*, as cartas renderam uma enorme quantia de dinheiro e o processo criminal resultante foi um bônus adicional na forma de publicidade favorável. O juiz, um reacionário associado à causa monarquista, tentou condenar Manuel como agitador, mas este se defendeu com tanta eloquência que quase provocou um tumulto. O caso foi arquivado. Com a fama recém-adquirida de paladino do povo e depois de nomeado promotor público (*procureur*) da Comuna, Manuel participou da deposição da monarquia em 10 de agosto de 1792, destacando-se como um dos mais proeminentes jacobinos eleitos para a Convenção.

Até esse ponto, *Vie secrète* oferece um relato relativamente favorável da carreira política de Manuel. É verdade que ele demonstrara uma deplorável paixão por bons proventos, mas sempre se alinhara com as pessoas do povo e promovera o programa da esquerda. Na parte três, porém, *Vie secrète* mostra como a contradição entre a vida privada e a vida pública acarretou o desastre inevitável: Manuel aquiesceu à corrupção e, com isso, passou para o lado da contrarrevolução. Quando participou da Convenção, já se sentava com a direita e votava com os girondinos, revelando suspeita solidariedade com a causa do rei. Durante o julgamento do monarca, tentou burlar o procedimento de votação de modo a salvar a vida de Luís XVI. Não tendo êxito, abandonou a Convenção, relegando suas responsabilidades públicas a fim de desfrutar em particular de seus ganhos ilícitos. Ele acumulara uma fortuna, não apenas com empreendimentos editoriais mas também servindo-se dos bens de luxo que tinham sido confiscados pela República ou doados a ela por patriotas. Quando se retirou para Montargis, sua conduta afrontosa alienara até mesmo seus concidadãos e ele quase foi morto durante um tumulto em março de 1793. Manuel começou a viver na clandestinidade quando *Vie secrète* estava sendo impressa, mas foi preso bem a tempo de permitir a inserção da nota de rodapé anunciando o fim de sua história: Manuel estava no calabouço, aguardando a inevitável pena máxima, um exemplo de como a Revolução poderia dar errado se fosse permitido que as pessoas erradas a conduzissem.

A história toda era propaganda jacobina, é claro. Seguia a doutrina robespierriana da necessidade da virtude numa república e expressava uma tendência da esquerda, de lidar com seus inimigos por meio da denúncia à espera da solução da guilhotina. O endereço na página de rosto — "à l'Imprimerie de

Franklin, rue de Cléry nº 75" — é o mesmo de outros libelos parecidos dessa fase da Revolução, o ano II (1793-4): *Vie secrète et politique de Brissot* (Imprimerie de Franklin, An II, reimpresso no mesmo ano como *Vie privée et politique de Brissot*); *Vie de L.-P.-J. Capet, ci-devant duc d'Orléans* (Imprimerie de Franklin, An II); e *Vie privée et politique de J.-R. Hébert* (Imprimerie de Franklin, An II). A gráfica Franklin, localizada na rue de Cléry, ficava a apenas algumas portas da tipografia que produzira *Vie privée de l'ex-capucin François Chabot et de Gaspard Chaumette* (rue de Cléry nº 15, An. II). Os títulos e endereços em comum sugerem uma campanha da parte dos robespierrianos para conquistar a opinião pública durante a fase crucial do Terror, quando tentaram se consolidar no poder. Evidentemente, eles não achavam suficiente eliminar os adversários — fossem os de direita (Brissot, Manuel e Orléans) ou os de esquerda (Hébert, Chabot e Chaumette) — pela guilhotina; era preciso destruir suas reputações também. Por isso levantaram os podres de suas vidas privadas e os divulgaram por meio dessas *vies privées*, usando as mesmas gráficas e o mesmo modelo adotado pelos escritores de aluguel durante o Ancien Régime.

Essa continuidade não deve surpreender, pois todos os libelos difamavam suas vítimas da mesma maneira, a despeito das variações de tom e de contexto. Fosse no espírito da zombaria ou da indignação, sempre retiravam o véu que ocultava a vida privada de seus alvos e expunham algum escândalo ligado a assuntos públicos. As diferenças nos quatro libelos examinados até aqui correspondem a fases na evolução de um grande corpo literário. *Le gazetier cuirassé* marca o apogeu da torrente de calúnias contra Luís XV e as principais figuras do seu reinado. Apesar da linguagem radical, dirigia-se aos leitores num tom jocoso, mesclando injúria e brincadeira num estilo derivado das crônicas escandalosas do século XVII. Essa qualidade lúdica transparece também em *Le diable dans un bénitier*, que transforma a própria polícia em objeto de motejo, revelando a história de seus esforços para pôr fim à calúnia e à difamação durante o reinado de Luís XVI. *La police de Paris dévoilée* traz a história para a época revolucionária, mas abaixa o tom: a indignação moralizante passa a dominar a narrativa, ainda que muitos detalhes sensacionalistas continuem instigando o apetite dos leitores de índole lasciva ou ávidos de fortes emoções. Em *Vie secrète de Pierre Manuel*, o sensacionalismo cede lugar à denúncia e a difamação torna-se um tipo de propaganda para o Terror.

A sucessão de libelos também reflete imagens sucessivas dos autores de Grub Street. Cada obra vincula-se às antecedentes e cada uma reforça a qualidade autorreferencial que percorre toda a corrente, desde Morande caracterizando-se como intrépido gazeteiro, Pelleport parodiando a polícia da perspectiva de seus antagonistas e Manuel autoglorificando-se como o patriota que tudo desmascarou — até ele próprio ser desmascarado pela mais letal das *vies privées*. Mas será que a linha termina aqui?

5. O fim da linha

Quem escreveu *Vie secrète de Pierre Manuel*? O catálogo da Bibliothèque Nationale de France, seguindo o *Dictionnaire des ouvrages anonymes* de A.-A. Barbier, atribui essa obra e três outras "vidas privadas" jacobinas a um certo Pierre Turbat.[1] Todavia, nenhuma dessas fontes, nem qualquer uma das inúmeras bibliografias dedicadas à Revolução, oferece alguma confirmação ou faz referência a qualquer informação sobre Turbat.

Se ele realmente escreveu todas as obras que aparecem em seu nome no catálogo da Bibliothèque Nationale, Turbat conseguiu cobrir uma ampla gama do espectro ideológico, mudando de posição a cada lufada de vento. Ao violento robespierrismo de seus libelos de 1793-4 (supondo que tenha sido efetivamente o autor) seguiu-se um periódico ferozmente antirrobespierriano, *Petite Feuille de Paris*, em 1794-5, no qual, pela primeira vez, seu nome surge impresso. Ele se identifica como P. Turbat, natural de La Charité-sur-Loire, e descreve sua índole como "um caráter vivaz e independente, como amor ardente pela liberdade de meu país".[2] Contudo, esse amor pela liberdade não o impediu de aderir a todas as reviravoltas políticas da reação termidoriana e, em 1798, cruzou a linha que separava a reação do monarquismo. Em *Procès de Louis XVI* (1798), ele narra o julgamento e execução do rei de modo a transformar Luís em mártir, complementando a história com documentos que extraíra dos arquivos do

Tribunal Revolucionário, mais ou menos como Manuel publicara excertos dos documentos da Bastilha.

O próprio Manuel é personagem da última publicação de Turbat, que trata do mesmo assunto, mas de um ponto de vista ultramonarquista, dizendo--se escrita por um "amigo do Trono": *Les Tuileries, le Temple, le Tribunal Révolutionnaire et la conciergerie, sous la tyrannie de la Convention* (1814). Turbat descreve Manuel com desdém, como "um homem que pretendeu ser filósofo e foi o autor da pretensiosa carta ao rei que começava com as palavras: 'Senhor, eu não gosto de reis'".[3] Manuel incluíra essa observação provocadora no início de uma carta aberta a Luís XVI em 1792, causando grande rebuliço. Em 1814, porém, a frase já soava como um eco de um passado que ia assumindo o caráter de mito. Turbat cita-a durante um relato sentimental sobre os últimos dias do rei e acrescenta outro comentário atribuído a Manuel, batendo na mesma tecla. Segundo Turbat, Manuel visitou Luís XVI na prisão do Templo logo após a abolição da monarquia em 21 de setembro de 1792, e descreveu o encontro da seguinte maneira: "Julguei que deveria informá-lo da fundação da república: 'Não és mais rei', disse-lhe. 'Eis uma bela oportunidade de tornares-te um bom cidadão.' Ele não me pareceu abalado. [...] Falei-lhe de nossas conquistas [...] e anunciei--lhe que 'a queda de reis está tão próxima como a das folhas das árvores'".[4]

Uma cena dramática, sem dúvida. Mas teria realmente ocorrido? Teria Turbat escrito as obras atribuídas a ele? Quem, de fato, era ele? A partir daqui as evidências desaparecem, e a trilha dos libelos se extingue nas areias ideológicas instáveis do século XIX.

6. Bibliografia e iconografia

Embora *Vie secrète de Pierre Manuel* utilize técnicas difamatórias desenvolvidas pelo gênero "vidas privadas" ou "vidas secretas" do Ancien Régime, a obra faz parte da cultura política da Revolução. Mescla palavras e imagens de maneiras concebidas para agradar os jacobinos e que parecem estranhas aos leitores modernos. Para entendê-las, devemos reexaminar o texto da perspectiva da bibliografia e da iconografia.

O frontispício, naturalmente, pertence à frente de um livro, por mais primitivo que seja. Portanto, o frontispício deslocado no libelo contra Manuel merece uma explicação e a melhor explicação implica um breve desvio pela análise bibliográfica. Como lembrete para aqueles que não são bibliógrafos, é preciso ressaltar que os primeiros livros modernos eram compostos em folhas e que cada folha continha diversas páginas de texto, organizadas de tal modo que pudessem ser dobradas em cadernos — havia uma dobra (com quatro páginas) nos livros em formato in-fólio, duas dobras (oito páginas) nos livros in-quarto e três dobras (dezesseis páginas) nos livros in-oitavo. Os cadernos, identificados por assinaturas como A, B e assim por diante no alfabeto tipográfico de 23 letras, eram costurados e cortados de tal modo que as páginas se ordenassem sucessivamente. *Vie secrète de Pierre Manuel* foi produzido em formato in-oitavo em meias folhas. (As vergaturas verticais do papel indicam o formato in-oitavo, usado costumeiramente em publicações desse tipo.) Portanto, cada caderno contém quatro folhas ou oito páginas (e não oito folhas ou dezesseis páginas) e as assinaturas avançam sem interrupção de A a H, não restando nenhuma sobra de papel. A descrição bibliográfica do livro (8°: A^4 — H^4) indica a sua estrutura extremamente simples: oito meias-folhas costuradas sem nenhum material adicional — exceto a estampa de Manuel.

Em geral, livros e panfletos continham folhas preliminares, usadas para os conteúdos iniciais — página de rosto, título de entrada, dedicatória e sumário — e a sequência principal de assinaturas começava no início do texto propriamente dito. Todavia, este não é o caso de *Vie secrète de Pierre Manuel*. O livro não contém nenhum material preliminar. A página de rosto serve também de capa e é a primeira página do primeiro dos oito cadernos do volume. Como o livro não possui título de entrada ou qualquer tipo de capa, o frontispício não pôde ser inserido na posição costumeira — depois de uma folha preliminar, defronte à página de rosto. Em vez disso, foi colado (como se fosse material suprimido) entre as duas últimas folhas do primeiro caderno. Com isso, o que a gráfica ganhou em papel, perdeu em requinte. O caráter descuidado do produto sugere que ninguém estava muito preocupado com requintes tipográficos: foi um trabalho tosco, realizado às pressas.

Mas então por que sequer incluir um frontispício? Ou qualquer tipo de ilustração? Pode parecer estranho, visto que os frontispícios eram geralmente usados em publicações mais elegantes. A verdade é que reproduções baratas de todos os tipos — caricaturas, cartazes, *canards*, pôsteres e gravuras dos acontecimentos do dia — inundaram as ruas de Paris durante a Revolução. Eram produzidas em grande quantidade e baixo custo pelas lojas da rue Saint Jacques, dependuradas para venda ao longo dos embarcadouros, expostas com proeminência em livrarias, apregoadas por vendedores ambulantes e coladas em paredes pela cidade inteira. Muitas delas eram retratos dos líderes revolucionários. O povo, sedento de informações sobre os acontecimentos políticos, queria conhecer a cara da nova raça de políticos e o tipo de vida privada que levavam antes de despontarem no cenário público. Uma reprodução era um par perfeito para uma *vie privée* e figuras públicas como Manuel iam deixando atrás de si uma trilha de imagens à medida que galgavam os postos de liderança da Revolução.

Se seguirmos essa trilha, obteremos bastante informação sobre Manuel e o modo como ele era visto pelo povo. Embora nunca tenha conquistado a fama de um Marat ou Danton e esteja hoje praticamente esquecido, exceto por alguns poucos especialistas em história da Revolução Francesa,[1] ele era um dos deputados mais renomados quando a Convenção Nacional se reuniu pela primeira vez em 21 de setembro de 1792 para resolver uma quantidade estarrecedora de problemas: o destino de Luís XVI, a criação de uma nova república, a defesa do país contra exércitos invasores da Áustria e da Prússia, e a crescente hostilidade do movimento sans-culotte em Paris, que irrompera com os terríveis massacres de 2 a 6 de setembro.

Manuel deveu sua eleição ao apoio dos militantes parisienses. Embora *Vie secrète de Pierre Manuel* ofereça um relato tendencioso de sua biografia, a maioria dos fatos está correta. Depois de tentar, sem muito sucesso, ganhar a vida e conquistar um nome para si como homem de letras antes de 1789, ele descobriu uma nova carreira no funcionalismo parisiense criado pela Revolução — inicialmente como defensor veemente do Terceiro Estado em seu distrito eleitoral, depois como representante na Comuna de Paris e, em 1790, como administrador no gabinete do prefeito, responsável por fiscalizar o comércio livresco. Graças ao apoio do Clube dos Jacobinos, onde se tornou conhecido por sua oratória enfática e sem rodeios, foi eleito promotor público (*procureur*) da Comuna em 2 de dezembro de 1791. Nesse cargo, adquiriu certa notoriedade ao redigir uma carta aberta ao rei, aquela mencionada por Pierre Turbat, que começava: "Senhor, eu não gosto de reis", e prosseguia recomendando que Luís XVI confiasse a educação do delfim a Bernardin de Saint-Pierre, um escritor rousseauniano muito popular. Manuel foi suspenso de seu cargo por cumplicidade com a insurreição de 20 de junho de 1792, quando uma multidão hostil invadiu o Palácio das Tulherias e forçou o rei a brindar à saúde da nação. Mas foi reintegrado a tempo de participar da derrubada da monarquia em 10 de agosto. Durante as seis semanas seguintes, foi arrastado pela onda dos sans-culottes, que arrebatou a tudo e a todos até engolfar Paris inteira nos Massacres de Setembro. Embora tenha intervindo para salvar algumas vidas, permaneceu leal aos líderes mais radicais da Comuna — inclusive Robespierre, Collot d'Herbois e Billaud-Varennes — durante os massacres e, portanto, destacou-se como um paladino do povo nas eleições para a Convenção. Quando se sentou com a radical delegação parisiense em 21 de setembro, seu retrato estava sendo vendido nas ruas junto com os de outros deputados proeminentes.

Não é possível traçar a origem desses retratos, mas as imagens de Manuel que circulavam pelas ruas provavelmente derivaram, por meio de gravuras e cópias de cópias, de um retrato que se encontra hoje no Musée Historique de Versailles — o qual, aliás, também tem passado incerto. Talvez o próprio Manuel o tenha encomendado, possivelmente em algum momento da primavera ou verão de 1792, quando já despontava como um dos políticos mais populares de Paris, embora apresentasse laivos claros de vaidade de acordo com um observador particularmente sagaz.

Em *Considérations sur les principaux événements de la Révolution Française* (1818), madame de Staël incluiu uma descrição de Manuel ao relatar como ela sobrevivera aos Massacres de Setembro. Nos últimos dias de agosto, quando rumores da catástrofe iminente começaram a circular, ela se considerava a salvo. Seu marido, o barão de Staël-Holstein, embaixador da Suécia, havia deixado Paris, mas a embaixada sueca, onde ela permanecera, não era um alvo provável das turbas. Dois de seus melhores amigos, contudo, haviam sido presos sob suspeita de simpatias aristocráticas e, no início de setembro de 1792, os sans--culottes estavam pedindo a matança dos prisioneiros. Havia boatos de uma conspiração contrarrevolucionária que poderia irromper a qualquer momento nas prisões, contribuindo para uma carnificina interna enquanto inimigos invadiam o país do exterior. A França declarara guerra à Áustria em 20 de abril, confiante de que seus exércitos não demorariam a sair vitoriosos. Mas a ofensiva francesa estancou; Lafayette, um dos generais mais renomados do país, desertara para o lado inimigo; e os austríacos, junto com seus aliados prussianos, haviam tomado as fortalezas mais importantes na fronteira francesa. Avançaram impetuosamente sobre Verdun e nada parecia ser capaz de detê-los antes que tomassem Paris e massacrassem todos os que resistissem. O Manifesto Brunswick, promulgado pelo comandante dos exércitos austro-prussianos em 25 de julho, ameaçava os sans-culotte com tal sina. Eles reagiram conclamando um contramassacre que eliminasse o perigo que jazia nas prisões e lhes permitisse enfrentar os invasores numa batalha até a morte. As ruas foram tomadas por arruaceiros e o ar pesava com palavras loucas e ferozes. Intrigas, chacinas, um levante para purgar a terra da contrarrevolução — tudo parecia possível.

A situação era tão desesperadora, do ponto de vista de madame de Staël, que nada poderia salvar seus amigos exceto a intervenção de última hora de alguém que detivesse algum tipo de poder. Mas quem? Ela vasculhou a lista de todos os membros da Comuna, na esperança de encontrar um salvador, até que seus olhos bateram no nome de Manuel, que lhe evocou vagas lembranças. Não era ele um daqueles escritores obscuros que se esforçara para escapar dos escalões inferiores da República das Letras às vésperas da Revolução? Ele havia publicado a correspondência de Mirabeau com um prefácio que demonstrava desejo de reconhecimento, ainda que não muito talento. Talvez ele pudesse ser persuadido por alguém que, afinal, tinha conduzido um dos mais importantes salões do mundo literário antes de 1789.

Um pedido de audiência frutificou-se num encontro no escritório de Manuel às sete da manhã — "uma hora bastante democrática" — do dia 1º de setembro. Enquanto aguardava a chegada do procurador, a baronesa estudou o ambiente: "Vi seu retrato, pintado por encomenda, em sua mesa, o que me deu a esperança de que, no mínimo, ele talvez fosse vulnerável a apelos a sua vaidade".[2] Nem todo líder sans-culotte defendia a causa do povo sentado em uma mesa com o próprio retrato exposto diante de si… Enternecido por madame de Staël, Manuel não permitiu que suas ligações plebeias o impedissem de partir em auxílio a alguns aristocratas. Ele foi generoso, heroico mesmo, segundo a reconstrução dos acontecimentos feita por madame de Staël: ordenou a libertação de seus amigos e, no dia seguinte, salvou-lhe a vida. Pois enquanto tentava fugir de Paris numa carruagem puxada por seis cavalos montados por lacaios de libré — uma tentativa de estupeficar os sans-culottes que saiu pela culatra —, ela foi cercada pela multidão e conduzida para ser interrogada no Hôtel de Ville. Lá voltou a encontrar Manuel, que recebia relatos sobre a carnificina e enviava emissários para tentar contê-la, mas deixou de lado a sanguinolência por um instante e levou-a a seu escritório. Madame de Staël lá permaneceu por sete horas, observando pela janela os carniceiros, cobertos de sangue, virem dar notícias para a Comuna. Naquela noite, Manuel, em sua própria carruagem, acompanhou-a de volta a sua residência. Quando eram parados por grupos de sans-culottes, ele gritava: "Procurador geral da Comuna" e todos abriam passagem. Com a ajuda de um novo passaporte que Manuel lhe obtivera, madame de Staël escapou no dia seguinte para a segurança da Suíça.

O retrato que madame de Staël examinou tão atentamente é, quase com certeza, o que hoje está pendurado no Musée de Versailles, o único quadro conhecido de Manuel. Em sua ambientação atual, a obra impressiona: Manuel, sentado ereto numa pose nobre e grave, olha diretamente para o observador. É um desenho a pastel muito bem-acabado de um dos mestres do Ancien Régime que decidiu apoiar a Revolução: Joseph Ducreux. A despeito de algumas encomendas importantes anteriores a 1789 (o duque de Choiseul o enviara a Viena para produzir o primeiro retrato oficial de Maria Antonieta depois de seus esponsais com o futuro Luís XVI), Ducreux não conseguiu ser aceito pela Academia Real de Pintura e Escultura. Assim como Jacques-Louis David, seu amigo íntimo, tornou-se um ardoroso jacobino. Recebeu com alegria a transformação das instituições culturais perpetrada pela Revolução e retratou seus líderes principais, incluindo Mirabeau, Barnave, Saint-Just e Robespierre. O retrato de Manuel colocou-a em boa companhia jacobina.

A coleção de reproduções na Bibliothèque Nationale de France contém oito retratos de Manuel, todas gravuras em água-forte ou aquatinta.[3] A maioria não traz indício algum de sua origem, mas numa delas há a seguinte inscrição: "Ducreux pinxt P.M. Alix Sculptr", que significa que Alix realizara a gravura com base no quadro de Ducreux. A legenda diz:

P. MANUEL
Procurador Geral da Comuna de Paris em 1792;
Deputado da Convenção no Primeiro Ano da República Francesa;
Autor de *L'année française* em 4 volumes;
de *Coup d'oeil philosophique sur Saint-Louis*;
de *La police dévoilée*;
Editor de *Lettres de Mirabeau*.
Na residência do autor, rue Christine nº 2.

Como indica, a gravura é uma peça de publicidade favorável para Manuel logo após sua eleição para a Convenção. Apresenta-o como um homem de letras que se tornou servidor público, listando suas obras mais respeitáveis como se fossem uma espécie de currículo positivo, deixando de mencionar suas publicações mais dúbias. A gravura talvez também visasse fazer numerário, pois a legenda especifica que ela poderia ser adquirida de Manuel em sua própria residência. E tem certa semelhança familial com outras reproduções, que foram possivelmente copiadas desta ou adaptadas com pequenas alterações.

A despeito das semelhanças, porém, as demais reproduções pertencem a outros contextos e transmitem outras mensagens. Uma foi produzida após a sua morte; sabemos disso porque inclui a data em que foi executada. Outra é

Figura 14. Retrato de Manuel, por Joseph Ducreux. (Etablissement du musée et du domaine de Versailles)

idêntica ao frontispício de *Vie secrète*, porém sem legendas, e foi cortada de tal modo que é impossível saber algo sobre sua origem; pode ter sido extraída de um livro ou, como parece mais provável, circulou independentemente, como outras reproduções populares. Dois outros retratos datam com certeza dos primórdios da Convenção e foram vendidos em livrarias e por mascates como

P. MANUEL,

Procureur de la Commune de Paris en 1792; Députée à la Convention; l'An Premier de la République Française.

Auteur de l'Année Française en 4 Volumes; du Coup d'Œil philosophique sur St. Louis; de la Police Devoilée; éditeur des Lettres de Mirabeau.

A Paris, chez l'Auteur, rue Christine, No. 2.

Figura 15. Gravura de Manuel. (Bibliothèque Nationale de France, Département des estampes, D203608)

P. MANUEL

Procureur de la Commune de Paris en 1792.
Député à la Convention Nationale ; l'An I.er de la Repub.e Française.

A Paris chez Basset, Rue S.t Jacques au coin de celle des Mathurins.

Figura 16. Gravura de Manuel. (Bibliothèque Nationale de France, Département des estampes, D203610)

toda literatura de interesse passageiro em 1792-3. O primeiro, uma litografia por Auguste Bry, informa apenas que estava à venda na livraria de Rosselin, Quai Voltaire. O segundo traz uma legenda neutra para identificar Manuel e dá como origem a gráfica de Basset na esquina da rue Saint Jacques com a rue des Mathurins.

Uma caricatura de fevereiro de 1790 mostra esse estabelecimento. O cão bassê na placa sobre a porta é um rébus que evoca Paul-André Basset, um dos

Figura 17. Gravura satírica sobre a secularização das ordens monásticas. (Bibliothèque Nationale de France, Collection Vinck 3362)

produtores e negociantes de reproduções mais importantes do final do século XVIII,[4] que fez fortuna adaptando a produção de imagens às mudanças no clima político. Na década de 1780, lançou panegíricos a Luís XVI; na de 1790, aderiu à linha jacobina; e depois de 1800, passou a celebrar Bonaparte. Ele aqui retrata sua própria loja ao fundo de uma cena que é um comentário indecente da secularização dos monastérios: dois monges têm a barba aparada e recebem roupas para a vida civil; o que vemos em primeiro plano, um estereótipo do homem de batina hipersexuado, está bolinando a moça que lhe faz a barba.

No interior da loja há uma vendedora sentada atrás do balcão, com várias reproduções à sua frente. Outras reproduções estão expostas do lado de fora da porta e um mascate sai da loja carregando gravuras que serão vendidas nas ruas. A caricatura que está à mostra no pacote do mascate é uma das reproduções mais conhecidas de 1789, um protesto contra a exploração do Terceiro

Figura 18. Detalhe mostrando a loja de Basset. (Bibliothèque Nationale de France, Collection Vinck, 3362)

A FAUT ESPERER Q'EU JEU LA FINIRA BEN TOT.

l'auteur en Campagne Ap. 1780.

Figura 19. Gravura protestando contra a exploração dos camponeses. (Bibliothèque Nationale de France, Collection Vinck 2793)

Estado mostrando um prelado e um nobre cavalgando nas costas de um camponês recurvado. Para deixar a mensagem inequívoca, a legenda é reproduzida num pedaço de papel pregado no saco: "É de esperar que este jogo acabe logo".

As imagens de Manuel circularam nesse tipo de cenário e, tal como a reprodução de Basset, transmitiam mensagens ideológicas. Certa caricatura, uma estampa monarquista de dezembro de 1792, coloca Manuel na companhia dos republicanos radicais que lideraram os ataques a Luís XVI. Enquanto um bando variado de agitadores tenta salvar a nação — representados como uma escultura de gelo derretendo sob os raios projetados por um sol Bourbon —, ele tropeça ignominiosamente num monte de esterco no centro do desenho, acompanhado de seu notório, "Senhor, eu não gosto de reis". Os jornalistas ao seu redor — Brissot, Carra, Gorsas, Fauchet, Desmoulins e Audouin — pertencem às diferentes facções da esquerda que dominaram a Convenção quando esta se reuniu pela primeira vez.

Todavia, a esquerda esfacelou-se com o grande debate em torno do destino do rei em janeiro de 1793 e Manuel tipificou essa vacilação. Embora não hesitasse em declarar Luís XVI culpado de traição, não foi capaz de votar em favor da execução imediata do rei. Abandonou a Convenção tão logo a sentença de morte foi pronunciada, demitiu-se e retirou-se para sua cidade natal, Montargis. Em março, já era amplamente reputado como um moderado — ou, em termos jacobinos, um girondino contrarrevolucionário — e quase foi assassinado num tumulto local. Escondeu-se então nos arredores de Paris, mas foi perseguido e encontrado depois da derrubada dos girondinos em 31 de maio, e acabou sendo executado em 14 de novembro como um coconspirador.

As reviravoltas dramáticas na carreira revolucionária de Manuel são o tema principal da última gravura, um grande in-fólio que talvez tenha sido vendido nas ruas como um cartaz, mas acabou sobrevivendo em forma de livro como um *tableau* da *Collection complète des tableaux historiques de la Révolution Française* (Paris, 1798-1802). Os três volumes dessa magnífica coleção de gravuras em in-fólio oferece-nos uma visão da Revolução da perspectiva do Consulado napoleônico — uma visão que ao mesmo tempo afirma as mudanças fundamentais produzidas em 1789-92 e condena os excessos de 1793-4. O volume II contém retratos de sessenta pessoas que, na opinião dos editores anônimos, desempenharam os papéis mais importantes na Revolução. Cada retrato ocupa uma página inteira e é composto de três partes: uma estampa do busto

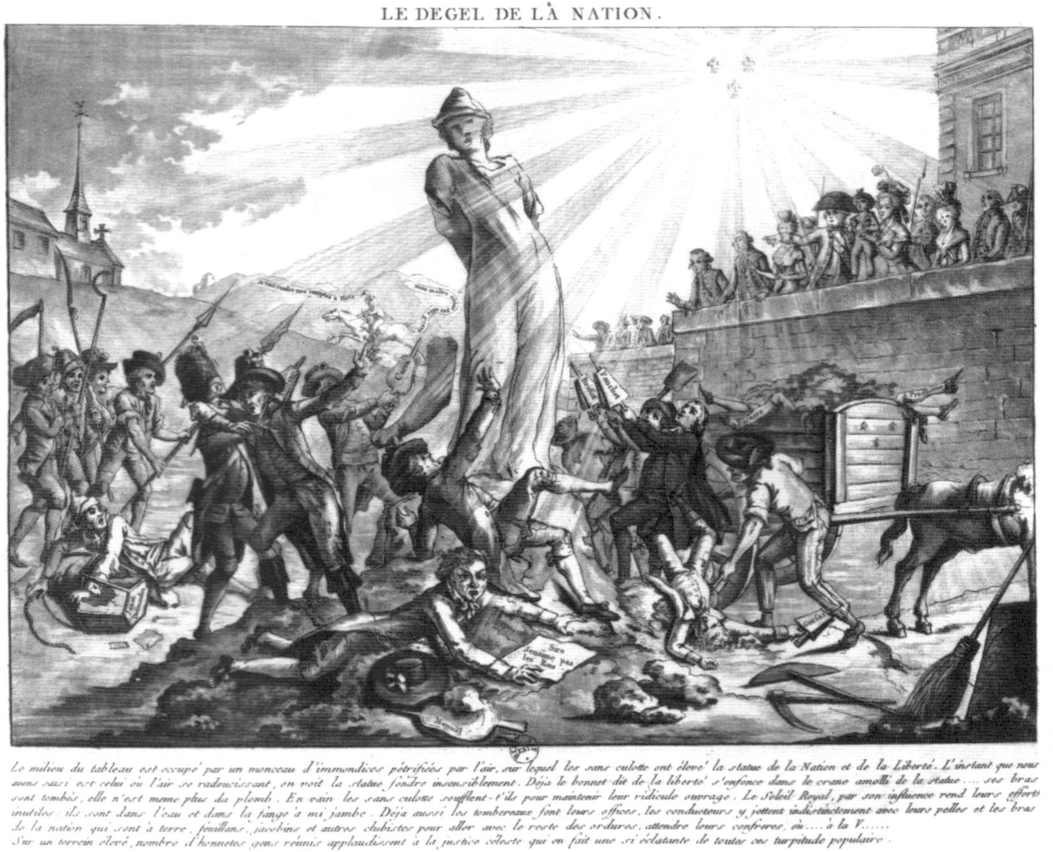

LE DEGEL DE LÀ NATION.
Sire Jeanne pas les Rois
Manuel
Le milieu du tableau est occupé par un monceau d'immondices pétrifiées par l'air, sur lequel les sans culotte ont élevé la statue de la Nation et de la Liberté. L'instant que nous avons saisi est celui où l'air se radoucissant, on voit la statue fondre insensiblement. Déja le bonnet dit de la liberté s'enfonce dans le crane amolli de la statue.... ses bras sont tombés, elle n'est meme plus du plomb. En vain les sans culotte soufflent-t'ils pour maintenir leur ridicule ouvrage. Le Soleil Royal, par son influence rend leurs efforts inutiles: ils sont dans l'eau et dans la fange à mi jambe. Déja aussi les tombereaux font leurs offices, les conducteurs y jettent indistinctement avec leurs pelles et les bras de la nation qui sont à terre, feuillans, jacobins et autres clubistes pour aller avec le reste des ordures, attendre leurs confreres, où.... à la V......
Sur un terrein élevé, nombre d'honnetes gens réunis applaudissent à la justice céleste qui en fait une si éclatante de toutes ces turpitude populaire.

Figura 20. Caricatura monarquista de 1792 retratando Manuel ao centro de um grupo de radicais. (Bibliothèque Nationale de France, Département des estampes, Collection Vinck, 4364)

da personagem, a imagem de algum evento em que esteve envolvida e um texto ornamental ou "discurso histórico contendo a vida privada e política do indivíduo retratado". Combinando texto e imagem, cada *tableau* constitui um "retrato" no sentido mais pleno da palavra, destacando a imagem com um esboço biográfico — como os que floresceram na literatura francesa desde Jean de La Bruyère e Madeleine de Scudéry.

Muitas das minibiografias, inclusive a de Manuel, têm certa afinidade com os libelos, como a introdução deixa claro ao enfatizar o tratamento que elas dão à "vida privada" das personagens. As gravuras e as descrições verbais caminham de mãos dadas, como em *Vie privée de Louis XV* e outros clássicos clandestinos do Ancien Régime. Portanto, o último e mais elaborado retrato de Manuel mostra como diversos elementos foram se aglutinando numa visão retrospectiva da Revolução que já consolidava em ortodoxia na época em que Napoleão tomou o poder.

O retrato na moldura circular assemelha-se a outras estampas de Manuel e poderia derivar do pastel de Ducreux. A imagem imediatamente abaixo mostra Manuel sendo atacado por uma turba de jacobinos hostis durante o tumulto em Montargis em março de 1793. Uma minúscula inscrição sob a imagem identifica-a como obra de Jean Duplessi-Bertaux, pintada e gravada por ele no Ano VIII (1799-1800). Como Ducreux, Duplessi-Bertaux obtivera algumas encomendas importantes durante o Ancien Régime, mas nunca chegou à Academia Real de Pintura e Escultura. Também ele seguiu os passos de David e envolveu-se na política cultural revolucionária. Tornou-se um jacobino ardoroso e produziu pinturas e gravuras de acontecimentos revolucionários até 1800. Muitas delas foram publicadas na edição de 1802 de *Tableaux historiques de la Révolution Française*, que celebrou-o como "o CALLOT da nossa era". Por retratarem cenas violentas, lembram as águas-fortes sobre as atrocidades da guerra produzidas por Jacques Callot por volta de 1630, embora tenham também uma qualidade monumental e uma placidez clássica que evocam os antigos baixos-relevos. A escolha de tema sugere simpatia pelas conquistas básicas da Revolução, combinada com repugnância pelo Terror, ou o que chamavam de "maratismo". Essa posição, uma espécie de jacobinismo moderado bem condizente com os primeiros anos do Consulado, transparece claramente nos textos ornamentais sob os *tableaux* de Duplessi-Bertaux.

O esboço biográfico de Manuel retrata-o como inconsistente e insincero, um oportunista que se lançou no movimento radical das Seções de Paris só para repudiá-lo depois de ter conquistado eminência graças a ele. Aqui está a sinopse da "vida privada e pública" de Manuel, tal como apresentada a público pela última vez.

Se alguém durante a Revolução ostentou a capacidade de idealizar noções revolucionárias em um momento e uma conduta vacilante em outro, foi certamente Manuel. Difícil saber como interpretar um caráter tão estranhamente contraditório, considerando sua declaração pública de ódio aos reis e suas lamentações diante da condenação do último rei dos franceses; suas ligações íntimas com os partidários do maratismo e sua corajosa oposição às atividades daquele partido; o amor que professava pela filosofia e pela humanidade e seu papel nos execráveis massacres de 2 e 3 de setembro. Tende-se a acreditar que ele só se declarou partidário de Marat a fim de se eleger para a Convenção e que, no final, se envergonhou dos excessos que cometera.

De origens humildes, tornou-se mestre-escola. Mais tarde, conquistou um nome para si publicando *De la police dévoilée*. Adulando a gente comum e proclamando-se inimigo dos reis, conseguiu ser nomeado procurador da Comuna. Ainda ocupava o cargo por ocasião dos levantes de 10 de agosto e assumiu responsabilidade pelo sucesso daquele dia. Ainda ocupava o mesmo cargo por ocasião do morticínio nas prisões em 2 de setembro. Ele próprio admitiu isso, pois durante seu interrogatório [perante o Tribunal Revolucionário] disse que vira lá dois cadáveres ainda palpitantes. Ao que parece, pouco fez para coibir essas atrocidades, visto que elas continuaram a acontecer. Mais tarde, foi escolhido deputado para a Convenção. Mas, desde o início, rompeu com todos os seus colegas da deputação parisiense. Ingressou no partido da Gironda e tornou-se um dos mais ardentes inimigos dos jacobinos.

Durante o julgamento do último rei, Manuel, que era um dos secretários da Convenção responsáveis pela tabulação dos votos, foi acusado de manipular a contagem e mostrar-se inequivocamente parcial em sua atitude. Alguns dias depois, renunciou e retirou-se para Montargis, sua cidade natal. Não demorou a ser caçado por agentes dos maratistas e dos orleanistas, e acabou sendo atacado por uma turba de loucos, que o deram por morto. Pouco depois, foi preso e levado perante o Tribunal Revolucionário, que o condenou ao cadafalso.[5]

Figura 21. Retrato e esboço biográfico de Manuel em *Tableaux historiques de la Révolution Française*. (Bibliothèque Nationale de France, D203603)

Como deixam claro as imagens reproduzidas neste capítulo, o frontispício de *Vie secrète de Pierre Manuel* (veja Figura 4) pertence ao gênero de reproduções populares vendidas nas ruas de Paris ao longo da década revolucionária. Essas estampas não podiam ser vendidas abertamente sob o Ancien Régime porque, de modo geral, a polícia parisiense conseguia coibir o pendor satírico dos artistas e gravuristas da rue Saint Jacques. Apesar da produção clandestina e de importações do estrangeiro, a França nunca chegou a ter uma cultura política visual comparável às caricaturas que floresceram abertamente na Londres de Hogarth, Gilray e Rowlandson. Depois da queda da Bastilha, porém, a rue Saint Jacques tornou-se palco de frenética atividade; os mascates vendiam grandes quantidades não só de reproduções mas também de panfletos, atendendo a demanda de um povo ansioso por conhecer o rosto dos homens cujas "vidas privadas" eram expostas por escrito. Como atesta a produção descuidada desses panfletos ilustrados, eles destinavam-se a leitores comuns. Diferentemente das boas gravuras, vendidas a dez *livres*, as reproduções baratas chegavam a custar apenas dez *sous* (havia vinte *sous* em cada *livre*), quase o mesmo que um panfleto de tamanho médio e metade do preço de um livro pequeno.[6] Trabalhadores especializados, como serralheiros ou tipógrafos, ganhavam de quarenta a cinquenta *sous* por dia, o bastante para investir trinta *sous* em uma "vida privada" com frontispício, mas não o suficiente para que talvez não preferisse lê-la numa taverna ou clube político.

Imagens eram às vezes anexadas a textos na literatura clandestina do Ancien Régime, é claro. Alguns libelos traziam frontispícios que combinavam retratos ponderosos com epígrafes injuriosas, exatamente como em *Vie secrète de Pierre Manuel*. *Anecdotes sur madame la comtesse du Barry* (1775), o grande best-seller desse gênero, mostra a amante real defronte à página de rosto, como se o livro captasse tanto a imagem verdadeira como a história confidencial de sua anti-heroína. Sob o retrato bastante atraente, a legenda diz:

Insípida, sem talento, do seio da infâmia,
Ela foi elevada ao trono.
Contra uma cabala inimiga
Ela jamais conspirou;
E desatenta aos sinais de perigo da ambição,
Ela, fantoche de intriguistas, reinou apenas por seus encantos.

Vie secrète de Pierre Manuel conforma-se com este modelo bem estabelecido. A continuidade dessa técnica — o contraste entre palavras e imagens — é o elo entre a panfletagem contra Luís XV e a propaganda do Terror.

No entanto, quando os tipógrafos reuniram esses ingredientes em *Vie secrète de Pierre Manuel*, verificaram ser impossível colocar o frontispício na página oposta à de rosto sem acrescentar mais uma meia folha e, por isso, inseriram-na numa posição conveniente do primeiro caderno. Na sofreguidão de se montar um ataque a um eminente girondino, o tipógrafo-chefe da Imprimerie de Franklin, rue de Cléry nº 75, talvez não tenha tido tempo hábil para encomendar uma nova gravura. Em vez de investir numa obra original, ele provavelmente recorreu ao estoque de reproduções disponíveis em lojas nas proximidades da rue Saint Jacques, como a de Paul-André Basset, que produzira a gravura de Manuel vendida nas ruas alguns meses antes. Os gravadores podem ter retocado uma antiga chapa e acrescentado o epitáfio injurioso que contesta a imagem — como o verso incluído sob o frontispício de madame du Barry.

Só podemos especular sobre a natureza exata do processo de produção. Mas, qualquer que tenha sido o procedimento adotado, os impressores combinaram o material visual com o texto biográfico de uma maneira que seria familiar para seus clientes. Em muitas outras obras difamatórias envolvendo políticos revolucionários aconteceu o mesmo. Eu consegui identificar 38 libelos desse tipo. A maioria tem títulos que começam com *Vie privée* ou *Vie secrète* e catorze deles contêm retratos, geralmente na forma de frontispícios com legendas depreciativas. *Vie secrète de Pierre Manuel* é um exemplo típico de um gênero mais abrangente: o libelo revolucionário.

A dimensão iconográfica dessa literatura não chega a surpreender. Os leitores queriam conhecer a aparência dessas figuras e interpretar-lhes o semblante em busca de pistas sobre seu caráter. Graças aos retratos visuais e também textuais, podiam comparar a pessoa interna com a pessoa externa e deleitar-se com o frisson de ver a vilania posta a nu. Ou, caso simpatizassem com as vítimas, poderiam resistir ao argumento textual e buscar traços redentores em um político exposto ao opróbrio público. De uma ou de outra maneira, a mensagem era transmitida por metáforas visuais e verbais de desvelamento ou desmascaramento. Mais do que qualquer outro libelista, o próprio Manuel explorara esse registro retórico em *La police de Paris dévoilée* e em suas outras obras. Em *Vie secrète de Pierre Manuel*, ele foi vítima dos mesmos recursos que aperfeiçoara.

MADAME LA COMTESSE
DU BARRY

Sans esprit, sans talens, du sein de l'infamie
      Jusques au trône on la porta :
      Contre une Cabale ennemie
      Jamais elle ne complotta :
Et de l'ambition ignorant les allarmes,
Jouet des intriguans, regna par ses seuls charmes.

Figura 22. *Anecdotes sur madame la comtesse du Barry*, frontispício. (Cópia particular)

Figura 23. Retrato em *Vie politique de Jérôme Pétion*. (Bibliothèque Nationale de France, L27n.16130)

JAC. P. BRISSOT,
Député du Département de Paris, à l'Assemblée Législative, en 1791,
et à la Convention Nationale, en 1792.

Cet auteur si fameux, qui de la comédie
Atteignit le vrai but, fit de si beaux portraits,
Un siecle avant le mien, devina mon génie;
Il composa Tartuffe et rendit tous mes traits.

Figura 24. Retrato de Brissot, provavelmente de uma estampa avulsa vendida nas ruas, inserido como frontispício em *Vie privée et politique de Brissot.* Outras cópias dessa obra não incluem a estampa; a inserida nesse exemplar quase certamente foi adquirida de um mascate. (Cópia particular)

Não é um final feliz — e, talvez, tampouco seja uma conclusão satisfatória, pois esse argumento é suscetível a uma objeção fundamental: embora pareça razoável supor que os libelos foram concebidos de modo a provocar reações específicas nos leitores, quem há de saber como os leitores os liam?

7. Leituras

O problema da recepção dos leitores não tem solução fácil. Como penetrar a mente de pessoas que se esforçavam para interpretar a palavra impressa mais de dois séculos atrás e que praticamente não deixaram registro de suas reações? Às vezes, deparamos um comentário rabiscado nas margens, um apontamento num diário, um parágrafo num caderno de anotações, uma referência numa carta, um relatório de livreiro, um memorando de um informante da polícia, uma descrição numa obra de ficção ou um ensaio de algum contemporâneo fascinado pela disseminação da leitura como fenômeno social. Mas como compor essas evidências fragmentárias num quadro geral confiável? Como investigar os múltiplos hábitos de leitura, que podem variar infinitamente? Como distinguir as reações aos libelos das atitudes em face de outros tipos de escritos? E como extrapolar as reações individuais para entender uma postura coletiva que, na falta de expressão melhor, chamamos de opinião pública? As dificuldades parecem tão insuperáveis que somos tentados a abandonar o empreendimento e restringir nossa pesquisa aos textos em si. Em vez de lidar com pessoas de verdade, talvez possamos nos ater às personagens imaginárias evocadas por alguns críticos literários — os "leitores implícitos" a quem os textos parecem se dirigir e os tipos de leitura que os livros parecem pressupor.[1]

Mas um ceticismo hipercrítico acerca das evidências disponíveis pode ser paralisante. Por que não examinar os poucos documentos que sobreviveram e verificar se eles permitem ao menos algumas conclusões provisórias? Aqui está, por exemplo, o relatório de um espião da polícia sobre a leitura de libelos em um café parisiense, Chez Maugis, na rue Saint Séverin, provavelmente em 1729.

> Das nove da manhã até tarde da noite, [o café Chez Maugis] é ponto de encontro de advogados, promotores, livreiros e mexeriqueiros [*nouvellistes*], que exibem e leem toda espécie de libelos difamatórios. Ali as pessoas falam abertamente sobre todos os assuntos — de Estado, finanças e relações exteriores — e os relatos são confirmados por livreiros que têm correspondentes na Inglaterra, Holanda e Genebra.[2]

Na época, Paris tinha no mínimo 380 cafés. Se os libelos já provocavam tanta discussão em 1729, o que dizer do falatório que incitaram em 1789, quando os parisienses podiam conversar sobre fatos e boatos em pelo menos oitocentos cafés e outros 2 mil botequins?[3] Segundo uma descrição do tumulto provocado por um tratado antigoverno em 1788, os garçons dos cafés do Palais-Royal fizeram uma "fortuna" alugando o livreto. Além disso, os leitores memorizavam passagens inteiras para poderem declamá-las a qualquer um que não tivesse conseguido uma cópia.[4]

Os cafés funcionavam como centros nervosos que transmitiam mensagens para toda a população politizada de Paris no século XVIII. Além de servir café, eram polos de divulgação de notícias — na forma de boatos e gazetas, revistas impressas legalmente e *chroniques scandaleuses* manuscritas. As informações que difundiam também podiam ser obtidas em outros pontos-chave da paisagem urbana: pontes (particularmente a Pont Neuf), mercados (especialmente o da Place Maubert), embarcadouros (notadamente o Quai des Augustins), tribunais (sobretudo a Cour de Mai do *parlement* de Paris) e os parques públicos (diante dos palácios de Luxemburgo e das Tulherias). Mascates de livros e *bouquinistes* vendiam seus produtos em todos esses lugares, que serviam como pontos de irradiação de um vasto sistema de comunicação no qual as mensagens escritas (impressas ou manuscritas) eram amplificadas pela palavra oral. Ler e conversar caminhavam junto, particularmente nos pontos de encontro favoritos dos *nouvellistes*: as livrarias, os cafés e os jardins do Palais-Royal.[5]

O Palais-Royal pertencia ao duque d'Orléans, notório nas décadas de 1770 e 1780 por sua disposição em colaborar para os tumultos que debilitaram a

Figura 25. *Nouvellistes* trocando boatos e mexericos e lendo num café do Palais-Royal. (Bibliothè-que Nationale de France)

Coroa. Depois de um incêndio em 1773, ele cercou o jardim com uma enorme arcada de lojas e apartamentos, e também alguns dos cafés mais animados da cidade (o Café du Caveau, o Café de Foy e, do lado de fora do jardim, o Café de la Régence na Place du Palais-Royal). O duque permitia que os parisienses caminhassem pelo jardim, conversando livremente sobre qualquer assunto. Ali eles podiam comprar livros ilegais nas lojas debaixo da arcada, sentar-se nos cafés para bebericar e conversar, combinar programa com um suprimento aparentemente infindável de prostitutas ou tentar a sorte em antros de jogatina. A maioria dessas atividades era ilegal, mas a polícia não podia reprimi-las sem pedir autorização ao governador do palácio, pois sob o sistema jurídico do Ancien Régime o Palais-Royal era um *lieu privilégié* (espaço privilegiado) sujeito à autoridade do duque — um príncipe de sangue real. Era no Palais-Royal que Diderot deixava vagar suas ideias — "*Mes pensées, ce sont mes catins*" ("minhas ideias são minhas putas")[6] — e foi lá que ele conversou com o livre-pensador sobrinho de Rameau. Foi em cima da mesa de um café do Palais-Royal que

Figura 26. Conversa em torno de jornais nos jardins do Palais-Royal. A figura à esquerda está lendo o *Courrier de l'Europe*, jornal francês publicado em Londres, a mais importante fonte de informações sobre a Revolução Americana e a política britânica disponível na França. (Bibliothèque Nationale de France)

Camille Desmoulins convocou os parisienses a brandirem armas, culminando na tomada da Bastilha.

Embora não pudessem prender a seu bel-prazer as figuras suspeitas que se reuniam no Palais-Royal, a polícia as mantinha sob vigilância. Muitos dossiês nos arquivos policiais mencionam livreiros que vendiam literatura proibida, mas somente alguns fazem referência a seus clientes. Em dezembro de 1774, por exemplo, Pierre-Antoine-Auguste Goupil, um fiscal do comércio livresco (e ele próprio uma personagem de reputação duvidosa, que aparecerá mais adiante neste livro), recebeu ordem do chefe da polícia para descobrir o autor, o impressor e os distribuidores de um libelo intitulado *Lettre de monsieur l'abbé Terray, ex-contrôleur-général, à monsieur Turgot, ministre des finances*. Goupil imediatamente enviou um espião para dar uma farejada no Palais-Royal. O espião encontrou a *Lettre* à venda em duas lojas e conseguiu adquirir duas cópias na principal fonte de distribuição: a loja de demoiselle La Marche, numa passagem que ligava o Palais-Royal à rue Richelieu. Segundo os relatórios de Goupil, a *Lettre* atraía uma vasta multidão para a loja, que era não mais que um quiosque ao ar livre, e seu texto difamatório provocava um bulício contínuo: "As pessoas vão à loja como se fossem assistir a uma nova peça, e isso cria uma verdadeira sensação. Ademais, a brochura incita conversas sobre as pessoas nela expostas; e embora seja bastante mal escrita, as observações cáusticas e maldosas espalhadas pela obra fazem com que ela seja vendida e lida".[7] La Marche contou ao agente de Goupil que uma continuação seria lançada em breve. Sua encomenda chegaria antes das de outras lojas e ela prometeu reservar-lhe meia dúzia de exemplares. Estimulada pelo interesse do espião por esse tipo de literatura e boa vendedora que era, fez alguns comentários comprometedores.

> Ela perguntou [ao espião de Goupil] se ele conhecia *Vie de madame du Barry*. "Naturalmente", respondeu ele; "por quê?" "Porque ainda tenho vários exemplares dos duzentos que recebi de Flandres há duas semanas." "E o senhor já tem esta nova obra?" ela então perguntou em tom de chacota. "É o *Bréviaire des chanoines de Rouen*, e vem daquela cidade." E imediatamente pegou o livro da parte de baixo do balcão, o qual estou anexando e pelo qual ela me cobrou dois *livres* e oito *sous*. Como podes ver, trata-se de uma compilação de indecências feita para corromper a moral.[8]

Cinco dias depois, Goupil deu uma batida na residência de La Marche, um apartamento modesto de sexto andar, sobre uma tabacaria, à procura de seu estoque secreto. Coletou alguns outros panfletos políticos e pornográficos, e despachou-a para a Bastilha. Ao interrogá-la, descobriu que seu verdadeiro nome era Louise Manichel. Nascera em Paris, tinha 38 anos de idade e sempre vivera do comércio de livros, como seu pai, mãe e irmã. Nenhum deles tinha permissão para tal — como, aliás, acontecia com os demais *bouquinistes* do Palais-Royal, Lesprit, Morin e Guyot, que também escondiam cópias da *Lettre de monsieur l'abbé Terray* sob o balcão. Todos vendiam as mesmas mercadorias, La Marche assegurou a Goupil. Ela de bom grado se dispôs a fornecer-lhe informações sobre o comércio de seus concorrentes e, como informante, obteria para Goupil cópias de todas as mais recentes obras ilegais, como fizera para seu predecessor, o inspetor Joseph d'Hémery, se ele ao menos a libertasse da Bastilha. Goupil, porém, tinha ordens estritas de chegar à origem da sua cadeia de fornecimento, que passava por certa Mequignon, uma *bouquiniste* na Cour de Mai do *parlement*, que mantinha um estoque secreto da *Lettre de monsieur l'abbé Terray* — escondido até de seu marido, que tinha o irritante hábito de exigir uma parte dos lucros. Madame Mequignon obtinha sua provisão de Abraham Lucas, um comerciante de livros de Rouen, que por sua vez abastecia-se com Jacques Manoury, livreiro de Caen, que era o cabeça do empreendimento todo. Goupil levou várias semanas viajando, efetuando prisões e interrogando suspeitos para tentar desemaranhar a rede de produção e distribuição. Ao longo do percurso, acumulou não só uma polpuda conta de despesas (graças às refeições que fazia nas estalagens) como também excelentes conhecimentos sobre o mecanismo dos subterrâneos da literatura — os quais ele aproveitaria muito bem mais tarde, quando passasse para o lado de lá. Seja como for, nunca chegou a identificar o impressor ou o autor da *Lettre* e, lamentavelmente para os historiadores da leitura, nunca mais escreveu relatórios sobre as pessoas que se aglomeravam nos quiosques para ler trechos de livros umas para as outras e discorrer com empolgação sobre a vida secreta dos figurões.[9]

Isso é tudo que se pode aprender com a série excepcionalmente rica de dossiês nos arquivos da polícia, mas é confirmado por uma descrição dos *bouquinistes* em *Tableau de Paris*, de Louis-Sébastien Mercier. Segundo Mercier, eles vendiam de tudo, "até livros recentemente proibidos; e embora tomassem o cuidado de não expô-los a público, mostravam-nos livremente dentro de suas lojas: esse negócio informal dava-lhes alguns centavos a mais".[10] Alguns *bouqui-nistes* eram informantes secretos da polícia, como La Marche propusera ser para Goupil: "Dentre os comerciantes instalados nas passagens que levam aos passeios públicos, há vários espiões que cumprem duas funções: identificar indivíduos sob vigilância e denunciar qualquer pessoa que ofereça brochuras ilícitas ou que indague com interesse excessivo sobre algum libelo, quase todos os quais têm títulos imaginários". Enquanto isso, os clientes se acotovelavam em torno dos quiosques e dentro das lojas para conversar e para ler: "Vemos grupos deles colados ao balcão, atraídos como por um ímã. Importunam o livreiro, que retirou todas as cadeiras do lugar para obrigá-los a ficar de pé, mas eles lá permanecem, hora após hora, reclinados contra os livros, folheando sem parar os panfletos e falando longamente sobre os méritos e possíveis impactos de obras em que mal passaram os olhos".[11]

As descrições da vida cotidiana na Paris pré-revolucionária feitas por Mercier não devem ser levadas muito literalmente, pois ele costumava retocá-las e torná-las mais pitorescas, e não hesitava infundir nelas suas opiniões pessoais. Mas ele tinha um bom ouvido para conversas corriqueiras e um olhar aguçado para a vida que se desenrolava nas ruas. Preencheu um livro inteiro, *Les entretiens du Palais-Royal* (1786), com relatos de conversas no Palais-Royal. Embora não reproduza as conversas com precisão estenográfica, transmite fielmente a maneira como as pessoas se punham a conversar, os assuntos que discutiam e o tom geral de tais colóquios. Do modo como Mercier descreve, criou-se no Palais-Royal um ambiente em que perfeitos estranhos sentiam-se à vontade para se aproximar uns dos outros e começar a discutir o que lhes passava pela cabeça. Os assuntos se alternavam rapidamente e os interlocutores mudavam a cada momento, entrando e saindo de grupos em que os mais loquazes podiam discorrer horas a fio. Apreciavam particularmente os mexericos sobre as grandes figuras do governo e da corte, de tal forma que a leitura dos libelos disponíveis nas lojas e livrarias podia desencadear conversas infindáveis.[12]

Segundo Mercier, uma calúnia impressa tinha mais probabilidade de ser levada a sério do que uma divulgada de boca em boca. E embora fosse verdade que pessoas sensatas (*les hommes sensés*) não se deixavam levar por injúrias grosseiras, estas eram minoritárias: "São apenas um punhado em comparação com os futriqueiros, os réprobos, os tolos que acreditam nas calúnias como se fossem artigos de fé, especialmente quando impressas".[13] Os libelistas inventavam boa parte do que escreviam e, no entanto, seus escritos tinham grande ressonância entre o público em geral — alguns até chegaram a enriquecer difamando os poderosos. Mercier afirma ter conhecido um deles na Holanda, um libelista que fizera fortuna coletando anedotas de informantes na França e reelaborando-as em livros e panfletos que alimentavam as discussões no Palais-Royal.

> Produzimos calúnias [explicou o libelista] e ninguém [...] mantém correspondência tão extensa quanto nós. Tribunais, cidades, famílias, claustros afluem para nós. Basta ter uma imaginação voltada para a perfídia e criar histórias que atribuem vício a uns e ridículo a outros para se ganhar tanto dinheiro quanto quiser. [...] Até as pessoas mais devotas leem nossos libelos, embora acreditem piamente só na metade do que veem a fim de evitar a danação eterna.[14]

Ainda que Mercier atribua grande poder de persuasão aos libelistas, não chega a afirmar que eles pudessem manipular a opinião pública a seu bel-prazer. Pelo contrário, observa que as reações dos leitores variavam conforme o grau de credulidade de cada um e a subcultura da população parisiense a que pertenciam. Certa notícia poderia estarrecer uma trabalhadora no mercado da Place Maubert, impressionar os artesãos do *faubourg* [subúrbio] Saint Jacques, mas despertar apenas ceticismo entre a gente mais sofisticada do *faubourg* Saint Honoré. O mesmo panfleto podia provocar discussões bem diferentes nos Jardins de Luxemburgo e das Tulherias, no Jardin du Roi e nos bulevares. Entretanto, certa credulidade predominava em todos os lugares, especialmente no Palais-Royal, o principal gânglio do sistema nervoso da cidade. Todos ali discutiam as notícias (*nouvelles*) e podiam num momento ter opinião formada sobre uma ou outra questão pública — intrigas ministeriais, relações exteriores, naufrágios ou o clima — e repudiá-la um instante depois. Não importava: todos continuariam discutindo os assuntos mais quentes da hora. Mercier descreve-os debruçados sobre panfletos e gazetas, saboreando cada sílaba impressa e logo se envolvendo em discussões acaloradas, todos convictos dos fatos e determinados a dominar o debate, aguardando apenas uma pausa na algazarra para conduzir a conversa em uma nova direção. Nadando então com a corrente, confabulariam durante horas. De tempos em tempos, corriam até um café, onde consultavam os últimos panfletos e gazetas para renovar o estoque de informações e, assim reforçados, mergulhavam de novo na discussão. Ao final do dia, retornavam para suas famílias e impingiam longas arengas nas esposas e filhos, seu público cativo à mesa de jantar, que ouviriam com estupefação as revelações sobre a vida das grandes figuras — pessoas enaltecidas, em lugares exóticos, com nomes tão estranhos que chegavam a ser assustadores.[15]

Essa *nouvellemania* (paixão por notícias) implicava a manifestação veemente de opiniões. As leituras e debates públicos levavam a vereditos sobre tudo e sobre todos.

> A impaciência de certos *nouvellistes* costuma degenerar-se em frenesi. Toda a sua existência é dedicada a percorrer os passeios públicos para ouvirem e repetirem tudo o que é dito, tudo que é impresso. E na sofreguidão de acreditarem em tudo, as conjecturas mais ingênuas tornam-se realidade diante de seus olhos. A corte, a cidade, repúblicas, reinos, o universo inteiro é seu domínio; e nunca estão mais no seu elemento do que quando emitem opiniões sobre ministros, generais de exército e até soberanos.[16]

Foi a partir dessa mistura de leituras e falatórios, grande parte incitada por *nouvellistes* de variadas estirpes, que se moldou a opinião pública. Como tantos filósofos do século XVIII, Mercier tinha fé no poder do prelo para manter o povo informado e, derradeiramente, para fazer a verdade prevalecer. Mas nunca imaginou a opinião pública como um processo de esmiuçar pontos de vista concorrentes e, por meio da crítica e da reflexão, fazer emergir um consenso racional. Em vez dessa perspectiva iluminista padrão, ele descreve a opinião pública como uma cacofonia à solta pelas ruas, que efervescia e coalescia em lugares-chave como o Palais-Royal. "É ali que fantasias se tornam realidade, que alianças são concebidas, tratados assinados, ministros demitidos, soberanos condenados à vida ou à morte."[17] Nem racional nem exata, a opinião pública não obstante atuava como uma força que poderia precipitar-se a qualquer momento sobre Paris como uma tempestade violenta — e o olho do furacão localizava-se no Palais-Royal. Em meio a todas essas discussões frenéticas nas lojas e jardins, bastaria algum Desmoulins subir numa mesa de café para que Paris inteira assolasse a Bastilha — ou assim poderíamos concluir lendo Mercier.[18]

Mas esse cenário é simples demais. Embora os libelos inflamassem as imaginações e contribuíssem para a execração coletiva do despotismo que mobilizou os parisienses em 1789, houve outras fontes de agitação e outros tipos de leitura. Em vez de imaginarmos uma linha reta de causalidade — da produção de libelos para a sua leitura, para a opinião pública, para a ação revolucionária —, seria mais exato conceber um amplo espectro de maneiras como os leitores absorviam a palavra impressa. A indignação revolucionária pode ser vista como representativa de um extremo; no outro estaria a diversão inocente, isto é, uma leitura informal e apolítica que também merece ser considerada.

A leitura como diversão assumia muitas formas, inclusive a que nos é mais familiar hoje: o consumo de ficção despretensiosa, sobretudo romances. Contudo, os franceses também se divertiam com variedades de leitura que estão hoje quase extintas. Uma delas, sugestiva do modo como encaravam os libelos, era a decifração de charadas, apresentadas de diversas maneiras: bilhetes manuscritos, artigos em revistas, cartazes impressos ou mesmo livros. Algumas combinavam palavras e imagens, como o frontispício de *Le gazetier cuirassé*. As mais requintadas eram rébus, um dos gêneros prediletos do século XVIII.[19]

Outras charadas pertenciam ao gênero dos versos humorísticos e ditos espirituosos conhecidos como *pièces fugitives*. Eram encontrados em todas as revistas literárias, como *Mercure de France*, o periódico mais popular do Ancien Régime. Em 1779, quando o barão da imprensa Charles-Joseph Panckoucke assumiu o *Mercure* e acrescentou um suplemento político à seção literária, a revista tinha 48 páginas, sua tiragem era semanal e alcançava 7 mil assinantes, sem contar muitos milhares de leitores adicionais. (O número de assinaturas aumentou durante toda a década de 1780, chegando ao ápice de 15 mil em 1789.)[20] Grandes porções do *Mercure* eram concebidas para serem lidas de maneira específica, uma mistura de entretenimento e decifração. Para "entendê-las", o leitor tinha de resolver um enigma — como no caso dos frontispícios e textos de *Le gazetier cuirassé* e *Le diable dans un bénitier*. A conhecida expressão francesa *trouver le mot de l'énigme* ("encontrar a chave [ou palavra] do enigma", vagamente equivalente a "juntar os pontos") refere-se a essa experiência, pois cada edição do *Mercure* incluía um *énigme*, que tinha de ser resolvido de maneira específica. Somente uma resposta era admissível; qualquer outra tinha forçosamente de ser descartada como interpretação equivocada. Um exemplo típico é o *énigme* publicado no *Mercure* de 3 de abril de 1784:

ENIGME
Je puis avec huit pieds offenser le prochain;
Supprimez le second, je sers un Capucin.

(Com meus oito pés posso ofender o próximo;
Suprima-se o segundo e serei útil a um capuchino.)

A resposta apareceu na edição da semana seguinte: *scandale*. A palavra tem oito letras e, se a segunda for eliminada, torna-se *sandale*. Nenhuma outra leitura é possível. A cadência e ritmo contribuíam para a vivacidade do enigma, transformando-o num *jeu d'esprit* (jogo de palavras), um tipo de adivinha extremamente popular no Ancien Régime.

A mesma edição também trazia uma *charade*.

CHARADE
Privez de mon premier et transis par le froid,
Les malheureux allaient périr tous de misère,
Lorsque de mon second le chef et digne Père
Sut terminer mon tout et calmer leur effroi.

(Privados de meu primeiro e gelados até os ossos,
Os infelizes estavam prestes a morrer da miséria,
Quando o líder e digno Pai de meu segundo
Logrou pôr fim a meus todos e acalmar-lhes o temor.)

A resposta, também publicada na edição seguinte, revelou que o charadista jogara espertamente com as lembranças do terrível inverno de 1783-4 e, ao mesmo tempo, prestara tributo ao rei, que, diante do frio descomunal, distribuíra alimentos aos pobres. Nesse caso, os números referiam-se a sílabas, não letras. "Meu primeiro", ou a primeira sílaba, era *sou* (soldo, cinco cêntimos); "meu segundo", ou a segunda sílaba, era *France*; e "meus todos" era, pois, *sou-France* — ou seja, *souffrance* (sofrimento).

Imediatamente após essas duas adivinhas na edição de 3 de abril de 1784, vinha um *logogryphe*, jogo de palavras popular que pode ser descrito como um superanagrama. Os leitores deveriam utilizar as dicas dos versos para compor

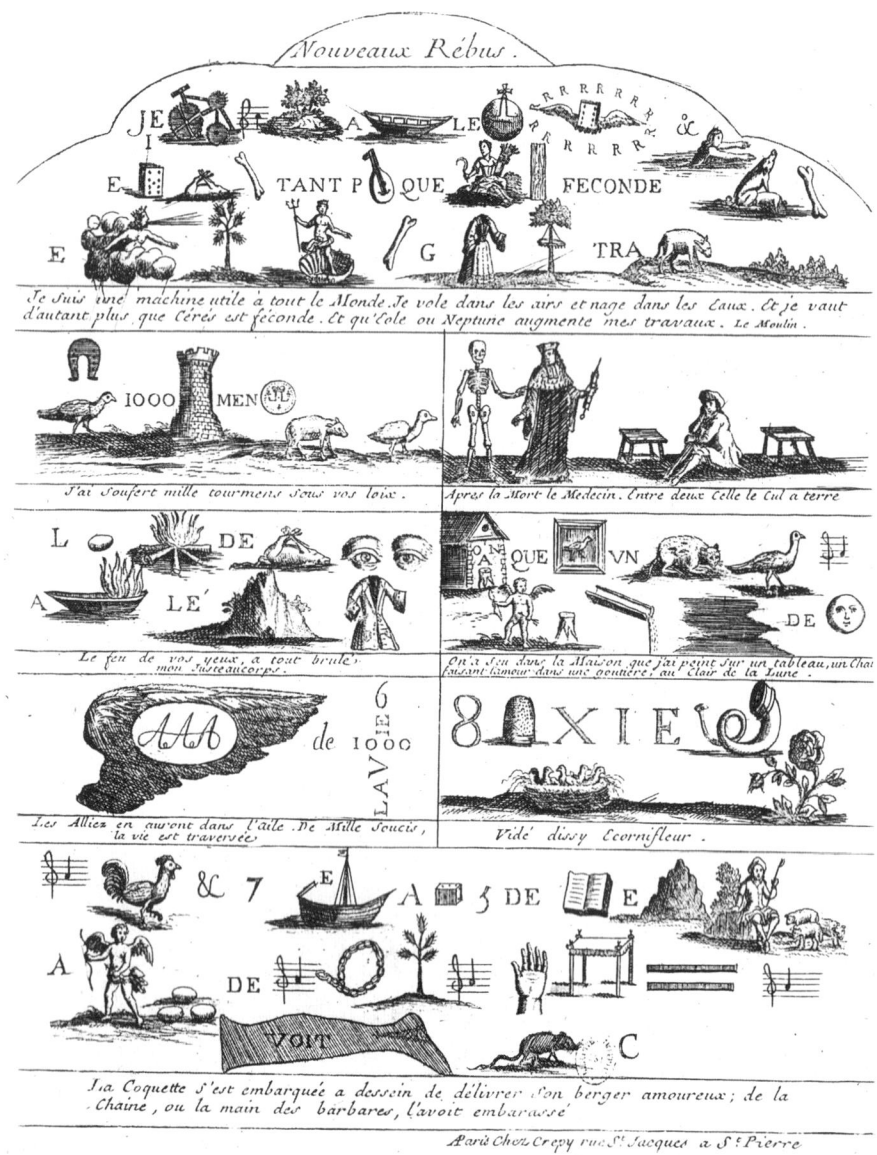

Figura 27. Um rébus típico do século XVIII. (Bibliothèque Nationale de France)

uma série de palavras, todas as quais, reordenadas anagramaticamente, estavam contidas na palavra isolada que era a resposta do enigma.

LOGOGRYPHE

Je suis un être affreux, horrible, extravagant,
Que l'amour et le jeu produisent trop souvent.
J'ai neuf pieds; cube ou rond, à tes yeux je présente
Un seul nome; une chose ou chagrine ou riante;
Un légume; un bon fruit; le contraire de mieux;
Le plus grand bien du pauvre et de l'ambitieux;
Ce que l'oiseau désire enfermé dans sa cage;
Ce qu'éprouve un beau front sur le déclin de l'âge;
L'ouvrage d'un insecte, et l'un des demi-Dieux;
Et l'instant désiré par les amants heureux.

(Sou um ser medonho, horrível, extravagante,
Que o amor e o jogo tantas vezes produzem.
Tenho nove pés; cubo ou redondo, tenho aos teus olhos
Um único nome; uma coisa lastimosa ou alegre;
Um legume; uma fruta boa; o contrário de melhor;
O maior bem dos pobres e dos ambiciosos;
O que deseja o pássaro trancado em sua gaiola;
O que desfigura um belo rosto no declínio da vida;
O trabalho de um inseto, e um dos semideuses;
E o momento desejado por amantes felizes.)

A edição seguinte revelou a resposta: *désespoir*. As pistas apresentadas sucessivamente em cada linha indicam as palavras que podem ser compostas, à maneira de um anagrama, a partir das suas nove letras: *dé* (dedal e dado de jogar — *dé à coudre* e *dé à jouer* — a mesma palavra em francês); *idée* (ideia); *pois* (ervilha); *poire* (pera); *pire* (pior); *espoir* (esperança); *essor* (voar); *ride* (ruga); *soie* (seda); *Persée* (Perseu); e *soir* (noite).

Em 1750, todas as edições do *Mercure* incluíam uma *charade*, um *énigme* e um *logogryphe*, além de muitas outras adivinhas, quase sempre em verso, numa seção intitulada *Pièces fugitives*, cujos nomes eram os mais variados: *épigram-*

me, *épitaphe, épithalame, étrennes, bouts rimés, question, fable, parodie, anecdote, allégorie, portrait, boutade, bon mot, placet, brunette, chansonette.* Alguns desses nomes também se aplicavam a outros tipos de texto, que poderiam ou não incluir adivinhações. Seja como for, a profusão de nomes e gêneros sugere que a decifração de charadas era uma variedade comum de leitura e parecia não ter outro propósito que não o entretenimento e o exercício da espirituosidade.

Quase todas as outras revistas literárias traziam algum tipo de verso ligeiro ou jogo para entreter e divertir os leitores. Os próprios leitores costumavam enviar charadas em verso para os periódicos ou rabiscavam adivinhas em pedaços de papel, que carregavam no bolso e apresentavam em cafés para entreter os amigos e circunstantes. Esses papéis eram comprados, vendidos e colecionados. Várias dessas coleções, cadernos de recortes cheios de anotações rabiscadas ou coladas nas páginas e catálogos copiados por diversas mãos ainda sobrevivem na Bibliothèque Historique de la Ville de Paris e na Bibliothèque Nationale de France.[21] Essas *pièces fugitives* eram idênticas às das revistas literárias, mas circulavam livremente sem passar pela censura; podiam se referir a um indivíduo em particular (o que não acontecia nos periódicos censurados) e algumas eram licenciosas e políticas. A maioria, no entanto, era bem inocente. Por exemplo, uma coletânea contém um *logogryphe* típico, sobre uma atriz cujo sobrenome, Mets, prestava-se bem a trocadilhos com a cidade de Metz, numa região conhecida como Três Bispados.

Lecteur, sans vous donner une peine infinie,
Dans votre mémoire cherchez,
Et dans l'un des Trois Evêchés
Vous trouverez le nom d'une actrice jolie.

(Leitor, sem te dares trabalho infinito,
Busca em tua memória,
E em um dos Três Bispados
Encontrarás o nome de uma bela atriz.)[22]

O copista incluiu a solução da charada no título do poema: "Mademoiselle Mets, Logogryphe".

Quando transcreviam charadas mais difíceis, os copistas geralmente anotavam a solução nas margens. Por exemplo, "Les echos des seigneurs et dames

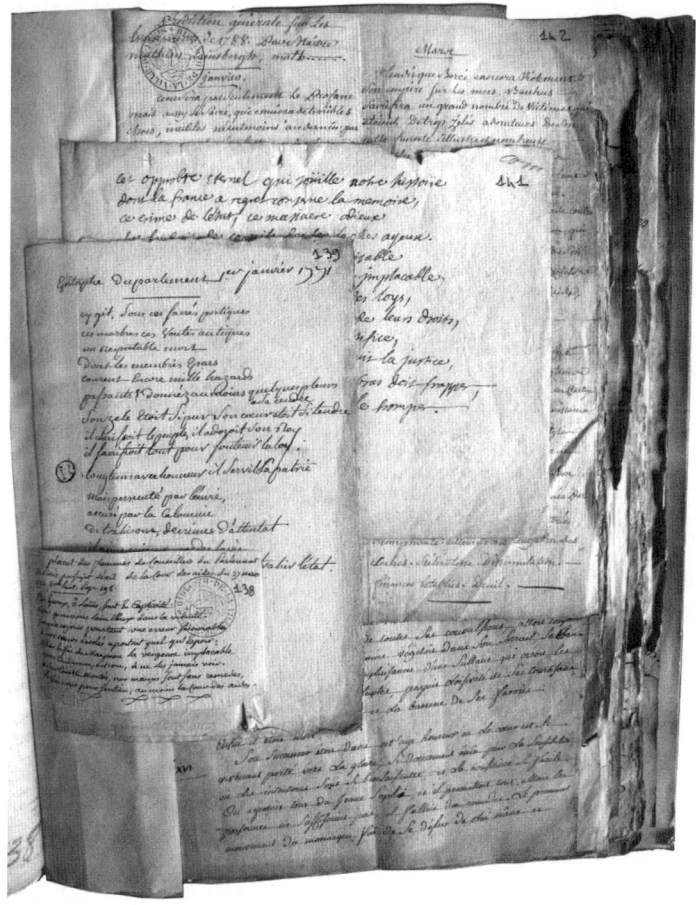

Figura 28. Versos informais colados num caderno. (Bibliothèque Nationale de France)

de la cour" escarnecia dos cortesãos e cortesãs usando o recurso popular do *écho*, isto é, palavra formada pelas últimas sílabas de cada verso. Ao ouvirem o *écho* do verso abaixo, leitores bem informados tinham todas as pistas de que precisavam para identificar o alvo da chacota.

De Vénus et de Bellonne
Egalement favorisé,
Près des belles qu'il empoisonne
Comment est maintenant ce courtisan rusé?... usé.

(De Vênus e Belona
Igualmente preferido,
Pelas belezas que corrompeu
Como é visto hoje esse cortesão astuto? ... exaurido.)[23]

Uma nota acrescentada na margem identifica o alvo deste verso como o duque de Richelieu, notório por seu dom-juanismo e suas campanhas militares (daí a referência a Vênus e a Belona, deusa romana da guerra), que se estenderam até sua velhice. É provável que os frequentadores mais ladinos dos cafés declamassem os catorze versos do poema, pausando ao final de cada um para desafiar os ouvintes a identificarem o seu objeto. A brincadeira era injuriosa, por certo, mas dificilmente o tipo de coisa capaz de provocar comoção política.

Quando tais poemas charadistas tratavam de questões atuais, seus versos costumavam ser afiados, mas raramente infligiam danos profundos. Por exemplo, certa adivinhação tecia comentários que denegriam Luís XV e os marechais de Saxe e de Lowendahl, que comandaram a conquista da Holanda Austríaca pela França durante a Guerra de Sucessão Austríaca (1740-8). Como ambos os marechais eram estrangeiros, essas campanhas provocaram intenso disse me disse sobre a falta de comandantes autenticamente franceses. Além do mais, o Tratado de Aix-la-Chapelle (1748) determinava que a França devolvesse o território conquistado e expulsasse Charles Edward Stuart, o Jovem Pretendente, cujo levante fracassado na Grã-Bretanha em 1745-6 ela apoiara e a quem concedera asilo subsequentemente. Dessa forma, o acordo de paz foi visto pelos parisienses como uma humilhação. Ao entrar no conflito, Luís XV afirmara que não tinha ambições territoriais e, ao aceitar a paz, fingiu agir como um árbitro neutro. Porém, depois de quase oito anos de derrotas e de impostos pesados, os franceses sentiram ter direito a alguma recompensa no tratado de paz. Em nada ajudou que os termos do tratado houvessem sido negociados por outro estrangeiro, o conde de Saint-Séverin, um aragonês, que representou a França em Aix-la-Chapelle. O poema a seguir, de janeiro de 1749, apela a esse sentimento de orgulho nacional ferido e, brincando com as palavras, desafiava o leitor a decifrar as alusões. O copista escreveu as respostas na margem.

Louis XV	Celui qui ne voulait rien prendre,
	Celui que prit tout, pour tout rendre,
Les maréchaux de Saxe et Lowendahl	Prit deux étrangers pour tout prendre;
M. le comte de Saint-Séverin	Prit un étranger pour tout rendre;
Le Prince Edouard	Prit le Prétendant pour le prendre;
	Prit le Prétendant pour le rendre.

(Luís xv	(Aquele que não quis tomar nada,
	Aquele que tomou tudo para tudo devolver,
Os marechais de Saxe e de Lowendahl	Levou dois estrangeiros para tomar tudo;
Conde de Saint-Séverin	Levou um estrangeiro para devolver tudo;
Príncipe Edward [Stuart])	Levou o Pretendente a fim de tomá-lo;
	Levou o Pretendente a fim de devolvê-lo.)[24]

Para resolver esta charada, os leitores precisariam conhecer bem o passado recente; e, caso não conseguissem resolvê-la, a solução, uma vez aprendida, faria com que encarassem os acontecimentos atuais com um olhar crítico. Entretanto, na maioria das vezes, os poemas charadistas ofereciam uma visão triunfalista dos acontecimentos. A vitória francesa em Lawfeldt (2 de julho de 1747) inspirou os seguintes excertos de um poema de *bouts rimés*. As respostas, acrescentadas na margem direita, deveriam rimar com a última palavra do texto à esquerda, e o copista também incluiu notas para explicar as referências.

Le prince Valdeck... est échec (b)
On a fait Ligonnier... prisonnier (c)
M. de Batiani... s'est enfui (d)
Les Anglois sont... aux abois.

(O príncipe Valdeck ... é derrotado (b)
Alguém fez Ligonier ... prisioneiro (c)
M. de Batiani ... fugiu (d)
Os ingleses estão ... em situação desesperadora.)[25]

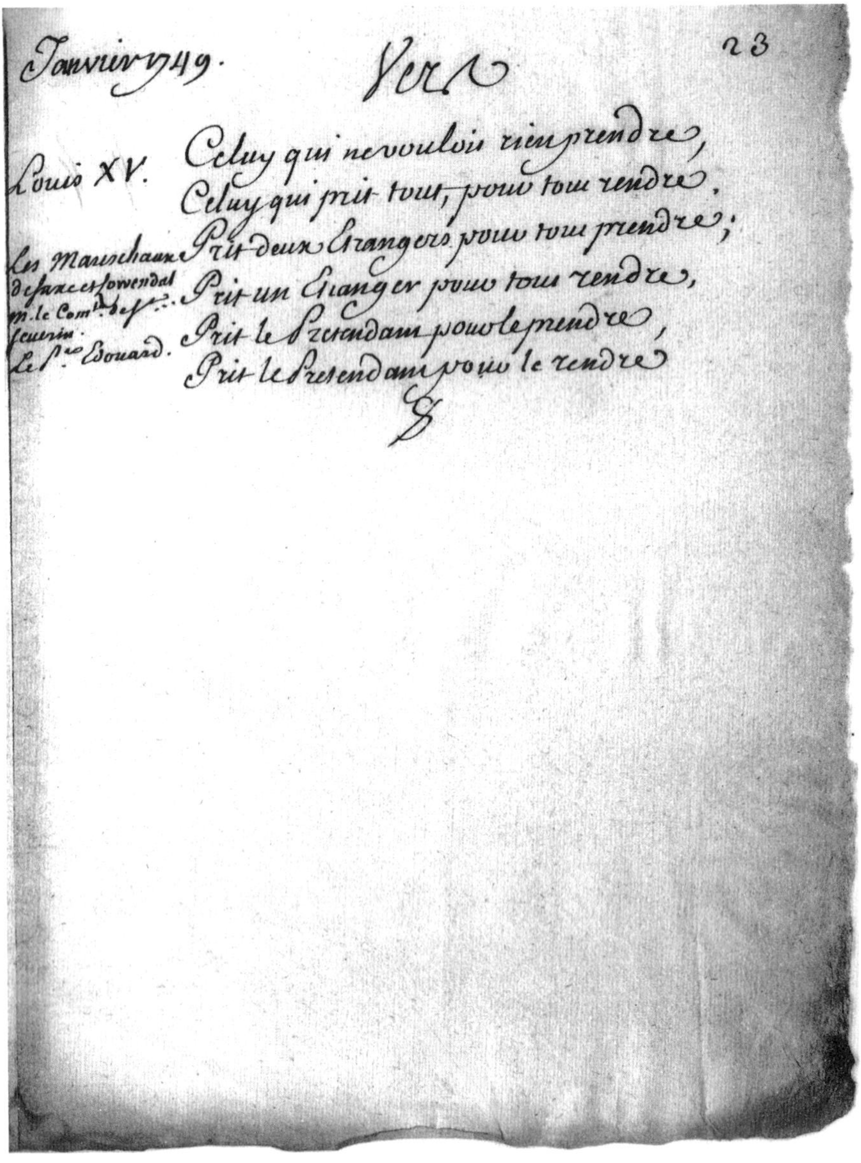

Janvier 1749.　　　Vers　　　23

Louis XV.　Celuy qui ne vouloit rien prendre,
　　　　　　Celuy qui prit tout, pour tout rendre.

Les Mareschaux
de Saxe et Lowendal　Prit deux Etrangers pour tout prendre;
M. le Comte de S..　Prit un Etranger pour tout rendre,
Souvrin.
Le Prince Edouard.　Prit le Pretendant pour le prendre,
　　　　　　Prit le Pretendant pour le rendre

Figura 29. Charada política em forma de poema. (Bibliothèque Nationale de France, ms. fr. 12719, p. 23)

As notas explicam as referências às forças aliadas que os franceses haviam derrotado: Valdeck comandara as tropas holandesas; Ligonier, um comandante inglês, foi feito prisioneiro; e Batiani comandou as tropas austríacas. Muitos poemas-charadas seguiam esse modelo. Embora circulassem à margem dos canais legais, podiam tanto aplaudir o governo quanto criticá-lo.

Em vista da paixão dos franceses por versos informais e improvisados, não chega a surpreender que amiúde tais poemas comentassem os acontecimentos do dia. O sistema político era capaz de tolerar uma boa dose desse tipo de ataque, desde que nada fosse impresso. Mas havia limites. O conde de Maurepas, importante ministro durante a Guerra de Sucessão Austríaca, acabou desonrado por ter composto ou feito circular o seguinte poema:

> Par vos façons nobles e franches,
> Iris, vous enchantez nos coeurs;
> Sur nos pas vous semez des fleurs,
> Mais ce sont des fleurs blanches.

> (Por suas nobres e lhanas maneiras,
> Iris, tu encantas nossos corações;
> Em nosso caminho semeias flores,
> Mas estas são flores brancas).[26]

Ao olhar inculto, esses versos lembram qualquer outro madrigal sobre pastoras e inocência pastoral. Mas um leitor sagaz e bem informado sabia que Iris representava madame de Pompadour, que ofertara jacintos brancos a Maurepas e a Luís XV num banquete privado. *Fleurs blanches* era um trocadilho com *flueurs* (mênstruo contaminado com doença venérea). Assim que o rei soube dessa charada, que circulou de boca a boca e em cópias manuscritas por Versalhes e Paris, demitiu e desterrou Maurepas. A queda de Maurepas em 24 de abril de 1749 foi o evento político mais importante do ano e, portanto, desencadeou muitos outros versos, incluindo o *écho* abaixo:

> La faveur de ton roi, Maurepas, quand tu pars
> Dis-nous ce qui t'attire un si cruel revers ... vers.

(O favor de teu rei, Maurepas, quando partires

Dize-nos o que te trouxe tão cruel reverso ... verso.)[27]

Às vezes, versos informais podiam infligir danos a indivíduos ou mesmo ao sistema político como um todo. Forte descontentamento foi se acumulando em meados do século XVIII, quando os exemplos acima foram compostos. A insatisfação diminuiu um pouco, mas voltou a intensificar-se na última fase das controvérsias jansenistas e durante a Guerra de Sete Anos (1756-63), a crise provocada pelo verdadeiro *coup d'état* de Maupeou (1770-84) e o período pré-revolucionário (1787-8). Charadas, enigmas, trocadilhos de todos os tipos foram adquirindo um tom sedicioso ao longo desses momentos críticos. Centenas deles podem ser encontrados em *Mémoires secrets pour servir à l'histoire de la république des lettres en France*, a versão impressa de uma *chronique scandaleuse* ou panfleto manuscrito, abrangendo os anos de 1771 a 1787. Mas seria equivocado atribuir influência excessiva a esses versos informais.[28] Para cada *logogryphe* dirigido a um ministro, havia dezenas de outros sobre bebidas e mulheres. No geral, esse gênero de poesia visava apenas divertir os leitores, nada mais. Possui um caráter lúdico, como as palavras cruzadas modernas, e merece nossa atenção — embora nunca tenha sido estudado pelos historiadores literários — porque ilustra certa maneira de ler que floresceu no Ancien Régime, a qual podemos recapturar resolvendo esses passatempos tal como eles foram concebidos mais de dois séculos atrás.

Entre o choque dos libelos de um lado e o entretenimento das charadas de outro, o espectro de possibilidades de leitura abria espaço para vários outros tipos de experiência, inclusive o tipo de leitura que tende a vir à mente dos leitores atuais, a saber, o debruçar-se sobre um livro numa mesa e absorver seu conteúdo em silêncio e solidão (embora a evidência iconográfica sugira que os leitores tendiam a segurar livros nas mãos, em ambientes fechados e ao ar livre, sem apoiá-los numa mesa, indicando que o elemento cinético da leitura — a sensação tátil do papel artesanal, o peso do volume contra a palma da mão — talvez fosse mais intenso no século XVIII do que atualmente).[29]

Vários contemporâneos confirmam a intensidade da leitura isolada; até Mercier menciona-a. É verdade que ele normalmente descreve a leitura como uma atividade social que se dá em meio ao corre-corre da vida cotidiana, o que não o impede de aplaudir também o poder de a palavra impressa traspassar as convenções sociais e penetrar até o fundo da alma. Em inúmeros ensaios, ele tece fantasias sobre vidas que foram transformadas pela leitura solitária profunda — um jovem que foi salvo do monasticismo graças a um tratado voltairiano, uma jovem resgatada do adultério por *La nouvelle Héloïse*, até mesmo um herdeiro do trono conquistado para a causa do povo por verdades transmitidas em livros que calaram no âmago do seu ser.[30] Quando segue essa linha de pensamento, Mercier distingue três fatores: o gênio do autor da obra, o poder da imprensa para difundir suas ideias e a reação popular a elas, que culmina no discernimento do povo.

Esse ponto de vista, que fomentou a noção romântica de que os poetas são os legisladores anônimos do mundo, era compartilhado por muitos franceses cultos às vésperas da Revolução. Uma versão bastante reveladora de tal perspectiva pode ser encontrada em *Mémoire sur la liberté de la presse*, composta por Chrétien-Guillaume de Lamoignon de Malesherbes em 1788. Como diretor do comércio livresco de 1750 a 1763, Malesherbes conheceu como ninguém o modo como os livros efetivamente circulavam na França, ainda que sua familiaridade com as práticas dos autores, impressores e livreiros — muitos dos quais, mesmo entre os principais *philosophes*, eram dissimulados e interesseiros — não o impedisse de acreditar que a verdade inevitavelmente triunfaria sobre a mentira graças ao poder da palavra impressa. Ele descreve o mundo da imprensa como uma gigantesca arena aberta a todos. Em meio ao embate de opiniões conflitantes, escritores sagazes poderiam ludibriar o público leitor por algum tempo, mas cedo ou tarde seus erros seriam expostos e a verdade prevaleceria. Embora fosse um súdito fiel da monarquia, Malesherbes celebrou a imprensa como uma força democrática: "A nação inteira é juiz; se esse juiz supremo foi induzido ao erro, como tantas vezes acontece, sempre há tempo de trazê-lo de volta à verdade. [...] No final, a verdade prevalece".[31] As mesmas ideias, reforçadas por uma concepção de política como matemática aplicada, proporcionaram a Condorcet material para uma filosofia da história. Nos momentos mais tenebrosos do Terror, ele afirmou que a razão e a justiça acabariam prevalecendo diante do tribunal da opinião pública graças às forças conjuntas da escrita, da impressão e da leitura.[32]

Condorcet ateve-se a essa visão do futuro com tanta tenacidade que não esmoreceu diante dos horrores do seu tempo, mas isso não significa que ela deva ser relegada como uma ilusão utópica. Aos seus olhos, essa visão correspondia

Figura 30. *Samuel Johnson*, por Gilbert Stuart, baseado no retrato feito por sir Joshua Reynolds. Óleo sobre tela, por volta de 1780. (The Donald and Mary Hyde Collection of Dr. Samuel Johnson, Biblioteca Houghton, Universidade de Harvard)

às condições efetivas da vida intelectual na França do século XVIII — a qual, aliás, tem notável semelhança com o retrato daquele século traçado pelo filósofo e sociólogo moderno Jürgen Habermas. Para Habermas, a França de Condorcet possuía todos os ingredientes de um tipo ideal: o surgimento de uma esfera pública caracterizada pelo debate crítico e lúcido, sendo a leitura a força motriz por trás desse processo, tal como Habermas o entende. Ao debruçarem-se sobre livros, especialmente romances, na privacidade do lar, os leitores burgueses desenvolveram uma subjetividade individualizada; e ao discutirem essas obras em clubes literários, bibliotecas por assinatura, cafés e salões, formaram um público leitor — isto é, um domínio intersubjetivo no qual indivíduos privados participavam de juízos coletivos, aguçando suas faculdades críticas de maneira a promover discussões lúcidas e racionais — ou, numa palavra, esclarecimento. Quando tais juízos passaram das questões literárias para as políticas, o público leitor transformou-se em uma esfera pública, pronta e apta a submeter o Estado a uma crítica racional. A opinião pública expressa por cidadãos bem informados desafiou a antiga forma de soberania principesca baseada em *arcana imperii*, ou segredos de Estado. Leitura, razão e opinião pública atuaram em conjunto, democraticamente — ainda que restritas à burguesia —, seguindo de perto o molde de Condorcet. Com isso, a França tornou-se madura para uma revolução.[33]

A tese de Condorcet-Habermas ajuda a explicar a transformação do sistema de valores que legitimara a monarquia absoluta e a organização hierárquica da sociedade francesa no século XVII. Oferece-nos uma maneira de entender a visão de mundo crítica e lúcida dos deputados do Terceiro Estado em 1789, cujas carreiras no Ancien Régime tinham combinado muita leitura e sólida experiência de questões públicas.[34] Todavia, a proposição de Condorcet-Habermas não corresponde ao tipo de opinião pública que Mercier descreve em seus relatos do Palais-Royal. Nem se encaixa com outras descrições contemporâneas de comportamentos em cafés, jardins públicos e mesmo salões, que não funcionavam como sociedades de debate abertas e igualitárias. Para uma teoria que explique como opiniões são formadas nesses ambientes, temos de recorrer a outro sociólogo, Gabriel Tarde.

Tarde concentra-se em duas instituições que Habermas identifica com a esfera pública: o jornal e o café. Para Tarde, elas atuaram juntas para produzir os fenômenos que Habermas já descrevera — consciência intersubjetiva e opinião pública —, mas de modo diferente. Os parisienses se reuniam em cafés e saciavam seu apetite por informação consultando jornais. Embora lessem relatos diferentes dos acontecimentos, adquiriram um senso em comum por exporem-se a um corpo de informações que outros leitores estariam absorvendo ao mesmo tempo e da mesma maneira. A leitura também estimulava conversas — não tanto debate racional quanto comentários informais — que duravam o dia inteiro e, misturando polêmica e ditos espirituosos, iam se corporificando em alguns pontos de vista gerais. Estes, por sua vez, acabavam permeando as matérias impressas e as conversas, de tal modo que leituras e conversas reforçavam-se mutuamente. Até que, no final do dia, emergia a opinião pública — não um consenso criado pelo raciocínio crítico, mas uma consciência coletiva perpassada de contradições e paixões sobre o que acontecia na vida pública.[35]

A análise da opinião pública feita por Tarde correlaciona-se de perto com os relatos de Mercier. Como Tarde, Mercier descreve a interação entre ler e conversar nos cafés, onde jornais e panfletos constituíam o cardápio da dieta diária de mexericos: "Encontramos [nos cafés] leitores de jornais públicos que lá obtêm sua dose diária de discernimento e perspicácia".[36] Leituras públicas aconteciam tanto nos jardins como nos cafés do Palais-Royal, e também em outros passeios públicos, sempre engendrando conversas e discussões. Daí o relato feito por Mercier de uma caminhada pelos Jardins das Tulherias.

> É algo divertido, eu disse a mim mesmo, essa sofreguidão com que toda Paris arde para ouvir as notícias do dia. [...] Eu mal começara a refletir sobre essa questão quando, sem me dar conta, cheguei ao meio dos Jardins das Tulherias, onde se ouvia um clamor ininterrupto.
>
> "Ele está errado", dizia um. "Ele está certo", dizia outro. Sobre o que era o rebuliço? Dois conhecidos adversários que dominavam a cena pública com sua discussão sobre questões financeiras.
>
> Todos tinham lido seus panfletos e estudado seus cálculos, e era absolutamente necessário tomar partido. Os mais mal informados eram os que faziam mais estardalhaço. Entravam e saíam dos cafés e, no meio de toda a agitação, perfeitos estranhos vinham falar comigo como se nos conhecêssemos desde sempre.
>
> Um abbé pôs seus óculos e leu algumas páginas de um novo decreto do *parlement*; um financista aposentado citou alguma operação que ocorrera no seu tempo [...]

Se não há discussões parlamentares na França como há na Inglaterra, é preciso dizer que o povo francês é uma Câmara dos Comuns.[37]

Qual ponto de vista dos efeitos da leitura é preferível: o de Habermas--Condorcet ou o de Tarde-Mercier? Apresentar a questão assim tão cruamente é aceitar o seu caráter mutuamente exclusivo, algo que jamais fará jus às complexidades da vida social e intelectual do século XVIII. Cada perspectiva pode ser válida à sua maneira, uma como explicação da transformação geral das atitudes em face das questões públicas, a outra como relato do modo de os parisienses interpretarem os acontecimentos do dia a dia. As duas talvez convirjam e divirjam de maneiras que ainda não foram exploradas. Mas essa exploração deve começar com um esforço de entendermos melhor como eram produzidos os materiais impressos discutidos nos jardins do Palais-Royal e das Tulherias. E, para empreender essa tarefa, temos de suspender a análise dos textos e a consideração das teorias, e nos concentrarmos numa variedade mais prosaica da história: o estudo dos arquivos diplomáticos e dos documentos da polícia.

PARTE II
ATIVIDADE POLÍTICA
E TRABALHO POLICIAL

8. Calúnias e política

Vistos como uma sucessão de textos, os quatro libelos examinados nos capítulos 1 a 4 contam uma história perfeitamente coesa. Suas partes se juntam numa narrativa que se estende da corte de Luís xv ao Terror de Robespierre. Mas será verdadeira? A própria noção de verdade histórica pode parecer dúbia hoje em dia, quando historiadores seguem preceitos de críticos literários[1] e a história às vezes parece mais um construto verbal feito de tropos do que um edifício sólido feito de fatos. Buscar os fatos por trás da narrativa dos libelos pode ser um passo na direção errada, mas a verdade é que eles estão lá, a despeito de tudo: embora não sejam evidentes, fatos "concretos" podem ser extraídos dos arquivos, como pepitas de realidade, de modo a dar sentido às evidências contidas nos documentos.

Os documentos provêm das fontes mais conhecidas e mais trabalhadas da historiografia à moda antiga: a correspondência diplomática e os arquivos policiais. Não obstante, as questões literárias abundam. A história por trás dos textos dos libelistas londrinos pode ser montada a partir de cartas no Quai d'Orsay, que confirmam os detalhes mais extravagantes dos libelos. Com os diplomatas abrindo-lhe as portas, a polícia parisiense montou uma requintada operação clandestina para desentocar os autores franceses de seus covis na Grub Street de Londres. Em termos de romance policial, é difícil superar os relatórios da polícia e os despachos da embaixada enviados por malotes diplomáticos.

Contudo, para adquirirmos uma visão panorâmica do assunto, devemos começar com os documentos pessoais de Jean-Charles-Pierre Lenoir, chefe da polícia de Paris de agosto de 1774 a maio de 1775 e de junho de 1776 a agosto de 1785.[2] Em 1770, chefe de polícia era um dos cargos mais poderosos da França, quase equivalente ao ministro do Interior moderno. Não só supervisionava o fornecimento de alimentos, saneamento, ruas, iluminação, segurança e muitos outros aspectos da administração municipal de Paris, como também mantinha olhar atento na circulação de informação, fosse por boatos, canções, panfletos manuscritos, folhetos ou livros. Tinha uma verba enorme a seu dispor — 12 milhões de *livres* — e um quadro de funcionários gigantesco: comissários, inspetores e subordinados, que contratavam centenas de informantes, espiões que frequentemente denunciavam autores e vendedores de livros proibidos. Além disso, acompanhavam de perto os *bruits publics* (ruídos públicos, ou boatos sobre assuntos do governo), que colhiam onde quer que os parisienses se reunissem — cafés, tabernas, passeios públicos, mercados, livrarias e bordéis. O chefe de polícia presidia toda essa vasta rede de informações como um deus inescrutável e onisciente — ou assim parecia a Louis-Sébastien Mercier, escritor que conhecia Paris melhor que ninguém, com exceção do próprio chefe de polícia.

> Se esse magistrado quisesse transmitir ao filósofo tudo o que sabe, tudo o que descobre, tudo o que vê, e também informá-lo de certas coisas secretas acerca das quais ele [o chefe de polícia] está bem a par, então nada seria mais interessante e instrutivo do que o relato do filósofo acerca disso. O filósofo deixaria todos os seus colegas atônitos. Mas esse magistrado é como o Grande Penitenciário: ele ouve tudo e nada relata.[3]

Portanto, quando Lenoir sentou-se para escrever suas memórias, poderia ter revelado muitas coisas sobre o conteúdo e a disseminação de informações por toda a sociedade às vésperas da Revolução. Infelizmente, ele não chegou a concluí-las. Seu manuscrito incompleto encontra-se hoje em três caixas na biblioteca municipal de Orléans, um amontoado de anotações, memorandos e rascunhos de ensaios que nunca viram a luz do dia. Entretanto, por mais imperfeitos que sejam, esses rabiscos e apontamentos oferecem pistas importantes sobre o modo como as autoridades francesas viam a mídia do seu tempo e tentavam controlá-la. Os papéis de Lenoir também incluem o mais rico e mais privilegiado relato do policiamento dos libelos. Porém, antes de nos voltarmos a eles, é importante questionar sua confiabilidade. Lenoir fugiu da França na primeira onda de *émigrés* após a queda da Bastilha. Seus textos foram escritos em diversos momentos, entre sua chegada à Suíça em 1790 e sua morte em 1807. Será que o trauma da revolução e da emigração o propendeu a distorcer as descrições de um mundo que havia perdido?

Tudo acerca da carreira de Lenoir sugere que ele foi um funcionário diligente, inteligente e responsável, o tipo de administrador de alto nível que conhecia o significado de seu trabalho e o lugar que ocupava no sistema de poder do Ancien Régime. Nascido em 1732 numa família que fizera fortuna no comércio da seda sob Luís XIV e galgara a hierarquia social da nobreza togada, ele seguiu uma trajetória convencional para o sucesso: estudos no Collège de Louis-le-Grand e faculdade de direito na Universidade de Paris; diversas funções nos escritórios do tribunal de Châtelet em Paris, onde seu pai havia sido um *lieutenant particulier*, nomeação para *maître des requêtes*, posição-chave para ser promovido a postos administrativos superiores (ele provara sua utilidade como súdito da Coroa confrontando juízes hostis nos *parlements* de Rennes e Aix-en-Provence durante a crise desencadeada por Maupeou); a recompensa de uma intendência, seguida imediatamente (em agosto de 1774) por sua elevação ao cargo supremo da polícia de Paris. Como suas anotações deixam claro, Lenoir conhecia a fundo o funcionamento das engrenagens do sistema de poder e sempre conseguiu evitar ser esmagado por elas. Ele sabia se movimentar nas redes de patronato de Versalhes e, portanto, cultivou protetores — em especial, o conde de Maurepas, primeiro-ministro para todos os efeitos depois que o jovem Luís XVI ascendeu ao trono em 1774; A.-R.-J.-G.-G. Sartine, o antigo chefe de polícia, que servira como ministro da Marinha de 1774 a 1780; e Charles-Alexandre de Calonne, ministro das Finanças de 1783 a 1787. Lenoir também tomou cuidado de evitar conflito com ministros de facções antagônicas, embora nem sempre com sucesso. Uma desavença com Turgot durante a Guerra da Farinha (*Guerre des Farines*, tumultos provocados pela escassez de pão) levou a sua demissão em maio de 1775, mas a subsequente queda do ministro permitiu que Lenoir voltasse a ocupar o cargo em junho de 1776. Permaneceu chefe de polícia até agosto de 1785, quando se tornou *conseiller ordinaire* do Conseil d'Etat, o conselho administrativo máximo do reino.

Durante esse período, que coincidiu com a Revolução Americana e o pico de atividade dos libelistas em Londres, Lenoir descobriu que seria impossível policiar o comércio de livros sem deixar-se arrastar pelas intrigas de poder na corte. Os ministros demonstravam constante receio de que uma publicação ilegal pudesse prejudicar-lhes a reputação, cercear-lhes o acesso ao rei ou arruinar-lhes a capacidade de mobilizarem apoio fora de Versalhes apelando à opinião pública. Alguns eram mais preocupados com os libelos que outros, mas nenhum — exceto Maurepas — ficou totalmente indiferente ao modo como era visto em público, segundo Lenoir. Nos rascunhos de suas memórias, ele discute cada um dos ministros de Luís XVI, registrando os incidentes que ocorriam quando escândalos e injúrias foram se tornando questões políticas sérias. Desse modo, por mais incompletos que sejam, seus manuscritos fornecem um rico panorama das políticas de mídia num momento em que a imprensa começava a emergir como uma força crucial na história.[4]

Mas podemos dar crédito a eles? Lenoir não só discute a indústria editorial do ponto de vista da polícia, como também tinha fortes motivos para apresentá-la negativamente; afinal, ele também fora vítima de calúnias e difamações. Os primeiros ataques surgiram em 1787 e proliferaram-se nos primeiros anos da Revolução, quando jornalistas e políticos radicais tentavam superar uns aos outros em denúncias contra a polícia do Ancien Régime. Lenoir acabou sendo escalado como um bicho-papão na mitologia revolucionária sobre déspotas que se deleitam em prender vítimas inocentes com lettres de cachet e torturá-las na Bastilha.[5] Desse modo, o homem que fora responsável pela supressão dos libelos tornou-se alvo deles. Ninguém esperaria que demonstrasse simpatia pelos libelistas quando os mencionasse em suas memórias. Ele os execrava e aos mercenários das letras em geral, taxando-os de *excréments de la littérature*.[6]

Na realidade, porém, seu retrato da literatura difamatória na França de Luís XVI é bastante matizado. Em vez de denegrir os libelos como obras efêmeras de picaretas desvalidos, ele os considera um ingrediente básico do sistema político do Ancien Régime. A polícia tinha de levá-los a sério, explica, pois os libelos tinham potencial de perturbar a ordem pública de duas maneiras: como armas nas infindáveis brigas pelo poder da política cortesã e como insufladores de um fenômeno que vinha ganhando força fora de Versalhes: a opinião pública.

Em retrospecto, Lenoir acredita que o momento decisivo na capacidade de o governo controlar a imprensa e a opinião pública foi a grande crise de 1770-4, quando o ministro da Justiça, R.-N.-C.-A. de Maupeou, reorganizou todo o sistema jurídico do reino e destruiu assim o poder político dos *parlements*: "Em 1770, na época da supressão dos *parlements*, houve um verdadeiro dilúvio de livros e libelos. Essa prolongada crise, essa revolução, produziu uma licença que não podia mais ser estancada nem punida".[7] Esses tratados, conhecidos coletivamente como Maupeouana,[8] escarneciam abertamente do governo, expunham ao ridículo seus integrantes e condenavam as políticas destinadas a transformar a monarquia em despotismo.

Quando Lenoir tornou-se chefe de polícia em agosto de 1774, o novo rei, Luís XVI, havia demitido todo o ministério de Maupeou e começara a restaurar os *parlements*. Mas a propaganda anti-Maupeou continuou reverberando pelo reino inteiro e foi seguida de outra leva de publicações, incluindo os best-sellers *Anecdotes sur madame la comtesse du Barry* (1775) e *Vie privée de Louis XV* (1781), que continuaram os ataques ao despotismo de maneira mais sensacional, dirigindo todo o poder de fogo ao finado rei, suas amantes e seus ministros. Lenoir tentou investigar as fontes dessas obras, mas não conseguiu ir além de alguns mascates e livreiros — exceto em uma ocasião. Em 1779, um abbé chamado Jabineau foi preso quando contrabandeava livros ilegais para Paris. A política também suspeitava que ele tivesse colaborado nos libelos que atacavam o governo durante o mandato de Maupeou. Maurepas instruiu Lenoir a descobrir a identidade dos autores da *Maupeouana*, a antologia caluniosa em três volumes, quando interrogasse Jabineau na Bastilha. Jabineau declarou-se disposto a cooperar, mas não foi capaz de dar respostas satisfatórias. Explicou que tantos haviam contribuído para a compilação que era impossível atribuí-la a uma pessoa em particular. De qualquer modo, citou o nome dos autores que conhecia — entre eles, as melhores e mais brilhantes mentes da elite política e intelectual da França: C.-G. de Lamoignon de Malesherbes, ex-diretor do comércio livresco; A.-T. Hue de Miromesnil, o poderoso primeiro presidente do *parlement* de Rouen; dom P.-L. Lièble, bibliotecário erudito de Saint-Germain-de-Près; e vários advogados iminentes, como A.-L. Séguier, G.-Y.-B. Target e André Blonde. Vinte prelos clandestinos produziam as edições da obra, explicou Jabineau, e eram subsidiados por financistas, magistrados dos *parlements* e até por nobres e príncipes. A operação toda era tão sigilosa que ninguém sabia até onde ela se estendia. Quando Lenoir transmitiu essas informações a Maurepas, este lançou a cartada final, revelando que também ele tinha sido um dos colaboradores.[9]

Muitas vezes, a origem dos libelos eram pessoas situadas no topo da estrutura de poder, explica Lenoir. Alguns ministros vazavam informações ou encomendavam panfletos que achincalhassem outros. Como exemplo, cita uma campanha clandestina de libelos que visou destituir Miromesnil depois que este deixou o *parlement* de Rouen para tornar-se guarda-selos (isto é, ministro da Justiça para todos os efeitos) em 1774. A morte de Maurepas em 1781 deixou Miromesnil sem nenhum aliado forte no governo; além disso, vários magistrados do *parlement* de Paris, notadamente C.-F. Lamoignon de Basville, tinham esperança de substituí-lo. Entretanto, Luís XVI convocou Lenoir a Versalhes, orientou-o a tomar todas as medidas possíveis para reprimir os libelos e, na presença de outros cortesãos, reafirmou sua confiança em Miromesnil. Foi o bastante para acabar com as calúnias, escreve Lenoir. Alguns dias depois, um magistrado entregou a edição completa de um libelo recém-lançado e Miromesnil continuou no cargo — até ser finalmente desalojado por Lamoignon depois de outra rodada de intrigas em 1787.[10]

Jacques Necker, diretor das finanças reais de 1777 a 1781, perdeu o cargo devido a escaramuças similares envolvendo panfletos escandalosos. Lenoir descreve Necker como alguém particularmente sensível à opinião pública, sôfrego para usá-la em prol de suas políticas e determinado a eliminar quaisquer publicações que o denegrissem. Quando seus inimigos o atacaram com libelos em 1781, exigiu que Lenoir tomasse providências enérgicas. Lenoir confiscou um panfleto e prendeu o tipógrafo responsável. Necker, porém, queria dar uma lição exemplar no autor, Antoine Bourboulon, um funcionário graduado e bem relacionado do conde d'Artois. Isso era pedir demais, objetou Lenoir; ele podia prender tipógrafos e livreiros, mas não podia agir contra alguém tão respeitável sem autorização do rei. Necker teve um acesso de fúria e ameaçou munir-se de lettres de cachet e despachar todos os seus inimigos para o Bicêtre, uma masmorra bem mais funesta que a Bastilha. Esse incidente, explorado com grande habilidade por Maurepas em sessões privativas com o rei (de acordo com as lembranças de Lenoir), precipitou a demissão de Necker em 19 de maio de 1781.[11]

Segundo Lenoir, também Necker subsidiou gráficas secretas que produziam propaganda a seu favor. Ele interveio para libertar da Bastilha um tipógrafo clandestino chamado Sauson e indicou-o para trabalhar numa gráfica do Ministério das Finanças. Sauson, porém, aproveitou-se dessa proteção e produziu paralelamente uma série de obras escandalosas. Quando a polícia o surpreendeu imprimindo uma edição de *Thérèse philosophe*, um romance filosófico obsceno, ele voltou para a Bastilha.[12] E Lenoir revela que o rival de Necker, Charles-Alexandre de Calonne, escreveu uma sucessão de libelos contra o adversário: *Lettres de Caraccioli, Les pourquoi, Les quand* e *Crispin à la cour*.[13] Outros libelos contra figuras preeminentes de Versalhes foram produzidos ao longo da década de 1780 por escritores argutos como Beaumarchais e Chamfort, com a ajuda de cortesãos dissidentes como o marquês de Montesquieu e o chevalier de Créquy.[14]

Lenoir não caracteriza essas injúrias como sediciosas. Pelo contrário, trata-as como parte do burburinho maldoso que compusera as intrigas de poder em Versalhes desde o início do século, e associa-as a seu principal protetor, o conde de Maurepas, a quem descreve em diversos pontos de suas memórias como epítome de um estilo mais antigo e mais despreocupado de política cortesã. Maurepas fora o secretário de Estado responsável pela Maison du Roi de 1718 a 1749 e secretário da Marinha de 1723 a 1749. Só se mantivera no poder por um período tão longo aprimorando um olhar agudo para intrigas e conquistando a simpatia do rei. Graças a relatórios secretos que recebia todas as semanas do chefe de polícia, Maurepas regalava o jovem Luís XV com um sem-número de anedotas sobre padres presos em bordéis e cortesãos pegos com as calças abaixadas. Agradavam-no em especial os *bons mots*, os versos e as canções que espíritos argutos e bem informados improvisavam em cima de melodias populares para tecer comentários sobre os acontecimentos atuais. Frivolidades escandalosas desse tipo faziam parte do jogo de que todos participavam na corte e, para Lenoir, também integravam a vida cotidiana em Paris.

Bons mots e panegíricos, canções e sátiras, sempre caracterizaram os franceses e, em especial, os parisienses. Nada circula mais depressa do que um dito espirituoso ou uma epigrama bem mordaz, especialmente quando a sátira é dirigida a uma personagem importante, uma figura eminente ou um homem poderoso. [...] Em seu círculo íntimo, monsieur de Maurepas costumava recitar com grande alegria os poemas que o difamavam. Dizia que eram e sempre seriam uma fonte de diversão e que a circulação de tais versos servia para ocupar o grande número de parisienses que tinham tempo ocioso em mãos e que queriam assumir ares de importância. Ele gostava de citar o *chancelier* [ministro da Justiça] Pontchartrain, alvo de uma sátira impiedosa, que disse: "Quanto mais se combate esse tipo de ataque, mais fortes eles se tornarão".[15]

Entretanto, a divulgação de escândalos podia destruir carreiras políticas. Maurepas aprendeu essa lição em abril de 1749, quando Luís xv demitiu-o do governo e desterrou-o porque se sentira afrontado pelo poema, citado no capítulo anterior, que zombava da doença venérea que madame de Pompadour teria lhe transmitido. Esse poema, composto em cima da melodia de uma canção popular, foi adotado por cantores de rua e acabou sendo divulgado de alto a baixo em Paris. Embora aparentemente trivial em si, o incidente produziu uma mudança decisiva no equilíbrio de forças entre as facções de Versalhes.[16]

Em 1774, quando Maurepas retornou ao poder como a figura dominante do governo do recém-coroado Luís xvi, continuava se divertindo com os ditos espirituosos políticos. Mas não tardou a mudar de ideia quanto à sua inocuidade quando soube dos libelos que estavam sendo produzidos em Londres. O momento da virada em sua política, segundo Lenoir, ocorreu quando o Ministério das Relações Exteriores apresentou-lhe *Les amours de Charlot et Toinette*, a sátira obscena que ridicularizava Luís xvi por ser incapaz de produzir um herdeiro e por ser corneado pelo irmão, o conde d'Artois.

> Monsieur de Maurepas, que até então se mostrara indiferente às epigramas e às canções contra a sua pessoa, o mesmo monsieur de Maurepas que costumava se divertir com todos os libelos e anedotas escandalosas que eram compostos e impressos com impunidade, foi informado que alguns escritores tinham montado um grande esquema, uma rede de correspondência pela qual os que residiam em Paris enviavam os mais recentes mexericos, títulos e outros materiais para os que habitavam em Haia e em Londres. Estes redigiam os textos, imprimiam-nos e os enviavam de volta à França em pequenos lotes levados por viajantes estrangeiros. Um secretário da embaixada na Inglaterra informou-o que um libelo abominável intitulado *Les amours de Charlot et d'Antoinette* [sic] logo seria contrabandeado para a França.[17]

A partir desse momento, segundo Lenoir, Maurepas usou toda a sua influência para tentar eliminar os libelos. O escolhido para implementar as medidas repressivas foi o ministro do Exterior, conde de Vergennes, que dominaria o governo depois da morte de Maurepas em 9 de novembro de 1781. Os dois ministros trabalharam de perto com Lenoir, que mantinha tipógrafos, livreiros e mascates sob estrita vigilância em Paris. Porém, a despeito de todos os informantes secretos, Lenoir não conseguiu seguir a linha de produção até as origens.

Homens da corte mandavam imprimir as obras escandalosas ou protegiam quem as imprimia. A polícia parisiense só conseguia chegar até os varejistas e mascates que as vendiam. Os biscateiros eram encarcerados na Bastilha, mas tal punição tinha pouco efeito sobre essa classe de desgraçados gananciosos, que frequentemente não sabiam quem eram os verdadeiros autores e impressores. [...] Durante os anos que antecederam a Revolução, a lei foi particularmente impotente como arma contra os libelos antigovernistas.[18]

A ameaça dos libelos foi se tornando progressivamente mais séria, segundo Lenoir, pois os ataques difamatórios atingiram um novo patamar de venenosidade por volta de 1780. Em vez de espalharem fofocas sobre amantes reais, um velho esporte que divertira os europeus havia séculos, passaram a se concentrar na suposta impotência de Luís XVI e na pretensa infidelidade de Maria Antonieta.[19] Lenoir assustou-se com os efeitos dessas informações falsas, pois percebeu uma mudança na atitude dos habitantes de Paris em relação à rainha. Ela havia sido bastante popular entre os parisienses no início do reinado, diz Lenoir numa versão inicial de suas memórias. Sempre que visitava a cidade, todos a saudavam espontaneamente com gritos de *vive la Reine!* A partir da segunda metade de 1781, porém, já não despertava mais o entusiasmo da multidão, mesmo que jogasse moedas em sua direção.[20] Corriam boatos de que ela estaria desviando quantias imensas do tesouro real para enviar a sua família em Viena. Lenoir seguiu o rastro dessa calúnia e chegou a alguns boletins manuscritos produzidos por dois cortesãos ligados às residências do rei e da rainha. Mas não conseguiu prendê-los; os dois foram avisados a tempo por outro comparsa em Versalhes — possivelmente algum funcionário de Vergennes, segundo Lenoir.[21] Seguiram-se outras histórias escandalosas, incluindo uma sobre um encontro secreto entre Maria Antonieta e um amante, que se espalhou porque ela chegara numa carruagem alugada a um baile no Opera (a carruagem oficial havia quebrado no meio do caminho).[22] O pior golpe ao prestígio da Coroa se deu quando o cardeal de Rohan foi preso em 15 de agosto de 1785, sob suspeita de tentar conquistar os favores da rainha presenteando-a com um colar de diamantes. Lenoir aposentou-se como chefe de polícia quatro dias depois que o escândalo estourou. Em suas memórias, refere-se ao Caso do Colar de Diamantes e aos rumores que o acompanharam — boatos loucos sobre o cardeal corneando o rei — como o momento de uma grande reviravolta no respeito dos parisienses pela monarquia. Ele chega a dizer que esse evento "pode ter sido uma das causas da Revolução".[23]

Lenoir não se estende na discussão da causalidade revolucionária, mas identifica um fator que foi decisivo na ascensão e queda de ministérios, ou mesmo no colapso da própria monarquia: a opinião pública. Ele insiste que Necker, Calonne e o sucessor deste, E.-C. de Loménie de Brienne, davam grande atenção a tudo o que o povo parisiense dizia sobre eles. Nem podia ser de outra forma, reflete Lenoir, pois a opinião pública tornara-se forte o bastante para derrubar ministérios nos últimos anos do Ancien Régime. Assim foi a queda de Calonne na Assembleia de Notáveis — o encontro de dignitários que ele convocara a fim de granjear apoio ao seu programa para salvar a Coroa da bancarrota — em abril de 1787: "Antes do término da assembleia, cujos membros ele próprio escolhera, a opinião voltou-se contra ele. Sua reputação foi atacada; ele foi denunciado, incriminado e destruído pela opinião pública".[24] A mesma força acabou com Brienne em agosto de 1788: "A opinião pública voltou-se totalmente contra ele".[25] Lenoir não era sociólogo. Não explica o que ele quer dizer com público, nem analisa as maneiras pelas quais os boatos se coalescem em juízos coletivos. Mas nota que os parisienses tendiam a ser céticos em relação às informações vindas de fontes oficiais e a dar crédito a calúnias: "Os parisienses eram mais propensos a acreditar em boatos hostis e nos libelos que circulavam secretamente do que nos fatos que eram publicados por ordem ou com a permissão do governo".[26] Relembrando o colapso do Ancien Régime, Lenoir vê uma mistura complexa de elementos causais — intrigas ministeriais, políticas contraditórias, a indecisão do rei —, mas atribui importância especial às batalhas pela informação. A luta se dava em diversos níveis, dos sótãos de Paris às antecâmaras de Versalhes, mas era capaz de criar ou destruir governos. É por isso que a polícia levava as calúnias tão a sério.

9. A polícia antilivros em ação

Enquanto os ministros, do pináculo de Versalhes, se preocupavam com os efeitos dos libelos, a polícia lutava para suprimi-los nas ruas. As investigações policiais visavam todos os estágios de produção e difusão de uma publicação escandalosa — sua origem, geralmente em algum ponto nodal numa rede de comunicação oral; a redação do texto, quase sempre em algum cortiço pulguento (*chambre garnie*); a impressão do manuscrito em alguma gráfica clandestina em Paris ou, mais comumente, a uma distância segura ("a cem léguas da Bastilha" ou "em Filadélfia", como proclamam as páginas de rosto); a distribuição do material impresso por meio de um sistema clandestino de cocheiros, intendentes de armazéns e contrabandistas; e, por fim, a sua venda por toda espécie de livreiros, *bouquinistes* e mascates.

Como Lenoir observou, a polícia não tinha como agir contra os cortesãos protegidos e concentrava seus esforços em alvos mais vulneráveis alguns patamares abaixo na cadeia de produção e difusão, especialmente os escritores e os negociantes sub-reptícios de Grub Street, um mundo que interligava cortiços, mansardas e quartos no fundo de livrarias de todas as principais cidades da Europa ocidental. Com isso, sempre que perseguia um suspeito, a polícia parisiense era forçada a seguir pistas que a levavam a Amsterdã, Bruxelas, Liège e outros centros da diáspora libelista, particularmente Londres, que abrigava a maior colônia de todas. Os agentes policiais conheciam a fundo uma boa parte desse território, pois muitos deles pertenciam ao mesmo mundo. Alguns, como Joseph d'Hémery, o formidável *inspecteur de la librairie* responsável por policiar livros e autores de 1748 a 1773, eram profissionais dedicados que trabalhavam com afinco e tinham a literatura em alto apreço. (Os arquivos pessoais de d'Hémery revelam o quanto ele admirava autores de talento, notadamente Montesquieu e Voltaire, e que desprezava poetas que não dominavam a arte da versificação.)[1] Seus sucessores, porém, foram personagens mais dúbios, que circulavam pelos dois lados de Grub Street. Lenoir, que os conhecia muito bem, descreveu-os como piores que os autores e impressores perseguidos pela polícia. Em suas memórias, menciona dois deles em especial, Pierre-Antoine-Auguste Goupil e Jean-Claude Jacquet de la Douay, que viajaram a trabalho para todas as cidades onde libelos eram produzidos e, por fim, ao âmago de todo o comércio libelista, Londres.

Vale ressaltar novamente que "polícia" no século XVIII significava algo bem diferente do que entendemos hoje. Não só os inspetores de polícia eram responsáveis por toda espécie de tarefas que atualmente caberiam a funcionários públicos municipais, como também detinham a posse de seus cargos, à maneira de tantos outros altos funcionários do Ancien Régime. Ou seja, não podiam ser disciplinados com a severidade que a cadeia de comando moderna permite. D'Hémery, por exemplo, iniciou sua carreira de policial em 16 de janeiro de 1741 comprando o cargo de *exempt en la compagnie du lieutenant criminel de robe-courte au Châtelet* — um título prolixo que indica que ele se tornara um agente de policiamento ligado ao tribunal parisiense de Châtelet. Sete anos depois, foi promovido comprando o cargo de *lieutenant* na mesma corporação, posto que lhe custou a pequena fortuna de 10 mil *livres* e que foi adquirido de seu sogro — uma maneira de transmissão típica do Ancien Régime. Tais cargos eram acompanhados de uma renda — e, posteriormente, de uma aposentadoria — e d'Hémery ampliou a abrangência do seu acumulando funções antes dispersas entre vários oficiais, embora todas estivessem voltadas ao mesmo propósito: a fiscalização do comércio de livros. Sua principal comissão, adquirida em 1748, consistiu em aplicar as regras gerais que regiam o comércio livresco — o que lhe rendia cinquenta *livres* por infrator que colocava atrás das grades. A esta agregou outras *inspections*, que basicamente diziam respeito aos esforços do Estado em reprimir livros proibidos ou pirateados por meio da

Direction de la Librairie (Autarquia do Comércio Livresco), subordinada ao *chancelier* ou guarda-selos [ministro da Justiça]. O trabalho envolvia fiscalizar os carregamentos de livros que chegavam de Rouen de barco; inspecionar os fardos de livros que cocheiros traziam à alfândega parisiense e eram mantidos sob custódia na câmara sindical da associação de livreiros de Paris; e vigiar, por meio de batidas surpresa, todas as gráficas e livrarias da cidade. D'Hémery foi pouco a pouco agregando essas atribuições distintas até que passaram a constituir um ramo especializado da polícia. Em 1748, adquiriu o título de *inspecteur de la librairie* (inspetor do comércio livresco) e não cessou de ampliar sua autoridade sobre o comércio de livros nos 25 anos seguintes. Quando enfim vendeu a inspetoria para seu sucessor em 1773, tinha montado uma gigantesca atividade profissional no seio da administração real. Seus documentos — milhares de cartas, memorandos e relatórios — revelam o trabalho de um servidor público sério e sistemático, que modernizou os esforços da monarquia Bourbon para fiscalizar a palavra impressa.[2]

Seu sucessor, Pierre-Antoine-Auguste Goupil, era homem de outra estirpe. Antes que assumisse o cargo, d'Hémery explicou-lhe a sua missão num de seus memorandos típicos, que lembra um breve tratado da ciência de fiscalizar livros (veja o texto completo no suplemento eletrônico deste livro). D'Hémery resume em dez tópicos as principais funções de um inspetor e, logo abaixo, desenvolve brevemente cada um deles. Goupil deveria inspecionar pelo menos duas vezes por ano cada fundição de tipos de metal existente na cidade, mantendo um registro de tudo o que produzissem, desde o negrito *gros romain* mais chamativo até o menor *petit texte*. Também deveria vigiar todos os escreventes e tabeliões (*écrivains publics*), compilando amostras de suas caligrafias para ajudar a rastrear textos comprometedores. As gráficas deveriam ser fiscalizadas cada três meses e as livrarias anualmente para assegurar que toda obra que fosse produzida e vendida estivesse registrada no cadastro de privilégios e permissões mantido na Direction de la Librairie. Os mascates deveriam receber atenção especial, pois nove em cada dez obras ilegais passavam por suas mãos. Além disso, Goupil faria bem em contratar alguns deles como informantes, a fim de descobrir estabelecimentos gráficos clandestinos. Acima de tudo, deveria desconfiar de tudo e de todos, incluindo os escritores, especialmente aqueles que pareciam estar passando necessidades: "Máxima atenção deve ser dedicada a tais indivíduos, uma vez que, nada tendo a perder, não demonstram respeito por coisa alguma e estão dispostos a correr qualquer risco". Depois de acumular provas suficientes, Goupil deveria prender os suspeitos, sempre respeitando os procedimentos legais. Ou seja, precisaria receber uma ordem especial — via de regra, uma lettre de cachet — do chefe de polícia e, em seguida, acompanhado de um guarda, deveria entrar à força nos aposentos do autor ou no estabelecimento do gráfico ou livreiro. Deveria vasculhar minuciosamente o local, confiscando todos os manuscritos, folhas impressas e demais papéis. Deveria descrever tudo o que encontrasse num relatório formal. Por fim, com todos os documentos devidamente redigidos, assinados e selados, deveria despachar o suspeito para a cadeia.[3]

No entanto, o espírito de trabalho de Goupil era outro. Sua maneira peculiar de apresentar uma lettre de cachet pode ser apreciada em um episódio ocorrido em 1777 e narrado por Jacques-Pierre Brissot em suas memórias. Brissot, na época um jovem escritor que tentava sair de Grub Street, publicara um libelo caluniando o principal mentor de um salão parisiense. O resultado foi uma lettre de cachet solicitando sua prisão, que Goupil lhe entregou em sua mansarda, anunciando as más notícias nos termos o mais brandos possível:

> Cometeste um erro tolo, monsieur. Ainda que não mereças punição tão severa, uma lettre de cachet foi forçosamente emitida contra ti. Visto que ela será apresentada formalmente amanhã, solicitando tua prisão, sugiro que desapareças ainda hoje. Todavia, a fim de que pareça que eu cumpri meu dever, peço que deixes para trás uma ou duas folhas do manuscrito daquela brochura. Alegarei tê-las encontrado em teu quarto e as apresentarei como prova de meu zelo na execução das ordens recebidas.[4]

Por que tanta solicitude? Segundo Brissot, Goupil pretendia aliciá-lo para escrever obras caluniosas que ele próprio, Goupil, fingiria confiscar, para depois revendê-las às escondidas com ajuda de sua esposa. Com esse jogo duplo, Goupil pretendia obter a aprovação de seus superiores a fim de avançar profissionalmente e, ao mesmo tempo, ganhar um dinheirinho extra. Brissot recusou-se a colaborar e acabou sendo substituído por outro biscateiro literário, François-Martin Poultier d'Elmotte, que percorrera a mesma trajetória de Grub Street ao Clube dos Jacobinos.

D'Elmotte (ou Poultier, como preferiu se chamar durante a fase radical da

Revolução, quando um nome com apóstrofo soava perigosamente aristocrático) integrava o rol de aventureiros literários que, por improvisarem uma carreira em torno de quaisquer oportunidades que surgissem, viviam entrando e saindo da Bastilha. Em um ou outro momento, ele havia sido soldado, secretário, jornalista, panfletista, ator, informante e monge, até mergulhar de cabeça na Revolução, onde nadou sempre com a corrente e conseguiu manter o pescoço fora d'água e longe da guilhotina durante o Terror, o Diretório e o Império.[5]

De acordo com o pouco que restou do dossiê de d'Elmotte nos arquivos da Bastilha, ele foi preso em 9 de março de 1778 por escrever os panfletos que Goupil usou "para suas intrigas".[6] O relato do seu *embastillement*, publicado em 1789 no terceiro volume de *La Bastille dévoilée*, confirma que ele foi preso por colaborar com Goupil, mas não revela a natureza do seu trabalho. Mas o próprio d'Elmotte fornece esses detalhes numa carta publicada no sexto volume de *La Bastille dévoilée* em 1790, bem como no semanário radical *Révolutions de Paris*,[7] na qual explica que conhecera Goupil numa temporada anterior que passou na cadeia, quando fora preso por escrever panfletos sobre peculato e sexo nas altas esferas. Ciente de que também publicara artigos em periódicos estrangeiros escarnecendo as autoridades francesas e que atuara no comércio ilegal de livros, ele esperava passar um bom tempo atrás das grades. Entretanto, passados apenas nove dias, Goupil apareceu em sua cela, exalando solidariedade e simpatia, e anunciou sua libertação. Justificou-se dizendo que os dois eram na verdade companheiros, pois haviam servido na gendarmaria, e que deveriam se tornar amigos. Disse ainda que teria o maior prazer em compartilhar com ele sua mesa e talvez até conseguisse que d'Elmotte o sucedesse como inspetor do comércio livresco, pois esperava ser promovido para um posto mais lucrativo nos correios. Em troca, e enquanto aguardava esse desfecho feliz, pedia apenas que d'Elmotte o auxiliasse em suas atividades literárias. Goupil confessou que seus conhecimentos literários eram parcos e que precisava de alguém que lhe fornecesse *nouveautés*,[8] isto é, todas as últimas publicações escandalosas sobre pessoas eminentes na corte e na capital — ou, em outras palavras, libelos.

Transpirou-se que as *nouveautés* estariam no cerne das "intrigas" de Goupil. Elas entravam na França provenientes de gráficas em Amsterdã, Bruxelas, Liège e na Renânia. Goupil viajou em missão oficial a todas essas cidades, ostensivamente para acabar com a produção dos livros na origem, mas na realidade para fazer acordos secretos com as gráficas. Ele combinava com elas o confisco de suas remessas, encaminhava alguns exemplares para seus superiores para demonstrar sua competência como agente de repressão e, secretamente, vendia o restante. Às vezes, chegava a contratar escritores mercenários para que produzissem novos libelos e arranjava a impressão dessas obras para poder arquitetar outras apreensões. Em uma viagem à Holanda e à atual Bélgica, segundo *La Bastille dévoilée*, seu objetivo era confiscar um ataque particularmente odioso a Maria Antonieta, que, segundo rumores, estaria no prelo. Goupil, entretanto, descobriu que a obra não existia. Mas decidiu contratar alguém para escrevê-la, mandou imprimi-la e retornou triunfante com a edição inteira, sendo recebido como herói. A própria rainha declarou que desejava recompensá-lo com sua proteção e, desse dia em diante, Goupil não cessou de cobiçar um cargo mais elevado no governo da França.[9]

Mais ou menos nessa época, sua esposa, descrita pela polícia como mulher de grande astúcia e beleza, conquistou as boas graças da princesa de Lamballe, a companheira predileta de Maria Antonieta. No final da década de 1770, relatos obscenos da vida sexual da rainha, com descrições de orgias lésbicas com a sua favorita, começavam a aparecer em folhas escandalosas manuscritas e em libelos impressos. Goupil conseguiu alguns desses libelos para sua esposa, que os encaminhou à princesa de Lamballe, que por sua vez revelou a existência deles para a rainha. Horrorizada que tais calúnias estivessem circulando e grata a Goupil por chamar sua atenção para elas, a princesa propôs recompensá-lo com uma nomeação para os correios (Goupil esperava substituir Rigoley d'Oigny no *cabinet noir* [gabinete negro], onde peritos violavam as cartas em busca de informações sigilosas) e a indicação de sua esposa para a influente posição de leitora da rainha.[10]

Para alterar patronatos dessa maneira era preciso a intervenção de ministros e foi assim que o estratagema de Goupil acabou se emaranhando com a política cortesã. De acordo com o relato das intrigas feito por d'Elmotte (que pode ser confirmado em grande parte pelos documentos de Lenoir), o ministro de Estado responsável pela Maison du Roi, A.-J. Amelot de Chaillou, suspeitava que A.-R.-J.-G.-G. de Sartine, ministro da Marinha, estivesse conspirando para tirá-lo do cargo. Amelot acreditava ter detectado uma conspiração da parte de Sartine e de seu *protégé* Lenoir para derrubar o ministério inteiro e convencer o rei a restaurar o duque de Choiseul como chefe de governo. Com o intuito de obter provas incriminadoras, Amelot convocou Goupil para espionar Sartine e

Lenoir, usando todos os truques e artimanhas da sua profissão, inclusive puxar conversas com os secretários do gabinete do ministro, arrancar informações dos *valets de chambre* e subornar lacaios. Goupil, por sua vez, precisava de alguém capaz de empunhar uma pena afiada; daí seu desejo de obter a cooperação de d'Elmotte. Goupil forneceria os podres e d'Elmotte os incorporaria a um memorando secreto, inventando detalhes se necessário, que seria encaminhado a Maurepas, o verdadeiro detentor de poder no governo. Com isso, assegurariam para si uma posição proeminente nos jogos de poder que se desenrolavam em Versalhes, Maurepas destituiria Sartine e Lenoir de seus cargos, Amelot consolidaria seu controle sobre a Maison du Roi (que incluía o influente departamento de Paris e o controle da polícia parisiense), Goupil conquistaria um cargo lucrativo nos correios e d'Elmotte o substituiria como inspetor do comércio livresco.

No que tange a conspirações, esta parecia bizarra e rebuscada demais para ser factível, e d'Elmotte recusou-se a participar — ou pelo menos foi o que afirmou na sua versão dos acontecimentos. Entretanto, na descrição retrospectiva que fez em 1790, sua recusa parece ter sido motivada primordialmente por um arranjo secreto com Lenoir. O chefe de polícia permitira que ele comercializasse livros ilegais, desde que não fossem extremos demais e desde que ele fornecesse informações sobre o que circulava nos subterrâneos da cidade (uma função apenas aludida em seu relato). Goupil também dependia dele para obter informações frescas e novos suprimentos de libelos. Desse modo, em vez de lhe criarem problemas, os negócios sub-reptícios de d'Elmotte granjearam-lhe protetores. Para um escriba de aluguel que era também negociante de livros proibidos, seria impossível desfrutar melhores relações com a polícia.[11]

Portanto, d'Elmotte foi pego totalmente de surpresa quando, ao se preparar para um encontro com Goupil em 9 de março de 1778, o inspetor de polícia interceptou-o na rua, apresentou-lhe uma lettre de cachet e despachou-o para a Bastilha. Oito dias se passaram. Em sua cela, d'Elmotte tentava decifrar o que teria acontecido para que seus protetores o abandonassem. Quando, por fim, foi levado para ser interrogado, Lenoir apareceu, com o semblante atormentado. Por que, perguntou, d'Elmotte mostrara-se tão ingrato? Por que, enquanto a polícia fazia vista grossa a seu negócio de livros clandestinos, ele vinha colaborando em uma conspiração para destruí-lo pessoalmente e derrubar o governo? D'Elmotte, é claro, negou tudo e não temos como saber ao certo se ele estava ou não envolvido até o pescoço na conspiração de Goupil. Seja como for, quando Lenoir informou-o da prisão de Goupil, d'Elmotte forneceu de bom grado todas as informações de que dispunha que não o comprometessem. Explicou detalhadamente o seu lado da história num memorando que Lenoir enviou a Maurepas e, quando este se declarou satisfeito, d'Elmotte foi libertado. A esposa de Goupil, que fora levada para Bastilha no mesmo dia, lá permaneceu por sete meses e, subsequentemente, continuou cumprindo pena no semiprisional Couvent de la Madeleine em La Flèche. Goupil, que fora trancafiado na masmorra de Vincennes enquanto os outros iam para a Bastilha, sobreviveu em sua cela por apenas três meses; sua saúde deteriorou-se drasticamente e ele lá faleceu, "envenenado ou afogado", segundo d'Elmotte.[12]

Por mais extravagante que possa parecer, o relato da conspiração feito por d'Elmotte é quase inteiramente corroborado por um ensaio que Lenoir escreveu para incluir em suas memórias. Ele confirma que d'Elmotte trabalhara para a polícia como auxiliar (*commis*) de Goupil, mas indica que essa ajuda incluiu escrever a denúncia que Goupil enviara a Maurepas. Nela, d'Elmotte chega a afirmar que ele e madame Goupil, que de algum modo acabaram trancafiados num cubículo na sala de Lenoir, teriam entreouvido Sartine e Lenoir discutindo o plano para assumirem o comando do governo. Entretanto, enquanto Goupil fabricava essa história para destruir Lenoir, este recebeu uma contradenúncia de alguém decidido a destruir Goupil. Esse indivíduo, um chevalier de Saint Louis que Lenoir não nomeia, advertiu-o da traição de Goupil. Lenoir encaminhou a mensagem para Maurepas e Amelot, que haviam acabado de receber a denúncia de Goupil e que, portanto, decidiram chegar ao fundo de todas essas tramas e contratramas mandando prender Goupil, sua esposa e d'Elmotte, com instruções para que fossem interrogados separadamente e suas diferentes versões do caso comparadas. A versão de d'Elmotte revelou-se a mais convincente e ele foi libertado. A polícia então voltou sua atenção para os Goupil, que logo se viraram um contra o outro lançando acusações mútuas acerca de uma longa série de crimes envolvendo especulação com libelos.[13]

No final, Goupil percebeu que sua jogada não vingara. Ele já padecia de algum mal nos pulmões, que se tornou fatal depois de algumas semanas de confinamento na masmorra úmida de Vincennes, e decidiu fazer uma confissão completa a Lenoir. Revelou que, quando menino, fora expulso de casa pelo pai, que se recusara a reconhecer sua paternidade. Tornou-se então um assaltante de estradas e, aos quinze anos, foi trancafiado na nefária prisão de Bicêtre. Para obter a liberdade, alistou-se como soldado. Desertou, realistou-se, dessa vez no ramo militar da polícia (*la maréchaussée*), onde enfim encontrou alguns protetores, que o recomendaram a Sartine, chefe de polícia na época. Sartine concordou em admiti-lo como inspetor, cargo que Goupil teve condições de adquirir porque acabara de se casar e pôde dispor do dote da esposa. Munido pela primeira vez de alguma autoridade autônoma, não tardou a abusar dela. Confessou toda espécie de trapaças e imposturas, especialmente no policiamento dos libelos, para encher os bolsos enquanto avançava na profissão. Tendo posto as mãos no manuscrito sobre as relações da rainha com a princesa de Lamballe, mandou imprimir parte do texto e enviou-o à princesa como prova de que confiscara a edição inteira. Ele o queimou, junto com o manuscrito original, na presença dela. Como recompensa, a princesa prometeu intervir para obter-lhe um cargo nos correios e indicar sua esposa como leitora da rainha.

Tendo se desabafado de seus crimes, Goupil disse a Lenoir que gostaria de ver o pai antes de morrer. Lenoir chegou a contatar o pai, um respeitável comerciante de Paris, mas o velho respondeu que não via Goupil havia 25 anos e que nunca mais queria vê-lo. Ele tinha amaldiçoado o filho com uma imprecação formal, explicou. Para falar a verdade, disse, sequer acreditava que Goupil fosse de fato seu filho, pois tivera outros oito rebentos, todos eles súditos leais do rei, e só conseguia explicar a aberrante depravação de Goupil com um incidente que teria acontecido logo após seu nascimento: o verdadeiro bebê Goupil fora trocado por engano enquanto estava sob os cuidados da ama de leite. (A hipótese não é de todo impossível, pois os bebês eram realmente levados de um lado para outro pela verdadeira indústria de amas de leite do Ancien Régime.)[14] Apesar de tudo, o pai consentiu em fazer uma visita a Vincennes. Não houve, porém, reconciliação no leito de morte e Goupil faleceu em sua cela dois meses depois.[15]

Embora Lenoir tenha contado a história de Goupil de sua maneira usual — ríspida, seca e sem adornos literários —, ela nos soa como ficção. Podemos facilmente imaginá-la transformada num romance sentimental, algo escrito por Restif de la Bretonne e ilustrado por Greuze, e inspira nossa desconfiança, portanto, como uma introdução ao policiamento contra os libelos. No entanto, há documentação suficiente — fragmentos de memórias, arquivos da polícia, até mesmo um panfleto clandestino contemporâneo conhecido como *Mémoires secrets pour servir à l'histoire de la république des lettres en France* — para confirmá-la como um testemunho fidedigno do modo como a polícia literária, ou ao menos parte dela, realizava o seu trabalho. Má-fé e perfídia estavam incorporadas ao sistema. Havia dinheiro demais envolvido no combate aos libelos para que a maioria dos inspetores permanecesse de mãos limpas e limpeza na condução dos assuntos do rei era uma qualidade pouco comum sob o Ancien Régime — eram os subornos, eufemisticamente chamados de *épices* (especiarias) e *pots de vin* (jarros de vinho), que abriam o caminho para carreiras nos sistemas administrativo e judicial. Todavia, pode parecer estranho que a polícia fosse infectada pela criminalidade personificada em Goupil enquanto profissionais dedicados como d'Hémery conquistavam para a instituição a reputação de órgão policial mais progressivo da Europa.[16]

Goupil e d'Hémery representam tendências opostas dentro do mesmo sistema, mas os abusos do primeiro podem ser explicados por algo mais do que a simples falta de caráter ou algum incidente com sua ama de leite. A organização policial do Ancien Régime, por mais avançada que fosse comparada com a de outros países, estava longe de ser um serviço público moderno. Os homens galgavam a hierarquia graças a patronatos e influências, e nos níveis mais elevados tinham de comprar seus cargos. Contudo, o efeito combinado de proteção e venalidade não implicava que a conduta pessoal fosse indiferente. Quando Goupil foi apresentado a seus superiores, ele lhes pareceu um jovem promissor. Seu nome, tal como consta nos arquivos, é acompanhado de relatórios elogiando seu trabalho. Suas primeiras "inspeções" — tirando das ruas os mascates não autorizados ou acompanhando prisioneiros até a Bastilha — parecem ter sido realizadas com diligência. Sartine, chefe de polícia e seu superior no início da década de 1770, escreveu uma recomendação bastante positiva para sua futura sogra, que solicitara informações acerca do caráter de Goupil. Foi somente depois do casamento e da compra do cargo, que lhe proporcionara o salário decente mas ainda modesto de 3 mil *livres* por ano, que Goupil começou a tirar vantagem das oportunidades de peculato em larga escala.[17]

O sistema policial criava tais oportunidades, sem dúvida, mas nem de longe se assemelhava às histórias de horror perpetuadas pelos libelos e por best-sellers sensacionalistas como *Mémoires sur la Bastille*, de Linguet, e *Des lettres de cachet et des prisons d'état*, de Mirabeau. Tanto os agentes policiais como os libelistas tinham de sobreviver num mundo de contradições e complexidades. Viviam uma realidade imperfeita e muitíssimo humana, que não deve ser confundida com as caricaturas da literatura que eles ao mesmo tempo reprimiam e reproduziam. Será importante manter uma perspectiva equilibrada do Ancien Régime ao acompanharmos o próximo relato da polícia antilivros em ação, pois Goupil foi sucedido por uma personagem que o superou em muito na arte de fazer o sistema voltar-se contra si mesmo.

10. Um agente duplo e seus autores

Em 21 de dezembro de 1781, um homem não identificado entrou de supetão no Café du Caveau e, com forte emoção, anunciou: "Messieurs, trago uma notícia extraordinária, da qual estou certo. Ontem Jacquet foi executado na Bastilha pelo crime de lesa-majestade... e como autor do libelo contra a rainha".[1]

De acordo com um relato contemporâneo, essa notícia produziu "consternação geral". Ela foi se espalhando a partir do café, cuja localização no Palais-Royal o tornava um dos pontos de encontro favoritos dos *nouvellistes* (futriqueiros com as últimas notícias), por todas as redes de comunicação oral da cidade. Ninguém precisava explicar quem era Jacquet; todos no café sabiam que ele era um inspetor de polícia encarregado de reprimir libelos. O fato de ele próprio ter produzido um libelo contra a rainha e de ter sido executado na Bastilha por seus ex-colegas... — esse era o tipo de notícia que só podia provocar sensação nas mesas dos cafés e ser divulgada em alta velocidade por todas as mídias da época. A novidade foi transmitida de boca em boca (*nouvelles de bouche*), por cartas manuscritas clandestinas (*nouvelles à la main*) e, finalmente, em versões impressas, que podemos acompanhar numa publicação clandestina conhecida como *Mémoires secrets pour servir à l'histoire de la république des lettres en France*.

Uma notícia dessas jamais apareceria nas revistas oficiais, como *Gazette de France*, ou extraoficiais, como *Journal de Leyde*, que eram produzidas fora da

França mas tinham autorização para circular dentro do reino com a aprovação (e frequente censura) das autoridades francesas. No Ancien Régime, os acontecimentos que realmente davam o que falar tinham sido banidos da imprensa legal, mas eram divulgados em toda parte por canais ilícitos de comunicação — ainda que, nesse caso, acabassem sendo distorcidos. Jacquet, por exemplo, não fora executado; ele permanecia em uma cela na Bastilha. Mas era verdade que tinha sido preso por produzir libelos, o que em si era uma notícia bastante sensacional, e poderemos entender melhor as sensações que ela despertou acompanhando a sua cobertura em *Mémoires secrets*.

O contexto imediato das notícias sobre Jacquet foi a circulação de alguns *noëls* maldosos em dezembro de 1781. Todos os anos, na época do Natal, os zombeteiros de plantão improvisavam canções satíricas sobre os últimos acontecimentos. Esses *noëls* eram cheios de observações picantes sobre as iniquidades dos ricos e poderosos e espalhavam-se facilmente entre as pessoas comuns pois eram compostos sobre melodias que todos conheciam.[2] Na véspera do Natal de 1781, porém, os parisienses cantarolavam sobre um assunto que ia muito além dos limites da sátira aceitável, de acordo com *Mémoires secrets*. Os *noëls* estavam cheios de "calúnias sacrílegas" — coisas tão horríveis que sequer podiam ser mencionadas, nem mesmo numa revista clandestina. Os autores anônimos de *Mémoires secrets* observaram apenas que os *noëls* haviam se tornado "o assunto de todas as conversas e motivo de repulsa em toda Paris".[3]

Nessa época, os boatos sobre a suposta impotência do rei e as supostas infidelidades da rainha ainda eram considerados chocantes demais para serem colocados em forma escrita. No entanto, as notícias sobre Jacquet indicavam que ele publicara um libelo contendo o mesmo tipo de material sacrílego que infestava os *noëls* daquele ano. Essa escalada — da divulgação boca a boca para a disseminação impressa — significou que as autoridades estavam diante de um grande problema e a prisão de Jacquet mostrou que parte desse problema decorria de insubordinação em suas próprias fileiras. Um inspetor de polícia que virara libelista! Era algo extraordinário e *Mémoires secrets* anunciou sua determinação de ir até o fundo desse "caso obscuro e tão difícil de destrinçar".[4]

Ciente da dificuldade de separar fatos de fantasias num mundo no qual era vedada a discussão pública da vida privada dos soberanos, *Mémoires secrets* restringiu sua cobertura ao que considerava serem as notícias mais fidedignas. Jacquet era visto como um "mau súdito", isso estava claro. Ele trabalhara para a polícia e se especializara na fiscalização do comércio livresco. Nessa capacidade, viajara com frequência para a Inglaterra e os Países Baixos, onde foi se familiarizando com a indústria libelista e aprendendo a conviver com personagens suspeitas, como Théveneau de Morande. Alguns meses antes de ser preso, Jacquet fora enviado por Maurepas a Londres para adquirir a edição completa de um libelo particularmente afrontoso. Ao retornar, disse que deixara escapar alguns exemplares e que, por isso, precisava empreender nova viagem e investir outra pequena fortuna para adquirir as cópias remanescentes. Essa explicação soou suspeita o bastante para a polícia vasculhar sua bagagem em seu segundo retorno a Paris. Junto com as obras impressas, encontraram o manuscrito original, escrito em sua própria caligrafia.[5]

Os fatos sobre Jacquet eram tão escandalosos quanto os livros que ele deveria supostamente suprimir, de modo que os autores de *Mémoires secrets* continuaram acompanhando a história. Em 14 de janeiro de 1782, retificaram uma reportagem anterior: Jacquet não fora executado; ele continuava vivo na Bastilha, mas estava implicado em outras atividades criminosas. Em 26 de janeiro, publicaram o título do libelo em questão, *Vie d'Antoinette*, e os nomes de dois cúmplices que haviam sido presos junto com ele: um livreiro falido chamado Costard e Michel-Louis de Marcenay, "um homem do mundo e um mau súdito". Dois dias depois, finalmente ofereceram algumas informações sobre o próprio Jacquet, obtidas por um correspondente em Besançon, sua cidade natal. Jean-Claude Jacquet de La Douay veio de uma família rica e bem relacionada do Franco-Condado. Estudou direito, começou a trabalhar como advogado no tribunal do *bailliage* [bailiado] de Lons-le-Saunier e parecia destinado a uma carreira ilustre no *parlement* de Besançon, onde trabalhavam vários parentes seus. Contudo, segundo diziam, ele mostrava-se insatisfeito com a vida provinciana e acabou deixando a região para tentar a fortuna em Paris, onde ninguém ficaria surpreso se ele caísse em desdita, pois ainda em Besançon era conhecido como um "mau súdito"[6] — epíteto que perseguia personagens suspeitas como um cachorro latindo em seus calcanhares.

Uma carta de Bruxelas, publicada em 7 de fevereiro, revelou que Jacquet tinha organizado um amplo negócio editorial que publicava libelos dos Países Baixos e também da Inglaterra. A polícia francesa havia recentemente capturado vários de seus colaboradores numa batida em Bruxelas, cujos habitantes ficaram perplexos que alguém na posição de Jacquet — inspetor pleno do comércio livresco estrangeiro (*inspecteur de la librairie étrangère*) — pudesse ter publicado, comercializado e até escrito libelos ao lado de um bando de comparsas. Com isso, o caso parecia estar resolvido, exceto por alguns pequenos detalhes vindos de Besançon em novembro de 1782. Um correspondente da região noticiou que Jacquet deixara uma esposa e uma filha ainda menina, que estavam agora vivendo numa pequena propriedade perto de Lons-le-Saunier. Tão logo soube da prisão, a esposa correra a Paris para implorar clemência, pois seu marido fora condenado à morte — ou pelos menos assim se acreditava em Besançon. Aos olhos de seus conterrâneos, Jacquet bem merecia a forca, mas acreditavam que sua sentença fora comutada em prisão perpétua. Só podiam sentir pena de sua esposa, que vinha de uma boa família e trouxera consigo um dote considerável, que ele esbanjara.[7]

Raras vezes *Mémoires secrets* acompanhava um assunto tão minuciosamente. Apenas duas matérias curtas tinham sido dedicadas à prisão de Goupil, por exemplo, mas a cobertura dada ao caso Jacquet mostra que o assunto se tornara um fenômeno de outra ordem, um evento de enorme destaque na mídia da época — oral, escrita e impressa —, embora em princípio o caso devesse ficar restrito ao domínio sigiloso do Estado. Em 1780, porém, os libelos e os esforços para suprimi-los já haviam se tornado uma questão de opinião pública. A exposição pública de suas atividades secretas acrescentara uma dimensão adicional ao trabalho da polícia antilivros.

Assim a questão toda se apresentou aos olhos do público. Mas o que realmente acontecera? Para deslindar as complexidades do caso, precisamos consultar duas fontes: os papéis do chefe de polícia Jean-Charles-Pierre Lenoir e os registros policiais que Pierre Manuel publicou em 1789-90, *La police de Paris dévoilée* e *La Bastille dévoilée*, que podem ser suplementados por alguns manuscritos dos arquivos da Bastilha.[8] Lenoir descreve Jacquet como um "agente duplo" que aperfeiçoara seu pendor para a duplicidade em missões secretas para vários ministros.[9] Maurepas e Vergennes haviam lhe dado uma incumbência especial: investigar e pôr às claras os libelos contra a corte francesa que estavam sendo publicados em Londres e em Haia. Estavam particularmente preocupados com Londres, pois em 1779 tinham concordado em pagar uma quantia exorbitante — 8 mil *louis* (192 mil *livres*) — para adquirir, de um extorsionário da colônia londrina de refugiados franceses, a edição completa de um ataque particularmente perverso à rainha. O autor anônimo fez a negociação por meio de um livreiro francês (quase certamente Boissière, que tinha uma loja na St. James Street) e, da sua parte, o Ministério das Relações Exteriores francês solicitou a ajuda de lorde North, chefe de Estado britânico. No final, um engradado contendo uma tiragem completa de folhas impressas e gravuras, selado com o brasão de North e acompanhado por uma guarda armada, chegou à Bastilha, onde permaneceu guardado a sete chaves até a Revolução. Entretanto, a notícia logo se espalhou e, inspirados por esse exemplo, trapaceiros de toda sorte acorreram para a fábrica de obscenidades londrina — Lenoir refere-se a uma única *fabrique*, mas indica que suas operações espalhavam-se por Londres inteira e pelos Países Baixos — a fim de produzir mais e mais infâmias.[10]

A tarefa de Jacquet era acabar com tudo isso. Sua primeira viagem levou-o a Amsterdã e Haia, onde escritores expatriados franceses e gráficas holandesas tinham montado um lucrativo negócio de libelos e de onde ele retornou com uma amostra decepcionante de anedotas e canções picantes, que Maurepas descartou como mero lixo. Embora Jacquet devesse coordenar suas atividades com a embaixada francesa em Haia, esta informou que nunca recebeu notícias dele e que prospectos de obras difamatórias continuavam a proliferar. Nesse ínterim, chegara uma carta de Charles Théveneau de Morande, o libelista que se tornara espião da polícia, dizendo que Jacquet fora avistado em Londres, onde teria contratado a publicação de manuscritos que trouxera consigo de Paris.

Essa informação causou suficiente inquietação em Lenoir para que ele, depois de consultar Maurepas, designasse um de seus inspetores mais confiáveis para investigar. Embora não mencione o veterano policial pelo nome, o seu relato do caso indica que o homem escolhido foi Receveur, o anti-herói de *Le diable dans un bénitier*. Receveur tinha ampla experiência em espionar espiões e capturar libelistas e, quando Jacquet partiu numa segunda missão para Londres em 1781, ele o seguiu, conjugando sua investigação com a embaixada francesa e colaborando com Morande. As suspeitas de Lenoir se confirmaram: Jacquet tinha, de fato, montado uma editora clandestina. Ele contratava escritores de aluguel em Paris para produzir os textos; imprimia-os em Londres e na Holanda; e aliciava contrabandistas para levar os livros de volta a capital francesa.

Um desses contrabandistas denunciou Jacquet após uma desavença, ao mesmo tempo que o correio francês interceptava cartas incriminadoras endereçadas a ele por dois de seus autores contratados, Michel-Louis de Marcenay e Louis-Claude-César de Launay. Com isso, Lenoir tinha todas as provas de que precisava para lançar um golpe decisivo contra a operação de Jacquet e os autores e distribuidores nela envolvidos. Em 30 de outubro de 1781, conforme noticiou *Mémoires secrets*, a polícia encarcerou quatro homens na Bastilha: Jacquet, Marcenay, o abbé e escritor Théophile-Imarigeon Duvernet e o livreiro Costard, que trabalhava para Jacquet como copista. Lenoir e seus homens interrogaram os prisioneiros separadamente por vários dias sem quebrar-lhes a resistência. Mas, por fim, Marcenay abriu o bico e confessou que escrevera dois libelos sobre assuntos indicados a ele por Jacquet. Lenoir colocou-os uns contra os outros em uma série de acareações — cenas dramáticas em que os interrogadores juntavam os prisioneiros e os incitavam a fazer incriminações mútuas. Acabaram conseguindo uma confissão de Duvernet, que afirmou ter escrito para Jacquet um libelo contra Maurepas e deu o nome de alguns outros autores. Jacquet recusou-se a falar e resolveu simular insanidade mental, estratagema que funcionou tão bem que ele acabou sendo transferido por dois anos para o manicômio em Charenton. Como recompensa por seu testemunho, Marcenay e Duvernet foram libertados da Bastilha depois de cumprirem penas relativamente curtas, mas Jacquet voltou para lá em novembro de 1783 para um período indefinido de confinamento. Embora Lenoir encerre seu relato com essa observação, a batida policial de 30 de outubro de 1781 continuou tendo repercussões no mundo dos libelistas, pois abrira linhas de investigação que Receveur e outros agentes secretos iriam seguir nos três anos subsequentes.[11]

O dossiê mais triste produzido por essas investigações envolve um escritor que Jacquet contratara em Amsterdã, Louis-Claude-César, chevalier de Launay. Ele iniciara uma carreira aparentemente bem-sucedida como médico em Avignon e chegou a tornar-se censor real de livros de medicina. Porém, em 1780, por motivos que permanecem obscuros, ele se viu em Paris sem um tostão no bolso. Esperando escapar da pobreza por meio da literatura, aceitou a posição de autor/editor da *Gazette Anglo-Française*, publicada em Maestricht por Samuel Swinton, um negociante escocês e aspirante a magnata da imprensa que também era dono do *Courrier de l'Europe*, o jornal francês publicado em Londres que empregava vários libelistas. A *Gazette* não se mostrou lucrativa e Swinton e de Launay acabaram brigando. Swinton abandonou o jornal; de Launay tentou mantê-lo sozinho, mas logo desistiu por falta de financiamento. Quase na indigência, conseguiu chegar a Amsterdã, onde começou a escrever libelos, alguns dos quais para Jacquet. Quando essa nova onda de calúnias chegou às ruas de Paris, Lenoir despachou Receveur para descobrir suas origens, aparentemente em algum ponto dos Países Baixos. Em Amsterdã, com ajuda de diplomatas franceses e das autoridades holandesas, deu uma batida numa gráfica e conseguiu que os tipógrafos confessassem o que sabiam. Eles revelaram que o texto original viera de de Launay, que já retornara a Paris. Receveur voltou correndo para a capital e carregou de Launay para a Bastilha em 4 de setembro de 1782. Dezesseis dias depois, de Launay foi encontrado morto em sua cela.[12]

A morte de de Launay logo após a de Goupil serviu para alimentar uma mitologia cada vez mais sinistra envolvendo segredos sombrios ocultos em masmorras e câmaras de tortura.[13] *La Bastille dévoilée* relata que a autópsia de de Launay não revelou nenhuma ilicitude, embora tenha deixado margem para suspeitas de uma "morte violenta". *Le diable dans un bénitier*, que também narra o caso, afirma explicitamente que Receveur estrangulou de Launay. Apesar do caráter confuso da documentação, não há motivo para acreditar que os prisioneiros fossem maltratados pela polícia, a qual continuou prendendo os libelistas e, desse modo, lançando luz sobre as condições de vida em Grub Street.[14]

De Launay e os dois libelistas presos com Jacquet ilustram a mesma tendência entre os escritores mercenários de Paris: a mobilidade social descendente. Os três tinham recebido uma boa educação e haviam começado carreiras promissoras — de Launay em medicina, Duvernet na Igreja e Marcenay na administração real. O que levou os dois primeiros a se afastarem da trajetória padrão de avanço profissional permanece obscuro, mas os tropeços de Marcenay mostram bem como uma carreira pode dar errado. De acordo com *La Bastille dévoilée*, ele perdeu um bom emprego no Ministério das Finanças quando fez uma brincadeira que um de seus superiores considerou desrespeitosa: ele imprimiu e distribuiu um comunicado dizendo que seu chefe acabara de ser enterrado. O chefe não achou graça — nessa época, a *administration* francesa estava se tornando uma "burocracia", termo usado pela primeira vez em 1764 — e Marcenay viu-se rapidamente no olho da rua. Desesperado por um emprego, começou a escrever panfletos e emigrou para a Holanda, onde produziu textos para editoras em língua francesa, conheceu Jacquet e passou a trabalhar como libelista.[15]

Os outros biscateiros no rol de autores de Jacquet também recorreram à literatura para colocarem pão na mesa quando estavam com fome. O gênero que melhor remunerava, como Jacquet provara ao recrutá-los, eram os libelos. Jacquet fornecia o assunto e o pagamento; eles escreviam os textos, embora parte do material saísse do próprio punho de Jacquet. Segundo *La Bastille dé-voilée*, ele às vezes escrevia ensaios curtos, que então apresentava a Lenoir como "extratos" de libelos completos que, segundo ele, estariam prestes a ser impressos em Londres ou Amsterdã com títulos como *La vie du prince ***, Le porte-feuille de ***, Les aventures de madame de Polig***, Le ministre de Vergennes* e *Le cri de la France contre monsieur de Maurepas*. Jacquet assegurou a Lenoir que, graças a seus contatos no submundo literário, ele era capaz de persuadir os autores a suprimir as edições completas dessas obras, desde que a polícia oferecesse uma compensação financeira adequada, que geralmente variava entre quinhentos e mil *louis* — i.e., entre 12 mil e 24 mil *livres*. (O prêmio da extorsão costumava ser cotado em *louis*, uma denominação mais elegante que *livres*, assim como as transações importantes na Inglaterra eram feitas em guinéus, não em libras.) A maioria desses livros nunca existiu. Mas, desse modo, por meio de blefes e ardis, Jacquet reuniu capital suficiente para montar uma editora de verdade. Seus autores e impressores produziram inúmeros libelos, embora seja impossível determinar quem escreveu o que nesse corpo de literatura hoje praticamente desaparecido.[16]

Felizmente, um exemplo, que mostra como o negócio funcionava, ainda pode ser encontrado nos arquivos da polícia e nas estantes das bibliotecas: *Les joueurs et monsieur Dusaulx*, um ataque anônimo de sessenta páginas contra parisienses proeminentes que se expunham ao opróbrio em jogatinas ilícitas e prostituição. Foi escrito, impresso e publicado em Bruxelas por três colaboradores de Jacquet, que formavam um ramo à parte dentro do negócio. Jacquet forneceu-lhes as informações e, ao que parece, designou que um de seus autores parisienses, o abbé Duvernet, os ajudasse no que fosse necessário. Mas Bruxelas foi o centro da operação, chefiada por Jean-Baptiste Imbert de Villebon, um comerciante francês que fugira para lá a fim de evitar um processo por falência fraudulenta. A maior parte de seus negócios envolvia o comércio de livros ilegais: ele os produzia, os vendia e os denunciava para a polícia francesa. Alguns dos livros vieram da pena de seu irmão, François-Guillaume Imbert de Boudeaux, um monge beneditino proscrito que passou a escrever libelos para se manter em Paris depois de deixar o mosteiro. Sua obra mais conhecida, *La chronique scandaleuse* foi lançada em 1783, supostamente em "Paris, em uma esquina de onde se pode ver tudo" (com uma versão expandida em quatro volumes em 1785 e em cinco em 1791), e sintetiza toda a paixão por escândalos envolvendo figuras públicas nos últimos anos do reinado de Luís XVI. Ele se especializou em anedotas picantes que circulavam em boletins manuscritos e geralmente acabavam aparecendo em periódicos clandestinos como *Correspondance Littéraire Secrète*, publicado por Louis-François Mettra em Neuwied. Os irmãos Imbert também trabalharam com Antoine La Coste de Mézières, ex--oficial do exército que decaíra para as Grub Streets de Paris e Bruxelas, onde produzia textos para a imprensa subterrânea. *Les joueurs* foi uma das cerca de meia dúzia de obras que essa equipe produziu em 1780-1.[17]

Lida fora de contexto, parece uma denúncia dos antros de jogatina em Paris, tenuemente disfarçada como uma narrativa sobre dois fidalgos provincianos que são espoliados de suas fortunas por patifes do submundo e contam sua triste história a Jean Dusaulx, eminente autor filosófico de um tratado contra o jogo, *Lettre et réflexions sur la fureur du jeu* (1775). O narrador adota uma postura magnânima perante o tema, defendendo os princípios do Iluminismo contra as forças obscurantistas e manifestando indignação moral ao expor como o vício corrói a virtude. Todavia, ao condenar a depravação, oferece um amplo retrato voyeurístico da devassidão. Revela como prostitutas, vestidas de damas, escolhiam vítimas inocentes nos teatros parisienses, arrastavam-nas a bordéis disfarçados de salões, entupiam-nas de bebidas batizadas com narcóticos e levavam-nas às mesas de jogo, onde perdiam todo o patrimônio de suas famílias, auxiliadas em sua derrocada por trapaceiros profissionais. A narrativa leva o leitor de um antro após o outro — Palais-Royal, Palácio Luxemburgo, a embaixada veneziana —, entremeando a descrição com retratos biográficos das personagens do submundo que recrutam mulheres de rua, cortam o baralho, contabilizam os ganhos e pagam propinas para a polícia. Lembra muitas vezes *Le gazetier cuirassé*, que trata de alguns dos mesmos assuntos e que é citado num dado momento.[18] As anedotas escabrosas sucedem-se desordenadamente, autonomamente, sem muita conexão com a narrativa.

Daí, por exemplo, o esboço típico de uma prostituta, Liennette Dufrêne, filha de um sapateiro e de uma florista de Lyon, que o narrador insere gratuitamente no texto. Depois de ser vendida, ainda criança, para o filho de um banqueiro da rue des Trois Carreaux por sessenta *livres* (detalhes precisos como este estão presentes na maioria dos libelos, dando-lhes um ar de autenticidade), Liennette acaba nos bordéis de Montpellier e Bordeaux, até graduar-se no meretrício em Paris, "onde tudo está à venda".

Um comerciante da rue Aux Fers recebeu-a e contribuiu lautamente para sua fortuna. Ele foi sucedido por um duque, homem avarento, notório por sua impudência e lascívia. [...] Por sua avareza ou por sua impotência, Liennette deixou-o e voltou a fazer ponto diário nos Jardins das Tulherias, nas sarjetas e nos cortiços, pegando clientes nos teatros de variedades dos bulevares. Certa noite, numa de suas rondas, fisgou um criado do duque de La Vrillière; em outra, acabou com um camareiro do conde d'Estaing. Incitados pelos louvores de seus empregados, os patrões vinham procurar essa Frineia. Ela [mais tarde] persuadiu o duque de La Vrillière que estava carregando um filho seu, fez esse patife impotente julgar-se um Hércules e entulhou seu ducado com três crianças, que, como Liennette, nunca tiveram a menor pista da identidade de seu verdadeiro pai. Usando como pretexto a necessidade de criar essa prole, ela recebeu permissão para se dedicar ao jogo; e monsieur Lenoir, que hoje atua como instrumento de Deus na chefia da polícia, autorizou-a a montar um estabelecimento. Hoje Liennette anda por aí proclamando: "Vivi com o duque de La Vrillière e eis aqui o seu filho". Ela tem ótima reputação entre as damas de sua empresa e hoje dirige uma casa de jogo e um bordel na rue de Richelieu.[19]

A despeito do tom moralizante e do enredo ostensivo, *Les joueurs* possui a maioria das características de uma *chronique scandaleuse*. A obra, porém, foi mais do que uma mera tentativa de explorar o mercado da literatura escandalosa. A menção ao duque de La Vrillière, o ministro responsável pela Bastilha e eterna *bête noire* dos libelistas, expressa a mensagem política do texto. *Les joueurs* acusa a polícia e seus superiores em Versalhes de serem o poder secreto por trás da indústria do jogo. Todas as manhãs, diz o texto, os banqueiros do jogo retiravam seu dinheiro de uma tesouraria central mantida por um policial chamado Gombaud e todas as noites o devolviam, acrescido de sua porcentagem dos ganhos do dia. A rede de proteções ia de Gombaud a Lenoir, de La Vrillière a Maurepas, na cúpula do governo. E ao longo de todo esse sórdido esquema, políticos e policiais serviam-se tanto das mulheres como do dinheiro. A única pessoa desse mundo que resistira à corrupção fora Dusaulx, o *philosophe* que denunciara a ameaça que tudo isso representava à virtude cívica. *Les joueurs* apresenta-se como um suplemento da obra de Dusaulx — este expusera os princípios filosóficos, aquela revela os abusos cometidos — e celebra-o como um homem de letras incorruptível que rejeitara, com uma declaração de independência, uma tentativa de Lenoir de suborná-lo: "Eu cultivo o mundo das letras. Como sei harmonizar minhas necessidades com minhas receitas, o pouco que tenho é suficiente; e prefiro o bem público a meu interesse pessoal".[20]

Esta profissão de fé talvez representasse o ideal literário dos autores, mas eles viviam num mundo real em que a fome tem de ser saciada e a sobrevivência financeira assegurada. Seus antecedentes policiais mostram que ele concebeu o livro para usá-lo num esquema de extorsão. Os nomes das possíveis vítimas estão destacados em itálico no texto: La Vrillière, ministro da Maison du Roi, responsável pelo Departamento de Paris (e, portanto, com autoridade sobre a Bastilha); Sartine, ministro da Marinha e ex-chefe da polícia; d'Aligre, primeiro presidente do *parlement* de Paris; Séguier, procurador-geral do *parlement*; inúmeros cortesãos (o duque de Duras, o duque de Mazarin, o marquês de Fleury); e muitos outros, incluindo os donos dos estabelecimentos de jogo. Não sabemos como os libelistas dividiram seu trabalho. Ao que parece, Jacquet começou o empreendimento em Paris, onde Duvernet ajudou-o a coletar informações. Imbert de Boudeaux, que vivia num quartinho que alugara do dono de um brechó em Paris, e Mézières, que se mudara de Paris para Bruxelas, provavelmente colaboraram na redação do texto. Imbert de Villebon supervisionou a impressão e a distribuição em Bruxelas. Todos os envolvidos foram presos durante a investida policial contra a quadrilha de Jacquet entre dezembro de 1781 e janeiro de 1782. Durante os interrogatórios na Bastilha, confessaram o suficiente para revelar como era conduzida uma operação típica de extorsão, ainda que a deles em particular houvesse fracassado.

Depois de concluírem o texto, eles prepararam um prospecto impresso, que enviaram para as vítimas pretendidas, acompanhado de uma carta introdutória exigindo determinada quantia em troca da supressão de estas ou aquelas passagens. De acordo com o testemunho de um colaborador, provavelmente Duvernet, foi Jacquet quem dirigiu essa fase do projeto: "Ele sabe muito bem como usar cartas anônimas para extrair dinheiro das pessoas que deseja intimidar. Lembro-me de ouvi-lo dizer: 'Podemos obter uma boa quantia de Sartine, de Montbarrey e até mesmo do primeiro presidente [do *parlement* de Paris] (que, aliás, é um sovina) se produzirmos um bom tratado contra eles. Quanto a Séguier, não vale a pena nos darmos ao trabalho; ele não tem um centavo'".[21] Mézières esperava extorquir cinco donos de estabelecimentos de jogo, mas estes não se deixaram intimidar e sequer responderam aos prospectos. Imbert de

Villebon então instruiu seu irmão em Paris que propusesse a Lenoir entregar a edição inteira em troca de uma recompensa. A essa altura, porém, algumas cópias já tinham sido comercializadas e estavam em circulação nas ruas. Com isso, os libelistas decidiram abandonar o projeto de chantagem e se conformaram em vender o livro por quanto o mercado clandestino estivesse disposto a pagar.[22]

Les joueurs era apenas uma pequena parte de uma grande empresa chefiada por Jacquet. Entretanto, quanto mais o negócio crescia, mais ele ficava vulnerável a uma fraqueza fundamental, a saber, o empreendimento todo funcionava com base no princípio de honra entre os fora da lei. Por fim, tudo veio abaixo num estágio crucial da distribuição: o ponto em que os libelos tinham de entrar clandestinamente em Paris. O principal contrabandista de Jacquet, um livreiro de Versalhes chamado André, recebia carregamentos provenientes de gráficas em Londres e nos Países Baixos, armazenava-os em depósitos (o próprio palácio tinha um complexo de câmaras ocultas repletas de livros proibidos) e os encaminhava para os mascates da cidade usando diversos estratagemas (o mais comum era subornar lacaios para esconderem os pacotes nas carruagens de pessoas que fossem suficientemente importantes para estarem isentas de inspeção nas barreiras alfandegárias da cidade). Em troca, André recebia uma parcela dos lucros. Mas como poderia saber se estava recebendo um percentual justo? Ele desconfiou que alguma trapaça estivesse sendo armada, pois Jacquet passara a utilizar outra técnica para introduzir os livros em Paris: durante uma missão no exterior, ele informava Lenoir que tinha confiscado um carregamento de libelos e que estava trazendo-os de volta consigo a Paris; com isso, atravessava os postos de inspeção sem ser importunado, depositava algumas cópias na Bastilha como testemunho de seu zelo na repressão de calúnias sediciosas e vendia o restante às escondidas.

No outono de 1781, André descobriu que Jacquet tinha importado dessa maneira um grande suprimento de meia dúzia de libelos. Entre eles, ataques difamatórios a Maurepas, ao duque de Chartres e ao conde d'Artois e Necker, além do livro que a polícia mais desejava suprimir, *La vie de la reine*. Furioso por ter sido ludibriado pelo mesmo tipo de duplicidade com que Jacquet engabelara a polícia, André denunciou-o a Lenoir. Em troca, foi recompensado com uma autorização para agir dissimuladamente, pois, segundo *La Bastille dévoilée*, ele passou a trabalhar como um dos espiões de Lenoir sem interromper por um instante os negócios ilícitos com livros.[23]

Quando denunciou a operação de Jacquet, André revelou os nomes de seus colaboradores em Bruxelas. Lenoir despachou o irrepreensível Receveur ao encalço deles e, no final de 1781, ele conseguiu encarcerar os dois irmãos Imbert e Mézières numa cadeia local. A bem da verdade, Receveur não tinha autoridade para fazer isso, o que não o impediu de obter a ajuda de alguns funcionários valões desejosos de cair nas boas graças da superpotência que vinha invadindo seu país regularmente ao longo dos últimos cem anos. Eles mantiveram os prisioneiros trancafiados em Bruxelas enquanto Receveur providenciava sua transferência para a França. Os três entraram na Bastilha em 7 de janeiro de 1782 e durante as semanas seguintes foram submetidos a interrogatórios intensivos. Receveur também trouxera consigo provas incriminatórias na forma de livros que confiscara em Bruxelas e Leiden, e depositara num almoxarifado da Bastilha: *Essai sur la vie de Marie-Antoinette d'Autriche, reine de France*, *Les joueurs et monsieur Dusaulx* e dois panfletos contra Necker.[24]

As transcrições dos interrogatórios, citadas quase na íntegra em *La Bastille dévoilée*, mostram que a polícia sabia estar lidando com profissionais tarimbados e que a sua maior preocupação era obter provas contra os difamadores da rainha.[25] Muitos títulos, ou versões do mesmo título, foram mencionados ao longo dos interrogatórios: *La vie de la reine*, *La vie privée de la reine*, *La vie de Marie-Antoinette* e *Essai sur la vie de la reine*. Embora seja impossível reconstruir a história editorial dessa obra, ela parece ter sofrido várias metamorfoses, seja como manuscrito ou como livro impresso, antes de uma edição definitiva surgir em 1789: *Essais historiques sur la vie de Marie-Antoinette d'Autriche, reine de France: pour servir à l'histoire de cette princesse*.[26] Como parte do estratagema que culminou na sua desavença com André (e como prova de sua eficiência em suprimir libelos), Jacquet depositara na Bastilha uma parte da sua edição de *La vie de la reine*. Portanto, a polícia sabia que os autores que ele havia contratado estavam produzindo textos tão caluniosos que constituíam crime de lesa-majestade, segundo consta nos registros dos interrogatórios. Eram histórias escabrosas e estapafúrdias sobre a suposta impotência do rei, os cornos que lhe eram postos e as orgias da rainha com uma extensa série de amantes, entre eles o irmão do rei (conde d'Artois) e seu primo (duque de Chartres), para não falar na ilegitimidade de sua prole, narrada num capítulo particularmente explícito (e, em algumas edições, ilustrado) sobre o nascimento de seu primogênito.

Diante de tão grave acusação, os três prisioneiros fizeram de tudo para minimizar o seu papel no caso. Imbert de Villebon tentou provar sua inocência afirmando que qualquer atividade aparentemente suspeita da sua parte era apenas disfarce do seu trabalho como agente secreto da polícia parisiense. Explicou que comprometera-se a espionar as editoras clandestinas de Bruxelas e insistiu que se desincumbira da tarefa muito bem. De fato, ele fora remunerado por seus serviços, mas nunca sequer sonhara em encomendar obras difamatórias com o intuito de arquitetar o seu confisco ou fazer chantagem. Tinha denunciado a Lenoir mais de quarenta libelos que estavam sendo escritos ou impressos, incluindo o inominável ataque à rainha. Na verdade, ele até tentara impedir a publicação de *La vie de la reine* oferecendo 3 mil *livres* pelo manuscrito por meio de um de seus contatos no submundo literário. Infelizmente, o detentor do manuscrito exigira 4 mil e, por causa disso, a obra acabou sendo impressa. Jacquet adquirira a edição completa em Londres, juntamente com vários outros libelos — ou, pelo menos, é o que dizia: ele contara essa versão da história quando se encontrou com Imbert de passagem por Bruxelas, ao retornar de Londres a Paris. Segundo outra versão, que pareceu mais provável para Imbert, Jacquet embolsara a maior parte do dinheiro que a polícia reservara para adquirir a edição e posteriormente ainda vendera muitas cópias no mercado negro. Na verdade, Imbert acreditava que Jacquet nem mesmo estivera em Londres e que mandara imprimir a edição na Holanda depois de adquirir o manuscrito de algum cortesão descontente de Versalhes.

Esse testemunho foi uma tentativa de transferir toda a culpa para Jacquet, mas, infelizmente para Imbert, a polícia já extraíra algumas contraprovas de Mézières, que admitiu ter escrito dois libelos — *Confession générale de madame la comtesse du Barry* e *La diligence, ou conversation libre entre trois gens pas trop sots* — instigado por Imbert. Embora a carreira de madame du Barry tivesse fornecido farto material para os libelistas nos últimos dez anos, difamar a memória de Luís XV continuava sendo crime sob Luís XVI. Por sua vez, *La diligence* incluía algumas das alegações mais afrontosas sobre Maria Antonieta extraídas de *La vie de la reine*. De modo que os interrogadores foram duros com Mézières.

> Ao lhe indagarem como ele ousara compor duas obras tão horríveis, que atacavam as pessoas sagradas de suas majestades, a família real inteira, príncipes, princesas da corte, ministros, magistrados e dignitários nos mais elevados cargos, ele respondeu que o fizera instigado por sieur Imbert de Villebonne, que lhe prometera vender esses manuscritos ao conde de Maurepas.[27]

Em seu interrogatório, Imbert negou firmemente ter contratado Mézières para escrever libelos e afirmou que, pelo contrário, ele advertira Mézières para não produzir nada desrespeitoso sobre o rei e a rainha, pois tal obra seria considerada crime de lesa-majestade. Mézières, porém, não lhe dera ouvidos e respondera que, desesperado para ganhar algum dinheiro, já tinha recorrido "a todos os meios possíveis para sobreviver, que este era o seu último recurso e que queria aproveitá-lo ao máximo, custasse o que custasse".[28]

A situação de Mézières na Grub Street de Bruxelas pode realmente ter sido desesperadora, mas tornou-se ainda pior na Bastilha. Diante da interpelação implacável — e, com certeza, seduzido por uma oferta de clemência caso confessasse —, ele entregou os pontos por fim e revelou todos os detalhes das operações em Bruxelas. Imbert montara uma empresa libelista nos moldes da de Jacquet. Ele fornecera a Mézières os libelos e *nouvelles à la main* mais recentes, além de informações sobre as questões tratadas em *La vie de la reine*, para que produzisse seus textos. Aproveitando-se de sua condição de informante da polícia, Imbert planejara apresentar o manuscrito de Mézières como prova de que novos libelos estavam no prelo e receber a recompensa por suprimi-los. Da perspectiva de Bruxelas, parecia possível envolver a polícia de Paris em todo tipo de esquema de extorsão, graças às verbas ilimitadas asseguradas pelo governo.

Contudo, havia limites. Imbert de Villebon negociou com Lenoir por meio de seu irmão, velho conhecido da polícia parisiense. O irmão fora preso em 1772 por colaborar em boletins clandestinos. Quando revistaram seu quarto, encontraram uma grande coleção de livros irreligiosos, que, segundo ele, seriam usados para escrever uma defesa do cristianismo.[29] Suas publicações subsequentes, incluindo *La chronique scandaleuse*, sugerem que sua abordagem era bem pouco ortodoxa, mas a polícia estava mais preocupada com sua participação no comércio clandestino de livros. Permitiram que ele vendesse algumas obras ilegais furtivamente, desde que obtivesse autorização prévia e os mantivesse informados de suas fontes. Ou seja, ele também espionou para a polícia de Paris, tal como seu irmão em Bruxelas, cujas propostas para Lenoir ele estava, portanto, bem posicionado para intermediar. Duas propostas para suprimir libelos que os irmãos apresentaram em novembro de 1781 diziam respeito a um suposto ataque ao marquês de Castries, na época ministro da Marinha, e um panfleto sobre a vida sexual da rainha intitulado *Soirées de la reine*. A essa altura, porém, Lenoir começara a desconfiar que os irmãos Imbert estavam inventando títulos de livros para depois escrevê-los e publicá-los caso ele lhes oferecesse dinheiro suficiente. Suas suspeitas foram confirmadas quando André denunciou as atividades sub-reptícias dos Imbert. Assim, em vez de mandar dinheiro, Lenoir enviou Receveur, que prendeu os dois, juntamente com Méziè-res. (Imbert de Boudeaux tinha viajado para Bruxelas para coordenar os planos com os outros dois.) E quando tentaram se esquivar das perguntas de Lenoir durante os interrogatórios na Bastilha, ele constatou que ambos estavam de fato blefando: nenhum dos dois libelos existia.

La vie de la reine, por outro lado, existia. Quando prendeu os irmãos Imbert, Receveur apreendeu também algumas cartas mostrando que Imbert de Villebon propusera fornecer a obra para dois dos mais notórios comerciantes de livros ilegais, Dufour, de Maestricht, e Mettra, de Neuwied. Durante o interrogatório, Villebon afirmou sem lógica nem coerência que ele apenas acenara a oferta como uma artimanha para descobrir se os dois livreiros tinham recebido propostas semelhantes de outras fontes. Imbert de Boudeaux não se defendeu melhor durante a sua inquirição. Receveur confiscara algumas anedotas comprometedoras sobre dignitários que ele pretendia publicar no *Correspondance Littéraire Secrète*, de Mettra. Boudeaux assegurou seus inquiridores que ele apenas anotara num papel os boatos que corriam em Bruxelas e que jamais publicaria algo daquele gênero sem antes obter a aprovação de Lenoir.

Tenha ou não chegado ao fundo das trapaças dos Imbert, a polícia reuniu provas suficientes para concluir que Jacquet e seus colaboradores vinham fazendo jogo duplo. Assim como Jacquet usara seu cargo na polícia para montar uma editora clandestina, os demais tinham aproveitado a posição de informantes para montar complôs complementares. De um ponto de vista moderno, pode parecer estranho que o sistema tenha gerado tanta falcatrua e peculato. Mas, como vimos, funcionários do Estado no século XVIII não pensavam nem se comportavam como os funcionários públicos modernos — ao menos não do tipo que existe em certos países. (Depois do colapso do comunismo em 1989, ficou claro que muitos *apparatchiks* eram empreendedores que usavam o Estado para montar impérios próprios; se pudermos comparar Jacquet e comparsas com personagens do mundo atual, seriam os agentes subalternos de regimes autocráticos.) O Ancien Régime pertencia a uma categoria própria, situando-se em algum ponto entre o absolutismo das primeiras monarquias modernas e a burocracia dos Estados modernos. A polícia abusava do poder de maneiras peculiares ao sistema a que pertencia. Os que detinham cargos vitalícios usavam-nos para encher o bolso e era fácil encontrar colaboradores entre aqueles que praticamente nada tinham — autores indigentes e livreiros marginais. A Grub Street fervilhava de espiões da polícia porque era um cenário em que mídias modernas incipientes — rumores, canções, boletins, panfletos, livros — criavam raiz e se disseminavam. Seus habitantes produziam as obras que a polícia mais desejava reprimir — os libelos, em especial. A repressão levou à colaboração, pois a polícia naturalmente recrutava informantes dentre os escritores de aluguel, *nouvellistes* e mascates que encontrava em suas rondas diárias. E quando um inspetor passava para o outro lado de Grub Street a fim de montar o seu próprio negócio ilegal, ele contratava colaboradores do mesmo meio.

A espionagem era um aspecto importante do trabalho policial. Lenoir tinha centenas, talvez até milhares, de espiões a seu serviço em Paris. Alguns eram funcionários de tempo integral, que preparavam relatórios diários de suas conversas nos cafés e mercados. Outros forneciam informações periodicamente em troca de pequenas gratificações ou favores diversos. Alguns se tornavam informantes para escapar da Bastilha e continuar mascateando livros ou escrevendo panfletos sob a "proteção" da polícia. Por mais chocante que possa nos parecer hoje, a colusão entre polícia e subliteratos estava enraizada na estrutura da vida literária do século XVIII e a Bastilha funcionava como elemento coesivo do sistema. A polícia não a utilizava como uma penitenciária moderna, nem tinha noções modernas de punição por meio de longas penas. Quando prenderam Mézières e os irmãos Imbert, estavam lidando com um setor do comércio livresco que já conheciam intimamente; depois de extraírem tudo o que podiam dos interrogatórios, não mantiveram os prisioneiros trancafiados por muito tempo. Mézières foi solto após cinco meses, um período típico de confinamento, e os Imbert depois de apenas dois meses — presumivelmente para que pudessem voltar a trabalhar como informantes.

Jacquet foi um caso especial. Como Lenoir observaria mais tarde, ele não chegou a confessar e preferiu fingir que estava louco. Quando retornou à Bastilha em novembro de 1783, depois de um ano no hospício de Charenton, continuou tentando encobrir suas atividades. Os poucos fragmentos que restaram dos arquivos do dossiê original sugerem que ele sucumbiu a um crescente senso de desespero. Em bilhetes a seus carcereiros, dizia que nunca um ser humano sofrera tanto quanto ele. Sua saúde estava arruinada. Perdera o movimento de uma das pernas. Era atormentado por dores de cabeça, surdez e calafrios. Implorava mais água, roupas mais quentes, um cobertor melhor — e notícias de sua família, pois nada ouvira de sua esposa, com quem tinha quatro filhos (não um, como *Mémoires secrets* informara). Num bilhete típico, descreveu-se como "uma criatura desventurada que perece atrás de muros grossos, alguém para quem o sol jamais voltará a brilhar, um pai de quatro filhos que foram destroçados por suas iniquidades e a quem nunca mais voltaria a ver, um homem que te implora, por tudo que possa comover tua alma, que digas se sua esposa ainda está viva e qual o destino de seus filhos".[30] Cartas de prisioneiros costumam ser cheias de tais lamentações, na esperança de obterem algum alívio para sua desgraça, mas Jacquet tinha motivos para acreditar que permaneceria na prisão até morrer. Sabia que não podia pedir clemência a Lenoir, pois este se recusara a receber suas cartas. Desse modo, permaneceu na Bastilha. Lá ficou durante anos, até 9 de julho de 1789, quando foi libertado e exilado para seu Franco-Condado natal. Por cinco dias teria sido libertado pela Revolução Francesa.

Ele reapareceu em Paris em algum momento do segundo semestre de 1789. A Bastilha já estava sendo demolida e seus arquivos começavam a ser publicados por Pierre Manuel. Manuel precisava de um assistente que entendesse ou decifrasse os documentos policiais e fosse capaz de ajudá-lo na delicada tarefa de eliminar qualquer material que pudesse comprometer algum líder da Revolução. Quem mais adequado para essa tarefa que Jacquet? Em 1792, Manuel foi a julgamento por ter se apropriado indevidamente de certos arquivos — as cartas que Mirabeau escrevera da prisão de Vincennes e que seus herdeiros reivindicavam para si. Em sua defesa, argumentou com sucesso que os papéis pertenciam ao povo francês e que ele exercera um dever patriótico publicando-os e tornando-os disponíveis a todos. Explicou que, em alguns casos, entregara a ex-prisioneiros os dossiês que lhes diziam respeito. Jacquet fora um deles. Manuel testificou que dera a "monsieur Jacquet, inspetor de polícia, o dossiê referente à sua pessoa e que em diversas outras ocasiões, conforme se fazia necessário, havia lhe pedido que realizasse pesquisas".[31]

De inspetor de polícia a agente duplo, editor clandestino, prisioneiro da Bastilha e assistente de pesquisas na edição dos documentos da Bastilha — a carreira de Jacquet abrangeu toda a gama de atividades que ligavam os libelos criados sob o Ancien Régime à propaganda da Revolução.

11. Missões secretas

Como o caso de Jacquet demonstrou, era impossível restringir o que a polícia fazia aos muros da Bastilha. Quando a mídia da época tomava ciência das operações policiais, a tendência era que ela ampliasse ainda mais quaisquer danos que os libelos pudessem causar. As desventuras de Jacquet forneceram aos frequentadores dos cafés e aos cronistas dos boletins manuscritos material tão sensacional quanto os delitos dos cortesãos. Na realidade, os dois tipos de escândalo pareciam se complementar. Uma força policial corrupta e arbitrária agia de mãos dadas com um governo decadente e despótico — este era o tema principal de libelos como *Le diable dans un bénitier*. As autoridades francesas enfrentavam assim um duplo problema: precisavam conter a produção de libelos e fazê-lo de modo a não causar novos escândalos. Ministros como Maurepas e Vergennes levavam a questão muito a sério, o que se tornou uma das grandes preocupações do Ministério das Relações Exteriores, pois os libelistas mais desbocados atuavam fora do reino. O resultado foi uma série de missões secretas que pretendiam acabar com a indústria libelista no seu âmago: a colônia de franceses expatriados em Londres.

Londres já era o lugar ideal para a produção de libelos muito antes de Jacquet torná-la o centro de suas operações. Graças ao canal da Mancha, oferecia melhor proteção que Bruxelas ou Amsterdã contra batidas policiais, como a que Receveur arquitetara para prender Launay, Mézières e os irmãos Imbert. Some-se a isso a perene hostilidade dos britânicos à França, que fazia com que pouco se preocupassem com livros que caluniassem franceses. Além disso, havia a gloriosa tradição britânica de liberdade da imprensa, que vinha desde a revogação do Licensing Act [que estipulava censura prévia] em 1695. É verdade que muitas vezes a imprensa foi mais livre em princípio do que na prática; é também verdade que autores e editores que ofendessem pessoas poderosas podiam ser condenados no tribunal pelo crime de calúnia sediciosa. Mesmo assim, os libelos floresceram na época de Walpole e proliferaram ainda mais nas décadas de 1760 e 1770, com a agitação causada por John Wilkes [que publicou ataques a George III] e pela Revolução Americana. Os visitantes franceses mal podiam crer na virulência da imprensa britânica quando frequentavam os cafés e livrarias de Londres. E bastava entrarem na loja de Boissière em St. James Street para encontrar as obras de um libelista francês que superava em muito os ingleses na divulgação de escândalos: Charles Théveneau de Morande.[1]

O primeiro libelo de Morande, *Le gazetier cuirassé*, fizera dele um homem rico, invejado por todo escritor que deixara a França em busca da fortuna fora do alcance da Bastilha. Segundo *Mémoires secrets*, o livro rendeu-lhe uma quantia enorme: mil guinéus ingleses, cerca de 24 mil *livres* franceses.[2] Graças a esse sucesso, de acordo com anotações do inspetor d'Hémery, Morande vivia no luxo e só se locomovia em Londres de carruagem. Além disso, já escrevera uma sequência, *Mémoires secrets d'une femme publique, ou essai sur les aventures de madame la comtesse Dub***, depuis son berceau jusqu'au lit d'honneur*, que estava fadada a torná-lo ainda mais rico.[3] Em vez de lançar o livro diretamente no mercado, Morande foi preparando o terreno com muita publicidade prévia, ajudando a espalhar a notícia de que a biografia — ilustrada, em quatro volumes — revelaria tudo, sem ocultar absolutamente nada, da vida de madame du Barry. Na época, início de abril de 1774, madame du Barry ainda ocupava uma posição proeminente em Versalhes, como amante oficial de Luís XV. Ela já havia sido bem detratada em *Le gazetier cuirassé*, mas, segundo *Mémoires secrets*, os boatos eram que o novo livro prometia ser muito pior: "É uma compilação satânica. *Le gazetier cuirassé* é como água de rosas comparado com essa nova obra-prima".[4]

Foi o próprio Morande que iniciou o bochicho e lançou os boatos, pois sua intenção era ganhar mais dinheiro do que nunca com uma nova estratégia (que mais tarde inspiraria as maquinações de Jacquet): a extorsão. Em bilhetes enviados por intermediários, ele se ofereceu para destruir a edição inteira por uma grande soma de dinheiro vivo e uma pensão anual, que reverteria para sua esposa quando ele morresse. (D'Hémery conta que quando Morande enfrentou dificuldades financeiras em Londres e não conseguia mais pagar o aluguel, ele se casou com a filha de seu senhorio para evitar ser encarcerado na prisão para devedores.) As autoridades francesas reagiram enviando uma delegação de agentes secretos, ostensivamente para negociar com Morande, mas na realidade para sequestrá-lo e carregá-lo de volta para a Bastilha, onde o forçariam a revelar as fontes de suas informações. A polícia acreditava que os libelos tinham efeito poderoso porque continham um mínimo de informações corretas — e Morande parecia contar com algumas fontes muito bem informadas.[5]

Na realidade, as fontes de Morande eram tão eficientes que o informaram da tramoia. Desse modo, quando os agentes franceses chegaram a Londres, ele os recebeu como se fossem representantes legítimos do Ministério das Relações Exteriores e concordou em negociar com eles, desde que cada um lhe adiantasse trinta *louis* (720 *livres*) como sinal de boa vontade. Depois de embolsar o dinheiro, provocou um grande escarcéu e acusou todos eles de estarem tramando seu assassinato. Capangas da polícia francesa haviam se infiltrado em Londres! Estavam tentando assassinar um escritor inocente que buscara refúgio num país que respeitava a liberdade de imprensa! Esse bem arquitetado pedido de ajuda produziu certo alvoroço entre os partidários de Morande — em especial, um bando de artífices e tipógrafos bons de briga que não tinham paixão alguma pelos franceses ou pela polícia. Desmascarados, o pequeno bando de agentes debandou para salvar a própria pele. Um deles, o onipresente Receveur, teria sido submergido no Tâmisa e quase enlouqueceu de pavor. Morande continuou preparando seu manuscrito para publicação e circulava pela cidade lendo cópias de cartas que enviara ao *chancelier* Maupeou e a outros figurões de Versalhes advertindo-os de que logo seriam recobertos de ignomínia.[6]

Ou pelo menos esta foi a versão da história difundida pelos boletins parisienses e publicada posteriormente em libelos. É provável que seja razoavelmente precisa, pois coincide com informações que constam em relatórios da polícia e nos arquivos do Ministério das Relações Exteriores. Seja como for, a farsa grotesca que se desenrolara em Londres só serviu para piorar a situação do governo em Paris e deixar as autoridades francesas em situação bastante constrangedora. Como o rapto de Morande fracassara, era preciso descobrir alguma maneira de suborná-lo. Mas quem poderia executar essa tarefa tão delicada — superando a justificável desconfiança de Morande e, ao mesmo tempo, mantendo tudo no mais absoluto sigilo? Para os estrategistas de Versalhes, havia um homem que parecia perfeito para a missão, um homem que se destacava de todos os demais, um homem de charme irresistível que era também mestre em gongóricas conspirações: Pierre-Augustin Caron de Beaumarchais. Cantor e cancionista, músico, ator de teatro de variedades, dramaturgo, especulador, panfletista e editor, dentre muitas outras coisas, Beaumarchais foi o próximo agente secreto despachado pelo governo para negociar com os libelistas de Londres. Ele embarcou rumo à Inglaterra no auge da fama, mas partiu em desfavor devido ao mesmo imbróglio que o tornara famoso, o caso Goesman.[7]

Louis-Valentin Goesman (ou Goëzman ou Goetzmann; a grafia do seu nome varia muito e o próprio nome foi mudando com o tempo, quando ele passou a adotar uma série de alcunhas) era juiz do novo e dócil tribunal que Maupeou criara para substituir o *parlement* de Paris em 1771. Para seus adversários, o tribunal de Maupeou representava o despotismo que o ministro da Justiça estava infligindo à França ao destruir o judiciário independente. Para Beaumarchais, o tribunal tornara-se o lugar onde o seu destino seria selado. Ele se enredara numa complexa e perigosa disputa com o conde de La Blache e, se perdesse o caso, ficaria arruinado. Mas só tinha alguma chance de vencer se pudesse argumentar em defesa própria numa entrevista privada com o *rapporteur* (magistrado) indicado para recomendar uma decisão ao tribunal pleno. Goesman era esse *rapporteur* e ele recusou-se a se encontrar com Beaumarchais — até que, depois de várias manobras, Beaumarchais presenteou sua esposa com cem *louis* (2,4 mil *livres*) e um relógio incrustado com diamantes que valia outros cem *louis*, além de um presente suplementar de quinze *louis* para a secretária do magistrado. Madame Goesman concordou em devolver a peita se o *parlement* tomasse uma decisão contrária a Beaumarchais. Dito e feito. Os presentes foram devolvidos, com exceção dos quinze *louis*, que madame Goesman guardou para si. Beaumarchais exigiu-os de volta; ela negou ter ficado com eles e seu marido retaliou acusando Beaumarchais de calúnia, o que levou a um segundo julgamento, ainda mais espetacular que o primeiro.

Atuando como seu próprio advogado, Beaumarchais defendeu-se em quatro *mémoires* (memoriais), cada um mais eloquente, hilariante e persuasivo que o outro. Como a maioria dos memoriais jurídicos, todos foram impressos e circularam livremente, sem ser submetidos a censura. Ao contrário dos demais, porém, estes eram obras-primas literárias, brilhantes como as peças de Beaumarchais. Tiveram muitas edições, cativaram o público e cobriram o *parlement* de Maupeou de ridículo e escárnio. O *parlement*, encarnado na figura fátua e corrupta de Goesman, acabou condenado perante "o tribunal da opinião pública", expressão que ia se tornando de uso comum na época.[8] Num gesto fútil para recuperar a credibilidade, expulsou Goesman, mas também puniu Beaumarchais submetendo-o a um *blâme* (sanção moral) que o privou de seus direitos civis. Ele fora aclamado como herói, um paladino da resistência popular ao governo de Maupeou, mas não tinha cacife legal para reverter a sentença (ainda mais se tratando de um recurso contra a decisão do caso La Blache) e seu futuro parecia soturno. O que ele poderia fazer?

Tornar-se agente secreto do governo. Madame du Barry e Luís XV, como todos, também haviam sido cativados pelos memoriais de Beaumarchais. O rei não vacilou em apoiar o ministério de Maupeou, mas em relações exteriores ele seguia uma política própria, conhecida dos iniciados como "o segredo do rei", que ele ocultava da maioria dos diplomatas do Ministério das Relações Exteriores. As ameaças de Morande eram exatamente o tipo de coisa que pertencia ao âmbito do segredo do rei e Beaumarchais era exatamente o tipo de homem para lidar com elas — um não diplomata, um exímio manipulador de intrigas, alguém cujo renome literário certamente agradaria Morande. Com a intervenção de um intermediário no tribunal, Beaumarchais foi sondado sobre a possibilidade de aceitar uma missão secreta para silenciar Morande. Ele aceitou-a sem titubear. Se fosse bem-sucedido, tinha certeza que obteria a revogação da sentença de *blâme* e que oportunidades de novas missões se abririam. Assim, pouco depois de perder o caso no tribunal e de vencê-lo aos olhos do público, Beaumarchais se viu num perigoso tête-à-tête com Morande.

Morande aprendera a precaver-se de franceses que traziam presentes. Depois de escapar de Receveur e de outros agentes enviados para sequestrá-lo, ele parecia decidido a vender *Mémoires secrets d'une femme publique* pelos canais usuais do comércio livresco clandestino. O livro já estava impresso e os exemplares embalados, engradados e prontos para serem enviados aos comerciantes de toda a Europa quando Beaumarchais chegou a Londres. É impossível determinar qual a lábia que usou para chegar à presença de Morande, pois esse episódio é um dos mais obscuros na sua biografia. O fato é que ambos os homens tinham muito em comum: amor à aventura, ódio pelo regime de Maupeou e uma pena maledicente. Morande ficou tão encantado com os *mémoires* de Beaumarchais quanto todos os demais leitores e, como tantos outros, achou seu autor irresistível quando o encontrou pessoalmente: "É um homem adorável. E posso ver que ele não brinca com a verdade", confidenciou a um correspondente. "Escreve tão magnificamente que fico com vontade de me enforcar. Voltaire nunca chegou a seus pés em termos de estilo."⁹

Charme e talento literário cumpriram sua função — não que Morande fizesse muita resistência a ganhar uma fortuna por meio da extorsão. Ele concordou em suspender a remessa dos libelos — os 3 mil exemplares recém-impressos — e entregou a Beaumarchais um exemplar para encaminhar às autoridades francesas. De volta a Versalhes, Beaumarchais recebeu autorização de Luís XV e do ministro do Exterior para selar o acordo. Retornando a Londres num arremedo de disfarce como o chevalier de Ronac (anagrama de Caron, seu nome de família, o que provavelmente não enganou ninguém, mas trabalhar incógnito era uma obrigação do cargo), ele agora se apresentou como agente do rei. Depois de alguma negociação, "Ronac" e Morande chegaram a um acordo quanto ao valor: 32 mil *livres* em dinheiro e uma anuidade de 4 mil *livres*. Assim, numa cerimônia extraordinária nos arredores da cidade, tendo Beaumarchais como testemunha, Morande queimou a edição inteira da obra num forno de cal — todos os exemplares exceto um, que rasgou ao meio, guardando uma parte para si e entregando a outra a Beaumarchais como prova de que o livro realmente existira. Beaumarchais retornou triunfante à França. Entretanto, alguns dias antes de receber sua recompensa e ver-se livre de suas embrulhadas legais, Luís XV faleceu. Luís XVI logo restaurou os antigos *parlements* e Beaumarchais, eximido das perseguições da era Maupeou, partiu para novas aventuras. Sua proeza como chevalier de Ronac fizera de Morande um homem rico e ciente de que poderia sair-se melhor colaborando com as autoridades francesas do que desafiando-as. Como Beaumarchais definiu, Morande era um "ladrão de caça [...] que poderia se tornar um ótimo guarda-caça" — isto é, um espião da polícia.¹⁰ Mas foi também um exemplo que inspirou outros refugiados franceses em Londres, homens igualmente necessitados de dinheiro e igualmente implacáveis com a palavra.

O novo reinado trouxe novas oportunidades para os libelistas. Os assuntos favoritos da época de Luís XV — orgias reais e cortesãos corruptos — não se aplicavam a Luís XVI, mas o jovem rei e sua rainha ofereceram-lhes um novo tipo de banquete. Possivelmente prejudicado por alguma deformação genital (embora esse aspecto da história real permaneça turvo e incerto), o futuro Luís XVI só conseguiu consumar o casamento sete anos após a cerimônia. Logo foi espalhada a notícia de que ele era impotente; de que Maria Antonieta, impelida pela frustração sexual e por um apetite perverso, tinha uma profusão de amantes, homens e mulheres; e de que seus filhos eram todos ilegítimos. Esses eram os assuntos preferidos de Jacquet e de seus escribas de aluguel, que desenvolveram variações infindáveis sobre o tema de *La vie de la reine*, o libelo que mais contribuíra para a prisão de Jacquet, e engendraram várias outras obras difamando ministros, cortesãos e toda sorte de dignitário. Imbert de Villebon alertara a polícia sobre a existência de quarenta desses libelos — e ele conhecia apenas os que haviam aparecido em Bruxelas, que era apenas um dos muitos tributários que brotavam da fonte principal em Londres. *Le diable dans un bénitier* identifica essa fonte com um *dépositaire* dos manuscritos de Jacquet — uma espécie de Terceiro Homem que pode ter sido o cabeça por trás dos libelos ou talvez tenha sido inventado para despistar a polícia.[11] Tenha Jacquet deixado ou não um arsenal inteiro de libelos atrás de si, Londres contava com uma enorme população de escritores franceses esfaimados ansiosos por produzir mais e mais obras. Eles tinham o exemplo de Morande para seguir e suas próprias fontes na França para abastecê-los com informações novas. Os novos ministros de Luís XVI, especialmente o conde de Vergennes, ministro do Exterior, constataram que a ameaça dos libelos era maior do que nunca, desde que Morande fora subornado e Luís XV enterrado. Também se sentiram menos aptos a lidar com o perigo, pois em 1777 a Revolução Americana provocara um novo surto de hostilidades entre a França e a Grã-Bretanha, que levara à guerra em maio de 1778. Impossibilitado de intervir diretamente e sem esperança de qualquer tipo de ajuda dos britânicos, o governo francês viu-se forçado a pagar o preço da extorsão e a vigiar os libelistas por meio de agentes secretos.

O agente escolhido para suceder a Beaumarchais foi ninguém menos que seu arqui-inimigo, Goesman. É impossível dizer como essa reviravolta de fortuna se deu, mas os arquivos do Ministério das Relações Exteriores mostram que, em novembro de 1780, Goesman se fixara em Londres e mantinha correspondência sigilosa com os homens mais poderosos de Versalhes. Embora houvesse sido escarnecido por Beaumarchais, Goesman não era nenhum idiota. Filho de um oficial de justiça de Landser, Alsácia, formou-se em direito pela Universidade de Estrasburgo e chegara ao mais alto cargo do judiciário alsaciano (*conseiller* do Conseil Souverain d'Alsace), quando, como tantos outros provincianos de talento, sucumbiu à sedução de Paris. Vendeu seu cargo, dissipou o que ganhara em projetos variados e, em 1770, estava tentando viver como um *parlementaire* parisiense, mas sem a renda necessária para tal. Foi quando resolveu começar a escrever para pagar suas dívidas. Com a ajuda de contatos em Versalhes e editores na Suíça, preparou o lançamento do *Journal Diplomatique*, que todavia não foi além da publicação de um prospecto, cujo custo de impressão ele nunca conseguiu pagar. Alguns tratados populares sobre questões de direito público e história não tiveram resultado melhor. Mas a empolgação gerada pelo embate entre o governo e os *parlements* sugeriu-lhe que talvez pudesse ganhar dinheiro publicando os dois volumes de um *Tableau historique, politique et juridique de la monarchie française* que explicasse o que jazia por trás do conflito. O livro nunca veio a público, pois Goesman não conseguiu pagar a gráfica pelo primeiro volume e nem chegou a apresentar o material do segundo. O prospecto, porém, mostra que seus temas principais — a monarquia não deriva sua autoridade de algum contrato antigo com o povo; sua soberania é ilimitada; os *parlements* não têm legitimidade para representar os súditos do rei — forneceram o tipo de argumento histórico e constitucional de que Maupeou precisava para destruir o velho *parlement* de Paris e construir o novo.[12]

Esse préstimo, reforçado pelo apoio de alguns patronos bem situados (incluindo, aparentemente, o duque d'Aiguillon), parece ter convencido Maupeou a fazer de Goesman um conselheiro do seu *parlement*. Ele assumiu uma carga de trabalho pesada e, desse modo, conseguiu alugar uma casa na cidade e mobiliá-la, embora continuasse tendo dificuldade para pagar as contas. Dizia que seu salário não era grande coisa e, além do mais, era pago com atraso, de tal maneira que subornos como o que recebera de Beaumarchais pareciam integrantes do cargo. Beaumarchais, porém, transformara a corrupção num escândalo que fizera Goesman perder seu emprego. Com isso, os cobradores foram se tornando mais veementes e mais ameaçadores. Ele trocou de nome (para "de Thurne") e mudou-se para um quarto mobiliado, depois para uma sucessão de outros quartos, sempre tentando se esquivar dos oficiais de justiça. Escondido nas mansardas de Paris, começou a produzir panfletos — sobre as origens da nobreza, sobre a coroação dos reis, sobre os aspectos jurídicos de questões políticas —, todos anonimamente e publicados na Holanda e na Suíça. Tendo aprendido como funcionava o comércio livresco, vendeu seu *Tableau historique*, com outro título, para uma segunda editora. O truque funcionou suficientemente bem para que ele copiasse o texto à mão e o vendesse (ou propusesse sua publicação em troca de uma participação nas vendas) mais duas vezes, sob dois outros nomes. A obra finalmente apareceu em 1777, anonimamente, como *Histoire politique du gouvernement français, ou les quatres âges de la monarchie française*, programada para quatro volumes, mas nunca chegou a ir além do primeiro. Em resumo, Goesman passou, ele próprio, a viver numa Grub Street pessoal, à maneira de tantos outros libelistas com quem lidaria mais tarde em Londres.[13]

Durante todas essas agruras, no entanto, ele preservou uma fachada de respeitabilidade. Era um homem bem-apessoado, de porte imponente, e sabia se expressar. Depois de vasculhar Paris a sua procura, um de seus editores suíços achou impossível não se deixar impressionar: "Por fim encontrei monsieur Goesman. Que homem! Um rosto belo e generoso, com uma língua verdadeiramente áurea, mas sem ouro nenhum em seu bolso".[14] De algum modo, de seus vários esconderijos, Goesman conseguia manter contato com pessoas no poder. Ele caíra nas graças do duque d'Aiguillon, ministro do Exterior na época, e em 1780 conquistou a confiança de Sartine, o ex-chefe de polícia que se tornara ministro da Marinha e queria instalar um espião em Londres que obtivesse informações sobre a estratégia por trás dos movimentos da marinha britânica. Era uma missão perigosa, mas era também uma maneira de fugir de suas dívidas asfixiantes. Sartine, com apoio de Maurepas, prometeu a Goesman duzentos *louis* (4,8 mil *livres*) para pagar seus credores, 4 mil *livres* para ele criar um disfarce convincente de um barão alsaciano em visita a Londres e 12 mil *livres* por ano de salário. Goesman fixou-se em Londres em novembro de 1780. Durante uma breve visita a Paris em outubro de 1781, recebeu ordem de enviar seus relatórios secretos para Vergennes, ministro do Exterior, e não mais para Sartine. Desse dia até o fim de sua missão em julho de 1783, Goesman correspondeu-se regularmente com Vergennes e em suas cartas logo assumiu a pose de um estadista, conhecedor das coisas do mundo e capaz de detectar as grandes correntes por detrás dos acontecimentos e de deslindar as manobras secretas nos gabinetes dos poderosos. Mas nunca parou de pedir dinheiro.[15]

Lida hoje no ambiente elegante do Quai d'Orsay, a correspondência cheira às intrigas que condizem tão bem com o estilo rococó da diplomacia do século

XVIII. Goesman usava duas alcunhas — uma, barão de Thurne, para atividades do dia a dia; a outra, barão de Lerchenberg, no trato com a embaixada francesa em Londres, onde também costumava aparecer incógnito. Ele enviava suas cartas a Vergennes por meio de dois intermediários parisienses na rue de Richelieu, Baudouin e Guillaume Larcher. Quando se referia a assuntos particularmente sensíveis, recorria a um código: às vezes com números (a=18, b=4 etc.), às vezes com palavras, a maioria das quais requintadas e literárias.

Poemas, estrofes	explicações
Elegias	frotas, esquadras
Julgamento	guerra
Fazendeiros decentes	os americanos
O pobre filósofo	o rei da Inglaterra
Prometeu	Franklin
Maus fazendeiros	a burocracia governamental
O bom pai	Adams[16]

Baudouin e Larcher encaminhavam as respostas de Vergennes, mas nunca se referiam a ele pelo nome e costumavam parafrasear o teor das mensagens com suas próprias palavras. Desse modo, as cartas podiam ser enviadas pelo correio normal, como se envolvessem apenas dois indivíduos privados, e Goesman podia se dirigir ao ministro indiretamente sem recorrer às formalidades determinadas por protocolo. É provável que Vergennes tenha concordado com esse arranjo porque precisava desesperadamente de informações sobre as atividades britânicas durante a Revolução Americana. Depois de romper relações diplomáticas com a Grã-Bretanha, a França manteve em sua embaixada em Londres apenas um *chargé d'affaires* — inicialmente Gérard de Rayneval, mais tarde o conde de Moustier —, que permanecia isolado. Goesman, disfarçado como um barão alsaciano de passagem, podia enviar relatórios sobre debates parlamentares, intrigas ministeriais e tudo o que ouvisse nas ruas e nos cafés. Ele era bem remunerado por tais serviços, mas a profissão tinha seus riscos: outro informante de Vergennes, François Henry de La Motte, foi enforcado como espião em julho de 1781.

Goesman enviava dois ou três despachos por mês, com extensos comentários sobre os últimos acontecimentos e previsões — sempre erradas — de como eles se encaminhariam. Depois de ser apresentado pelo livreiro Boissière a um valete do conde de Shelburne, passou a fingir que tinha acesso a informações confidenciais sobre o governo formado pelo conde em julho de 1782. No final do ano, quando Vergennes estava finalizando os detalhes de um acordo de paz, Goesman previu apenas guerras e mais guerras. Ele tinha avistado dois espanhóis suspeitos numa pensão londrina que pareciam decididos a engendrar uma revolução diplomática para a Espanha aliar-se à Grã-Bretanha, não mais à França. Em troca, seria recompensada com Gibraltar e os dois países embarcariam numa campanha conjunta para reconquistar os Estados Unidos para George III. (O Tratado de Versalhes, assinado em 3 de setembro de 1783, finalmente pôs fim a essa ideia absurda.) Shelburne deixara o cargo cinco meses antes, para nunca mais voltar, a despeito das reiteradas afirmações de Goesman de que ele retornaria ao poder a qualquer momento. Suas falsas profecias acabaram exaurindo a paciência de Vergennes, que reclamou dele numa carta a Baudouin: "Ele interpreta coisas escondidas no fundo dos corações mas não vê os acontecimentos que se desenrolam debaixo de seus olhos. [...] Suas previsões não foram confirmadas por um único evento".[17] No entanto, o ministro do Exterior continuou enviando dinheiro, pois Goesman voltara sua atenção para uma tarefa muito mais urgente, tarefa essa que obcecara Vergennes desde o início da correspondência entre ambos: a supressão dos libelos.

Como tantos outros viajantes franceses, Goesman, pouco depois de sua chegada a Londres em novembro de 1780, foi visitar a livraria de Boissière em St. James Street. Não demorou até que Boissière percebesse que o "barão de Thurne" não era um turista qualquer e os dois logo começaram a conversar de negócios e sobre o comércio de livros ilegais. Conforme Goesman recontou em seus relatórios a Vergennes, ele decidira conquistar a confiança de Boissière a fim de obter informações sobre os libelos. Boissière provavelmente adivinhou qual era o jogo desde o início, mas estava ansioso para participar dele, pois um francês com interesse acentuado por libelos poderia significar oportunidades de novas especulações. Boissière fora criado pessoal de um vigarista (um jogador chamado Matousky) e tornara-se perito em identificar disfarces e em trapacear nas mesas de jogo de Lubeck (onde quase acabou enforcado em certa ocasião), e é bem possível que esse livreiro genebrês — um aventureiro que já fora lacaio e jogador — tenha sentido certa afinidade pelo falso barão da Alsácia. Seja como for, os dois passaram boa parte dos dois anos seguintes negociando acordos para conter a proliferação de libelos.[18]

Como Goesman explicou mais tarde num memorando sobre suas atividades clandestinas, o primeiro livro que Boissière lhe mencionou foi *Les amours de Charlot et Toinette*, um relato obsceno das orgias da rainha com diversos amantes e, em especial, com o irmão do rei, Charles, conde d'Artois, aludido sardonicamente como "Charlot". A obra, escrita em arremedos de versos heroicos, era ilustrada com estampas que mostravam médicos examinando o flácido pênis real e a rainha copulando com Artois. Boissière, é claro, negou que tivesse qualquer interesse por essa publicação. Ele apenas conhecia o autor, cujo nome prometera não revelar — e, sendo homem honrado, jamais poderia quebrar a promessa. Como amigo de Goesman, julgou ser seu dever adverti-lo de que o livro seria publicado em breve, embora o lançamento pudesse ser cancelado se o governo francês acenasse com uma quantia adequada. Goesman transmitiu o recado a Vergennes, que autorizou a transferência do dinheiro. Goesman pagou a Boissière 17,4 mil *livres*, mais uma letra de câmbio no valor de cinquenta *louis* (outros 1,2 mil *livres*). Em troca, Boissière entregou-lhe a edição inteira e um recibo de pagamento, devidamente assinado e selado, datado 31 de julho de 1781.

Eu, que subscrevo em meu próprio nome e como procurador do proprietário de uma obra em francês intitulada *Les amours de Charlot e Toinette*, com ilustrações, e dos clichês das ditas gravuras, reconheço que monsieur de Thurne pagou-me pela edição completa da obra, as gravuras e os clichês, a quantia de dezessete mil e quatrocentos *livres* em moeda corrente da França, e uma letra de câmbio no valor de cinquenta *louis*, pagável à minha pessoa em Ostend no trigésimo dia do próximo mês, empenhando a minha palavra como homem honrado e sujeito à penalidade de indenizações com juros, que nem eu nem o proprietário jamais ocasionaremos o aparecimento de uma cópia dessa obra, que foi vendida apenas sob a condição de sua supressão. Em verdade dou fé e subscrevo a este documento no qual coloquei meu selo. Feito em Londres neste 31 de julho de 1781.

Boissière[19]

Como levar o espólio todo de volta a Paris? Goesman precisava entregar os livros para Lenoir como prova de que havia, de fato, apreendido a edição inteira, mas temia que pudessem ser confiscados pela alfândega britânica. Por isso, contratou um barco de pesca e contrabandeou as folhas impressas pelo canal da Mancha, até Ostend, onde havia ordens para que passasse incólume pela alfândega francesa a caminho de Paris. Lá entregou triunfantemente seu butim a Lenoir, que depositou a encomenda num almoxarifado especial da Bastilha. O carregamento despontou alguns anos depois num inventário de todos os libelos que ele enviara para a Bastilha: "*Les amours de Charlot e Antoinette* [sic]. Edição completa. Em verso, com gravuras extremamente insultuosas ao R.".[20]

Depois que retornou a Londres e retomou seus relatórios, Goesman sempre se referiu a esse caso nos termos mais heroicos. Ele enfrentara perigos e superara dificuldades formidáveis para proteger a honra de seu rei. Este havia sido o único propósito de sua missão. Todavia, para atingi-lo, fora forçado a contrair dívidas. Ao mesmo tempo, continuava descobrindo que novos libelos estavam prestes a ser publicados pelos desprezíveis e desleais expatriados franceses em Londres. Mas tinha confiança de que conseguiria destruí-los, graças a suas excelentes relações com Boissière. Infelizmente, isso também tinha seu preço. Na realidade, o principal assunto de seus despachos autocongratulatórios para Vergennes pode ser resumido em um único refrão: mande dinheiro.

Em vez de mandar dinheiro, porém, como narra *Le diable dans un bénitier*, Vergennes mandou outro agente, Alexis d'Anouilh, o espião contratado pela polícia parisiense e pelo Ministério da Marinha que dissera ser capaz de acabar com o problema pela raiz subornando a estrutura de poder britânica. Dissera também que tinha acesso a Richard Sheridan, o dramaturgo, nomeado subministro de Estado para Relações Exteriores em 1782. Sheridan havia contraído dívidas vultosas em negócios especulativos com a Covent Garden Opera. Se fosse estimulado por uma doação adequada de *louis d'or*, talvez pudesse persuadir o governo britânico a expulsar os libelistas franceses do país — gesto que teria o benefício adicional de melhorar as relações com a França agora que a Revolução Americana ia chegando ao fim. D'Anouilh pelo menos sabia o suficiente sobre a Inglaterra — chovia muito por lá — para adotar um disfarce apropriado: ele viajou como um vendedor de guarda-chuvas. Porém, ao chegar, descobriu que os ingleses tinham noções estranhas sobre liberdade de imprensa, governo parlamentar e subornos condignos de um subsecretário de Estado. Não seria possível comprar Sheridan com os 5 mil *louis* reservados a d'Anouilh pelo marquês de Castries, ministro da Marinha — ou com o que restara deles, pois d'Anouilh se apropriara de uma boa quantidade deles para suas despesas. Sendo assim, retornou a Paris com novo pedido de dinheiro. A resposta de de Castries foi despachá-lo para a Bastilha.[21]

Ao ser interrogado, d'Anouilh não conseguiu explicar o destino da maior parte do dinheiro que dizia ter gasto. Lenoir considerou o caso suficientemente grave para solicitar novas investigações em Londres. Mas quem ele poderia enviar para lá agora? Foi quando decidiu reconvocar Receveur. Embora Receveur não falasse inglês e sua única temporada em Londres (como parte da delegação enviada para raptar Morande em 1774) houvesse terminado desastrosamente, ele tinha uma grande vantagem: era de confiança. Receveur já prendera tantos escritores de aluguel e tantos livreiros clandestinos que fora agraciado com a Croix de Saint Louis, distinção reservada a quem prestasse serviços extraordinários à Coroa. Desse modo, Receveur embarcou para a Inglaterra no final de 1782, acompanhado de um tenente chamado Barbier. Quando chegaram a Calais, decidiu enviar Barbier na frente — talvez por ter sido quase linchado em 1774, justifica *Le diable dans un bénitier*, e talvez por ele correr o risco de ser enforcado como espião agora que França e Grã-Bretanha estavam em guerra. Seja como for, Barbier procurou Morande, que a essa altura já trocara os libelos pela espionagem, e juntos conseguiram decifrar parte do rastro que d'Anouilh deixara atrás de si — o suficiente para concluir que ele não fizera nenhum progresso com Sheridan e que, em vez disso, esbanjara a verba a seu dispor em mulheres e cavalos. Armado com essas informações, Receveur prestou contas a Lenoir, que finalmente fez d'Anouilh confessar que escondera a maior parte do dinheiro para si. Depois que a polícia recuperou esse dinheiro, ele foi libertado.

Contudo, a necessidade de outra missão a Londres continuava premente, pois Goesman soara um alerta sobre um novo ataque à rainha e começavam a chegar notícias de outra tentativa de extorsão, dessa vez contra a duquesa de Bouillon por parte de um libelista que, como sempre, agia por intermédio de Boissière. As relações de Boissière com Goesman e os constantes pedidos de dinheiro deste último eram uma complicação a mais. Lenoir, Vergennes e de Castries concordaram quanto à necessidade de um novo homem em Londres. Mas quem? A escolha óbvia foi, mais uma vez, Receveur, que poderia investigar não só Goesman, mas também os expatriados que este dizia estar vigiando. Além disso, Receveur era probo o suficiente para subornar ou comprar os libelistas de Boissière conforme se fizesse necessário. E como a paz era iminente, ele não corria mais o risco de ser enforcado. Mas precisaria de um disfarce, é claro, e Lenoir decidiu transformá-lo em outro barão — o barão de Livermont —, a quem despachou para Londres em março de 1783.

12. Azafamados e atarantados

Quando encarnava o barão de Livermont, Receveur viajava em grande estilo. De acordo com seu relato de despesas, publicado em gloriosos detalhes em *La police de Paris dévoilée*, ele tomou uma carruagem até Calais, acompanhado por um criado (170 *livres*, cinco *sous*), cruzou o canal com todo o conforto (uma viagem surpreendentemente barata: 33 *livres*, dez *sous*), instalou-se num apartamento em Jermyn Street, um endereço elegante perto da embaixada francesa (376 *livres*, dezenove *sous* por uma estadia de dez semanas), e encomendou um terno para se apresentar com indumentária condizente com o papel que estava representando (224 *livres*).[1] Afora um criado doméstico, tinha dois auxiliares fornecidos pela polícia de Paris. O primeiro, um valentão chamado Humber, fora designado para servir como guarda-costas ou sequestrador, dependendo da ocasião. (Receveur ainda temia ser linchado pela turba ou ser enforcado como espião caso fosse desmascarado.) O segundo, Ange Goudar, um libelista veterano que se tornara informante, deveria servir como tradutor, intérprete e guia, ajudando Receveur a infiltrar-se no mundo da Grub Street londrina. Goudar conhecia bem esse universo, pois buscara refúgio em Londres diversas vezes nas décadas de 1750 e 1760, sempre que se metia em dificuldade com a polícia de Paris.[2]

A partir desse ponto, podemos voltar a acompanhar a história pelos detalhados arquivos do Ministério das Relações Exteriores. Vergennes, Lenoir e os diplomatas franceses em Londres — Gérard de Rayneval de novembro de 1782 a fevereiro de 1783, o conde de Moustier de fevereiro a maio de 1783, e o conde d'Adhémar dali para a frente — trocavam cartas quase todos os dias, às vezes duas vezes ao dia. A missão de Receveur era o clímax de uma campanha para "acabar com a raça dos libelistas", conforme diziam em seus despachos.[3] Os esforços de Receveur para perseguir os escritores nas tabernas e cafés de Londres mostram o quanto o governo francês levava a sério os libelistas e a literatura que produziam.

Receveur tinha uma incumbência básica: descobrir quem eram os libelistas e determinar como exterminá-los. Sua meta imediata, porém, era impedir a publicação de dois libelos: *La naissance du dauphin dévoilée*, mais uma versão da vida sexual da rainha, dessa vez retratando as relações dela com sua favorita, a duquesa de Polignac; e *Les petits soupers et les nuits de l'hôtel Bouillon*, um relato das orgias organizadas pela duquesa de Bouillon, das quais participavam o marquês de Castries, ministro da Marinha. O primeiro parece ter sido uma continuação de *Les amours de Charlot et Toinette* e era igualmente escrito em versos e ilustrado com gravuras obscenas, além de incluir uma seleção dos mais torpes *noëls* sobre a rainha. Goesman advertira Vergennes a respeito da obra no início de fevereiro de 1783, enfatizando sua determinação, como súdito leal de Luís XVI, em impedir a publicação de tal atrocidade, "que compromete tão horrivelmente a glória de meus senhores".[4] Poucas semanas antes, ele enviara o manuscrito de outro libelo, *Réflexions politiques, physiques et morales sur la situation actuelle de la France et de ses finances*, que continha "detalhes picantes" sobre sexo em Versalhes e comentários hostis às políticas do governo. Vergennes aparentemente concordara em pagar para suprimi-lo.[5] Mas a quantidade de libelos sendo lançados um após o outro, todos eles acompanhados de exigências pecuniárias, indicava que a situação estava ficando fora de controle. Em vez de autorizar Goesman a pagar pela supressão de *La naissance du dauphin*, Vergennes simplesmente ordenou-lhe que ficasse atento aos preparativos de seu lançamento. E passou a trabalhar diretamente com Lenoir.

Quando combinou com Vergennes a estratégia que adotariam, Lenoir advertira-o de que Goesman não era confiável. Afora os constantes e suspeitos pedidos de dinheiro, ele tinha temperamento impulsivo e seria capaz de ir diretamente a Versalhes entregar cópias das gravuras pornográficas para a duquesa de Polignac. Se fizesse isso, podia muito bem cair nas graças dessa patrona poderosa, deixando Vergennes para lidar com uma crise no entourage da rainha. O caminho mais seguro seria manter Goesman à margem e enviar Receveur em seu lugar para negociar com os libelistas. Como um agente policial leal, fidedigno e recém-aposentado, Receveur não tinha nenhuma necessidade especial de dinheiro. Ele já provara o seu valor em diversas empreitadas, como a captura Jacquet, e era inteiramente confiável para negociar o melhor preço com os libelistas e, ao mesmo tempo, investigar as relações de Goesman com eles.[6] Vergennes concordou plenamente. Despachou de volta o mensageiro, autorizando Lenoir a enviar Receveur para Londres e enfatizando que Goesman não deveria ser informado da missão. Também instruiu Moustier, em Londres, a oferecer a Receveur todo o apoio necessário e a lhe enviar as informações mais delicadas por correspondência privada, que eram mantidas confidenciais, não pelos despachos formais, os quais Vergennes lia para o Conselho do Rei, geralmente com a presença do próprio monarca.[7]

Essa foi a origem da missão de Receveur em Londres. Enquanto Vergennes e Lenoir realizavam os preparativos, Goesman continuava enviando advertências sobre os mais recentes libelos contra a rainha, acompanhadas de protestos da sua devoção pessoal à Coroa: "Eu ficaria devastado se esse caso malograsse e eu visse as pessoas augustas de meus senhores expostas aos olhos do público". Ele desejava cuidar pessoalmente das negociações e não conseguia entender por que fora instruído a restringir seu papel à mera vigilância. E ainda advertiu-lhes que, se porventura não conseguissem impedir a divulgação de La naissance du dauphin dévoilée, eles poderiam no futuro ser acusados pelo delfim de permitirem que dúvidas acerca de sua legitimidade fossem expressas em público. A julgar por algumas insinuações sombrias lançadas por Boissière, seu intermediário em todas as negociatas com os libelistas, Goesman acreditava que a questão toda era resultado de alguma intriga da corte — uma intriga que poderia até fazer Vergennes perder seu cargo (embora o documento deixasse ao próprio ministro fazer essa ilação).[8]

Ainda que La naissance du dauphin dévoilée fosse o objetivo principal da missão de Receveur, Les petits soupers et les nuits de l'hôtel Bouillon também exigia medidas urgentes. Em 7 de dezembro de 1782, a duquesa de Bouillon recebeu um prospecto impresso da obra, juntamente com uma carta de extorsão, e avisou a polícia. Lenoir informou Vergennes e este concordou em pagar pela supressão de ambos os libelos. Ao instruir Receveur, Lenoir autorizou-o a gastar até duzentos guinéus para impedir a publicação de *La naissance du dau-phin dévoilée* e até 150 guinéus com o mesmo propósito para *Les petits soupers*. (Como o guinéu inglês valia na época pouco mais que um *louis d'or* francês, ou 24 *livres*, eram somas bastante altas — o equivalente a dez anos de salário de um trabalhador semiespecializado só para suprimir *La naissance du dauphin dévoi-lée*.) Se os libelistas que negociavam por intermédio de Boissière exigissem mais, Receveur deveria obter aprovação de Paris para o montante que ultrapas-sasse o limite. O contrato final deveria conter uma cláusula punitiva estipulan-do que os libelistas pagariam três vezes o montante recebido caso algum exem-plar do livro viesse a público algum dia.[9]

Imediatamente ao chegar a Londres em 13 de março de 1783, Receveur encontrou-se com Moustier para combinar uma estratégia e estabelecer as li-nhas de comunicação com a França. Em especial, ele precisava ser informado sobre os hábitos e costumes locais, explicou Moustier numa carta a Vergennes, pois Londres era uma terra estranha quando vista da perspectiva de um inspe-tor da polícia parisiense. Ministros não podiam emitir simplesmente uma or-dem para prender um escritor, por mais impudentes que fossem seus ataques a eles. Tudo tinha de ser feito de acordo com a letra da lei e a lei não favorecia o governo. O exemplo de John Wilkes provou que um demagogo podia publicar as coisas mais escandalosas sobre o próprio rei e safar-se ileso, lépido e solto. Além do mais, não se podia contar com a ajuda do ministério atual, liderado por lorde Shelburne, que podia vir abaixo a qualquer momento. Os ingleses ti-nham o hábito curioso de derrubar governos por meio de eleições parlamenta-res. Na realidade, a única maneira exequível de perseguir os libelistas era arregi-mentar um deles, alguém que conhecesse intimamente quem eram e como operavam. Por coincidência, Moustier travara contato há pouco com exata-mente o tipo de pessoa de que precisavam, um homem com um passado bas-tante negro, mas com intenso desejo de limpar seu nome cooperando com a embaixada: Charles Théveneau de Morande. Esse nome, porém, encheu Rece-veur de horror. Ele explicou que Morande era a pessoa que ele mais queria evi-tar. Os dois eram velhos inimigos. Receveur participara da tentativa malograda de raptá-lo nove anos antes e tivera sorte de escapar com vida. Fosse como fosse, eles tinham de arranjar alguma maneira de suprimir o revoltante libelo que vi-sava a rainha, insistiu Moustier, dizendo que sondaria Morande sobre a possibilidade de cooperar secretamente com um agente da polícia parisiense. Como dissimulação, poderiam inventar que Receveur viera oferecer assessoria confidencial ao governo britânico sobre um plano para organizar a polícia londrina nos moldes da parisiense. Morande já apresentara tal plano para seus contatos no ministério de Shelburne e sua sofreguidão para obter perdão de Vergennes poderia torná-lo disposto a deixar de lado as desavenças com Receveur.[10]

Os arqui-inimigos se encontraram e fizeram as pazes em 17 de março. Morande prometeu ciceronear Receveur em Londres, fornecendo detalhes sobre todos os expatriados franceses e seus esconderijos. De acordo com mensagens enviadas por mala diplomática, acordou-se que Receveur enviaria relatórios regulares para Lenoir, enquanto Moustier manteria correspondência com Vergennes. Vergennes e Lenoir combinariam as operações na França e a embaixada francesa em Londres cooperaria com a polícia parisiense numa estratégia que envolveria três linhas de ataque: (1) tentar de alguma maneira que os libelistas franceses fossem condenados em tribunais ingleses; (2) acumular informações sobre os libelistas numa campanha de longo prazo para destruir seu ofício, punindo exemplarmente os piores infratores; e (3) iniciar negociações para comprar e silenciar os libelos que estivessem prestes a ser publicados. As cartas enviadas entre Londres e Paris nessa época não mencionam planos para sequestrar ou assassinar libelistas, embora Moustier expressasse seu desejo de enforcá-los ou mandá-los para as galés, e seu sucessor, Adhémar, não excluísse a possibilidade de usar força. Porém, quaisquer que fossem suas táticas, os agentes secretos depararam-se com um obstáculo após outro e um assunto foi ganhando destaque cada vez maior nas cartas vindas de Londres: não é fácil policiar a literatura francesa na Inglaterra.[11]

A personagem-chave de tentativas anteriores de suprimir os libelos ficou ostensivamente fora desse plano: Goesman, isto é, de Thurne. Não só ele não foi informado da missão de Receveur, como acabou se tornando objeto de investigação. Moustier desconfiou desde o início que ele estava lançando um lado contra o outro[12] e essa suspeita foi se convertendo em convicção à medida que Morande conquistava influência na embaixada francesa. Morande vinha fornecendo informações sigilosas sobre o comércio de libelos desde 1774, quando fizera fortuna abandonando o ramo. Moustier consultava-o frequentemente e julgava-o tão útil que absolveu-o de seus pecados no passado. Adhémar, quando sucedeu a Moustier como embaixador, concordou. Morande conquistou seu beneplácito na primeira de muitas consultas confidenciais e logo voltou a ser remunerado como agente secreto pelo governo francês, oferecendo ao Ministério das Relações Exteriores informações sobre a marinha mercante e a política da Grã-Bretanha que antes eram fornecidas por Goesman. Além disso, solapou a posição de Goesman ao denunciar suas relações com Boissière. Pois, tal como descrita por Morande, a operação de Boissière consistia em uma editora totalmente imiscuída em complôs de chantagem e extorsão. Boissière dirigia um grupo de escritores que trabalhavam com temas que ele propunha e para os quais fornecia informações essenciais, agia como intermediário em planos de extorsão e obtinha as melhores condições recusando-se a negociar com qualquer outra pessoa que não Goesman. Este, em troca, recebia uma participação nos lucros (e o mesmo provavelmente acontecia com seus auxiliares na rue de Richelieu).[13]

Embora este fosse o ponto de vista que prevalecia na embaixada francesa, Receveur e seu pessoal nunca apresentaram provas suficientes para confirmá-lo. Orientados por Morande, vasculharam todos "os cortiços e cafés ordinários" dos bairros literários de Londres,[14] coletaram amostras de caligrafia para comparar com os bilhetes dos extorsionistas e vigiaram as mesas do Grobetty's, do Strangter's e do Café d'Orange, onde os libelistas gostavam de se reunir. No final, identificaram 39 franceses suspeitos cujos dossiês acabaram chegando aos arquivos policiais da Bastilha. Contudo, Receveur não conseguiu extrair nada de seu suspeito mais promissor, um padre irlandês chamado Landis, que havia colaborado, mas depois rompera relações, com Goesman. Um aventureiro que dizia ser o "barão de Navan" (Londres estava cheia de falsos barões franceses) mostrou-se igualmente decepcionante, apesar de algumas negociatas dúbias que fez com Goesman. O fato de Goesman ter estabelecido contato com tais personagens não era incriminador em si, pois ele supostamente vinha investigando esse mesmo ambiente pelo mesmo motivo — identificar os escritores que se ocultavam por detrás de Boissière. Além disso, os agentes secretos que o sucederam não tiveram mais sucesso que ele. Pelo contrário, apenas fizeram com que sinais de alarme transpassassem a colônia de expatriados franceses e os rumores logo chegaram aos ouvidos de Goesman.[15]

No dia 4 de abril, ele enviou uma carta perturbada a Vergennes, dizendo ter ouvido falar que um inspetor de polícia estava tentando subornar libelistas pelas suas costas — um inspetor trabalhando com Morande! Logo Morande, que extorquira com libelos centenas de *louis d'or* do governo francês, enquanto ele, Goesman, fizera lealmente tudo o que estava ao seu alcance para impedir que os libelos chegassem a ser publicados. Não conseguia perscrutar o motivo de tão estranha mudança de tratamento. Porém, ainda que ele estivesse agora desacreditado, Vergennes não deveria nutrir ilusões sobre o papel de Boissière. Boissière não produzia livros; apenas os vendia. Embora tivesse acesso aos autores dos libelos, seu papel era apenas de intermediário. Ele confiava em Goesman, como as bem-sucedidas negociações sobre *Les amours de Charlot et Toinette* haviam demonstrado, mas não confiaria em ninguém mais — e certamente em nenhum enviado da polícia parisiense. Resumindo, não havia como a polícia chegar até os libelistas senão por meio de Boissière e não havia como o governo francês lidar com Boissière senão por meio de Goesman.

Enquanto isso, as tentativas de Receveur desentocar os libelistas de seus esconderijos só serviram para espalhar consternação entre todos eles. Temendo agora ser sequestrados ou atacados de alguma forma, como acontecera com Morande em 1774, resolveram se defender do mesmo modo: expondo os agentes franceses à possível fúria das turbas londrinas. Em 7 de abril, imprimiram um cartaz que anunciava "Grito de alerta contra os espiões franceses", e distribuíram centenas de cópias pelas ruas.[16] Como explicamos no capítulo 2, esse golpe pôs a nu o disfarce de Receveur, revelando a natureza de sua missão, e convocou os londrinos a se levantar contra a ameaça do despotismo francês em sua terra natal — aproveitando para anunciar a iminente publicação de três novos libelos.

Receveur relatou que, tendo sido desmascarado, passou a temer pela própria vida.[17] A ameaça de linchamento era agora provavelmente ainda maior do que em 1774, pois em 1783 a Revolução Americana já radicalizara os sentimentos nas ruas em favor da liberdade, a guerra Anglo-Francesa atiçara o ódio dos londrinos pela França e a combustibilidade das multidões londrinas (evidente desde a agitação provocada por John Wilkes na década de 1760) fora confirmada pelos Gordon Riots de 1780 [levante anticatólico popular]. Na verdade, embora não tenha havido tumulto algum, Receveur recolheu-se por um tempo na segurança da sua sede em Jermyn Street, e Moustier reclamou que ele também havia sido comprometido.

A reação de Moustier, exposta numa longa carta para Vergennes em 11 de abril, mostrou que a missão de Receveur estava indo a pique. Goesman agora sabia de tudo e até tentara intimidar Receveur a voltar para a França, advertindo-o de que corria risco de vida. Também informou que *La naissance du dauphin dévoilée* realmente existia, pois vira uma versão preliminar da obra na livraria de Boissière. Continha material de libelos anteriores, que seria retrabalhado e publicado com gravuras reproduzidas de chapas antigas. Além disso, novos libelos já estavam sendo preparados. Boissière tinha uma trupe inteira de escritores a sua disposição — referia-se a eles grandiloquentemente como sua "sociedade literária" — e esses autores de aluguel poderiam continuar reciclando ininterruptamente histórias terríveis sobre o rei e a rainha. Tentar subornar todos eles apenas os encorajaria a produzir ainda mais, mas parecia não haver alternativa — não havia sequer como deixar-se extorquir por eles senão por intermédio de Goesman e Boissière. A investigação de Receveur dera em nada e ele e Moustier ficaram desconcertados. Na verdade, a tarefa deles, tal como a viam agora, parecia "impossível".

Uma parte desse desânimo decorria do fracasso da segunda linha de ataque contra os libelistas: a tentativa de conseguir que fossem condenados pelos tribunais ingleses. Moustier aplicara essa estratégia primordialmente em sua campanha contra *Les petits soupers et les nuits de l'hôtel Bouillon*, que parecia ser o alvo mais fácil para um processo civil ou criminal. Exemplares impressos da obra apareceram em meados de março, de modo que seria possível impetrar alguma ação jurídica em nome da parte lesada, a duquesa de Bouillon. Mas poderia um súdito não britânico invocar uma lei britânica? Este era o ponto de impasse de uma série de memoriais que Moustier havia solicitado aos melhores profissionais legais que pôde encontrar em Londres. O primeiro parecer que recebeu, de lorde Barrington, advertiu-o que o caso jamais se sustentaria num tribunal britânico, pois o delito ocorrera na Inglaterra e a duquesa vivia na França, fora do alcance da lei inglesa.[18] Moustier então contratou dois advogados para buscar uma maneira legal de superar essa dificuldade. O primeiro, Thomas Evans, enviou um extenso memorando que abrangia todos os aspectos do caso, concluía que nada poderia ser obtido num processo civil e recomendava uma política de "discreta contumácia", que, para os franceses, pareceu britânica demais e totalmente inaceitável.[19] O segundo, Edward Bearcroft, concentrou-se no crime de extorsão e chegou à mesma conclusão acerca da possibilidade de um processo criminal.[20] Todo esse linguajar jurídico, enviado em inglês e traduzido razoavelmente bem pela equipe de Vergennes, deve ter soado bastante estranho no Ministério das Relações Exteriores em Versalhes. Morande esforçou-se para dar sentido à situação num memorando que explicava o contexto do caso: ao encomendar obras obscenas de escritores desvalidos — "pobres desgraçados que farão qualquer coisa para escapar da fome e da penúria" —, Boissière montara um esquema de extorsão e, portanto, poderia ser processado como um criminoso.[21]

Mas exatamente como levar isso a efeito? A interpretação mais clara do problema veio, na realidade, de Goesman, que era afinal um homem da lei e sabia como tornar a jurisprudência inglesa inteligível para diplomatas franceses. Num memorando, explicou que na Inglaterra um processo criminal por calúnia ou difamação tinha que passar primeiro pelo que os nativos chamavam de *grand juré*, o qual votaria para proceder ou não a uma "indiciação". Se a votação fosse contrária ao réu, o caso seria julgado por um *petit juré*, que tomaria a decisão final de culpa ou inocência. O julgamento podia gerar muita publicidade adversa, pois seria aberto ao público, o querelante teria de aparecer pessoalmente e o procedimento envolveria o depoimento de testemunhas e muita discussão sobre os aspectos mais escabrosos das provas. Figuras públicas da Inglaterra preferiam deixar os libelos seguir seu curso natural a exporem-se a tal provação — isso sem falar do noticiário da imprensa. A única opção viável para a duquesa de Bouillon seria mover uma ação cível, que lhe permitiria passar procuração para outra pessoa e fazer-se representar por ela.[22]

Embora essa conclusão parecesse convincente em Londres, ela pareceu bem menos atraente do ponto de vista de Versalhes. A duquesa de Bouillon pertencia a uma das melhores famílias da França. Oriunda de uma ilustre família alemã, ela se casara com o único filho sobrevivente do sexto duque, que era também príncipe de Turenne e um *maréchal de camp*. Seu marido, o sétimo duque, era um farrapo humano, incapaz de procriar. Ela vivia afastada dele, no hotel Bouillon em Paris, e era conhecida por manter uma série de amantes, que foram impiedosamente escarafunchados, como o duque decrépito, em *Les petits soupers et les nuits de l'hôtel Bouillon*. Vergennes estava determinado a impedir que a obra circulasse na França. Não só a duquesa exigira sua supressão, mas os boatos acerca da sua publicação na Inglaterra poderiam prejudicar a frágil rede de dignitários e símbolos cerimoniais que compunham o sistema de poder na França. Talvez, no entanto, a queixa de calúnia pudesse ser apresentada por alguém sem dignidade alguma. Ao descrever as orgias no hotel

Bouillon, *Les petits soupers* ridicularizava a camareira da duquesa, uma velha senhora chamada Bours, que supostamente cabriolava nua em pelo com um monge peludo em uma performance exibicionista perante a duquesa — traquinagens que o libelista apelidara de "dança do urso". Tal como apresentada no libelo, a dança agregava certa jocosidade plebeia aos prazeres desfrutados pela duquesa e seus amantes, incluindo o marquês de Castries, que, na sua capacidade de ministro da Marinha, também estava envolvido na campanha para exterminar os libelistas.[23] Se a queixa-crime de calúnia fosse apresentada em nome de demoiselle Bours, talvez o caso pudesse ser resolvido sem macular o nome da duquesa de Bouillon.

Como Lenoir explicou a Vergennes, ele propôs essa estratégia para a duquesa no final de março. Apesar de sua angústia perante a questão toda, ela concordou que demoiselle Bours assinaria uma procuração autorizando o caso a ser processado sem a sua presença por um tribunal inglês. Com a aprovação de Vergennes, Moustier procurou outro advogado para instaurar o processo — e recebeu outro banho frio de conselhos jurídicos: a procuração não funcionaria: para levar o caso a juízo, demoiselle Bours teria de fixar residência na Inglaterra. Porém, se conseguissem levar Boissière ao tribunal, talvez pudessem acabrunhá-lo com tantos gastos legais que ele seria levado à falência. Vergennes e Lenoir reavaliaram a situação um mês depois, quando o advogado de Moustier já aprofundara a possibilidade de uma ação cível. A opção da camareira pareceu-lhes agora inviável. A lei inglesa simplesmente não oferecia proteção adequada contra calúnias. Por isso decidiram que era preciso modificá-la — por meio de um ato do Parlamento.[24]

A ideia de um ministro do Exterior francês e um chefe da polícia de Paris combinarem de aperfeiçoar o sistema jurídico inglês pode parecer estranha, mas ela já subjazia as políticas de Vergennes há quase um ano. Em meados de 1782, d'Anouilh o persuadira de que a maioria dos parlamentares britânicos poderia ser convencida a votar em prol das reformas que a França desejava se mãos suficientes fossem molhadas. Considerando-se a venalidade do Parlamento não reformado, a ideia não era totalmente estapafúrdia.[25] E agora que a paz fora restabelecida, Vergennes podia contar com mais cooperação dos britânicos, especialmente sabendo que o novo governo instalado em abril de 1783 incluía ministros pró-franceses como Charles James Fox e parecia apto e disposto a mostrar solidariedade. Com isso, a embaixada francesa em Londres abandonou os planos de entrar com uma ação judicial e concebeu uma "proposta de lei para remediar os abusos dos libelos na Inglaterra". O dispositivo proposto tornaria residentes ingleses responsáveis por ataques caluniosos contra estrangeiros e a versão inglesa do texto de cinco páginas explicava em nota de rodapé que visava especificamente "Boissière, um livreiro francês na St. James Street, agente conhecido de todo aventureiro em dificuldades".[26] Moustier mencionou essa possibilidade a Fox no início de maio, pouco antes de deixar de ser o *chargé d'affaires* francês. Fox retrucou que a lei inglesa já continha tudo o que era necessário para colocar os libelistas atrás das grades, onde pertenciam, mas não compreendeu a complexidade da situação jurídica, segundo o relato que Moustier fez da conversa. Por isso, Moustier buscou esclarecê-lo com uma breve palestra sobre jurisprudência britânica e a superioridade da aplicação da lei na França.

> Fox não é um grande jurista, mas não me desagrada o fato de ele estar inclinado a crer na necessidade de tomar medidas legais e fazer (certos indivíduos) de exemplo. Eu lhe disse apenas que queria uma lei ad hoc [específica] e que a *common law* [direito jurisprudencial] não seria suficiente. [...] Seria bom se uma lei (estatutária) existisse, pelo menos para eliminar a necessidade de comprarmos esses horrores por preço tão alto. [...] A estirpe dos libelistas franceses aqui é extraordinariamente impudente. Será sempre muito importante que a venda dessas obras na França seja punida com trabalhos forçados e sua composição com a forca.[27]

Ir atrás dos libelistas em Londres era algo enfadonho, reclamou Moustier, e sua carga de trabalho havia mais do que dobrado com tal perseguição. Todavia, no final de maio ele retornou à França e foi substituído por Adhémar, não como *chargé d'affaires* mas como embaixador pleno, com ideias próprias a respeito de como lidar com os libelistas. Adhémar não rejeitou a ideia de extrair do Parlamento uma lei ao estilo francês. Pelo contrário, buscou-a ativamente, com apoio de Vergennes. Em novembro, contudo, os dois chegaram à conclusão que isso seria inexequível. Toda proposta de lei precisava ser divulgada publicamente e discutida no Parlamento, explicou Adhémar em seu último despacho sobre o assunto, e o público — ou melhor, "a ralé" — jamais toleraria algo do gênero.[28]

Restava uma última maneira de suprimir os libelos: suborno. Receveur foi autorizado a peitar os autores de *La naissance du dauphin dévoilée* e *Les petits soupers et les nuits de l'hôtel Bouillon* assim que chegou a Londres. Mas logo descobriu que não poderia comprar a não publicação de um livro calunioso com a mesma facilidade com que adquirira seu novo terno inglês. Os libelistas se recusavam a abandonar as tocas protegidas por Boissière em que se enfurnavam e as tentativas de Receveur entrar em contato com eles acabaram envolvendo-o num sem-número de intrigas, algumas visando apenas a desnorteá-lo, pois os escritores não sabiam se ele viera para negociar com eles ou para assassiná-los. Embora seja difícil descobrir exatamente o que aconteceu, parece que ele acabou conseguindo iniciar algumas negociações e que os libelistas lhe apresentaram alguns preços. Em seu último relatório a Lenoir, redigido em junho após retornar a Paris, Receveur resumiu suas exigências desta maneira:

700 *louis*: *La naissance du dauphin*, os *noëls* e as gravuras anunciadas por sieur Goesman, que deve conhecer o autor. Mais

Les passe-temps d'Antoinette e *Les amours du vizir Vergennes*, pelo autor de *Petits soupers*.

600 *louis*: *Les rois de France régénérés par les princesses de la maison d'Autriche*, com gravuras, por Lafitte de Pelleport.[29]

Esses preços eram muito superiores ao que Receveur fora autorizado a pagar. Referiam-se a diversas obras que sequer existiam antes de sua partida para Londres, ou que talvez nem existissem, pois poderiam ser apenas projetos acenados para os franceses na esperança de extrair mais dinheiro deles. Porém, ao exigirem somas tão elevadas, os libelistas meteram os pés pelas mãos. Para entendermos qual foi a sua jogada, devemos voltar aos primeiros encontros que mantiveram com Receveur em março de 1783.

Receveur obtivera algum material — manuscritos, provas, cópias de amostra — fornecido pelos libelistas, embora nunca tenha conseguido negociar diretamente com eles. Moustier encaminhou esse material para Paris, junto com explicações sobre a dificuldade de iniciar negociações preliminares: "Temos de lidar com trapaceiros entrincheirados atrás da constituição inglesa".[30] É difícil determinar a natureza exata desses textos, pois Moustier não os identificou pelo título e, de qualquer modo, os libelistas alteravam frequentemente os nomes de suas obras ao reciclarem seus originais e reverem suas táticas.[31] Mas alguma versão dos libelos tinha de chegar a Vergennes em Versalhes para que ele pudesse inspecioná-los antes de autorizar o pagamento para suprimi-los. Ele se recusou a pagar qualquer quantia por *Les amours du vizir Vergennes*, pois desdenhou as calúnias dirigidas diretamente a ele.[32] Mas considerou *Les petits soupers et les nuits de l'hôtel Bouillon* suficientemente nocivo para, depois de lê-lo, confirmar a decisão de pagar pela sua destruição e autorizou uma verba adicional para revigorar os esforços de Receveur em manter esta e outras obras fora do mercado.[33] Lenoir teve reação parecida quando leu os textos; embora calejado pelos relatos que recebia todos os dias sobre todas as variedades de vício em Paris, ficou profundamente chocado com os libelos: "Jamais conseguirei superar a indignação que senti diante de todos os horrores que vi [neles]".[34] Em outras palavras, as autoridades francesas estavam dispostas a ser chantageadas; será que tiveram êxito?

De acordo com o relato elucidativo em *La police de Paris dévoilée*, o leilão informal por *Les petits soupers et les nuits de l'hôtel Bouillon* chegou ao fim quando Boissière recusou uma oferta de 150 *louis*.[35] Desconhecemos se Receveur não se sentiu autorizado a ir além desse limite ou se a verba adicional de Vergennes não chegou a tempo; o fato é que Boissière provou que os 175 *louis* exigidos não eram blefe, pois colocou o livro à venda. Receveur acabou adquirindo seis exemplares, que enviou a Lenoir.[36] Além disso, o cartaz "Grito de alerta contra os espiões franceses" provou ser uma excelente peça de divulgação para a obra, ao mesmo tempo que desmascarava a missão secreta de Receveur. O cartaz informava que *Les petits soupers* podia ser adquirido na livraria de Boissière e em duas outras lojas londrinas. E quanto às duas outras obras que mencionava, *Les passe-temps d'Antoinette* e *Les amours du vizir de Vergennes*? Ao anunciar que estavam sendo impressas em Londres, advertia implicitamente que elas também seriam lançadas em breve se Receveur não arranjasse dinheiro suficiente para suprimi-las. A publicação de *Les petits soupers* provou que os libelistas não estavam brincando. Em retrospecto, parece um movimento estratégico num grande jogo de lances e blefes. Os libelistas certamente estavam apostando alto — setecentos *louis* por um conjunto de três libelos: *La naissance du dauphin dévoilée*, *Les passe-temps d'Antoinette* e *Les amours du vizir de Vergennes*, segundo um relatório de Receveur.[37] Embora a ameaça de atacar Vergennes tenha gorado (a obra não chegou a ser publicada), seus projetos de difamar a rainha continuaram a ser levados a sério em Versalhes. Porém, tendo de conduzir seu plano estratégico a partir do Ministério das Relações Exteriores, Vergennes enfrentou um grave problema: não lhe era possível distinguir os ataques reais dos simulados — obras sendo verdadeiramente produzidas de meros títulos inventados para testar se provocavam alguma reação. Quando enviou Receveur a Londres, ele fez da supressão de *La naissance du dauphin dévoilée* sua grande prioridade e em abril Goesman chegou a ver uma versão preliminar da obra, acompanhada de uma série de ilustrações, na loja de Boissière, confirmando que ela realmente existia.[38]

No entanto, foi como se desaparecesse em meio à profusão de obras mencionadas, com os mais variados títulos, nas cartas trocadas ao longo dos dois meses seguintes: *Les passe-temps d'Antoinette, Amusements d'Antoinette, Soirées de la reine* e *Les rois de France régénérés par les princesses de la maison d'Autriche*. Destas, *Les passe-temps* parecia ser o projeto mais sério. O livro poderia ser uma versão retrabalhada do material pretendido para *La naissance du dauphin dévoilée* ou um libelo inédito, anunciado antes de ser escrito para tirar proveito da sofreguidão do governo francês em suprimir libelos anteriores. Porém, quaisquer que fossem as ameaças reais ou fantasiosas dos libelistas, o governo nunca conseguiu comprar tudo o que eles ofereciam à venda.[39]

Não foi por falta de tentativas. As cartas de Receveur parecem ladainhas de lamentações sobre a incapacidade de estabelecer contato com os libelistas. Depois de sete semanas de investigação, ele enviou um longo relatório sobre todos os expatriados franceses que desenterrara, no qual apontava os suspeitos mais prováveis. Vergennes achou o documento decepcionante e Lenoir identificou diversas pistas falsas, inclusive uma que envolvia um suposto libelista que, na realidade, era uma personagem inventada por outro.[40] Enquanto isso, Goesman continuava enviando missivas em prol de uma estratégia que estorvasse a de Receveur. Segundo ele, depois da publicação do "Grito de alerta", todo francês em Londres fora alertado da missão secreta da polícia francesa. Alguns tentaram se aproveitar da situação anunciando novos libelos inexistentes e lançando aos agentes franceses toda espécie de pistas falsas. Boissière — um patife, por certo, mas a única pessoa que tinha acesso aos verdadeiros libelistas — nunca chegou a negociar com Receveur. Na realidade, ele temia que Receveur pudesse sequestrá-lo ou assassiná-lo. Carregava uma pistola durante o dia e mantinha um guarda armado em seu quarto à noite. Goesman era a única pessoa em quem ele podia confiar, graças à confiança estabelecida entre ambos durante suas transações anteriores. Como prova dessa confiança, Boissière entregou-lhe um *objet majeur*, um artigo tão importante que Goesman não quis mencioná-lo pelo nome, dizendo que só o entregaria pessoalmente ao ministro do Exterior em Versalhes. A implicação era clara: Vergennes deveria convocar Receveur de volta a Paris e deixar a questão toda nas mãos capazes de Goesman.[41]

Em meados de maio, esse argumento começou a soar convincente. Receveur estava fracassando; talvez Goesman estivesse mostrando que, no final das contas, era leal; e tudo indicava que os dois falsos barões acabariam colidindo um com o outro no esforço de atingirem metas conflitantes. De fato, tal colisão ocorreu em 18 de maio. Conforme Receveur descreveu num longo relatório de suas atividades, ele vinha se sentindo cada vez mais frustrado com sua incapacidade de estabelecer contato com os libelistas.[42] Na França, explicou, bastava armar-se com uma ordem do rei, arrombar um apartamento e prender um escritor — se fossem encontradas provas suficientes, este seria condenado. Na Inglaterra, suas mãos estavam atadas com toda espécie de picuinhas legais. Na verdade, obras que na França eram sem sombra de dúvida consideradas libelos não seriam vistas como tal num tribunal inglês. O que, diante de tais circunstâncias, poderia fazer um inspetor da polícia francesa? Receveur tentara de tudo. Os expatriados franceses, um enxame de "insetos" peçonhentos, haviam-no desmascarado e levado pelo nariz em buscas tresloucadas atrás de livros que poderiam ser imaginários e de escritores que poderiam ser meras personagens. Farto de ser obrigado a fazer papel de bobo, ele provocou um confronto com Goesman na noite de 18 de maio. Goesman sempre colaborara com Boissière pelas costas de Receveur e rechaçara todas as suas tentativas de entrar em negociação com os libelistas. Por fim, Receveur exigiu que Goesman o levasse à livraria de Boissière ou arcasse com as consequências de uma recusa. Intimidado por tal ameaça, Goesman concordou. No dia seguinte, porém, voltou atrás e armou uma cena terrível: como Receveur ousava contestar sua devoção à Coroa? Ele, Goesman, haveria de buscar justiça passando por cima da polícia, se preciso, e apelando ao próprio rei! Longe de dobrar-se diante dessas invectivas, no entanto, Receveur manteve-se firme e forçou-o a levá-lo imediatamente a Boissière.

Seguiu-se outro confronto, dessa vez na livraria. Boissière, "tremendo como vara verde", afirmou que não sabia nada sobre os libelos. "O quê!? Você nega que mostrou a Goesman, aqui ao meu lado como testemunha, o texto e os clichês de um terrível ataque à rainha da França e que o autorizou a informar o

governo francês que duas outras obras semelhantes estavam no prelo?", retrucou Receveur (tudo isso de acordo com seu relatório, redigido em parte sob a
forma de diálogo). "Eu não disse isso", respondeu Boissière, com os olhos fixos
no chão. "Pois então", replicou Receveur, "se você quiser vender esses horrores
para mim, eu os comprarei, ipso facto. Tenho dinheiro para isso." Boissière, no
entanto, sustentou que não tinha libelo algum a sua disposição e recusou-se a
dar outras informações. Receveur dirigiu-se então à embaixada francesa, onde
convenceu Moustier a mandar Goesman fazer uma última tentativa de extrair
uma resposta de Boissière: ele iria ou não vender os libelos? Goesman obedeceu
e retornou com a resposta final de Boissière: "Senhores, nada mais tenho a dizer.
Mesmo que eu quisesse [falar], não seria capaz. Não conheço os autores, nem
estou tentando conhecê-los". Diante de tal negação, Receveur decidiu que não
havia mais nada a fazer senão voltar a Paris.

Ele apresentou esse relatório não a Moustier, que também acabara de retornar à França, mas a seu sucessor, Adhémar, um diplomata de outra estirpe.
Severo e insolente, não queria ter nada a ver com agentes secretos da polícia
parisiense nem com escritores de aluguel da colônia francesa em Londres. A
única maneira de lidar com essa "gentalha", escreveu num de seus primeiros
despachos a Vergennes, era desprezá-la e ignorá-la.[43] Vergennes, no entanto,
lembrou-o de que o objetivo mais importante era impedir que as obras escandalosas chegassem aos leitores franceses, de modo que Adhémar deu continuidade à campanha contra os libelistas, embora sem muito empenho. Em vez de
lidar com Boissière, que ficara tão assustado que saíra da jogada, ele tentou investir contra os libelistas por meio de ações judiciais nos tribunais ingleses, mas
a estratégia não funcionou, como vimos. Nesse ínterim, Receveur voltou a Paris
e, em outras cartas e memorandos, prosseguiu reclamando que a estratégia de
subornar os libelistas não daria certo. Lenoir e Vergennes ficaram surpresos que
ele tivesse retornado sem sua autorização, mas Receveur afirmou que Adhémar
consentira em sua licença. Adhémar, receoso de ter excedido sua alçada, insistiu
que nada fizera nesse sentido e que Receveur queria sair da Inglaterra o mais
depressa possível porque não conseguira obter resultado algum: "Sua viagem
foi totalmente inútil".[44] As recriminações mútuas continuaram se acumulando
nos registros do Ministério das Relações Exteriores, mas nada acrescentam para
modificar a conclusão mais do que óbvia: a missão de Receveur fora um fracasso colossal. Depois de entregar um relatório de despesas no total de 8380 *livres,*

ele retomou sua condição de aposentado. A conta que apresentou não incluía outros 780 *livres*, o valor de uma caixa de rapé que lhe fora roubada em Londres, provavelmente por algum libelista de dedos ágeis, e ele esperava receber alguma indenização por essa derradeira indignidade: "Solicita-se que o magistrado leve isso em consideração".[45]

O sumiço de Receveur deixou o campo aberto para Goesman. Depois do colapso das negociações com Boissière, ele dedicou a maioria de suas cartas a restaurar sua credibilidade como agente leal do governo e a reiterar seus pedidos de dinheiro. Ele sempre insistia que seu maior desejo era pagar as dívidas que acumulara em Londres e voltar para a França. O misterioso *objet majeur* que ele tanto alardeara era apenas um exemplar com iluminuras de *Les amours de Charlot e Toinette*, que permanecera com Boissière, e que ele acabou entregando para a embaixada francesa. Embora a recuperação do volume possa ter reafirmado a confiança de Vergennes na integridade de Goesman, de nada serviu para reforçar a ideia de que os libelistas eram confiáveis, pois Boissière prometera que até a última cópia daquele libelo havia sido destruída. Quando confirmou que "essa odiosa obscenidade"[46] chegara em segurança à França, Vergennes permitiu que Goesman retornasse e concordou em pagar suas dívidas, que chegavam a vários milhares de *livres*, além das quantias que já lhe haviam sido adiantadas pelos intermediários na rue de Richelieu — um total de 18296 *livres*. No final de agosto, Goesman instalou-se em Versalhes, continuou tentando granjear mais dinheiro e, ao que parece, retomou o ofício de escritor de aluguel. O que fez nos dez anos seguintes não está claro, mas é certo que envolveu-se em novas dificuldades durante a Revolução. Em 25 de julho de 1794, em uma das últimas "fornadas" do Grande Terror, ele foi guilhotinado, junto com um autor realmente notável, André Chénier.[47]

Com a saída de Goesman em meados de 1783, Morande tornou-se o principal conselheiro sobre libelos e libelistas da embaixada francesa. Conseguiu ganhar as boas graças de Adhémar durante uma entrevista extraordinariamente privada, na qual confessou todos os seus pecados, insistiu que os seus libelos jamais ofenderam qualquer "ser sagrado", apenas indivíduos comuns, jurou que poderia fornecer informações importantes para a Coroa e implorou perdão, com lágrimas escorrendo pelo rosto. Adhémar ficou impressionado: "Este não é um homem qualquer. Ele é inteligente e conhece as condições locais. [...] É odiado por seus antigos colegas e malvisto por seus pares".[48] Com a aprovação de Vergennes, Morande reconquistou a boa vontade e afeição do Ministério das Relações Exteriores francês e atuou como espião durante os cinco anos seguintes, ao mesmo tempo que assumia a editoria do *Courrier de l'Europe*. Em Londres, porém, continuou sendo conhecido como um libelista e chegou a ser ridicularizado numa caricatura bem ao estilo inglês.

Em 1784, portanto, a situação em Londres havia se transformado. Moustier, Receveur e Goesman tinham sumido de cena. Boissière, apavorado, se retraíra para a obscuridade. Adhémar, que passara a nortear a política da embaixada francesa, não se mostrava inclinado a negociar com os libelistas, mas Morande, que o assessorava, tinha todos os motivos para denunciá-los. Os libelistas não deixaram de produzir libelos, é claro. Mas não tinham mais adversários em quem aplicar os velhos ardis. Frustrados, produziram um libelo contra as tentativas de o governo pôr fim aos libelos: *Le diable dans un bénitier*, uma obra diabólica daquele que era o mais talentoso libelista de todos: Anne-Gédéon Lafitte, marquês de Pelleport.

THE FRENCH LAWYER *in London*.

THE BODY SOUL & MIND OF THE GAZETIER CUIRASSE

Figura 31. Caricatura inglesa de Morande. (Biblioteca da Universidade de Yale)

13. Emboscada

Anne-Gédéon Lafitte, marquês de Pelleport, era um canalha, todas as fontes concordam. Era arruaceiro, desbocado, um meliante sem escrúpulo algum, um biltre e também um escritor de grande talento. Mas quem poderá julgar o caráter de alguém a uma distância de mais de dois séculos? Talvez seja melhor renunciar a qualquer tentativa de enxergar o interior de sua alma e apenas citar seu dossiê nos arquivos da polícia.

> Ele é filho de um fidalgo ligado a Monsieur [o irmão do rei, conde de Provence]. [...] Foi expulso de dois regimentos, Beauce e Isle-de-France, em que serviu na Índia. Por exigência de sua família, foi preso quatro ou cinco vezes por ordem do rei por atrocidades desonrosas. Casou-se na Suíça, onde vagara por cerca de dois anos. [...] É formado pela Ecole Militaire — não dos melhores que esta já produziu. Tem dois irmãos que também foram educados lá e que, como ele, receberam dispensas indecorosas dos regimentos a que tinham sido designados.[1]

Em suma, Pelleport era um *déclassé*. Tendo nascido numa família aristocrática, chafurdara nas fileiras dos libelistas depois de uma carreira malsucedida no exército e conduta tão desonrosa que chegou a cumprir várias penas na prisão a pedido de seus pais.

Referências extraídas de outras fontes completam o quadro.[2] Segundo os relatos policiais resumidos em *La Bastille dévoilée* e as memórias de seu grande amigo, Jacques-Pierre Brissot, Pelleport nasceu em Stenay, uma cidadezinha perto de Verdun, em 1754. Embora sua família pertencesse à antiga nobreza da espada, tinha pouquíssimo dinheiro e o pouco que ele esperava herdar desapareceu depois que sua mãe faleceu e seu pai casou-se com a viúva de um estalajadeiro local, que não queria nem ouvir falar de seu enteado itinerante. As primeiras viagens de Pelleport levaram-no às ilhas Maurício e, talvez, a Pondicherry, acompanhando dois regimentos de tropas designados para proteger postos avançados franceses na Índia. Não é possível determinar exatamente quando ou por que ele recebeu dispensa desonrosa, mas sabemos que por volta de 1775 estava inscrito como aluno da Ecole Militaire de Paris. Como tantos outros jovens provincianos, inclusive Brissot, a quem chegou a conhecer nessa época, ele sucumbiu à atração do mundo das letras. O culto do escritor — o *philosophe* militante ou romancista capaz de comover milhões com um golpe de sua pena — atingiu o apogeu em 1778, quando Voltaire e Rousseau morreram no auge da fama. Em 1779, Pelleport deixou Paris, abandonando a perspectiva de uma carreira militar, e partiu para a Suíça de Voltaire e Rousseau, onde esperava encontrar emprego numa das editoras que publicara as suas obras. Visitou Genebra, Yverdon e Neuchâtel, mas conseguiu apenas seduzir uma camareira da esposa de Pierre-Alexandre Du-Peyrou, o patrono suíço de Rousseau. Os dois acabaram se casando e se fixaram numa cidade do monte Jura chamada Le Locle. Pelleport trabalhou lá por dois anos como tutor na casa do dono de uma fábrica, período em que sua esposa lhe deu dois filhos. Todavia, em algum momento de 1782, ele abandonou a família. Em 1783, depois de um breve emprego em Haia, já estava em Londres, vivendo miseravelmente como professor particular, jornalista, libelista e aprendiz de extorsionista.

As marcas que essa experiência deixou na vida interior de Pelleport não podem ser conhecidas, mas talvez possam ser intuídas de um romance autobiográfico, *Les bohémiens*, que publicou em 1790 e que descreve cada fase de sua carreira. Ele aparece na narrativa como um jovem de estirpe nobre e despecuniada. Na esperança de tirar proveito do seu nome, busca um amigo da família em Versalhes, mas verifica ser impossível penetrar naquele mundo de patronatos e privilégios. Enojado com o sistema e com sua própria tentativa de explorá-lo, resolve tornar-se um aventureiro:

> Um raio do sol da justiça penetrou meu coração e fez ali florescer a liberdade [...] e os grilhões da sociedade soltaram-se a meus pés. Dei adeus à fortuna e comecei a existir. [...] Disse que vagaria pela Terra e as barreiras da servidão se abriram diante de mim. Em vão o déspota e seus guardas policiam as fronteiras de seu império. Eu escapuli, como o castor foge do caçador.[3]

Onde Pelleport buscou inspiração? De outro errante como ele: Jean-Jacques Rousseau: "E tu que ousaste desejar a igualdade restaurada sobre a Terra, ó virtuoso cidadão da desprezível Genebra, tu que ousaste expor aos homens os segredos de seus tiranos, recebe o incenso que queimarei em teu altar e, do alto do empíreo, guia meus passos e meus sentimentos".[4]

Evocações de Rousseau podem, é claro, ser encontradas em toda parte no final do século XVIII, e Pelleport diluiu esse rompante retórico em seções posteriores do romance, que são desavergonhadamente obscenas. Mas há um tom de autenticidade nessa sua prece a Jean-Jacques. O rousseaunismo do século XVIII foi um fenômeno complicado, que atraiu tanto aristocratas como provincianos obscuros e era amplo e profundo o suficiente para inspirar as introspecções de um libelista que tentava descobrir seu lugar no mundo.

Pelleport menciona outras fontes de inspiração em seu *bildungsroman* [romance de formação]: *Dom Quixote*, o livro que lhe abriu os olhos para as glórias da literatura, e também Ovídio, Virgílio e Horácio. O herói do romance, obviamente uma versão ficcionalizada dele mesmo, teve uma infância feliz em Stenay até a morte de sua mãe, quando a detestável madrasta assumiu a casa e ele foi despachado para a escola, onde aprendeu a amar os clássicos, graças a um abbé que lhe amparou e lhe ensinou literatura antiga no espírito do mais puro paganismo. Essa experiência também se tornou uma lição de literatura e liberdade, pois colegas invejosos denunciaram o abbé ao diretor da escola por divulgar ideias pouco ortodoxas sobre romanos revolucionários — ou, como Pelleport coloca, convenceram o diretor, um ignorantão, de que Bruto e Cássio eram "rebeldes que conspiraram contra o rei em alguma mansarda parisiense".[5] O abbé foi demitido e, ao partir, deixou a seu aluno predileto alguns livros em latim como presente de despedida. Pouco depois, o herói do romance também poria o pé na estrada, vagando de regimento em regimento, prestando serviço militar por um tempo na Índia, retornando à Ecole Militaire, buscando emprego na Suíça e desembarcando em Londres na companhia de outros libertários como Morande, Brissot e os jornalistas do *Courrier de l'Europe*. Cada parada desse itinerário ficcional corresponde a um estágio da vida de Pelleport. E o modo como assimilou todas essas vivências é sugerido pelo tom da narrativa, que oscila entre sátira, irreverência, obscenidade, rompantes contra a injustiça social e passagens de poesia lírica. O libelista-mor de Londres possuía formidável talento literário. Mas exatamente o que ele escrevia?

Pelleport foi despontando só aos poucos na mira da policia parisiense, quando esta começou rastrear a publicação dos libelos. No início, os policiais não conseguiam enxergar além da livraria de Boissière e da chusma de títulos que ele anunciava, mas com o tempo vieram a suspeitar que Pelleport tivesse alguma participação em praticamente tudo o que foi produzido pelos expatriados franceses no início da década de 1780.[6] Ainda hoje é difícil determinar toda a extensão de suas publicações, pois nunca colocava o seu nome em nada. Além disso, plagiava despudoramente e, à maneira típica dos libelistas, compilava textos de diversas fontes. De modo que, para atribuir uma obra a ele, é preciso em parte identificar peculiaridades do seu estilo — a tendência de interromper passagens narrativas com longas digressões, de espargir trechos de poesias e diálogos em meio à prosa, de abandonar a narração na terceira pessoa para dirigir-se ao leitor na primeira pessoa, como fazia Laurence Sterne. Levando em conta todas as evidências disponíveis, parece certo que ele escreveu *Les petits soupers et les nuits de l'hôtel Bouillon* e *Le diable dans un bénitier*; talvez tenha escrito *Les amours de Charlot e Toinette*; é razoável supor que tenha sido o autor de *La naissance du dauphin dévoilée*; e deve ter no mínimo ajudado a esboçar as continuações deste último, *Les passe-temps d'Antoinette*, *Les rois de France régénérés par les princesses de la maison d'Autriche* e *Les amours du vizir de Vergennes* (os quais provavelmente não chegaram a ser publicados). Ao contrário do biógrafo de Morande, eu acredito que Pelleport, não Morande, escreveu *La gazette noire par un homme qui n'est pas blanc* (1784), embora ele deva ter composto apenas as 48 primeiras páginas e surrupiado o restante de outros libelos.[7] Também foi o único ou principal autor de um libelo semelhante, *Le chroniqueur désoeuvré, ou l'espion du boulevard du Temple* (1783), no qual deixou uma pista de sua autoria.[8] Publicou um pequeno volume de poesia satírica, *Le boulevard des Chartreux* (1779), traduziu *Letters on political liberty* (1782), um tratado radical do filósofo inglês David Williams, e culminou seu corpus literário com um romance em dois volumes, *Les bohémiens* (1790).

Felizmente, essas atribuições decorrem de mais do que mera adivinhação, pois Pelleport imiscuía várias referências autobiográficas em seus textos. *Les bohémiens* é uma autobiografia disfarçada de narrativa picaresca e muitos detalhes da obra podem ser confirmados por outras fontes, inclusive documentos da Bastilha.[9] A transcrição do interrogatório de Pelleport na Bastilha após sua prisão em 1784 desapareceu, mas a do de Brissot sobreviveu e contém referências a várias de suas inúmeras atividades em Londres. Brissot fora preso por ter colaborado com Pelleport, mas conseguiu convencer a polícia de que não colaborara em nenhuma das obras do colega e, além disso, forneceu informações sobre vários libelos que haviam escapado da atenção dos agentes policiais em Londres — entre eles, *Compte rendu au peuple anglais de ce qui se passe chez la nation française, contenant toutes les anecdotes secrètes et scandaleuses de la cour de France et de ses ministres,* um libelo que Pelleport aparentemente escreveu, publicou e forneceu para um livreiro clandestino em Bar-le-Duc; *Le diable dans un ballon,* tradução de um libelo inglês; e *Lettres sur la liberté politique,* tradução do tratado político de David Williams. Destes, apenas *Lettres sur la liberté politique* sobreviveu. A polícia confiscou uma cópia e ficou horrorizada ao descobrir que estava "cheio de sarcasmo e insultos ao governo francês".[10] As passagens ofensivas ocorriam apenas nas copiosas notas que Pelleport acrescentara ao texto e que, caracteristicamente, continham referências a sua vida e imprecações contra o despotismo político e a desigualdade social na França.[11] Brissot também contou à polícia que Pelleport começara a traduzir os oito volumes da radical *History of England,* de Catherine Macaulay, mas abandonara a tarefa. Oito volumes talvez fossem mais do que Pelleport conseguisse dar conta, mas sua intenção de traduzir a obra mostra que ele não se limitava à literatura frívola ou escandalosa: interessava-se por história e teoria política e produziu um corpus considerável, a maior parte do qual permanece absconsa ou se perdeu.

A polícia descobriu apenas uma pequena parte de suas obras. Na realidade, quando começaram a investigar os libelistas em Londres, concentraram-se em outros suspeitos e não deram muita atenção a Pelleport. Mas ele se impingiu ao trabalho investigativo com uma carta endereçada a Vergennes e entregue à embaixada francesa. A missiva começa cheia de floreios:

Little Chelsea

12 de abril de 1793

Monseigneur,

Ao despedir-me de meu país, não deixei para trás meu coração francês, nem meu liame sincero com a família real, que é algo inato em todo homem de boa estirpe. [...] Eis que surgiu oportunidade de eu dar testemunho de minha lealdade para com o rei, meu senhor, e de tudo o que lhe concerne no mais íntimo foro, da qual eu sofregamente me servi.

Pelleport prossegue explicando que soubera da missão de Receveur para suprimir os terríveis libelos que tanto maculavam a honra do rei e que, por acaso, ele estabelecera contato com o autor de uma brochura particularmente execrável intitulada *Les passe-temps d'Antoinette* e também *Les rois de France régénérés par les princesses de la maison d'Autriche*. Se Vergennes prometesse manter tudo no mais absoluto sigilo, ele poderia ajudar Receveur a confrontar o autor. Ele mesmo, é claro, não se envolveria em negociações com um "patife" tão sórdido (o "patife" sendo, é claro, o próprio Pelleport) nem aceitaria um centavo sequer por seus serviços. Queria apenas cumprir seu dever e deixar as coisas nas mãos de Receveur. Quanto aos libelistas em geral, aconselhava o governo a tratá-los com o mais absoluto desprezo. Tentativas de comprar o seu silêncio só os encorajaria a produzir mais atrocidades. "Se deres pão aos cães, eles voltarão para tua porta. Se lhes deres alguns pontapés, eles não voltarão. Mas é difícil dar pontapés neste país."[12]

Como interpretar uma epístola dessas? Seria Pelleport um fidalgo legítimo oferecendo seus préstimos ao rei? Um excêntrico tentando se envolver em algum tipo de intriga? Um aventureiro querendo intrometer-se na missão de Receveur para ficar com um pouco do dinheiro sendo derramado por todos os lados? Ou seria ele o autor dos libelos que propunha ajudar a erradicar? A correspondência entre Londres e Versalhes mostra as autoridades francesas tentando decifrar essa estranha figura que prometia resolver seus problemas e, num toque ornamental, assinava a carta como Lafitte de Pelleport.[13]

Depois de encaminhar a carta para Vergennes, Moustier descobriu que Pelleport também enviara cartas ao visconde de Polignac na Suíça e à duquesa de Polignac em Versalhes, prometendo-lhes suprimir os libelos, só que dessa vez por um preço. Isso fez Moustier desconfiar que Pelleport escrevera ele mesmo os libelos, provavelmente com a ajuda de algum de seus amigos: "*le sieur Brissot de Warville, personnage suspect*".[14] Vergennes, por outro lado, julgou que a oferta de Pelleport merecia ser considerada, ainda que com bastante cautela, e instruiu Moustier a cooperar com ele e a prometer-lhe um salvo-conduto de volta à França — onde ficaria protegido de seus pais, que ainda queriam que ele fosse preso por meio de uma lettre de cachet — se ele tivesse êxito em suprimir os libelos.[15] Da sua parte, Lenoir foi contra depositar qualquer confiança em Pelleport (embora tenha dado a Brissot um atestado de boa saúde).[16] Goesman também ofereceu conselhos: preocupado, sem dúvida, com o aparecimento de outro rival na disputa pelo controle das negociações com os libelistas, ele desconsiderou a iniciativa de Pelleport como uma tentativa de se imiscuir na competição renhida por dinheiro e influência no Ministério das Relações Exteriores.[17]

Enquanto esses vários diagnósticos circulavam pelo ministério, Receveur estabeleceu contato com Pelleport. Os dois escaramuçaram durante duas semanas sobre como suprimir *Les passe-temps d'Antoinette* e, por fim, discutiram preços. Pelleport prometeu que poderia realizar o serviço por setecentos *louis*. Receveur recusou-se a lhe dar qualquer dinheiro enquanto não recebesse uma cópia do manuscrito, as provas e as chapas de cobre das ilustrações. Pelleport respondeu com tantas manobras manhosas que Receveur decidiu que ele não estava negociando de boa-fé — ao contrário de Boissière, um intermediário confiável, ainda que corrupto — e voltou sua atenção novamente ao livreiro, tentando persuadi-lo a negociar. É difícil definir o papel de Boissière nesse ponto. É provável que tivesse negociado em prol de Pelleport anteriormente, mas que se recusava a fazê-lo agora por considerar perigoso demais. Fazer negócios com o mais famigerado capanga da polícia parisiense era expor-se a ser sequestrado ou assassinado. Quaisquer que tenham sido seus motivos, Boissière recusou-se a cooperar e Receveur ficou tão saturado com a história toda que deixou a Inglaterra sem ter adquirido um libelo sequer.[18]

O desaparecimento de Receveur, seguido do sumiço de Goesman, deixou Pelleport sem ninguém a quem dirigir suas tentativas de extorsão. Ele reagiu publicando o supremo libelo de sua carreira, *Le diable dans un bénitier*, que colocou no espeto todos os integrantes do campo inimigo — Receveur e Morande, em especial; mas também seus lugares-tenentes, Goudar e Humber; seus superiores, Moustier e Castries; e no topo da cadeia de comando, Vergennes, a quem descreveu como o principal protagonista de um governo supinamente despótico. *Le diable dans un bénitier* mal chega a disfarçar a autoria de Pelleport, que lembra um jogador prestes a perder que varre todas as peças do tabuleiro num acesso de raiva.[19] Pois ele certamente saíra derrotado tanto quanto Receveur. No caso de *Les petits soupers et les nuits de l'hôtel Bouillon*, desperdiçara a oportunidade de extorsão ao publicar o livro antes de acertar os termos de sua supressão; e, no caso de *Les passe-temps d'Antoinette*, sequer conseguiu iniciar as negociações. Todavia, Receveur desembarcara com uma verba de centenas de *louis d'or* para silenciar e suprimir libelos. A conclusão era óbvia: Pelleport não tinha talento para a chantagem — ao contrário de Morande, que sabia não só como extorquir como também mudar de lado no momento certo. Por outro lado, Pelleport sabia escrever e, como um libelo sobre libelos, *Le diable* é um tour de force — engraçado, maldoso e passional na sua denúncia do Estado policial francês.

Se *Le diable dans un bénitier* for lido com a correspondência do Ministério das Relações Exteriores como pano de fundo, o livro subitamente adquire vida — ou, pelo menos, ganha uma vitalidade que teria passado despercebida aos leitores pouco informados do século XVIII, grande parte dos quais deve ter julgado o livro impenetrável. Pelleport recheou o texto com alusões, digressões e piadas privadas que só poderiam ser entendidas por quem estivesse familiarizado com o mundo dos libelistas londrinos.[20] Mas cada detalhe — com exceção de alguns diálogos que foram obviamente inventados e certos exageros na descrição de Receveur e Morande — corresponde com exatidão a algum material constante dos despachos entre Versalhes e Londres. Pelleport revela a proposta secreta de Morande para reorganizar a polícia londrina, as consultas de Moustier a advogados londrinos, o plano de trazer a camareira da duquesa de Bouillon para Londres, e a colaboração sub-reptícia entre Goesman e Boissière. Chega até a incluir uma menção ao furto da caixa de rapé de Receveur. Se o considerarmos uma versão incipiente do que hoje chamamos de jornalismo investigativo, *Le diable* é um feito extraordinário, que expõe com precisão uma grande operação da polícia secreta de Paris e mostra bem a concentração e o exercício de poder em um sistema de governo.

Além disso, o livro também pode ser lido como um *roman à clef*. Como explicamos, os nomes das personagens foram disfarçados de modo a conduzir o leitor a um jogo de adivinhação. Podemos até ler as conjecturas de um leitor do século XVIII que fez anotações no final de um exemplar e não teve dificuldade em identificar os principais protagonistas — Morande, Receveur, Moustier,

Vergennes, Lenoir e Boissière (embora tenha errado vários outros). Goesman aparece nas notas como "Guichen" e o gazeteiro encouraçado inexplicavelmente como "Beaumarchais". O erro mais intrigante refere-se a uma personagem identificada como "M. de la Fare", que é mencionada no texto como "M. de la F...." e também como "M. de la F—e".[21] Nos livros do século XVIII, o número de pontos após a primeira letra de um nome semiabsconso geralmente corresponde ao número de letras daquele nome. Nesse caso, o nome de cinco letras começando com F e terminando com E deveria ser Fitte — uma referência a la Fitte (ou Lafitte, como às vezes era escrito) de Pelleport. Ou seja, Pelleport incluiu a si mesmo em seu texto.

Ele teve de fazê-lo a fim de oferecer uma versão completa da história, na qual M. de la F.... desempenha papel importante. M. de la F.... escreve para Vergennes, recebe dele autorização para negociar com os libelistas e insere-se nas negociações, exatamente como aconteceu com Pelleport. Além disso, parece-se com Pelleport, pois é descrito como o filho bem-nascido de um fidalgo ligado ao judiciário francês. Por fim, é a única personagem com quem simpatizamos no texto. Embora apresentado com um toque de ironia sobre seu comportamento extravagante, M. de la F.... faz a polícia de palhaço e chega a passar uma descompostura em Moustier. Sua primeira aparição se dá assim: "Porém, graças a uma circunstância fortuita que se revelou fatal para esses honestos gentis--homens [os agentes secretos da polícia parisiense], M. de la F.... entrou no café, o mais estouvado dos homens e o maior inimigo dos espiões e outros comparsas do despotismo. Ele não fez segredo do horror que esses senhores lhe inspiravam".[22] M. de la F.... é descarado, impetuoso e até meio maluco (*fou*).[23] Numa proeza típica, ele envia uma carta anônima a Lenoir dizendo que Receveur fora preso como espião e estava prestes a ser enforcado em Tyburn. Também ridiculariza Receveur e seus agentes escrevendo o "Grito de Alerta", o cartaz que expôs suas atividades clandestinas.[24] *Le diable dans un bénitier* certamente se qualifica como um libelo, mas foi também a maneira encontrada para cutucar e vexar a polícia e, ao mesmo tempo, descrever seu autor anônimo como o herói que arquitetara tal humilhação.

Só podemos especular sobre os motivos que levaram Pelleport a publicar o livro. Talvez incluíssem um pouco de *dépit* [ressentimento] e o desejo de fazer dinheiro explorando um mercado ávido por revelações chocantes sobre a polícia, assunto que vinha fascinando os leitores franceses da época desde o recente sucesso de *Mémoires sur la Bastille*, de Simon-Nicholas-Henri Linguet, outro expatriado que Pelleport conhecia em Londres.[25] Entretanto, o texto de *Le diable* deixa entrever outro propósito: ao descrever M. de la F.... como um amigo do Terceiro Homem (ou agente de confiança — *dépositaire*) do material escandaloso sobre a rainha coletado por Jacquet, chega a insinuar que M. de la F.... era, na realidade, esse agente. Com isso, indica que estava pronto e disposto a recorrer a todo o estoque de casos anedóticos a sua disposição no relato que faz de suas negociações com Receveur. No intuito de fornecer provas de que novos libelos estavam no prelo, diz o livro, o próprio M. de la F.... redigiu uma parte do material de Jacquet e mostrou-o a Receveur como sinal de que o anúncio de *Les passe-temps d'Antoinette* no "Grito de Alerta" não era blefe.[26] Essa passagem reforça a conclusão que o livro nos transmite, a saber, que os libelistas não haviam sido comprados por Receveur e, portanto, tinham acumulado bastante material inédito sobre a depravação em Versalhes. Muitas outras coisas estavam prestes a ser divulgadas — logo estariam disponíveis —, a menos que o governo francês enviasse outro agente para negociar sua supressão.

Independentemente de Vergennes e seu pessoal terem captado ou não tais insinuações em *Le diable dans un bénitier*, eles ficaram horrorizados com sua publicação. A obra não só revelava as missões secretas da polícia como fazia com que todos eles parecessem perfeitos idiotas. Morande ficou furioso, Moustier horrorizado, Vergennes estarrecido e Adhémar pronto para sequestrar Pelleport à força.[27] Vergennes rejeitou tal sugestão, não por algum escrúpulo de recorrer à violência, mas por temer o efeito que isso poderia produzir na opinião pública: "Uma abdução secreta numa terra de liberdade é impraticável, pois provocaria enorme publicidade adversa e impediria que o exemplo que gostaríamos de dar tivesse resultados salutares".[28] Morande, porém, encontrou um homem disposto a fazer o serviço: o barão de Narvan, um veterano do exército e notório brigão que buscara refúgio na colônia de expatriados de Londres depois de uma série de incidentes em pelo menos sete regimentos franceses. Adhémar, no entanto, ordenou-lhe que não empreendesse nenhuma atividade desse tipo até conceberem um plano melhor.[29]

Foi o que finalmente conseguiram na primavera de 1784. Durante o inverno, Pelleport viajara secretamente até a França para tentar receber sua parcela da herança de seu pai, que falecera no final de 1783. Acreditando que herdaria 20 mil *livres*, ele investiu esse montante, antes mesmo de recebê-lo, numa especulação envolvendo champanhe e maquinou um plano para enriquecer rapidamente vendendo artigos de luxo franceses numa loja londrina, que montaria junto com Antoine Joseph de Serres de La Tour, chefe de redação do *Courrier de l'Europe*. Embora pretendesse deixar o cargo no jornal, La Tour tinha dúvidas quanto à viabilidade do empreendimento e nunca chegou a se comprometer em definitivo. Mas isso não bastou para deter Pelleport: usando a herança futura como garantia de crédito, pagou pelo champanhe com notas promissórias e logo um carregamento foi embarcado com destino a Londres. A carga chegou até Boulogne-sur-Mer, quando todo o esquema de financiamento caiu por terra. A madrasta de Pelleport arquitetara uma trama, do tipo que logo se tornaria usual na ficção balzaquiana, persuadindo o marido antes de ele morrer a transferir todos os seus bens para si e para os filhos que tivera com ele. Como resultado, Pelleport não herdou um único centavo. Com isso, não tinha dinheiro vivo para pagar a última etapa do transporte do champanhe. Na realidade, não tinha dinheiro sequer para ele próprio cruzar o canal da Mancha, quanto mais para honrar as notas promissórias. Em desespero, convenceu a sogra de Brissot, viúva de um rico mercador de Boulogne, a emprestar-lhe uma pequena soma e desse modo conseguiu voltar a Londres no início de 1784, mais desesperado do que nunca para não cair na mais absoluta penúria.[30]

Assim que chegou a Londres, montou um estratagema ainda mais extravagante. Decidiu lançar um novo jornal francês sobre questões anglo-americanas, que investiria no mesmo nicho de mercado do *Courrier de l'Europe* depois que La Tour deixasse a redação em 1784. Pelleport pretendia chamá-lo *Mercure d'Angleterre* e imprimi-lo em Boulogne-sur-Mer, onde conseguira de algum modo se livrar do champanhe encalhado. À primeira vista, o empreendimento parecia coisa de maluco, pois as autoridades francesas podiam fechá-lo a qualquer momento. Entretanto, Samuel Swinton, editor do *Courrier de l'Europe*, produzia uma versão francesa do jornal em uma gráfica que montara justamente em Boulogne. Ao contrário da edição londrina, esta tinha de passar pela censura francesa,[31] mas fora um enorme sucesso, graças à forte demanda na França por informações sobre a Revolução Americana e a política britânica.[32] Pelleport pretendia atender o mesmo mercado, mas editar o jornal a uma distância segura em Londres. De algum modo, obteve (ou pensou ter obtido) de Swinton uma promessa de colaboração. A fim de montar a operação, precisou fazer uma rápida viagem a Boulogne — outra proeza arriscada, mas exequível, segundo os conselhos que recebera de Swinton. Swinton chegou até a prometer que deixaria Pelleport usar suas máquinas impressoras em Boulogne, uma oferta estranha diante das circunstâncias, mas ele afirmou que pretendia investir no empreendimento, que acabaria tomando o lugar da edição francesa do *Courrier*.[33] Pelleport também recebeu o patrocínio de outro membro da colônia francesa em Londres, certo Buard de Sennemar, que ofereceu-se para acompanhá-lo a Boulogne. Os dois partiram em 30 de junho de 1784.

A viagem de negócios revelou-se uma emboscada. Tão logo colocou os pés em Boulogne, Pelleport foi detido pela polícia e, em 11 de julho, já estava numa cela da Bastilha. Adhémar arquitetara toda a operação a partir de Londres. No dia 22 de junho, numa carta particular a Vergennes, ele expressou confiança no seu sucesso. Buard era a pessoa perfeita para o serviço: "Ele é um homem muito brando, muito conciliatório e muito pérfido, que já conquistou a confiança desse autor fora da lei".[34] A cooperação de Swinton também fora assegurada e Pelleport não fazia a menor ideia da cilada que estavam lhe preparando. Só sabia da isca: a chance de ter o seu próprio jornal, a ser publicado em Boulogne com o apoio de Swinton. Em 1º de julho, um Adhémar triunfante anunciou que Pelleport e Buard tinham acabado de embarcar. Swinton, ansioso para conquistar as boas graças dos franceses, comportou-se magnificamente; chegou até a adiantar doze guinéus para promover o plano. Morande também mostrara-se leal e prestativo. Ambos mereceram recompensas do tesouro secreto do ministério. De modo geral, era uma boa ideia conquistar esse tipo de pessoa com subornos: "É necessário atrair essa espécie de gente com um pouco de dinheiro e recompensá-los, não pelo bem que fazem mas pelo mal que deixam de fazer".

Buard retornou a Londres no começo de setembro e logo solicitou um adiantamento de setenta guinéus dos 150 que Adhémar lhe havia prometido. Adhémar financiara a viagem com verbas discricionárias e garantiu a Vergennes que tomaria cuidado de não mencioná-las nos relatos trimestrais que enviava a Versalhes. Ele quis recompensar Swinton e manter Buard na folha de pagamento como espião, pois este tinha contatos no Ministério das Relações Exteriores britânico dispostos a fornecer informações por sessenta *louis* por mês.[35] Morande recebeu cem *louis* por seu papel na operação e seguiu uma carreira lucrativa como espião de Adhémar e como o novo chefe de redação de Swinton no *Courrier de l'Europe*.[36] Pelleport, enquanto isso, jazia na Bastilha, tentando entender o que acontecera.

14. A perspectiva de Versalhes

A operação de tocaia para capturar Pelleport foi um grande evento aos olhos da polícia parisiense, mas deixa uma questão pendente: por que o governo levou o caso todo tão a sério? Obviamente, Vergennes, Lenoir e outras autoridades queriam impedir que pessoas importantes fossem ofendidas por obras caluniosas, mas o fato é que eles trataram a campanha contra os libelistas como um grande problema de Estado. A operação propiciou intensa e efetiva discussão sobre princípios, estratégias e táticas, e, se acompanharmos esse debate tal como foi evoluindo na correspondência do Ministério das Relações Exteriores, entenderemos melhor por que calúnia e difamação preocupavam tanto os poderosos do Ancien Régime.

Todos os que tinham algum vínculo com Versalhes concordavam quanto à monstruosidade dos libelos. Os despachos diplomáticos ressoavam com expressões como "lixo", "horrores", "infâmias" e "abominações".[1] Mas a discussão sobre como lidar de fato com os libelistas provocava certa discórdia. Da troca contínua de cartas, duas posições básicas podem ser discernidas: intervenção ativa, uma posição que forçava o governo a patrocinar agentes secretos, praticar extorsão e recorrer à violência; e desprezo passivo (*mépris*, termo que aparecia com frequência no debate), ou seja, a política de desestimular os libelistas recusando-se a ter qualquer contato com eles.

Os ativistas dominaram a política durante o mandato do conde de Vergennes como ministro do Exterior (1774-87). De acordo com um memorando preparado para Vergennes por Gérard de Rayneval, um diplomata veterano que fora plenipotenciário em Londres por alguns meses em 1782, os libelistas deveriam ser exterminados, pois haviam cometido o mais grave dos crimes, o de lesa-majestade: "Esta é uma raça de seres desprezíveis, que em si não merecem qualquer atenção; todavia, causam danos reais à sociedade, pois destroem o respeito que as pessoas devem a seus soberanos. Considerados exclusivamente desse ponto de vista, é crucial que todos os governos os destruam".[2] Calúnia e difamação sob a forma de lesa-majestade, tal como entendida por Rayneval, ocorriam no âmbito da opinião pública; eram crimes perpetrados através da imprensa e mereciam ser punidos onde quer que fossem cometidos, na França e também na Inglaterra, ainda que os ingleses desfrutassem liberdades protegidas por uma constituição peculiar.

> Uma nação, conforme sua constituição, pode ter o direito de censurar seu soberano. A nação inglesa tem esse direito; mas não tem o direito de difamá-lo, de impunemente dizer coisas a seu respeito empregando todas as atrocidades que uma imaginação desregrada é capaz de produzir. [...] As nações devem respeito mútuo umas às outras. Esse princípio é sagrado na França. Os próprios ingleses reconhecem sua utilidade, mas temem que, se o adotarem, poderão prejudicar a liberdade nacional. Mas merece tal liberdade um sórdido difamador? Podemos considerar cidadão e membro da sociedade um vil caluniador, um esfaimado canalha que, para manter sua execrável existência, ataca a pessoa sagrada de um soberano?

Apesar da sua indignação contra os libelistas, Rayneval esforçou-se para formular um argumento capaz de contentar os ingleses. Usou termos como constituição, cidadão e liberdade de tal maneira que adquirissem certo timbre inglês, pois os franceses queriam persuadir o governo britânico a cooperar com sua campanha de pôr fim aos libelos. Para tanto, Rayneval precisava conciliar a noção inglesa de liberdade de imprensa com a exigência francesa de repressão — uma proeza nada fácil, ainda mais que ele permitiu que o argumento o empurrasse para uma discussão sobre liberdade tal como ele vira na prática em Londres. Sua conclusão, ainda que não muito coerente, mostra como um alto diplomata francês interpreta noções estrangeiras apreendidas do outro lado do canal.

Podemos seguramente perguntar: como haveria a punição de um libelista infringir a liberdade inglesa? Na Inglaterra, a liberdade de imprensa é vista como uma necessidade, um derivativo da liberdade civil. É considerada o freio mais eficaz que se pode usar contra a autoridade do rei e seus ministros.

Não contestamos essa maneira de pensar, mas podemos afirmar que a preservação da constituição inglesa nada tem a ver com [tolerar] o dilúvio de insultos contra soberanos e governos estrangeiros produzidos pela imprensa do país.

Uma atitude firme era imprescindível. Somente com medidas severas contra a imprensa poderia o governo britânico fazer com que Londres deixasse de ser "fonte de todas as imundícies sobre todos os monarcas que lá são impressas todos os dias".

Embora os diplomatas franceses nunca tenham conseguido que o governo britânico agisse contra a imprensa, eles continuaram discutindo a questão entre si. Quando o conde de Moustier, que substituiu Rayneval como plenipotenciário em Londres, soube por meio de seus advogados ingleses que o único recurso contra calúnia e difamação era uma "discreta contumácia", ele advertiu Vergennes que os libelistas buscariam refúgio na constituição inglesa, mas recusou-se a defender uma política de desprezo passivo. Havia coisas demais em jogo e os libelos tinham efeitos demais na França: "Eu certamente desejaria que eles não despertassem maior interesse na França do que aqui e que não tivessem mais efeito sobre os leitores ou suas vítimas, mas o oposto é verdade, de modo que é necessário tomar medidas fortes contra os tais mercadores. Se alguns deles recebessem umas boas chibatadas no pelourinho, logo abandonariam seus negócios clandestinos".[3]

Mas chicotear os mascates em Paris não impediria os escritores de produzirem libelos em Londres. Como extirpar esse problema pela raiz? Do ponto de vista de Moustier, a questão toda se resumia na demanda dos leitores franceses, a "avidez de nossos franceses por essas produções infames".[4] Essa demanda podia ser coibida até certo ponto. Moustier era favorável a todo tipo de violência no fronte doméstico — forca, açoite, galés. Mas os livros tinham um jeito espantoso de se infiltrar nos mercados, não importava o que o Estado fizesse para impedir. Portanto, era crucial começar a agir também sobre o lado da produção, na Inglaterra, ao mesmo tempo que se reprimia a distribuição na França. Moustier dedicou muito tempo e energia a essa empreitada, mas no final conseguiu chegar somente a uma solução paliativa: suborno, embora tenha continuado a recomendar a intervenção ativa e a opor-se a uma política de passividade até o final de seu mandato em Londres. "Desprezo" talvez pudesse dar resultado na Inglaterra, onde o público já estava acostumado à difamação, escreveu a Vergennes, mas não funcionaria na França: "Eu certamente me oporia a dar o conselho de seguir o exemplo do desdém inglês".[5]

"Desprezo", no entanto, foi exatamente o que o conde d'Adhémar recomendou quando sucedeu a Moustier em maio de 1783. Essa política tinha muito em seu favor, visto que pagamentos extorquidos apenas incentivavam os libelistas em vez de dissuadi-los, e medidas mais agressivas como sequestros ou processos judiciais tinham se mostrado inviáveis. Adhémar também queria livrar a embaixada das figuras de caráter dúbio que tinham sido atraídas para lá sob Moustier. Como vimos, ele tinha uma noção exaltada da própria importância por ter sido o primeiro embaixador francês plenamente habilitado na corte de Saint James depois do fim da guerra com os Estados Unidos, e manifestava o mais absoluto desapreço não só pelos libelistas mas também pelos agentes enviados para suprimi-los. Incentivou Receveur a fazer as malas e disse a Vergennes que não queria mais ter nada a ver com esse tipo de escória.[6] Por fim, preparou-se para tomar medidas mais drásticas — mesmo que tivesse que passar por cima de Vergennes. Ao saber que o duque de Polignac pretendia aconselhar a rainha a demonstrar apenas "desprezo" pelos libelos contra sua pessoa, decidiu recomendar a mesma política para o rei e planejou fazê-lo por meio de uma carta pessoal.[7] Escrever uma carta diretamente para Luís XVI sobre assunto tão delicado era um gesto audacioso em si, além de representar uma inversão da política defendida por Vergennes.

Por sorte, Adhémar informara Vergennes de suas intenções e o ministro do Exterior respondeu imediatamente com uma advertência.

É questão delicada dizer a um marido que nos atrevemos a suspeitar de sua esposa e a acusá-la, não havendo fundamento para tal desconfiança. Compartilho da sua posição geral em relação aos libelos, caro senhor. Acho que merecem apenas o mais completo desprezo e este seria o meu único sentimento caso surgisse algum contra mim. Porém, não sinto a mesma indiferença quando envolvem uma figura augusta e quando a atrocidade é acrescida das ilustrações que acompanham o livro. O senhor talvez retruque que não existe demanda para tal infâmia. Eu, porém, lhe digo que existe um mercado ávido neste país e por melhores que tenham sido nossas precauções, não fomos ainda capazes de impedir o seu ingresso.[8]

Embora Vergennes expressasse sua advertência em linguagem diplomática, o significado não poderia ser mais claro: Adhémar não deveria jamais pretender redirecionar a política oficial numa questão tão importante. E a questão era deveras importante, pois Adhémar sabia muito bem "qual a impressão que tais publicações podiam causar".

Assim que recebeu a repreensão, Adhémar reagiu escrevendo duas cartas no mesmo dia, retraindo-se, retratando-se e resguardando-se com desculpas. Ele não pretendia realmente escrever para o rei; não ordenara o retorno de Receveur à França; não negava a importância dos libelos — muito pelo contrário, reconhecia que envolviam "grandes interesses" e que preferira "desprezo" somente porque era contraproducente pagar extorsão. Vergennes deixara-se iludir pelo relatório de Receveur sobre sua missão, que Adhémar relegou como uma tentativa tosca de transferir para outros a culpa por um serviço malfeito. A polícia parisiense e seus comparsas mal-afamados haviam transformado a embaixada francesa em motivo de piada, mas Vergennes podia contar com Adhémar para pôr em prática a sua política.[9]

Adhémar cumpriu sua promessa pelo resto de seu mandato de embaixador. Embora continuasse a usar "desprezo" nos despachos sobre os libelistas, adotou a política de persegui-los. Tentou incitar o governo britânico a agir e conseguiu pelo menos algum apoio verbal de Fox. Perseverou na tentativa de processá-los nos tribunais, embora isso nunca tenha dado em nada. Por fim, trabalhando junto com Morande, por quem já tivera aversão, preparou a armadilha que culminou na prisão de Pelleport.[10] Adhémar acabou se revelando mais agressivo do que Vergennes no combate aos libelistas e, embora estes continuassem a produzir obras caluniosas, ele afirmava que tinha arruinado o seu negócio. No final, congratulou-se por seu sucesso em aplicar uma política oposta à que defendera inicialmente.[11]

Essa discussão sobre diretrizes, conduzida na privacidade dos despachos diplomáticos, não prova que os estadistas franceses anteviram a Revolução ou perceberam uma grave ameaça à monarquia nos libelos produzidos pelos expatriados. De modo geral, o que parece ter estarrecido os diplomatas foi a perspectiva de expor vidas privadas ao público e de o público ter acesso a questões de Estado. Vergennes, que interveio ativamente no comércio livresco, recusou-se a permitir a publicação de qualquer obra sobre as políticas do governo: "A discussão de questões políticas é, no mínimo, inútil para o povo e não tem sido [tolerada] até o momento na França".[12] Ele e seus subordinados defendiam a noção de *arcana imperii* ou "segredo do rei" — isto é, a convicção de que relações e políticas externas eram prerrogativas do rei e não deveriam estar sujeitas a fiscalização pública. A perseguição aos libelos expressava um horror generalizado à *publicité*, como era chamada.[13] Por outro lado, todos estavam preocupados com o modo como o povo reagia aos acontecimentos. Vergennes, em particular, mostrava-se aflito com a reação popular ao acordo de paz no final da Guerra de Independência Americana.[14] Os diplomatas levavam em consideração a opinião pública, ainda que a deplorassem.

Também temiam pela própria pele. Moustier e Adhémar estremeciam diante da perspectiva de perderem a proteção de Vergennes quando julgavam tê-lo desagradado e Vergennes talvez se sentisse apreensivo em perder a boa vontade do rei. Longe de buscar uma linha consistente nos assuntos de Estado, Luís XVI trocava ministros e revogava políticas com frequência. O poder continuava fundamentado em facções cortesãs, só que agora, em vez de ser canalizado por meio das amantes reais, aglutinava-se em torno dos principais ministros e da própria rainha. Vergennes dependia do aval do conde de Maurepas, o ministro dominante de Luís XVI até sua morte em 1781, e do apoio de Maria Antonieta — e de sua favorita, a duquesa de Polignac. Reclamações da duquesa e de outras figuras menores, como a duquesa de Bouillon, podiam começar a desfazer o intricado sistema de proteções que sustentava a posição de Vergennes no Conselho de Estado. Não que um boato pudesse derrubar um ministro, mas rumores soltos podiam muito bem perturbar o delicado equilíbrio de poder em Versalhes. Vergennes precavia-se também de distúrbios vindos de fora do sistema, como a proposta de Adhémar passar por cima dos canais normais de comunicação e informar o rei diretamente sobre os libelos contra a rainha. Goesman representava ameaça similar. Embora houvesse sido contratado como agente secreto, continuava sendo um aventureiro pouco confiável, a ponto de anunciar em dado momento que entregaria pessoalmente à madame de Polignac um exemplar de um libelo. Por mais que desconfiasse dele, Vergennes levou a sério sua advertência de que os libelos originavam-se de "intrigas da corte".[15] Lenoir confirmou esse diagnóstico e, quando realizara a primeira tentativa de exterminar os libelos produzidos por Jacquet, descobrira que sua fonte primária era uma figura descontente de corte.[16] Calúnia e difamação eram ingredientes da política praticada em Versalhes — constantes lutas de poder mesclando patronatos e clientelismos — havia mais de um século.[17]

Entretanto, é possível detectar um indício de preocupação na discussão sobre os libelos — na verdade, dois indícios: um claro e forte, outro tênue e amortecido. Quando Rayneval, o especialista em coisas inglesas de Versalhes, redigiu o memorando sobre os libelistas, ele falou de liberdade, direitos e garantias constitucionais. Não havia como evitar essa linguagem, ainda que encontrasse certa dificuldade em adaptá-la às instituições francesas, pois precisava de um argumento que persuadisse o governo britânico a apoiar a campanha contra expatriados franceses. Os libelistas não eram inibidos por tal dificuldade. Eles evocavam e aclamavam a constituição inglesa, a liberdade de imprensa e os julgamentos por júri no mesmo fôlego em que denunciavam o Estado policial francês. Pelleport fez desses princípios o tema principal de sua introdução a *Le diable dans un bénitier*, cuja primeira frase soa como um manifesto contra o despotismo: "O despotismo, que se irrita e é levado ao desespero diante do menor estorvo [ao seu funcionamento], não suporta contemplar a ideia de liberdade". Ele utilizou linguagem semelhante até mesmo em seu bilhete de extorsão sobre *Les passe-temps d'Antoinette*.[18] As noções inglesas traduziam-se perfeitamente bem para o francês, fossem em tratados filosóficos ou em libelos. E, é claro, os filósofos franceses tinham desenvolvido uma maneira própria de articular os mesmos conceitos. Os libelistas aproveitaram ao máximo as ideias a seu dispor em ambas as culturas. Suas obras disseminavam uma mensagem que ameaçava não só reputações pessoais, mas os próprios fundamentos ideológicos dos poderes em Versalhes.

A discussão dos libelos transmitia algo mais, um senso vago mas palpável de perigo onipresente, que pode ser detectado nos sinais de advertência enviados por Goesman (embora seja preciso levar em conta seu caráter interesseiro): "Nada que comprometa a glória dos soberanos deve ser desprezado".[19] "Desprezo" não era uma defesa adequada contra essa ameaça. Vergennes não rompeu relações com Goesman, apesar de insatisfeito com seus despachos, pois compartilhava a mesma apreensão e queria informações sobre tudo que pudesse desvirtuar o respeito pela Coroa. Quando rejeitou os argumentos de Adhémar em prol de uma política de *mépris*, o ministro do Exterior enviou uma advertência própria: "O senhor está bem ciente da malignidade da nossa era e como é fácil que as fábulas mais absurdas sejam aceitas".[20] Fábulas e sua recepção — este era o ponto crucial. Os libelos perpetuavam uma concepção mitológica da monarquia e suas narrativas produziam efeitos sobre o povo em geral. Vergennes não tinha como medir esses efeitos, mas pressentia seu vigor. Fora de Versalhes, um novo fenômeno ia adquirindo força — ainda incipiente, amorfo, vago, mas presente tanto nas deliberações dos estadistas como na realidade inefável que, na falta de expressão melhor, podemos chamar de clima da opinião pública.

15. O diabo na Bastilha

Embora Pelleport tenha escalado Receveur, o inspetor da polícia parisiense, como o diabo na água benta, aos olhos da polícia o diabo era o próprio Pelleport. Depois de o atraírem de volta à França e o trancafiarem na Bastilha, tinham toda a intenção de mantê-lo lá. Os prisioneiros da Bastilha — ou *bastillants*, como eles próprios se chamavam — não eram julgados e não recebiam sentenças; permaneciam em suas celas até que algum ministro se aprouvesse em soltá-los. Normalmente, a duração das penas variava entre três e quatro meses; Pelleport lá ficou por quatro anos, de 11 de julho de 1784 a 3 de outubro de 1788, ao longo dos quais acreditou que permaneceria o resto da vida na fortaleza. Na verdade, só foi libertado porque seu antigo inimigo, Vergennes, morreu e porque os novos ministros estavam ocupados com novas e urgentes questões, como os preparativos para a Assembleia dos Estados Gerais, e tinham pouco interesse em punir um escritor por crimes que pareciam agora menos ameaçadores (se é que fossem lembrados) do que a violência que grassava nas ruas.[1]

Nas ruas, porém, a Bastilha ocupava lugar central na percepção que o povo tinha dos acontecimentos.[2] Embora abrigasse somente sete prisioneiros em 14 de julho de 1789, a fortaleza pairava intimidante no imaginário do Ancien Régime, tal como retratado pela literatura clandestina e pelos libelos. De *Le gaze-*

tier cuirassé a *Le diable dans un bénitier* e dezenas de obras semelhantes, os libelistas complementavam a difamação de indivíduos com denúncias contra a Bastilha, as lettres de cachet, a brutalidade policial, os interrogatórios com tortura e todos os outros abusos que, segundo eles, faziam com que a monarquia Bourbon parecesse um "despotismo oriental". Até ser levado para a Bastilha, Pelleport enfatizara esses temas mais do que qualquer outro libelista.[3] Depois, aprendeu a avaliar a diferença entre a literatura e a vida, e essa experiência deixou forte marca na sua derradeira produção literária.

Pelleport nunca sofreu violência física, mas depois de sequestrado e encarcerado, permaneceu fechado numa cela por quatro anos, sem nenhum processo judicial formal, apenas em virtude de uma lettre de cachet. Não foi, por certo, o primeiro escritor a receber esse tratamento — longe disso. Escritores vinham sendo trancados na Bastilha desde o século XVII e muitos deles relataram o que sofreram em seus escritos. O escritor como mártir pela causa da liberdade de imprensa era um assunto favorito dos autores favoritos do século, a começar por Voltaire. Dois dos autores mais populares da década de 1780, Linguet e Mirabeau, ilustraram isso de maneira dramática publicando relatos de sua experiência como vítimas de lettres de cachet. Pelleport poderia ter feito o mesmo.[4]

Mas não o fez. Ele teve acesso a papel, penas e tinta durante seus quatro anos na Bastilha, e passou boa parte desse tempo escrevendo, de modo que poderia ter produzido algo como *Mémoires sur la Bastille*, de Linguet. Em vez disso, escreveu um romance, *Les bohémiens*, um relato picaresco da vida na estrada junto com uma trupe de escritores maltrapilhos.[5] O livro não ataca a polícia, exceto em alguns comentários incidentais, e satiriza suas vítimas, inclusive Linguet, seu grande amigo Jacques-Pierre Brissot e todos os libelistas londrinos. É, na verdade, o retrato mais vigoroso que existe desses escribas de aluguel e de sua vida às vésperas da Revolução Francesa. Foi escrito com tanta verve que alguns trechos lembram *Jacques le fataliste*, *Candide*, *Tristram Shandy*, *Le compère Mathieu* e *Justine*, mas acabou totalmente esquecido. Apenas meia dúzia de cópias existem hoje, nenhuma delas em Paris. *Les bohémiens* pode não ser uma obra-prima — como também não o é *Le chef-d'oeuvre d'un inconnu*, de Thémiseul de Saint Hyacinthe, uma obra popular no século XVIII —, mas merece ser salvo do esquecimento, não apenas pelas revelações que contém sobre a vida dos libelistas, mas também por ser ótima leitura, boa o suficiente para certamente merecer ao menos um lugar secundário na história da literatura.[6]

Para entendermos o relato ficcional que Pelleport faz do submundo das letras, temos de saber o que lhe aconteceu na Bastilha. A documentação existente é exasperadoramente incompleta, mas parte suficiente dela sobreviveu para formarmos uma ideia vaga de sua experiência e reconstruirmos suas relações com o anti-herói do livro, Jacques-Pierre Brissot. A polícia prendeu Brissot um dia depois de trancafiarem Pelleport. Na época, os dois jovens escritores eram amigos íntimos, ainda que não pudessem ser mais diferentes em termos de temperamento e formação. Pelleport era um marquês da antiga nobreza feudal; Brissot, o décimo terceiro filho de um confeiteiro. Pelleport era dissoluto, cínico e sagaz; Brissot, sério, trabalhador e destituído de senso de humor. Enquanto Pelleport serviu como oficial na Índia, Brissot trabalhou como auxiliar de advogado. Graças a uma pequena herança, comprou um título de advogado da Universidade de Rheims (que vendia diplomas para quem fosse aprovado em alguns exames perfunctórios), mas logo abandonou o direito para se dedicar à literatura, na esperança de, talvez, seguir uma carreira como um sucessor de Voltaire e d'Alembert. Embora no final tenha escrito uma prateleira inteira de tratados sobre assuntos variados, desde injustiças do sistema de direito criminal às maravilhas dos Estados Unidos, começou produzindo panfletos, totalmente imerso na vida de Grub Street. Como vimos, ele precisou fugir de Paris em 1777 para evitar ser preso por difamar uma dama renomada por seu papel respeitável num salão. Em 1778, começou a trabalhar como jornalista, corrigindo provas da edição francesa do *Courrier de l'Europe* impressa em Boulogne-sur-Mer. Lá conheceu sua futura esposa, Félicité, e a mãe dela, Marie-Cathérine Clery Dupont, viúva de um comerciante — duas pessoas que apareceriam em destaque em *Les bohémiens*. Quando Brissot voltou a Paris em 1779, madame Dupont recomendou-o a um amigo da família, Edme Mentelle, professor de geografia na Ecole Militaire da cidade. Brissot tornou-se membro assíduo do círculo literário de Mentelle, esperando vir a ser reconhecido como um *philosophe* promissor. Foi ali que fez amizade com Pelleport, um ex-aluno de Mentelle que também estava tentando deixar sua marca na República das Letras.[7]

As trajetórias dos dois amigos se afastaram em 1779, quando Pelleport partiu para a Suíça, mas ambos voltaram a se encontrar em 1782, quando Brissot chegou a Londres. Os dois se viam com frequência e tinham a mesma roda de amizades dentre os colaboradores do *Courrier de l'Europe*. Quando Receveur começou a ir atrás dos libelistas em 1783, considerou Pelleport e Brissot os *anti-*

-*français* mais eloquentes da colônia de expatriados.[8] Ele e o conde de Moustier acreditavam que os dois eram coautores de diversas obras, incluindo *Les passe--temps d'Antoinette* e *Les amours du vizir de Vergennes*. Lenoir, porém, inocentou Brissot de toda suspeita e não há motivo para acreditar que ele tenha escrito qualquer libelo.[9] Brissot dedicou-se a tratados jornalísticos sobre reforma judiciária e à fundação de uma sociedade literária chamada Licée de Londres, que nunca chegou a deslanchar, embora tenha consumido a maior parte do dinheiro fornecido por um patrocinador de nome Desforges de Hurecourt. Brissot tinha ido a Paris tentar obter mais financiamento para a sociedade quando foi preso em 12 de julho de 1784.

A polícia tinha maneiras de obter o que queria de seus prisioneiros. Geralmente ela queria informações, o suficiente para capturar cúmplices e atribuir culpas, pois apesar da mitologia em torno da Bastilha, a polícia mostrava preocupação genuína com a justiça — a justiça que emanava diretamente do trono, não dos tribunais. Ela se esforçava para determinar os fatos de cada caso; mantinha registros meticulosos dos interrogatórios, assinados pelos prisioneiros como prova de sua exatidão; e, pelo que pude determinar depois de ler dezenas de dossiês, nunca recorria à tortura, um procedimento normalmente reservado para casos que chegavam aos tribunais da justiça criminal.[10] Entretanto, a polícia sabia aplicar pressão sem recorrer à violência. Costumava deixar o prisioneiro mofando numa cela por vários dias antes de informá-lo de seu delito. Nesse ínterim, acumulava provas, tanto de documentos apreendidos no momento da prisão como de outros prisioneiros ou outras batidas na casa de suspeitos de cúmplices. Quando interrogavam um prisioneiro, iam soltando essas informações em doses calculadas, usando algumas para provocar respostas incriminadoras e retendo outras para apanhá-lo em alguma contradição. Casos com dois prisioneiros ofereciam aos interrogadores a oportunidade de inquirir cada um separadamente e depois acareá-los. Como em geral cada um tentava transferir a culpa para o outro, a polícia lia as transcrições dos interrogatórios para ambos e incitava-os a se incriminarem reciprocamente.

É impossível dizer se o tratamento de Pelleport e Brissot seguiu esse padrão, pois os únicos documentos remanescentes são as transcrições dos interrogatórios de Brissot e alguns dossiês complementares. Pierre Manuel, amigo íntimo e aliado político de Brissot, deparou-se com esse material em 1789, quando selecionava documentos dos arquivos da Bastilha para publicação em

La Bastille dévoilée, e entregou-o ao amigo, "dizendo-me que nada a meu respeito deveria permanecer imiscuído na sordidez da polícia", como narraria Brissot em suas memórias.[11] Manuel convidou-o a escrever o seu próprio caso em *La Bastille dévoilée* e Brissot preparou um ensaio no qual negava qualquer ligação com os libelos ou os libelistas. "O verdadeiro motivo da minha detenção", afirmou, "foi o zelo com que, em todos os momentos e em todos os meus escritos, defendi os princípios que são hoje triunfantes."[12] Manuel reforçou esse parecer em um comentário publicado em *La police de Paris dévoilée*. Brissot, explicou, era incapaz de difamar ou caluniar alguém, pois era a própria encarnação da virtude, ao passo que Pelleport, uma combinação infesta de vício e sagacidade, fizera dos libelos um estilo de vida. O interrogatório de Pelleport na Bastilha mostra que a polícia desconfiava que ele fora responsável por quase todo o material difamatório publicado em Londres, desde *Le diable dans un bénitier* a *Les passe-temps d'Antoinette*.[13]

Os verdadeiros documentos ligados à prisão de Brissot, que permaneceram com sua família por quase dois séculos e só recentemente se tornaram disponíveis nos arquivos nacionais franceses, dão uma impressão diferente.[14] Confirmam que Brissot não escreveu nenhum libelo, mas mostram que ele tinha bastante contato com os libelistas, incluindo uma obscura "relação pecuniária" com Pelleport. Ele foi submetido a três interrogatórios: em 3 de agosto, em 21 de agosto e em 22 de agosto (continuação da sessão da véspera). Todos foram conduzidos por Pierre Chénon, oficial da polícia com anos de experiência em extrair informações dos prisioneiros da Bastilha. Toda vez que ele trazia Pelleport à tona, Brissot repetia a mesma história: a relação entre ambos era assimétrica — generosidade da sua parte, deslealdade do lado de Pelleport. Brissot explicou que, depois de abandonar a família, Pelleport tentara se manter em Londres lecionando francês e matemática, mas estava sempre se afundando em dívidas. Ele veio em seu socorro, ofereceu-lhe empréstimos e ajudou-o a encontrar biscates literários — algumas traduções e um emprego com Antoine Joseph de Serres de La Tour no *Courrier de l'Europe*. Pelleport, no entanto, não conseguiu resistir à tentação do dinheiro graúdo que podia ser obtido com libelos e extorsão, e entrou em negociações com Receveur, mesclando libelos verdadeiros, como *Les petits soupers et les nuits de l'hôtel Bouillon*, com outros imaginários, como *Les passe-temps d'Antoinette*, que nunca existiu exceto como projeto para extrair dinheiro do governo francês.

Quando Chénon pressionou-o para obter detalhes de outros oito libelos, Brissot negou ter qualquer conhecimento deles, embora tivesse muito a dizer sobre *Le diable dans un bénitier*. Segundo ele, Morande e Swinton, seus dois maiores inimigos em Londres, tinham tramado uma história para incriminá-lo como colaborador de Pelleport na redação e produção do livro. Eles constrangeram um artífice da gráfica de Edward Cox (onde o *Courrier de l'Europe* era impresso e que também imprimira *Le diable*) a escrever uma carta afirmando que Brissot fornecera anedotas escandalosas para o texto e corrigira as provas, as quais foram entregues a Cox por seu irmão, Pierre-Louis Brissot de Thivars (geralmente conhecido como Thivars). Brissot refutou facilmente essa história, observando que Thivars, que tinha ido morar com ele em Londres, chegara lá somente em novembro de 1783, muito depois da publicação de *Le diable*. Mas não pôde negar que tinha ajudado Pelleport na distribuição do livro. Admitiu ter enviado exemplares avulsos para seus agentes em Ostend, um certo Vingtain, e em Colônia, Louis François Mettra. Morande mais tarde provou que essa era uma versão muito atenuada da verdade, pois em 30 de março Brissot instruíra Vingtain a enviar todo o carregamento de *Le diable* para diversos intermediários, e Vingtain respondera em 3 de abril de 1784 que tinha despachado 125 exemplares para um livreiro em Bruxelas e seis outros para um livreiro em Bourges.[15] Além disso, um extrato de conta na caligrafia de Thivars demonstrava que outros cem exemplares tinham sido enviados a Mettra em Colônia. E a polícia ainda confiscara mais material comprometedor do agente de Brissot em Paris, um negociante chamado Larrivée.

O dossiê de Larrivée mostra que Brissot montara uma extensa rede de relações com Mettra, um livreiro, gráfico e jornalista clandestino de dúbia reputação.[16] Mettra distribuía (e aparentemente reimprimia) o *Journal du Licée de Londres*, de Brissot, e lhe remetera cópias de duas revistas suas: *Correspondance Littéraire Secrète*, periódico literário bastante inócuo, e um boletim manuscrito, preparado por uma equipe de copistas, contendo os mais escabrosos escândalos enviados por um correspondente secreto seu em Versalhes. Sequioso de descobrir a origem do material obsceno sobre a rainha e outras figuras da corte francesa, Chénon tentou fazer com que Brissot lhe desse informações sobre esse boletim clandestino: Mettra não o utilizara para fornecer "anedotas" aos libelos produzidos em Londres, inclusive *Le diable dans un bénitier*? Brissot respondeu que sentia apenas repugnância pelo boletim e suas "anedotas nojentas". Mettra tinha lhe enviado sem consultá-lo e ainda solicitara "anedotas secretas" de Londres em troca. Na verdade, Mettra tentara contratar Brissot como seu correspondente em Londres. Brissot recusou, mas encaminhou a oferta e cópias do boletim para Pelleport, que acabou concordando em trabalhar para Mettra. Todavia, Brissot não soube dizer se a conexão Versalhes-Colônia era a fonte do material dos libelos de Pelleport, nem pôde identificar nenhum dos correspondentes de Mettra em Versalhes e Paris. Porém, confirmou que Pelleport estava ligado ao tráfico de anedotas, a matéria-prima a partir da qual os libelos eram elaborados (sobre a construção dos libelos, veja parte III) e que garantia o *succès de scandale* que o governo francês tanto queria evitar.

Brissot também forneceu várias informações sobre as outras atividades de Pelleport e a polícia colheu ainda mais material das cartas que tinha confiscado. Descobriram tudo sobre sua tentativa fracassada de receber a herança paterna, suas especulações com champanhe e outros artigos de luxo, suas brigas com a sogra de Brissot acerca da quitação do empréstimo que ela lhe fizera, e seus planos para criar o *Mercure d'Angleterre* tendo o *Courrier de l'Europe* como modelo. Pelleport tentara convencer o patrocinador do Licée de Londres, Desforges de Hurecourt, a financiar seu novo periódico retirando os fundos que investira no Licée. Depois que Brissot embarcou para Paris em 20 de maio, Thivars enviou-lhe cartas de Londres advertindo-o de que Pelleport, um "mentiroso" e "impostor", estava apunhalando-o pelas costas. A esposa de Brissot adquiriu tamanho ódio por Pelleport que não permitia que ele entrasse em sua casa. E enquanto falcatruava Brissot, Pelleport tramou outro esquema para fugir de suas dívidas. Ele seduzira uma rica viúva inglesa, certa "dame Alfred", e pretendia fugir com ela para os Estados Unidos caso o *Mercure d'Angleterre* fracassasse.

Brissot só foi conhecer toda a extensão da perfídia de Pelleport depois que a polícia foi liberando aos poucos informações ao longo dos interrogatórios. Os dois últimos foram uma verdadeira maratona que duraram o dia inteiro, com intervalo para uma refeição às duas da tarde, em 21 de agosto de 1784, e se prolongaram por mais da metade do dia seguinte. Quando retornou a sua cela, Brissot se deu conta do quanto fora ludibriado. Logo depois, escreveu um memorando de nove páginas sobre suas relações com Pelleport. Continuou negando qualquer envolvimento com os libelos e acrescentou alguns dados novos sobre a cumplicidade de Pelleport com o jornalismo clandestino. No início de 1784, explicou, Pelleport lhe mostrara o esboço de um boletim que pretendia publicar, repleto de "anedotas picantes" fornecidas por um correspondente bem informado em Versalhes. Como amostra de seu conteúdo, o bosquejo trazia um relato escandaloso sobre os golpes e as velhacarias de Charles-Alexandre de Calonne para ser nomeado controlador geral das finanças — mencionando até o cachorrinho que este dera de presente para conquistar o apoio de uma influente dama da corte. Todos os detalhes levantados por Brissot ilustravam o mesmo tema: Pelleport era um mercenário literário e um libertino devasso. "Esse é o monstro que ajudou a lançar seu benfeitor na prisão", concluiu Brissot.

Caso Chénon tenha feito o acareamento dos dois prisioneiros, ele certamente leu esse depoimento para Pelleport, como teria lido para Brissot todo o material que provavelmente obtivera de Pelleport. Brissot mais tarde escreveria que sua prisão se devera a uma "denúncia" feita por Pelleport e seus outros inimigos em Londres.[17] Não sabemos se o acareamento chegou de fato a acontecer, mas é certo que os dois detentos traíram-se mutuamente. Seu caso, como o de tantos outros, mostra como amizades se desmantelavam na Bastilha.

Pelleport permaneceu na Bastilha por quatro anos depois da soltura de Brissot. Podemos formar alguma ideia do seu estado de espírito durante esse prolongado encarceramento consultando os poucos documentos originais do seu dossiê que sobreviveram nos arquivos da Bastilha. Em 1784, ele recebeu permissão de caminhar de vez em quando no pátio da prisão e, em 1788, de respirar o ar das torres da fortaleza uma vez por semana. Solicitou remessas de livros, incluindo *Le siècle de Louis XIV*, de Voltaire, uma obra sobre táticas militares prussianas e um tratado sobre a espineta. Não há registros do que leu, mas sabemos que escreveu uma sinopse dos "episódios filosóficos" da *Histoire philosophique de l'établissement et du commerce des européens dans les deux Indes*, de Guillaume-Thomas Raynal.[18] Também escreveu cartas, principalmente para sua esposa. Ela e seus dois filhos tinham conseguido se manter com a ajuda de parentes na Suíça enquanto ele escrevia libelos em Londres; mas quando soube da sua prisão, veio a Paris implorar sua libertação. Nada conseguiu, porém, e só escapou da indigência graças à intervenção do chevalier Pawlet, um irlandês envolvido em projetos educacionais em Paris, que conseguiu que ela e os filhos fossem sustentados por um orfanato para filhos de oficiais militares. Madame Pelleport visitou o marido três vezes em 1784, nove vezes em 1785, duas em 1787 e mais duas em 1788.[19]

A permissão para esses encontros de uma hora foi cancelada em 1786, evidentemente porque Pelleport cometera algum tipo de infração. A julgar por um bilhete enviado a um amigo chamado Lambert, que foi capturado pelos guardas, Pelleport tentara escapar: "Lancei a corda para baixo ontem à noite cada vez que você passava, mas aparentemente ela não chegou ao chão. Estou contando com Pierre para deixar a porta aberta para mim durante a noite. [...] Seja paciente, meu caro Lambert, e espere por mim. Anseio por estar em Londres tanto quanto você".[20] Qualquer que tenha sido o motivo de as visitas da esposa serem canceladas, Pelleport implorou para que elas fossem restabelecidas no final de 1786, citando o histórico militar de sua família, "que serviu ao Estado e a nossos reis por seis séculos", e a sua própria desgraça: "três anos de expiação e as dores mais lancinantes".[21]

Depois que as visitas foram retomadas, a relação de Pelleport com a esposa se deteriorou. Ela conseguira de algum modo persuadir as autoridades a lhe concederem, do orçamento da Bastilha, uma magra pensão de 25 *livres* por mês, mas estava sendo difícil sobreviver: "Minha situação é atroz", lamentou-se numa carta ao suboficial da Bastilha, chevalier de l'Osme, que tratava Pelleport com bondade e foi seu principal intermediário com o mundo externo.[22] Da sua parte, em correspondência com os administradores da Bastilha, Pelleport reclamava que sua esposa recusava-se a ir a Versalhes tentar influenciar as autoridades em seu favor, e desconfiava que ela estivesse conspirando com seus inimigos para mantê-lo na prisão a fim de desfrutar a boa vida de Paris como amante de seu benfeitor, o chevalier Pawlet.

> Ainda não cheguei a uma decisão sobre qual rumo tomar, se aguardo uma oportunidade para exigir justiça pelo abuso de autoridade da parte de sieur de Breteuil [o ministro responsável pela Bastilha em 1787] e se dou um fim rápido a minha vida. [...] Peço apenas para não ser arrancado com violência da cela desta masmorra, que provavelmente será minha tumba. [...] Nunca poderia imaginar que monsieur le chevalier de Pawlet faria da minha desonra e da perda de minha liberdade e de minha vida o preço que cobraria pela sua generosidade com minha família. [...] Desgraçado é o destino de um homem que, qual vil joguete de todos que lhe são próximos, assemelha-se a um pião de madeira, que crianças espertas lançam a rodar por aí, ora para um lado, ora para outro, fustigando-o com uma chibata.[23]

É verdade que os prisioneiros da Bastilha costumavam encher suas cartas de lamentações na esperança de abrandar a resistência dos captores aos seus pedidos de soltura, mas não há motivo para duvidar do desespero expresso por

Pelleport. À medida que as semanas se transformavam em meses e os meses em anos, tudo o levava a crer que jamais seria libertado.

Ele preenchia boa parte do tempo escrevendo. Desde o momento em que foi preso, sempre teve acesso a todos os materiais necessários para isso.[24] Além de *Les bohémiens*, compôs poemas, que serviam de escape para seus sentimentos, conforme explicou em uma carta: "A sorte dos prisioneiros da Bastilha é parecida com a de índios infortunados e desgraçados escravos africanos. [...] É melhor dançar ao som de nossos grilhões do que mastigar em vão nossas correntes".[25] O verso que sobreviveu em seu dossiê mostra-o dando vazão ao ressentimento em pequenas *pièces fugitives* satíricas dirigidas a Bernard-René de Launay, governador da Bastilha.

Avis au *Journal de Paris* sur un songe que j'ai eu

Laun... vient à expirer! quoi! passant, tu frémis.
Ce n'est point une calomnie.
Pour son honneur, moi, je m'en réjouis.
C'est la meilleure action de sa vie.

(Aviso ao *Journal de Paris* de um sonho que tive

Laun... acabas de expirar! o quê! transeunte, estremeces?
Não é uma calúnia.
Rejubilo-me de sua honra.
Foi a melhor ação de sua vida.)

Madrigal sur ce qu'on s'est plaint que l'auteur était méchant

Laun... s'est plaint que j'ai l'esprit méchant.
D'un coeur si bon le reproche est touchant.

(Madrigal sobre a queixa de que o autor é mau

Laun... reclamou que meu espírito é mau.
É uma repreensão tocante de alguém com coração tão bom.)[26]

Pelleport espalhou versos parecidos por todos os escritos que publicou, a maioria deles no mesmo tom — mordaz, sardônico e desiludido.

Um quê de niilismo acompanha todo o escárnio que Pelleport lançou ao mundo. A documentação relativa a sua prisão não faz referência a suas reflexões íntimas, mas o pouco que deixa entrever sugere que eram lúgubres. Ele ruminava sobre as denúncias que lhe haviam subtraído a liberdade enquanto outros, como Brissot, acabavam soltos depois de alguns meses. Ele tinha contas a acertar, não só com Brissot, mas com quase todos que conheceu em Londres — especialmente com Morande, "um libelista e caluniador por profissão".[27] "Mil vezes melhor seria se eu houvesse caído nas mãos de selvagens no Canadá do que nas dos caluniadores", escreveu a de l'Osme. "Melhor seria, de longe, perecer ao golpe de um machado de guerra [*tomevack*] do que sucumbir aos dardos envenenados dos insetos peçonhentos que me reduziram a um estado de desejar a morte cada vez que contemplo o resto da minha existência na sombria escuridão desta tumba".[28] Em seu desespero, Pelleport parece ter abandonado toda e qualquer crença em princípios elevados. Pelo menos este foi o testemunho de outro libelista londrino capturado pela polícia em 1785, Jean-Claude Fini, conhecido como Hypolite Chamoran, que descreveu-o não só como o autor do pior de todos os libelos produzidos em Londres mas também como "velhaco", "um monstro" e "discípulo de Diágoras [filósofo ateu do século v a.C.], que, ao ser indagado sobre a causa primeira que rege o universo, responde com um sorriso irônico e faz o sinal de um zero, ao qual chama de sua profissão de fé".[29]

Em quem acreditar? Como esquadrinhar os fragmentos da Bastilha para montar o retrato de uma vida que lá se desfez? Se admitirmos evidências indiretas, poderemos recorrer a uma última fonte, a vida e as obras de um homem que nunca se referiu a Pelleport mas compartilhou a Bastilha com ele: o marquês de Sade.

O período em que de Sade permaneceu encarcerado na Bastilha — 29 de fevereiro de 1784 a 2 de julho de 1789 — coincidiu quase exatamente com o de Pelleport: 11 de julho de 1784 a 3 de outubro de 1788. Teriam esses quatro anos de coabitação produzido algum intercâmbio intelectual? Impossível dizer. Os dois homens tinham muito em comum. Ambos eram marqueses da velha *noblesse d'épée*, ambos haviam sido presos a pedido de suas famílias por mau comportamento na juventude e ambos escreveram romances obscenos — ao mesmo tempo e fisicamente próximos um do outro. Seus nomes aparecem quase lado a lado nos registros da Bastilha.[30]

Não resta dúvida de que o dia a dia na Bastilha era árduo, mas é fácil imaginar erroneamente a vida cotidiana na masmorra por causa dos mitos que toldam a reputação do lugar — desde uma casa de horrores no pesadelo dos revolucionários até um hotel popular na imagem em tons pastel dos revisionistas. As noções modernas de encarceramento não correspondem às práticas do século XVIII. A Bastilha era uma fortaleza adaptada, usada para confinar prisioneiros especiais que geralmente eram presos por lettres de cachet e mantidos lá sem julgamento por um período indefinido. Para a pequena minoria que lá permaneceu confinada por vários anos, Pelleport e Sade entre eles, o fardo psicológico podia ser terrível, mas nem todo contato com o mundo exterior, ou entre si, era cortado. Os detentos não dividiam celas — quase metade das 42 celas da fortaleza permaneceram vazias ao longo da década de 1780 —, mas às vezes, com autorização especial, era-lhes permitido certo convívio. Os mais privilegiados até jantavam juntos de vez em quando. Por certo tempo em 1788, puderam jogar baralho, xadrez e até bilhar. Não lhes faltavam oportunidades para ler e escrever, pelos menos depois que as regras foram abrandadas no final do século XVIII, e recebiam farto suprimento de livros, papel e instrumentos de escrita. Alguns prisioneiros chegaram até a idealizar maneiras de trocar bilhetes.[31]

A Bastilha possuía uma biblioteca relativamente extensa e, embora não tivesse muitos livros de ficção, os prisioneiros às vezes escreviam suas próprias obras. Será que tinham conhecimento das atividades literárias uns dos outros? Pelas evidências que restaram é impossível responder. Só se pode afirmar que o cárcere e o lazer forçado que implica constituíam pesado fardo sobre alguns detentos, levando-os a refletir sobre sua vida e a expressar seus pensamentos por escrito. A despeito das paredes grossas, da lassidão e do ambiente lúgubre — ou talvez por causa disso tudo —, a Bastilha funcionou como uma estufa de produção literária. Foi na Bastilha que Voltaire começou *La Henriade*, que La Beaumelle concluiu sua tradução de Tácito e que de Sade redigiu *Les cent vingt journées de Sodome*, *Aline et Valcour* e a primeira versão de *Justine*. Enquanto seu estranho vizinho dava rédeas a suas paixões através da caneta, Pelleport escreveu uma obra que expressa gama similar de emoções com estilo mais afiado e maior habilidade literária.

Esse é meu parecer. Outros podem julgar *Justine* muito superior a *Les bohémiens*. Seja como for, o livro de Pelleport merece ao menos ser conhecido. E, tendo descrito as circunstâncias em que foi produzido, gostaria agora de discutir o texto em si.

16. Boêmios anteriores à boêmia

Les bohémiens começa com Bissot, a versão ficcional de Brissot, acordando num catre miserável em uma mansarda em Rheims. Ele acaba de comprar um diploma de advogado, mas a extravagância exauriu seus recursos, trezentos *livres*, e ele agora está profundamente endividado. O que fazer? A melhor solução que lhe vem à mente é tornar-se filósofo em vez de advogado — e isso significa deixar a cidade antes que os oficiais de justiça possam trancafiá-lo na prisão para devedores. Bissot justifica sua resolução por meio de um "discurso filosófico"[1] a seu irmão e grande companheiro, que dorme ao seu lado. Esta é a primeira de muitas arengas filosóficas espalhadas pelo livro e dá a Pelleport a oportunidade de parodiar o vulgar rousseaunismo de Brissot e entremear algumas referências depreciativas às suas origens como filho de um confeiteiro de Chartres. Numa linguagem absurdamente pretensiosa, Bissot começa deplorando as desigualdades do sistema social; em seguida, porém, lança uma tirada cheia de invectivas contra a tirania dos credores baseada em seu *Théorie des lois criminelles*. Como esta e muitas outras alusões deixam claro, Pelleport conhecia a fundo os primeiros escritos de Brissot, sua formação e sua família. O irmão caçula do livro, Tifarès, corresponde a Pierre-Louis Brissot de Thivars, o irmão mais jovem de Brissot, conhecido como Thivars, que juntou-se a ele em Londres em 1783 para ajudá-lo em diversos projetos. Pelleport descreve Tifarès como um simplório raquítico e supersticioso, interessado apenas em saber de onde virá a próxima refeição. Quando Bissot, dando continuidade a seu sermão, anuncia que eles precisam deixar Rheims, retornar à natureza — típica solução rousseauniana ao problema da inadimplência — e começar a se alimentar de raízes e nozes, Tifarès protesta e diz que prefere arranjar um emprego como auxiliar de cozinha. No final, porém, consente. Ele veste suas seis camisas — sua maneira de transportar o guarda-roupa inteiro — e os dois partem, Bissot-Brissot e Tifarès-Thivars, numa versão moderna de Dom Quixote e Sancho Pança.

Próxima cena: uma estrada rústica em Champagne. Na sua própria voz, o narrador-autor investe contra a *corvée* (trabalho forçado na construção de estradas) e a exploração dos camponeses. Em seguida, seus heróis passam por uma estalagem decrépita, onde gastam seus últimos tostões numa refeição intragável — ocasião de outra ladainha filosófica, dessa vez uma paródia de *Recherches philosophiques sur le droit de la propriété*, de Brissot —, e depois seguem viagem, resignados a dormir numa vala. Depois que anoitece, um bandoleiro surge inesperadamente da escuridão, empunhando um rifle. É Mordanes (Morande, cujo nome era muitas vezes escrito com um "s" no final), o sentinela e ladrão de caça de um bando de nômades, que está reunido em torno de uma fogueira, assando as pilhagens do dia. Em vez de estriparem os forasteiros, porém, os *bohémiens* convidam-nos a participar do banquete. Instintivamente, Tifarès começa a girar o espeto, enquanto Bissot obsequia seus anfitriões com o "discurso de recepção"[2] que proferira na Académie de Châlons-sur-Marne. O verdadeiro discurso, dado em Châlons em 15 de dezembro de 1780, referia-se a propostas para reformar o direito criminal. A paródia de Pelleport mistura esses ingredientes com conclamações contra o despotismo, a intolerância religiosa e uma miscelânea de outros males sociais, tudo expresso na retórica pomposa dos acadêmicos provincianos. Dirigir-se a uma gangue de bandoleiros como se fossem bons selvagens — "sábios habitantes das florestas, ilustres selvagens"[3] — para logo em seguida engatar outra marcha e passar a tratá-los como acadêmicos caipiras é empilhar absurdo sobre absurdo, ainda mais que o propósito de tudo é apenas conseguir uma refeição gratuita. No meio da sua oratória emaranhada, Bissot vislumbra uma possibilidade ainda mais auspiciosa: se conseguir que o bando o aceite como um neófito na academia, ele também poderá ganhar a vida saqueando camponeses. Tifarès tem a mesma ideia e oferece-se para depenar galinhas "de acordo com os métodos da *Encyclopédie*".[4] Os boêmios reconhecem que os recém-chegados são homens da mesma cepa e permitem que se juntem a eles.

Nesse ponto, Pelleport suspende a narrativa e fornece alguns dados sobre os boêmios. Não chega a explicar o uso do termo *bohémiens* em si, mas na segunda metade do século XVIII a palavra já denotava mais que os habitantes da Boêmia — ou, por extensão, os ciganos (romanis). Embora ainda não estivesse associada à noção moderna de boêmia popularizada por Henri Murger em *Les scènes de la vie de bohème* (1848), já era usada para se referir aos errantes e itinerantes que viviam de expedientes, inclusive escritores malditos e subliteratos.[5] Os boêmios de Pelleport possuem essas características genéricas, mas cada um deles também tem traços bem individualizados. Na realidade, Pelleport estufa a descrição das personagens principais com tantos detalhes — idiossincrasias, referências a publicações, nomes que são obviamente anagramas — que o leitor logo percebe que o livro é um *roman à clef* que precisará ser continuamente decodificado.

O jogo de adivinhação começa quando o chefe da trupe, o abbé Séchant, apresenta aos novatos os principais membros do grupo. Séchant e seu companheiro, o abbé Séché — cujos nomes evocam a aridez de sua filosofia —, são versões caricaturais de dois libelistas londrinos, o abbé de Séchamp e o barão de Saint-Flocel. De acordo com sua ficha policial, Séchamp era um ex-capelão do príncipe de Zweibrücken que fugira para Londres depois de envolver-se numa trama para desfalcar um comerciante de Nantes. Ele participou da operação de extorsão de Pelleport ao mesmo tempo que tentava lançar uma revista fisiocrática-filantrópica chamada *Journal des Princes*, que pretendia concorrer com um periódico vagamente semelhante, *Correspondance Universelle sur ce qui Intéresse le Bonheur de l'Homme et de la Société*, publicado por Brissot. Saint-Flocel, que adquirira experiência jornalística no *Journal de Bouillon*,[6] juntou-se a ele nesse empreendimento. Brissot descreveu-o em suas memórias como um "economista excessivamente dogmático" e a polícia classificou-o em seus arquivos como um aventureiro que mudara de nome e de emprego para evitar ser punido por uma série de golpes.[7] O terceiro boêmio principal é Lungiet, uma versão burlesca de Simon-Nicolas-Henri Linguet, o famoso jornalista que se juntara à comunidade de expatriados franceses depois de ser libertado da Bastilha em 1782.[8] Pelleport certamente não esperava que todo leitor conseguisse identificar todas as personagens do livro, mas deixou claro que os boêmios que vagavam por Champagne eram franceses de verdade, residiam em Londres e seu principal ganha-pão, pilhar celeiros, correspondia ao jornalismo difamatório dos libelistas.

Pelleport não nomeia os demais membros da trupe, mas sugere que havia pelo menos uma dúzia deles. Os agentes secretos da polícia parisiense preparavam dossiês sobre todo e qualquer libelista que conseguissem identificar dentre os refugiados franceses em Londres e reconheceram 39 — uma extraordinária galeria de trapaceiros, nefelibatas e vigaristas.[9] Pelleport provavelmente conhecia todos. Com certeza, ele tinha muito material pitoresco a seu dispor, mas sua intenção não era retratar toda a população de escritores franceses nas Grub Streets de Londres, pois dirigiu boa parte de sua sátira a variantes da filosofia francesa. Por exemplo, dividiu os boêmios em três seitas filosóficas: "la secte économico-naturellico-monotonique"[10] liderada por Séché, "la secte des despotico-contradictorio-paradoxico-clabaudeuristes"[11] liderada por Lungiet, e os "philosophes communico-luxurico-friponistes"[12] liderados por Mordanes. A primeira representava a fisiocracia e a doutrina da lei natural; a segunda, o despotismo esclarecido tingido com doutrinas sociais reacionárias; a terceira, o egoísmo e o interesse próprio predatórios. Somando-se o rousseanismo utópico de Bissot, *Les bohémiens* abrange uma boa fatia do espectro ideológico.

Havia também simpatizantes e sequazes. Pelleport cita apenas duas, uma dupla de mãe e filha: Voragine e Félicité. Félicité era Félicité Dupont, a "bela vizinha" do círculo de Mentelle em Paris, que encantara Brissot em 1779, conforme mencionou nas suas primeiras cartas a Pelleport.[13] Os dois se casaram em 1782 e foram morar em Londres, no número 1 da Brompton road, perto da redação do *Courrier de l'Europe*, que Pelleport, colaborador assíduo do jornal, visitava regularmente. Como vimos, a mãe de Félicité, Marie-Catherine Dupont, *née* Cléry, era a viúva de um comerciante de Boulogne-sur-Mer. Ela tem papel de destaque em *Les bohémiens* como companheira de Séchant e parceira sexual de qualquer um que conseguisse cativar, pois Pelleport retrata-a como uma megera tarada e hedionda. (Voragine parece ser um anagrama obsceno, que pode ser decodificado de diversas maneiras, todas elas odiosas, embora também possa ser uma alusão a Jacobus de Voragine [Jacopo de Varazze], autor de *Legendae sanctorum* [*Legenda áurea*] no século XIII, uma coletânea popular de vidas lendárias de santos.) A hostilidade de Pelleport vem da querela entre os dois, provocada por seu malfadado negócio com o carregamento de champa-nhe e sua relutância em pagar o empréstimo que ela lhe fizera, mas é possível que tivesse outros motivos também, talvez o papel que ela desempenhou nas suas prisões.[14] Não só o retrato que Pelleport traça da esposa e da sogra de Bris-sot é particularmente perverso, como ele também as transformou nas persona-gens principais de um subenredo pornográfico do romance.

Depois de apresentar os boêmios principais, o narrador sai da história, não sem antes informar que a trupe inclui ainda outro filósofo, o maior de to-dos, e desafia o leitor a adivinhar a identidade desse personagem decifrando o "sentido oculto"[15] da descrição que segue. Esse filósofo não pertence a nenhu-ma seita, não adere a religião alguma, combina sensações sem distorcê-las no sensório comum [*sensorium commune*], carrega seu fardo sem reclamar, aprecia comer e beber, e é um ótimo amante. Quem poderia ser? Depois de realizar um tour satírico pela filosofia contemporânea, ao longo do qual põe a nu todas as modalidades de pretensão intelectual com uma verve digna de Voltaire, o nar-rador dirige-se novamente ao leitor: "Ó! Posso ver, caro leitor, que estás ficando impaciente e não consegues adivinhar qual é o herói que corresponde à descri-ção fiel que acabo de esboçar. Mas tu, jovem donzela aldeã, tão lépida e folgazã, tu que, arrebatada pelo amor, deitaste-te mais de uma vez sob o vigoroso Colin, ao leres este livro certamente clamarás de prazer: 'Ó! É Colin. É nosso asno'".[16]

O virtuosismo estilístico dessa seção do livro é típico da técnica de Pelle-port. Ele vai desenvolvendo uma narrativa que aponta o leitor em uma direção até que, subitamente, interrompe-a com uma digressão que muda todo o enfo-que, para logo em seguida retornar à ação principal — ou, às vezes, mergulhar em outra digressão dentro da digressão —, de maneira a colocar todas as coisas em xeque. Ele emprega o mesmo método convoluto de Sterne em *Tristram Shandy*, provocando e brincando com o leitor, colocando surpresas e reviravol-tas em seu caminho. O filosofar sardônico, que abrange uma dezena de escolas de pensamento, culmina num panegírico ao asno, que carrega toda a bagagem da trupe. Para finalizar o motejo, surge em cena um putativo segundo leitor: uma camponesa nada inocente que multiplica o valor de choque da história louvando a impetuosidade sexual do asno — possivelmente uma alusão ao asno de Joana d'Arc em *La pucelle*, de Voltaire. Da filosofia à bestialidade, Pelle-port alcança o resultado pretendido com uma destreza que supera a de seu co-lega de cárcere que escrevinhava sem parar em outra cela: o marquês de Sade.

O subtom libertino está presente logo na primeira sentença do livro, que descreve Bissot despertando ao raiar do dia, quando "mulheres de prazer cerravam as pálpebras; [...] senhoras honradas e todos aqueles que aspiram à fidalguia ainda tinham seis horas de sono pela frente; e as damas devotas, que haviam sido despertadas pelo lúgubre badalar dos sinos da igreja, se apressavam para a primeira missa".[17] Uma passagem semelhante introduz a apologia do asno no começo do quinto capítulo, mas aqui o narrador assume outra postura: num trecho cheio de lirismo e falando na própria voz, ele celebra a sexualidade sem o menor vestígio de ironia.

> Sim, lembro-me daquele tempo feliz em que me deitava num colchão nos braços de Julie. Os primeiros raios da aurora atravessaram a janela sem cortinas e me arrancaram dos braços do sono. Um beijo saboreado ternamente trouxe meu amor de volta à vida. Seu coração abriu-se ao desejo antes que seus olhos à luz, e fundimo-nos um no outro. Julie me apertava com força em seus braços transluzentes. Saudamos o princípio da vida na união que seu fogo divino sempre engendra, e nos embriagamos de prazer em preparação para os labores do dia.[18]

A cena se passa em Grub Street. O escritor pobre acorda ao lado de sua amante numa mansarda e, depois de fazerem amor, seus pensamentos se voltam para a tirania dos ricos, dos poderosos, dos intolerantes.

> Ó, vós que utilizeis sinistros contos de fada para infectar os poucos e breves momentos que podemos consagrar ao prazer, crede-me: a nossa oração [i.e., o ato físico do amor] é mais agradável ao Ser dos seres do que o mau latim com que ofendeis Seus ouvidos. E vós que abrigais sórdida cobiça em vossos corações de bronze, que engordais espoliando seus semelhantes, que enriqueceis defraudando os pobres, vós tiranos enodoados com o sangue da humanidade, vós bárbaros carcereiros que vigiais as portas da prisão e mantendes mão pesada sobre as travas, vinde, correi a contemplar Mordanes, o filósofo, que começa o seu dia; e possa a inveja carcomer os resquícios ressecados de vossos corações fétidos e corruptos.[19]

O capítulo prossegue com outras aventuras de Mordanes e um elogio brejeiro ao asno. Mas a paixão dos parágrafos iniciais acaba se tornando uma introdução desconcertante de passagens burlescas que vêm em seguida. O próprio narrador interrompe a narrativa com um *cri du coeur* que poderia ter saído de alguma masmorra da Bastilha, como se fosse um prisioneiro injuriando seus carcereiros e dando plena vazão a sua raiva e seus desejos. O leitor naturalmente se pergunta: Quem é essa pessoa que se dirige a mim de modo tão estranho e qual é sua posição em face de todas as filosofias que achincalha?

Depois da apologia do asno, o narrador responde a essas perguntas identificando-se. Ele não diz seu nome, mas fornece informações suficientes para explicar seu desencanto com os valores dominantes de seu tempo — e todos os comentários coadunam-se com a biografia de Pelleport. Ele nasceu numa posição social privilegiada, mas suas experiências logo lhe ensinaram a desprezá-la. A julgar por algumas observações desdenhosas sobre burgueses ricos que compram seu ingresso na nobreza, ele deve pertencer à antiga nobreza da espada.[20] Em certo momento, alude a uma carreira militar abortada como "um jovem fidalgo [...] sem riqueza".[21] Em outro, descreve a tentativa de conseguir uma nomeação por meio de um amigo aristocrata da família na corte. No final, rejeita todas as formas de patronato e põe o pé na estrada, inspirado pelo exemplo de Rousseau — o verdadeiro Rousseau, não a versão vulgar propagada por Bissot. O narrador diz dedicar-se à busca da liberdade e denuncia a injustiça social numa linguagem semelhante à de Rousseau em *Discours sur l'origine de l'inégalité*, mas essa profissão de fé é seguida de outras passagens obscenas. Seu rousseaunismo acaba revelando-se estranhamento rabelaisiano, muito distante do efusivo entusiasmo de Bissot — que, como todos os outros filósofos, proclamava princípios elevados mas ganhava a vida saqueando camponeses. O narrador contrasta desfavoravelmente essa hipocrisia com a antifilosofia do asno, "nadismo" (*riénisme*), como ele a chama, que consiste em rejeitar todos os sistemas de pensamento e satisfazer todos os apetites.[22] A busca do prazer, sem o impedimento das restrições sociais, emerge dessa pontificação toda como o único valor que se deve encalçar. Pelo menos nesse aspecto, e a despeito de sua presunção e hipocrisia, os boêmios representam algo positivo. Seu chefe, Séchant, descreve-os como "uma trupe de pessoas que não carecem nem de apetites nem de alegria" quando os apresenta a Bissot. Eles são devotos da "espontânea e adorável liberdade. [...] É ela que nos trouxe para cá de todos os cantos da Europa. Somos seus pregadores e seu culto pode ser reduzido ao princípio de um não prejudicar o outro".[23] Os boêmios compartilham mais uma atitude do que uma filosofia. Assumem uma postura perante o mundo que desde já lembra a boêmia.

Até como filósofos os boêmios parecem inofensivos — todos exceto um: Mordanes, o único membro da trupe que se mostra realmente mau. Ele é o responsável por todos os saques e pilhagens, enquanto os demais ficam trocando platitudes sem causar maiores danos. Sua ocupação principal, roubar animais dos currais, serve como metáfora das atividades clandestinas de Morande: trair e denunciar pessoas — vítimas inocentes como Pelleport — para a polícia. Mordanes também sente prazer em infligir dor. Sua mais reveladora atrocidade é matar a cacetadas um galo e uma galinha em plena cópula. O incidente é narrado logo depois de um longo trecho lírico celebrando a sexualidade. O desejo é a energia vital que percorre toda a natureza, proclama o narrador, e o amor livre é o mais nobre princípio da ordem natural: "Desfrutai o prazer, deleitai-vos, e cuidai apenas que não vos torneis jamais óbice do gozo alheio".[24] Como ilustração dessa Regra Áurea hedonista, ele celebra a descontraída lascívia de alguns galináceos num terreiro onde Mordanes está de atalaia, pronto para agir, e evoca "o canto do galo, que chama suas galinhas, escolhe a mais soberba dentre elas e aperta-a num abraço forte, firme, espontâneo e sincero, como o que daríamos, tu e eu, em nossas meninas se não fôssemos inibidos por excessiva humanidade, virtude, modéstia e talvez algo mais".[25] Todavia, no meio do amplexo carnal das aves, Mordanes, o "bárbaro Mordanes", as mata com um golpe brutal. Ele está dando a Tifarès uma lição na arte de espoliar camponeses. Acometido inicialmente por intensa piedade, o sentimento básico da sociabilidade de acordo com Rousseau, Tifarès retrai-se horrorizado. Mas logo pensa melhor e não demora a esmagar o crânio de quatro patos numa lagoa das proximidades. Ele transferiu sua lealdade de Bissot para Mordanes e aprendeu a ser um assassino.[26]

Para Mordanes, a expressão do impulso sexual universal é o estupro. No livro, seu alvo é Félicité. Quando os boêmios retomam a caminhada pela região de Champagne, Bissot se aproxima de Félicité, como Brissot fizera com Félicité Dupont em Paris. Logo os dois se unem e copulam extaticamente. Alguns dias depois, Félicité está a sós contemplando o advento da maternidade quando é atacada por Mordanes, que a derruba no chão. Ele está prestes a penetrá-la, mas ela tem uma ideia matreira e, mudando bruscamente de posição, faz com que ele erre o alvo e acabe sodomizando-a — sua maneira de preservar a prerrogativa de Bissot à paternidade. É também a maneira de Pelleport denegrir o ex-amigo, pois violar a esposa é humilhar o marido. Pelleport vai ainda mais longe e sugere que Félicité deliciou-se com o incidente, revelando que Bissot não era mesmo um grande amante e que a energia do garanhão/estuprador liberou nela intensa carga libidinal — ela obteve satisfação até com a sua artimanha acrobática. O capítulo ostenta uma epígrafe cínica: "Um camundongo com um só orifício é logo capturado".[27]

A corrente sexual que permeia toda a narrativa aparece como uma força fundamental da natureza, que o narrador compara com a eletricidade, o atrito, o fogo e o flogisto.[28] Embora neutra em si mesma, ela é implacavelmente falocrática quanto a seus efeitos na sociedade. Ao preparar um discurso sobre a lei natural, Séché chega a argumentar que os homens deveriam possuir mulheres como uma forma de propriedade, passível de ser comprada, vendida, trocada, alugada e herdada.[29] Esse episódio burlesco é, evidentemente, uma sátira contra a sujeição das mulheres, não um argumento em favor dela. O narrador apresenta seguidamente as mulheres como objetos do desejo masculino, mas também lhes atribui uma energia sexual agressiva, visto que o mesmo *élan vital* percorre todas as formas de vida: as mulheres estão aí para qualquer homem e elas se servem e se apropriam de qualquer um. Enquanto Félicité está sendo estuprada, sua mãe, a insaciável Voragine, consegue subjugar Tifarès. Ela faz sexo com vários outros boêmios e, sugere o narrador, até com o asno. Séchand, que é incapaz de satisfazer seu "furor uterino", sonha que ela se deita com um bando inteiro de capuchinhos.[30]

Os monges entram na narrativa como antípodas libidinosos. Supostamente em peregrinação, eles vagam pelos campos roubando os camponeses à maneira dos boêmios, com quem deparam no meio da noite. A princípio, os boêmios julgam que eles sejam criaturas satânicas celebrando o sabá das feiticeiras, mas logo dão-se conta de que são espíritos afins, amantes da libertinagem. As duas trupes unem forças e se juntam para um banquete em torno da fogueira. Entornam bebidas aos borbotões e se empanturram de comida até que todos caem em estupor. Quando acordam, começam a copular — dois a dois, três a três, até haver montes de corpos empilhados penetrando-se em quase todas as combinações celebradas pela literatura libertina do século XVIII, a de Sade inclusive. Não demora até que a perversão polimorfa se degenera numa grande arruaça: murros e socos sem fim, narizes estourados, sangue jorrando a rodo, junto com toda espécie de imundície e de fluidos emitidos dos mais variados orifícios. Até o asno acaba entrando na rixa, zurrando e debatendo-se alucinadamente. Um verdadeiro pandemônio dionisíaco, digno das melhores brigas de foice descritas por Rabelais e Cervantes.[31] Quando o sol começa a raiar, os brigões param tudo para tomar café. Compartilham outra suculenta refeição e cada bando segue seu caminho. Todos se divertiram imensamente.

A orgia é o clímax do primeiro volume. O volume dois narra outras aventuras da trupe, interrompidas novamente por discursos filosóficos burlescos, mas a maior parte é dedicada a uma autobiografia disfarçada de Pelleport e ele volta e meia interrompe a narrativa com digressões que contêm fragmentos da história da sua vida. Esses fragmentos podem ser identificados e reunidos, formando uma narrativa paralela, e nas últimas cem páginas do livro as duas histórias se cruzam: Pelleport, na pessoa de um poeta errante não nomeado, junta-se aos boêmios, que estão acampados nos arredores de sua cidade natal, Stenay. Ele lhes conta suas aventuras e, enquanto o ouvem, reaparecem na sua história com novos nomes e num novo cenário: Grub Street, Londres. A interseção e sobreposição das narrativas cria uma estrutura complexa, mas Pelleport entretece os dois enredos com mão segura e precisão literária, e o último segmento do livro leva a indecência do primeiro volume a novos extremos, como se dissesse que a comédia humana é uma farsa, uma piada de mau gosto.[32]

O poeta entra no texto quando os boêmios estão montando o acampamento e preparando o jantar. Ele acaba de ser solto da Bastilha e está prestes a encontrar seus irmãos em Stenay (terra natal de Pelleport), mas parou para compor uma canção. Dedilhando um violão, canta um verso que, como explicará mais tarde, representa sua verdadeira filosofia:

Voler de belle en belle,
A l'amour c'est se montrer fidèle;
Voler de belle en belle,
Aux Dieux c'est ressembler.[33]

(Voar de beldade a beldade
É provar-se fiel ao amor;
Voar de beldade a beldade
É assemelhar-se aos deuses.)

Séchant reconhece um espírito afim e clama: "Um autor!". Tomado de surpresa, o poeta entra em pânico. Ele nega qualquer ligação com a literatura, temeroso que os forasteiros sejam um destacamento policial. De modo algum, asseguram-lhe; eles também são escritores: o asno está carregado de tratados que compuseram. E convidam-no para jantar. Enquanto Tifarès gira o espeto, o poeta desfia a história de sua vida, que oferece como explicação por ter reagido com tanto pavor: "Tenho certa ligação com a República das Letras, mas isso é algo muito perigoso de se admitir hoje em dia [...] Para provar, contar-lhes-ei a história da minha história literária".[34]

Ele nasceu em Stenay, explica, uma terra tão infértil quanto qualquer outra na França para o florescimento da literatura. Seu falecido pai, um oficial militar antiquado da velha nobreza da espada, mal sabia ler e escrever. Nenhum de seus dois irmãos recebeu muita educação e suas duas irmãs foram despachadas para conventos. A mãe, no entanto, tinha uma camareira de Paris, que adorava romances e lera para ele *Dom Quixote*. Foi a sua ruína. Não demorou a aprender a ler sozinho e a memorizar todas as aventuras do homem de La Mancha. Por fim, depois de muitas voltas e reviravoltas que correspondem à biografia de Pelleport, embarcou na carreira literária e pôs-se a escrever para o *Courrier de l'Europe* em Londres. Tinha ótimo relacionamento com o chefe de redação, Antoine Joseph de Serres de La Tour, mas não com o editor, Samuel Swinton. Desse modo, quando chegaram notícias da morte de seu pai, demitiu-se do jornal e retornou a Stenay na expectativa de receber uma herança, mas sua madrasta frustrou-lhe a esperança manipulando os procedimentos legais. O desafortunado resolveu então retornar a Londres, a pé e sem um tostão no bolso. Não conseguiu passar de Boulogne-sur-Mer, pois não tinha como pagar a travessia do canal. Em 24 de dezembro de 1783, depois de uma missa do galo, viu-se sozinho e desamparado numa igreja em Boulogne — e um milagre aconteceu.

A narrativa toma aqui outro rumo. Entre a infância do poeta em Stenay e seu jornalismo em Londres, o leitor bem informado poderia preencher as lacunas da biografia de Pelleport inserindo os episódios mencionados em outras digressões: os estudos na Ecole Militaire em Paris,[35] serviço num regimento na Índia e vários anos de vida conjugal na Suíça. Até aqui, porém, Pelleport ainda não apresentara um relato completo de sua experiência em Londres, apenas caricaturas dos expatriados franceses reencarnados como boêmios. Na última seção do livro, ele dá a esses escritores novos nomes e transfere-os para os cortiços e cafés de Londres. E também muda de tom: a história do poeta, que incluíra algumas críticas sociais sérias,[36] torna-se uma farsa obscena organizada em torno do tema do gigantismo genital e da suposta atração que as mulheres sentem por pênis avantajados.

Depois da missa, na igreja vazia, um mendigo surge do nada e o poeta lhe dá sua última moedinha. Trata-se de um gesto de humanitarismo secular, não de caridade cristã, esclarece o texto implacavelmente irreligioso.[37] Mas o ato provoca um milagre. O mendigo transforma-se no glorioso são Labre, que recompensa o poeta dando-lhe um cinto milagroso de corda enlaçada. Instrui-o a esconder o cinto sob as vestes, deixando de fora apenas uma extremidade que ele pudesse alcançar, sem ser visto, através do bolsinho do relógio. Sempre que precisar de ajuda, é só puxar a corda, movendo a mão de nó em nó conforme a gravidade da situação. Seu nariz crescerá três polegadas a cada puxada. O próprio santo descobrira em sua jornada pela Terra como um pobre monge itinerante que as mulheres julgam um nariz grande irresistível e oferecem todo o socorro que for necessário — ou até mais, dependendo do número de nós que forem puxados.

Enquanto Pelleport tecia fantasias na Bastilha, os católicos de Boulogne celebravam o verdadeiro Benoît Joseph Labre como filho dileto da cidade, embora ele tenha na realidade nascido num lugarejo próximo, Amettes, em 1748. Desde a infância, Labre abraçou a forma mais austera de catolicismo, mortificando a carne em peregrinações e realizando milagres — 136 curas confirmadas, de acordo com uma hagiografia publicada em italiano em 1783 e em francês em 1784. A canonização só viria em 1881, mas a reputação de santidade de Labre forneceu a Pelleport o material perfeito para uma sátira sacrílega que levaria seu herói para o outro lado do canal.[38]

As irreverências começam já em Boulogne e têm a sogra de Brissot, Voragine na primeira parte do livro, como alvo principal. Ela aqui reaparece como Catau des Arches, a viúva sedenta de sexo de um mercador, que sofregamente desembolsa 240 *livres* para poder brincar com o nariz do poeta assim que ele puxa o cinto de são Labre e balança sua probóscide diante dela. Com a carteira reabastecida, reduz o nariz ao tamanho normal soltando os nós do cinto e embarca para Londres, não sem antes coletar tributo de várias outras mulheres, o que permite ao narrador lançar algumas farpas oportunas contra a hipocrisia e presunção da sociedade provinciana.[39]

244

Londres, em contraste, aparece como um mundo efervescente de aventureiros, saltimbancos, filósofos, cientistas, políticos, agitadores, editores e jornalistas. Seus nomes sucedem-se em torvelinho: Fox; Pitt, o Jovem; lorde North; Paul-Henri Maty, chefe de redação da *New Review*; David Williams, o deísta radical; Joseph Priestley, paladino do Iluminismo e da ciência; Jean-Paul Marat, que na época batalhava para fazer nome como cientista; James Graham, inventor do leito elétrico da fertilidade; e uma miscelânea de personagens extravagantes, provavelmente conhecidos de Pelleport, disfarçados sob nomes inidentificáveis: um embusteiro alemão chamado Muller; um charlatão inglês chamado Remben; certo J.P.D.; Ashley, um balonista; Katerfiette, um astrônomo; Piélatin, um violinista. Em meio a todos eles, o poeta encontra "uma trupe miserável de franceses famintos"[40] — a colônia de expatriados. Lá estão Brissot, que agora aparece como "Bissoto de Guerreville" (um trocadilho com seu nome completo, Brissot de Warville), o genro da viúva des Arches, um comerciante de roupas de segunda mão — isto é, um escritor de aluguel que monta suas obras com trechos extraídos de outros autores.[41] O poeta menciona os jornalistas ligados ao *Courrier de l'Europe* e alguns outros borra-papéis, mas reserva a maior parte do seu desprezo para Morande, que retoma suas perfídias como "o caluniador Thonevet" (alusão ao nome completo de Morande, Théveneau de Morande).[42] Thonevet calunia o poeta, tenta chantageá-lo e denuncia-o como agente secreto da polícia parisiense, exatamente como em *Le diable dans un bénitier*. Mas nenhuma intriga, por mais hedionda, é capaz de deter o poeta graças a seu maravilhoso nariz.

Logo todos os londrinos só falam nisso, fazendo apostas no nariz e celebrando-o em prosa, verso e tratados científicos. O nariz provoca uma discussão tão acalorada no Parlamento que o governo cai e novas eleições são convocadas. "Porque amo Fox e a liberdade",[43] o poeta concorda em reservar seu nariz para as esposas e filhas de candidatos comprometidos com o Whigs [partido liberal]. Entretanto, enquanto está fazendo campanha para Fox em Covent Garden, acontece um desastre. Um batedor de carteiras enfia a mão no inestimável bolsinho do relógio e some com o cinto mágico. O poeta se desespera. Reduzido à condição de escritor de nariz normal, retorna a Boulogne para publicar o livro na gráfica que Swinton usava para imprimir a edição do *Courrier de l'Europe* vendida na França, exatamente como Pelleport em 1784. No livro, o poeta atribui a culpa pela catástrofe totalmente a Thonevet. Por pura maldade, Thonevet compõe vários libelos, imputa-os ao poeta e, com ajuda da viúva des Arches, denuncia-o às autoridades francesas, que o despacham para a Bastilha. Enquanto isso, Bissoto vinha tentando obter um novo suprimento de roupas usadas (alfarrábios) em Paris. A polícia desconfia que ele colaborara na produção dos libelos e decide prendê-lo também — não na Bastilha, porém, mas em Bicêtre, uma prisão ainda mais terrível, onde logo vem a falecer, desaparecendo da narrativa. O poeta, depois de uma longa e desgraçada estadia na Bastilha, é finalmente solto. Ao sair, ouve um pregoeiro esgoelando um apelo do arcebispo, que busca testemunhas que confirmem a autenticidade dos milagres de Labre para que Roma possa iniciar o processo de canonização. Como o mais devoto dos seguidores do santo, o poeta decide ir pessoalmente a Roma. Antes, porém, vai visitar os irmãos em Stenay. E é assim que cruza com os boêmios. Ele lhes recomenda uma taverna, prometendo juntar-se a eles para o jantar, depois de reunir-se com os irmãos. Os boêmios carregam o asno e seguem caminho. Chegam à taverna. O sol se põe. O jantar começa a ser preparado...

O livro termina aqui, num floreio magnificamente aberto e inconclusivo. Antes de despedir-se dos boêmios, porém, o poeta lança uma reflexão que talvez sirva de conclusão para sua história: "Vedes todas as desgraças que sofri em minha triste convivência com a literatura e o quanto ela me desgostou. Por isso, eu vos garanto que nada me causa mais sobressalto do que ser chamado de autor. Sempre me imagino perseguido por um bando daqueles cães de caça que os detentores do poder gostam de colocar nas esquinas e nos limites da cidade para impedir que a razão lá ingresse de contrabando".[44]

Les bohémiens é, entre outras coisas, um livro sobre literatura, entendida no sentido amplo como um sistema de dinheiro, poder e prestígio. Falando através de seu narrador, Pelleport vê o sistema da perspectiva de Grub Street. Ele anseia por um patrono para que possa fazer fortuna "sem ser obrigado a fundar nem um lycéo-musée nem um museo-lycée nem um academico-musico-lycée, sem ter de escrever uma antologia epistolar, um periódico, um *Mercure, courrier, gazetier, gazetin, affiches, petites-affiches, annales, gazettes-bibliothèques*, nem compêndios dos periódicos, gazetas etc. mencionados acima e sem ter de aplicar todos os outros embustes literários tão utilizados em nossa época".[45] Ele não consegue um patrono e, portanto, é forçado a recorrer a essas práticas tão típicas de Grub Street — e a mais uma também: a composição de libelos. Em um de muitos apartes que faz ao leitor, ele pergunta: "Já fostes alguma vez impresso vivo, caro leitor? Sob pressão do padeiro e do taberneiro, já percorreste as ruas de alto a baixo, em sapatos sem sola, buscando algum estabelecimento onde, a chibatadas, os bufarinheiros da escrita arrancam ideias desses desgraçados que foram reduzidos pelo infortúnio a ganhar a vida com sua imaginação?".[46]

Nesse momento, o narrador dirige-se ao leitor (não à leitora, a julgar pelo contexto) e acusa-o de viver no luxo e beneficiar-se das manobras dúbias de algum negócio ou burocracia, enquanto o pobre escritor morre de fome. Pois bem, caro leitor, diz ele, deixe-me contar como é a vida de um autor sem recursos. Acompanha-me em um tour do mundo editorial parisiense, onde retratarei personagens reais da década de 1780 e darei nomes aos bois. Primeiro, explica o narrador, entras no escritório de um editor importante, Charles-Joseph Panckoucke, carregando teu portfólio. Será que monsieur estaria interessado em alguns versos sobre um grande homem falecido recentemente? Ou talvez em um romance em dois tomos (i.e., *Les bohémiens*)? Isso não vai vender, retruca Panckoucke, e acena em direção à porta. Ele não tem tempo para conversar com pessoas como ti, pois tem de pôr a correspondência em dia. Em seguida, levas teus manuscritos para um editor de segunda linha, Nicolas-Augustin Delalain. Sua filha te cumprimenta com educação na porta da livraria, mas quando descobre que és um escritor, não um cliente, o encaminhas para a mãe a fim de evitar que *papa* desperdice seu tempo. *Maman* sequer olha para teu poema; ela já rejeitou três dúzias de versos esta manhã. E quando lhe ofereces um "romance filosófico" (novamente, *Les bohémiens*), ela tem um acesso de fúria e te expulsa do escritório.[47] A única esperança que te resta é um negociante no último escalão da profissão, Edme-Marie-Pierre Desauges, especialista em subliteratura e em livros clandestinos, que já passou duas temporadas na Bastilha. Ele julga teu trabalho excelente, exatamente o tipo de coisa que poderia publicar e vender através dos contatos que tem na Holanda. Retornas então a tua mansarda sem caberes em ti de alegria. Teu senhorio, padeiro e taberneiro concordam em te estender um pouco mais de crédito. Pões-te a escrever desenfreadamente, até altas horas da noite, dando os últimos retoques no manuscrito. Quando, enfim, cais exausto na cama, ouves uma batida na porta. Lá estão um inspetor de polícia e o infame agente secreto Receveur, que te levam direto para a Bastilha. Enquanto apodreces na prisão, Desauges, que copiara teus manuscritos depois de denunciar-te para a polícia, imprime tua obra e a vende no mercado negro. Tu passas tanta fome que estás emaciado e debilitado. Tua saúde degringola. Quando és enfim libertado, não tem outra escolha senão procurar num asilo de pobres e morrer.[48]

Em outra digressão semelhante, o narrador resolve comprar briga com o leitor. Sei que estás cansado de digressões, diz. Queres que eu retome a narrativa, queres ação. Mas não te atenderei, pois precisas aprender algo do que subjaz o livro que tens em mãos, precisas conhecer um pouco como é o mercado literário. Portanto, eis aqui outra digressão. Livros têm muitos leitores, mas poucos compradores. A proporção é cerca de dez para um. Uma pessoa se dispõe a gastar uns trocados num livro, mas dez outras ou mais irão pedi-lo emprestado ou roubá-lo, disseminando-o por círculos cada vez mais amplos de leitores: de senhores para lacaios, de damas para camareiras, de pais para filhos, de vizinhos para vizinhos, de livreiros para membros de clubes de leitura (*cabinets littéraires*) — tudo às custas do autor. A situação é desanimadora — a menos que o rei lance um decreto que transforme as condições básicas da literatura. Por exemplo, ele poderia emitir um *arrêt du conseil d'état* contendo um longo preâmbulo sobre a importância dos escritores e diversas cláusulas, começando por:

1. Nenhum livro poderá ser emprestado, exceto para membros da mesma família, mas somente até primos de primeiro grau, sob pena de quinhentos *livres* a serem pagos ao autor.

2. Nenhum servo poderá dispor dos livros de seu senhor, sob pena de um ano de salário ou, na ausência deste, de punição física: ele será marcado a ferro na orelha esquerda com as letra PDL — *prêteur de livres* [emprestador de livros] — e açoitado diante de todas as livrarias da cidade.

Até que tais medidas sejam adotadas, o narrador propõe uma solução provisória. Este livro que tens em mãos só poderá ser vendido em encadernação de luxo e por preço elevado, o qual deverá ser mantido em prol de seu autor. O editor, portanto, está proibido de vendê-lo em folhas avulsas ou com capa de papel ou papelão. A digressão termina com uma advertência direta ao leitor, que estaria desejando ardentemente que o narrador prosseguisse com a história: "Tua impaciência está ficando desgovernada, mas antes de assentir contigo, saibas que estou apenas cuidando dos meus interesses. Cada homem por si. Não, não serei mártir de algum altruísmo ridículo, negligenciando o que me diz respeito. Reconheço que falo um pouco demais sobre mim mesmo, mas qual autor esquece-se de si enquanto escreve?".[49]

Na realidade, é claro, o autor imiscuiu-se na narrativa ao longo do livro inteiro.[50] As digressões só reforçam essa tendência, mostrando como a sua autobiografia se relaciona com a situação da literatura em geral — e como o leitor é cúmplice de perpetuar essa situação.

Será que os leitores reagiram da maneira sugerida pelo texto? É provável que não, pois a obra teve pouquíssimos deles — quase nenhum, na verdade, a julgar pelo número de cópias que sobreviveram e pela ausência de resenhas e referências nas fontes contemporâneas.[51] A publicação de *Les bohémiens* foi um não evento — justamente no momento mais cheio de eventos da história da França. Mesmo que alguns exemplares tenham chegado às mãos dos leitores, é improvável que tenham provocado alguma reação. Os franceses de 1790 estavam criando um admirável mundo novo e fazendo-o com a máxima seriedade e dedicação. Não tinham motivos para se interessar por um relato satírico da vida em uma República das Letras que não existia mais. O livro de Pelleport ficou desatualizado antes mesmo de ser publicado. E o próprio Pelleport estava fora de sintonia com o seu tempo. Enquanto seus contemporâneos lançavam-se na Revolução com frêmito e paixão, ele se mantinha arredio e contemplava o mundo com um misto de desencanto e escárnio — ou "nadismo". Seja como for, sua evocação da vida em Grub Street sob o Ancien Régime revela um talento prodigioso. Visto da perspectiva do século XXI, seu livro parece extraordinariamente moderno e seus boêmios despontam como a primeira e legítima encarnação da boêmia.

17. O caminho da Revolução passa por Grub Street

Em retrospecto, é como se todos os caminhos do Ancien Régime levassem à Revolução. Mas isso é uma ilusão, é claro. Devemos resistir à tentação de buscar tendências revolucionárias em tudo o que aconteceu na França antes de 1789. Todavia, houve um caminho que desembocou diretamente no levante revolucionário: Grub Street. Por lá passou um segmento importante de líderes revolucionários — nem todos, por certo: a maioria era solidamente burguesa, muitos pertenciam à nobreza, e mesmo os que vinham da classe dos literatos e pseudoliteratos distribuíam-se em diversos partidos, alguns inclusive de extrema direita.[1] Estudar o componente Grub Street da Revolução não é seguir uma linha reta de causalidade, mas sim investigar um ambiente, um contexto que desempenhou papel importante na criação de uma nova cultura política por meio do domínio da palavra impressa.

Os escritores de aluguel do Ancien Régime encontraram uma fonte de renda e um escoadouro para sua energia nos panfletos e jornais que inundaram a esfera pública de 1789 a 1800. As estimativas variam e é difícil distinguir entre panfletos, panfletos periódicos e periódicos que lembram um jornal moderno. Mas a revolução na política certamente fez deslanchar uma revolução na palavra impressa. Paris só foi ter um jornal diário em 1777. Apenas 66 periódicos em francês circulavam no país inteiro, quase a metade deles impressa no exterior, antes de 1789. Mas então a imprensa explodiu. Pelo menos 2,6 mil panfletos foram publicados entre janeiro e a abertura da Assembleia dos Estados Gerais em 5 de maio de 1789. Quase 250 jornais surgiram nos seis meses após a tomada da Bastilha e mais de quinhentos entre 14 de julho de 1789 e a queda da monarquia em 10 de agosto de 1792. Nunca antes houvera tanta demanda pela palavra impressa.[2]

A Revolução era verbosa. Precisava de homens que soubessem lidar com palavras e convocou muitos deles do apinhado submundo das letras, onde tentavam ganhar a vida de alguma maneira sob as condições descritas por Pelleport: censura, polícia livresca opressiva, sindicato monopolista de livreiros e rivalidade entre os escritores. As condições variavam e em alguns aspectos tinham até melhorado por volta de 1780. Os censores haviam se tornado mais permissivos; os fiscais do comércio livresco prendiam menos autores na Bastilha; e novas leis atenuaram o controle das grandes editoras parisienses sobre o comércio de livros. Mas num país sem legislação de direitos autorais ou royalties e com baixo índice de alfabetização, poucos autores conseguiam viver do que ganhavam com a pena. Louis-Sébastien Mercier, que conhecia o mundo das letras melhor que ninguém, calculou que estes eram no máximo trinta em 1778.[3] Entretanto, Voltaire, Rousseau e outras figuras famosas haviam tornado a vida do escritor extremamente atraente — em si mesma, como fonte de prestígio, e como uma vocação dedicada a uma causa: liberdade, progresso, Iluminismo.[4]

A geração que nasceu em meados do século XVIII inundou a República das Letras com jovens decididos a se tornar os sucessores de Voltaire e Rousseau. Embora estatísticas sobre o mundo da literatura levantem toda sorte de problemas — como definir um escritor? Como encontrar as fontes apropriadas? —, procurei estimar o tamanho da população literária durante a segunda metade do século XVIII. Em 1780, havia certa de 3 mil escritores na França, bem mais do que o dobro da década de 1750. A maioria se mantinha com ocupações convencionais, como medicina e direito, mas muitos ganhavam seu pão em empregos avulsos de caráter mais ou menos literário. Trabalhavam como secretários, davam aulas particulares, corrigiam provas, compilavam antologias, compunham almanaques, redigiam panfletos, preparavam texto para boletins clandestinos, escreviam artigos para periódicos estrangeiros, comerciavam livros e espionavam para a polícia. A maioria dessas ocupações improvisadas, para não falar em libelos e extorsão, acabava sendo exercida em um ou outro momento pelos autores mencionados nas páginas precedentes: Morande, Pelleport, Manuel, Turbat, Linguet, de Serres de la Tour, Goesman, Goudar, de Launay, La Coste de Mézières, Poultier d'Elmotte, Imbert de Boudeaux, Duvernet e tantos mais, quase todos personagens indistintas, embora seu modo de vida fosse similar ao de escritores que se tornaram famosos na Revolução — Mirabeau, Brissot, Carra, Gorsas, Bonneville, Prudhomme, Louvet de Couvray, Fabre d'Eglantine, Hébert, Chaumette, Collot d'Herbois. A essa lista poderíamos acrescentar homens de inclinação literária que tinham carreiras profissionais obscuras até que a Revolução lhes abriu uma avenida para a fama: Marat como filósofo-cientista, Robespierre como ensaísta-advogado, Saint-Just como poeta — para mencionar apenas três dos mais famosos. A lista poderia ser estendida enormemente se tivéssemos um censo de todos os escritores vivos em 1789.

Argumentos quantitativos, contudo, têm limites. Literatos esfaimados morando em cortiços também podem ser vistos como um produto das imaginações do século XVIII. Voltaire transformara o escritor de aluguel, ridicularizado como *Le pauvre diable*, num tema literário que utilizou como arma para vergastar seus inimigos. Mercier, por sua vez, fez dos autores de "baixa literatura" um dos assuntos favoritos de seu *Tableau de Paris* (primeira edição, 1781).[5] Ao contrário de Voltaire, Mercier trata essas personagens com simpatia e em *Le nouveau Paris* (1798), uma continuação publicada dezessete anos depois, observa que os escritores indigentes do Ancien Régime tinham fornecido um modelo, ou pelo menos um nome, para o tipo mais radical de ativista da Paris revolucionária: os sans-culottes. Segundo Mercier, o termo foi usado pela primeira vez para se referir a Nicolas Gibert, um poeta tão pobre que não tinha dinheiro para comprar uma só *culotte* [o calção preferido pelos nobres] e passou a ser conhecido como "Gibert le Sans-Culotte". Depois que Gibert morreu na miséria em 1780, "os ricos adotaram essa denominação e usavam-na contra todos os escritores que não se vestissem com elegância".[6] Da marginalidade na literatura para militância na política, a expressão foi adquirindo um significado maior. Mercier observa ainda que diversos poetas e dramaturgos do Ancien Régime lançaram-se no radicalismo revolucionário, notadamente Fabre d'Eglantine e Collot d'Herbois, e também militantes mais obscuros como Charles-Philippe Ronsin, Paul-Ulrich Dubuisson e Guillaume-Antoine Nourry, conhecido como Grammont.[7]

Seria equivocado concluir que pobres-diabos metamorfosearam-se em sans-culottes, seja por uma linha sociológica de descendência direta ou por meio de convenções literárias na fala e na escrita. A sociologia dos escritores e a sua representação na literatura são complexas demais para serem reduzidas a alguma fórmula, como também ocorre com a própria noção de sans-culotte.[8] Para entendermos como a experiência da literatura sob o Ancien Régime desaguou na política radical da Revolução, o melhor é estudarmos alguns casos reais. Um dos exemplos mais reveladores é o último autor na cadeia de libelos interligados que começou com *Le gazetier cuirassé*: Pierre Manuel. Ao contrário dos demais, Manuel nunca emigrou para Londres, embora também tenha tido problemas com a polícia. Sua história complementa a dos demais e mostra como uma vida vivida na Grub Street de Paris acabou levando a uma carreira na Revolução.[9]

Em 3 de fevereiro de 1786, a polícia deu uma batida no modesto apartamento de Manuel na rue des Deux Écus e levou-o para a Bastilha. Estavam buscando o autor de um panfleto, *Lettre d'un garde du roi*, sobre o assunto mais quente do dia: o Caso do Colar de Diamantes, um escândalo espetacular que levou o cardeal de Rohan à prisão por tentar conquistar o favor da rainha oferecendo-lhe um colar de diamantes supostamente avaliado em 1,6 milhão de *livres*. Embora a rainha nada tivesse a ver com a história (fora tudo uma vigarice concebida por alguns aventureiros que ludibriaram o cardeal para fugir com os diamantes), sua reputação foi conspurcada — a tal ponto que alguns boatos incluíam Rohan na lista de seus supostos amantes. O caso deu aos panfletistas um assunto inesgotável e à polícia uma tarefa urgente: enquanto os primeiros publicavam escritos, os últimos iam em seu encalço. A prisão de Manuel foi parte de um esforço generalizado de limpar as ruas de tudo que lembrasse o *cardinal Collier* (o cardeal do colar).[10]

Manuel foi submetido a seis interrogatórios, uma provação inusitadamente longa de perguntas e confrontações que mostra como as autoridades levaram a sério a questão. Na primeira sessão com Louis Thiroux de Crosne, sucessor de Lenoir como chefe da polícia de Paris, Manuel negou que tivesse escrito a *Lettre d'un garde du roi*, admitiu que conhecia o autor, mas recusou-se a revelar seu nome, pois, como observou a polícia, "É uma questão de princípio para ele não comprometer ninguém". No segundo interrogatório, porém, ele recuou dessa postura desafiadora e afirmou que, de fato, escrevera o panfleto, mas não o considerava ilegal. Era apenas uma obra tópica que visava satisfazer a curiosidade do público. No terceiro interrogatório, Manuel mudou de posição novamente, afirmando que não escrevera o panfleto e recusando-se a nomear o verdadeiro autor. Os arquivos não contêm registro da quarta sessão de perguntas, mas mostram que a polícia já recolhera e submetera a interrogação cerrada seis outros suspeitos — entre eles, Edme-Marie-Pierre Desauges, um notório comerciante de livros proibidos (o mesmo Desauges retratado como personagem de *Les bohémiens*), que afirmou ter obtido seu lote de *Lettre d'un garde du roi* de Manuel; um mascate conhecido como Le Normand, que aparentemente disse o mesmo; e Jean-Augustin Grangé, um tipógrafo de 73 anos que a polícia suspeitava de ter imprimido a obra. Grangé, um veterano altivo da indústria gráfica, recusou-se a divulgar o que quer que fosse; os demais, no entanto, confessaram o suficiente para a polícia desconcertar Manuel no quinto interrogatório, quando ele entregou os pontos e identificou o autor como sendo um colega de ofício, Charles-Joseph Mayer, e o responsável pela impressão como Grangé. A polícia informou a Grangé que Manuel o implicara, mas mesmo assim o velho recusou-se a falar. Prepararam então acareamentos entre Manuel e Le Normand e entre Manuel e Grangé no mesmo dia, 17 de março. Isso abriu caminho para Manuel fazer uma confissão completa de suas atividades clandestinas no último interrogatório, ocorrido em 28 de março. Tendo extraído todas as informações de que necessitavam, a polícia soltou-o dez dias depois. O seu foi um *embastillement* típico, de dois meses de duração, bem diferente da situação de Pelleport, que ocupava outra cela da Bastilha na mesma época.

Da perspectiva da polícia, Manuel parecia mais um mascate que um escritor. Embora se identificasse como "homem de letras" no interrogatório, foi taxado como um dentre muitos outros pequenos produtores e distribuidores de panfletos em Paris. No seu caso, o panfleto fora um comentário inofensivo sobre o Caso do Colar de Diamantes, expresso no linguajar de um soldado comum. Como o título completo indica, *Lettre d'un garde du roi, pour servir de suite aux Mémoires sur Cagliostro*, o texto apresenta-se como uma continuação das memórias legítimas escritas em defesa do notório aventureiro Giuseppe Balsamo, conhecido como conde de Cagliostro, que fora preso por planejar o complô para obter os diamantes. As memórias de Cagliostro, como as de Beaumarchais doze anos antes, tinham conquistado o público. Manuel disse à polícia que ele e Mayer queriam apenas tirar proveito desse sucesso: "Ficamos atônitos com seu sucesso. Isso nos levou à constatação de que uma brochura embalada em papel azul gera mais dinheiro do que um livro útil". Um panfleto "azul" era uma obra ordinária costurada dentro de uma folha grossa de papel azul normalmente usada para embrulhar cones de açúcar, como as toscas páginas avulsas, ao estilo de cordel, conhecidas como "bibliothèque bleue". Manuel descreveu *Lettre d'un garde du roi* como uma simples "especulação comercial", típica da literatura ligeira vendida por bufarinheiros nas ruas de Paris. Ele e Mayer tinham decidido entrar no negócio juntos: Mayer escreveria o texto, Manuel supervisionaria sua publicação e os dois dividiram os lucros. A impressão — duas folhas in-oitavo, mais uma página de rosto e uma contracapa, com tiragem de 2 mil exemplares — custou apenas quatrocentos *livres*. Foi um empreendimento estritamente comercial, insistiu Manuel durante todo o interrogatório: "Respondeu que o livreto não merece ser chamado de libelo, que ele o produzira apenas para tirar proveito da voga criada por *Mémoires de Cagliostro*, que fora uma mera especulação comercial sem nenhuma intenção malévola".

Os libelos também eram empreendimentos comerciais, é claro, mas tudo acerca desse panfleto confirma a afirmação de Manuel de que ele não tinha intenção sediciosa. O texto fornece uma visão panorâmica do Caso do Colar de Diamantes, escrito em diálogo, embora assuma a forma de uma carta. A personagem principal é um soldado sem papas na língua, um homem do povo que quer dar a sua versão dos acontecimentos e estende-se longamente sobre os fatos. Apesar de todo o estardalhaço, diz ele, o caso não tem muito significado. O comportamento do cardeal foi extravagante, por certo, mas o que mais se poderia esperar de uma pessoa em cargo tão elevado? Cagliostro é um aventureiro, mas é inofensivo. Nenhum dos outros cúmplices atualmente na Bastilha merece ser levado a sério, ainda que devido respeito deva ser mostrado ao rei, que é ordenado por Deus para governar e, ademais, é um bom homem de família, bem melhor que o sacro imperador romano, um governante dedicado apenas a cerimônias cortesãs. Um soldado sabe coisas sobre o comportamento dos grandes que ninguém mais sabe, pois já os vê de perto em sua capacidade de guarda palaciano. Ele entende a necessidade de deferência e disciplina, até mesmo a necessidade da Bastilha. Prisões fazem parte de um Estado bem governado, embora coloque em dúvida alguns outros aspectos da ordem atual das coisas, como a concentração de tanta riqueza e tanto poder nas mãos do alto clero. Mas nosso soldado é apenas um jovem filho das províncias (*cadet de Gascogne*) e não faz pronunciamentos sobre assuntos de Estado. No que lhe diz respeito, todos ligados ao caso deveriam ser libertados da prisão e a questão logo seria esquecida.[11]

Com a soltura de Manuel, seu caso foi também arquivado, embora a polícia tivesse encontrado diversas evidências de seu envolvimento com publicações bem menos inocentes que *Lettre d'un garde du roi*, a maioria envolvendo o conde de Mirabeau. Em algum momento de sua tempestuosa carreira antes da Revolução, Mirabeau fugira com Marie-Thérèse-Sophie Richard de Ruffey, marquesa de Monnier, a jovem esposa de um idoso magistrado do *parlement* de Besançon. Capturados em Amsterdã em 1777 por um agente da polícia parisiense (inspetor de Bruguières, colega e periódico companheiro de Receveur), os dois foram despachados para prisões separadas — Mirabeau para a fortaleza de Vincennes, Sophie de Monnier para uma penitenciária feminina em Montmartre. A polícia permitiu que eles se correspondessem, mas não que guardassem as cartas que recebiam. Desse modo, as epístolas permaneceram nos arquivos da polícia, de onde Manuel as recuperou, publicando-as após a morte de Mirabeau em 1791. Embora não tivesse revelado o fato na época, fora ele que conseguira a publicação de muitas das obras de Mirabeau na década de 1780, pois este era um escritor prolífico e precisava de um agente.

Sob certos aspectos, Mirabeau pode ser considerado um aristocrata em Grub Street. Ele vivia bem, é claro, geralmente com um criado a seu dispor e no máximo de luxo que lhe era possível, mas gastava além de suas posses. Tendo brigado com a família, não tinha fonte regular de renda e fora forçado a escrever para conseguir algum dinheiro. Em 1782, conseguiu safar-se de Vincennes e livrar-se de uma possível sentença de morte ao ser absolvido da acusação de rapto e adultério num julgamento espetacular realizado em Aix. Depois desse episódio, passou a produzir textos sobre os mais variados assuntos — panfletos tópicos, pornografia, tratados financeiros, obras políticas, qualquer coisa que vendesse. Costumava contratar outros escritores para compor o corpo principal de seus textos, aos quais acrescentava uma camada adicional de retórica para torná-los mais provocativos. O seu nome, por si, promovia as vendas, pois suas aventuras haviam lhe granjeado notoriedade. Impetuoso, passional, livre-pensador e desdenhoso de convenções, ele reunia várias qualidades que o tornavam irresistível aos leitores. E o fascínio do público só foi crescendo à medida que seus livros se tornavam mais radicais, culminando em *Dénonciation de l'agiotage*, um libelo que contribuiu para derrubar o governo em 1787. Mirabeau narrou sua experiência na prisão em *Des lettres de cachet et des prisons d'Etat*, uma denúncia do despotismo que se tornou best-seller no mercado negro, como *Mémoires sur la*

Bastille, de Linguet. Enquanto esteve na prisão, escreveu obras pornográficas, que davam vazão a sua imaginação lúbrica da mesma maneira que os romances prisionais de Pelleport e de Sade. Dos três libertinos aristocratas, somente Mirabeau ocupava posição importante na esfera pública. Independentemente do que possamos achar do seu estilo — a grandiloquência era sua especialidade —, ele se destacou na década de 1780 como um dos escritores mais renomados e mais vendidos da França. Contudo, precisava de ajuda para vender seus livros. Como quase todos eram ilegais, alguém que conhecesse bem os meandros do submundo tinha de cuidar da sua impressão e distribuição. Esse alguém, pelo menos durante certo tempo em 1785 e 1786, foi Pierre Manuel.[12]

Quando vasculhou o apartamento de Manuel antes de enviá-lo para a Bastilha, a polícia confiscou 21 cartas de Mirabeau e sua amante na época, madame de Nehra, que intermediava muitos dos negócios com Manuel. As cartas desapareceram, mas breves resumos delas no relatório policial mostram que Manuel fora responsável pela publicação de um dos panfletos de Mirabeau sobre assuntos financeiros, *Lettre du comte de Mirabeau à monsieur le Couteulx de la Noraye, sur la Banque de Saint-Charles et sur la Caisse d'Escompte* (1785), e que atuara como seu agente na comercialização de pelo menos três outras obras.[13] Uma das cartas de madame de Nehra "informa sieur Manuel sobre um manuscrito que ela deseja que seja impresso rapidamente". Outra dizia que ela logo lhe entregaria novos manuscritos e uma terceira advertia-o de que estava desconfiada que ele havia imprimido uma edição pirata da *Lettre à monsieur le Couteulx* pelas costas de Mirabeau. Ela tinha razão. Os demais papéis confiscados pela polícia incluem a conta de uma gráfica pela impressão de uma pequena edição da obra produzida a pedido de Manuel: quinhentos exemplares a um custo de trezentos *livres* — uma referência à edição pirata. Esse caso provocou uma discussão irada entre Manuel e Mirabeau e levou-os a romper relações: "As sete primeiras cartas dizem que monsieur de Mirabeau perdeu a confiança nele. Contêm inclusive reclamações amargas e comentários duros". No interrogatório de Manuel, ele admitiu que havia ficado encarregado da comercialização de quatro panfletos financeiros de Mirabeau e que contratara Grangé para produzir um deles, *Réponse du comte de Mirabeau à l'écrivain des administrateurs de la compagnie des eaux de Paris* (1785), usando o dinheiro das vendas para pagar a conta da gráfica — versão confirmada por Grangé em seu interrogatório. Entretanto, ele e Manuel tiveram papel apenas secundário no histórico da publicação das obras de Mirabeau. Os livros mais importantes iam para editoras de grande porte localizadas fora da França. Mirabeau usou Manuel como um intermediário na produção de panfletos tópicos e, provavelmente, em alguns negócios paralelos envolvendo tiragens pequenas feitas por gráficas clandestinas de Paris de livros que eram impressos em grandes quantidades a uma distância segura na Suíça e nos Países Baixos. Manuel negou qualquer envolvimento na impressão das obras mais radicais e pornográficas de Mirabeau, mas é certo que ele as vendia. A polícia confiscou um lote de *Ma conversion* (1783) e sua reimpressão, *Le libertin de qualité, ou confidences d'un prisonnier au château de Vincennes* (1784), no apartamento de Manuel, e as cartas que apreenderam mencionavam as vendas de *Des lettres de cachet et des prisons d'Etat* (1782) — certamente encontraram evidência suficiente para provar que Manuel agia como agente de Mirabeau no submundo literário de Paris.

Não que essa função fosse incomum. Mascates e pequenos livreiros (geralmente comerciantes semilegalizados conhecidos como *marchands de livres*, em contraste com as *libraires* oficiais) muitas vezes atuavam como editoras de pequeno porte, embora esse termo seja pomposo demais para descrever seus microscópicos empreendimentos. Quando farejavam uma oportunidade, contratavam alguém como Grangé, cuja posição entre os tipógrafos era tão marginal quanto a deles entre as livrarias, para imprimir algumas centenas de cópias de um panfleto sobre o último assunto de interesse público. Talvez compartilhassem os lucros e os riscos, ou então pagavam o preço da impressão depois de receberem certa quantia em vendas. Foi a esse tipo de operação que Manuel se referiu quando descreveu *Lettre d'un garde du roi* como uma simples "especulação comercial". A polícia deparava frequentemente com microempresas desse tipo e não deu muita atenção aos negócios de Manuel com Mirabeau porque estava mais interessada em verificar tudo o que se relacionasse com o Caso do Colar de Diamantes. Mesmo assim, ao interrogarem Manuel, obtiveram muitas informações sobre como ele ganhava a vida. Descobriram que ele acertara tornar-se livreiro aprendiz de Le Jay, um mestre renomado da guilda parisiense. Manuel, que tinha 34 anos nessa época, explicou que ainda não decidira definitivamente entrar na profissão dessa maneira, mas forneceu indícios abundantes de que já estava envolvido a fundo no comércio livresco, primordialmente como mascate.

A polícia também encontrou entre os papéis de Manuel diversas anotações sobre livros e panfletos que ele vendera a indivíduos — por exemplo, uma referência ao "panfleto do dia" para certo monsieur Banquet e uma lista de títulos enviados para um conde de Turconi. Confiscaram um pequeno livro contábil, "no qual se vê que sieur Manuel negocia toda espécie de livros proibidos". E apreenderam documentos mostrando que ele suplementava esse comércio microscópico com operações mais vultosas como intermediário — daí "uma anotação sobre diversos livreiros, pequenos comerciantes e mascates aos quais sieur Manuel vendeu uma obra [não nomeada], doze cópias a um deles, duas dúzias para outro, a mesma quantia para outros, mais ou menos". Esses pequenos negociantes operavam num sistema capilar da distribuição de livros, comprando e vendendo uns dos outros conforme as oportunidades iam surgindo. Manuel tinha alguns fornecedores entre os atacadistas estrangeiros, incluindo Dufour, em Maestricht, e Mettra, em Neuwied (Mettra mudara-se para lá depois que as inundações do Reno destruíram sua gráfica em Deutz, perto de Colônia, em 1784). Ele enviara alguns carregamentos até para livreiros mais distantes, em Marselha e em Nantes. Mas suas operações eram todas em pequena escala, envolvendo principalmente mascates como ele próprio.

O negócio de Manuel incluía dois outros elementos que o diferenciavam da maioria dos demais mascates: ele vendia manuscritos de obras originais para editoras estrangeiras e comerciava boletins manuscritos (*nouvelles à la main*). A polícia encontrou cartas de dois editores relativamente importantes — Barde, de Genebra, e Dujardin, de Bruxelas — recusando um manuscrito que Manuel tentara lhes vender. Nada sugere que ele próprio fosse o autor ou que compusesse os boletins. Um bilhete de um dos intermediários da rede de distribuição dos boletins indicava que certa "madame de Lembliment deseja tornar-se assinante". Outro, de Audéard, um livreiro de Genebra, reclamava da qualidade de um boletim, e Manuel prometeu melhorar o atendimento com "notícias de outra fonte". Uma das fontes era provavelmente Mettra, que enviava sua gazeta manuscrita para Brissot e Pelleport em Londres. Outros indícios nos dossiês de Manuel confirmam que ele também tentava ganhar a vida combinando diversas operações — vendas de livros avulsos, algumas produções de publicações clandestinas, jornalismo de resistência — num comércio improvisado situado bem além dos limites da lei (não só era ilegal vender livros sem autorização oficial sob o Ancien Régime como Manuel negociava principalmente livros proibidos). Quando a lei o alcançou, ele foi à falência.

Dois meses na Bastilha eram suficientes para destruir o negócio de qualquer microcomerciante. O que aconteceu com Manuel imediatamente após sua soltura da Bastilha em 7 de abril de 1786 não pode ser determinado, mas em 1789 ele estava reduzido a viver num quartinho anexo a uma gráfica na rue Serpente, cujo dono, Garnery, permitira que ocupasse em troca de ele corrigir provas, redigir um ou outro panfleto e cuidar das relações com os mascates. Esse é o relato da sua situação em *La vie secrète de Pierre Manuel* e não há motivos para duvidarmos da sua exatidão, apesar do caráter polêmico da obra. Mas como podemos interpretar uma referência mais abstrusa ao modo como Manuel ganhava a vida por volta de 1780? Num breve ensaio entre os rascunhos de suas memórias não publicadas, Lenoir afirma que Manuel havia sido informante da polícia.

O ensaio descreve as atividades comerciais de diversos mascates literários, em particular as de certo Sauson, que começou a vender livros depois de trabalhar algum tempo como aprendiz de tipógrafo. Segundo Lenoir, Sauson fornecia livros proibidos a outros mascates, que ele produzia numa gráfica clandestina. Ele foi pego e mandado para a Bastilha, mas foi solto pouco depois por ordem de Necker, que o usava para produzir propaganda sobre operações financeiras. Sem que Necker soubesse, porém, Sauson também imprimia obras pornográficas, incluindo uma edição do romance libertino *Thérèse philosophe*. Seus colegas de profissão continuaram sendo abastecidos por sua gráfica secreta, até que um deles o denunciou — Manuel, segundo Lenoir: "Manuel, um escritor e mascate que atuava na época como espião remunerado de um inspetor de polícia, delatou Sauson, afirmando ter visto obras obscenas sendo expedidas da gráfica na rue Mazarin, que ele [Sauson] operava secretamente num local perto do Hôtel du Contrôle des Finances".[14] Uma batida policial confirmou a denúncia de Manuel. Alguns anos depois, o próprio Manuel seria preso por distribuir a igualmente obscena *Histoire de dom B*** portier des Chartreux* juntamente com alguns broches ornados com cenas de casais copulando, inspiradas nos sonetos de Aretino. Na ocasião, o duque d'Orleans, que apreciava esse tipo de coisa, interveio para salvar Manuel da prisão, mas ninguém pôde impedir seu confinamento na Bastilha em 1786, quando a polícia limpou as ruas de toda e qualquer pessoa que comercializasse obras relacionadas com o Caso do Colar de Diamantes.[15] A essa altura, Manuel já era um velho conhecido.

A polícia empregava centenas de espiões, alguns deles assalariados (trinta a 150 *livres* por mês em 1770), outros em troca de algum favor ou de pagamentos avulsos que variavam de acordo com o valor das informações fornecidas.[16] Conhecidos como "moscas" (*mouches* ou *mouchards*, termo derivado do nome de Antoine Mouchy, um mestre-espião da Inquisição no século XVI), zumbiam pelos cafés e jardins públicos, colhendo mexericos e delatando indivíduos suspeitos. A polícia estava particularmente ansiosa para receber informação sobre informação — isto é, sobre livros, panfletos, *nouvelles à la main*, canções e boatos — e até para manipular a informação, chegando muitas vezes a contratar escritores de aluguel. Se pudermos acreditar em Lenoir, seus agentes incluíam Brissot e Mirabeau: "O famoso conde de Mirabeau e Brissot de Warville foram separadamente contratados pela polícia para produzir textos e boletins e disseminá-los entre o público a fim de contradizer histórias e anedotas falsas".[17] No entanto, o testemunho de Lenoir não pode ser aceito sem questionamento. Ele começou a escrever a primeira versão de suas memórias em 1790, como refugiado da Revolução, e continuou a trabalhar nelas pelo menos até 1802, quando retornou à França. É bem possível que suas lembranças tenham se enevoado e que quisesse denegrir o nome dos revolucionários que o haviam expulsado da França. Por outro lado, ele conhecia intimamente o ambiente em que Manuel vivia e não há qualquer indício de que tenha mentido. Pelo contrário, parece ter sido um funcionário correto e esclarecido. Não há como sabermos ao certo se Manuel e seus companheiros eram ou não informantes da polícia, mas uma coisa é indiscutível: espionar era uma das muitas ocupações dos habitantes de Grub Street.

Manuel tinha também algum outro emprego, mas nenhuma fonte constante de renda. O único ofício mencionado nas notas biográficas a seu respeito é o de professor particular. Durante algum tempo antes da Revolução, segundo um panfleto que o atacava em 1791, ele mitigara "a bem conhecida mediocridade de sua fortuna" dando aulas para os filhos do duque de la Trémouille.[18] Um artigo sobre o Caso do Colar de Diamantes em *Mémoires secrets* afirma que Manuel também ensinara as crianças de um banqueiro chamado Tourton, mas que perdeu essa posição porque um padre hostil o acusara de espalhar impiedades. Para se manter, acabou se tornando vendedor ambulante de livros, além de escrever um ou outro panfleto, como *Lettre d'un garde du corps*. *Mémoires secrets* nada tem a dizer sobre esse trabalho, mas ao relatar a libertação de Manuel da Bastilha, inclui uma resenha favorável de um de seus livros mais substanciosos, *Coup-d'oeil philosophique sur le règne de saint Louis*, que julgou ser aprazivelmente voltairiano.[19] Por outro lado, o *Correspondance Littéraire*, de Grimm e Meister, discorda e relega *Coup-d'oeil philosophique* como uma obra exagerada e incoerente.[20] Estas são as únicas referências que encontrei às publicações de Manuel na imprensa pré-revolucionária. No entanto, ele publicou muitas obras: no mínimo seis livros e panfletos. Merece, portanto, ser considerado um "homem de letras"? Afinal, foi assim que ele se identificou ao ser interrogado na Bastilha.

Antes de tentar resolver a questão da identidade profissional de Manuel, talvez seja útil resumir o que pode ser estabelecido sobre sua vida antes da Revolução.

Nascimento: Nemours, 14 de dezembro de 1753, um dos quatro filhos da família de um comerciante pobre.

Educação: depois de cursar uma escola humanista local, treinou para o sacerdócio no seminário de Sens. Aparentemente, chegou a ser tonsurado — isto é, tomou os votos preliminares para ingressar no clero — e continuou seus estudos num seminário em Paris antes de voltar-se contra a Igreja. De acordo com *Vie secrète de Pierre Manuel*, obra bem informada porém tendenciosa, ele demonstrou tanta promessa nos estudos que os pais o incentivaram a continuar sua educação na esperança de que se tornasse padre. Ele, em vez disso, assumiu pontos de vista voltairianos, tentou se firmar como intelectual espirituoso na sociedade provinciana e acabou vagando para o comércio de livros em Paris.

Perspectiva: difícil determinar, mas a passagem de catolicismo para uma visão irreligiosa e iluminista do mundo parece ter ocorrido durante a juventude. Seus primeiros escritos são vigorosamente anticristãos, embora não tenham vestígio do passional rousseaunismo que permeia as obras de seus amigos, notadamente Brissot e Mercier.

Emprego: professor particular, panfletagem, mascateação e vários tipos de empregos avulsos no comércio clandestino de livros.[21]

Em suma, a vida de Manuel segue um padrão típico de sua geração. De origens obscuras, provincianas, sentiu a atração de Paris e tentou abrir caminho no mundo das letras arrolando-se entre os seguidores dos *philosophes*. Mas, para se manter, precisou recorrer a todo tipo de expediente, muitos dos quais ilegais ou repulsivos.

Seus escritos indicam como essa experiência acabou se manifestando na palavra impressa. Como tantos jovens que atingiram a maioridade nas décadas de 1770 e 1780, Manuel tentou publicar obras ambiciosas que deixassem sua marca entre os sucessores de Voltaire. Na legenda da gravura de si mesmo que mandara fazer em 1792, cita dois livros de sua carreira pré-revolucionária: *Coup-d'oeil philosophique sur le règne de saint Louis* (1786) e *L'année française* (1789). O primeiro foi a única peça de fôlego de literatura filosófica que publicou, mas seu fôlego acabou logo. Numa nota ao final da obra, ele explica que pretendera originalmente produzir uma história filosófica abrangente do reinado de são Luís [1226-70], mas depois de iniciar o manuscrito descobriu que o abbé Louis-Pierre Saint-Martin, um padre de ideias avançadas e com um cargo no tribunal de Châtelet em Paris, planejava escrever obra similar. Com isso, decidiu interromper o seu tratado — que termina abruptamente na página 164 — e apresentá-lo como um ensaio que oferecia uma visão panorâmica desse reinado iluminado pelo "archote da filosofia".[22] Longe de tentar detratar uma figura venerada do passado da França, ele insiste que pretendia celebrar são Luís como um estadista. Por isso, o santo aparece como um paladino do povo, um inimigo do monasticismo e um cruzado da "liberdade, este patrimônio inalienável da natureza".[23] As cruzadas, porém, constituíam sério problema. Manuel resolve-o interpretando-as como um terrível equívoco cometido por Luís (às instâncias de são Bernardo, um patife, que é contrastado com o sultão Saladino, um herói) pelo fato de ter nascido cedo demais para assimilar a filosofia do Iluminismo. Não obstante, o cruzado fez o máximo que pôde para mitigar os horrores do feudalismo e promover a liberdade e os direitos do homem. Infelizmente, porém, pouco pôde fazer para destruir o poder do clero, o qual, evocando Hume, Manuel caracteriza como a raiz de todos os males históricos. Mas a história também demonstrava que a superstição já se retraía antes do avanço da razão e, graças ao exemplo dado pelo santo filósofo, os franceses podiam ter esperança de progresso em todas as frentes. É difícil imaginar uma visão mais anacrônica da Idade Média. Manuel, no entanto, esforça-se para não depreciar nenhuma instituição contemporânea e mantém sua crítica social seguramente fundada no passado. De acordo com *Mémoires secrets*, ele submeteu seu texto à aprovação da polícia, que foi publicado — com endereço falso, mas ostentando o seu nome na página de rosto — sem causar comoção. Numa resenha do livro, o *Correspondance Littéraire* não fez comentário algum sobre qualquer ideia radical do texto, relegando-o como uma obra medíocre desfigurada por "um tom ininterruptamente declamatório, que é por vezes totalmente ininteligível".[24] Independentemente do que possamos achar de tal parecer, é óbvio que o livro mais importante de Manuel não consolidou seu nome como filósofo.

O outro livro que ele cita no epitáfio a si mesmo é uma simples antologia de escritos alheios, resumidos e adaptados para um público mais amplo. Trata-se de uma espécie de almanaque, um gênero bastante popular, que os franceses compravam para dar de presente no começo do ano. Os almanaques geralmente incluíam as mais variadas informações, associadas a cada dia do calendário, que os leitores podiam consultar para se edificar, buscar instrução ou se entreter. Os mais tradicionais traziam os nomes dos santos de cada dia. Manuel secularizou essa tradição substituindo os nomes dos santos pelos de heróis cívicos, conforme indica o título: *L'année française, ou vie des hommes qui ont honoré la France ou par leurs talents, ou par leurs services, et surtout par leurs vertus: pour tous les jours de l'année*. Dessa vez, o livro apareceu com homologação e privilégio reais, ou seja, como uma obra totalmente dentro da lei. A aprovação do censor, impressa no final, elogia os sólidos princípios e propósito da obra. Além do nome de Manuel, a página de rosto traz o da editora, Nyon l'aîné et fils, um estabelecimento respeitável. A obra estende-se por quatro volumes elegantemente impressos e o preço, incluindo a encadernação, chegava a doze *livres*, uma quantia que não era para todos os bolsos. Tudo acerca do livro indica que foi um empreendimento comercial, concebido explicitamente para gerar bastante dinheiro.

O propósito econômico não invalida sua mensagem, é claro, que antecipou os calendários e o culto da virtude que surgiram durante a Revolução. Embora a página de rosto indique 1789 como o ano de publicação, seu calendário era para ser usado a partir de 1º de janeiro de 1789 e, portanto, a obra não faz nenhuma alusão a eventos posteriores a 1788. No prefácio, Manuel dá instruções sobre como usar o livro. Pais deveriam reunir os filhos ao seu redor e ler para eles a lição do dia de maneira a estimular uma discussão edificante. Professores deveriam fazer o mesmo com seus alunos. Todos os leitores deveriam se inspirar nos exemplos dos homens virtuosos (mulheres não eram mencionadas)[25] que haviam nascido ou morrido no dia correspondente. Em sua escolha dos modelos de virtude, Manuel não privilegiou os grandes — longe disso: "Longe de mim aqueles soberanos que se distinguiram apenas pelo poder ou bravura! Eu busco cidadãos cujo esclarecimento, talento e virtude trouxeram honra para minha pátria".[26] Ele celebra trabalhadores virtuosos, camponeses oprimidos por seus senhores e "mártires da intolerância"[27] — entre os quais se inclui ao anunciar que teve a ideia do livro enquanto padecia na Bastilha. Em vista de tais afirmações, é um tanto estranho encontrarmos Colbert, Francisco I e o Delfim (filho de Luís XV) entre seus heróis, ainda que afirme ter extraído seu material de diversos dicionários e coleções de panegíricos fúnebres, reescrevendo-os conforme necessário. Embora insigne em princípio, *L'année française* é, na prática, um pastiche.

A única outra obra de alguma importância que Manuel produziu antes da Revolução foi *Essais historiques, critiques, littéraires et philosophiques* (1783), uma coletânea de peças beletristas curtas que ele publicara em diversas revistas. Todas pertencem ao gênero de literatura ligeira preferido por periódicos como o *Mercure*. Na realidade, Manuel tentara ingressar no rol dos poetas de bom-tom com alguns versos frívolos que conseguiu publicar no *Mercure*.

Quand on plaît, on est toujours belle:
Toute la vie est un printemps.
Ne crains rien: l'amour et le temps
Te prendront pour une immortelle;
Peut-être un jour, jaloux de mon bonheur,
Les dieux voudront, ô ma Thémire,
T'arracher de mes bras, et non pas de mon couer,
Pour te faire changer d'empire.

(Se és agradável, és sempre bela:
A vida toda é uma primavera.
Nada temas: o amor e o tempo
Tomar-te-ão por imortal;
Talvez, um dia, ciosos de minha felicidade,
Os deuses hão de querer, ó minha Thémire,
Arrancar-te de meus braços, não de meu coração,
Para fazer-te mudar onde é teu domínio.)[28]

A mistura de galanteios e sentimentalismo torna Manuel semelhante a todos os outros aspirantes a poeta que enviavam *vers de circonstance* ao *Mercure*. Os *Essais* de Manuel não incluíam poemas, mas tinham o mesmo sabor convencional — meditações moralistas (*pensées*), narrativas orientais, reflexões sobre episódios da história antiga e histórias sentimentais com mensagens como: "A obra--prima do amor é o coração de uma mãe".[29] Em diversos ensaios, Manuel presta tributo aos heróis usuais da literatura contemporânea: d'Alembert, Buffon, Rousseau e, especialmente, Voltaire. Em outros, enfatiza as dificuldades de imitá-los. Pais, mães, não deixem seus filhos sucumbir às tentações da literatura, adverte ele. Hoje os jovens sonham em conquistar a glória na República das Letras. Escrevem poemas, epigramas, ensaios, toda espécie de *pièces de circonstance*, que enviam às revistas literárias na esperança de dar o primeiro passo na "carreira das letras".[30] Todavia, logo descobrem que Paris está repleta de jovens igualmente ambiciosos. Não tardará até que aprendam que a literatura não lhes fornecerá um meio de vida. Se tiverem sorte, poderão escapar da indigência com algum emprego, dando aulas particulares, por exemplo. Mas sofrerão então humilhação maior, pois serão tratados como lixo por seus patrões, incapazes de compreender seus esforços para transformar uma criança num cidadão. É provável que essas observações refiram-se à experiência de Manuel como tutor na casa do banqueiro Tourton. Autobiográficas ou não, revelam sua visão da literatura num momento em que se esforçava para fazer nome como literato. Os *Essais* fazem parte desse esforço. Visavam demonstrar seu talento nos mesmos gêneros que menciona ao descrever o empenho de seus contemporâneos para serem reconhecidos como escritores. Longe de provocar algum escândalo, os *Essais* foram publicados com aval do governo — para logo em seguida desaparecer sem que ninguém percebesse sua existência ou os comentasse, na enxurrada de publicações triviais de outros escritores que também tentavam galgar os escalões inferiores da República das Letras.

As frustrações dos jovens escritores e o perigo da superpopulação do mundo literário pareceram fenômenos importantes a vários contemporâneos de Manuel.[31] A variação mais reveladora sobre esse tema é *Le petit almanach de nos grands hommes* (1788), de Antoine Rivarol, provavelmente escrito com a colaboração de L.-P.-Q. de Richebourg, marquês de Champcenetz. Em vez de lastimar a sorte dos autores obscuros, Rivarol faz troça deles. Outras obras celebram os homens de letras mais famosos, explica o autor; ele dedicará seu *Petit alma-*

nach aos mais desconhecidos. Vasculhou antologias e resenhas literárias, extraindo os nomes de todos os poetas e ensaístas do sopé de Parnaso que aspiravam galgar ao ápice, para cumulá-los de elogios satíricos. Com apologias absurdamente infladas, ele expõe centenas de borra-papéis e biscates literários, revelando uma paisagem repleta de "liliputianos" subindo uns sobre os outros num corre-corre generalizado para atingir a glória literária. Rivarol inclui Manuel no meio da multidão e despacha-o com uma única sentença.

> MANUEL: um vate afável e fluente que poderia produzir qualquer coisa mas que prefere atingir a imortalidade pela rota afetada dos madrigais e epigramas.[32]

Em vez de recolher-se ao silêncio e esperar que o escárnio se dissipasse, Manuel retrucou com um libelo anônimo. Embora tentasse esquivar-se da sátira de Rivarol com algumas zombarias próprias, ele se valeu principalmente de uma retórica de indignação: "Dizes que monsieur Manuel seria capaz de poemas épicos por ter composto madrigais — ele que, com mais filosofia do que fortuna, labuta na obscuridade em obras úteis! Tu o denuncias como um fazedor de epigramas! Todavia, jamais tal azedume envenenou sua alma!".[33]

Ao defender a própria dignidade, Manuel afirma falar por todos os escritores que se dedicaram ao bem público. Em particular, deplora o escárnio de Rivarol pelo Musée, um clube literário em que qualquer um podia ser admitido e lá encontrar uma plateia para sua poesia, ao contrário das academias que eram reservadas à elite.[34] Entretanto, depois de manifestar essa posição altiva, Manuel mergulha no abismo e começa a lançar insultos a torto e a direito. Acusa Rivarol de ser um conde fraudulento e Champcenetz de ser um falso marquês e um homossexual. Eles replicaram com um contra-ataque, escrito na forma de uma carta de um suposto membro do Musée, que celebra *Le petit almanach de nos grands hommes* como um "massacre de são Bartolomeu da ralé literária", despeja mais escárnio em Manuel como um elemento típico daquele ambiente, zomba de sua pretensão de conquistar uma reputação no Musée e debocha de sua "ambição de ser um sucesso em salões e jantares".[35]

Essa polêmica expressa bem a torpeza da vida na base da República das Letras, onde a literatura continuava sendo motivo de difamação poucos meses antes da tomada da Bastilha. Será que também expõe uma contradição entre a nobre vocação de Manuel como homem de letras e sua existência desvalida no submundo literário? Talvez. Por outro lado, contradições faziam parte integrante da literatura tal como vivida por homens como Manuel. Pregar o evangelho dos direitos humanos e, ao mesmo tempo, mascatear libelos era vivenciar no âmago essas contradições, não uma tentativa de ocultar a sórdida busca de lucro por trás de uma fachada falsa de idealismo. Manuel provavelmente acreditava nos princípios que pregava. Sua posição na "ralé literária" deve ter reforçado — não debilitado — seu compromisso com as convicções iluministas. É verdade que o estado de ânimo de sua alma em 1789 só pode ser assunto de especulação. Não há como conhecê-lo. Por outro lado, ninguém deve supor que engajamento ideológico é incompatível com interesse próprio ou que o fracasso leva inevitavelmente ao cinismo. Alguém que chegue ao fundo do poço não precisa perder a fé nos ideais mais elevados. Pelo contrário, suportando as árduas realidades na base mais ínfima da ordem social, essa pessoa pode determinar-se a refazer a realidade do sistema inteiro — ou, no mínimo, dedicar-se a essa causa em época de revolução. Grub Street pode ter parecido um beco sem saída para Manuel durante a maior parte da década de 1780, mas em 14 de julho de 1789 conduziu-o a um novo começo.

18. Da difamação ao terror

Depois de 14 de julho de 1789, a Bastilha foi demolida como edifício e re-construída como símbolo daquilo que, numa visão retrospectiva da França, veio a ser conhecido como Ancien Régime. Pierre Manuel contribuiu mais para essa reordenação simbólica do que qualquer outra pessoa. Ele montou uma carreira em cima da publicação de livros que expunham os horrores que haviam sido ocultados na antiga fortaleza e usou essas publicações para promover uma segunda carreira como ativista político. Das palavras à ação, o curso de sua vida de 1789 a 1793 ilustra a ascensão e queda de um revolucionário e, em certa medida, da própria Revolução.[1]

Em algumas de suas polêmicas revolucionárias, Manuel tentou se passar por conquistador da Bastilha. Todavia, como nunca chegou a apresentar algo que comprovasse essa afirmação, acabou relegando-a e retomou seu papel de mártir da Bastilha — isto é, de uma vítima do despotismo que sofrera por seu altruísmo em defesa da causa do povo.[2] Qualquer pessoa que pudesse confir-mar ser um *bastillant* (ex-prisioneiro) desfrutava de grande vantagem na briga renhida por cargos e influência após 14 de julho de 1789. Entretanto, carreiras políticas não são feitas apenas de reputação e Manuel precisou superar muitas desvantagens. Ele não tinha família imediata nem profissão nem fortuna nem endereço fixo. O único local que poderia lhe servir como trampolim para a política revolucionária era a gráfica de Garnery, onde morava de graça num quarto em troca de corrigir provas e fornecer panfletos para os mascates.

Manuel também escrevia panfletos, embora seja difícil identificar quais são seus em meio à onda de publicações anônimas que inundaram as ruas de Paris depois de agosto de 1788, quando o rei concordou em convocar os Estados Gerais. Uma delas, *Lettre d'un citoyen à un frondeur sur les affaires présentes*, lançada nos últimos meses de 1788, expressa algumas das posições radicais mais comuns. Contém ataques ferozes à nobreza, às taxas feudais e aos *parlements*, junto com uma defesa de Necker, um tributo ao rei e uma convocação para que os homens de letras liderassem o povo na preparação de uma nova ordem.[3] Meros panfletos, no entanto, não bastaram para que Manuel conquistasse um lugar dentre os líderes revolucionários. Seu maior trunfo foi, na realidade, a extensa rede de contatos que estabelecera com os vendedores ambulantes da cidade quando ele mesmo trabalhou como mascate. De acordo com *Vie secrète de Pierre Manuel*, foram esses camelôs que o ajudaram a se lançar na vida política.

> Em 1785, ele foi contratado por Garnery. Ganhava o suficiente para se manter e ocupava um quarto de graça como estipêndio anual. Tinha apenas de produzir algumas folhas, alguns libelos para a gráfica, onde se mostrou útil corrigindo provas. [...] Seus primeiros protetores [em 1789] foram os mascates que apareciam todos os dias para se abastecer com os jornais que Garnery imprimia. Manuel era só simpatia quando lhes entregava o material. Ele sabia agradar essas pessoas estrepitosas e acabou conquistando seu apoio, o que o levou a um emprego numa divisão da polícia especializada em publicações e comércio livresco.[4]

É claro, nada em *Vie secrète* — ou em qualquer dos materiais polêmicos que são a principal fonte de informações sobre a carreira revolucionária de Manuel — pode ser tomado acriticamente como verdade. Mas essa referência a sua imersão no mundo dos mascates pode ser confirmada por seu interrogatório na Bastilha em 1786 e pela homenagem escrita que lhes prestou em 1789 ou 1790: "Esse exército de mascates, que invade as ruas e esquinas desde o Quai des Augustins, parece forçar o povo a conhecer e discutir todas as operações de um governo que não consegue mais manter nada em segredo. Essas milhares de vozes rumorejantes têm sido úteis para insuflar vida no espírito público, o único capaz de derrubar a persistente estrutura de maus-tratos".[5]

É provável que os mascates também tenham feito campanha em prol de Manuel quando ele ingressou na política parisiense, embora não haja informação de quando isso aconteceu exatamente. O próximo indício concreto que temos mostra-o apenas como um orador exigindo medidas enérgicas na menor e mais humilde unidade da nova estrutura política que ia sendo montada no verão de 1789. Manuel discursou como um *commissionner*, isto é, membro do comitê executivo do seu distrito, um dos sessenta grupos de eleitores que foram criados para eleger os deputados dos Estados Gerais e que continuaram funcionando depois como entidades semiautônomas na reorganização revolucionária de Paris. Cada distrito deveria fornecer um batalhão para a Guarda Nacional e enviar representantes para a Comuna de Paris (conhecida inicialmente como *municipalité provisoire*), que governava a cidade em conjunto com o novo prefeito, Jean Sylvain Bailly. Do distrito para a Comuna para a Convenção Nacional — estes foram os degraus da escada que Manuel ascenderia de 1789 a 1792, ajudado ao longo do caminho por discursos sonoros no Clube dos Jacobinos.

O mais antigo de seus discursos que sobreviveram em forma impressa foi proferido em 30 de agosto de 1789, numa reunião conjunta dos distritos Val--de-Grace e Saint-Jacques. Manuel falou prolixamente a outros militantes do seu bairro sobre os perigos de uma redução do ardor revolucionário após os grandes acontecimentos do começo do verão. Reclamou que o distrito não fornecera soldados suficientes para seu batalhão na Guarda Nacional e que alguns de seus cidadãos haviam demonstrado um perturbador preconceito contra atores, que estavam sendo excluídos da vida cívica, apesar de suas qualidades como patriotas.[6] Por sua vez, o patriotismo de Manuel parecia impecável e o Distrito reconheceu isso enviando-o como seu representante na Comuna provisória. Pouco depois de chegar ao Hôtel de Ville, Manuel conseguiu assumir outro cargo, "administrador do departamento de polícia", assumindo com ele responsabilidade especial de supervisionar o comércio de livros.[7]

De mascatear livros a policiar livros... A transformação da situação de Manuel corresponde bem ao senso de um mundo virado de pernas para o ar compartilhado por muitos franceses durante o extraordinário verão de 1789. Num relato que fez de sua nova função, Manuel enfatiza que sempre se dedicara a uma meta suprema: a liberdade de imprensa. Portanto, fez tudo que estava a seu alcance para remover o entulho institucional do Ancien Régime que estorvava os jornalistas da Revolução. Também cuidou de manter o público informado de sua dedicação escrevendo cartas para as revistas que surgiram em toda parte em 1789 e eram editadas em grande parte por ex-companheiros seus de Grub Street. Além disso, publicou uma coletânea dessas cartas, junto com alguns de seus discursos, dando-nos um retrato vívido de Manuel em ação, limpando os estábulos de Áugias da velha polícia.

Uma das cartas é a resposta de Manuel a um pedido de autorização para publicar um livro. O pedido é indeferido, explica, porque autorizar uma publicação é admitir tacitamente que ela poderia ser proibida. Por isso, ele não emitirá mais autorizações. A imprensa agora é livre. Em outra carta, Manuel responde a uma advertência vinda de Metz de que um carregamento de *Histoire philosophique et politique des établissements et du commerce des européens dans les deux Indes*, de Raynal, que fora proibida e queimada em 1781, estava a caminho de Paris, onde poderia ser confiscado pela Chambre Syndicale (departamento de inspeção operado por membros da guilda de livreiros de Paris). Que venha, anuncia Manuel. A imprensa é livre e a guilda já deveria ter sido extinta. Numa terceira, uma carta aberta dirigida a um censor real, ele exige a demissão deste, pois a imprensa é livre. Agora todos podem publicar qualquer coisa, mesmo panfletos e libelos ordinários ou desprezíveis, pois é mais importante proteger a liberdade do que defender a reputação de indivíduos. Numa carta aberta a Brissot, seu amigo e editor do *Le Patriote Français*, Manuel diz que ele mesmo tem sido objeto de ataques, mas que permitirá que seus inimigos o denigram. A imprensa é livre e ele está ocupado demais protegendo sua liberdade para dar-lhes o troco na mesma moeda. Numa carta aberta a Desmoulins, jacobino como ele e editor de *Les Révolutions de France et de Brabant*, declara que sua maior responsabilidade é supervisionar a polícia para manter a imprensa livre. A imprensa é uma arma que homens de letras empunham e "são os homens de letras [...] que fazem revoluções".[8]

As cartas de Manuel são um bom exemplo da retórica revolucionária de 1789, mas não conseguem resolver uma dificuldade complexa. O artigo XI da Declaração dos Direitos do Homem e do Cidadão afirma que a imprensa é livre, porém sujeita aos "termos previstos pela lei". E quais poderiam ser esses termos? Ninguém na Assembleia Nacional defendeu a abolição de todas as restrições à palavra impressa, mas os deputados nunca acordaram uma definição da linha que separa a liberdade da calúnia, da sedição, da blasfêmia, da indecência e de outras expressões não permissíveis. Também não conseguiram redigir uma lei sobre propriedade intelectual, embora o colapso do sistema de concessão de privilégios reais houvesse criado a necessidade de alguma forma moderna de copyright.

Enquanto isso, centenas de jornais — jornais contendo notícias legítimas — brotavam por todo o reino, divulgando e discutindo acontecimentos com uma ousadia que seria impensável antes de 1789. Os novos jornalistas sequer pediam permissão para exercer seu ofício. E os funcionários públicos que permaneciam no serviço público real — ao menos temporariamente, enquanto os revolucionários tentavam reorganizá-lo — não conseguiam entender as mudanças que ocorriam diante de seus olhos. O diretor do comércio livresco, Poitevin de Maissemy, escreveu carta após carta ao chefe de polícia exigindo medidas contra autores como Brissot e Mirabeau, que tinham lançado jornais antes mesmo da tomada da Bastilha. Em 14 de abril de 1789, denunciou o prospecto do *Le Patriote Français* de Brissot como "o grau máximo da audácia, reforçada pela impunidade" e tentou suprimi-lo por meio de ordens enviadas a todos os fiscais do comércio livresco e funcionários da guilda de livreiros.[9] Depois de 14 de julho, porém, nada mais pôde estancar a enxurrada de novas publicações.

Mas logo houve reação, pois as classes proprietárias começavam a se sentir cada vez mais ameaçadas com a escalada da desordem: os levantes de camponeses conhecidos como Grande Medo, as revoluções municipais em todos os centros urbanos franceses, os ininterruptos tumultos em Paris e as Jornadas de Outubro, quando a multidão parisiense invadiu Versalhes e arrastou consigo a família real para a capital. A irrupção de violência, acompanhada de linguagem falada e escrita violenta, provocou muitos pedidos para se conter a imprensa. As autoridades revolucionárias tomaram medidas repressivas contra jornalistas e panfletistas em diversos momentos de 1790 e 1791, e em 1794 começaram a fechar um grande número de gráficas. Mesmo em 1789, quando as publicações desenfreadas atingiram o pico, havia toda sorte de obstáculos no caminho da liberdade irrestrita. Louis Thiroux de Crosne, o último chefe de polícia, desapareceu dois dias depois da tomada da Bastilha, mas muitos funcionários continuaram em seus cargos — inspetores de polícia, censores, empregados da guilda de livreiros e administradores da Direction de la Librairie (responsáveis por autorizar publicações e controlar o comércio livresco). Embora os *parlements* houvessem sido abolidos, os tribunais inferiores continuavam funcionando. Bispos ainda podiam condenar livros. E até mesmo o novo prefeito de Paris,

Jean Sylvain Bailly, expressou sua crescente preocupação com a desordem que grassava em toda parte. No verão de 1791 ele já parecia inequivocamente contrarrevolucionário, ao menos para jacobinos como Manuel.[10]

Manuel nunca teve poder direto sobre a polícia. Embora se identificasse como um "administrador provisório da polícia",[11] tinha apenas funções supervisórias decorrentes de sua posição como representante na administração provisória de Paris, e mesmo nessa capacidade ele continuava subordinado a Bailly. Além disso, ele não trabalhou lá por muito tempo, pois não conseguiu reeleger-se para a Comuna no verão de 1790 e deixou Paris no outono, indo para Montargis a fim de se dedicar à preparação de *La police de Paris dévoilée*. E o que fez ele nesses dez meses em que trabalhou na administração? Nada, ele se vangloriaria mais tarde — isto é, nada para impedir as atividades das gráficas e dos livreiros.[12] Talvez tenha ajudado a desmantelar algumas das instituições remanescentes do Ancien Régime, mas sua principal atividade parece ter sido recolher e editar documentos dos arquivos da polícia. Enquanto Brissot e outros publicavam periódicos, Manuel publicava livros — livros jornalísticos repletos de detalhes sensacionais sobre abusos de poder. Nesse aspecto, sua carreira revolucionária pode ser vista como uma continuação de suas atividades pré-revolucionárias e como uma solução para a dificuldade que o atormentara durante toda a década de 1780: a necessidade de ganhar dinheiro.

A Revolução não arrancou Manuel da pobreza, pelo menos não nos dois primeiros anos. Embora seja difícil documentar sua situação financeira, uma fonte indica que ele nada conseguira fazer para melhorar "a bem conhecida mediocridade de sua fortuna" até 2 de dezembro de 1791, quando foi eleito *procureur* (procurador) da Comuna.[13] Para ser eleito, ele tinha de se qualificar como cidadão "ativo", tal como exigido pela Constituição de 1791 — ou seja, precisaria ter pago impostos equivalentes a três dias de trabalho. (Para os parisienses, isso significou seis *livres* em 1790 e sete *livres* e sete *sous* em 1791.) Um dos inimigos políticos de direita de Manuel, Charles-Pierre Bosquillon, afirmou num panfleto que sua eleição não era válida porque ele nunca fizera esses pagamentos: não havia registro deles em parte alguma e Manuel não apresentara recibos. Manuel pagou os tributos retroativamente em novembro de 1791, quando se candidatou, e pôde assim obter dinheiro de um patrocinador político. Mas tal manobra também era contra a lei. Além disso, sua inelegibilidade podia ser demonstrada de duas outras maneiras: ele nunca se alistara numa companhia da Guarda Nacional (somente cidadãos ativos eram admitidos na Guarda e tinham de investir bom dinheiro para adquirir o uniforme) e nunca tivera um domicílio fixo e legal em Paris. Bosquillon afirmou que Manuel sempre perambulara de lugar em lugar, residindo onde quer que conseguisse ficar — na rue Serpente, onde Garnery lhe ofereceu um quarto em troca de trabalho na gráfica; na rue des Postes, onde obteve um quarto gratuito de um funcionário da polícia; na rue de l'Oursine, onde afirmou ter morado num apartamento normal durante pelo menos um ano, embora não tivesse nenhum recibo de aluguel. Isso sem falar nos doze meses, de outubro de 1790 a outubro de 1791, que passou em Montargis. O ataque de Bosquillon não foi suficiente para fazer Manuel perder seu cargo, mas é um retrato bem convincente de uma existência improvisada, de alguém em movimento constante correndo atrás das oportunidades que surgiam nas primeiras fases da Revolução.[14]

Todas as evidências disponíveis indicam que, até dezembro de 1791, Manuel se manteve primordialmente graças à literatura. A Revolução abriu novas fontes de renda para escritores, não apenas por ter libertado a imprensa mas também por ter criado uma enorme demanda de informação, tanto sobre o passado como sobre o presente. Ao contrário de outros autores que satisfaziam a sede de notícias sobre acontecimentos correntes, Manuel produzia notícias sobre abusos que tinham ficado encobertos sob o Ancien Régime. Sua posição na administração da polícia deu-lhe acesso aos mais surpreendentes dossiês, que haviam ficado guardados a sete chaves na Bastilha, os quais ele aproveitou ao máximo numa sucessão de livros sensacionalistas: *La Bastille dévoilée* (Paris, 1789-90), quatro volumes em oito fascículos; *La chasteté du clergé dévoilée* ("Roma", 1790), dois volumes; *La police de Paris dévoilée* (Paris, 1790), dois volumes; e *Lettres originales de Mirabeau* (Paris, 1792), dois volumes. A história editorial dessas obras é complexa e obscura. Como seus títulos indicam, elas formam uma espécie de série: todas são antologias baseadas em arquivos da Bastilha e por trás de todas elas está a ideia de revelar segredos. Manuel colocou seu nome em posição proeminente nas páginas de rosto de *La police de Paris dévoilée* e *Lettres originales de Mirabeau*. E embora os dois outros livros tenham sido lançados anonimamente, ele não ocultou o seu papel de editor.

La Bastille dévoilée foi publicada em fascículos e, conforme anunciado, pretendia atender a "impaciência" de um público sôfrego para conhecer a verdade sobre o que acontecera atrás dos muros do presídio. "A tomada da Bastilha abriu um precioso repositório [de arquivos] e estamos nos esforçando para publicar o quanto antes tudo o que ele nos oferece. Esta é uma antologia de provas e exemplos das atrocidades que o despotismo ministerial perpetuou incansavelmente. As revelações são de tal natureza que interessam a todos, indivíduos de qualquer idade, sexo ou posição."[15] Esse tipo de retórica — típica conversa de vendedor expressa como uma lição de civismo — continuou em todos os oito fascículos, lançados entre 1789 e 1790, cada um contendo uma seleção de dossiês dos prisioneiros da Bastilha durante um período específico. Os editores garantiram a autenticidade dos documentos, mas muitas vezes o parafraseavam, inseriam notas explicativas e até publicavam comentários de ex-prisioneiros, que aproveitaram a oportunidade para relatar os sofrimentos que tinham padecido pela causa da liberdade.[16] Não se deve esperar que a obra resultante se conformasse com padrões editoriais estabelecidos um século depois. Seu público-alvo eram leitores revolucionários e ela mesma fazia parte da torrente de ataques contra o Ancien Régime surgidos depois de 14 de julho de 1789. Teve até de competir com outras publicações similares, pois os documentos da polícia haviam se espalhado por toda parte depois da tomada da Bastilha, e diversos autores correram para publicar suas próprias coletâneas. Jean-Louis Carra, um escritor de aluguel que se tornou revolucionário, exatamente como Manuel, lançou um estojo com três volumes, *Mémoires historiques et authentiques sur la Bastille*, em 1789. Também ele denunciou o despotismo apelando à lascívia e ao patriotismo de seus leitores: "Possam aqueles que lerem essas *Mémoires* se identificar por um momento com as vítimas [...] e logo mergulhar em imaginação no leito voluptuoso de sua prostituta favorita [i.e., madame du Barry]".[17] Havia grande demanda por esse tipo de revelação em 1789. *La Bastille dévoilée* desenvolveu a melhor estratégia para satisfazer esse apetite, pois em vez de ser publicada de uma só vez num estojo com vários volumes, foi lançada numa sucessão de fascículos que lembravam panfletos. Primeiro foram publicados os dossiês mais recentes, provavelmente os que mais interessavam aos leitores; em seguida, os de 1752 em diante, avançando depois até chegar à década de 1780. *Mémoires historiques*, de Carra, chegava apenas aos dossiês de 1775, talvez porque *La Bastille dévoilée* já houvesse capturado a maior parte do mercado. Qualquer que tenha sido seu sucesso relativo, as duas obras eram notavelmente semelhantes e, ao revelarem como a Bastilha funcionara como um bastião do despotismo, ajudaram a perpetuar o mais poderoso mito da nova cultura revolucionária.[18]

Essa visão mitológica da Bastilha deve muito à publicação dos documentos de seus arquivos. Obras anteriores, como *Mémoires sur la Bastille*, de Linguet, tinham preparado o caminho, mas *La Bastille dévoilée* contém provas aparentemente irrefutáveis extraídas dos próprios dossiês dos prisioneiros. Chega até mesmo a contestar os exageros que Linguet dispersara ao longo do relato de seu *embastillement*.[19] Para reforçar a asserção de autenticidade, os editores de *La Bastille dévoilée* anunciaram que colocariam os originais dos documentos publicados em exposição no Lycée, uma sociedade literária que sucedera ao Musée, onde qualquer um poderia examiná-los. A estratégia potenciou o efeito da publicação em fascículos, com novas revelações sendo divulgadas em ondas de choque sucessivas e produzindo forte impressão, a julgar pela resenha do *Correspondance Littéraire*, um periódico normalmente cético: "Esta coletânea é realmente notável, pois é composta inteiramente de documentos originais encontrados na Bastilha, que estão expostos no Lycée, onde todos podem vê-los".[20]

A impressão de autenticidade (ou *l'effet réel*, como dizem os críticos literários) também é resultado do trabalho dos editores, que montaram o texto a partir de ingredientes díspares e envolveram-no no tipo de retórica que soava verdadeira aos ouvidos de 1789. Quem eram esses editores — a pessoa ou as pessoas que se dirigem ao leitor no prefácio do primeiro fascículo com observações como: "Almejamos desvelar para toda a Europa os crimes secretos daquela horda de tiranos efêmeros chamados ministros"?[21] O fato é que o "nós" ia mudando à medida que os fascículos eram publicados. Na realidade, as notas explicativas espalhadas pelo livro têm uma qualidade autorreferencial que ajuda a explicar seu caráter. O primeiro fascículo apresenta-se como obra coletiva de um grupo de patriotas ligados ao Lycée — um dos clubes literários abertos ao público em geral, em contraste com instituições exclusivas como a Académie Française e os salões. Seu propósito, explicam eles no prefácio, é informar seus cocidadãos sobre os abusos do despotismo a fim de evitar que algo semelhante volte a acontecer. Portanto, estavam publicando tudo que tinham conseguido recuperar dos arquivos da Bastilha, que fora espalhado pelas ruas em 14 de julho e que podia agora ser consultado no escritório do Lycée próximo ao Palais--Royal. Também prometem dedicar a renda das vendas para as viúvas e órfãos dos patriotas que haviam morrido na tomada da Bastilha. No quarto fascículo, entretanto, as referências ao Lycée não aparecem mais e o "nós" dos editores anônimos transforma-se em "eu". No sexto fascículo, o editor explica na primeira pessoa do singular que prosseguira com a publicação "praticamente sozinho".[22] Ele só tinha condições de imprimir uma pequena parcela dos arquivos que tinham chegado a suas mãos, mas seu dever como patriota impunha que os divulgasse imediatamente, em vez de encaminhá-los ao comitê no Hôtel de Ville responsável por publicar o grosso dos documentos da Bastilha, que estava atolado em atrasos. O restante da obra dá a impressão de ter sido feito às pressas e montado por um único editor.

Esse editor era Manuel. Ele é identificado por Brissot em suas memórias, na passagem em que narra sua prisão na Bastilha (conforme explicado no capítulo 14). Logo após a queda da Bastilha, escreve Brissot, recebeu de Manuel seu dossiê, extraído dos arquivos da fortaleza. Em troca, Brissot escreveu o verbete a seu respeito que Manuel publicou em *La Bastille dévoilée*, no qual enfatiza que fora preso por causa de seus princípios revolucionários, não por alguma ligação infame com os libelistas londrinos.[23] Manuel reescreveu ainda mais radicalmente o relato do seu próprio *embastillement*. Em vez de publicar os cinco interrogatórios e todo o material suplementar que mostrava como ele efetivamente ganhava a vida antes de 1789, produziu um breve parágrafo que mencionava apenas seu suposto envolvimento com *Lettre d'un garde du roi* e a distribuição de livros ilegais. Para Manuel, editar não significava falsificar documentos; significava parafraseá-los e selecioná-los.

O princípio da seleção aparece mais claramente em *La chasteté du clergé dévoilée*, compilação em dois volumes dos relatórios policiais sobre padres que haviam sido presos em bordéis. A introdução da obra explica por que o público deveria prestar atenção no tipo específico de desvelamento que o livro tinha a oferecer. Como *La Bastille dévoilée* e *La police de Paris dévoilée*, tratava-se de uma lição de patriotismo. Ao mostrar como a polícia armava ciladas para suas vítimas e despachava-as para a Bastilha, inspiraria ódio imorredouro pelos tiranos e amor pela liberdade. Mas tinha também uma contribuição especial a fazer, visto que a essa altura da Revolução os franceses estavam discutindo a reorganização da Igreja (que a Assembleia Nacional finalmente promulgou em 12 de julho de 1790, com a Constituição Civil do Clero). *La chasteté du clergé dévoilée* trata desse assunto e, em particular, de um decreto recente da Assembleia

278

Nacional, aprovado em 13 de fevereiro de 1790, que liberava os monges de seus votos para que pudessem se casar, ter família e se integrar à população em geral. A castidade é uma violação da natureza, afirma a introdução. *La chasteté du clergé dévoilée* demonstra esse fato expondo a frequência com que padres eram presos em bordéis, mas não o faz para expô-los à derrisão. Pelo contrário, argumenta, devemos nos apiedar deles, pois também são vítimas da opressão. Os padres comuns, curas e frades que acabavam nos arquivos policiais sofriam a tirania do alto clero, que explorava seus inferiores enquanto satisfaziam sua própria lubricidade em serralhos secretos onde os inspetores de polícia não podiam alcançá-los.

Enquanto fortaleciam seu patriotismo, os leitores de *La chasteté du clergé dévoilée* também podiam se deleitar com um pouco de sexo voyeurístico: "Tudo que a corrupção é capaz de inventar, o que há de mais imoral e de mais indecente [...] está reunido nessa coleção",[24] promete a introdução. Os leitores do livro teriam acesso aos mesmos relatórios que a polícia apresentava a Luís XV, que se servia deles para despertar seu apetite sexual embotado. Poderiam se colocar no lugar do rei e, como ele, desfrutar as descrições de padres em bordéis. Ou, se preferissem sensações mais sublimes, poderiam estremecer diante do espetáculo de uma sociedade levada ao limiar da destruição por sua própria depravação: "Poderão contemplar os escarpados baixios em que estamos prestes a ser espatifados e aprender a sondar as profundezas do sorvedouro pronto a nos engolir. Essas considerações fazem com que tudo que provenha daquela antiga fortaleza seja enormemente interessante".[25] Os relatórios estavam escritos na linguagem inexpressiva e pouco natural dos bailios e inspetores, é verdade, mas isso só os tornava mais autênticos. E incluíam uma abundância de detalhes sobre as práticas das prostitutas — seus preços, endereços, idades, nomes, apelidos e as perversões preferidas por seus clientes. Um leitor que desejasse informação sobre determinado padre poderia buscar seu nome no índice ao final de cada volume, o que tornava fácil identificar cada homem com sua forma predileta de depravação. Infelizmente, admite o editor, a obra carece de ilustrações, mas contém tantos detalhes explícitos que "a imaginação do leitor pode muito bem substituí-las".[26] *La chasteté du clergé dévoilée* possui todas as características da pornografia típica do século XVIII, reiterada pela técnica libelista de expor vidas privadas à ignomínia pública. É, para todos os efeitos, um novo tipo de libelo, que vestia velhos temas com a mais recente roupagem patriota.

O pendor do livro para o sensacionalismo sexual explica o fato de ele ter sido lançado anonimamente e com um endereço falso, como acontecia com a literatura anticlerical do Ancien Régime: "Roma, na Gráfica para a Propagação da Fé". Não temos nenhuma prova clara de que Manuel foi o autor. *Vie secrète de Pierre Manuel* atribui-lhe a obra e afirma que ela se originou de uma operação de extorsão. Assim que pôs as mãos nos relatórios da polícia, diz *Vie secrète*, Manuel usou-os para extorquir dinheiro dos clérigos que não queriam ver seus dossiês publicados. Ele teria extraído 3 mil *livres* de Champion de Cicé, arcebispo de Bordeaux, e vendido alguns dos documentos para um editor parisiense. Mas teria guardado para si o suficiente para formar a sua própria antologia, que vendeu a Garnery por 12 mil *livres*. O negócio seria prova de que Manuel era capaz de fazer qualquer coisa para fugir da pobreza, mesmo que isso significasse corromper a moral da juventude revolucionária. Pelo menos esta é a conclusão do autor anônimo de *Vie secrète de Pierre Manuel* — ele próprio um libelista, cujo relato do caso é injuriante demais para ser considerado conclusivo.[27] A evidência mais convincente de que Manuel é o autor de *La chasteté du clergé dévoilée* é circunstancial. A obra encaixa-se perfeitamente na série de volumes de "desvelamento" que ele lançou. Todos utilizam o mesmo material e empregam a mesma técnica, a saber, oferecer escândalos acompanhados de doses fartas de moralização e retórica patriótica. Manuel adotava tom similar em seus discursos no Clube dos Jacobinos — embora o mesmo fizessem outros jacobinos e autores que queriam divulgar sua mensagem para um público de leitores revolucionários, muitos dos quais eram sans-culottes pouco refinados.[28] O que podemos concluir? Acho bastante provável que Manuel tenha escrito *La chasteté du clergé dévoilée*, mas não posso prová-lo.

Manuel admitia abertamente ser autor do terceiro livro da trilogia de "desvelamento", *La police de Paris dévoilée*, que também contém uma fartura de material escabroso, incluindo relatos adicionais sobre padres presos em bordéis. Mas esta que é a obra culminante de Manuel cobre todas as atividades da polícia e tenta reunir todas as informações que ele extraíra dos documentos da Bastilha. Como explica no prefácio — uma carta aberta ao Clube dos Jacobinos, que também serve de dedicatória —, ele teria deixado Paris a fim de dedicar-se integralmente a essa suprema tarefa patriótica. Depois de cumprir até o final seu mandato na Comuna, ele se retirara para as províncias, onde trabalhara sem interrupção num livro que expunha toda a corrupção existente sob o Ancien

Régime. Como os censores de outrora, ele denuncia a imoralidade onde quer que a encontrasse e a encontrara em maior quantidade nos dossiês dos aristocratas e dos clérigos. Expor a degradação dos grandes exige coragem, mas ele não titubeara. E cumprira seu dever valendo-se do equivalente moderno da ágora ateniense: o prelo — capaz de difundir informações, formar a opinião pública e, em última análise, determinar o curso dos acontecimentos. Se os franceses absorvessem essas lições, rejeitariam toda e qualquer tentativa de ressuscitar o despotismo e se preparariam para adotar as "formas republicanas de liberdade".[29]

Também desfrutariam uma deliciosa leitura. Os comentários sugestivos de Manuel sobre depravação nos altos escalões indicam que um belo espetáculo aguardava os leitores, agora que o véu que o ocultava havia sido retirado. Uma rápida olhadela no sumário mostra o que lhes estava reservado: revelações sobre informantes, prostitutas, jogadores, padres, prisioneiros, atores e escritores, especialmente escritores que tinham ousado desafiar o poder repressivo do governo. Um exame mais atento do texto mostra a relativa importância dos assuntos abordados: antros de jogatina, catorze páginas; padres em bordéis, trinta páginas; prostituição em geral, 48 páginas; vícios diversos, 144 páginas, principalmente anedotas sobre aristocratas depravados, dançarinas de cabaré e doenças venéreas. É nesse contexto que Manuel revela os esforços da polícia para extinguir a produção de libelos em Londres. Essa história era suficientemente chocante para ocupar um lugar de destaque em seu livro, mas a maior parte do material que selecionou dos arquivos da polícia é formada de boletins curtos como os abaixo:

Monsieur Guérin, cirurgião do príncipe de Conti, que sabe levantar caça batendo em cada moita, apresentou a sua alteza uma criança de treze anos, que é carne totalmente fresca. Monseigneur recomendou que a experimentasse e que lhe fizesse um relato em sua *lever* matinal.

O chevalier de Choiseul-Meuze está competindo com [o inspetor] Desbrugnières por mademoiselle Roncheray. A questão é quem ficará com as sobras de Sua Majestade. Ela recebe uma anuidade de 10 mil *livres* que vem junto com o Parc-aux--cerfs [o notório "harém" de Luís xv]. Um deles já está doente [de amor] depois que a viu.

Um bom dia de trabalho: certo monsieur Berger apresentou a filha de um sapateiro, mademoiselle Faisan, ao duque de Grammont em sua residência em Pont-aux-Choux na véspera da Páscoa. O duque pensou ter encontrado o caminho estreito para a felicidade, pois levou três dias para penetrar até as profundezas da Aleluia. Mas um aprendiz de açougueiro já tinha passado por esse território.

Príncipe d'Hesnin esquece-se de sua esposa; sua esposa o esquece com o chevalier de Coigny.[30]

Como explicado no capítulo 3, essas passagens lembram muito *Le gazetier cuirassé* e outras *chroniques scandaleuses* dos reinados de Luís XV e Luís XVI. Ao que parece, Manuel extraiu-as dos boletins que a polícia fornecia ao rei, mas acabou publicando tantas delas que seu livro adquiriu o aspecto de uma antologia de mau gosto, não de uma indiciação do Ancien Régime, e o voyeurismo implícito que percorre a obra ameaça expungir o patriotismo altivo com que é apresentada. Manuel tentou evitar esse efeito entre os leitores insistindo na repugnância que sentia ao ter de apresentar-lhes tanta imundície: "Pararei aqui. Um portfólio inchado de vício jaz diante de mim. Minha mão empurra-o para longe. […] Não foi o prazer de falar mal de outros que me fez revelar todos os aspectos vergonhosos da espécie humana. Pelo contrário, foi a necessidade de demonstrar a extensão da corrupção, a gangrena que estava carcomendo a moralidade".[31]

Diante de inexistência de documentação, é impossível dizer se os leitores de Manuel aceitaram as premissas desse tipo de retórica. Mas os leitores de hoje devem hesitar antes de acusar os primeiros escritores modernos de inconsistência ou hipocrisia. O que nos parece ser uma contradição — moralizar com uma mão, divulgar escândalos com a outra — era prática comum no século XVIII e não há motivo para crer que Manuel considerasse ilegítimo ganhar dinheiro pondo o vício a nu. Escritores continuam fazendo isso com a consciência limpa. Entretanto, as consciências em 1789-94 operavam no mundo mental peculiar da época e tendiam a se fixar num vício em particular — não a obtenção de lucro em si e sim o tipo de corrupção capaz de infectar um povo politicamente organizado. Ao denunciar a gangrena da moral e dos costumes, Manuel fazia eco a um tema favorito de muitos revolucionários, notadamente Robespierre, "o Incorruptível".

Este tema é destacado no último livro que Manuel publicou com material dos arquivos da polícia, *Lettres originales de Mirabeau, écrites du donjon de Vincennes pendant les années 1777, 78, 79 et 80, contenant tous les détails sur sa vie privée, ses malheurs, et ses amours avec Sophie Ruffei, marquise de Monnier* (Paris, 1792), dois volumes. O longo subtítulo sugere que o livro pertencia ao gênero escandaloso de "vidas privadas" que proliferara antes da Revolução, mas o título principal anuncia uma obra de outro tipo: uma coleção de documentos sobre o líder mais famoso dos primórdios da Revolução, que morrera em abril de 1791 e fora enterrado como herói no Panteão. É verdade que a reputação de Mirabeau já começara a se desfazer em janeiro de 1792, quando *Lettres* foi publicado. Descobriu-se que ele estivera a serviço remunerado da corte desde maio de 1790 e que desde o final de 1789 vinha secretamente oferecendo ao rei conselhos sobre como fortalecer o trono. Embora boa parte desses conselhos fosse sensata e Luís XVI não tenha acatado nenhum deles, o caso pareceu inequivocamente contrarrevolucionário para os membros horrorizados da esquerda, quando a correspondência de Mirabeau com o rei foi descoberta depois da derrubada da monarquia em 10 de agosto de 1792.

Manuel tenta resolver as dificuldades criadas pela reputação de Mirabeau num longo "discurso preliminar" em que começa invectivando contra aqueles que tinham levantado dúvidas acerca da integridade do grande homem. Eles eram libelistas: "Vis e covardes caluniadores! Não basta terdes aviltado com vossos libelos a vida inteira de um dos pais fundadores da liberdade! [...] Aniquilar-vos-ei com [este relato] de suas qualidades sublimes".[32] Felizmente, Manuel conseguira salvar as cartas de Mirabeau dos arquivos da polícia e as estava publicando como prova do despotismo que oprimira os espíritos livres — e, igualmente importante, como testemunho de uma grande alma, pois revelavam Mirabeau como um homem de paixão, um amante, alguém que rabiscara bilhetes em cada pedacinho de papel que conseguia encontrar nas profundezas do calabouço de Vincennes e neles derramara sua paixão por Sophie de Monnier, que estava sofrendo em sua própria prisão, igualmente vítima da opressão: "Tudo coletei, tudo reuni: aquelas pequenas lascas oriundas do amor eram relíquias preciosas para mim e meu coração suplementou o que eu via com meus olhos. Ah! Após a labuta de produzir o *Livro vermelho* do vício [i.e., *La police de Paris dévoilée*], eu precisava das memórias do herói de Vincennes para fazer meu sangue voltar a correr".[33]

Para Manuel, editar documentos era algo heroico e o discurso preliminar deixa isso bem claro. Não menciona suas funções anteriores como editor/mascate dos livros obscenos e panfletos tópicos que Mirabeau escrevera antes da Revolução, nem cita a briga entre ambos quando Mirabeau descobriu que Manuel pirateara um desses livros pelas suas costas. Pelo contrário, apresenta Manuel como um guardião da chama e explica que, graças a seu cargo de administrador da polícia, conseguira reunir uma coleção espetacular de cartas, que perdurariam para sempre como um monumento a um grande homem de grande coração. Em seguida, dá algumas informações sobre as origens dessas cartas: a sujeição de Sophie a um marido decrépito, seu rapto por Mirabeau, a vida amorosa breve mas bem-aventurada de ambos, a prisão dos dois em Amsterdã, seu encarceramento por uma lettre de cachet e suas tentativas desesperadas de permanecer em contato epistolar — que a polícia permitiu, desde que as cartas fossem devolvidas depois de lidas para serem guardadas na Bastilha. Manuel admite que, ao longo dos três anos que passou na prisão, Mirabeau escreveu alguns livros sexuais, *Le libertin de qualité* e *Erotika biblion*, perfeitamente desculpáveis pois "é necessário, para ser lido, falar a linguagem do bordel e do mercado público".[34] Mais importante, porém, Mirabeau também escreveu *Des lettres de cachet et des prisons d'Etat*, que ajudou a preparar o caminho da Revolução. Na verdade, a revolução, a causa do povo, tornou-se sua paixão dominante depois que foi libertado da prisão. Por isso não retomou com Sophie; ela cometeu suicídio; e ele seguiu adiante para guiar a França através dos grandes acontecimentos que começavam a libertar a Europa inteira.

A vida amorosa secreta do maior de todos os revolucionários, narrada em suas próprias palavras — este era um best-seller garantido e Manuel não poupou sua arenga de vendedor. Esse livro revelará a suprema história de amor do século, assegura ele aos leitores. Porá a nu o coração de um homem que irrompe em paixão vulcânica e o de sua "*Sophie*, a luz de sua alma". Manuel sempre se refere aos amantes como *Gabriel* e *Sophie* (em itálico), uma incongruência brutal à luz dos costumes do século XVIII, mas adequada à "paixão que os consumia mesmo nas profundezas da masmorra". Manuel conhecera Mirabeau e podia afiançar que "não havia uma só fibra em seu ser que não expressasse a violência de seu amor. [...] Quem me revelou esses segredos? Leitor, eu me apiedo de ti se não fores capaz de discerni-los, como eu os discerni, nas cartas de *Gabriel*".[35]

Dessa vez, porém, Manuel excedeu o senso de decoro que moldava as reações dos leitores do século XVIII. Um leitor — e não um leitor qualquer, mas alguém especialmente sensível aos correntes culturais subjacentes à superfície da política revolucionária — expressou-se publicamente. Numa longa carta publicada no *Journal de Paris* em 12 de fevereiro de 1792, André Chénier, o maior poeta da França, atacou o discurso preliminar de Manuel como exemplo de tudo o que havia de pior nos textos revolucionários: retórica inflada, pomposidade presunçosa, vulgaridade provocativa e mau gosto. Tipificava o estilo dos pseudoliteratos e demagogos que haviam recentemente assumido o controle da imprensa, argumentou Chénier. Manuel pertencia à laia de "novos escritores" que tinham permanecido na obscuridade sob o Ancien Régime e agora aproveitavam a oportunidade aberta pela Revolução para inundar as ruas com lixo. Exatamente como Rivarol três anos antes, Chénier colocou seus argumentos no plano da estética mas mirou-os num alvo político. Tornou óbvias as implicações de sua crítica ao associar Manuel àquele "enxame de oradores nos mercados públicos, que desfilam seu patriotismo para justificar toda e qualquer ignomínia e fomentar todo e qualquer tumulto". Os defensores de Manuel retrucariam acusando-o de simpatias aristocráticas, admitiu Chénier, e ele não negava o elitismo implícito em sua defesa do bom gosto: "Por certo, a leitura de uma obra como esta [o discurso preliminar de Manuel] é algo repulsivo para qualquer alma bem-nascida e parece nos advertir, pela aversão que nos inspira, que nenhum homem de bem [*honnête homme*] escreve dessa maneira". O caráter classista da sua linguagem expôs Chénier a retaliação da esquerda sans-culotte, que recentemente elegera Manuel *procureur* da Comuna. Chénier, porém, diferentemente de Rivarol, não era nenhum contrarrevolucionário. Ele apoiava as metas da Revolução, ou pelo menos da Revolução de 1789, embora isso não o tenha poupado da guilhotina — em 25 de julho de 1794, no último momento do Terror e oito meses depois da execução de Manuel.[36]

Manuel sucumbiu à guilhotina antes porque mergulhou na política letal da revolução parisiense e do Clube dos Jacobinos. Durante seu último mandato na Comuna, conquistou certa notoriedade ao digladiar-se com Bailly, o prefeito conservador de Paris, mas não conseguiu se reeleger. Resolveu então retirar-se para Montargis em outubro de 1790 e passou os nove meses seguintes trabalhando com o material que tirara da Bastilha. A essa altura, *La Bastille dévoilée* já fora publicada, de modo que Manuel concentrou-se nas outras compilações, principalmente *La police de Paris dévoilée*, que Garnery colocou à venda em julho de 1791, mas também *Lettres originales de Mirabeau*, que Garnery lançaria seis meses depois. Manuel afirmaria mais tarde que labutara doze horas por dia durante dez meses para transcrever os originais quase ilegíveis das cartas de Mirabeau.[37] Esse trabalho, somado a transcrever, editar e redigir comentários para todos os outros documentos que obtivera dos arquivos da polícia, deve ter ocupado a maior parte de seu tempo durante os dois primeiros anos da Revolução. Ele obteve um pouco de ajuda do homem que conhecia a história secreta da polícia literária melhor que ninguém, Jean-Claude Jacquet, o inspetor de polícia que se tornara libelista e que fora libertado da Bastilha em 1789, e de Garnery, que cuidou do aspecto mercadológico. Manuel afirmou que Garnery imprimiu 20 mil prospectos para *Lettres originales de Mirabeau* e, no final, acabou imprimindo mais de 50 mil cópias. Embora Manuel não dê informações sobre vendas e divisão dos lucros, parece claro que esse empreendimento, somado aos três outros projetos, resolveu por fim seus problemas financeiros. As antologias de "desvelamento", que totalizaram dez volumes, também contribuíram para sua reputação de radical. Ao denunciarem a polícia, glorificavam seu autor como um patriota destemido — tema ao qual ele retornaria repetidamente em publicações subsequentes. Como ele mesmo escreve no prefácio de uma edição de suas próprias cartas publicada por Garnery em 1792, "Foi a fim de esclarecer um povo que afirma ser livre que ele [Manuel], uma vez liberto, julgou ser seu dever, sem dar atenção aos inimigos que faria, expor a iniquidade da polícia de Paris".[38] Manuel promoveu suas atividades como "cidadão-*philosophe*"[39] em toda oportunidade que surgia, tanto no Clube dos Jacobinos como em cartas publicadas na imprensa de esquerda.

As cartas demonstram um dom para atrair a atenção do público. Têm um tom provocativo e tendem a dramatizar os feitos de seu autor. Nelas Manuel volta-se contra figuras públicas bem conhecidas, especialmente *les grands* (personalidades eminentes), que pudessem ser convocadas a prestar contas, humilhadas e repreendidas por seus delitos do ponto de vista do homem comum. Manuel adotou essa postura retórica logo no início da Revolução, quando publicou cartas abertas para a rainha, o conde d'Artois, o duque de Chartres, o arcebispo de Bordeaux e Bailly, exortando-os a emendarem seus erros. Dizia que, a despeito de seus títulos grandiosos, ele, na qualidade de cidadão, tinha o direito de repreendê-los publicamente. A expressão máxima da autopromoção de Manuel como repreensor público foi uma carta endereçada a Luís XVI, que ele leu no Clube dos Jacobinos em 29 de janeiro de 1792.

Senhor, eu não gosto de reis. Causaram males demais ao mundo, como se pode ver até mesmo nas histórias oficiais, que cortejam os maiores dentre eles — isto é, os conquistadores, aqueles que assassinaram nações inteiras! Todavia, como a Constituição, que me tornou um homem livre, fez de vós rei, devo obedecer-vos. Tendes um filho. Como a França não mais vos pertence, ele pertence à França e é ela quem deve educá-lo para si.[40]

Em seguida, propõe que o delfim seja educado por Bernardin de Saint-Pierre, um filósofo rousseauniano muito popular. Esse rompante fez Manuel parecer ridículo aos membros mais sofisticados da direita,[41] mas era o tipo de coisa feita sob medida para cativar um público de sans-culottes autênticos. "Senhor, eu não gosto de reis" acompanharia Manuel pelo resto de sua vida. A disparidade entre a maneira como ele se dirige ao monarca ("Senhor" [Sire, um título respeitoso]) e o igualitarismo petulante da sua descompostura conquistou o espírito das Seções de Paris, que se preparavam para derrubar a monarquia.

As Seções, com apoio dos radicais do Clube dos Jacobinos, arrebataram Manuel ao poder nessa época. Em 2 de dezembro de 1791, ele foi eleito procurador da Comuna, posição que lhe deu uma plataforma para admoestar reacionários. Entretanto, embora a Comuna o apoiasse, o Departamento de Paris, um órgão conservador com jurisdição sobre toda a região parisiense, tentou cortar-lhe as asas. O confronto se deu num julgamento na nova vara criminal de Paris, cujo principal magistrado (juge d'instruction), Etienne François le Pelletier, nutria simpatia pelo Departamento. A questão em jogo era o direito de Manuel publicar as cartas de Mirabeau, que Garnery começara a vender em grande escala no final de 1791. A mãe de Mirabeau, sua única herdeira, acusou Manuel de roubar o que lhe pertencia. As cartas tinham permanecido seladas e armazenadas em lugar seguro, num "depósito" especial dentre os documentos da polícia, após a tomada da Bastilha. Segundo le Pelletier, o mandato de Manuel como administrador da polícia não lhe conferia autoridade para romper o selo, retirar as cartas e publicá-las em provento próprio.

Manuel defendeu-se dessa acusação numa audiência pública em 22 de maio de 1792. A princípio, os argumentos a que recorreu pareceram fracos, pois consistiram em pouco mais que uma exposição do patriotismo que o inspirara a publicar as cartas. Tendo ele próprio padecido na Bastilha e participado da sua tomada, argumentou, sabia a importância de reunir cada fragmento de papel de seus arquivos. E nada era mais precioso como prova do despotismo do Ancien Régime que a correspondência de Mirabeau. Portanto, insuflado pela dedicação à causa revolucionária, ele reunira todas as cartas extraviadas de Mirabeau que conseguira encontrar, tanto no entulho da Bastilha como entre a população em geral, que atendera a um apelo que ele publicara no *Le Patriote Français* de Brissot. Le Pelletier objetou que a acusação não dizia respeito a cartas extraviadas, mas apenas ao depósito principal, que sobrevivera intacto e que Manuel violara usando uma chave obtida na chefatura da polícia. Apropriar-se de propriedade privada dessa maneira era o mesmo que roubar.

De modo algum, retrucou Manuel. Tudo que havia na Bastilha representava uma apropriação de outro tipo, a saber, a pilhagem e a opressão do povo francês sob o Ancien Régime. Consequentemente, os arquivos da Bastilha eram propriedade do povo. Ao recuperar a soberania, o povo apenas se reapossara dessa propriedade, um tesouro nacional crucial que constituía um registro do sofrimento da nação sob o despotismo. Manuel considerou ser seu dever patriótico publicar o máximo possível desse registro. E, ao fazê-lo, não só informou o público como também o despertou para o perigo do despotismo no futuro. Graças ao seu longo e árduo trabalho como editor, os arquivos haviam se transformado numa arma para mobilizar a opinião pública, arma tão eficaz quanto os rifles apreendidos no arsenal do Hôtel des Invalides antes da tomada da Bastilha.[42] Por que, então, o tribunal apresentara essa acusação contra ele? Certamente não para proteger algum suposto direito de propriedade da mãe de Mirabeau, concluiu Manuel, pois as cartas de seu filho pertenciam à nação. Não, a tentativa de silenciá-lo era parte de algo maior, uma campanha dos inimigos da Revolução para impedir que patriotas como ele enfrentassem a ameaça persistente de despotismo.

O caso prolongou-se por vários dias até que, por fim, desapareceu em meio à confusão generalizada que se seguiu à derrubada da monarquia em 10 de agosto de 1792. Numa decisão tomada em 25 de maio, o tribunal criminal transferiu os procedimentos para uma vara cível, onde o caso acabou arquivado. Desse modo, Manuel saiu-se vitorioso perante o único tribunal que importava na época: o foro da opinião pública. Ele publicou seu interrogatório num panfleto e retomou as atividades de procurador da Comuna, mais famoso do que nunca. O Clube dos Jacobinos, onde depositara uma cópia das cartas de Mirabeau como "prova de meu patriotismo",[43] saudou sua defesa em 1º de junho de 1792 como uma vitória da causa revolucionária.

Assim, graças a sua pena, Manuel chegou aos primeiros escalões da liderança da Revolução no verão de 1792. A Revolução, entretanto, não sossegava. Embora a retórica de Manuel houvesse agradado à esquerda de 1792, não tinha necessariamente ímpeto suficiente para conduzi-lo até o final de 1793, além de levantar a dificuldade enfrentada por todos os retóricos que atingem posições de poder: será que seus atos fariam jus a suas palavras?

19. Palavras e atos

Os filósofos costumam insistir que a natureza do discurso é ação. Segundo eles, quando dizemos ou escrevemos algo, realizamos uma ação, a qual evoca reações similares de nossos interlocutores ou leitores. A inter-relação discurso-ações pertence, portanto, ao mundo concreto dos atos e produz efeitos que podem ser tão poderosos quanto os produzidos no mundo físico pela matéria em movimento. "Senhor, não gosto de reis" foi um tapa na cara do rei e daqueles que o apoiavam. Catapultou Manuel para o centro do palco quando a monarquia começou a ruir. Seus escritos levaram-no a ingressar no primeiro time de figuras que clamavam pela atenção do povo. Como os títulos proclamam, seus textos mostram Manuel em ação, retirando véus de obscuridade, arrancando fora máscaras, expondo horrores. Mas em 1792 e 1793 ele acabou se envolvendo em outro tipo de ação.

Leitores modernos podem se sentir tentados a relegar a autodramaticidade dos tratados de Manuel como um recurso retórico, mas o fato é que a retórica era uma força poderosa na Revolução Francesa e as palavras de Manuel produziram fortes reações no público. Elas o consolidaram como um dos mais importantes radicais do Clube dos Jacobinos e conquistaram-lhe muitos seguidores dentre os sans-culottes das Seções parisienses. Mesmo leitores antagônicos, como Chénier, entendiam as publicações de Manuel como um meio de buscar o poder, à maneira dos "oradores nos mercados públicos".[1] Foi assim que Beaumarchais interpretou os textos de Manuel na primavera de 1792, quando os dois travaram polêmica. Ao contrário de Chénier, porém, Beaumarchais não combateu a retórica com retórica e esquivou-se de um confronto. Como promotor público de grande destaque na Comuna, Manuel já detinha bastante poder político na época, enquanto Beaumarchais sentia-se cada vez mais ameaçado pelos escritores da nova esquerda, para os quais ele era o epítome da elite literária do Ancien Régime que desfrutara privilégios e riquezas no mundo dos salões e da corte. Manuel adotou essa linha de ataque numa de suas cartas abertas, denunciando Beaumarchais como um patrício que negligenciara seu dever para com a nação deixando de pagar impostos. Beaumarchais poderia ter respondido com toda a habilidade polemista que empregara para esmagar Goesman em 1774; em vez disso, expressou respeito por "um autor de seu mérito", apresentou provas de estar em dia com o fisco e professou lealdade à causa da nação.[2]

Madame de Staël, representante igualmente eminente da antiga República das Letras, adotou a mesma abordagem quando recorreu a Manuel para ajudá-la na véspera dos Massacres de Setembro.[3] Como vimos no capítulo 6, ela convenceu-o a salvar dois amigos da morte certa na prisão com "apelos a sua vaidade" de escritor tornado revolucionário. No final, Manuel acabou salvando a própria madame de Staël. O episódio, tal como ela o descreve em suas memórias, ilustra o senso de um mundo virado de pernas para o ar que tantas testemunhas da Revolução compartilhavam. Sob o Ancien Régime, a baronesa de Staël desfrutara uma existência no cume da sociedade, onde prestígio literário e poder político convergiam, enquanto Manuel mal conseguia sobreviver nos escalões mais baixos dos panfletistas. Em setembro de 1792, as posições tinham se invertido. O poderoso líder da Comuna conduziu a desamparada baronesa em sua carruagem e levou-a para longe do perigo. Quando os sans-culottes os detiveram no meio da noite e no auge dos massacres, Manuel abriu caminho em meio à carnificina geral aos gritos de "Procurador geral da Comuna!".

Dominar uma turba num momento de exaltada violência é saber empregar as palavras com extraordinário poder. Mas as palavras foram insuficientes numa situação semelhante ocorrida pouco após a tomada da Bastilha, quando Pelleport tentou aplicá-las para o mesmo meritório fim. Depois de ser libertado da Bastilha em 3 de outubro de 1788, Pelleport buscou refúgio em sua cidade natal, Stenay, mas retornou a Paris, provavelmente para preparar a publicação de *Les bohémiens*, em 13 de julho. No dia seguinte, estava caminhando pela Place de Grève no exato momento em que massacravam o governador da Bastilha, Bernard-René de Launay. Depois de tomarem a fortaleza, a multidão capturara e arrastara de Launay pelas ruas, golpeando-o repetidamente até que perdesse os sentidos. Depois cortaram-lhe a cabeça e a desfilaram pela cidade espetada na ponta de uma lança. Enquanto alguns insurgentes cometiam esses atos funestos, os demais se preparavam para atacar do mesmo modo outro oficial que haviam detido, o chevalier Antoine Jérôme de l'Osme, suboficial da Bastilha. De l'Osme tratara Pelleport com extrema bondade durante seus quatro anos de detenção e quando este o viu sendo arrastado para a morte inevitável, tentou conter a multidão.

Manuel relata essa história em *La Bastille dévoilée*.[4] É provável que a tenha ouvido do próprio Pelleport, pois ocorreu após a queda da Bastilha e não poderia constar de seus arquivos — além disso, ao contrário dos outros registros em livro, este possui um estilo direto que sugere que os dois homens se conheciam.[5] Segundo o relato de Manuel, Pelleport primeiro gritou para a multidão, bradando que também fora prisioneiro. Berrou que conhecia de l'Osme muito bem e podia dar testemunho de que aquele homem era compassivo e que tratara todos os prisioneiros com humanidade. "Ele tem de ser solto." Mas a turba, com firme intenção de arrastar a vítima para o poste mais próximo e linchá-la, não lhe deu atenção. Pelleport então se jogou no meio de todos e tentou arrastar de l'Osme para longe. Já semimorto, de l'Osme lhe disse: "O que está fazendo, meu jovem? Vá embora. Você vai apenas se sacrificar sem conseguir me salvar". Pelleport não se deixou dissuadir. Gritou novamente para os amotinados que se dispersassem e empurrou com força alguns deles. Surgiu então um homem com um machado e o derrubou com um golpe no pescoço. Estavam prontos para acabar com ele, mas, antes que o machado descesse para um segundo golpe, um soldado a cavalo apareceu, investiu contra a multidão e derrubou o atacante. De algum modo, Pelleport conseguiu se apoderar de um rifle e usou-o para golpear os agressores mais próximos. Mas, por fim, arrancaram de l'Osme de suas mãos, retalharam-no com sabres, perfuraram-no com baionetas e o deixaram para morrer. De l'Osme ainda saiu se arrastando e acabou expirando numa escadaria do Hôtel de Ville. Pelleport, porém, viveu para contar a história e Manuel a publicou como testemunho à coragem de um homem que outrora sobrevivera escrevendo libelos.

Seria um equívoco apresentar a Revolução como uma sucessão de cenas semelhantes. Por outro lado, seria igualmente errado interpretar os acontecimentos de 1789-1800 como nada mais que a consumação do discurso na práxis.[6] Os revolucionários encheram o mundo com palavras — panfletos, jornais, preleções, hinos de batalha e declarações entalhadas em monumentos —, mas também desolaram vidas com a mesma brutalidade que quase matou Pelleport em 1789 e pôs fim a Manuel em 1793. A crueza da violência revolucionária precisa ser examinada em conjunto com a loquacidade da política revolucionária. Houve uma conjunção de ambas na vida e na morte de Manuel, especialmente durante o período 1792-3, quando a Revolução chegou ao clímax.

Embora nunca tenha cessado de falar e escrever, Manuel foi arrebatado pela crescente violência das ruas logo após sua eleição como procurador público da Comuna em 2 de dezembro de 1791. A constituição criada pela Assembleia Nacional já havia sido aceita por Luís XVI e entrado em vigor com as eleições de setembro de 1791, que produziram um novo órgão parlamentar, a Assembleia Legislativa, para exercer poder em conjunto com o rei. A Assembleia logo se enredou em discussões sobre medidas agressivas contra a Áustria — e, derradeiramente, contra todos os ancien régimes da Europa — exigidas por uma facção vociferante de deputados de esquerda liderada pelo amigo e aliado de Manuel, Jacques-Pierre Brissot. Os "brissotianos" conseguiram a guerra que queriam na primavera de 1792, mas quase a perderam no verão do mesmo ano devido a uma série de reveses que culminou nos Massacres de Setembro. Ao mesmo tempo, conquistaram mas logo perderam poder político, formando um gabinete em março que o rei desfez em junho. De volta à oposição, uniram forças com a facção robespierriana da esquerda — Robespierre se opusera a Brissot em debates ferozes sobre a guerra no Clube dos Jacobinos — e começaram a entreter a ideia de criar uma república.

Entretanto, a monarquia constitucional não poderia ser derrubada sem violência e o golpe de misericórdia teria de ser dado pelos sans-culottes. Estes tinham desenvolvido sua própria organização política e criado seus próprios batalhões, munidos de canhões, nas 48 Seções de Paris — os sucessores dos Distritos de 1789, onde Manuel se iniciara na política revolucionária. O aumento dos preços e a crescente escassez de mercadorias essenciais, especialmente pão, geravam o perigo de novos tumultos, como acontecera em julho de 1789, e os reveses da guerra deram aos insurgentes um alvo: o rei, embarricado nas Tulherias, e qualquer pessoa capaz de colaborar com ele. A sofreguidão de Luís em partir para a guerra despertara suspeitas e o colapso da ofensiva francesa fez parecer que ele estava colaborando em segredo com o inimigo — como de fato estava — a fim de usar a derrota da França para restaurar o Ancien Régime. Além disso, tudo sugeria que certos generais estavam em conluio com ele. No final de junho, Lafayette deixou seu exército no fronte e tentou arquitetar um golpe em Paris. Embora fracassasse, confirmou o temor dos sans-culottes de que uma contrarrevolução poderia irromper a qualquer momento e esse temor se alimentava com uma obsessão crescente por conspirações reais ou imaginárias. Quando a Assembleia Legislativa votou contra uma moção para condenar Lafayette por traição, os líderes das Seções canalizaram suas suspeitas para os políticos da Assembleia, inclusive alguns brissotianos que tinham apoiado o general e estavam negociando secretamente com o rei para formar um novo governo.

A crise já vinha se formando havia meses. Em março, os sentimentos insurgentes foram incitados pelos *enragés*, líderes populistas que exigiam controle de preços e a repressão violenta de possíveis contrarrevolucionários. Jornalistas radicais como Marat e Hébert conclamavam que cabeças rolassem. O Clube dos Cordeliers, dominado por Danton e Desmoulins, exigia medidas extremas, e discursos ferozes eram ouvidos em todas as assembleias seccionais. Monarquistas, generais, aristocratas, padres apatriotas, políticos corruptos, especuladores de cereais e traidores de todos os tipos estariam conspirando para matar o povo de fome e desfazer a Revolução — este era o coro de protestos que emanava desde as Seções até a Comuna, que se tornou o ponto nevrálgico da agitação dos sans-culottes. Em 20 de junho, militantes das Seções invadiram o Palácio das Tulherias, mas não conseguiram mais do que humilhar o rei forçando-o a beber à saúde da nação vestindo o barrete frígio dos sans-culottes. Essa *journée* (levante político) pareceu o ensaio geral de uma revolução em grande escala dentro da Revolução. Como o dia do juízo se aproximava, as tensões em Paris iam se agravando e Manuel acabou sendo pego no meio de tudo isso.

A sua reputação de militante e a violência de sua retórica no Clube dos Jacobinos não pararam de crescer ao longo da primeira metade de 1792. Depois de seu "Senhor, eu não gosto de reis" em janeiro, Manuel brindou os jacobinos com uma carta aberta aos ministros, ameaçando punir sua perfídia com "a vingança do povo". Em fevereiro, exigiu que fossem forçados a tirar a sorte para determinar quais deveriam ir para a guilhotina. E em julho concentrou-se no rei como "a causa de todas as nossas desgraças".[7] Sua vitória no julgamento sobre as cartas de Mirabeau fez dele um dos inimigos mais visíveis do conservador Departamento de Paris e um dos radicais em maior evidência na Comuna. Depois de ter desconcertado seus juízes em 1º de junho de 1792, o Clube dos Jacobinos saudou-o como um paladino da causa popular e elegeu-o presidente.[8] Enquanto isso, na sua capacidade de procurador público da Comuna, ele evitou fazer qualquer coisa que pudesse impedir os sans-culottes de tomar de assalto as Tulherias em 20 de junho. Longe de tentar acalmar a agitação nas Seções, reafirmou seu apoio a elas e os laços que as uniam à Comuna. De acordo com um relato, Manuel efetivamente ajudou a organizar o levante de 20 de junho, ou pelo menos acompanhou aprovativamente os insurgentes a partir de um posto avançado nos Jardins das Tulherias, "vestido de azul-claro, com um colete branco bordado, uma grande gravata, bem barbeado e empoado, com o rosto radiante".[9] Em face disso, o Departamento acusou-o de não manter a ordem conforme exigiam suas funções no governo municipal e, em 7 de julho, suspendeu-o e a Jérôme Pétion, prefeito de Paris, por abandono do dever. Os jacobinos, liderados por Robespierre, protestaram com grande alarido, endossaram Manuel e Pétion como patriotas e exigiram que fossem reintegrados ao cargo. Os simpatizantes dos jacobinos na Assembleia Legislativa reagiram anulando a decisão do Departamento e restaurando os dois homens a suas respectivas posições. Assim, Manuel retornou ao Hôtel de Ville em 23 de julho, bem a tempo de participar da próxima irrupção de violência, o levante contra a monarquia em 10 de agosto.[10]

Diferentemente da *journée* de 20 de junho, a insurreição de 10 de agosto tornou-se uma verdadeira batalha campal nas ruas de Paris, com centenas de vítimas. Exigiu extensos preparativos e muita cooperação entre as Seções e a Comuna. Manuel trabalhou com Pétion, Danton e outros líderes dos sans-culottes para manter as forças antimonarquistas coesas e, após sua vitória, ajudou a dirigir os esforços da Comuna reconstituída para impedir que a cidade se dissolvesse no caos. Os preços, entretanto, continuaram aumentando descontroladamente e os inimigos a avançar indefectivelmente. A queda de Verdun em 2 de setembro foi estopim de nova explosão, pois o medo da contrarrevolução e da invasão se tornara tão inflamável a essa altura que a violência não pôde mais ser contida. Quando os massacres irromperam, Manuel fez o que foi possível para limitá-los. Ele interveio para salvar diversas pessoas encerradas em prisões, não só os amigos de madame de Staël mas até seus próprios inimigos, Bosquillon e Beaumarchais. Foi pessoalmente aos locais de morticínio e tentou pôr fim à matança. Segundo Brissot, "Manuel enfrentou as lanças, as baionetas, os punhais, para tentar fazê-los ouvir a voz da humanidade e da lei. [...] Mas foi removido dessa missão santa por mãos ensanguentadas".[11] Depois dos massacres, Manuel trabalhou com Danton e com o governo provisório num esforço persistente para restaurar a ordem, enquanto as eleições para a Convenção eram realizadas e o exército enfrentava os prussianos.

Finalmente houve certo alívio quando a invasão prussiana foi estancada na batalha de Valmy em 20 de setembro. Não foi uma vitória decisiva, mas provou que a nação renascida era capaz de se defender e abriu caminho para uma ofensiva vitoriosa na Holanda Austríaca durante o outono. Além disso, abrandou a pressão militar sobre a Convenção no futuro imediato. As notícias de Valmy alcançaram os deputados recém-eleitos no momento em que se reuniam em Paris, permitindo que se concentrassem em questões políticas mais urgentes: como organizar o novo regime republicano e o que fazer com o rei. Luís solicitara proteção da Assembleia Legislativa quando os sans-culottes invadiram as Tulherias em 10 de agosto. A Assembleia o suspendera, mas deixara para a Convenção decidir o seu destino, enquanto ele permanecia encarcerado no Templo, uma cidadela não muito distante de onde outrora se erguia a Bastilha.

Os acontecimentos sucediam-se tão rapidamente e o alvoroço era tamanho que pessoas desorientavam-se e acabavam se perdendo. É impossível, por exemplo, seguir as ações de Manuel entre agosto e setembro de 1792. Todavia, quando a Convenção se reuniu em 21 de setembro, sabemos que ele se destacou como um dos membros mais importantes da delegação parisiense, tendo sido eleito junto com Danton, Robespierre, Marat e outros líderes da esquerda. Contudo, as noções de esquerda e direita haviam se obscurecido. A distinção brotara inicialmente da disposição das cadeiras dos deputados dos Estados Gerais: os que sentavam à esquerda da tribuna do presidente acabaram sendo identificados como radicais; os à direita assumiram matizes conservadores. Mas o espectro não parava de mudar à medida que os eventos iam empurrando a Revolução inteira para a esquerda. Novos radicais surgiam constantemente, com exigências cada vez mais extremas, e os deputados da nova direita muitas vezes pareciam provir da antiga esquerda. Parte da confusão resultava das ligações pessoais na configuração sempre mutável dos partidos — ou facções, como poderiam ser descritas com mais precisão. Embora os revolucionários usassem o termo *parti*, nunca chegaram a desenvolver algo como os partidos modernos, com organizações formais, disciplina de votação, listas eleitorais e plataformas. Os grupos políticos eram identificados pelos nomes de indivíduos: fayettistas, brissotianos, rolandistas, dantonistas, maratistas, robespierrianos, hebertistas e assim por diante. Outras designações também eram usadas, derivadas de nomes de clubes, por exemplo (jacobinos vs. feuillants na Assembleia Legislativa), ou de alguma outra característica marcante (girondinos vs. montanheses na Convenção, os primeiros por causa de alguns deputados proeminentes vindos da Gironda [sudoeste da França], os últimos por ocuparem os bancos mais elevados do salão da Convenção). Mas as vidas dos indivíduos muitas vezes entrecortavam os acontecimentos de maneira decisiva e os principais revolucionários estudavam a direção dos eventos observando a postura que líderes rivais assumiam em momentos críticos, como a votação sobre o destino do rei.

O ingrediente pessoal na política revolucionária às vezes era decisivo, pois os políticos achavam difícil se orientar em meio a tanta violência e confusão. Ao associarem tendências a nomes, colocavam marcos no remoinho de eventos e tomavam lados de acordo com os sinais trocados entre amigos e inimigos. Os líderes conheciam-se muito bem. Robespierre e Desmoulins haviam estudado juntos no Collège Louis le Grand. Brissot e Marat tornaram-se amigos íntimos durante os anos que passaram em Londres. Brissot também criou laços fortes com Pétion, em parte graças à infância em comum em Chartres, e ambos formaram amizades firmes com Manuel. Percursos se cruzavam e carreiras se entrelaçavam em clubes e associações como o Musée e o Lycée de Paris, onde escritores de segunda e terceira categoria buscavam apoio mútuo durante os anos magros antes de 1789. Muitos deles — Mirabeau, Manuel, Brissot, Clavière, Carra, Gorsas, Mercier — tinham colaborado em livros e panfletos durante a era pré-revolucionária. Essas vivências reforçaram a intensidade das alianças formadas depois de 1789 — e também dos ódios quando as amizades se desfaziam. A convergência de amigos fadados a se tornar inimigos pode ser vista claramente no casamento de Camille Desmoulins com Lucile Duplessis em 29 de dezembro de 1790. Na festa estavam presentes, entre outros, Robespierre, Brissot, Manuel e Mercier. Naquele momento, os quatro estavam comprometidos com uma causa comum, mas logo cada um assumiria uma posição diferente no realinhamento da esquerda e da direita. O senso de solidariedade de um lado e de traição do outro tornavam essas divisões particularmente letais. Em 1795, todos exceto Mercier já haviam tombado perante a guilhotina — inclusive o noivo e a noiva.

Evidentemente, a biografia — ou prosopografia, como a biografia coletiva às vezes é chamada — não pode substituir a análise de eventos e ideologias, mas o estudo das carreiras pessoais pode ajudar a explicar como os acontecimentos foram vivenciados e as ideologias exprimidas. Os últimos meses da vida de Manuel são um exemplo particularmente rico de como a distinção entre esquerda e direita tornara-se confusa em 1792. Quando assumiu sua cadeira na Convenção, Manuel tinha um longo histórico de associação com os membros mais radicais da delegação parisiense: Robespierre, Danton, Desmoulins e outros líderes dos chamados montanheses. No entanto, também tinha ligações fortes com Brissot, Pétion e outros proeminentes moderados, ou girondinos. Em que lado ele cairia quando a linha divisória fosse inexoravelmente traçada pela necessidade do voto? Colocar-se-ia a favor ou contra a execução do rei?

Manuel titubeou. Produziu algumas peças fortes de oratória, mas se retraiu diante da perspectiva de derramar sangue. Sua experiência nos Massacres de Setembro parece ter abalado seu senso de solidariedade com os sans-culottes. Num discurso no Clube dos Jacobinos em 5 de novembro, ele se manifestou contra os massacres.

> Não podemos ignorar aquele levante, quando pessoas agiram com perversidade digna de um rei e desejaram perpetrar um massacre de são Bartolomeu. Quem pode afirmar conhecer melhor aquele levante do que eu? Diante de uma pilha de cadáveres, preguei respeito à lei. [...] Pois bem! Afirmo que a cidade inteira participou e deve confrontar sua culpa, pois aquele que nada faz enquanto assassinos realizam seu trabalho pode ser considerado seu cúmplice. O que estavam fazendo, bravos parisienses, durante aqueles momentos de desolação? [...] Sou atormentado por uma dúvida: seria talvez melhor aspirar à liberdade do que possuí-la?[12]

Collot d'Herbois, um porta-voz da nova esquerda que logo ameaçaria suplantar Robespierre, retrucou com uma observação que fez Manuel parecer um contrarrevolucionário. Repudiar a violência revolucionária, advertiu, era voltar-se contra a Revolução: "Sem 2 de setembro, não haveria liberdade nem Convenção Nacional".[13] Collot tinha sido um dramaturgo e ator de terceira categoria antes da Revolução, mas seu passado em Grub Street não o inclinou a solidarizar-se com Manuel;[14] pelo contrário, liderou o ataque dos jacobinos contra todas as formas de moderação. E, no final de 1792, Manuel já parecia incuravelmente moderado — ou, como diziam os jacobinos, "brissotizado" (*brissoté*).[15] Deixou de comparecer ao Clube dos Jacobinos e, em 31 de dezembro, foi expulso de lá, tachado de girondino.

Mas continuou fazendo comentários inflamatórios contra aristocratas, padres e reis na Convenção, que considerava "uma assembleia de *philosophes*".[16] Declarou Luís XVI culpado de usurpar a soberania do povo, um crime inerente ao próprio ato de sentar-se no trono: "Devemos restaurar ao povo, por uma terrível lição, os direitos que jamais deveria ter perdido. [...] Legisladores, apressem-se em pronunciar uma sentença que faça consumar a Revolução. A agonia dos reis não deve ser lenta. [...] Um rei que morre não é um homem a menos".[17] A tendência de Manuel lançar declarações provocativas não o abandonara. Sua franqueza qualificou-o aos olhos da Convenção para ser seu porta-voz quando fosse necessário tratar diretamente com o rei. Foi assim que ele visitou Luís no Templo e admoestou-o no mesmo tom que adotara em suas cartas abertas anteriores. Em uma dessas visitas, logo após a proclamação da República, Manuel teria lhe comunicado que ele deixara de ser rei e que todos os reis em breve cairiam, como as folhas das árvores.[18]

Entretanto, quando chegou o momento de votar o destino do rei, Manuel não conseguiu apoiar a pena de morte que a esquerda exigia. Na realidade, houve três votações: uma referente à culpabilidade do rei, uma para decidir se a nação deveria se pronunciar sobre a punição por meio de um referendo e uma determinando se ele deveria ou não ser guilhotinado. Como muitos girondinos, Manuel não teve dificuldade em declarar o rei culpado, mas hesitou diante das duas outras questões. No final, votou a favor de um referendo e contra a execução. Mais tarde, explicaria sua posição ao Tribunal Revolucionário da seguinte maneira: "Tomei o lado de Thomas Paine propondo a deportação para os Estados Unidos da América".[19] Os girondinos, que na época contavam com Paine em suas fileiras, sempre tiveram predileção especial pela república americana. Despachar Luís para lá pareceu a muitos uma solução para o problema de o que fazer com ele, mas isso não era nem viável nem satisfatório para a esquerda montanhesa. Robespierre e Saint-Just argumentaram, como Manuel o fizera, que Luís tinha violado a soberania do povo e se tornara um inimigo da nação simplesmente pelo fato de existir como rei. Portanto, merecia morrer, independentemente da perfídia de ter traído a nação para seus inimigos estrangeiros. Tal argumento acabou vitorioso por uma maioria de um voto. (Esse cálculo inclui os deputados que votaram a favor da pena de morte com a possibilidade de a sentença ser comutada. Em uma votação subsequente, em 17 de janeiro de 1793, a opção de comutação foi derrotada por 380 a 310.)

Essa margem ínfima acabou sendo crucial para cortar os últimos elos de Manuel com a esquerda. Ele atuara como secretário da Convenção e foi responsável pela contagem dos votos. De acordo com alguns testemunhos apresentados contra ele dez meses depois, durante seu julgamento perante o Tribunal Revolucionário, ele teria preparado duas folhas de registro — uma exata, outra falsificada. Quando a sorte do rei ficou clara, ele teria colocado seu lenço sobre a folha correta, retirado-a do lugar, deixado sua cadeira e retornado em seguida depois de descartar esse último elemento de prova capaz de levar Luís à morte. A história foi inventada provavelmente para acelerar sua ida para a guilhotina, pois uma manobra desse tipo jamais teria funcionado dada a quantidade de olhos atentos à votação. O fato de que ele sequer pudesse ser acusado de tal trapaça indica o quanto seus antigos aliados estavam determinados a se livrar dele. Naquele momento, porém, antes que pudessem fazer qualquer coisa, Manuel antecipou-se a eles e foi embora. Deixou a Convenção logo após a votação, demitiu-se de sua cadeira e retirou-se para sua cidade natal, Montargis.[20]

Permaneceu lá do final de janeiro até algum momento da primavera de 1793. Segundo alguns relatos, ele quase morreu quando tentou intervir num tumulto que irrompeu em março.[21] Depois disso, manteve-se escondido nos arredores de Paris até ser finalmente preso em 20 de agosto em Fontainebleau. Passou quase três meses em Abbaye, uma prisão parisiense, antes de ser convocado a aparecer perante o Tribunal Revolucionário em 13 de novembro. A essa altura, quase todos os seus amigos girondinos tinham sido executados ou tinham cometido suicídio. Manuel deve ter sabido que enfrentava morte certa, mas respondeu energicamente a todas as acusações feitas a ele por Fouquier-Tinville, o temido promotor público.

Esse "interrogatório" foi muito diferente daquele a que fora submetido em 1786.

Os documentos referentes a ambos os casos foram guardados na mesma caixa nos Archives Nationales. Embora Manuel tenha sido preso por ordem do rei e sem direito a um tribunal em 1786, os 36 dossiês de seu interrogatório na Bastilha demonstram que a polícia conduzira uma investigação minuciosa e organizara metodicamente as provas que coletara. O dossiê de 1793 parece bem franzino em comparação. De acordo com os registros oficiais, as provas contra Manuel tinham a forma de "denúncias diversas". Uma vendedora de dezenove anos testificou ter ouvido Manuel dizer que era importante salvar a vida do rei. Um pintor-decorador afirmou que Manuel visitara alguns aristocratas em Orléans e que tinha expressado simpatias "federalistas" ou antiparisienses em Montargis. Um estafeta do exército atestou que ouvira Manuel deplorar a votação contra o rei. Como em tantos outros julgamentos durante o Terror, a delação era vista como um dever patriótico e os rumores eram aceitos como indicação de como o réu realmente se sentia — se apoiava a Revolução genuinamente e de coração ou se ocultava sentimentos antirrevolucionários sob um verniz artificial de patriotismo. Fouquier-Tinville adaptou esse tipo de testemunho às categorias padrão de indiciação: Manuel pertencera à "facção liberticida" de Brissot e colaborara na "conspiração contra a unidade e indivisibilidade da república".[22] O conceito do crime e a natureza dos procedimentos judiciais estavam de acordo com a lei que regia a justiça revolucionária aprovada pela Convenção em 16 de dezembro de 1792. Depois de citar essa lei e ratificar a acusação de Fouquier-Tinville, o júri condenou Manuel à morte.

O Tribunal Revolucionário publicou sua decisão num panfleto esmerado de oito páginas. Outro panfleto, de produção desleixada, repetia o julgamento formal e acrescentava algumas observações: "De acordo com a presente indiciação, é absolutamente certo que o réu é um daqueles grandes patifes que, para o bem da república, merecem perecer no patíbulo".[23] Essa retórica traz o caso de Manuel de volta ao mundo da difamação e da narrativa desenvolvida em *Vie secrète de Pierre Manuel*, o terceiro ataque impresso contra a sua pessoa. Um último panfleto, *Véritable testament de Pierre Manuel*, leva a história de volta aos *testaments* publicados em folhas avulsas e ao "jornalismo de pelourinho" que proliferaram em Paris e Londres nos dois séculos anteriores. Era uma publicação grosseira e imperfeita: oito páginas cheias de erros tipográficos e ortográficos, impressas com tipos gastos num sujo papel cinzento. A peça fala a linguagem das ruas: "Ele é um homem com um bom estômago e um coração mau". No entanto, mostra que Manuel enfrentou o Tribunal Revolucionário do mesmo modo que confrontara os assassinos nos Massacres de Setembro — com muita coragem: "Ele submeteu-se ao interrogatório com intrepidez e firmeza. [...] Em diversos momentos, tentou cativar o público com suas palavras e conquistar sua simpatia com um apelo tocante à moralidade. [...] Em 25 de brumário, após um interrogatório que durou quase doze horas no dia 24, foi executado na Place de la Révolution. Assim perecem os traidores. VIVE LA REPUBLIQUE".[24]

20. Pós-escrito, 1802

A Revolução não arrefeceu depois que Manuel foi guilhotinado. Pelo contrário, tornou-se ainda mais célere, acelerando o número de mortes e o ímpeto dos eventos, até que o último dos amigos e inimigos de Manuel sucumbisse à guilhotina — Desmoulins, Danton e Robespierre. Depois da morte de Robespierre em 28 de julho de 1794, o Terror foi desvanecendo e a mortandade se amainou. Mas a Revolução seguiu adiante, verbosa como sempre. O jornalismo adquiriu vigor renovado em 1797, a panfletagem floresceu, os oradores encheram o ar com palavras. Mesmo depois de Bonaparte tomar o poder em 9 de novembro de 1799, os franceses continuaram a escrever constituições e discutir questões públicas. Como primeiro-cônsul, Bonaparte começou a amordaçar a imprensa e, como imperador, destruiu o que restara da sua liberdade, recorrendo tanto à força policial que tudo o que acontecera sob o Ancien Régime pareceu brando. Os franceses, no entanto, continuaram murmurando.

Um deles foi Pelleport. Exatamente o que lhe aconteceu depois de quase morrer em 14 de julho de 1789 é impossível dizer. Mas ele reapareceu num último dossiê dos arquivos da polícia. Em 10 de novembro de 1802, foi preso por um inspetor por "fazer comentários contra o governo" em algum lugar não nomeado de Paris, provavelmente um café. Estava então com 46 anos de idade e vivenciara muita revolução nesse tempo, mas a polícia teve dificuldade para entender a sua história. Acharam que ele tinha servido na cavalaria e que talvez fosse um espião. Mas para quem? Tudo o que conseguiram extrair dele foi que ele emigrara em algum momento e que tinha orgulho de suas origens aristocráticas.[1]

Antes desse incidente, Pelleport fizera uma aparição nos registros oficiais da Revolução. De acordo com *Le Moniteur Universel*, que publicava relatos dos debates na legislatura, um mensageiro especial de Stenay entrara de supetão numa sessão noturna da Assembleia Legislativa em 14 de fevereiro de 1792. Entregou ao presidente da mesa uma mensagem urgente de Pelleport, na qual protestava ter sido preso pela municipalidade de Stenay por parecer "suspeito" — isto é, contrarrevolucionário. Pelleport exigia que o ministro do Exterior, Claude Delessart, interviesse para obter sua libertação.[2]

Por que Delessart? Quando o comitê diplomático da Assembleia examinou a questão, ficou claro que ele havia nomeado Pelleport agente secreto para infiltrar as forças aristocráticas dos *émigrés*, que estavam se preparando para invadir a França a partir de Coblenz. Delessart, no entanto, estava sendo atacado na época por Brissot e outros deputados radicais por nutrir simpatias pró-austríacas e contrarrevolucionárias. Brissot era o membro mais vociferante do comitê diplomático. Portanto, quando o comitê se reuniu com Delessart para discutir o caso, ele fustigou o ministro por ter escolhido um "rematado aristocrata" para lidar com a ameaça aristocrática. Delessart respondeu que dificilmente poderia ter escolhido alguém com ostensivas simpatias revolucionárias para tal missão e deu ao comitê acesso à correspondência diplomática, que provava que Pelleport era de fato um agente do governo. A Assembleia discutiu o caso em 17 de fevereiro. Diversos oradores deploraram o uso de espiões e a imposição de sigilo, táticas que cheiravam à diplomacia praticada sob o Ancien Régime. Alguns advertiram contra a existência de traidores nas fileiras. E Brissot insinuou sombriamente que Pelleport poderia ser um arquitraidor, pois os despachos mostravam que ele já atuava como agente em Coblenz em junho de 1791, quando se deu a fuga do rei para Varennes — ou seja, talvez tivesse participado da tentativa do rei de escapar da Revolução. Entretanto, nenhum dos argumentos mostrou-se conclusivo e a Assembleia deixou de lado a questão sem tomar medida alguma. Não muito tempo depois, Pelleport foi libertado da prisão.[3]

Ele conseguiu retornar à Renânia, mas em qual status? Uma referência do Ministério das Relações Exteriores sugere que ele espionou para os franceses durante a campanha de verão em 1793; outra, porém, extraída de memoriais militares, indica que ele virou a casaca dois anos depois e lutou do lado dos monarquistas sob o príncipe de Condé — e ainda achava tempo de compor poemas ligeiros. Por mais fragmentárias que sejam, essas evidências reforçam as suspeitas da polícia de Bonaparte de que Pelleport tinha uma longa história de espionagem atrás de si.[4]

A polícia não achou que valia a pena levar adiante a investigação. Dada a sucessão de sistemas políticos, em 1802 Paris estava repleta de indivíduos que haviam se comprometido sob um ou outro governo. Pelleport parecia uma relíquia do Ancien Régime que ressurgira subitamente num banco de parque ou num café depois de doze anos de revoluções e guerras. Dificilmente parecia uma ameaça, embora não fizesse esforço algum para conter a língua durante o interrogatório. Vangloriou-se de suas origens nobres e não negou as frases sediciosas atribuídas a ele. Mas não era caça graúda. "Ele não traz consigo nenhum documento atualizado", observou a polícia. Não tinha endereço fixo. "Não parece sequer ter fonte certa de sustento." Pelleport foi solto e retornou à obscuridade. É provável que tenha morrido alguns anos depois em alguma mansarda, maldizendo do governo até o fim.[5]

PARTE III

LIBELOS COMO LITERATURA
Ingredientes básicos

21. A natureza dos libelos

Seguir o curso de algumas vidas desde o Ancien Régime até a Revolução é narrar uma história, não explicar a natureza geral das mudanças que acometeram a França do século XVIII. As carreiras de figuras obscuras como Pelleport e Manuel podem ser interessantes em si, mas são importantes primordialmente porque nos permitem investigar aquele século de uma perspectiva pouco usual. Elas têm o valor de marcadores históricos. Essas pessoas nadaram com a maré e, às vezes, contra ela, mas foram apenas indivíduos sacudidos pelos eventos à sua volta. Agora, tendo visto como contenderam com os acontecimentos, devemos abandoná-las a seu destino e voltarmo-nos a questões sobre as grandes correntes de sua cultura.

Não há respostas definitivas nesse tipo de história cultural, mais adequada para abrir novas linhas de investigação do que fechá-las com uma conclusão. Mas o fato é que os libelos proliferaram em toda parte nos primórdios da Europa moderna. Ainda enchem as prateleiras das bibliotecas de pesquisa. Podemos estudar um número suficiente deles para verificar as qualidades literárias que tinham em comum, ainda que estudiosos da literatura possam se ofender com a ideia de considerá-los obras literárias. "O que é literatura?" é uma daquelas perguntas — como "O que é o Iluminismo?" — que podem ser discutidas infindavelmente.[1] Seria mais proveitoso começarmos com uma questão mais maneável: O que era um libelo?

Em inglês, a palavra *libel* é bastante familiar, mas essa familiaridade pode ser enganadora. Existe uma *law of libel* [que rege crimes contra a honra] que foi evoluindo ao longo de séculos. Essa lei é imposta pelos tribunais e constantemente infringida pelos escritores, e advogados se especializam na arte de determinar as fronteiras que separam os diferentes tipos de calúnia, difamação e injúria. Na Inglaterra, a *law of seditious libel* foi um dos recursos utilizados para restringir a liberdade de imprensa depois do fim da censura prévia em 1695. Foi aplicada em diversas ocasiões no século XVIII, num esforço para intimidar os ataques ao governo, mas os escritores sempre acharam maneiras de contorná-la, especialmente por meio de "insinuações", que ofereciam uma defesa eficaz nos tribunais criminais.[2]

Nada semelhante existia na França. Se um libelista francês atacasse uma figura pública ou alguém suficientemente importante para mexer pauzinhos no governo, era sumariamente preso pela emissão de uma lettre de cachet e trancafiado na Bastilha — ou, na maioria das vezes, em prisões ainda piores como Bicêtre e Fort l'Evêque.[3] Os registros da Bastilha revelam uma incidência elevadíssima de prisões de pessoas que escreviam, imprimiam ou vendiam *libelles*. Devido às ambiguidades na definição e compilação dessas ofensas, não é possível elaborar estatísticas rigorosas, mas um cálculo preliminar mostra que 135 pessoas foram presas na Bastilha entre 1659 e 1789 por crimes relacionados com os *libelles* — muito mais do que por propagar ateísmo, deísmo, enciclopedismo, libertinismo, teorias políticas radicais ou outros tipos de escritos associados ao Iluminismo, sejam computados separadamente ou agrupados num todo.[4] O Estado levava os libelos muito a sério; os historiadores deveriam fazer o mesmo. Mas o que eram?

Embora o termo não seja muito usado em francês hoje em dia, era bastante comum nos séculos XVII e XVIII.[5] Todos os dicionários franceses do Ancien Régime definiam *libelle* da mesma maneira: "uma obra contendo linguagem abusiva [*injures*], opróbrios ou acusações contra a honra e a reputação de alguém", segundo a edição de 1690 do *Dictionnaire universel* de Antoine Furetière.[6] A mesma definição prevalece em dicionários do século XIX, que a completam com informações filológicas e históricas. Traçam sua derivação a *libellus*, em latim, que significa livro pequeno, e oferecem exemplos de uso em francês que datam desde Ronsard e em latim desde a época de Augusto.[7] Graças a sua educação clássica, os leitores franceses sob o Ancien Régime já tinham assimilado grandes quantidades de sátira semidifamatória — de Luciano de Samósata, Horácio, Juvenal, Suetônio, Petrônio e outros. *Vie des douze Césars*, de Suetônio, circulou largamente em latim depois da publicação da edição de Isaac Casaubon em 1691, e *Les galanteries et les débauches de l'empereur Néron*, disponível em francês a partir de 1694, familiarizou o público culto com relatos de vidas privadas que poderiam ser lidos como libelos políticos.

Os classicistas e, em especial, os humanistas do século XVI e XVII fizeram mais do que apenas editar essas obras. Em suas disputas acadêmicas, atacavam uns aos outros com tanta vituperação que a calúnia e a difamação quase se tornaram uma variedade de erudição. Suas práticas eram inofensivas quando restritas ao mundo letrado, mas tornavam-se perigosas se estendidas a seus patronos. Philipp Andreas Oldenburger foi forçado a fazer penitência devido a algumas observações satíricas sobre a vida amorosa de um principelho alemão: ele foi obrigado a comer as duas folhas mais injuriosas de seu *Constantini Germanici ad Justum Sincerum epistola politica de Peregrinationibus recte et rite instituendis* — e teve sorte de safar-se com nada mais do que essa humilhação pública.[8] Na Inglaterra do século XVI, os Tudors puniam os libelistas lacerando seus narizes e cortando suas orelhas; e, na França, Carlos IX lançou um édito em 17 de janeiro de 1561 decretando que "desejamos que todos os impressores, distribuidores e vendedores de cartazes e libelos difamatórios sejam castigados pela primeira ofensa com a chibata e pela segunda com execução".[9] Entre as punições infligidas subsequentemente aos *libellistes* (o termo foi usado pela primeira vez em 1640) há dois casos exemplares. Em 1689, Le Tellier, irmão do ministro da Guerra de Luís XIV, marquês de Louvois, foi trancafiado por trinta anos numa jaula de ferro no Mont St. Michel por *Le cochon mitré*, um ataque ao arcebispo de Rheims; e em 1694 um livreiro e um encadernador foram enforcados por distribuir um livro sobre o casamento morganático de Luís XIV e madame de Maintenon.[10]

Produzir pasquins e libelos era sem dúvida perigoso — mas primordialmente se atacassem pessoas de certo grau. Era o caráter pessoal do ataque, segundo contemporâneos, que distinguia os libelos das obras que tinham governos, políticas e outros assuntos gerais como alvo. Todavia, na prática a distinção não era tão clara, pois os governos protegiam a reputação de seus indivíduos eminentes.[11] Não havia nenhuma demarcação clara entre as esferas pública e privada dos *grands* sob o Ancien Régime na França. Ao ofender um deles, o libelista corria o risco de ser severamente punido pelo Estado, sem poder contar com nenhuma proteção jurídica nos tribunais. Malesherbes advogou uma política leniente para a imprensa durante seu mandato como diretor do comércio livresco (1750-63) e só era favorável à repressão no caso de ofensas particularmente grosseiras à religião, ao Estado ou à moralidade. No entanto, defendeu medidas severas contra livros que incentivassem um quarto tipo de transgressão, as "sátiras pessoais" ou "libelos". Seus autores, enfatizou, mereciam ser punidos "por golpes infligidos pelas autoridades, imediatamente, sem recurso aos tribunais" — mas somente se injuriassem "pessoas de importância".[12]

Pierre Bayle adotara posição semelhante 62 anos antes. Em uma "dissertação sobre libelos difamatórios" no final de seu *Dictionnaire historique et critique* (1695-7), condenou os libelistas por causarem danos à honra das pessoas e argumentou que eles deveriam ser punidos com severidade. Ao mesmo tempo, conforme sua maneira usual de examinar questões de pontos de vista opostos, observou que a defesa mais eficaz contra os libelos era ignorá-los, especialmente no caso de calúnias dirigidas aos soberanos. Nero, observou ironicamente, relegara os libelos ou simplesmente exilara seus autores, ao passo que Augusto tratara-os como crimes de lesa-majestade, merecedores de pena de morte. Bayle não encontrou justificativa para a política de Augusto e, ao discutir incidentes de libelos sediciosos entre os modernos e entre os antigos, mostrou-se favoravelmente disposto à tolerância. Entretanto, advertiu, dependendo das circunstâncias, os libelos poderiam provocar insurreições. Era impossível prever seus efeitos, mas uma coisa era certa: "A língua e a pena de um só homem às vezes são mais úteis para uma causa do que um exército de 40 mil soldados".[13]

No plano conceitual, surgiam ambiguidades no ponto em que a sátira se miscigenava com a calúnia. Voltaire tentou delinear distinções claras diferenciando entre crítica, sátira e libelo. Conforme os descreveu, os críticos eram aqueles que argumentavam com gentileza, sem citar ninguém pelo nome. Os satiristas marcavam pontos atacando indivíduos, embora não fizessem alusões pejorativas acerca de sua vida privada. E os libelistas procuravam destruir a honra de suas vítimas mediante difamação pessoal. Qualquer que seja a validade dessas distinções, Voltaire acabou por mitigá-las aplicando-as contra seus inimigos, particularmente o abbé Pierre-François Desfontaines e Elie-Catherine Fréron, a quem vilificou como libelistas com tantas invectivas que parecia ter ele próprio se tornado um deles.[14]

Quando obras de referência do século XVIII iam além das definições e aventuravam-se a tecer comentários, também elas toldavam as distinções e mergulhavam na ambiguidade. O texto mais franco e direto está no *Dictionnaire de Trévoux* dos jesuítas. Os libelos podem começar como sátiras destinadas apenas a divertir, adverte, mas as pessoas comuns são crédulas e tendem a acreditar em qualquer coisa, de modo que a tendência geral de destruir reputações podia causar sérios danos quando se espalhava entre a gente simples (*honnêtes gens*). Além disso, esses danos podiam se tornar permanentes, pois anedotas não comprovadas muitas vezes acabavam adquirindo estatuto histórico. Os antigos, em sua sabedoria, puniam os libelos com a morte de seus autores, como fizera Augusto ao definir tal crime como lesa-majestade. O *Dictionnaire de Trévoux* não vai tão longe, mas defende a repressão severa dos libelistas na França do seu tempo.[15]

Em contraste, a *Encyclopédie* de Diderot e d'Alembert chega quase a adotar uma postura de tolerância universal. O artigo sobre *libelle* escrito pelo chevalier Louis de Jaucourt começa com a definição convencional — ainda que ampliada para incluir canções e todo tipo de obra escrita, manuscrita ou impressa, que atacasse a honra e a reputação de uma pessoa — e em seguida perde-se numa discussão deliciosamente inconsistente sobre questões maiores. Depois de manifestar sua desaprovação dos libelos pelos danos que causam à honra das pessoas, especialmente no caso de serem impressos, Jaucourt levanta o argumento da liberdade de imprensa, abordando a questão do ponto de vista do *De l'esprit des lois*, de Montesquieu. Nos despotismos, observa, não existem libelos, pois todos estão sujeitos à vontade arbitrária do soberano e, além disso, ninguém lê. Numa monarquia liberal ou esclarecida (*monarchie éclairée*, expressão que se aplicava à França), no entanto, os libelos deveriam ser tolerados. O exemplo da Inglaterra mostrava que todos os tipos de vituperação pessoal podiam ser permitidos sem causar grande prejuízo. Em vez de reprimir os libelos, os ingleses os tratavam com desprezo (*mépris* — e aqui o argumento de Jaucourt corre em paralelo a um dos lados do debate dentro do Ministério das Relações Exteriores francês). O estrume lançado pelos caluniadores não chegava a impregnar-se em ninguém e, ao relegá-lo, os ingleses preservavam algo muito mais valioso: a liberdade. Em monarquias mais autoritárias, a bajulação tende a impedir o príncipe de discernir o caminho certo e um libelo poderia alertá-lo para os perigos da tirania: "Muitas vezes, é por meio da mais franca liberdade de expressão que os lamentos dos oprimidos sobem até o trono, o qual não teria conhecimento deles de outra maneira". Embalado por essa linha de argumentação, Jaucourt chega perto de promover a liberdade irrestrita da imprensa. Mas então, como que estarrecido com seu próprio radicalismo, ele recua, insiste que, na verdade, não pretende favorecer a difamação e passa a elencar toda espécie de consideração convencional sobre religião, moralidade, interesses de Estado e a necessidade de preservar a ordem social. Todavia, não consegue deixar a questão por aí e conclui o artigo com um ousado non sequitur: "Entretanto, num Estado bem conduzido, eu não desejaria reprimir a livre expressão com medidas que inevitavelmente destruiriam toda a liberdade".[16]

Louis-Sébastien Mercier elabora uma versão posterior do mesmo argumento num capítulo sobre libelos em *Tableau de Paris*. Ele também defende uma variedade inglesa de "desprezo" como a melhor política, pois tal atitude minimiza os danos às reputações ao mesmo tempo que preserva a liberdade de imprensa. Perseguir os libelos só os tornará mais procurados e, portanto, mais dignos de crédito, adverte. Se relegados, acabarão sendo rejeitados como algo detestável e mentiroso pela maioria dos leitores — exceto em casos cruciais em que um escritor patriótico ousa expor abusos do poder e os leitores acreditam nele, apesar do caráter aparentemente injurioso da obra. Entretanto, como poderiam os leitores distinguir ataques legítimos dos meramente difamatórios a uma pessoa? Mercier não diz. Ele apenas defende a necessidade dos libelos moderados e condena os tipos mais extremados, aqueles produzidos por subliteratos (*la basse littérature*), cujo desespero por dinheiro os leva a produzir "acusações atrozes e gratuitas contra a vida privada de príncipes e pessoas comuns".[17]

Uma última fonte parece oferecer uma saída dessas contradições e ambiguidades porque apresenta uma extensa discussão do assunto sob um título promissor: *Théorie du libelle* (Amsterdã, 1775). A obra tem a forma de um "diálogo filosófico" entre duas personagens, "M.", um *philosophe* rico e conhecedor do mundo, adepto da escola fisiocrática (economistas que defendem o livre comércio, especialmente no setor agrícola), e "P.", um jovem provinciano aspirante a escritor que acaba de chegar a Paris. P. compartilha todas as ideias dos *philosophes* e está ansioso para abraçar a causa deles. Além disso, como a maioria dos novos recrutas, precisa fazer algo para ganhar dinheiro. Da sua parte, M.

busca um escritor talentoso para defender os *philosophes* contra seu inimigo mais proeminente, Simon-Nicolas-Henri Linguet. Com essa intenção, reuniu todas as obras de Linguet, convidou P. para lê-las e refutá-las, e está aguardando que ele chegue trazendo seu manuscrito.

O diálogo se passa no apartamento elegante de M. no faubourg Saint Germain, onde o encontramos andando de um lado para o outro, esfregando as mãos: "Mais um panfleto... e ele estará acabado".[18] P. entra, com ar perplexo. M. pergunta pelo libelo. P. confessa que não o escreveu, pois passou a noite inteira lendo os livros de Linguet e estes lhe pareceram perturbadoramente convincentes. M. retruca que não quer ouvir nenhuma bobagem sobre a validade dos argumentos de Linguet. Ele contratara P. para selecionar trechos das suas publicações e reordená-los para que parecessem contraditórios, expondo-os ao ridículo. A tarefa de P. era citar Linguet fora de contexto e denunciar a desconexão de suas ideias, não estudá-lo. "Mas e a verdade delas?" P. indaga. M. se irrita com essa pergunta simplória e explica que os *philosophes* não têm interesse pela verdade. Querem apenas dominar a opinião pública e têm se saído bastante bem nessa empresa graças à ajuda dos censores e o apoio dos salões. Aprenderam a manipular o público da mesma maneira como um gentil-homem domina o cavalo numa academia de montaria, e sua técnica mais eficaz é denegrir a reputação dos inimigos. O rompante de M. abre os olhos de P. para o que realmente está por detrás das polêmicas em Paris. Ele pode ser pobre e ingênuo, mas não participará desse jogo. M. pode contratar outro escritor para destruir o caráter alheio. P. vai embora, convertido às ideias de Linguet e inimigo do mundo janota da *philosophie*.

Portanto, longe de oferecer alguma teoria, *Théorie du libelle* acaba se revelando mais um libelo. Seu autor é o próprio Linguet e seu vilão, "M.", é o abbé André Morellet, que ridicularizara Linguet em sua *Théorie du paradoxe* (Amsterdã, 1775). Morellet também aparentara escrever uma obra teórica, um estudo de um novo tipo de retórica baseada no uso do paradoxo e não do ataque a um indivíduo. Ele evitou observações pessoais sobre Linguet, a quem se referia apenas como "L.", e restringiu-se a citar seleções contraditórias das obras de Linguet. Mas organizou essas citações com tanta maestria que obviamente pretendia demolir a reputação de Linguet como um pensador sério. Morellet também publicou seu tratado anonimamente e sob um endereço falso, de modo que Linguet tinha certa justificativa em tratá-lo como um libelo. Mas contra-atacou com tanta veemência que o seu próprio tratado foi condenado como um "libelo" por um édito real em 2 de abril de 1775.[19]

Essa polêmica em nada ajuda a esclarecer as questões teóricas relacionadas ao conceito de libelo, mas revela algo do modo como os libelos ressoavam na sociedade do Ancien Régime. Linguet refuta o caráter classista do apelo de Morellet. Como Rousseau antes dele e Robespierre depois, ele identifica agudeza de espírito com o mundo sofisticado da elite parisiense: "A difamação parece ser um desses jogos da alta sociedade, um de seus remédios contra o tédio. É com jovialidade que, em jantares e reuniões íntimas, se corta a garganta de um cidadão e se faz dele um objeto de horror e imprecação pública".[20] Morellet situa Linguet em outro tipo, bem diferente, de companhia. Primeiro, cita um de seus rompantes contra os jornalistas, "o escalão mais baixo na ordem da literatura, ao lado de difamadores descarados [...] subliteratos contratados por livreiros, assassinos literários de aluguel e compiladores de extratos a preço fixo por página".[21] Em seguida, observa que Linguet tornara-se, ele próprio, um jornalista.

Os diplomatas franceses que avaliaram o caráter de Linguet e outros autores exilados em Londres também não viram nada senão venalidade e vulgaridade — as qualidades da "ralé", como colocou Adhémar. De acordo com essa fórmula, havia certa afinidade entre conduta literária e conduta social. Escritores na base do mundo literário adotavam estilos e gêneros que os distinguiam daqueles no topo, ainda que, evidentemente, alguns autores da elite tivessem origens modestas (Morellet era filho de um pequeno comerciante de papel em Lyons) e alguns nefelibatas se esforçassem para escrever com grande refinamento (Manuel tentara incutir certa elegância beletrista em seu *Essais historiques, critiques, littéraires et philosophiques*, e Pelleport, um *déclassé* aristocrático, enchera *Les bohémiens* de alusões clássicas). Em outras palavras, a oposição entre os escalões superiores e inferiores da República das Letras não pode ser reduzida a uma simples fórmula, mesmo que os autores envolvidos em polêmicas escolhessem as armas que melhor funcionavam dependendo da posição que ocupavam. Morellet, Chénier e Rivarol alfinetavam seus oponentes com sagacidade intelectual; Linguet, Manuel e Brissot espinafravam-nos com retórica. A difamação, como uma forma de retórica, foi uma das armas prediletas dos autores dos escalões inferiores da República das Letras.

Contudo, a retórica, como Morellet demonstrou em *Théorie du paradoxe*, possui muitas variantes, entre elas a perspicácia agressiva. Haveria algo específico na retórica dos libelos? Os libelos constituiriam um gênero distinto de literatura? A característica que os distingue, tanto na prática contemporânea como nas definições de dicionário, é a intenção de causar danos à reputação de alguém. Quando os parisienses reclamavam dos libelos para a polícia, enfatizavam a natureza pessoal das ofensas. "Dizem que esse libelo contém insultos atrozes e fabricados que visam destruir minha honra e reputação",[22] escreveu um marquês, exigindo ação imediata do chefe de polícia. Linguet expressou a mesma opinião: "Um libelo como mira certeira pode transtornar tudo, mudar e dominar a opinião, destruir um homem irrevogavelmente".[23] Até mesmo Jean-Paul Marat, que se especializou em represões públicas, fez a mesma objeção: "Queres obliterar um indivíduo isolado, sem defesa, sem apoio? Então calunia-o num libelo".[24]

Às vezes, porém, os libelos ofendiam autoridades públicas sem atacar nenhum indivíduo em particular. Em 30 de junho de 1775, o *parlement* de Paris condenou duas obras como "libelos": *Catéchisme du citoyen, ou éléments du droit public français* e *L'ami des lois*. Nenhum desses livros denegria uma figura pública. Eram tratados políticos que, de acordo com o *parlement*, "intencionalmente vilipendiam o verdadeiro caráter do poder soberano; esforçam-se ao máximo para debilitar os laços que unem o povo ao monarca". Em especial, o *parlement* deplorou o fato de essas obras discutirem abertamente questões de governo, outrora mantidas rigidamente sob um véu de sigilo — a famosa noção de *arcana imperii* da incipiente estadística moderna. Ou seja, um libelo podia dizer respeito tanto à vida secreta do Estado como à vida secreta de um indivíduo; um libelo tornava o privado público e desvelava segredos, normalmente com a intenção de causar danos à reputação de alguém, mas às vezes com o objetivo maior de expor as atividades do governo.[25]

Em vista desse consenso geral acerca da natureza dos libelos, é provável que os franceses do século XVIII fossem capaz de reconhecê-los quando deparavam um deles. Os libelos, no entanto, vinham em todos os formatos e tamanhos. Muitos eram simples pasquins ou panfletos de poucas páginas — geralmente oito, para aproveitar ao máximo uma meia folha de papel barato, que podia ser impresso frente e verso, dobrado, costurado e cortado para formar um livreto primitivo com pouco dispêndio de capital. Outros eram lançados em edições imponentes, em vários volumes, ricamente impressos e encadernados. As capas variavam, pois muitos clientes compravam os livros em folha e mandavam encaderná-los de acordo com seu gosto pessoal. A tipologia e o design dos libelos tendiam a ser descuidados, pois geralmente circulavam entre os leitores de menor renda. Todos eram ilegais e não havia, nem remotamente, qualquer tipo de proteção dos direitos autorais, fazendo com que os editores pirateassem as obras livremente. Com isso, os libelos mais vendidos passavam por muitas edições, a maioria delas de baixo preço — isto é, entre vinte e trinta *sous* (equivalente ao salário de um dia de um trabalhador não especializado ou a três pães de dois quilos.) Entretanto, algumas edições podiam ser bem requintadas. *Vie privée de Louis XV*, obra popular reimpressa pelo menos três vezes na década de 1780, contém uma dúzia de gravuras espalhadas pelos seus quatro grossos volumes. A aparência de um libelo encadernado em couro de bezerro com filigranas de ouro podia impressionar — como se o próprio aspecto físico afirmasse "aqui está um relato consistente e respeitável de meio século de história". *Mémoires secrets pour servir à l'histoire de la république des lettres en France* prometia um alcance ainda mais abrangente: 36 volumes, o suficiente para encher uma estante inteira.

Títulos eram indicadores mais precisos do que tamanho. Tudo que trouxesse "secreta" ou "privada" no título era provavelmente um libelo, especialmente se adjetivasse substantivos como "vida", "memórias" ou "história". Os títulos mais comuns da literatura libelista do século XVIII começavam com "A vida privada de…" ou "A vida secreta de…", ainda que algumas vidas privadas fossem biografias inocentes que visavam lisonjear, não injuriar, seus objetos, como *Vie privée du général Buonaparte*. Os libelistas gostavam de se apresentar anonimamente como espiões, segundo uma antiga e popular tradição de pseudo--orientalismo. *L'espion chinois* e *L'espion turc*, por exemplo, ofereceram ao grande público revelações de casos amorosos misturados com assuntos de governo. Depois de ter se passado por espião chinês, seu autor, Ange Goudar, mudou de fantasia e reciclou mexericos como *L'espion français à la cour de Londres*. O fascínio dos franceses por todas as coisas inglesas também forneceu um veículo para o popularíssimo *Espion anglais*, cujo subtítulo soava particularmente sedutor: *Correspondance secrète entre milord All'eye et milord All'ear* [*Correspondência secreta entre milorde Só-olhos e milorde Só-ouvidos*]. As pseudocorrespondências também funcionavam muito bem como disfarce para obras de boatos e mexericos: *Lettres iroquoises* e *Lettres chérakéesiennes* exploravam a linhagem do exotismo oriundo de um Novo Mundo vagamente ficcional, não do Oriente. De *lettres* a *correspondances* a *mémoires* a *journaux*, os títulos utilizavam infindáveis variações sobre os temas de cartas descobertas em valises perdidas, segredos trocados pelo correio e confidências feitas a diários. O caráter ficcional era ostensivo, mas mesmo assim acrescentava tempero às revelações prometidas e cumpria a função de alertar o leitor para o que esperar: a exposição de segredos.

Será então que os libelos acabaram se transmudando em jornalismo, ou mesmo em ficção? Com certeza: *Mémoires secrets pour servir à l'histoire de la république des lettres en France, Journal historique de la révolution opérée dans la constitution de la monarchie française par le chancelier de Maupeou* e *Correspondance secrète et familière du chancelier de Maupeou avec Sorhouet* — todos best-sellers — ofereciam relatos jornalísticos dos acontecimentos e, ao mesmo tempo, jogavam lama neste ou naquele indivíduo. Os libelos muitas vezes se apresentavam como revistas, gazetas, pasquins ou crônicas. Alguns eram versões impressas das *gazettes à la main* que proporcionaram a subliteratos como Imbert de Boudeaux sua subsistência básica. Imbert também reciclou as histórias de seus boletins manuscritos — e das obras de outros autores — naquela espécie de antologia que ficou conhecida como *chronique scandaleuse*. Ele chegou a publicar um livro exatamente com esse título, *La chronique scandaleuse*, em que vemos como os libelos anteciparam alguns aspectos da imprensa marrom moderna. Os leitores podiam desfrutar essas obras como uma combinação de fato e ficção. Muitas eram concebidas para ser lidas como *romans à clef*. *Mémoires secrets pour servir à l'histoire de Perse* injuria Luís xv e todas as figuras de sua corte, apresentadas como paxás ou mulás. Traz um completo índice biográfico e dos códigos utilizados a fim de que o leitor da época pudesse identificar todas as personagens. Nesse aspecto, lembra duas obras contemporâneas de ficção que também ocultam ataques ao rei e suas amantes com nomes codificados (mas trazem chaves para decifrá-los): *Tanastès* e *Les amours de Zéokinizul, roi des kofirans*.[26]

Algumas dessas obras continham tanta história contemporânea que podiam ser levadas a sério como narrativas históricas, apenas apimentadas com um pouco de escândalo. *Mémoires secrets pour servir à l'histoire de Perse*, provavelmente de autoria de Antoine Pecquet, um funcionário descontente do Ministério das Relações Exteriores, oferece uma história notavelmente inteligente e detalhada da França de 1715 a 1744.[27] "História" estava em toda parte nos títulos — notadamente em *Histoire secrète de la cour de Berlin* (1789), de Mirabeau, mas também em obras mais obscuras e igualmente ilegais como *Histoire secrète des intrigues de la France en diverses cours de l'Europe* (1713) e *Histoire secrète de Bourgogne* (1782). Como *histoire* significa em francês tanto "história" como "estória", essas obras prometiam aos consumidores potenciais uma narrativa que combinava escândalos e informações sobre os acontecimentos atuais. Além disso, *histoire* também pode conotar "biografia", de modo que as *histoires* muitas vezes se encaixavam na longa série de "vidas privadas". Daí *Histoire secrète des premières amours d'Elizabeth, d'Angleterre* (1697), *Histoire secrète de Jean de Bourbon, prince de Carency* (1709) e *Histoire secrète de la reine Zarah et des zaraziens, ou la duchese de Marlborough démasquée: avec la clef pour l'intelligence de cette histoire* (1708). Os duplos sentidos e as alusões sobrepostas não desorientavam os leitores; pelo contrário, os títulos esclareciam o que podiam esperar em uma ampla gama de gêneros.

Infelizmente, a noção de gênero não é de grande valia na caracterização dos libelos. Basta considerarmos as obras encontradas ao longo da linha que vai de Morande a Manuel, que pertenciam aos gêneros mais diversos: crônica (*Le gazetier cuirassé*), poesia (*Les amours de Charlot et Toinette*), diálogo dramático (*Le petits soupers et les nuits de l'hôtel Bouillon*), reportagem (*Le diable dans un bénitier*), história (*La police de Paris dévoilée*), correspondência (*Lettres originales de Mirabeau*) e biografia (*Vie secrète de Pierre Manuel*). Todos esses livros eram vistos na época como libelos e todos se conformavam com as definições contemporâneas de libelo; no entanto, abrangiam mais de meia dúzia de gêneros. Pertenciam à mesma família e tinham forte parecença familiar, mas careciam de afinidade genérica. Como então destacar os libelos como um corpus da literatura?

Em vez de tentar impor um sistema de classificação a um material tão heterogêneo, acho mais eficaz estudar as qualidades que os libelos tinham em comum. Tal procedimento é inevitavelmente subjetivo, mas oferece-nos uma maneira de entender o caráter peculiar da literatura libelista. Depois de ler um grande número de *libelles* franceses dos séculos XVII e XVIII, selecionei alguns textos típicos, os quais decompus em seus elementos constitutivos e analisei como esses elementos se combinam. Desde histórias longas até panfletos curtos, constatei que, de modo geral, os libelos usam os mesmos blocos de construção. Sua unidade básica é um relato breve sobre uma ocorrência, normalmente de natureza escandalosa. O libelista apresenta-a como autêntica, embora possa orná-la retoricamente para obter certos efeitos — choque, horror, diversão, raiva, indignação ou outras reações dos leitores a quem se dirige explicitamente. Os franceses costumavam designar esses relatos de *anecdotes*, palavra que conotava informações ocultas, não rumores como atualmente. Também os designavam *nouvelles* (notícias) — isto é, relatos factuais de acontecimentos ou representações de coisas que efetivamente aconteceram, à maneira das *hard news* [notícias de grande atualidade] da mídia de nossos dias, apesar da linguagem exagerada usada para descrevê-los.

Essas notícias são o elemento mínimo irredutível a partir do qual os libelos eram compostos. Podiam ser combinadas de diversas maneiras, mas eram breves, geralmente um só parágrafo de poucas sentenças. Aqui está um exemplo típico, extraído de *La chronique scandaleuse*, de Imbert (publicada em um volume em 1783, expandida para dois volumes em 1784, para quatro em 1785 e reimpressa com um novo quinto volume em 1791): "Certo dia, o duque de *** surpreendeu sua cara-metade nos braços do preceptor do filho. A digna dama disse-lhe com impudência ducal: 'Por que não estavas aqui, monsieur? Quando não tenho meu senhor, tomo o braço de meu lacaio'".[28] A mesma *nouvelle*, ligeiramente reformulada, aparece em *La police de Paris dévoilée* (1790), de Manuel: "O duque de... surpreendeu a esposa nos braços do preceptor de seu filho. Ela lhe disse, com impudência digna de uma cortesã: 'Por que não estavas aqui, monsieur? Pois quando não tenho meu senhor, tomo os braços de meu lacaio'".[29] Os libelistas chupavam constantemente material uns dos outros e de fontes comuns, de modo que não há nada surpreendente no fato de Manuel repetir a mesma anedota sete anos depois de Imbert. Todavia, ele a insere num contexto diferente, em meio a outras histórias sobre a depravação dos aristocratas e os abusos de poder dos ministros. Imbert coloca a anedota entre outros incidentes divertidos, de modo que seu libelo pode ser lido como um livro de piadas. O caráter facecioso é aparente até no sumário, que classifica os artigos sob tópicos como "*bons mots*" [ditos espirituosos], "histórias engraçadas", "caricaturas", "cornos", "trocadilhos" e "pasquinadas".

Uma leitura atenta de todos os libelos publicados entre 1770 e 1800 revelaria incontáveis casos de anedotas extraídas de um e inseridas em outro. Descrever esse tipo de usurpação como plágio seria um anacronismo, pois era prática padrão entre os libelistas e ilustra o modo como trabalhavam. Recolhiam material de todas as fontes a seu dispor e combinavam-no da maneira que mais se adequasse a seus propósitos — biografias escandalosas, histórias sediciosas, *gazettes à la main*, crônicas, pseudomemórias, pseudocorrespondências, panfletos ou pot-pourris. Essas informações estavam disponíveis em toda parte na Paris do século XVIII. Pairavam no ar e podiam ser apanhadas de conversas ou de modos de interlocução oral descritos como *bruits publics, on dits, bons mots, Pont-Neufs* e *chansons*. Reduzidas à forma escrita, cristalizavam-se em peças noticiosas — *nouvelles* ou *anecdotes*. Os libelistas combinavam essas notícias já prontas utilizando-se de um processo de colagem. A maneira como eram montadas afetava o significado, de modo que a mesma anedota podia parecer um chiste num contexto e uma acusação em outro. No caso de narrativas complexas, considerável habilidade era necessária para produzir o efeito desejado. Um libelista talentoso, como Pelleport, criava cenas, alternava diálogos e descrições, e encaminhava sua história para um desenlace dramático. Escrevinhadores mais primitivos, como o autor anônimo de *Vie secrète de Pierre Manuel*, apenas juntavam segmentos díspares sem se preocupar com cronologia ou coerência. As maneiras de construir um libelo variavam tanto quanto os gêneros aos quais eram adaptados; os libelos eram um meio altamente flexível. Mas todos eles tinham o mesmo caráter geral e os mesmos componentes básicos. Manipulavam o sistema de informação de sua época extraindo material de ampla variedade de fontes, retrabalhavam-no e reinseriam-no de uma maneira destinada a provocar o máximo dano possível. Os libelos eram um poderoso modo de comunicação e os governos tinham motivos para temê-los, tanto sob o Ancien Régime como nas várias fases da Revolução.

22. Anedotas

Uma palavra que surge em toda parte nos títulos e textos dos libelos é particularmente desconcertante para o leitor do século XXI: *anecdotes*. Para nós, sugere uma história banal, não muito confiável, como na expressão "evidência anedótica". Para os europeus do século XVIII, contudo, significava quase o oposto: uma anedota era uma informação fidedigna que havia sido ocultada e que precisava ser desencavada, descoberta ou desvelada. Diferentemente de outros tipos de informação, tinha um atrativo especial e tendia a ser escandalosa.

O dicionário da Académie Française define *anecdote* como uma "ocorrência ou circunstância histórica secreta [*particularité*] que historiadores anteriores omitiram ou suprimiram". Observa ainda que as anedotas tendem a ser não só históricas, mas também satíricas — daí o exemplo supremo de sua utilização: *Anekdota*,[1] de Procópio de Cesareia, o historiador bizantino do século VI que desenvolveu esse novo modo de retratar o passado recente. Além de seus relatos semioficiais sobre as guerras empreendidas pelo imperador Justiniano contra persas, vândalos e godos, Procópio escreveu uma obra — anonimamente, só lançada após sua morte para proteger-se da ira de seus superiores — que abriu caminho para todos os libelos posteriores. Conhecida como *Historia arcana* em latim (*Secret history* em inglês), associa a noção de anedota à de história secreta, aquela que pretende expor as atividades ocultas dos governantes e as explicações insondáveis por trás dos acontecimentos. *Anekdota* apresenta Justiniano, sua consorte Teodora, seu general Belisário e outras grandes figuras de maneira completamente diferente das demais histórias de guerra escritas por Procópio: ao invés de heróis conquistadores e dignitários majestáticos, revelam-se velhacos e desprezíveis quando vistos de perto, e suas falhas pessoais são responsabilizadas pelo estado lamentável do Império Romano. Ao atacá-los, portanto, Procópio pôs a nu o lado secreto da estadística — ou *arcana imperii,* como ficou conhecida no início da era moderna na Europa.[2]

A noção procopiana de anedota tinha um fascínio especial para os autores e leitores da França do século XVIII, quando os assuntos públicos ainda eram considerados domínio privado dos soberanos — ou, como se dizia, *le secret du roi.* O artigo sobre "Anecdotes" na *Encyclopédie* enfatiza essa conotação do termo: "Anedota é o nome que os gregos davam a coisas reveladas ao público pela primeira vez. [...] Esta palavra é usada em literatura para significar a história secreta de fatos que ocorreram no gabinete ou corte íntima de príncipes e os mistérios de suas políticas". A *Encyclopédie* cita Procópio como o grande autor entre os antigos que aperfeiçoou a anedota como arma de ultraje. Horácio, Juvenal, Petrônio e muitos outros tinham dominado a sátira, mas somente Procópio soube denegrir os grandes expondo a aberto suas vidas privadas.

Embora raramente fizessem referência a Procópio, os libelistas do século XVIII valiam-se de anedotas à maneira dele, revelando o lado oculto da história entendida como um relato do passado recente ou dos eventos correntes. Ou seja, os libelistas apresentavam-se como historiadores. Pretendiam narrar fatos. Mas ocultavam-se sob o manto do anonimato, pois ao revelarem os verdadeiros segredos no âmago do sistema de poder arriscavam-se à Bastilha, às galés ou à forca. *Anecdotes sur madame la comtesse du Barry,* o libelo mais popular dos anos pré-revolucionários, deixa isso explícito no prefácio.

> Embora esta obra seja uma exposição bastante completa da vida de madame la comtesse du Barry, o autor preferiu dar-lhe o título modesto de *Anecdotes* a fim de evitar qualquer insinuação de presunção. Desse modo, eximiu-se da ordem formal e da gravidade estilística que uma introdução mais circunspecta teria exigido. [...] Ninguém, porém, deve crer que, ao reunir com labor [tantas informações], ele tenha incluído irrefletidamente o grande número de fábulas e absurdos que são recitados sobre essa famosa cortesã. [...] Como ficará aparente, ele dá provas

de tudo o que afirma, desde seu nascimento até seu recolhimento. Nesse sentido, ele observou as regras escrupulosas do historiador.[3]

O autor anônimo prossegue insistindo que uma biografia rigorosa desse tipo não pode ser considerada um "libelo", embora prometa temperar seu texto com "alguns detalhes muito apimentados" e tenha enchido a obra com tanto material escabroso envolvendo sua anti-heroína que ninguém poderia deixar de reconhecer seu caráter difamatório. Ao aparentar não ter escrito um libelo, ele apenas reitera seu compromisso de escrever a verdade. E ao intitular a obra *Anecdotes*, sustenta escrever como um historiador — um tipo procopiano de historiador, o tipo que revela segredos ocultos. Seus leitores, portanto, podiam ter a certeza de que iriam se divertir, pois, enfatiza o prefácio, ao contrário das penosas histórias acadêmicas, *Anecdotes sur madame la comtesse du Barry* oferece entretenimento junto com instrução. A obra tinha algo para todos, dos mais filosóficos aos mais frívolos. Era uma história para ser lida como um romance.

Isso tudo não passa de conversa de vendedor, é claro. Prefácios muitas vezes tentam seduzir o leitor para o texto com esse tipo de retórica e não devem ser tomados literalmente. Todavia, podem ser estudados pelos pressupostos que estão implícitos no seu esforço de vendas. Ao promoverem sua mercadoria de determinada maneira, indicam o que estão vendendo e, aos leitores, a experiência que os aguarda. Outros recursos — títulos, subtítulos, endereços de publicação, prólogos, notas de rodapé, apêndices, ilustrações, design — enviam sinais similares. A autoapresentação de obras difamatórias revela muito sobre o caráter destas e sobre o modo como gostariam de ser lidas.

Os libelistas nunca se referiam a suas obras como libelos, pois o termo era negativo demais e poderia lançar por terra sua aspiração de contar a verdade. Preferiam "história" ou "memórias", com referências abundantes a *anecdotes*, para criar uma aura de rigor e exatidão. Em uma continuação de *Anecdotes sur madame la comtesse du Barry*, o autor da obra original é criticado por dissimular o caráter libelista do livro com o capcioso *Anecdotes* do título. Mas, em seguida, julgando ter estabelecido sua pretensão de veracidade, reaproveita o mesmo material de modo igualmente difamatório.[4] *La chronique scandaleuse* tentou dar credibilidade aos escândalos que propaga incluindo as palavras-chave "anedotas" e "história secreta" num requintado subtítulo: *La chronique scandaleuse, ou mémoires pour servir à l'histoire de la génération présente, conte-*

nant les anecdotes et les pièces fugitives les plus piquantes que l'histoire secrète des sociétés a offertes pendant ces dernières années. Muitos libelos se faziam passar por memórias ou correspondência das pessoas que injuriavam. Os supostos editores dessas publicações escreviam prefácios assegurando sua autenticidade e explicando suas origens: haviam sido surrupiadas por secretários particulares ou encontradas em gavetas secretas ou descobertas em pastas perdidas. Essas mentiras deslavadas aparecem em toda parte na literatura legal do Ancien Régime, especialmente nos romances epistolares. Os leitores do século XVIII estavam acostumados com isso e sabiam que tinham de levar em conta seu caráter artificial. Entretanto, a embalagem retórica de um libelo não invalidava necessariamente as informações que continha. Quão verazes eram as anedotas no cerne das histórias secretas, crônicas escandalosas e pseudomemórias? Como não tinham critérios objetivos para julgá-las, os leitores do século XVIII eram obrigados a distinguir entre autenticidade e artifício por si sós, e essa maneira de ler — deslindando verdades ocultas de narrativas engendradas e peneirando fatos de ficção — tornou-se prática comum na França dos séculos XVII e XVIII. Era algo familiar a qualquer um que tivesse lido autores clássicos como La Rochefoucauld, La Fontaine e La Bruyère, e (conforme explicado no capítulo 6) que tivesse aguçado sua percepção resolvendo as charadas e enigmas publicados em periódicos populares como *Mercure de France*, *L'Année Littéraire* e *Le Journal de Paris*. Quando essa aptidão era aplicada a acontecimentos correntes, conferia fascínio especial à decifração dos libelos.

Algumas coletâneas de anedotas aproveitam-se desse modo de leitura em benefício próprio, adotando um tom jocoso e ostentando seu caráter semifictício. As autoapresentações de *Portefeuille d'un talon rouge contenant des anecdotes galantes et secrètes de la cour de France* (1783) e de *Le portefeuille de madame Gourdan, dite la comtesse, pour servir à l'histoire des mœurs du siècle et principalement de celle de Paris* (1783) não eram para ser interpretadas literalmente. Pelo contrário, esses supostos "porta-fólios" acrescentam tempero a seu conteúdo fazendo-se passar pela correspondência entre dois improváveis epistológrafos, um cortesão onisciente e uma madame notória de um bordel parisiense. O mesmo artifício óbvio caracteriza os "espiões" que podiam ser encontrados em toda parte na literatura libelista. Poucos leitores devem ter acreditado que um turco compusera *L'espion turc dans les cours des princes chrétiens* (1742), que um chinês escrevera *L'espion chinois, ou l'envoyé de la cour de Pékin* (1742) ou que um piolho narrara *Histoire d'un pou français, ou l'espion d'une nouvelle espèce* (1781). Um francês não precisaria saber muito inglês para duvidar da autenticidade dos lordes All'Eye e All'Ear, que trocam cartas em *L'espion anglais, ou correspondance secrète entre milord All'Eye et milord All'Ear* (1777). E bastante ceticismo deve ter cercado a identidade dos autores de *Lettres iroquoises* (1752), *Lettres cherakéesiennes* (1752) e *Lettres d'un sauvage dépaysé* (1738). Voltaire causticou todas essas obras em suas *Lettres chinoises, indiennes, et tartares* (1776), sua última palavra sobre um gênero que florescera desde *Lettres persanes*, de Montesquieu.

Esse tipo de sátira epistolar era um elemento corriqueiro da literatura do século XVIII. Os leitores não precisavam acreditar na autenticidade de correspondentes exóticos persas, chineses ou iroqueses para aceitar a veracidade das anedotas que narravam — ou, pelo menos, para detectar um cerne de verdade oculto em patentes invenções. Grande parte dessa literatura era do tipo ligeiro ou pretendia ser levada apenas meio a sério, mas as histórias secretas que tocavam no *secret du roi*, a vida privada do rei, suas amantes e seus ministros já eram outra questão. *Mémoires de l'abbé Terray* (1776) era ao mesmo tempo uma obra de ficção e de sedição. E a popularíssima *Correspondance secrète et familière de monsieur de Maupeou avec monsieur de Sor***, conseiller du nouveau parlement* (1771), embora obviamente fabricada, provavelmente fez mais para desacreditar o ministério de Maupeou do que qualquer outra publicação. Anedotas podiam causar danos reais, mesmo quando adornavam-se com os mais improváveis disfarces.

As calúnias dirigidas às amantes reais podiam ser particularmente nocivas. Tanto madame de Pompadour como madame du Barry foram atacadas em pseudomemórias e pseudocoletâneas de cartas que apareceram sob seus nomes. *Mémoires authentiques de madame la comtesse du Barry* (1776) e *Lettres originales de madame la comtesse du Barry* (1779) provavelmente pareceram afrontosas demais para serem tomadas como genuínas. Por outro lado, *Mémoires de madame la marquise de Pompadour* (1776) e *Lettres de madame la marquise de Pompadour* (1776), mais moderadas e mais difundidas, devem ter parecido autênticas aos leitores. Numa edição posterior das cartas de Pompadour, o suposto editor, que permaneceu anônimo, observa que os leitores da primeira edição tinham ficado incomodados com erros no texto. Como madame de Pompadour poderia ter escrito uma carta ao embaixador francês em Viena endereçada ao marquês d'Albret quando seu nome era na realidade d'Aubeterre? E por que ela teria se dirigido ao príncipe de Soubise como *maréchal* em 1757 se ele só foi promovido a esse posto em outubro de 1758? O editor respondeu a essas objeções da melhor maneira que pôde no início do volume 4, tecendo uma história sobre um suposto secretário de Pompadour. Esse secretário, que também não é nomeado, teria fugido com cópias das cartas para a Holanda, onde falecera, deixando-as nas mãos de seu testamenteiro, que então as vendera para o editor em questão. Este confessa ter cometido alguns erros ao transcrever o manuscrito — não por descuido, insiste, mas devido à negligência do secretário, que fora preguiçoso demais para incluir os nomes completos e as datas corretas. Afora essas pequenas imperfeições, porém, o texto impresso seria uma reprodução precisa de um manuscrito absolutamente autêntico. É provável que muitos leitores tenham descartado essa defesa toda como invencionice, mas o fato de o suposto editor esforçar-se tanto para tapar os buracos da sua versão original sugere que pelo menos alguns leitores tinham acreditado nele.

Certas referências nos boletins clandestinos também indicam que os libelos eram levados a sério, mesmo por leitores sofisticados. Como vimos, *Les joueurs et monsieur Dusaulx* (1780) foi um libelo criado com vistas a possibilitar uma operação de extorsão. Seu texto contém inúmeros diálogos fictícios enxertados numa narrativa estrambótica sobre uma prostituta com o coração de ouro. Para um leitor moderno, parece totalmente inconvincente, mas para o autor bem informado de *Correspondance Littéraire Secrète*, soou verdadeiro: "É uma mixórdia de depravações que supera a imaginação. Trapaceiros, lacaios, espiões, proxenetas e alcoviteiros são os amantes e patronos dessas senhoras. Há também homens no poder envolvidos na história".[5] Esse exemplo de reação de leitor apareceu num boletim clandestino dirigido a "aqueles que apreciam as últimas anedotas".[6] O *nouvelliste* foi convencido pelas evidências anedóticas em *Les joueurs* — histórias sobre antros de jogatina em que os acusados indicados pelo nome, com detalhes explícitos sobre suas técnicas de trapaça e sua colaboração com a polícia — e não parece ter se incomodado com a narrativa organizada de forma obviamente artificial. Num artigo em *Lettres iroquoises*, mostra-se igualmente imperturbado pelo uso de artifícios literários. Sem nem mencionar o narrador ficcional, destaca as "divertidas anedotas" da obra e seus ataques certeiros a figuras públicas.[7] O fato é que calúnias podiam ser inseridas indiscriminadamente, qualquer que fosse o gênero adotado pelo libelista: histórias, biografias, crônicas, memórias, coleções de cartas — não importava. Se as anedotas fossem convincentes, os leitores aceitariam os estratagemas literários a que os autores haviam recorrido.

É preciso admitir, contudo, que pouco sabemos sobre como os leitores entendiam os livros que liam sob o Ancien Régime. Apesar da recente enxurrada de estudos na área, a história da leitura ainda envolve muita conjectura e depende de notas de margem, diários, correspondências e quaisquer outros indícios que possam ser extraídos dos livros em si. Mas pelo menos aprendemos a desconfiar das explicações mais simplistas. A mensagem transmitida por um livro não era claramente estampada na mente dos leitores de maneira análoga à tinta imprimida em papel. Os leitores interpretavam a palavra impressa de diversas maneiras, sem correlação direta com posição social, localização geográfica ou nível de instrução. Um camponês autodidata, Valentin Jamerey-Duval, dominou ampla literatura científica sem ter frequentado nenhuma instituição educacional. A filha de um artesão, Marie-Jeanne Philipon (a futura madame Roland), devorava enorme variedade de obras filosóficas e, antes de sua primeira comunhão, levava consigo à igreja um volume de Plutarco à guisa de obra devocional. Damas aristocráticas, incluindo a rainha, assimilavam romances que lhes eram lidos em voz alta por suas camareiras durante a toalete.[8] Seria um engano supor que a literatura difamatória evocasse reações padronizadas. Um leitor ingênuo poderia engolir um libelo sem o menor discernimento, enquanto um mais sofisticado consideraria as técnicas retóricas utilizadas para torná-lo mais convincente, mas nenhum dos dois relegaria a obra pelo simples fato de ela recorrer à evidência das anedotas. As anedotas podiam ser tendenciosas, enganadoras e até parcialmente falsas, mas aos olhos dos leitores do século XVIII continham informações fidedignas obtidas de fontes ocultas.

Até Morande reconheceu o seu poder de persuasão, como indicou ao inserir *Anecdotes* no subtítulo de *Le gazetier cuirassé, ou anecdotes scandaleuses de la cour de France*.[9] Longe de tentar esconder o caráter escandaloso de sua obra, ele o ostenta. Chega até a provocar o leitor com algumas histórias obviamente inventadas, como a notícia de uma nova invenção, desenvolvida pelo governo, que permitiria enforcar uma centena de vítimas por vez.[10] "Notícias" burlescas (*nouvelles*) como esta não eram para ser entendidas literalmente. Ao parodiarem as políticas do ministério de Maupeou, notícias desse tipo enviavam uma mensagem séria: o governo estava abusando do poder e a monarquia estava se degenerando em despotismo. As anedotas, tal como usadas por Morande, eram essencialmente verídicas, por mais extravagantes que parecessem quando travestidas de notícias. As provocadoras notas de rodapé que inseria — "Metade deste artigo é verdade"[11] — alertavam o leitor quanto ao modo como as anedotas deveriam ser lidas. E seu hábito de entremear os artigos mais afrontosos com relatos factualmente precisos — madame du Barry fora, de fato, prostituta, como afirma[12] — tinha o mesmo propósito: transmitir uma impressão geral de decadência e despotismo. Muitos libelistas empregavam recursos similares: apresentavam semiverdades, misturavam fato e ficção, e exploravam o valor de choque de suas histórias de maneira a influenciar insidiosamente seus leitores. Não esperavam que estes acreditassem em tudo o que escrevessem, mas sim que se convencessem de que as anedotas, ainda que exageradas, correspondiam no fundo ao rumo efetivo dos acontecimentos: elas revelavam a história oculta.

Será que os leitores reagiam efetivamente dessa maneira? Não temos informações suficientes para responder a essa pergunta, mas podemos aventurar uma hipótese: os libelos provocavam as mais variadas reações, de credulidade ingênua a ceticismo sofisticado, mas eram levados a sério e podiam causar graves danos tanto à reputação de indivíduos como à base de sustentação do governo. É provável que Louis Sébastien Mercier tenha avaliado corretamente seus efeitos num ensaio sobre libelos em *Tableau de Paris*. Os leitores buscavam os libelos com sofreguidão, explica, a fim de se deleitarem com o frisson que um bom escândalo provoca, embora muitas vezes acabassem desapontados, pois os libelos tendiam a ficar aquém do prometido por exagerarem os abusos que denunciavam — ainda que quase sempre contivessem um grão de verdade. Na realidade, talvez fossem a única maneira de tornar a verdade conhecida num sistema que suprimia a liberdade de imprensa. Um governo prudente os teria tolerado e um leitor sagaz os encararia com ceticismo, à espera de um crivo que separasse fatos de ficção e desembocasse em uma obra definitiva de história.[13]

Entretanto, os libelos frequentemente se apresentavam como história. Tendo adotado a estratégia procopiana, aparentavam oferecer a versão secreta e interna dos acontecimentos — aquela que não se encontrava nas versões convencionais do passado. Além disso, falavam de eventos recentes, os quais não eram tratados pelas histórias publicadas com privilégios reais e aprovação dos censores. História e biografias contemporâneas — dois dos gêneros mais populares hoje em dia — não tinham lugar na literatura legal do Ancien Régime, pois teriam de tratar de questões ainda sensíveis e de pessoas ainda vivas. O Estado determinara que esses assuntos estavam fora dos limites e cabia aos censores patrulhar essas fronteiras, assegurando que nenhuma narrativa sobre eventos atuais recebesse autorização para ser publicada.[14] Qualquer tipo de história contemporânea teria de circular às margens da lei, assumindo a forma de narrativas "secretas" ou compilações de anedotas por escritores de aluguel anônimos, como Pierre Nougaret, que produziu *Anecdotes du règne de Louis XVI*, típica obra anônima, ilegal e medíocre (edições em 1776, 1777, 1780 e 1791) — um dos 47 livros produzidos em massa por Nougaret antes de 1789; ele logo se juntaria às fileiras dos revolucionários e produziria outras 66 obras.[15] Houve, porém, uma exceção a essa regra: Voltaire.

Em 1745, no auge de sua vida de cortesão, Voltaire foi nomeado historiógrafo real (*historiographe de France*), com salário de 2 mil *livres* por ano. Diferentemente de seus predecessores, entre eles Racine e Boileau, que viam o cargo como uma sinecura, Voltaire levou suas funções a sério. Começou a escrever a história da Guerra de Sucessão Austríaca (1741-8) enquanto ela ainda estava acontecendo — uma realização notável, que revela muito sobre o destino da história contemporânea e a importância das anedotas sob o Ancien Régime.[16] "Eis-me aqui, obrigado pelo dever a escrever anedotas", escreveu Voltaire ao conde d'Argental anunciando sua nomeação como historiógrafo.[17] Coletar anedotas, tal como ele entendia, significa desencavar fatos ocultos que revelassem o elemento humano nos acontecimentos. Ele usava o termo no sentido procopiano, e usava-o com frequência, não apenas em sua correspondência mas também em obras como *Anecdotes sur le czar Pierre le Grand* (1750), *Anecdotes de Louis XIV* (1750) e os quatro capítulos intitulados "Particularités et anecdotes" em *Le siècle de Louis XIV* (1751). Ele queria que sua história da Guerra de Sucessão Austríaca fosse anedótica no melhor sentido da palavra: cheia de informações privilegiadas, mas honesta e precisa, num esforço de dizer a verdade.

Voltaire dedicou-se a essa tarefa sistematicamente. Logo depois de assumir o cargo de historiógrafo, escreveu para o ministro do Exterior, marquês d'Argenson, que acompanhara o rei ao fronte de batalha, solicitando *anecdotes* acerca das operações militares. D'Argenson, um velho amigo, não se fez de rogado e enviou um relato ocular vigoroso da vitória francesa em Fontenoy, escrito quatro dias depois da batalha, que ocupa lugar de destaque na obra, a qual seria publicada como *Histoire de la guerre de 1741*.[18] Voltaire também disparou cartas para outras testemunhas e participantes, realizou entrevistas, obteve acesso a documentos oficiais e fez tudo o que pôde para se informar das causas e da condução da guerra a fim de reconstruir a história dos eventos quase imediatamente após eles terem ocorrido. Desincumbiu-se tão bem de sua tarefa que seu sucesso acabou criando um problema: os dignitários do governo de Luís xv nunca antes tinham permitido a publicação de um relato privilegiado sobre acontecimentos correntes; eles mal toleravam as parcas notícias sobre a guerra que apareciam na censuradíssima *Gazette de France*. Além do que, as forças francesas sofreram muitas derrotas e humilhações, especialmente nas colônias, depois que Voltaire começara a escrever. E, para culminar, tiveram no final de sacrificar até mesmo suas vitórias e devolver todas as suas conquistas sob as cláusulas do tratado de paz de Aix-la-Chapelle, visto como um desastre por muitos franceses. Como que a Coroa haveria de permitir que seu historiador oficial produzisse um relato completo de tais eventos, por mais que o desbastasse em favor de Versalhes?

Voltaire sempre soube que teria de lidar com esse dilema, mas julgou que poderia resolvê-lo mexendo alguns pauzinhos em Versalhes. Ele pediu ao marquês d'Argenson que persuadisse o rei a autorizá-lo a escrever uma história que tinha tudo para enaltecer a França. Como a França parecia bastante enaltecida em agosto de 1745, Voltaire recebeu permissão. Luís xv acabara de liderar o país em uma grande vitória em Fontenoy e parecia ter todas as condições de impor uma paz justa a todos os beligerantes. Depois de louvar as qualidades de guerreiro do rei em *Poème de Fontenoy*, Voltaire pretendia celebrá-lo como estadista, mudando o registro da poesia para a história. Prometeu submeter o manuscrito à aprovação de d'Argenson a fim de assegurar ao rei que a obra nada continha de ofensivo e que até poderia servir para refutar a propaganda hostil sendo produzida por refugiados franceses na Holanda.[19]

Não que Voltaire planejasse escrever algum tipo de contrapropaganda. Quanto mais aprendia sobre a guerra, mais absorto ficava em desvendar seus mistérios. Em meio a todos os acontecimentos irrompendo à sua volta, esforçava-se para decifrar a direção geral que tomavam e entender as repercussões de consequências imprevistas, erros de cálculo e simples acidente. Insuflou vida nas personagens que descrevia e narrou seus atos com o mesmo senso de dramaticidade que infundira em suas peças. Acima de tudo, soube transmitir a experiência das batalhas — o caos, a selvageria, o sofrimento, os esporádicos atos de destemor e virtuosismo. Não que não distorcesse muitas coisas também. Conferiu ao duque de Richelieu, seu amigo e protetor, o melhor papel e as melhores falas, todas inventadas, na batalha de Fontenoy. Incluiu e excluiu Frederico II e o Jovem Pretendente, Charles Edward Stuart, na narrativa conforme julgasse ser menos ofensivo para a corte francesa. Nunca mencionou nenhuma das amantes reais, nem as lutas pelo poder travadas em torno delas, nem o contexto político e econômico dos acontecimentos. A crise provocada pela doença do rei em Metz em 1744 inspirou uma descrição ardente da consternação do povo em Paris, mas sua dimensão política sequer foi mencionada. E o Tratado de Aix-la-Chapelle mostrou-se impalatável demais para merecer uma análise apropriada.

Nenhuma dessas dificuldades estava aparente em 1745, quando Voltaire começou a escrever a sua narrativa, mas os acontecimentos foram tomando um rumo pouco auspicioso em 1746. D'Argenson perdeu o cargo em janeiro de 1747 e a guerra arrastou-se por mais quase dois anos, cada vez mais cara, sangrenta e impopular. Voltaire, enquanto isso, começou a enfrentar problemas em Versalhes. Cometeu graves gafes sociais, perdeu o apoio de importantes patronos, acabou se retirando da corte e, por fim, emigrou para a Prússia, que se revelara uma aliada pouquíssimo fiel durante os combates. Quando chegou à corte de Frederico II em 1750, trouxe consigo uma versão razoavelmente completa de *Histoire de la guerre de 1741*, embora continuasse a trabalhar no texto por vários anos. Em 1752, sondou Versalhes sobre a possibilidade de receber autorização de publicar o livro e recebeu um sonoro não. Três anos depois, para sua aflição e sem sua permissão, o livro foi lançado.

Como aconteceu com tantas obras suas, a publicação foi caracterizada por uma sucessão de trapalhadas, traições e negações da parte de Voltaire, que protestava nada ter a ver com o negócio todo. Nesse caso, estava dizendo a verdade. Depois de altercar-se com Frederico, ele se fixara perto de Genebra em 1755 e mostrou desejo de reconquistar as boas graças de Luís. Publicar um relato sobre questões francesas contra a vontade do rei francês tornaria impossível para ele retornar a Paris. Uma cópia do texto, entretanto, escapou de seu controle e em 1756 três edições já haviam sido lançadas. A publicação de *Histoire de la guerre de 1741* tornou Voltaire *persona non grata* na França, embora houvesse sido concebida para consagrá-lo como apologista do rei em Versalhes. O exemplo de

Voltaire demonstrou claramente a impossibilidade de escrever história contemporânea com a anuência do sistema legal, mesmo sob as circunstâncias mais favoráveis.

História contemporânea soava suspeita para o regime porque podia ir se matizando em jornalismo, um tipo de escrita possivelmente ainda pior. O governo queria controlar todas as informações referentes à Guerra de Sucessão austríaca e Voltaire, ao compilar anedotas referentes a ela, estava agindo como um "repórter",[20] visto que eram, em si, uma espécie de notícia. Não precisavam ser caluniosas, hostis ao governo ou ofensivas; ameaçavam porque funcionavam como um meio de comunicação, o qual podia ser posto a serviço de diversos usos. Alguns parisienses colecionavam anedotas pelo simples prazer de fazê-lo ou para ter um registro dos acontecimentos. Guardavam-nas em pastas [portefeuilles] e as copiavam ou colavam em livros de recortes.[21] Edmond-Jean-François Barbier, um advogado simpatizante da ordem estabelecida, incluiu toda espécie de anedotas, a maioria delas inocente, em seu diário íntimo. Publicado em 1847 como *Journal historique et anecdotique du règne de Louis XV*, constitui hoje uma das principais fontes de informações sobre os eventos e a percepção dos eventos na Paris do século XVIII. Pessoalmente, Barbier nunca teve problemas com as autoridades, pois mantinha seu diário privado, mas a polícia costumava intervir sempre que as anedotas se espalhassem pela esfera pública, pois tendiam a causar danos à reputação de pessoas importantes e ao respeito pelo regime. Como "histórias secretas", as anedotas eram para os parisienses a sua refeição diária de notícias — notícias do tipo que não podiam ser encontradas nos jornais.

A maioria dessas notícias era transmitida de boca em boca, mas muitos franceses, especialmente nas províncias, recebiam seu suprimento de anedotas por meio de boletins clandestinos (*gazettes à la main* ou *nouvelles à la main*) escritos por *nouvellistes* obscuros, copiados por escribas, vendidos *sous le manteau* [por baixo do pano] em Paris por mascates, enviados às escondidas para as províncias e, às vezes, impressos por editores empreendedores fora da França. Como vimos nos capítulos anteriores, ainda restam muitas incógnitas acerca do modo como esse jornalismo clandestino funcionava, mas uma fase de suas operações pode ser estudada examinando-se de perto o seu ingrediente principal: as próprias anedotas. Antes de chegarem às gazetas, as anedotas viajavam nos bolsos das pessoas, rabiscadas em pedaços de papel. Tinham existência física; eram objetos que circulavam num estágio crucial dos canais de comunicação, conectando a interlocução oral à leitura da palavra impressa. Para melhor apreciarmos sua importância, devemos estudá-las em seu aspecto físico como entidades noticiosas autônomas.

Examinemos novamente a notícia sobre a prisão de Jacquet de la Douay em 30 de outubro de 1781.[22] Um desconhecido entra de supetão no Café du Caveau e anuncia ter "uma notícia extraordinária". Jacquet, diz ele, fora executado no dia anterior na Bastilha como castigo por ter produzido um libelo contra a rainha. O homem sai correndo e deixa todos no café murmurando entre si. No início, a notícia foi transmitida de boca em boca, mas logo foi colocada por escrito por algum *nouvelliste* e disseminou-se por círculos cada vez mais amplos numa gazeta manuscrita. A gazeta mais tarde seria impressa como *Mémoires secrets pour servir à l'histoire de la république des lettres en France*, um best-seller com diversas reimpressões ao longo da década de 1780 — todas elas regularmente confiscadas. Fiscais do comércio livresco e agentes alfandegários apreendiam a obra sempre que podiam, pois continha inúmeros relatos indecentes sobre figuras públicas e, portanto, à maneira de *L'espion anglais* e *La chronique scandaleuse*, qualificava-se como um libelo. Trazia toda sorte de histórias secretas que os parisienses não tinham como obter das publicações legais. E era também uma espécie de periódico, vendido sob a forma de livro, contendo reportagens sobre diversos assuntos, especialmente no campo das artes e das letras, que nada tinham a ver com política ou questões de Estado. Nos 36 volumes de texto da edição completa, essas notícias, inocentes ou injuriosas, estão em ordem cronológica, sem títulos ou qualquer outro tipo de articulação que não as datas, a maioria formada por um só parágrafo. São anedotas, em suma, pequenos excertos de matéria impressa que correspondem às *nouvelles* orais (como o relato sobre Jacquet no Café du Caveau).[23]

Os cafés eram importantes pontos de convergência de informações. O mais antigo e mais famoso em Paris era Le Procope, um monumento a Procópio. O nome tinha valor apenas simbólico, pois não derivava do historiador bizantino e sim de Francesco Procopio Dei Coltelli, seu fundador em 1686, mas sugeria a função genérica dos cafés como centros nervosos para a transmissão de notícias. Eram lugares onde os homens (raras vezes havia clientes do sexo feminino) contavam anedotas uns para os outros e as colocavam por escrito. Os *nouvellistes* também se valiam de outros espaços públicos: alguns bancos nos jardins das Tulherias e de Luxemburgo, o pátio do Palais-Royal, pontos de encontro dos dois lados da Pont Neuf e os foyers dos teatros. Ao prender J. P. L. Barth por produzir *nouvelles à la main*, distribuídas para vinte assinantes nas províncias, a polícia observou: "Era nos teatros, nos passeios públicos e nas reuniões sociais que ele coletava essas notícias".[24] Os cafés, porém, eram o local de encontro favorito dos *nouvellistes*, os pontos mais importantes onde convergiam os modos oral e escrito da comunicação. Quando a polícia decidiu prender certo *nouvelliste* chamado Foulhioux, por exemplo, foi diretamente para a sua mesa no Café du Caveau, onde coletava informações todos os dias. Ele protestou que sua gazeta manuscrita era nada mais que "o eco de ruídos públicos" (*bruits publics* ou boatos), mas era justamente por isso que a polícia o considerava tão perigoso.[25] "Ruídos públicos" convertidos em palavra impressa eram o que o governo mais queria prevenir. Vergennes fez de tudo para reprimir a circulação desse tipo de notícia. "A experiência nos convenceu que, dentre todas as categorias de escritor, o *nouvelliste* pago é o mais difícil de coibir", escreveu ao chefe de polícia. "Qual homem prudente ousaria fiar-se na conduta de um autor de boletins [*bulletiniste*], que computa seus lucros de acordo com o número de anedotas secretas que consegue reunir?"[26] A anedota, como Vergennes indicou, era a unidade básica desse sistema de informação. Ao explicar o sucesso de *Mémoires secrets* — "por si só um ramo considerável do comércio livresco" —, Pierre Manuel caracterizou a obra como "um encadeamento de anedotas capaz de agradar a todos: o público ama contemplar a tolice e a debilidade dos príncipes".[27]

O colaborador mais importante de *Mémoires secrets* e um dos libelistas mais influentes do século foi Mathieu-François Pidansat de Mairobert. Em 1749, a polícia soube por meio de seus informantes que ele estivera invectivando contra o governo no Café Procope e distribuindo panfletos difamatórios sobre o rei e madame de Pompadour. Com isso, invadiram seu apartamento, um lugar humilde sobre a loja de uma lavadeira na rue des Cordeliers, arrastaram-no para a Bastilha e lá o revistaram. Seus bolsos estavam cheios de papeletas cobertas de garatujas — a safra de um dia coletando anedotas. Sempre que visitava um café e ouvia uma notícia interessante, ele a anotava e escondia o papel na roupa para uso posterior. Às vezes, pelo simples prazer de espalhar notícias, colocava esses pequenos boletins no bolso de um colega ou distribuía-os pelos parques públicos, onde seriam encontrados por algum parisiense que

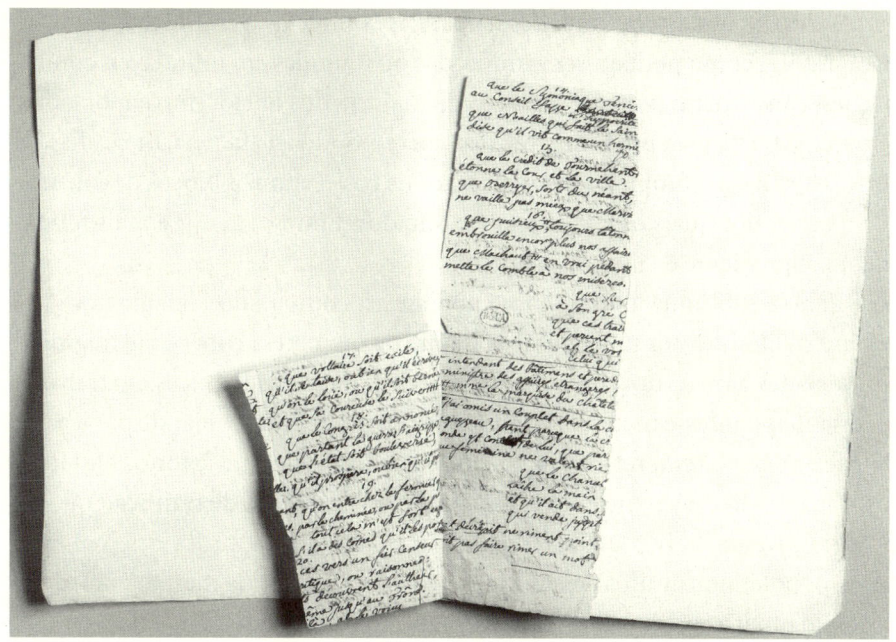

Figura 32. Pedaço de papel com versos tópicos encontrado pela polícia ao revistar um prisioneiro na Bastilha. (Bibliothèque de l'Arsenal)

passeasse por lá. Em seu apartamento, Mairobert compilava esses fragmentos em uma gazeta manuscrita. Durante a batida policial, foram encontrados 68 itens distintos — poemas tópicos, relatos sobre intrigas em Versalhes, ditos espirituosos repetidos pelos colunáveis da época — prontos para ser incluídos na coletânea que mais tarde seria impressa como *Mémoires secrets*.[28]

A polícia encontrou um estoque similar de anedotas redigidas à mão quando prendeu Imbert de Boudeaux, autor de *La chronique scandaleuse*, que também compunha uma *gazette à la main*.[29] E quando prendeu Barthélemy-François Moufle d'Angerville, sucessor de Mairobert como principal colaborador de *Mémoires secrets*, carregou para a Bastilha sete caixas cheias de "boletins".[30]

Boletins desse tipo proliferavam nos estágios intermediários do processo de transmissão — isto é, depois que as anedotas já houvessem começado a circular oralmente e antes de se cristalizarem em parágrafos impressos. Via de regra, tomavam a forma de anotações feitas à mão e às pressas em pedaços de papel, copiadas e distribuídas onde quer que as pessoas se reunissem para falar sobre assuntos públicos. Referiam-se a incidentes, *bons mots*, pasquinadas ou versos de canções. Eram unidades narrativas completas, geralmente de um só parágrafo, e, como podiam ser ramificadas ou reunidas em infindáveis combinações, constituíam o material básico da maioria dos libelos, fossem boletins, *gazettes scandaleuses*, pseudomemórias, correspondência fictícia, biografias ou relatos históricos completos. Esses pedaços de papel eram os blocos de construção a partir dos quais os textos eram montados. Eram o menor e mais fundamental ingrediente da literatura libelista.

Para termos uma ideia de como podiam ser combinados, imaginemos um biscateiro literário em sua mansarda diante de uma mesa coberta de fragmentos de papel, um ou dois boletins manuscritos e muitos livros. Ele retrabalha incessantemente esse material, fragmento após fragmento, copiando parágrafos de *gazettes à la main*, retirando episódios de livros — quase todos eles libelos —, colando e entremeando essas peças com passagens de transição que ele próprio inventa. Talvez até acrescente longos trechos de prosa original, mas como os boletins e muitos desses livros foram compostos da mesma maneira, o processo inteiro envolve uma reciclagem infinda de anedotas.

Para imaginarmos a produção das anedotas em si, devemos evocar uma cena num café do século XVIII, os homens reunidos em torno das mesas, jogando conversa fora. Chega então um *nouvelliste* e pergunta: "O que há de novo?". Os homens ali presentes o regalam com algumas anedotas, que ele anota numa papeleta. Em seguida, retira uma anotação feita à mão do bolso do colete, que lê em voz alta. Essa anedota vem de seu estoque pessoal e ele acrescenta floreios retóricos para destacar o caráter humorístico ou escandaloso. Um dos ouvintes toma emprestado o bilhete para fazer uma cópia e, em troca, mostra-lhe um boletim semelhante, que escondera num bolso ou numa prega da manga. Via de regra, esses pedaços de papel eram efêmeros demais para sobreviverem por muito tempo, mas alguns chegaram aos arquivos da Bastilha, confiscados pela polícia ao revistar novos prisioneiros, e muitos outros podem ser encontrados colados ou copiados em diários do século XVIII, ao lado de outros itens importantes igualmente efêmeros, como canções.[31]

Como esse material era incorporado aos livros? Sendo o ingrediente favorito dos libelos, podiam ser adaptados aos mais diversos gêneros. No caso das *chroniques scandaleuses*, um gênero particularmente popular na França às vésperas da Revolução, as anedotas eram reunidas às pressas, sem muita preocupação com algo que as unificasse. Biografias e histórias injuriosas, por outro lado,

Figura 33. William Hogarth, "The Distrest Poet". Embora essa gravura não retrate um libelista, mostra bem o ambiente das mansardas em que moravam. Um pedaço de papel no chão traz o título "Grub Street Journal". William Hogarth, *The distressed poet*, 1736. (Harvard Art Museum, Fogg Art Museum, doação de William Gray, da coleção de Francis Calley Gray, G1822. Foto: Departamento de Imagens © de President and Fellows of Harvard College)

exigiam coesão narrativa. Para entendermos como as anedotas eram combinadas em narrativas ambiciosas nesses casos, o mais útil talvez seja examinar de perto outro best-seller, *Vie privée de Louis XV, ou principaux événements, particularités et anecdotes de son règne*, que conta a vida do rei e a história do reino em quatro densos volumes.

À primeira vista, o livro impressiona, mesmo encadernado em papelão simples ou em velino. A obra passou por pelo menos quatro edições entre 1781 e 1785, cada uma diferente da outra. Cada volume estende-se por cerca de quatrocentas páginas em formato duodécimo [12,5 cm × 18,7 cm] e inclui uma

LES. NOUVELLISTES.

Figura 34. *Nouvellistes* em um café. (Bibliothèque Nationale de France)

grande quantidade de documentos no final, dando a impressão de rigor histórico. Como sugere o subtítulo, *Vie privée de Louis XV* aparenta misturar história e biografia por meio de anedotas. Um prefácio, escrito em nome de um livreiro, supostamente John Peter Lyton, de Londres, promete avivar a história com retratos verbais de cada personagem importante, acompanhados de "anedotas bastante curiosas, que não podem ser encontradas em nenhuma outra obra".[32] Nenhum fato de alguma importância seria omitido, enfatiza o prefácio, de modo que o leitor podia esperar um relato definitivo do reinado inteiro de Luís XV, acompanhado de revelações sobre pessoas que fizeram a história acontecer — o rei, suas amantes e seus ministros.

Numa inspeção mais atenta, o livro parece um pouco estranho. Não há introdução, nem sumário, nem índice, nem capítulos ou qualquer tipo de cabeçalho ou subdivisão. Com exceção dos apêndices documentais, o texto flui sem interrupção da primeira página do volume 1 à última página do volume 4. O ano dos acontecimentos sendo narrados é geralmente impresso na margem superior externa de cada página e, às vezes, as datas dos eventos aparecem nas

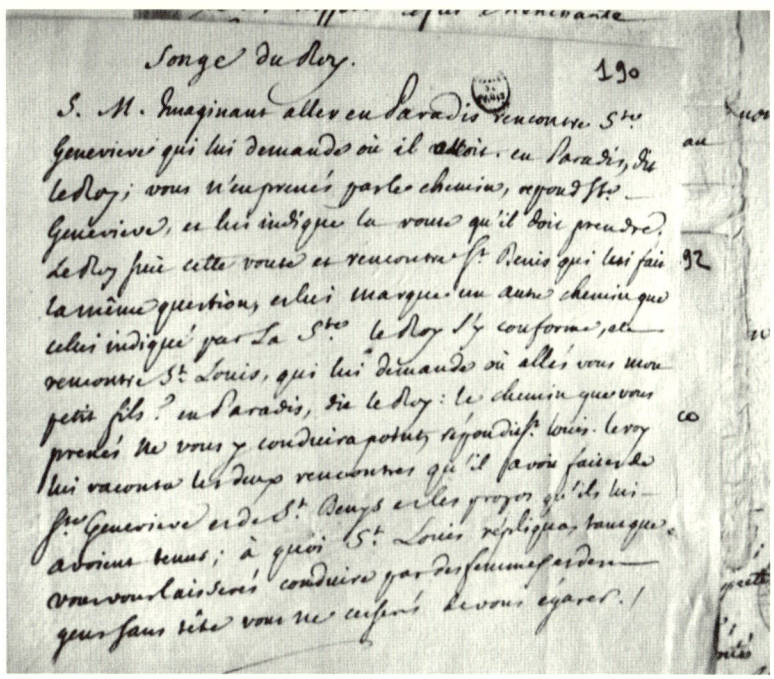

Figura 35. Coleção de anedotas, canções e informações sobre eventos atuais em um álbum de recortes. (Bibliothèque Nationale de France)

margens laterais opostas às suas descrições, permitindo que os leitores se orientem na cronologia. Entretanto, a narrativa pula de um assunto para outro e, em ocasiões, volta-se sobre si mesma. Num dado momento, estamos acompanhando uma campanha militar; em outro, ficamos conhecendo as intrigas para derrubar um ministro ou a situação desesperadora da economia. A ausência de transições, balizadores ou qualquer tipo de articulação deixa o leitor mergulhado numa torrente textual que avança por 1,5 mil páginas.

Nesse aspecto, *Vie privée de Louis XV* lembra *Mémoires secrets pour servir à l'histoire de la république des lettres en France*, que avança infatigavelmente por 36 volumes, apresentando uma notícia após outra em ordem cronológica sem nenhuma conexão entre elas. Todavia, o paralelo entre as duas obras não deve ser estendido demais, pois *Vie privée de Louis XV* desenvolve alguns temas em considerável profundidade e contém um argumento central forte. Porém, não integra os episódios numa narrativa consistente e, em trechos, lembra bastante *Mémoires secrets*. Na realidade, o mesmo homem escreveu ambos os livros, ou pelo menos a maior parte deles. O autor anônimo de *Vie privée* é Barthélemy-François Moufle d'Angerville, que estudou direito, trabalhou por doze anos no Ministério da Marinha e depois passou a viver de sua pena — sem muito sucesso, a julgar pelos parcos móveis que eram tudo o que possuía na ocasião de sua morte em 1795. Ele compilou os últimos quinze volumes de *Mémoires secrets* após a morte de Pidansat de Mairobert em 1779 e espalhou o mesmo tipo de material — grande parte, sem dúvida, extraído das sete caixas de "boletins" que a polícia lhe devolveu quando foi solto da Bastilha — por todo o *Vie privée*. O primeiro livro é uma *chronique scandaleuse*, o segundo uma obra de história, mas ambos usam as anedotas como blocos de construção.[33]

Não que as duas publicações fossem a mesma — longe disso. Em *Vie privée de Louis XV*, Moufle adota a voz anônima de um narrador, "nós", e explica nos três primeiros parágrafos que, graças às anedotas, penetrará a história secreta do reino e também a biografia do rei. Ele começa com o primeiro dia do reinado de Luís XV, 1º de setembro de 1715, e termina no último, 10 de maio de 1774. Luís, porém, tinha apenas cinco anos em 1715 e Moufle tem pouco a dizer sobre sua infância, exceto que o menino era mimado e que sua educação deixou a desejar. Assim, o primeiro volume concentra-se em grandes eventos: a consolidação do poder sob o regente, os sucessos diplomáticos na manutenção da paz, as querelas religiosas, os conflitos entre a Coroa e o *parlement* de Paris e o desastre provocado pelo especulador e aventureiro político escocês John Law. Essa ênfase faz com que o texto lembre vagamente as histórias modernas, mas todos os episódios são contados como se resultassem de rivalidades entre alguns poucos indivíduos, *les grands*, que galgaram até o topo com unhas e dentes por meio de intrigas cortesãs. A história é vista como uma luta infindável entre os grandes pelo poder e poderia ser descrita como uma sucessão de ministérios — isto é, como consequência da ascensão e queda de homens que conquistaram e perderam o favor do rei e que exerceram o poder em seu nome: no início, o regente, depois o cardeal de Fleury e, por fim, as amantes que decidiam a nomeação dos ministros.[34] Para expressar esse processo, a obra retrata os principais protagonistas e mostra-os em ação. As anedotas servem a ambos os propósitos, oferecendo material tanto para os retratos das figuras públicas como para as descrições de eventos. Como resultado, o texto parece bruxulear diante do leitor como um espetáculo de lanterna mágica ou — se for permitido um anacronismo — como nossos flashes de notícias de última hora, cada um dedicado a um incidente ou personagem. A dificuldade consiste em combiná-los de maneira a tornar a história coerente.

Moufle alcança certa coerência adotando um ponto de vista bem definido. Embora permaneça anônimo, identifica-se como um *philosophe*, desafiando os leitores a interpretar os acontecimentos de uma perspectiva filosófica e celebrando os líderes do Iluminismo sempre que possível.[35] Também descreve a *philosophie* como uma força em si mesma, que começou a influenciar o curso dos acontecimentos no final da década de 1740, e oferece uma definição clara de seu caráter: "Por filosofia, entendemos a audácia de se colocar acima de todos os preconceitos em questões de doutrina, de dar ouvidos apenas à razão e de praticar a virtude segundo [a razão], a qual está fundamentada em nossa humanidade comum".[36] Em suma, Moufle escreve como um paladino do Iluminismo e deixa claro que suas aspirações seculares, tolerantes e racionais tinham implicações políticas. Condena todos os partidos e grupos de pressão envolvidos em brigas pelo poder — jansenistas e jesuítas, *parlements* e seus inimigos no governo. Em vez desses grupos de interesses antagônicos, ele defende um só interesse coletivo — o da nação. Utiliza termos como "nação" e "pátria" sempre que descreve a direção que os acontecimentos deveriam tomar e "despotismo" quando deplora o curso que efetivamente estão seguindo. No final, oferece uma prescrição para reparar as desgraças da nação: o rei deveria convocar os Estados Gerais e confiar um programa de reformas aos representantes do povo francês.[37] O texto de Moufle, composto em 1778 e 1779,[38] conforma-se de perto com as opiniões dos "patriotas" que haviam se oposto ao golpe autoritário de Maupeou em 1770-4.[39] Condiz igualmente com o programa do *parti patriotique* que assumira a iniciativa em 1788-9. Equilibrando-se entre dois reinados, encara o passado recente de maneira a preparar-se para o futuro revolucionário — embora Moufle, como todos na França, não conseguisse nem longinquamente imaginar a Revolução tal como ela efetivamente ocorreu.

Não há como confundir a mensagem ideológica que perpassa os quatro volumes de *Vie privée de Louis XV*, mas apenas ideologia seria insuficiente para dar coesão ao texto. Como Moufle conseguiu fazer história a partir das informações de que dispunha? Vez ou outra, ele menciona uma fonte impressa associada a esta ou aquela anedota e, portanto, é possível rastrear essas fontes e verificar como ele selecionava o material que combinou em sua narrativa. Se lermos todos esses originais lado a lado com o seu texto, chegaremos a uma surpreendente conclusão: ele surrupiou praticamente tudo de outros livros, quase todos eles libelos. *Vie privée de Louis XV* é uma colagem, um libelo montado a partir de outros libelos. Estes, por sua vez, também são miscelâneas de livros anteriores ou de fragmentos de informações obtidas em cafés e extraídas de folhas de notícias. Variam, é claro, quanto ao caráter e também à qualidade, mas quase todos foram compostos de anedotas preexistentes — geralmente parágrafos curtos, mas também histórias que se estendem por uma ou duas páginas. Os libelistas não escreviam narrativas de fluxo livre nem enchiam páginas em branco com sua própria prosa; pelo contrário, eram autores munidos de tesoura e cola, que montavam textos a partir de um estoque comum de anedotas, ainda que também tivessem fontes privadas de informação. Entretanto, descrever suas obras como plágio seria anacrônico. Moufle não tinha pretensão de originalidade, embora insistisse que algumas de suas anedotas não podiam ser encontradas em nenhuma outra parte.[40] Alegava ser "a primeira pessoa a arrancar o véu que oculta a vida completa de um príncipe"[41] — ou seja, a primeira pessoa a escrever história à maneira de Procópio, selecionando anedotas que transmitissem a vida secreta de um anti-herói. Na prática, o método significa que Moufle concebeu seu texto como uma tresloucada colcha de retalhos, selecionando pedaços de material já pronto, cortando-os e moldando-os a seu bel-prazer, e entretecendo-os com a ideologia peculiar dos "patriotas" das décadas de 1770 e 1780.

Reconstruir a composição de *Vie privée de Louis XV* na sua totalidade exigiria diversos volumes de análise detalhada de um grande corpus de literatura, quase todo ele obscuro e injurioso, com algumas exceções inócuas e bem conhecidas. Mas podemos ver como Moufle trabalhava examinando um segmento de bom tamanho. Escolhi cinquenta páginas do volume 2, que abrange o período 1733-54. Moufle extraiu a maior parte do material desse volume de quatro libelos: *Mémoires secrets pour servir à l'histoire de Perse* (1745), *Les amours de Zéokinizul, roi des kofirans* (1746), *Lettres de madame la marquise de Pompadour* (1771) e *Mémoires de madame la marquise de Pompadour* (1776). Além disso, também colheu anedotas de *Histoire de la guerre de 1741* (1755), de Voltaire, que apresenta Luís XV sob uma óptica lisonjeira; de *Les fastes de Louis XV*, que é hostil ao rei, embora "tímido" demais para o seu gosto;[42] de *Aux manes de Louis XV* (1776), outro libelo crítico; e de diversas peças jornalísticas e panfletos como *Journal historique, ou fastes du règne de Louis XV, surnommé le*

Bien-aimé (1776) e *L'avocat national* (1774). Entre as demais fontes estão alguns boletins manuscritos, que ele cita sem nomear, e o boca a boca, ou "tradição oral" como preferia chamar.[43]

De modo geral, Moufle recorta e emenda trechos de outras publicações em seu texto sem citá-las, mas, nas ocasiões em que nomeia suas fontes, ele às vezes as critica e quase sempre adapta as frases de maneiras que revelam seu *modus operandi* — daí a importância de levarmos em conta essas fontes. *Mémoires secrets pour servir à l'histoire de Perse*, lançada em 1745 e reimpressa pelo menos seis vezes até 1769, forneceu-lhe a narrativa básica do volume 2. Foi provavelmente escrita por Antoine Pecquet, um alto funcionário descontente do Ministério das Relações Exteriores, com ajuda do grupo que se reunia em torno de madame de Vieuxmaisons, esposa de um advogado do *parlement* de Paris. À maneira do salão de madame Doublet, o círculo de madame de Vieux-maisons dedicava-se a buscar e discutir novidades, especialmente anedotas que denegrissem o rei e enaltecessem o *parlement*. Portanto, consta de um relatório da polícia de 1748 como "o mais perigoso [...] grupo social" de Paris.[44] Pecquet transformou os boatos que corriam no círculo de Vieuxmaisons e as informações que obtivera no ministério em um estudo notavelmente rico de assuntos estrangeiros e intrigas ministeriais entre 1715 e 1745. Embora ostensivamente tudo se passe na Ásia, o leitor bem informado podia identificar os homólogos europeus dos países orientais e os potentados na França que espelhavam os diversos xás e mulás. Embora Moufle recorra intensamente a *Mémoires secrets pour servir à l'histoire de Perse*, ele discorda de seu viés favorável aos *parlements* e, portanto, modifica as frases relevantes sempre que estas atenuam seus temas favoritos, e.g., o "fanatismo" com que os *parlements* perseguiam os *philosophes* e os protestantes.[45] E quando *Mémoires secrets* não se mostra suficientemente antagônica a Luís XV, ele retoca sua linguagem, reescrevendo, por exemplo, a descrição do domínio que madame de Châteauroux exercia sobre o rei:

O prestígio dessa mulher tornou-se tão grande que temia-se que ela acabasse por governar completamente. *Mémoires secrets* (p. 225)

O prestígio da nova amante tornou-se tão grande que julgou-se que ela governaria completamente seu escravo real. *Vie privée* (v. 2, p. 127)

A outra fonte básica de Moufle, *Histoire de la guerre de 1741*, apresenta o viés inverso, pois Voltaire execrava os *parlements* e transformara Luís xv em um herói. Como escreveu a obra na qualidade de historiador da corte, ele precisou eliminar todos os elementos — intrigas, lutas pelo poder, ascensão e queda de amantes e ministros — que pudessem ofender os cortesãos. Mas é justamente esse tipo de material que ocupa lugar central no relato de Moufle. Portanto, ao copiar o texto de Voltaire, ele ameniza os louvores a Luís xv e insere frases que tornam impossível qualquer mal-entendido da parte do leitor. Numa inserção, por exemplo, ele escreve que o reinado de Luís constituiu "o mais absoluto despotismo associado à mais revoltante impunidade".[46] Não obstante, a maneira como ele elabora os temas usuais do Iluminismo deve mais a Voltaire do que a qualquer outro *philosophe* e, quando extrai passagens de *Histoire de la guerre de 1741*, surge outro problema: esses excertos são tão bem escritos que ameaçam dominar a própria narrativa. No final, Moufle resolve sua dívida com Voltaire de dois modos. Primeiro, reconhecendo-a: "Confessaremos de uma vez por todas que, quando há ensejo, não temos vergonha de usar as ideias ou mesmo as palavras desse grande homem, pois não podemos nem pensar nem escrever tão bem quanto ele".[47] Segundo, restringindo sua usurpação a descrições de operações militares e de assuntos estrangeiros, nas quais Voltaire dá rédeas a seu talento de retratar cenas de ação e analisar acontecimentos sem mostrar-se tendencioso a Versalhes. Quanto às questões controversas em que Voltaire apresenta a política francesa sob uma óptica positiva, Moufle simplesmente deixa o texto de lado. Por exemplo, em seu relato do Tratado de Aix-la--Chapelle (1748), Voltaire exalta as qualidades de estadista de Luís e seu esforço generoso para restaurar a ordem em toda a Europa. Para Moufle, o tratado de paz foi um desastre, que inflamou a indignação da "nação francesa" — uma consideração que não tinha lugar no modo como Voltaire encarava a história.[48] Voltaire pertencia a uma geração mais antiga que não associava política a qualquer noção de soberania nacional; Moufle era um rematado patriota que reescreveu a história para um público que se radicalizara com a resistência ao golpe de Maupeou em 1771. Desse modo, apesar de sua simpatia e respeito por Voltaire, Moufle fez uso limitado do seu relato do reinado de Luís xv.[49]

A terceira fonte, *Les amours de Zéokinizul, roi des kofirans*, forneceu a Moufle material sobre um aspecto do reinado que está conspicuamente ausente de *Histoire de la guerre de 1741*: a vida sexual real e sua manipulação por cortesãos corruptos. Em seus recortes e colagens, Moufle dá predileção aos casos amorosos do rei com as filhas do marquês de Nesle, com ênfase especial na crise em Metz em agosto de 1744, quando Luís foi forçado a renunciar à marquesa de Châteauroux. *Les amours de Zéokinizul* narra essa cena em estilo dramático, com diálogos e descrições que fazem o rei parecer ridículo. Tal como *Mémoires secrets pour servir à l'histoire de Perse*, é um *roman à clef*, mas seu tom é mais leve e é mais fácil de decifrar: Zéokinizul é obviamente um anagrama de "Louis Quinze", e kofirans de "français". Embora diversas edições do livro trouxessem as chaves, identificando entre 44 e 65 personagens, o jogo de palavras visa mais entreter do que ser uma lição política sob a forma de charada. O enredo avança rapidamente, com sedução após sedução, culminando no triunfo de madame de Pompadour. Em suma, acusa o rei de ser manipulado enquanto seus ministros transformavam a monarquia em despotismo. Mas a obra como um todo é frívola e lembra os romances eróticos de Claude-Prosper Jolyot de Crébillon — que é provavelmente seu autor e aparece na página de rosto como Krinelbol. Moufle surrupiou suas anedotas de boudoir descaradamente, embora renegue sua galante licenciosidade.[50]

A mesma tendência de simultaneamente arremedar e distanciar-se do material alheio caracteriza o uso que Moufle faz de outras obras, particularmente os libelos sobre madame de Pompadour, que lhe forneceram as anedotas de que precisava para o período que os livros anteriores não cobriam. Ele os copia com prodigalidade, mas minimiza sua dívida em uma ou outra nota de rodapé, como: "Veja *Lettres de madame la marquise de Pompadour, depuis 1746 jusqu'en 1762*; não que as julguemos autênticas, longe disso, mas pelo menos elas [as cartas] são baseadas em fatos e em anedotas que os contemporâneos conheciam".[51] Moufle trata todas as suas fontes da mesma maneira, copiando passagens e modificando sentenças para adequá-las a seu propósito. Seu método de trabalho numa palavra: surrupiar anedotas de outros textos e combiná-las a seu bel-prazer.

A principal dificuldade que Moufle teve de superar não diz respeito à seleção ou configuração do material básico, mas ao problema de integrá-lo num todo coerente. Cada fonte organizava suas anedotas num padrão específico, que não se harmonizava facilmente com os demais. Moufle combinou-as da melhor maneira que pôde, encaixando-as nas seções de seu texto em que mais pareciam se adequar. Tomando por base *Mémoires secrets pour servir à l'histoire* de *Perse* para sua exposição geral, ele insere trechos de *Histoire de la guerre de 1741* quando precisa de descrições de campanhas militares e extrai intrigas de boudoir de *Amours de Zéokinizul*. Para preencher lacunas, copia excertos dispersos em *Journal historique, ou fastes du règne de Louis XV, surnommé le Bien--aimé* (1766), uma crônica em dois volumes publicada com autorização dos censores e com privilégio real, que simplesmente arrola eventos na ordem em que aconteceram. Em certos momentos, *Journal historique* insere observações sobre a cronologia e, como são sempre parciais ao regime, Moufle sempre as elimina. (Ele objetou particularmente a uma passagem que descreve o reinado de Luís XV como o "século de ouro da França", maior até mesmo que o de Luís XIV.)[52] Seja como for, usou copiosamente o *Journal historique* como recheio da sua obra sem dar o devido crédito. Às vezes, tapa buracos na narrativa com parágrafos ou notas interpretativas que ele mesmo escreve e que servem de cola para unir passagens díspares, mas sua prosa não chega a compor dez por cento do texto.

O modo como Moufle montou o livro pode ser visto nas figuras reproduzidas aqui (figuras 36, 37 e 38), que abrangem cinquenta páginas da *Vie privée de Louis XV* e mostram os ingredientes usados em cada página. O caráter híbrido do texto é na realidade mais complexo do que indica a Figura 38, pois Moufle costuma juntar segmentos distintos da mesma fonte. Por exemplo, a maior parte da página 24 da *Vie privée* corresponde exatamente a uma passagem nas páginas 140 e 141 do *Journal historique*, mas a página 25 contém uma mistura de frases extraídas de quatro páginas diferentes do *Journal* e a página 26 inclui uma pequena seção de comentários originais, que fazem a transição para um segmento de *Amours de Zéokinizul* a partir da página 27. O mesmo tipo de recorte e costura ocorre em todos os quatro volumes, que se valem de um grande número de fontes adicionais, especialmente *Mémoires secrets pour servir à l'histoire de la république des lettres en France* e publicações contrárias a Maupeou como *Journal historique de la révolution opérée dans la constitution de la monarchie française par monsieur de Maupeou*, *L'espion anglais*, *Maupeouana*, *Mémoires de l'abbé Terray*, *Anecdotes sur madame la comtesse du Barry* e *Lettres originales de madame la comtesse du Barry*.

Boa parte dessas obras fora compilada pelo próprio Moufle e por seu colaborador, Pidansat de Mairobert. Ou seja, *Vie privée de Louis XV* é uma compilação de outras compilações, além de fornecer material para outros compiladores.

Um ano após sua publicação, foi lançado um estudo em dois volumes do reinado de Luís xv com o título *Les fastes de Louis XV, de ses ministres, maîtresses, généraux, et autres notables personnages de son règne* ("à Ville-Franche, chez la Veuve Liberté", 1782). Embora esse livro também pareça ser uma história imponente, é outra miscelânea recortada e colada, provavelmente por Ange Goudar, o escritor de aluguel, *nouvelliste* e informante da polícia que foi assistente de Receveur no esforço para acabar com os libelistas franceses em Londres. A maior parte da obra foi retirada de *Vie privée de Louis XV*, mas as passagens foram reordenadas, parcialmente reescritas e suplementadas com material novo, especialmente canções tópicas e histórias obscenas, algumas delas extraídas de *Le gazetier cuirassé*. Embora parecesse ser um livro novo, recicla anedotas que vinham aparecendo em libelos havia quatro décadas. O autor não faz segredo de seus empréstimos e até afirma que fez um serviço melhor que o "plagiador" que montara *Vie privée de Louis XV*: "Como ele, compilamos; somos ambos bucaneiros; e, como tantos outros, consideramos que todas as coisas boas são legitimamente nossa presa".[53] Entretanto, os autores de libelos não costumavam chamar uns aos outros de plagiários. O conceito de plágio dificilmente se aplica ao modo como trabalhavam, pois partiam do pressuposto de que todos extraíam material de todos os demais. Nenhum deles colocava o próprio nome em seus livros. Nenhum reivindicava direitos autorais sobre o que escrevia. Pertenciam ao mundo anônimo dos escritores de aluguel e das publicações clandestinas. Talvez sequer devessem ser descritos como autores.

Aceitemos ou não as ideias de Michel Foucault acerca da morte do autor, é difícil pensar nos libelistas como autores no sentido moderno da palavra — isto é, como criadores autônomos de textos originais. E consideremos ou não a literatura um tipo de discurso à maneira de Roland Barthes ou Pierre Bourdieu, seria equivocado conceber os libelos como criações literárias originais. Os libelistas não produziam textos a partir de sua imaginação; eles os montavam de material preexistente, material que poderia ser uma montagem de outros materiais preexistentes. Por exemplo, em uma descrição das orgias de Luís xv, *Les fastes de Louis XV* extrai uma passagem de *Vie privée de Louis XV*, que havia sido tirada de *Mémoires secrets pour servir à l'histoire de Perse*, que a atribuíra a uma obra anterior, uma suposta *Histoire des différentes religions qui se sont introduites dans la Perse*, a qual não temos como identificar. Quem foi o autor dessa anedota? Impossível dizer. Sua origem pode ter sido um mexerico feito por al-

Vie privée de Louis XV, vol. II, p. 31   Les Amours de Zeokinizul, p. 53

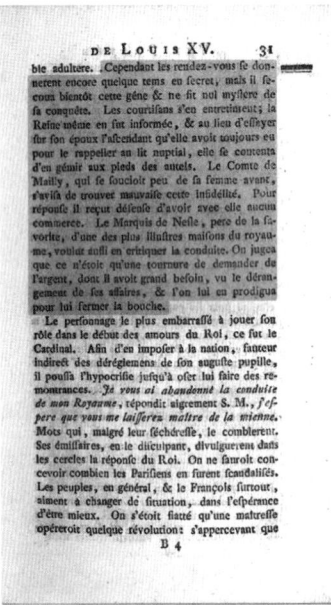

Figura 36. Plágio: adaptação de uma passagem. O autor de *Vie privée de Louis XV* seguiu de perto *Les amours de Zéokinizul, roi des kofirans*, mas modificou ligeiramente as frases, em geral para tornar o texto mais sucinto. A chave de *Les amours de Zéokinizul* identifica as palavras em itálico. *Suesi* é Jesus e *Liamil* significa Mailly. (Ilustração original)

gum cortesão e entreouvido em algum café parisiense. O fato é que ela reaparece em pelo menos três livros, todos eles best-sellers.[54] A literatura libelista revigorava-se continuamente dessa maneira. Os libelistas recorriam a um estoque comum de anedotas, acrescentavam novos ingredientes, requentavam, temperavam, misturavam e serviam variantes infindáveis da mesma receita básica.

Como os leitores digeriam esse amálgama? É a pergunta que não quer calar, mas não há como respondê-la satisfatoriamente. Leitores bem informados às vezes percebiam a onipresença do plágio, mas não davam muita importância, como se fosse uma prática comum demais para merecer comentários. Um rese-

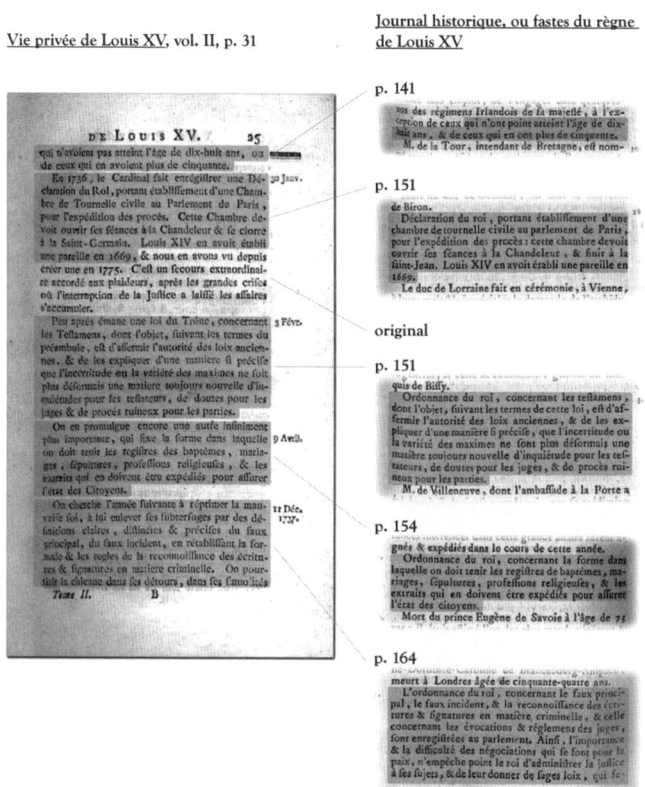

Figura 37. Plágio: montagem de vários trechos. As páginas de *Vie privée de Louis XV* frequentemente combinam parágrafos extraídos de seções diferentes de *Journal historique, ou fastes du règne de Louis XV*, uma publicação oficial que fornecia a cronologia de importantes éditos reais. (Ilustração original)

nhista em *Mémoires secrets* criticou com rispidez um libelo particularmente desleixado, *Le vol plus haut, ou l'espion des principaux théâtres de la capitale* ("à Memphis, chez Sincère, librarie réfugié au Puits de la Vérité", 1784), notando que as únicas seções bem escritas tinham sido extraídas de diversos libelos de melhor qualidade.[55] Ninguém, contudo, comentou a pilhagem existente em *Vie privée de Louis XV*. Na realidade, *Correspondance Littéraire Secrète*, um periódico clandestino bem informado, publicou uma resenha altamente positiva e

Plágio: o padrão geral

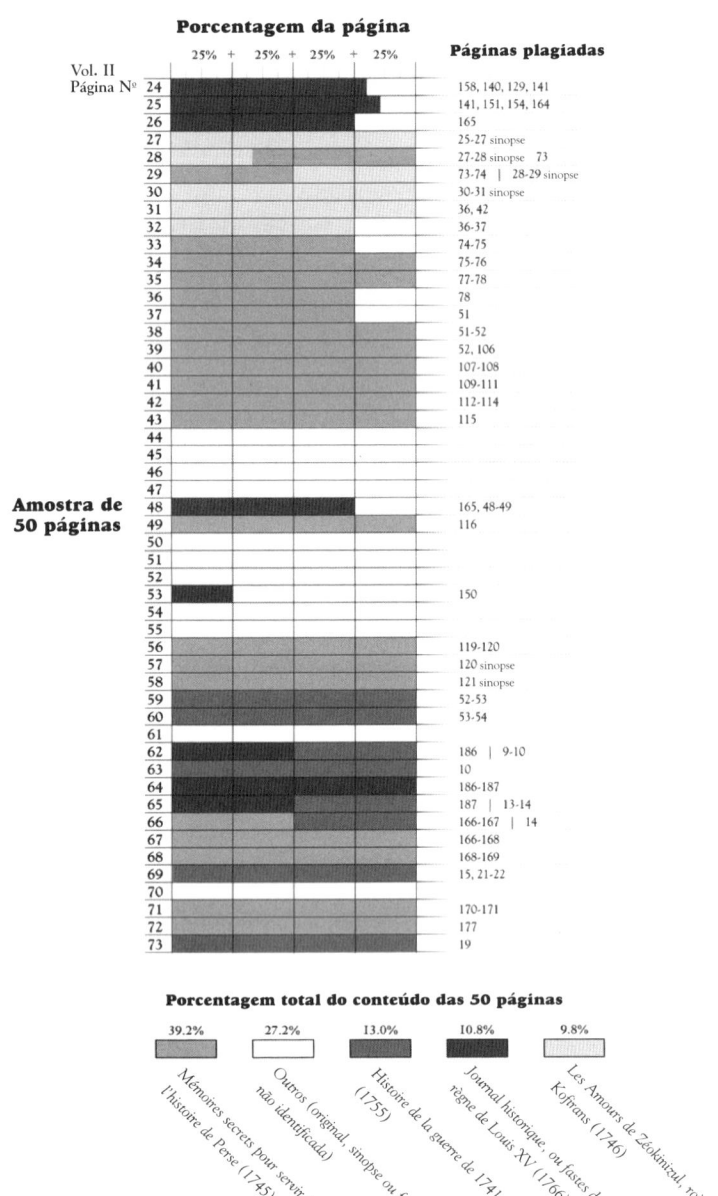

Figura 38. Plágio: o padrão geral.

considerou a obra uma indiciação convincente do reinado de Luís XV. Se o resenhista, que claramente conhecia os meandros do submundo literário, não chegou a notar os plágios de Moufle, parece provável que os leitores comuns tenham considerado *Vie privée* uma obra original e levado, como ele, as anedotas a sério.[56] O livro certamente vendeu bem, o mesmo acontecendo com sua versão retrabalhada, *Les fastes de Louis XV*.[57] As anedotas neles recicladas circularam por toda a França — e muito além das fronteiras francesas. George Washington possuía uma tradução inglesa de *Vie privée de Louis XV*. Ele pôs sua assinatura na página de rosto, mas não sublinhou nada no texto nem escreveu comentários nas margens, de modo que é impossível saber qual foi a sua reação como leitor.

As reações dos leitores franceses também permanecem no âmbito da conjectura. No entanto, se nos for permitido fazer suposições, gostaria de propor uma tese. Se examinarmos nosso libelo-modelo, *Vie privée de Louis XV*, à luz da literatura na qual se inseria, encontraremos um padrão na repetição das anedotas. Todas elas descrevem incidentes que, em si, podiam ser triviais mas que tinham a capacidade de condensar um tema geral ou ilustrar a natureza fundamental do caráter de alguém. Cada anedota tem um viés peculiar ou termina com um comentário que a torna memorável, como o remate de uma piada ou a moral de uma fábula. E como cada uma aparece em vários outros libelos, essa repetição reforça sua memorabilidade. Se forem retiradas dos livros em que se encontram e consideradas umas ao lado das outras, à maneira como os folcloristas derivam tipos de histórias de narrativas isoladas, essas mesmas anedotas constituirão uma metanarrativa, que deve ter sido poderosa o bastante para ficar estampada na imaginação coletiva.

Aqui estão, por exemplo, algumas anedotas sobre o rei nos primórdios de seu reinado, tal como aparecem em *Vie privée de Louis XV*. Incluí também referências às outras obras em que elas aparecem com formulação semelhante, muitas vezes ipsis litteris, e a mesma citação final.

> O rei continuou enamorado da rainha durante os primeiros anos de casamento, mas os cortesãos tentavam obter influência sobre ele colocando amantes em potencial em seu caminho. Quando defrontado com uma beldade, contudo, ele recusava-se a ceder à tentação, e dizia: "Acho a rainha ainda mais bela". *Vie privée*, v. 2, p. 27; *Amours de Zéokinizul*, p. 24; *Fastes de Louis XV*, v. 1, p. 106.

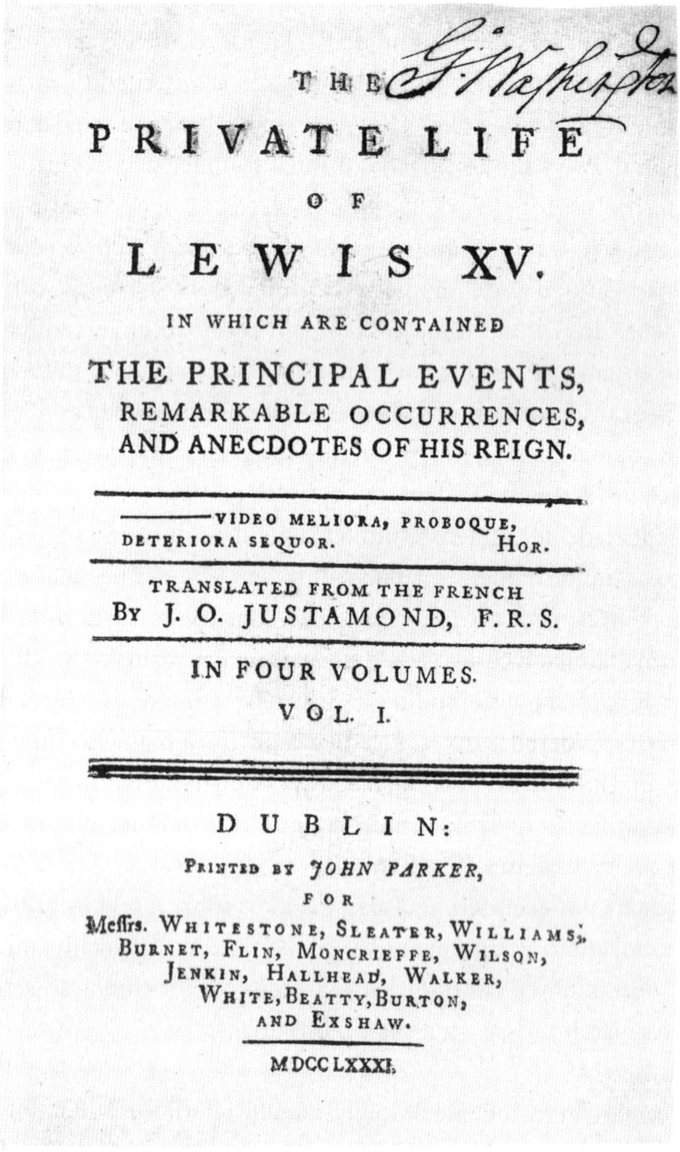

THE *G: Washington*

PRIVATE LIFE

OF

LEWIS XV.

IN WHICH ARE CONTAINED

THE PRINCIPAL EVENTS,
REMARKABLE OCCURRENCES,
AND ANECDOTES OF HIS REIGN.

————— VIDEO MELIORA, PROBOQUE,
DETERIORA SEQUOR.   HOR.

TRANSLATED FROM THE FRENCH
BY J. O. JUSTAMOND, F. R. S.

IN FOUR VOLUMES.
VOL. I.

DUBLIN:

PRINTED BY *JOHN PARKER*,

FOR

Meſſrs. WHITESTONE, SLEATER, WILLIAMS,
BURNET, FLIN, MONCRIEFFE, WILSON,
JENKIN, HALLHEAD, WALKER,
WHITE, BEATTY, BURTON,
AND EXSHAW.

MDCCLXXXI.

Figura 39. Página de rosto do exemplar da tradução de *Vie privée de Louis XV* pertencente a George Washington. (Cortesia da Biblioteca Houghton, Universidade de Harvard, *AC7.Un33P.ZZ1m2)

O cardeal de Fleury consolidou sua posição de poder manipulando a vida sexual do rei. Seu primeiro passo foi instruir o confessor da rainha a explorar-lhe a piedade ingênua, advertindo-a de que corria risco de danação eterna se continuasse mantendo intercurso sexual com o rei. Ela já havia lhe dado um número adequado de filhos, advertiu o confessor: mais sexo seria pecado. Certa noite, quando Luís juntou-se a ela no leito, ela recusou os seus avanços: "Ele jurou que nunca mais se submeteria a tal afronta e manteve sua palavra". *Vie privée*, v. 2, p. 28; *Amours de Zéokinizul*, pp. 24-5; *Fastes de Louis XV*, v. 1, p. 113.

Com a aprovação de Fleury, o duque de Richelieu arranjou para que o rei tomasse madame de Mailly, a quem podiam controlar, como amante. O primeiro encontro deu em nada, devido à timidez do rei. Na segunda tentativa, madame de Mailly, adestrada por Richelieu, tomou a iniciativa e levou a melhor sobre o rei. Ao retornar do idílio amoroso, com as roupas amarfanhadas, disse triunfantemente a Fleury e Richelieu: "Podeis ver que aquele devasso me deu um belo trato". *Vie privée*, v. 2, pp. 30-1; *Amours de Zéokinizul*, pp. 34-6, 42; *Fastes de Louis XV*, v. 1, p. 116.

Quando o rei tomou, uma após outra, as filhas do marquês de Nesle, Fleury tentou defender a própria reputação como preceptor real e chefe efetivo do governo repreendendo-o hipocritamente por sua imoralidade. Luís respondeu: "Abandonei a ti a condução de meu reino. Espero que me permitas conduzir a mim mesmo". *Vie privée*, v. 2, p. 31; *Amours de Zéokinizul*, p. 37; *Fastes de Louis XV*, v. 1, p. 117.

A irrupção da Guerra de Sucessão Austríaca fez com que Fleury perdesse o controle sobre os eventos. Ele, que sempre tentara promover a paz, estava tão despreparado para a guerra que não sabia sequer se a Prússia se aliaria com a França ou com a Áustria. Quando um confuso enviado francês chegou a Berlim, Frederico II tranquilizou-o dizendo: "Acho que jogarei a tua mão em teu lugar. Se eu conseguir algum ás, dividiremos nossos ganhos". *Vie privée*, v. 2, p. 65; *Histoire de la guerre de 1741*, p. 14; *Fastes de Louis XV*, v. 1, p. 138.

Enquanto impunha cada vez mais impostos a seus súditos empobrecidos, o rei esbanjava sua renda em palácios e amantes, mas era pávido demais para admitir suas extravagâncias a Orry, o controlador geral das finanças. Ele gastou 1,2 milhão de *livres* para embelezar o château de Choisy para madame de Châteauroux, a última das irmãs Nesle que tomou como amante. Em vez de admitir a despesa numa conversa sobre as finanças reais com Orry, o rei passou-lhe depois um bilhete a respeito. Orry, um consumado cortesão, não reclamou desse golpe à solvência do Estado. Em vez disso, comentou com o rei na reunião seguinte: "Senhor, estou pasmo diante da insignificância dessa quantia. Esperava um valor muito maior e já havia reservado 1,5 milhão de *livres* para este fim". *Vie privée*, v. 2, p. 136; *Mémoires secrets pour servir à l'histoire de Perse*, p. 239.

Quando o rei adoeceu gravemente no fronte de batalha em Metz em 1744, madame de Châteauroux permaneceu na casa ao lado e o duque de Richelieu impediu que qualquer pessoa se aproximasse dele. Nem o bispo de Soissons pôde ter acesso ao rei para adverti-lo de sua morte iminente e ministrar-lhe a extrema-unção. A crise foi resolvida pelo duque de Chartres, segundo na sucessão ao trono, que chegou acompanhado do bispo e, afastando Richelieu, disse: "O quê, um lacaio como tu bloqueando a porta ao parente mais próximo de teu mestre?". *Vie privée*, v. 2, p. 186; *Amours de Zéokinizul*, pp. 53-4; *Fastes de Louis XV*, v. 1, p. 250.

Depois que Luís confessou seus pecados e renunciou a madame de Châteauroux, ele recuperou-se milagrosamente. A essa altura, a gente simples de Paris, tomada de consternação, o havia proclamado "Luís, o Bem-Amado". A recuperação do rei os fez delirar de alegria. "O rei se recuperou!", gritavam. E o rei respondeu de sua cama de doente: "Ah, como é doce ser amado assim. Mas o que fiz para merecer isso?". *Vie privée*, v. 2, pp. 188, 191-2; *Histoire de la guerre de 1741*, pp. 108-9; *Fastes de Louis XV*, v. 1, p. 249.

Luís logo retomou madame de Châteauroux e seu modo de vida imoral. O amor dos parisienses transformou-se em repulsa. Os vendedores de peixe diziam nos mercados: "Como tomou de volta a sua meretriz, nunca mais encontrará um só Pai-Nosso nas ruas de Paris!". *Vie privée*, v. 2, p. 207; *Fastes de Louis XV*, v. 1, p. 260.

A morte de madame de Châteauroux abriu o caminho para uma nova amante real, madame d'Etioles, que mais tarde se tornaria marquesa de Pompadour e obteria domínio completo sobre o rei. Embora fosse apenas uma burguesa, fora treinada por sua mãe para seu papel de "iguaria digna de um rei". O rei a conheceu num baile de máscaras em comemoração ao casamento do delfim. A pedido dele, ela ergueu a máscara o suficiente para expor seu belo rosto e, em seguida, desapareceu na multidão, ardilosamente deixando cair seu lenço atrás de si. O rei o pegou, mas, impossibilitado de alcançá-la, jogou-o em sua direção. Ouviu-se então um murmúrio generalizado: "O lenço foi jogado!". *Vie privée*, v. 2, pp. 219-20; *Amours de Zéokinizul*, p. 69; *Fastes de Louis XV*, v. 1, p. 264.[58]

É impossível saber como essas anedotas ressoavam entre os leitores, mas parece provável que, de edição para edição e de obra para obra, sua repetição lhes conferisse força considerável. O mesmo fenômeno se dá hoje. Quando perguntaram a Bill Clinton se ele já fumara maconha, ele teria respondido: "Fumei, mas não traguei". Para muitos americanos, essa observação resumiu a essência do seu caráter e até de sua presidência. Algumas máximas dos libelos, geralmente impressas em itálico, provavelmente ecoaram da mesma maneira entre os franceses do século XVIII. "Podeis ver que aquele devasso me deu um belo trato" simbolizava o apetite sexual indisciplinado do rei. "Abandonei a ti a condução de meu reino" representava sua abdicação do poder. "Senhor, estou pasmo diante da insignificância dessa quantia" expressava a extravagância real e a exploração do rei por ministros escroques. "Luís, o Bem-Amado" indicava a boa vontade que o rei poderia ter desfrutado mas que estupidamente pôs a perder. "O lenço foi jogado" indicava que um novo capítulo na degradação da monarquia estava prestes a começar.

Palavras de ordem semelhantes provocaram ainda mais bochicho quando foram associadas a madame du Barry, Maria Antonieta e Luís XVI, e foram publicadas em dezenas de libelos subsequentes. As anedotas mais novas tomavam por base as mais antigas e, longe de perderem força com a repetição, potenciavam-se. Os leitores sabiam de antemão o que esperar e sua expectativa intensificava a experiência de acompanhar a anedota até o desfecho — e o remate final cravar-se-ia cada vez mais fundo na consciência coletiva (ou pelo menos assim imagino). Numa escala maior e mais sublime, a repetição narrativa em *Odisseia* produz efeito similar. Por menos homéricos e heroicos que fossem os libelos, eles perpetuaram uma mitologia própria, uma mitologia negativa, que erodiu a monarquia do Ancien Régime em seus pontos vulneráveis.

Entretanto, chegar tão rapidamente a uma conclusão tão grandíloqua é esticar além do limite as evidências disponíveis. Em vez de tomá-la como o desenlace de um argumento, talvez ela seja mais útil como uma hipótese para novas investigações. Pode ser que jamais consigamos sondar a consciência, coletiva ou individual, como uma dimensão da história. E ainda sabemos pouquíssimo sobre a longa história da calúnia e da difamação. Mas *Vie privée de Louis XV* pode ao menos servir de modelo para o estudo de outros libelos, pois quase todas as principais figuras da França do século XVIII foram expostas ao escárnio nessas "vidas privadas", "anedotas secretas" e publicações similares. Se estudarmos mais atentamente essa literatura, deve ser possível chegar a uma melhor compreensão dos libelos em geral.

23. Retratos

Uma das passagens mais importantes que Moufle d'Angerville extraiu de *Mémoires secrets pour servir à l'histoire de Perse* foi uma descrição de Luís XV aos dezesseis anos.

Belo, bem-proporcionado, pernas perfeitamente torneadas, semblante nobre, olhos grandes, ele parece mais brando do que altivo, sobrancelhas marrons. [...] A caça era seu único prazer, seja porque um instinto secreto o atraía para esse exercício salutar ou porque o ócio e o temor do tédio já haviam começado a envenenar o período mais brilhante de sua vida. Como sua educação fora extremamente negligenciada por receio de forçar demais seus jovens órgãos, sua mente não era bem fornida. [...] Sentia insuperável repugnância por assuntos administrativos e não suportava sequer ouvi-los sendo discutidos. Sem o menor amor pela glória, carecia da energia que, no caso de seu bisavô [Luís XIV], compensava a sua ignorância e as falhas em sua educação. Em suma, a fraqueza de seu caráter, sua indolência e sua timidez tornavam-no suscetível a ser governado pela primeira pessoa que o cativasse.[1]

Essa passagem coaduna-se com um ingrediente popular do início da literatura moderna conhecido como *portrait*. Os *portraits*, retratos, são descrições inseridas em pontos-chave da narrativa que supostamente revelariam as naturezas interna e externa de uma personagem. Podem ser encontrados nas mais variadas obras de ficção e não ficção na França, em especial nos séculos XVII e XVIII. Constituem as passagens mais apreciadas nas obras dos autores mais hábeis, notadamente La Bruyère e La Rochefoucauld, que conseguiam delinear e apreender qualquer pessoa com alguns golpes da pena. Os retratos beletristas, geralmente disfarçados sob nomes fictícios, permaneceram no geral confinados aos limites da sátira aceitável. Quando incorporados a libelos, porém, tornaram-se uma das técnicas favoritas de difamação. Os libelistas usavam os retratos junto com as anedotas para organizar ataques maciços contra a reputação de figuras públicas. Se de um lado as anedotas avançavam a narrativa expondo ações dos protagonistas, de outro os retratos forneciam o estofo necessário com descrições das personagens. Ambos os ingredientes vinham das mesmas fontes: os repositórios de informações que o libelista havia plagiado, descoberto ou recolhido em suas rondas pelos cafés.

Essas informações, à maneira das anedotas, geralmente formavam não mais que um parágrafo rabiscado num pedaço de papel. *Nouvellistes* e turgimões escondiam esses bilhetes nos bolsos e os liam em voz alta nos cafés e jardins sempre que surgisse a oportunidade de fazer uma demonstração pública de seu conhecimento privilegiado da vida das grandes figuras. Eles colecionavam esses retratos fragmentários e os colavam ou copiavam em livros de recortes, ao lado de ditos espirituosos, charadas, anedotas e canções. Uma dessas coletâneas contém o seguinte retrato de Luís XV, que na época estava com 37 anos de idade.

Caráter ou Retrato de Luís XV Julho de 1747

Seu caráter é consistente, o que vale dizer que nunca variou. Só com grande dificuldade alguém consegue conquistar suas boas graças, mas os que se fiam em si mesmos poderão nele confiar. O único defeito que ele jamais perdoa é abusarem de sua confiança. Uma vez perdida, esta só será recuperada a duras penas. Ele é o mesmo na sua vida amorosa e nunca reata com suas amantes. Mais surpreendente, ele às vezes as sacrifica (1) no interesse do povo. Mas nunca se dedica de coração e alma a escolhê-las e, nos casos em que a mercadoria é de dúbia qualidade, aceita os descartes de outros (2) sem qualquer exame mais profundo.[2]

Os números inseridos no texto remetem a duas notas inseridas pelo copista para que o leitor pudesse identificar as alusões.

(1) Esta é uma referência a madame de Châteauroux, que foi mandada embora de Metz durante a doença do rei.

(2) Esta é uma referência a madame de Pompadour, que foi dada ao rei pelo duque de Richelieu.

Como as notas indicam, para se auferir seu pleno significado, os retratos tinham de ser lidos e decifrados com cuidado. Também lembravam as anedotas pelo modo como circulavam antes de ser incorporados em libelos. Estas e aqueles pertenciam à mesma linhagem procopiana de história.

Procópio fora um exímio retratista. Ao descrever Justiniano, começa com os detalhes físicos, oferecidos com aparente imparcialidade, mas vai montando a figura de um monstro moral, muito mais hediondo do que o Luís XV retratado pelos libelistas.

De estatura, não era nem grande nem pequeno, bem-proporcionado mas com certa propensão à corpulência; seu rosto era redondo e gracioso, sua cútis viçosa. [...] Era ardiloso e, não obstante, fácil de ludibriar, de modo que se poderia dizer que era ao mesmo tempo astuto e fraco. Nunca disse ou expressou algo que fosse verdade para aqueles que tratavam com ele. Pela malignidade de sua natureza, buscava lograr a todos, embora ele próprio sucumbisse continuamente às falácias alheias. [...] Era inconstante em suas amizades e inexorável com seus inimigos. Tinha igual avidez por sangue e por dinheiro. Amava tanto as novidades como as encrencas. Era facilmente persuadido quando algum delito precisava ser cometido, e obstinado e incapaz de qualquer boa ação. Excedia na invenção de novos crimes, mas abominava o nome da virtude.[3]

Tenha ou não inspirado diretamente os libelistas do século XVIII, Procópio representa uma tendência que percorre toda a literatura libelista. Dos mais antigos aos mais modernos, os libelistas sempre suspenderam a narrativa a fim de introduzir o retrato de alguma personagem. Os retratos são acessórios de cena inseridos no enredo quando uma personagem começa a desempenhar um papel importante ou desaparece — como se, durante uma peça de teatro, os atores congelassem num *tableau vivant*, o holofote iluminasse um deles e a voz de um narrador invisível descrevesse as sinuosidades de sua alma, mais ou menos à maneira como solilóquios interrompem a ação nas tragédias de Shakespeare.

Mémoires secrets pour servir à l'histoire de Perse contém dezenas de retratos espalhados ao longo da narrativa. Todos os ministros, do abbé Dubois ao cardeal Fleury, todos os comandantes, incluindo o marechal de Saxe, todas as amantes reais até madame de Pompadour mereceram um retrato no devido momento. *Vie privée de Louis XV* reproduz a maioria desses retratos e acrescenta mais alguns, "pintados", promete o prefácio, com mão de mestre.[4] No caso, os retratos escritos são suplementados por retratos pictóricos: catorze águas-fortes que revelam a aparência exterior das personagens, junto às passagens que expõem sua interioridade. Em princípio, portanto, os leitores poderiam perscrutar essas imagens sem perder o fio da história, desfrutando o livro como se perambulassem por uma galeria. Na realidade, porém, as gravuras são toscas como as ilustrações estilizadas das populares folhas soltas que eram vendidas ao estilo de cordel. O retrato de Luís XV tem uma aparência chapada, uma certa qualidade icônica que carece de qualquer individualidade. Os traços do rei praticamente não diferem dos do regente, cujo retrato é bastante semelhante, à exceção da peruca, mas data de uma época anterior.

A gravura de madame du Barry em *Vie privée de Louis XV* é a mesma do frontispício de *Anecdotes sur madame la comtesse du Barry* (veja Figura 22), uma obra similar contendo os mesmos retratos escritos, palavra por palavra. Visualmente e verbalmente, pois, os libelos parecem se utilizar de repertório comum de imagens. Os gravadores da rue St. Jacques trocavam chapas de cobre entre si como os autores do Café du Caveau trocavam anedotas. Os libelos eram produtos voltados a um público de baixa renda, montados pelo menor custo possível; não era comum trazerem ilustrações, mas quando o faziam, o feitio geral destas correspondia bem ao dos textos.

A qualidade ordinária dos desenhos saltava aos olhos, mas a prestidigitação dos escritos muitas vezes passava despercebida. Um resenhista de *Vie privée de Louis XV*, escrevendo em um boletim clandestino, não chegou a identificar as passagens plagiadas e até elogiou o retrato do rei, mas condenou a rusticidade das gravuras. Ressaltou que os leitores haveriam de apreciar as anedotas picantes sobre as amantes reais, mas não os desenhos que as acompanhavam, especialmente a estampa de madame de Pompadour, que julgou particularmente repulsiva (como de fato é).[5] O mesmo resenhista também destacou "a arte de fazer retratos" como a melhor qualidade de outro libelo, *Lettres iroquoises*, observando aprobatoriamente que, embora não trouxesse ilustrações, a obra continha uma abundância de retratos escritos, entremeados com um farto sortimento de "anedotas divertidas".[6] Incluíssem ou não ilustrações, os libelos tinham de combinar esses dois ingredientes básicos, anedotas e retratos, se quisessem satisfazer os leitores do século XVIII.

Essa fórmula pode parecer estranha hoje, quando imagens de figuras públicas aparecem constantemente na televisão e na tela dos computadores, em jornais e revistas, em outdoors e cartazes. No Ancien Régime, porém, o povo vivia em um mundo que ainda não fora saturado com imagens dos *grands*. Apesar da iconografia real promovida pelo Estado, imagens fiéis do rei e da rainha não alcançavam o campo visual da maioria de seus súditos. Os melhores artistas do reino produziram bustos e pinturas de Luís XV e Luís XVI, mas a maioria dos franceses não chegou a vê-los. Selos postais não existiam, nem notas de dinheiro impressas. Os baixos-relevos das moedas não passavam de impressões estilizadas e sem vigor. As estampas tinham ampla circulação, mas também careciam de individualidade, como as gravuras em *Vie privée de Louis XV*. Louis Sébastien Mercier observou que todos queriam visualizar o rei, ainda que apenas em sua imaginação, mas que nenhum retratista poderia captar o aspecto que mais fascinava a todos: a sua personalidade. Os súditos do rei conheciam-no primordialmente pelos rumores que chegavam até eles vindos de Versalhes e os poucos que o tinham visto de perto não eram capazes de descrever com precisão o homem interior — ou mesmo o exterior.[7] Ao contrário de Luís XIV, que ostentava a sua pessoa e multiplicara a sua imagem de inúmeras formas, Luís XV evitava expor-se ao público. Recolhia-se sempre que possível aos *petits appartements* privados de seus palácios e, depois de crise de 1744 (a doença em Metz e a retomada de seu caso com madame de Châteauroux), ele raramente punha os pés em Paris. Chegou até a mandar construir uma estrada especial circundando a cidade para que pudesse viajar de Versalhes a Saint Denis sem se expor aos parisienses, que iam se sentindo cada vez mais alienados de seu monarca. Entretanto, quanto mais ele evitava o olhar da população, mais curiosa ela ficava acerca da sua aparência.[8]

Embora seja difícil avaliar essa curiosidade a uma distância de mais de dois

Figura 40. Gravura de madame de Pompadour em *Vie privée de Louis XV*. (Cópia particular)

séculos, é provável que tenha tido papel importante no sucesso dos libelos que tratavam da família real. Ao estudarem o retrato escrito do rei em *Vie privée de Louis XV*, os leitores franceses podiam enfim saber qual era a cor de suas sobrancelhas e o formato de sua perna, sempre um aspecto crucial da pessoa real.[9] Mais importante, ficavam com a impressão de ter vislumbrado o seu eu interior — sua sagacidade, o rol de suas ideias, suas atitudes, seu caráter essencial. O tom do retrato transmite autoridade e os toques favoráveis são suficientemente lenitivos para tornar os detalhes condenatórios mais convincentes. Justamente por dar a impressão de ser um desenho contido, bem informado e objetivo, comunica uma mensagem extraordinariamente negativa: Luís teria sido uma boa pessoa se tivesse nascido em uma família comum, mas era totalmente inadequado para governar a França.[10]

A família real era um caso especial (e ainda é em países como a Grã-Bretanha), mas os leitores queriam imagens de todos os *grands*. Os autores de libelos não se fizeram de rogados e ofereceram retratos escritos de ministros, generais, prelados, cortesãos e amantes reais. *Le gazetier cuirassé* inclui uma galeria de retratos das marafonas mais notórias de Paris e *La gazette noire*, sua suposta continuação, traz uma longa série de retratos de fidalgos e coletores de impostos, dando destaque especial a sua ilegitimidade, suas genealogias fraudulentas, sua corrupção e um sem-número de defeitos de caráter.[11] Outros libelos ofereciam esboços de criminosos como Mandrin, de saltimbancos como Cagliostro, de aventureiros como o chevalier d'Eon e de um amplo sortimento de necromantes, atores, dançarinas de cabaré, prostitutas e janotas sofisticados. Esse tipo de literatura efêmera podia ser encontrado por toda Paris:[12] enchia os fardos dos mascates e se amontoava nos estandes dos *bouquinistes*. Grande parte dessas obras provavelmente ia e vinha sem deixar impressão duradoura. Pelo menos esta era a opinião de Mercier, embora ele enfatizasse que qualquer libelo perseguido pelo governo devia conter "algumas boas verdades" que acabariam por moldar a opinião pública.[13]

Hoje em dia, a vida privada de figuras públicas é implacavelmente exposta pela mídia, de modo que para nós é difícil apreciar a distinção entre as esferas pública e privada que existia sob o Ancien Régime. A diferenciação praticamente inexistia em Versalhes, onde o rei costumava jantar perante uma plateia de espectadores e onde cortesãos misturavam intrigas pessoais com questões de Estado na sua dieta diária de rumores e fofocas. Entretanto, quando os mexericos apareciam impressos e circulavam fora da corte, essa ofensa era considerada transgressão séria; e um libelo contra o rei ou a rainha podia tornar-se crime de lesa-majestade. Fora de Versalhes, a linha de demarcação entre público e privado era mais consistente. Se a ultrapassasse, um libelo podia ser visto como um delito grave, comparável ao assassinato aos olhos das vítimas. Quando foi atacado por um libelista, François Thomas Marie de Baculard d'Arnaud nem chegou a consultar um advogado; procurou diretamente o chefe de polícia: "O canalha é um homem chamado Fouilhoux. [...] Não basta que sua retratação seja publicada na imprensa; presumo que exercereis vosso renomado senso de justiça, lançareis este monstro na prisão e o marcareis com o sinal da infâmia, pois ele é um assassino moral".[14] Quando Louis-Léon-Félicité, duque de Brancas, conde de Lauragais, que morava na época em Londres, considerou-se injuriado por Charles Théveneau de Morande, também não buscou justiça nos tribunais. Ele esbofeteou Morande no rosto, obrigou-o a lhe pedir perdão de joelhos na rua e exigiu que publicasse uma volta-face nos jornais.[15] Na França do século XVIII, as indenizações por calúnia e difamação não ocorriam necessariamente por meio de ações judiciais, pois sob o Ancien Régime honra era algo intimamente ligado à posição que se ocupava na ordem hierárquica da sociedade. Os aristocratas podiam apresentar seu caso a um tribunal de *maréchaux de France*, mas geralmente preferiam recorrer a duelos — os quais, porém, não serviam para resolver questões de honra entre homens de status diferente. A surra que Voltaire recebeu dos lacaios do chevalier de Rohan é o melhor exemplo de como um eminente aristocrata acertava contas com um reles escritor. No entanto, os escritores feriam a honra de alguém cada vez que publicavam um libelo; o que fazia o Ancien Régime para lidar com eles?

Recorria à ação policial, basicamente, como ilustram as tentativas de sequestrar libelistas em Londres. O chefe de polícia costumava receber pedidos de pessoas importantes que sentiam que sua honra só seria restaurada com a prisão do autor que a maculara.[16] Os retratos, entretanto, constituíam um problema à parte, pois não só eram quase sempre disfarçados sob nomes fictícios como também autores distintos frequentemente os inseriam em suas obras de ficção. Dante encheu o Purgatório e o Inferno com seus inimigos em *A divina comédia*. Rabelais, Molière, mademoiselle de Scudéry, madame de La Fayette, Bussy-Rabutin, La Fontaine, La Rochefoucauld, La Bruyère — quase todos os grandes escritores dos primórdios da França moderna foram suspeitos de imiscuir injúrias em seus textos. O *portrait* é uma convenção literária. Encaixa-se magnificamente em romances e, em especial, nos *romans à clef*. Estes, porém, tendiam a se metamorfosear em libelos. Como distingui-los?

Era um problema que atormentava os censores reais, que muitas vezes reclamavam das dificuldades de detectar referências ocultas nos textos que lhes eram submetidos. Um censor que aprovasse uma obra com um retrato que desagradasse algum cortesão poderia se ver em sérias dificuldades; no entanto, ele provavelmente não tinha o conhecimento dos meandros da vida cortesã necessário para identificar a alusão. Certo censor implorou para ser dispensado de avaliar um romance, alegando carecer de sofisticação para decifrá-lo: "As alusões me deixam temeroso, pois são relativamente frequentes e não ouso me responsabilizar por elas. Se conseguisse desvendá-las, talvez me despreocupasse; todavia, como não sei a quem se referem, ficaria extremamente grato se fosse possível persuadir monsieur de Malesherbes a nomear outro censor mais bem informado que eu".[17] Outro censor aprovou uma obra contendo "retratos naturais" — seu termo para descrições frontais aparentemente inocentes — mas recusou-se a garantir que eles não teriam outras *applications*.[18]

A noção de *applications*, i.e., alusões ocultas a figuras importantes, aparece em diversas cartas enviadas por censores a seus superiores no departamento responsável pelo comércio livresco.[19] Seus memorandos internos e correspondência mostram obsessão pelos riscos que corriam caso não decifrassem as referências aos grandes e poderosos. A reputação de um indivíduo estava ligada ao seu nome e os nomes dos grandes tinham de ser protegidos. Certo censor temia a fúria da família Noailles se permitisse uma referência a um delito cometido por um de seus ancestrais duzentos anos antes.[20] Outro receava as alusões que pudessem estar ocultas na vida de um santo do século XIII.[21] Os censores tendiam a ser clérigos e homens de letras relativamente obscuros, incapazes de se achar no complexo emaranhado do mundo dos grandes. Em *Mémoires sur la librarie*, de 1759, Malesherbes, que era seu superior como diretor do comércio livresco e também por ser membro de uma família de grandes, descreve-os como um bando timorato que temia ofender *les grands* e não conseguia identificar "alusões ocultas" nos manuscritos que examinava.[22] Em outras palavras, os censores não deveriam ser responsabilizados por insultos pessoais que passassem despercebidos. Seria melhor tolerar referências veladas como as que aparecem nas obras de La Bruyère e Molière do que tentar reprimir tudo que pudesse ofender alguém. Libelos claramente difamatórios deveriam ser punidos severa e peremptoriamente por meio de lettres de cachet, mas tais obras nunca eram submetidas a censura para começar. Malesherbes não negava a obrigação de o Estado defender a reputação de sua elite; apenas tentou adaptar as regras do jogo para facilitar o trabalho de seus censores, que não pertenciam ao ambiente em que as reputações tinham tanta importância. No comércio livresco, como em tudo mais sob o Ancien Régime, presumia-se que as pessoas nascem desiguais, que a lei era fundamentada em privilégios e que os privilegiados deveriam receber tratamento especial. Só eles eram importantes o bastante para serem difamados. Contudo, a repressão à injúria levantava enormes dificuldades dentro do governo.

A polícia enfrentava o mesmo problema. Ela estava mais preocupada com a difamação de indivíduos do que com argumentos abstratos sobre ortodoxias religiosas e políticas. François-Martin Poultier d'Elmotte — escritor de aluguel, mascate e informante — disse ter recebido as seguintes instruções de Lenoir, o chefe de polícia: "Autorizo-o a comerciar livros contra Deus, mas não contra monsieur de Maurepas; contra a religião, mas não contra o governo; contra os apóstolos, mas não contra os ministros; contra os santos, mas não contra as damas da corte".[23] Quando a polícia interrogava um escritor na Bastilha, tentava identificar todas as possíveis *applications* (jargão policial para referências disfarçadas a figuras públicas) existentes em seus livros. Ao ser interrogado em 1750, Clément Ignace de Rességuier esmoreceu e admitiu que seu *roman à clef*, *Voyage d'Amatonthe*, continha um retrato tão difamatório de madame de Pompadour que ele merecia ser executado. (Pediu apenas que isso se consumasse pela espada, não pela forca, para proteger a honra de sua família. Mas acabou sendo perdoado.) Explicou que fora instigado pelo "louco desejo de desenhar retratos. [...] Admito que são aplicados de uma maneira que os torna criminosos".[24] Mesmo assim, a polícia desconfiou que ele retivera informações sobre muitas outras *applications*. Os três piores vilões do livro, Amon, Ezon e Sinon, claramente apontavam para o marechal Belle-Isle, o conde d'Argenson e o cardeal de Tencin. Mas poderia Crysippe ser Machault? Ariste, Maurepas? E que diabos seriam Cydalise, Epaminondas, Zélide e Iphis? A polícia debruçou-se sobre o texto por vários dias. Comparou-o com rascunhos confiscados no cortiço de Rességuier, fez observações hermenêuticas nas margens e colou anotações elaboradas ao lado de passagens dúbias. O exemplar que usaram, hoje na

Bibliothèque de l'Arsenal, parece ter sido anatomizado por algum crítico literário moderno.[25]

Em suma, os retratos eram um problema para as autoridades do Ancien Régime. Para os libelistas, por outro lado, eram uma dádiva, não só porque o público estava disposto a pagar bom dinheiro para ler livros sobre os grandes, mas também porque o Estado dispunha-se a pagar ainda mais para suprimi--los. A extorsão literária tem uma longa história, embora ainda esteja para ser escrita. Como modo de ganhar a vida com a pena, a tradição teve início com um dos mais talentosos escritores da Renascença, Pietro Aretino.

Filho de um sapateiro de Arezzo, seu dom para a palavra falada e escrita foi lhe abrindo caminho no círculo do papa Leão X, sem por isso deixar de mergulhar na cultura de rua de Roma no início do século XVI.[26] Os romanos discutiam incessantemente os acontecimentos correntes por meio de piadas, grafites, canções e pasquinadas. Estes últimos eram poemas difamatórios postados numa estátua conhecida como Pasquino, perto da piazza Navona, cuja cabeça funcionava como uma espécie de quadro de avisos. Novos poemas amanheciam grudados ali todos os dias em épocas críticas, como os conclaves para eleger um novo papa. Na contestadíssima eleição de 1522, Pasquino floresceu com sonetos caluniando todos os candidatos, exceto o cardeal Giulio de Médici, patrono de Aretino. O conclave deveria ter ficado isolado do mundo exterior, mas os rumores das ruas acabaram penetrando-o de alguma forma. Os vários grupos de interesses tinham começado se agitar antes mesmo da abertura do encontro e Aretino já vinha tentando promover a eleição de Giulio denegrindo os nomes de seus oponentes. De soneto em soneto, quase cinquenta no total, cada cardeal foi associado a um vício: Pucci à devassidão, Sion à embriaguez, Santa Croce à usura, Mantua à pedofilia, e Trani ao defeito mais risível de todos: ser um filhinho da mamãe.[27] A estratégia fracassou, embora Giulio se elegesse no conclave seguinte, em 1523. Mas as pasquinadas de Aretino foram tão hilariantes que cópias delas se espalharam pela Europa e conquistaram-lhe renome como mestre libelista. Ele continuou destruindo reputações por meio de poemas, profecias burlescas e julgamentos pseudolegais (*giudizii*) tão ofensivos que uma de suas vítimas, o bispo Giovanni Giberti, fez o que pôde para que ele fosse assassinado. Em 1527, Aretino já provara o vigor de sua pena e se indispusera com todos os poderosos e maiorais romanos. A tal ponto que teve de buscar refúgio na grande rival de Roma, a República de Veneza.

Em seu novo lar veneziano, ainda sob o patronato dos Médici e abastecido com boatos e mexericos por informantes bem posicionados, Aretino continuou a enodoar os nomes de seus inimigos e a louvar seus protetores. Agora, porém, ele podia contar com o auxílio de uma prensa. Em 1535, começou a publicar *Ragionamenti*, um relato picante dos costumes romanos na forma de um diálogo entre duas prostitutas. De 1538 até sua morte em 1556, lançou volumes de sua prolixa correspondência com os grandes (que haviam aprendido a proteger sua reputação cumulando-o de presentes). Cosimo de Médici, Francisco I da França, o santo imperador romano Carlos V, o papa Júlio III e muitos outros o compraram com subornos tão extravagantes que ele adquiriu fama como o "Flagelo dos Príncipes", título concedido-lhe por Ariosto. Na realidade, as *Lettere*, elegantemente impressas em volumes que circularam por todas as cortes da Europa, continham pouco material difamatório, mas Aretino cultivou a ideia de que poderia aplicar o chicote na hora que quisesse: "Os príncipes me pagam tributo por temerem que eu os difame. [...] A maioria dos poderosos do mundo não teme a ira do Senhor, mas teme a fúria de minha pena".[28] Aretino dominou todos os meios de comunicação da época: boca a boca, cartas, publicações manuscritas, livros impressos e desenhos, pois recebera algum treinamento como artista e conheceu os maiores pintores da alta Renascença, principalmente Ticiano, que pintou cinco retratos seus. Era dotado de uma espirituosidade ferina e escreveu numa versão picante do vernáculo que debochava da pomposidade dos humanistas nas cortes italianas. Embora também tenha produzido obras e peças devocionais, sua reputação repousava sobre sua capacidade de destruir a reputação alheia e sua crua celebração do sexo, sobretudo em *Sonetti lussuriosi*, que escreveu para acompanhar as estampas obscenas de M. A. Raimondi, baseadas nos desenhos de posições sexuais de Giulio Romano. No auge de seu poder, Aretino morou em alto estilo em um palácio magnífico no Grande Canal e até tentou usar seu prestígio para ser nomeado cardeal. Depois de sua morte, passou a contemplar desafiadoramente as gerações subsequentes através dos retratos pintados por Ticiano, enquanto suas obras, condenadas pela Sagrada Congregação do Índice, continuaram circulando às escondidas. Execrado e admirado ao longo dos séculos, Aretino paira sobre todos os mercenários literários como o maior e melhor dessa estirpe e o exemplo supremo de como enriquecer com a calúnia e a difamação.

O exemplo de Aretino também ilustra um fato paradoxal na vida das primeiras cortes modernas: embora funcionassem com base no princípio da concentração de poder nas mãos de um governante, fosse um déspota italiano ou um monarca francês, elas eram vulneráveis a pressões vindas de fora. A corte era um mundo fechado: excluía tudo que era externo a ela, especialmente a plebe. No entanto, "ruídos públicos" provenientes de fontes plebeias podiam perturbar o equilíbrio de poder entre os grandes, mesmo no Colégio dos Cardeais, a mais hermeticamente fechada de todas as entidades patrícias. Para participar dos jogos de poder na corte, os grandes tinham de proteger seu nome, mas forças externas que expressassem ou alegassem expressar a *vox populi* tinham o poder de aniquilar nomes. Se a reputação de um membro da corte fosse danificada ou caluniada por vis difamadores, ele se tornaria menos merecedor de respeito nos corredores do poder. Não que qualquer boato fosse capaz de destituir um favorito; os libelistas precisavam de informações precisas e tinham de atingir alvos localizados em pontos críticos do sistema de patronato e proteção. Mas um exímio atirador como Aretino podia causar grandes danos.

Esse tipo de poder — o tipo que mais tarde seria identificado como opinião pública — foi um tema importante de Maquiavel e de Castiglione. Diferia fundamentalmente do poder proveniente do cano das armas, o tipo que vencera a Batalha de Pavia em 1525 e que assolara Roma em 1527, mas nem por isso era menos palpável. Benvenuto Cellini expressou bem a eficácia desse poder descrevendo como o grão-duque Cosimo de Médici costumava se esconder perto da estátua de Perseu, que ele lhe encomendara recentemente, para ouvir o que os transeuntes estavam dizendo.[29] A magnificência, em última análise, dependia da admiração da plebe. Um cortesão tinha de proteger continuamente seu nome se quisesse manter sua posição na corte. Um atirador de tocaia, mirando de longe, mesmo de uma mansarda miserável ou de algum país distante, podia infligir danos terríveis. O exemplo de Aretino, um filho de sapateiro que se estabeleceu no Grande Canal, ecoou por todas as Grub Streets da Europa ao longo dos três séculos seguintes.

Ao disseminar-se pela França do século XVIII, a reputação de Aretino foi assumindo matizes sombrios e o Flagelo dos Príncipes aparecia agora como uma espécie de bicho-papão, um imoralista em literatura comparável a Hobbes e Spinoza em filosofia. Mesmo assim, ainda impunha respeito. Uma influente biografia sua publicada em 1750 por Bénigne Dujardin, alto funcionário real e homem de letras com simpatias voltairianas, enfatiza sua notoriedade como pai de todos os libelistas e lhe faz justiça como um espírito livre que desafiou a autoridade da Igreja. A biografia apresenta-o como um dos primeiros escritores que fizera da literatura seu "ofício", como alguém que conseguira ganhar a vida com a pena e dispunha-se a escrever qualquer coisa por dinheiro, sôfrego para atender a predileção do público por escândalos. Não obstante, admite, produziu alguns ataques aos abusos do clero dignos da aprovação de Voltaire.[30]

Voltaire, de fato, dignou-se a aprová-lo. Ele se referia respeitosamente a Aretino como um escritor que alcançara o sucesso entre os grandes sem fazer concessões, brandindo uma pena poderosa e intransigente. É verdade que usara a sátira apenas para enriquecer, mas um Aretino moderno, alguém como o próprio Voltaire, poderia adaptá-la a uma causa meritória: "Sou como Aretino. Tenho trato com toda a realeza. Mas ele soube domá-la obrigando-a a suborná-lo".[31] Os inimigos de Voltaire o chamavam de "Aretino moderno" para denegrir seu nome,[32] mas ele considerava a associação algo positivo. Frederico II também e fez dela motivo de elogio: "A posteridade dirá que um filósofo que se retirara para Ferney [...] fez a verdade brilhar aos pés do trono e forçou os poderosos da terra a corrigirem seus abusos. Aretino nunca chegou perto disso".[33]

Ao longo do século XVIII, à medida que os escritores iam ousando cada vez mais criticar os grandes, eles desenvolveram uma espécie de aretinismo moderno. A despeito do exemplo de Voltaire, o nome de Aretino continuava carregado de conotações pejorativas, não havendo como dissipar o odor sulfuroso que dele emanava. Pelleport condenou o "aretinismo da literatura"[34] representado por Morande, embora ele próprio escrevesse na mesma veia. Às vésperas da Revolução, uma folha escandalosa intitulada *Chronique arétine, ou recherches pour servir à l'histoire des mœurs du dix-huitième siècle* alegou promover a causa do patriotismo expondo a depravação à maneira de Aretino, mas trazia apenas uma série de retratos de prostitutas, meras minibiografias de dois ou três parágrafos.[35] Qualquer autor que exagerasse a dose de escândalos em sua obra podia ser fustigado como um "Aretino moderno". Um resenhista usou esse epíteto contra Linguet para criticar o caráter mercenário e sensacionalista de seu jornalismo.[36] Outro objetou às "pinceladas aretinescas" usadas por Mirabeau para realçar o sexo em suas obras libertinas.[37] Mas o escritor mais conhecido como "o Aretino moderno" foi Henri-Joseph Dulaurens, um nefelibata de Grub Street que, sem o menor pudor, aplicou o título a si mesmo. O aretinismo moderno, segundo ele, diferia do original em um aspecto: era progressista e fundamentalmente voltairiano. Dulaurens podia ser tão, ou quase tão obsceno como Aretino, mas defendia incessantemente os ideais do Iluminismo, citava as obras dos *philosophes* e louvava Voltaire acima de todos os outros. Aretino escarnecera do clero a partir de uma linhagem medieval de anticlericalismo, mas nunca contestou a doutrina da Igreja. Pelo contrário, escreveu vários tratados teológicos ortodoxos. Dulaurens, por sua vez, transformou o anticlericalismo num ataque sistemático à Igreja Católica — seus dogmas, seus rituais, suas relíquias, seus milagres, seus santos, sua riqueza, seu poder, tudo o que nela havia que pudesse ofender um livre-pensador do século XVIII, embora não tenha chegado a passar para o lado do ateísmo.

Num tratado em dois volumes lançado em 1763 com o título *L'Arretin* e reimpresso diversas vezes como *L'Arrétin moderne*, Dulaurens martela tão insistentemente essa tecla que quase a esfacela — ou assim poderia parecer a um leitor atual. Entretanto, sua mistura peculiar de arengas anticristãs e lorotas obscenas possuía grande valor de choque para os leitores do século XVIII. Alguns capítulos contêm tantos comentários cáusticos sobre a ordem social do Ancien Régime que assumem praticamente o mesmo tom de *Ragionamenti*. O sexo, argumenta Dulaurens, é bom para a sociedade. O egoísmo sincero, a busca do prazer e sobretudo a luxúria podem produzir mais felicidade do que a repressão mascarada de virtude e impingida à humanidade pela Igreja. Entretanto, ao invés de seguir essa linha de argumentação até suas conclusões lógicas — e.g., a tese de Mandeville sobre vícios privados e bem público —, ele se perde em contradições e complexidades. "Elaborarei essas ideias em outro livro", escreve. "Um homem que trabalha para ganhar o seu pão não tem tempo para aperfeiçoar sua escrita."[38] Em diversos momentos ele faz referência a sua pobreza e à de outros escritores de aluguel — os da rue Taranne, por exemplo, forçados a permanecer na cama enquanto seu único par de meias é remendado; os que a duras penas se locomovem a pé pelas províncias, miseráveis nativos de Savoy; todos aqueles que "escrevinham em folhas de papel em Paris".[39] O aretinismo, para ele, era produto de Grub Street: "Compus este livro, como todas as minhas outras obras, com extrema rapidez. Um homem carente de pão não tem tempo para reler o que escreveu. Coloquei Aretino no título porque esse autor satírico não poupou ninguém em seu tempo. Eu, porém, mais sábio que ele, respeito os indivíduos e ataco seus erros e preconceitos".[40]

Essa fórmula, contudo, não leva em conta o principal modo de ataque de

Aretino: as calúnias altamente personalizadas. Ao poupar indivíduos, com exceção de alguns *antiphilosophes*, Dulaurens cortou as garras do seu aretinismo. Por essa medida, qualquer autor que restringisse sua sátira a fenômenos genéricos e incluísse um ou outro comentário lascivo poderia fazer-se passar por um Aretino "moderno". O fato é que o tipo de sátira de Aretino não se adequava aos *philosophes* em geral. O autor que melhor reproduziu a picante zombaria de Aretino não foi Dulaurens, mas Charles Théveneau de Morande, o mais notório dos libelistas londrinos. Morande escarnece de indivíduos. Ele os caricatura, geralmente com algumas pinceladas rápidas à maneira de Aretino e, como Aretino, usava esses retratos escritos para extrair dinheiro de suas vítimas. Ele acrescentou muita sátira social e muito comentário político a suas injúrias, mas foram os libelos o seu principal meio de sustento.[41]

A linhagem libelista de Morande era óbvia para seus contemporâneos, que o chamavam de "novo Aretino" e "flagelo dos príncipes".[42] É verdade que não escrevia retratos difamatórios em grande escala, como os de *Mémoires secrets pour servir à l'histoire de Perse* e *Vie privée de Louis XV*. Sua especialidade eram os golpes rápidos, que iam direto ao osso, para expor os segredos ocultos sob a fachada que as figuras públicas mostravam ao mundo. Numa seção de *Le gazetier cuirassé* intitulada "Notícias enigmáticas", ele desafia o leitor a identificar parisienses proeminentes a partir das descrições de seus vícios. Um retrato particularmente perverso é o de certo marquês que, depois de encontrar-se com homens em particular, tentava esconder sua homossexualidade acompanhando damas em público.

> Existe em Paris *um pequenino marquês, não mais de uma polegada abaixo de cinco pés*, que sai a caminhar todas as noites nos pontos mais suspeitos das Tulherias, mas depois desfila em público com damas da corte; que fala mal de todos, mas não se irrita se alguém o maldiz (mesmo à sua cara); que matou pessoas que nunca viu, mas não perturba a existência daqueles que querem espancá-lo até a morte. Esse marquês é escarnecido por todos onde quer que vá e, todavia, a todos ele visita. Se perguntares "por quê?", sabe que é porque ele tem *renda de cinquenta mil écus, mesa farta, muitíssima desfaçatez e um pouquinho de perspicácia.*[43]

Quando atacou as figuras mais proeminentes do seu tempo, como o triunvirato de ministros que dominou o governo nos últimos anos do reinado de Luís XV,

Morande vai empilhando detalhes detestáveis um após outro. Uma de suas "charadas", por exemplo, refere-se obviamente ao ministro da Justiça, Maupeou: "Existe na França um homem que é *um pouco* louco, *muito* velhaco, um trapaceiro *sem qualquer limite*, negro e pérfido *ao último grau*, que exerce *cargo importante* e se passa por um gênio *muito esclarecido*. Quem é ele? todos perguntam. E o que lhe acontecerá se fracassar em seus projetos?".[44]

Madame du Barry mereceu tratamento pior. Morande insere um retrato calunioso dela em uma extensa nota de rodapé: filha ilegítima de um monge e uma cozinheira, marafona aos quinze, meretriz de luxo alguns anos depois, comparsa do falso conde du Barry num antro de jogatina, cortesã abastada, amante real, condessa e uma força do mal no governo francês.[45] Miniaturas semelhantes pipocam nos inúmeros boletins de notícias escandalosas que constituem a maior parte de *Le gazetier cuirassé*. Outros libelistas seguiram seu exemplo — ou o de Aretino, que ainda inspirava horror e fascínio um século e meio depois de ter se transformado em modelo. Cada um escrevia de modo diferente e adotava gêneros diferentes, mas todos combinavam os mesmos dois ingredientes básicos: anedotas e retratos.

Traçar toda a história dos libelos a dois pais fundadores, Procópio e Aretino, seria simplificá-la a ponto de torná-la irreconhecível. Muitas influências têm de ser levadas em consideração. Mas o assunto é tão denso, tão obscuro e tão vasto que temos de fazer algum tipo de triagem se quisermos resolvê-lo. Nesta fase, a melhor estratégia é nos concentrar em elementos presentes na literatura libelista de todos os lugares e estudar como eles se combinam. A mistura mais eficaz se deu no final do século XVIII, nas obras difamatórias que apareceram com títulos como *Vie privée* e *Vie secrète*. Porém, antes de nos voltarmos a esse tema, é importante examinar o último ingrediente da literatura libelista, presente em todas as obras, até mesmo nas de Aretino, que adquiriu sabor especial no fluxo de informações entre Paris e Londres — as notícias.

24. Notícias

Com uma dieta de escândalos, os libelos aplacavam a fome de notícias do público. No século XVIII, como hoje, os leitores tinham apetite insaciável por revelações acerca da vida privada de figuras públicas. Como hoje, nomes são notícia. Entretanto, nem sempre as notícias vinham em jornais. Em geral, assumiam a forma de pequenos parágrafos completos e coesos em si, que eram então inseridos em panfletos, livros, *chroniques scandaleuses* e outras publicações apreciadas pelos libelistas. A despeito de toda a sua venalidade e dissimulação, os libelistas prefiguram em alguns aspectos o repórter investigativo moderno. Eles alegavam penetrar o mundo fechado dos grandes e desvendar seus segredos para deleite dos leitores. Na realidade, costumavam se identificar como gazeteiros ou *nouvellistes* e Morande, o autonomeado "gazeteiro encouraçado", foi o epítome dessa espécie. Seguindo seu exemplo, outros refugiados franceses em Londres aproximaram os libelos das reportagens modernas. Também aprenderam com os jornalistas ingleses as técnicas para difamar e caluniar. Sua experiência merece ser reexaminada, porque mostra o quanto a literatura libelista deve a linhagens de jornalismo de ambos os lados do Canal. Comparando essas linhagens, chegaremos mais perto de compreender a natureza das notícias como um fenômeno peculiar do final do século XVIII.

Os expatriados franceses na Inglaterra sentiam apenas desprezo pela imprensa francesa na França. Vistos da perspectiva de Londres nas décadas de 1770 e 1780, os jornais publicados do outro lado do Canal não continham notícias. Morande ridicularizou a *Gazette de France* em 1771 por limitar sua cobertura dos acontecimentos a apenas três tópicos: loteria, partos na família real e ofícios da capela de Versalhes.[1] Dezenove anos depois, Pierre Manuel ressalta o mesmo tema.

> Um povo que deseja instrução não pode ficar satisfeito com a *Gazette de France*. O que importa se o rei lavou os pés, que sequer estavam sujos, de alguns pobres; se a rainha comungou na Páscoa com o conde d'Artois; se monsieur [o mais velho dos irmãos do rei] dignou-se a aceitar [a dedicatória de] um livro que talvez nem tenha lido; e se o *parlement*, em togas judiciais, deveria ter feito uma alocução pública para o delfim em fraldas?[2]

Essa avaliação é injusta. É verdade que o semanário *Gazette de France* mais parecia um memorando da corte, mas em 1777 Paris enfim adquirira um jornal diário, *Le Journal de Paris*. A essa altura, os parisienses já tinham acesso a ampla variedade de periódicos, revistas e jornais em língua francesa produzidos fora do reino.

Entretanto, quando comparada com a Inglaterra, a França parecia um vasto ermo jornalístico. Os londrinos podiam ler um jornal diário desde 1702. Em 1788, havia dez jornais diários, oito trissemanais e nove semanais — mais do que hoje. É claro que os jornais do século XVIII, diferentemente de seus equivalentes modernos, tinham apenas quatro a oito páginas e tiragens de 3 a 5 mil exemplares. Custavam de 2,5 a 3 *pence* o exemplar, mais de meio dia de salário de um trabalhador, mas eram oferecidos a um público amplo e letrado em barbearias, cervejarias e muitas das quinhentas *coffeehouses* londrinas. Jornais e revistas traziam infindável material para discussão — as estrepolias políticas de John Wilkes, a vida sexual de lorde Sandwich, o casamento secreto do príncipe de Gales, a estultice de George III, o generalato de Washington, batalhas marinhas, tumultos nas ruas, a política do Parlamento e os crimes em Covent Garden. Os londrinos liam e reliam tudo isso, especialmente nas *coffeehouses*, o ponto de encontro onde as inteligências mais aguçadas — conhecidas como *paragraph men* — não apenas liam e discutiam as notícias como também as escreviam. Quando deparavam um boato suculento, reduziam-no a um parágrafo (daí o seu nome) e o enviavam a um editor ou tipógrafo, que o compunha na prensa e o alinhava com outros parágrafos, formando as infindáveis colunas de "*freshest advices*" [notícias de última hora], que constituíam a dieta diária de informação da cidade.[3]

Esses parágrafos eram completos em si mesmos, de modo que, diferentemente da concepção moderna de reportagem, os jornais não traziam narrativas estendidas ocupando uma coluna inteira ou mais. Na verdade, os parágrafos de notícias eram difíceis de distinguir dos anúncios de um parágrafo, pois nenhum ostentava manchetes ou indicação de datas, e todos eram empilhados uns sobre os outros, sem qualquer preocupação com a coerência de seu teor. Mais tarde no mesmo século, quando surgiram os *chronicles* [e.g., *British Chronicle, Morning Chronicle*] e os *advertisers* [e.g., *London Advertiser, General Advertiser*] de oito páginas, os anúncios começaram a ser agrupados em páginas separadas. Relatos sobre debates parlamentares — tolerados pela primeira vez depois de 1771 — tomavam grande parte do espaço, enquanto pequenos ensaios ou cartas ao editor ocupavam a maior parte das colunas. Não obstante, o parágrafo continuou sendo a unidade básica de notícia e podia facilmente perder-se em meio a páginas que mais pareciam oceanos densos de caracteres pequenos.

Apesar da sua aparência grave e circunspecta — parágrafos não diferenciados atulhados em colunas, três ou quatro colunas apertadas numa página, quatro a oito páginas compondo um exemplar —, alguns jornais começaram a adotar um tom mais sensacionalista na década de 1770. O reverendo Henry Bate, que fundou o *Morning Post* em 1772, conquistou o crescente público leitor com novos tipos de notícia: notas sobre corridas de cavalo, peças de teatro, crimes, intrigas literárias, divórcio litigiosos e a vida privada de pessoas eminentes. Bate tornou-se ele próprio notícia, pois tal era sua maledicência que as vítimas às vezes vinham tomar satisfação "com a espada, o punho e a pistola",[4] mas ele as destroçava com tanta brutalidade que acabou conhecido no meio jornalístico como "reverendo Bruiser" [rufião]. (Além de chefe de redação do *Morning Post*, Bate era capelão de lorde Lyttleton.) Mais tarde fundou um diário rival, o *Morning Herald*, e declarou guerra a seu antigo jornal. O *Post* retrucou contratando um chefe de redação capaz de superar Bate em vilificação: o reverendo William Jackson, conhecido como Dr. Viper [víbora] pela "extrema e incomparável virulência de suas invectivas [...] naquele tipo de escrita conhecida pelo nome de parágrafos".[5] Os dois clérigos digladiaram-se em seus respectivos parágrafos, não pessoalmente, aumentando as vendas de ambas as publicações. Não demorou até que as batalhas do "reverendo Bruiser" versus "Dr. Viper" estabelecessem o princípio que, como vimos, ainda constitui a sabedoria convencional dos jornalistas: nomes são notícia. As "celebridades" se tornaram o esteio de jornais que visam entreter seus leitores em vez de meramente informá-los sobre assuntos estrangeiros e política.

A celebridade mais bombástica dessa nova era de publicidade foi John Wilkes, um mestre em combinar difamação e radicalismo. Como político de ideias independentes, jornalista e libertino notório, ele utilizou todas as mídias do seu tempo em campanhas para reformar o Parlamento e libertar a imprensa das restrições impostas pela *law of seditious libel* [que criminalizava críticas ao governo].[6] Logo depois que George III ascendeu ao trono em 1760, Wilkes usou seu jornal radical, o *North Briton*, para escarnecer dele e de seu principal assessor, lorde Bute — que Wilkes insinuou estaria tendo um caso amoroso com a rainha mãe. Quando o número 45 do *North Briton* declarou que a Coroa estava chafurdando em "prostituição", o governo decidiu que a situação tinha ido longe demais. Emitiu mandados de prisão contra todas as pessoas ligadas ao jornal e trancafiou Wilkes na Torre de Londres. Wilkes, entretanto, era também membro do Parlamento. Quando compareceu ao tribunal, reivindicou imunidade parlamentar e aproveitou para denunciar os mandados de prisão genéricos como uma ameaça à liberdade de todos os cidadãos ingleses. Ele ganhou o caso e sua vitória serviu para impugnar a legalidade dos mandados genéricos. "Wilkes e liberdade" tornou-se a palavra de ordem das ondas de protestos contra a natureza fechada e corrupta do mando parlamentar. Depois de muita polêmica, batalhas em tribunais e tumultos nas ruas, Wilkes e seus aliados conquistaram um novo patamar de liberdade para a imprensa. Obtiveram até mesmo o direito de publicar relatórios de procedimentos parlamentares, uma prática que o Parlamento proibira desde o final do século XVII. Em 1772, tinham virado a política parlamentar de pernas para o ar. Embora nenhum adventício ainda pudesse ser admitido e o Parlamento continuasse sob muitos aspectos um clube fechado, a instituição estava agora suscetível a toda espécie de demanda da nação política, "do lado de fora das portas", que se fazia ouvir por meio de uma imprensa clamorosa.

Escândalos sexuais potencializavam o efeito de choque da agitação política, particularmente no mundo das revistas. Uma das mais conhecidas, *Town and Country Magazine*, trazia matérias com revelações de sexo extraconjugal ilustradas por silhuetas conhecidas como *têtes-à-têtes*: de um lado, um rico e poderoso homem do mundo, muitas vezes um ministro do governo; do outro, uma pobre mas linda mulher perdida.[7] Uma revista ainda mais desbocada, *New Foundling Hospital for Wit*, combinava regularmente sexo e política. Seu editor, John Almon, conhecido como "John Vamp", era partidário radical de Wilkes e fora condenado por calúnia e difamação quando publicou ataques ao governo em 1769. Ele transformou seu *London Courant* num agressivo pasquim escandaloso. Mais tarde, já em forma de revista, a maledicência e a divulgação de escândalos aproveitaram ao máximo os temas prediletos de Wilkes: liberdade de imprensa e libertinagem. O frontispício do *New Foundling Hospital for Wit* de 1769 mostra George III, de olhos vendados e com uma coleira presa ao nariz, sendo puxado pela mãe, a princesa viúva, que faz um gesto obsceno para o conde de Bute, seu suposto amante e a principal força por trás do governo, que se esconde atrás de uma árvore, indicando sua presença com sua bota emblemática.

Nenhuma sátira remotamente parecida poderia ser vendida às claras nas ruas de Paris. A França, é claro, tinha uma importante tradição jornalística própria. A *Gazette de France*, fundada em 1631, publicara no início muitas matérias bem informadas sobre assuntos públicos, graças ao talento de seu fundador, Théophraste Renaudot, e ao apoio de Richelieu, que usou a imprensa (como usara as academias e as artes) para reforçar o prestígio da monarquia. Quando o governo veio abaixo durante a Fronda (1648-53), Renaudot permaneceu fiel ao sucessor de Richelieu, Jules Mazarin, e a *Gazette* continuou a desfrutar de patrocínio real depois que este recuperou o controle do reino. Contudo, após a morte de Mazarin em 1661, o jovem Luís XIV decidiu subordinar tudo à autoridade da Coroa. A concessão de privilégios tornou-se um de seus principais meios de controle, bem mais eficaz que a repressão. Os privilégios podiam ser vendidos, revogados, divididos e subdivididos, além de gerarem receitas para o reino. No final do século XVII, o jornalismo, como a maioria das atividades ligadas ao Estado, havia sido repartido em setores, cada um demarcado por uma barreira protetora de privilégios. A *Gazette de France*, legada por Renaudot a seus herdeiros, continuou detendo o direito exclusivo de noticiar assuntos estrangeiros. *Le Journal des Savants*, fundado em 1665, obteve um privilégio para cobrir tudo que se relacionasse à erudição e à ciência. *Le Mercure de France*, fundado em 1672 como *Le Mercure Gallant*, recebeu as belas-letras como seu

Frontispiece to part III.

You have got him Ma'am, in the right Kew.

Figura 41. Caricatura atacando a família real e o conde de Bute, em *New Foundling Hospital for Wit.*

domínio de atuação. Esses três jornais dominaram a imprensa periódica até o final do Ancien Régime. Em princípio, nenhuma nova publicação podia invadir seu território sem permissão do rei e sem pagar-lhe tributo.[8]

Na prática, é claro, a paisagem jornalística foi sendo preenchida por vários tipos de periódico. Novas revistas proliferaram — nas áreas de direito, medicina, física, poesia e dezenas de outras —, enquanto os três jornais privilegiados se envolviam em infindáveis brigas por território, intrigas e disputas por influência nos corredores de Versalhes. A maioria das novas publicações eram revistas semanais ou mensais, não jornais. A paginação continuava sequencialmente de uma edição para outra ao longo do ano e traziam sumários para que pudessem ser encadernadas e lidas como livros. De acordo com o privilégio original, a *Gazette de France* detinha direito exclusivo de publicar "o relato das coisas que aconteceram",[9] ou seja, praticamente todos os eventos, e ela aproveitou ao máximo seu monopólio, embora se concentrasse nos assuntos estrangeiros. Em 1752, estava sendo reimpressa em 38 cidades, mas continuava a transmitir um ponto de vista bastante ortodoxo dos fatos. Entre 1762 e 1768, a redação foi instalada para todos os efeitos no Ministério das Relações Exteriores e as provas de cada edição eram submetidas à aprovação dos ministros. A assinatura custava em torno de quinze *livres* por ano, equivalente a duas semanas de salário de um trabalhador, e portanto não tinha muita penetração nas camadas populares do mercado. No extremo oposto do espectro estavam os anúncios ou reclamos, conhecidos como *annonces*, *affiches* ou *avis*, que pipocavam em todas as principais cidades e às vezes traziam matérias que poderiam ser consideradas notícias.

Aos poucos, os periódicos franceses no exterior foram penetrando o espaço entre as revistas estatais e os improvisados reclamos locais. Embora tivessem de ser prudentes ao lidar com os assuntos internos da França, ofereciam extensa cobertura de eventos diplomáticos e militares. O envolvimento da França numa sucessão de guerras de grande porte entre 1740 e 1783 fez com que o público confiasse cada vez mais nos excelentes jornais holandeses, em particular as gazetas de Amsterdã, Leiden e Utrecht. Em 1740, apenas quatro periódicos estrangeiros circulavam pelo reino; em 1780, eram quinze. Seus preços continuavam altos (em 1779, a *Gazette de Cologne* custava 36 *livres* por ano em Paris) e sua circulação era baixa (normalmente, apenas algumas centenas de exemplares, embora a *Gazette de Leyde*, com cobertura completa da Revolução Americana, passasse de 287 assinantes em 1767 para 2560 em 1778). Também enfrentavam constantes dificuldades com o Ministério das Relações Exteriores e com o correio. Intimidada pelas objeções do embaixador francês na Holanda, a *Gazette d'Utrecht* era obrigada a publicar desculpas e retratações — às vezes seguindo um modelo fornecido pelo próprio ministério francês — para ofensas corriqueiras; por exemplo, um comentário irreverente sobre uma escola secundária em Auxerre. A imprensa francesa no exterior evitava publicar qualquer coisa que pudesse ofender Versalhes, mas por fim teve o efeito de afrouxar o monopólio da *Gazette de France*.[10]

Apesar de afrouxamentos esporádicos, o sistema de jornalismo privilegiado manteve-se firme até 1789. Em alguns aspectos, tornou-se mais poderoso que nunca, graças ao monopólico criado por Charles-Joseph Panckoucke, o primeiro magnata da imprensa francês.[11] Panckoucke havia se estabelecido como livreiro em Paris em 1762 ao comprar o negócio de Michel Lambert, membro importante da guilda de livreiros, que detinha o privilégio para o *Journal des Savants*. Com o tempo, peça por peça, ele foi montando um grande império jornalístico. Adquiriu dois periódicos estrangeiros, o *Journal Politique de Bruxelles* e o *Journal de Genève*, além de oito pequenas revistas francesas, e amalgamou todos eles no *Mercure de France*, que adquiriu em 1778. Em 1789, o *Mercure* era o periódico mais lido e mais lucrativo da França. Tinha 15 mil assinantes, que pagavam trinta *livres* por ano (33 se morassem fora de Paris), e publicava ensaios dos mais renomados autores, em sua maioria figuras moderadas do Iluminismo tardio, como Jean François de La Harpe e o cunhado de Panckoucke, Jean-Baptiste Antoine Suard. Ainda que continuasse sendo primordialmente uma revista literária — dedicada ao rei, como anunciava com altivez na primeira página —, o *Mercure* cobria ampla variedade de assuntos, inclusive política, embora a seção "Política" trouxesse pouco mais que matérias incontroversas sobre assuntos estrangeiros. Vergennes, o ministro do Exterior que queria sufocar toda e qualquer crítica ao regime, tornou-se o grande patrono de Panckoucke, que cultivava relações próximas com quase todos no poder, especialmente o chefe de polícia e o diretor do comércio livresco. Graças a esses contatos, recebeu "privilégio exclusivo e licenças para jornais políticos" em junho de 1778.[12] Obviamente, esse privilégio parecia interferir no que fora conferido à *Gazette de France*, mas Panckoucke resolveu o problema nove anos depois assumindo controle da *Gazette*. Quando a Revolução irrompeu, ele havia dominado a literatura periódica manipulando as duas principais fontes de influência sob o Ancien Régime: privilégios e patronato.

Enquanto o Estado, mancomunado com empresários privilegiados, mantinha controle sobre a imprensa, a demanda por notícias não adulteradas continuava crescendo. Essa demanda só podia ser satisfeita por figuras marginais, isto é, que operavam às margens da lei, a saber, os *nouvellistes* mencionados tantas vezes nas páginas precedentes. Como os *paragraph men* de Londres, eles transformavam relatos orais em peças curtas, geralmente de um só parágrafo. Como vimos no capítulo 20, essas *anecdotes* ou *nouvelles* eram então copiadas, compiladas e disseminadas em boletins manuscritos chamados *nouvelles à la main* ou *gazetins*. Esses boletins eram recopiados, retransmitidos e vendidos de um ponto da rede de correspondência a outro, funcionando como o equivalente de um serviço noticioso moderno.[13]

As *nouvelles à la main* circulavam por todos os centros nervosos dos sistemas de informação que ligavam a cidade à corte, às províncias e a assinantes espalhados por toda a Europa. A demanda era grande demais e os assinantes bem relacionados demais para que as autoridades conseguissem acabar com eles. Por isso, a polícia adotou a estratégia de prender ou exilar os *nouvellistes* mais audaciosos e de cooptar os demais. Permitiu que gazeteiros moderados contratassem copistas e produzissem edições consideráveis de folhas noticiosas, desde que tudo recebesse o aval da chefatura de polícia. Um *nouvelliste* bem protegido como o notório Charles de Fieux, chevalier de Mouhy, que também atuava como informante da polícia, poderia dizer que desfrutava um "privilégio" para seu *gazetin* e podia até recorrer à polícia para reprimir edições "piratas".[14] Sempre que ultrapassava os limites, Mouhy era despachado para a Bastilha e, no final, desapareceu no exílio, alquebrado e sem vintém. Durante muitos anos, porém, ele representou a colaboração entre escritores de aluguel e inspetores de polícia na versão parisiense de Grub Street. Às vezes, os policiais chegavam até a agir como jornalistas — adaptando os relatórios da sua legião de espiões, particularmente aqueles ligados a bordéis e intrigas de bastidores nos teatros de Paris — e produziam uma *chronique scandaleuse* para usufruto particular de Luís xv.[15] François Louis-Claude Marin, secretário-geral do comércio livresco sob o chefe de polícia Sartine, publicou uma gazeta policial manuscrita por quatro anos, até deixar a polícia em 1771 para assumir a *Gazette de France*. De um *gazetin* ostensivamente clandestino à superortodoxa *Gazette de France* a distância era enorme, o que mostra que o regime era capaz de acomodar diversas variedades de jornalismo a despeito da intolerância oficial com notícias extraoficiais.[16]

Contudo, quando a polícia se infiltrou no submundo literário, houve uma reação inevitável, a saber, o desejo do público de obter notícias não adulteradas — o qual uma geração posterior de gazeteiros tentaria satisfazer produzindo *gazetins* sem passar pela chefatura de polícia. Os novos *nouvellistes* eram subliteratos obscuros como François-Guillaume Imbert de Boudeaux, Louis de Launay, François-Martin Poultier d'Elmotte e outros autores revelados pelas campanhas policiais contra os libelos nas décadas de 1770 e 1780. Durante algumas poucas semanas, em uma mansarda qualquer de Grub Street, eles compunham uma folha escandalosa, e logo depois desapareciam na Bastilha ou nos becos sombrios do comércio livresco em Liège, Bruxelas, Colônia, Amsterdã, Hamburgo ou Londres. Alguns, entretanto, produziram *nouvelles à la main* de longa duração. Como vimos, Pidansat de Mairobert e Moufle d'Angerville transformaram a correspondência trivial de madame Doublet num serviço noticioso de grande porte, cujos boletins manuscritos acabariam impressos em 36 volumes, *Mémoires secrets pour servir à l'histoire de la république des lettres en France*. O outro grande *nouvelliste* da época pré-revolucionária foi Louis François Mettra, de quem falaremos mais adiante. Por ora, basta dizer que as restrições legais à divulgação de notícias eram contrabalançadas pelos jornalistas clandestinos que produziam material suficiente para manter o público informado, ainda que imperfeitamente, da vida dos grandes e das intrigas nos corredores do poder. Contudo, até 1789, os franceses não chegaram a desenvolver nada que lembrasse a impressa aberta e desinibida que florescia na Inglaterra.

O que os franceses achavam da estirpe inglesa de jornalismo quando a vivenciavam de primeira mão? Como seria de esperar, a colônia de escritores franceses expatriados entoava um coro de louvor à liberdade inglesa e contra a tirania na França. Alardeavam essa mensagem na página de rosto de suas obras: "impresso a cem léguas da Bastilha", "sob o signo da liberdade" "em uma ilha que faz tremer a terra firme". Morande, que fez uso desses endereços de publicação, referia-se a seus libelos como "notícias", apresentava-se como um "gazeteiro" e celebrava a liberdade inglesa como o oposto do despotismo francês.[17] O autor anônimo de *La gazette noire* deu continuidade a esse tema e deu um passo além, louvando a liberdade de imprensa na Inglaterra como a maior benção do planeta.

Terra acima de todas as outras terras, onde o homem ousa exercer um direito que é inseparável de seu ser, [o direito de] pensar e falar da maneira que mais lhe apraz, onde ousa abrir seu coração, soltar sua língua, tagarelar à vontade, escrever de acordo com sua consciência! Terra onde a tirania é detestada, praguejada, combatida, onde o despotismo não ousa silenciar a lei em prol de algumas pessoas nem valer-se dela para cortar a garganta de outras.[18]

Para os libelistas franceses, havia algo contagioso no ar de Londres. Lá eles difamavam e caluniavam descaradamente, mas ao mesmo tempo publicavam panegíricos ao sistema constitucional que permitia que o fizessem. Em meio a suas operações de chantagem e extorsão, Pelleport escreveu um tributo à liberdade inglesa, que acabou se tornando a saraivada de abertura em *Le diable dans un bénitier*. Ele retratou os expatriados franceses empoleirados numa fortaleza — as Ilhas Britânicas, um bastião dos direitos humanos —, olhando com desdém os esforços da polícia francesa para capturá-los.

O despotismo, que se perturba e é levado ao desespero diante do mais leve obstáculo, não suporta a ideia da existência de liberdade. Para o déspota, não há tortura mais cruel que o espetáculo da felicidade de quem se salvou fugindo da opressão brutal e desfruta numa terra vizinha a doçura de um governo que respeita os direitos da humanidade. O despotismo estremece de fúria ao contemplar suas vítimas abrigadas a salvo de suas terríveis ameaças. Espreita-as ininterruptamente, cravando suas garras nos pilares da fortaleza, do alto da qual elas o observam com escárnio e pesar.[19]

Não há motivo para duvidarmos da sinceridade de tais declarações. Quando chegavam a Londres, os expatriados franceses descobriam uma cultura jornalística que ultrapassava tudo o que tinham imaginado. Ficavam inebriados com a liberdade de seus colegas ingleses e não tardavam a imitá-los. Ou como a personagem de um libelo comenta com seu narrador radical, "Escrevinhas prodigiosamente, à maneira inglesa".[20]

As mesmas liberdades horrorizavam outros franceses que residiam em Londres, especialmente aqueles ligados à embaixada da França. Quando diplomatas franceses liam a imprensa inglesa, mal podiam acreditar em seus olhos. Os despachos de Adhémar a Vergennes expressavam choque e indignação perante "a licença criminosa que desonra este país sob o nome da liberdade. [...] Os jornais públicos são libelos políticos".[21] O embaixador achava igualmente repugnante o exercício de liberdade política dos ingleses. Ao observar as eleições parlamentares de 1784, afirmou ter visto apenas rixas, fanfarrices e o alvoroço da plebe. "Fox e Liberdade", o grito de guerra dos radicais que haviam entoado "Wilkes e Liberdade" vinte anos antes, soava a seus ouvidos como nada mais que um clamor para agitar a ralé.[22] E o que era pior, não só a ralé tinha certa influência sobre as políticas do governo como a agitação vinha dos próprios jornais: "É por meio das gazetas que a opinião pública se forma aqui, a qual muitas vezes força a mão do gabinete".[23]

Adhémar não podia simplesmente ler os jornais londrinos e deplorá-los à distância, pois estes não restringiam sua difamação a alvos britânicos. Em 11 de dezembro de 1784, o *Morning Post* publicou um artigo sobre um caso amoroso em Paris entre a duquesa de Polignac, tenuemente dissimulada como "madame P—", e certo inglês, "coronel C—". Como a duquesa era reconhecidamente uma favorita da rainha, o escândalo ameaçava atingir Maria Antonieta. Dois dias depois, o jornal acusou a rainha — indicada claramente ainda que não explicitamente nomeada — de encontrar-se com certo "sr. W—" e com um oficial francês num boudoir secreto preparado por madame de Polignac em Paris. Para o *Morning Post*, que na época enchia suas colunas com relatos dos pecadilhos sexuais da alta sociedade londrina, a história era irresistível — afinal, tratava-se de dois arrojados oficiais ingleses que, pouco depois da desastrosa guerra com a França, obtinham deliciosa vingança contra o rei francês pondo-lhe cornos. Para Adhémar, é claro, a matéria era não só ofensiva, antidiplomática e motivo de preocupação nos escalões mais altos do governo, mas também um caso de lesa-majestade. Mas o que ele podia fazer? Sentiu-se tão impotente para fazer calar o *Morning Post* quanto se sentira para reprimir *Le diable dans un bénitier*. Já aprendera que protestos diplomáticos de nada adiantariam. Assim, depois de enviar para Versalhes cópias dos artigos acompanhadas de tradução, decidiu retaliar na mesma moeda. Contratou um escritor de aluguel para negar os boatos em parágrafos plantados no *Public Advertiser* em 17 de dezembro e no *Morning Herald* dois dias depois.[24] Inevitavelmente, a tática saiu pela culatra. O *Morning Post* retrucou com a revelação de que o ninho de amor estava ficando mais populoso. Acreditava-se agora que "madame P—" estava compartilhando seu coronel com "uma grande dama" (Maria Antonieta).

Aparentemente, a imprensa inglesa tinha um estoque inexaurível de lama para lançar contra a monarquia francesa e Adhémar percebeu que não poderia vencer os jornalistas ingleses em seu próprio jogo. Por isso, resolveu acabar com a brincadeira: achincalhou-os como "gentalha"[25] e desabafou suas frustrações com Vergennes, que respondeu no mesmo tom: "Não consigo imaginar que num país civilizado não se execre incondicionalmente os autores de obras infames tão absurdas quanto essas que os biscates literários esfaimados produziram contra a rainha".[26]

Embora relativamente desimportante em si, esse episódio mostra que os jornais londrinos publicavam calúnias sobre a vida sexual de Maria Antonieta oito meses antes de o Caso do Colar de Diamantes explodir em Paris. Também sugere que os libelistas franceses teriam aprendido alguns macetes de ofício com os jornalistas ingleses.

Não que precisassem viajar a Londres para aprender a maldizer os grandes. A França tinha uma longa tradição de maledicência. A maior eclosão de panfletos difamatórios ocorreu durante a Fronda (1648-53), revolta que deve seu nome ao bodoque usado por garotos de rua para apedrejar as autoridades. Tantos panfletos e pasquins caluniaram a figura dominante do governo, cardeal Jules Mazarin, que esse corpus de literatura ficou conhecido como *mazarinades*. A obra mais famigerada de todas, *La mazarinade*, de Paul Scarron, assim apostrofa Mazarin:

> Bougre bougrant,
> Bougre bougré,
> Et bougre au suprême degré,
> Bougre au poil, et bougre à la plume,
> Bougre en grand et petit volume,
> Bougre sodomisant l'état,
> Et bougre du plus haut carat [...]

> (Fanchono [sodomita] fanchonando,
> Fanchono fanchonado,
> E fanchono no mais alto grau.
> Fanchono peludo, e fanchono emplumado,
> Fanchono em grande e pequeno volume

Fanchono sodomizando o Estado
E fanchono do mais alto quilate [...])[27]

Ninguém no século XVIII, exceto Voltaire e François Joseph Lagrange-Chancel, poderia lançar invectivas com mira tão mortífera. Os libelos contra Luís XV e Luís XVI não eram novos na vulgaridade; eram novos como notícia. Pertenciam à cultura jornalística que se espalhara pelo submundo literário da França e que, nas décadas de 1770 e 1780, travou contato com a imprensa radical e sensacionalista que florescia abertamente na Inglaterra.

Poderemos estudar melhor a convergência das duas correntes culturais se examinarmos uma vez mais a colônia de expatriados franceses em Londres. Embora a documentação seja escassa, contém informações suficientes para vermos como as variantes francesa e inglesa de jornalismo entrecruzavam-se, pelo menos em alguns casos exemplares. A conjuminância mais notável ocorreu no *Courrier de l'Europe, Gazette Anglo-Française*, um jornal escrito em francês, publicado em Londres, pertencente a um escocês, Samuel Swinton, editado por um francês, Antoine Joseph de Serres de La Tour, e produzido por diversos expatriados, incluindo Morande, Pelleport, Brissot, Perkins Mac-Mahon e Poultier d'Elmotte.[28] Como muitos jornais franceses publicados fora da França, o *Courrier* consistia principalmente em pequenas peças recicladas da imprensa local e destinadas a leitores espalhados pela Europa. Essas peças eram impressas uma em seguida a outra, em nenhuma ordem especial, sob o título "Parágrafos extraídos de jornais ingleses", às vezes acrescidas de artigos dos próprios colaboradores, em geral na forma de cartas.

No quinto número, datado de 12 de julho de 1776, o *Courrier* publicou uma carta, ostensivamente de um correspondente em Paris, denegrindo o governo francês como um todo e escarnecendo em especial o conde de Maurepas. Vergennes, que tinha autoridade sobre publicações estrangeiras na qualidade de ministro do Exterior, imediatamente baniu o *Courrier* na França e podou sua circulação ao proibir que fosse enviado pelo correio. Ironicamente, porém, constatou que ninguém mais do que ele tinha a lucrar sendo leitor do jornal. Como ele não lia inglês muito bem, esses compêndios quinzenais de artigos da imprensa britânica eram uma fonte de informação melhor do que todos os despachos e traduções do seu ministério. Essas informações eram particularmente valiosas em 1776, pois a Revolução Americana provocara uma grande

crise no sistema político britânico e a França enfrentava a possibilidade de reconquistar um pouco do terreno diplomático que perdera para a Grã-Bretanha
a partir de 1740 no contexto das relações internacionais. Desse modo, quando
Swinton, tendo Beaumarchais como intermediário, desculpou-se por aquele
"parágrafo ruim", prometeu conter seus redatores no futuro e permitiu que um
censor francês examinasse a edição londrina antes que circulasse na França,
Vergennes reabriu o mercado francês ao *Courrier*. No final do ano, a circulação
do jornal subira para 3 mil exemplares e, em 1777, chegou a 6 mil, número gigantesco para a época e indicativo da demanda por notícias sobre assuntos an-
glo-americanos.[29]

Essas notícias, de acordo com o prospecto do jornal, consistiam em "extratos fiéis de 53 gazetas publicadas cada semana em Londres". Na realidade, La
Tour obtinha a maior parte de seu material do *Morning Chronicle*, que continha
os relatos mais completos dos debates parlamentares. Estes, na primavera de
1778, incluíam todo tipo de informação sobre os preparativos britânicos para
entrar em guerra com a França — informações mais abundantes do que uma
legião de espiões franceses poderia produzir e todas elas publicadas diariamen-
te, graças à extraordinária liberdade desfrutada pela imprensa londrina. Era o
respeito por essa liberdade que impedia o governo britânico de proibir o *Courrier de l'Europe* na Grã-Bretanha, embora tentasse impedir que exemplares
chegassem à França declarando ilegal a sua exportação e determinando sua
apreensão na alfândega de Dover. Swinton superou esse golpe obtendo permissão de Vergennes para reimprimir exemplares contrabandeados do jornal em
Boulogne-sur-Mer, onde alugara uma casa e instalara sua amante francesa e os
filhos dela. Prometeu submeter cada edição da versão francesa a um censor
particularmente rigoroso, o abbé Jean-Louis Aubert, redator-chefe da *Gazette
de France*. E, para supervisionar as operações gráficas em Boulogne, contratou
um jovem que, sem muito sucesso, vinha tentando viver da sua pena em Paris:
Jacques-Pierre Brissot.

Como Brissot contaria mais tarde em suas memórias, seu aprendizado no
Courrier d l'Europe abriu-lhe as portas do jornalismo.[30] Corrigiu provas em
Boulogne por um ano, acrescentando aqui e ali alguns parágrafos de sua autoria
e ajustando as matérias ao fluxo de objeções vindas de Aubert. (Por atuar como
cão de guarda de Vergennes, Aubert tornou-se a *bête noire* dos jornalistas do
Courrier e, por isso, foi exposto a execração pública em *Le diable dans un béni-*

tier, que Pelleport zombeteiramente dedicou a ele.) No final de sua temporada no *Courrier*, Brissot fez uma rápida viagem a Londres com Swinton, que o apresentou a La Tour e também ao "reverendo Bruiser", Henry Bate, que tinha negócios em comum com Swinton no *Morning Herald*. Eles pareciam compartilhar a mesma visão do jornalismo como um campo de oportunidades infindáveis para um empreendedor ágil o bastante para detectar e antecipar-se à demanda por notícias. Na viagem de volta de Boulogne, Bate juntou-se a Swinton e Brissot. Brissot, que tinha bom domínio do inglês, provavelmente entreouviu e absorveu a conversa de trabalho dos outros dois durante as longas horas que passaram juntos em carruagens e a bordo do navio. Seja como for, depois de receber uma pequena herança, ele decidiu se mudar para Londres e montar o seu próprio estabelecimento — o *Licée* —, que seria um ponto de encontro para homens de letras e que publicaria outro jornal francês protegido pela liberdade de imprensa na Grã-Bretanha. Antes de lançar o *Journal du Licée de Londres*, porém, Brissot juntou-se ao pessoal de La Tour no *Courrier de l'Europe*. De fevereiro a novembro de 1783, redigiu parágrafos sob a rubrica "Variedades" por um salário de 2,4 mil *livres*. O crescimento espetacular do *Courrier* depois de 1776 permitiu que La Tour contratasse vários outros colaboradores dentre os expatriados franceses em Londres, notadamente Pelleport.[31] Em 1784, já ganhara dinheiro suficiente com o jornal para decidir vender a sua parte — possuía um terço e Swinton dois terços do negócio original — e se aposentar. Swinton convidou Brissot para substituir La Tour na chefia da redação, mas Brissot recusou, preferindo produzir seu próprio periódico. Swinton então contratou Morande, que chefiou a redação do *Courrier* de 1784 a 1791.

A mudança de editoria no *Courrier* foi concomitante com a crise que levou à dispersão da colônia de autores franceses em Londres. Ao publicar *Le diable dans un bénitier*, Pelleport atacara Morande acusando-o de ser agente de polícia francesa. Morande retaliara preparando a armadilha que culminou na prisão de Pelleport e Brissot em julho de 1784. Swinton também colaborou nessa operação, em parte para conquistar as boas graças de Vergennes, em parte para destruir a concorrência, pois o sucesso do *Courrier* inspirara projetos de outras "gazetas anglo-francesas": além do *Journal du Licée de Londres*, de Brissot, houve, entre outros, a tentativa abortada de La Tour produzir uma nova versão do *Courrier* em Londres; o esforço de Pelleport para fazer o mesmo em Boulogne--sur-Mer; e a empresa de dois outros expatriados — o abbé Séchamp, colabora-

dor de Pelleport, e Saint-Flocel, ex-chefe de redação do *Journal de Bouillon* —
para lançar um jornal emulando o de Brissot.[32] Embora nenhum desses
esquemas tenha se materializado, eles mostram que uma variedade híbrida de
jornalismo anglo-francês criara raízes em Londres e exercia forte atração sobre
os escritores franceses lá radicados.

Os colaboradores do *Courrier de l'Europe* absorveram a noção inglesa de
notícia ao traduzirem jornais ingleses para o francês. Esse processo de acultura-
mento ocorria todos os dias na árdua e rigorosa rotina de ler e escrever. Para
produzir oito páginas em formato in-quarto duas vezes por semana, cada página com duas colunas densas, os jornalistas do *Courrier* tinham de se debruçar
sobre dezenas de periódicos (53, segundo o prospecto do jornal), extrair as
matérias que julgassem mais interessantes para leitores franceses e transformar
um idioma estrangeiro em francês fluente. Era um trabalho tedioso e mercenário, realizado dia após dia, que acabou transformando-os em intermediários
culturais. Foi graças a essa mediação que os franceses adquiriram grande parte
do seu conhecimento sobre política britânica e a Revolução Americana.

Os autores expatriados também se familiarizaram com os meandros do
mundo jornalístico em Londres por meio de contatos pessoais. É provável que
esbarrassem nas *coffeehouses* com os *paragraph men* e certamente conheciam
editores como Swinton, livreiros como Boissière, chefes de redação como Bate
e gráficos como Edward Cox — estabelecido na Great Queen Street, número
37, em Lincoln's Inn Fields — que imprimia tanto o *Journal du Licée de Londres*
como o *Courrier*. Não que as relações fossem sempre amistosas. Quando Brissot
deixou de pagar uma conta da gráfica, Cox fez com que o recolhessem à prisão
para devedores. Quando Pelleport ameaçou tornar-se concorrente, Swinton
denunciou-o à polícia francesa. Morande delatou todos os seus colegas e foi um
agente secreto particularmente eficaz da polícia porque havia se assimilado
melhor à Inglaterra que os demais expatriados. Ele chegou a se casar com uma
inglesa, embora seus inimigos sustentassem que o fizera somente porque ela era
filha de seu senhorio e ele não tinha outra maneira de pagar suas contas quando
chegou a Londres pela primeira vez. E, de acordo com informantes da polícia,
Pelleport pretendia dar o calote em seus credores fugindo com uma rica viúva
inglesa.[33] Os franceses certamente tiveram bastante contato com os nativos.

Graças a essa imersão em Grub Street e naquela que logo se tornaria a
jornalística Fleet Street, os expatriados franceses absorveram muito da cultura

subliterária da cidade — seu jornalismo contundente, seus panfletos escandalosos, sua política radical — e aprenderam a traduzir suas publicações para o francês. A tradução envolvia muito mais do que encontrar as palavras adequadas em sua língua, pois era preciso fazer uma mediação entre as duas culturas, que tinham em comum o suficiente para entenderem as histórias e estereótipos uma da outra, mas não o bastante para evitarem constantes mal-entendidos. O membro mais bilíngue e mais bicultural da colônia de expatriados era um irlandês chamado Perkins MacMahon. O inglês era sua língua materna, mas ele fora criado entre os exilados jacobitas na França. Tornou-se padre, foi vigário em Rouen, fugiu com uma de suas paroquianas, fixou-se em Londres, trabalhou para La Tour no *Courrier de l'Europe*, que depois trocou pelo *Morning Herald* de Bate e, por fim, pôs-se a escrever libelos em inglês sobre a corte francesa.[34] Morande parece ter sido quase igualmente hábil nas duas línguas e nos dois tipos de jornalismo. Depois de tornar-se chefe de redação do *Courrier* em 1784, sem abandonar sua carreira de espião da polícia, informou ao Ministério das Relações Exteriores que às vezes plantava parágrafos na imprensa britânica a fim de traduzi-los e publicá-los em seu próprio periódico.[35]

Brissot e sua esposa — principalmente ela — traduziram meia dúzia de livros ingleses.[36] Em suas memórias, defende a noção predominante no século XVIII de que uma tradução não deve ser literal. Deve ser uma recriação, diz ele, uma adaptação do original e não sua réplica, retrabalhando o texto inglês de modo a transmitir seu espírito e adequando-o aos gostos e predileções dos leitores franceses. Ele explica o que seria necessário para um parisiense escrever um *Tableau de Londres* comparável ao *Tableau de Paris* de Mercier. O autor estrangeiro teria de mergulhar no mundo dos jornais londrinos: "Eles contêm infindáveis caricaturas, os retratos mais variados e os fatos mais curiosos. Aqui, os anúncios mais bizarros; ali, as anedotas mais escandalosas. Até o noticiário político tem personagens divertidas que podem ser retratadas".[37] Anedotas, retratos, notícias políticas — os ingredientes eram os mesmos em toda parte, mas, para entender como eles davam o tom da vida pública em Londres, o autor teria de aprender a decodificá-los imergindo no mundo de Grub Street: "É crucial, em suma, conhecer os esgotos de Londres em seus mais asquerosos detalhes".[38] Brissot apressa-se a acrescentar que ele não frequentava esse meio; pelo contrário, convivia com uma classe superior de escritores e promovera a tradução das obras dos dois que mais o haviam impressionado: Catharine Macaulay, a historiadora feminista radical, e David Williams, o filósofo político radical. Estando ocupado demais com seus empreendimentos jornalísticos, convocara seu amigo Pelleport para traduzi-las.

Durante seus interrogatórios na Bastilha, Brissot revelou que insistia que Pelleport traduzisse os oito volumes da *History of England from the accession of James I to that of the Brunswick line* (Londres, 1764-83), de Macaulay, mas a tarefa revelou-se impossível. Pelleport preferia livros mais curtos e mais vivazes, como um libelo contra diversas figuras públicas da Inglaterra a que ele pretendia dar o título de *Le diable dans un ballon*. Ao que parece, essa tradução nunca viu a luz do dia,[39] mas Pelleport chegou a completar uma tradução de *Letters on political liberty* (Londres, 1782), de David Williams, que transformou num livro completamente diferente do original. Williams era um filósofo austero e as *Letters* expressavam uma variante particularmente severa e altaneira de radicalismo britânico. Defendiam uma renovação completa do sistema político que transformasse o velho e não reformado Parlamento, com seus distritos eleitorais pútridos e sua clientela corrupta, numa instituição verdadeiramente democrática em conformidade com os princípios matemáticos de uma nova ciência política. Williams defendia que todo cidadão inglês adulto deveria votar. Cada grupo de dez eleitores elegeria um representante, que se reuniria com outros nove para formar um *tything* [decenário]. Estes, por sua vez, elegeriam um dos seus para representá-los na eleição de um *tything* acima, e assim por diante, até que a Câmara dos Comuns fosse preenchida com representantes estritamente comprometidos com a vontade de seus eleitores. Sobrepondo eleições umas sobre outras de acordo com essa fórmula, os britânicos recuperariam a democracia indireta praticada nas *folkmotes* [assembleias populares] dos saxões antes que os normandos os submetessem ao despotismo monárquico. Embora deplorasse "o desatino e a iniquidade da Guerra Americana",[40] Williams não chegou a exigir a abdicação de George III e não via com bons olhos os tumultos dos wilkites e os protestos de rua do "populacho".[41] A democracia, tal como ele a descreve, expressaria a vontade do povo em perfeita tranquilidade e com precisão matemática, como uma máquina bem calibrada.

Nada poderia ser mais distante do caráter passional, sardônico, salaz e convoluto dos escritos de Pelleport e, não obstante, ele traduziu o texto com bastante precisão. Ele dá vazão a suas opiniões em notas de rodapé, quase tão extensas quanto o texto principal da obra, nas quais desloca o âmbito da discussão da Inglaterra para a França. Ao adotar um pseudônimo burlesco como tradutor — "Révérend Père de Roze-Croix, autor de *Boulevard des Chartreux* e muitas outras pequenas obras em verso" — na página de rosto e no prefácio, assume uma voz irreverente e prepara o leitor para seus comentários indecorosos.[42] Um único exemplar de *Le boulevard des Chartreux*, anônimo como tudo que veio de Pelleport, sobrevive na Bibliothèque Municipale de Grenoble. A obra tem todas as qualidades que caracterizam seus demais escritos — irreligiosidade, obscenidade, paródia e bufonaria, além de protestos contra a opressão e em favor da liberdade.

> Liberté, *libertas*, vive la liberté
> Plus de cagoterie et point d'austerité.

> (Liberdade, *libertas*, viva a liberdade,
> Chega de fanatismo e nada de austeridade.)[43]

As notas de rodapé de *Lettres sur la liberté politique* também trazem muitas outras referências pessoais — à temporada de Pelleport na Índia, por exemplo, à sua terra natal, Stenay, a *Le diable dans un bénitier* e às suas relações com Swinton.[44] Em dado momento, ele cita o *Contrato social*, de Rousseau,[45] mas, em vez de seguir a argumentação de Williams na esfera da teoria política, passa a zombar e denunciar como pode o sistema de governo da França. Os Bourbon eram déspotas, afirma sem meias palavras, e os franceses tinham pleno direito de expulsá-los do trono. Luís XVI talvez até parecesse um governante decente, mas poderia transformar-se em Nero da noite para o dia, e Luís XV deveria ter sido deposto muito tempo atrás.

> Se Luís XV houvesse sido forçado a prestar contas à nação, […] poderíamos ter lhe perguntado: "O que fizestes com o enorme tesouro que arrecadastes de vossos súditos desde 1753 até a paz de 1763? Durante todo esse tempo, não tínheis nem uma frota nem um exército que pudesse tornar-vos respeitado. Por que tomastes uma prostituta das mãos de um vagabundo e a colocastes quase tão próxima do trono quanto vosso bisavô [Luís XIV] colocara a viúva de Scarron, naquela imbecilidade que o acometeu ao final da vida? […] Por que tantos corruptos e estúpidos controladores gerais das finanças? Por que amantes tão nefandas?". Os "porquês"

poderiam suceder-se sem fim. […] Por certo, se o povo houvesse retomado seus direitos em vista da imbecilidade e degradação do monarca, enviando sua amante para Salpetrière [prisão para prostitutas] e o rei para os monges de Saint Denis, a punição teria sido mais exemplar do que aquela que aguardava o Bem-Amado no outro mundo.[46]

Esse rompante abrange todos os principais temas da literatura libelista francesa desde o século XVII — impostos extorsivos, ministros corruptos, amantes imorais, incompetência em relações externas, a imbecilidade dos reis e o aviltamento do trono. Na segunda edição, publicada não muito tempo depois da abertura dos Estados Gerais, Pelleport conclamou uma revolução: "A família Bourbon imagina que a nação francesa inteira lhe pertença como seu patrimônio. Não que lhe seja de direito, mas trata-se de um fato. E assim será até que o povo, tendo refletido sobre seus [direitos], queira retomá-la para si. Prometeram-nos que isso ocorrerá em 1789".[47] Depois do colapso da monarquia em 1792, Brissot abonou um decreto da Convenção que tornava Williams cidadão da República Francesa e o convidava para ir a Paris e colaborar na redação da constituição republicana. Esse desenlace seria impensável em 1783, quando Pelleport publicou a primeira edição de *Lettres sur la liberté politique* e tentou, sem muito sucesso, distribuí-la por meio dos contatos de Brissot entre os livreiros no continente.[48] As notas de Pelleport expressam sua raiva e sua impotência, como um exilado em Londres, diante do poder ilimitado da monarquia Bourbon: "O rei é tudo; ele reuniu em si todos os tipos de poder; deveria causar temor e tremor em qualquer homem pensante não haver nada que o impeça de amanhã pedir a minha cabeça por ter escrito esta terrível verdade, se fosse eu louco o bastante para retornar a seu território".[49] Um ano depois, Pelleport estava mofando na Bastilha.

As notas de rodapé de Pelleport afrancesam o texto de Williams, num fluxo contínuo de comentários que dá vida a seus princípios abstratos com exemplos de iniquidades do lado francês do Canal. O tom delas, alternando entre a indignação e a irreverência, contrasta vivamente com o sereno racionalismo do discurso de Williams. Pelleport escreve como libelista na parte inferior da página e como tradutor na superior. Melhor dizendo, permitiu que do próprio ato de leitura emergisse outro patamar traducional-interpretativo do intercurso entre o texto acima e as notas abaixo. Se entendida como um processo de adaptação cultural, sua tradução não existe somente no que está impresso; ela se dá também no sobe e desce do leitor pela página. A tradução está no olhar de quem a lê.

Evidentemente, muitos modos diferentes de traduzir existiam além do de Pelleport. Muitos outros escritores aprenderam a pactuar as Grub Streets de Paris e de Londres, e sobreviveram graças a sua sagacidade e ao que suas penas conseguissem produzir. Talvez o melhor exemplo seja o homem que aparece atrás de Receveur no frontispício de *Le diable dans un bénitier*, Pierre Ange Goudar.[50]

Goudar foi designado pela polícia para servir de assistente de Receveur em 1783 porque conhecia melhor que ninguém o submundo literário de ambos os países. Estava então com 75 anos. Suas aventuras tinham-no levado a conhecer mansardas, cortiços e antros de jogatina de quase toda a Europa — de 1744 a 1746: várias cortes da Itália; 1748: Paris; 1750: Londres; 1752: Portugal; 1753 ou 1754: Paris; 1755 e 1762-4: Londres; ainda em 1764: Viena; 1765-6: Veneza; 1767: Nápoles; 1771: Milão; 1772-3: Veneza; 1775-6: Lucca e Florença; 1777: Holanda; 1778: Inglaterra; 1783: Paris, quando retornou com Receveur a Londres, sua quarta ou quinta temporada na cidade. Por que essa perpétua movimentação? Não por desejo irresistível de viajar. Grande parte de sua renda vinha do jogo e ele era continuamente expulso de uma cidade após outra por ter a mão lépida demais no faraó ou na biriba. Também vendia seus serviços de informante, especialmente para o Ministério das Relações Exteriores francês, e, portanto, tivera de fazer as malas e desaparecer rapidamente em diversas ocasiões. Em Londres, conheceu Sara, uma linda garçonete de bar, que o acompanhou em suas andanças pelas casas de jogo de 1763 até 1790, um ano antes de sua morte. Goudar ia ganhando dinheiro ao longo do caminho escrevendo e vendendo livros — e também caftinando Sara, quando surgia a oportunidade.

Goudar escreveu pelo menos 78 obras originais, embora seja difícil categorizar sua bibliografia, pois ele distribuía os mesmos textos sob nomes diferentes e ludibriava editores tão facilmente quanto jogadores. Grande parte de seus escritos fala de acontecimentos correntes, na forma de panfletos, libelos e *chroniques scandaleuses*. *L'année politique, contenant l'état présent de l'Europe, ses guerres, ses révolutions, ses sièges, ses batailles, ses négociations, ses traités, etc.* (1759) é um relato jornalístico de um ano, 1758, da Guerra de Sete Anos. Sua obra mais conhecida, *L'espion chinois, ou l'envoyé secret de la cour de Pékin pour examiner l'état présent de l'Europe* (1764) espalha anedotas escandalosas ao longo de seis volumes. Um suplemento em dois volumes, *L'espion français à Londres, ou observations critiques sur l'Angleterre et sur les anglais* (1780), não revela nada sobre suas experiências como espião francês, apesar do título sedutor, e contém apenas ensaios, vagamente na mesma linha de *The Spectator*, sobre tendências na alta sociedade londrina. Desse modo, Goudar pode ser considerado um jornalista desimpedido e descomprometido, mesmo nunca tendo trabalhado num jornal. Seu negócio era coletar informações e vendê-las, fosse à polícia ou ao público. O mais interessante a seu respeito é ter sido um dos muitos aventureiros na época do Iluminismo que cruzavam fronteiras constantemente e ganhavam a vida jogando uma cultura contra outra. Como Casanova, a quem conheceu bem em Londres, Goudar foi um atravessador cultural, um camaleão que mudava de cor e assumia novos papéis de acordo com as circunstâncias. Fez-se de espião tanto na vida real como na literatura e, tendo conhecido os meandros de praticamente todas as Grub Streets da Europa ao longo de meio século de viagens, era certamente o guia ideal para Receveur em Londres — a polícia mostrou que sabia onde encontrar profissionais quando decidiu reprimir o comércio de libelos. E a vida de outros libelistas — Morande, Pelleport, Poultier d'Elmotte — seguia o mesmo padrão: sempre com o pé na estrada, cruzando fronteiras, evitando lettres de cachet, entrando e saindo da prisão, eles sabiam como traduzir as vivências de um mundo para outro.

Do jornalismo para os libelos para pessoas como Ange Goudar... Minha argumentação parece estar se perdendo em detalhes exóticos ou girando em círculos. Qual é precisamente a relação entre notícias e libelos, e por que dedicar tanta atenção à raça rota de jornalistas que migraram de uma Grub Street para outra? Para deixar as coisas mais claras, parece-me melhor retornar ao ponto de partida: a noção de *nouvelles* e o *nouvelliste* mencionado no começo deste capítulo, Louis François Mettra.

Mettra também passou uma boa temporada em Grub Street, embora tenha começado a vida em situação confortável: era filho de um banqueiro e marchand de Paris que tinha muitos negócios com clientes na Alemanha.[51] Tendo herdado o negócio do pai, foi à falência e desapareceu por vários anos. Ressurgiu em 1775 como editor e chefe de redação do *Correspondance Littéraire Secrète*, impresso em Deutz, perto de Colônia, e em Neuwied depois de 1784. Apesar do nome, que cheirava a uma folha escandalosa, o *Correspondance* era suficientemente brando para ser autorizado a circular na França, o que fez sem interrupção de 1775 a 1793, período notavelmente longo para um semanário supostamente marginal.[52] Mettra também especulou com outros periódicos e montou um negócio importante como livreiro. Além dessas atividades semilegais, produziu uma gazeta manuscrita verdadeiramente clandestina baseada em *bulletins* enviados por seus contatos em Versalhes. Uma equipe de copistas transcrevia itens desses boletins para uma folha de notícias, que ele vendia por assinatura em várias partes da Europa. Muitos desses itens acabaram sendo incluídos em outras *nouvelles à la main*, gazetas impressas e mesmo libelos, alguns produzidos em Londres. Em suma, Mettra operava uma espécie de agência de notícias e dirigiu-a de tal modo que estabeleceu um elo entre notícias e libelos.

Para examinarmos mais de perto essa conexão, faremos bem em consultar o dossiê de Brissot na Bastilha. Depois de prendê-lo, e a Pelleport, em julho de 1784, a polícia tentou descobrir por meio de interrogatórios quem tinha produzido a última safra de libelos. O interrogador, comissário Pierre Chénon, arrolou oito deles:

1. *La naissance du Dauphin*
2. *Les passetemps d'Antoinette*
3. *Les rois de France régénérés*
4. *Les amours du vizir de Vergennes*
5. *Les petits soupers de l'hôtel de Bouillon*
6. *Réflexions sur la Bastille*
7. *La gazette noire*
8. *Les rois de France jugés au tribunal de la raison*[53]

Brissot negou que tivesse algo a ver com qualquer um deles. Indignado, rejeitou a insinuação de Chénon de que ele fornecera "as principais anedotas" usadas em *Le diable dans un bénitier*. Pressionado, porém, confessou ter ajudado a distribuir *Le diable* enviando-o a alguns de seus correspondentes, mas voltou a insistir que não tivera papel algum na produção do texto. Chénon não tinha provas para corroborar a acusação e decidiu seguir uma linha de questionamento mais promissora: As atividades de Brissot em Londres não envolviam contato regular com Mettra? Brissot deixara escapar que um exemplar de *Le diable* fora enviado a Mettra em Colônia. Aproveitando-se dessa brecha, Chénon conseguiu fazer Brissot admitir que ele e Mettra mantinham correspondência comercial. Brissot até revelou que o seu *Journal du Licée de Londres* fora reimpresso por Mettra para ser distribuído na Alemanha e que este tentara convencê-lo a colaborar em seus empreendimentos jornalísticos. Ele enviara a Brissot as duas folhas noticiosas que produzia, uma impressa (i.e., o anódino *Correspondance Littéraire Secrète*) e uma manuscrita (o *gazetin* clandestino) e pedira que fosse o correspondente de ambas em Londres.[54] Acima de tudo, Mettra queria "anedotas secretas", mas Brissot recusara, protestando não conhecer nenhuma. Mettra continuou a fornecer as folhas noticiosas mesmo assim, até que Brissot finalmente pediu que parasse — pois, como assegurou à polícia, ele se dedicava à filosofia e à teoria jurídica e não tinha gosto pelos escândalos que Mettra disseminava com seus escritos, "especialmente a *gazette à la main* de Versalhes".[55]

Informações sobre essa gazeta manuscrita eram o aspecto do jornalismo clandestino que a polícia mais queria desvendar. Ela estava a par das atividades de Mettra em Colônia, mas não tinha conseguido identificar seus principais informantes, isto é, acompanhar a cadeia de transmissão até a fonte original, as *anecdotes* manuscritas enviadas por correspondentes secretos em Paris e Versalhes. Brissot, no entanto, negou ter qualquer conhecimento sobre os *nouvellistes* na base do sistema de coleta de notícias montado por Mettra. Insistiu que não se interessava a mínima pela *gazette à la main* de Mettra porque esta "continha somente notícias falsas ou anedotas sujas".[56] Mas então o que ele fizera com esse lixo?, quis saber Chénon. Ele encaminhara tudo para Pelleport, explicou Brissot. Pelleport concordara, por um preço, atuar como substituto de Brissot e continuou recebendo a gazeta manuscrita e enviando de volta notícias como correspondente de Mettra em Londres. Brissot não sabia dizer exatamente o que Pelleport fazia com as informações fornecidas por Mettra — ou assim afirmou, embora a resposta fosse óbvia: Pelleport as aproveitara em seus libelos.

Um libelista em Londres não poderia infligir muitos danos em Paris a menos que tivesse uma fonte confiável de informações sobre os delitos dos grandes. As anedotas não precisavam ser totalmente verdade, mas tinham de ser verdadeiras o bastante para prejudicar a reputação de alguém. Este é o princípio que Morande proclama descaradamente no prefácio de *Le gazetier cuirassé*: ele, o gazeteiro, promete oferecer notícias compostas de meias-verdades, pois tinha informantes em Versalhes mas não podia transcrever seus relatos in natura. Acrescentando um pouco de tempero e especiarias que ele próprio inventava, desafia o leitor a triar todas as anedotas e extrair os grãos de informação precisa no âmago de cada uma. Para Morande, *nouvelles* e *anecdotes* eram sinônimos, como eram para todos no mundo dos jornalistas e libelistas, embora os londrinos às vezes preferissem outro termo equivalente, *paragraph*. Os libelos de Morande consistem em nada mais que anedotas curtas empilhadas umas sobre as outras, como os parágrafos de um jornal londrino. Esse modo de apresentação também corresponde ao gênero francês da *chronique scandaleuse*. Mas não é adequado para libelos mais longos, que desfiam histórias que podem se estender por vários volumes. Para entendermos como um cerne de notícia podia ir crescendo até tornar-se um libelo de bom porte, podemos estudar uma fonte final, *Les petits soupers et les nuits de l'hôtel Bouillon*, o libelo que desencadeou negociações frenéticas quando Pelleport tentou extorquir Receveur em 1783.

O subtítulo do livro aponta claramente para sua origem: *Lettre de milord comte de ****** à milord ****** au sujet des récréations de monsieur de C-stri-s, ou de la danse de l'ours; anecdote singulière d'un cocher que s'est pendu à l'hôtel Bouill-n, le 31 décembre 1778 à l'occasion de la danse de l'ours* [Carta de milorde conde ****** a milorde ****** sobre os divertimentos de monsieur de C-stri-s, ou a dança do urso; uma singular anedota sobre um cocheiro que se enforcou no hotel Bouill-n em 31 de dezembro de 1778, por ocasião da dança do urso].[57] A anedota original foi provavelmente extraída de uma gazeta manuscrita, talvez a de Mettra, talvez de outrem. Em si, não tem grande peso: o relato de um suicídio que poderia ser comprimido em uma única sentença. Pelleport, no entanto, ampliou-a para um livro de 93 páginas, usando a estranha referência à dança do urso como chamativo para estimular a curiosidade do leitor. A história do suicídio tornou-se somente o gancho para uma exposição longa e meio desconexa da vida privada da princesa de Bouillon, que Pelleport narra à maneira de um escandaloso tête-à-tête inglês, indicando ao leitor quem dormia com quem na alta sociedade de Paris.

A história é ambientada na Ópera de Paris. Um conde inglês em visita à cidade admira o *beau monde* de uma poltrona de camarote antes de a cortina se erguer. Curioso sobre os costumes dos nativos que desfilam diante dele, pede a seu vizinho que os identifique. O vizinho é um parisiense mundano que sabe tudo sobre a vida secreta dos grandes, especialmente os do entourage da princesa de Bouillon. Logo a conversa se transforma numa *chronique scandaleuse*, exatamente como em *La gazette noire par un homme qui n'est pas blanc*, sequência de *Le gazetier cuirassé*, que inclui um diálogo entre um "milorde" e um dândi parisiense sobre as prostitutas parisienses.[58] No caso de *Les petits soupers et les nuits de l'hôtel Bouillon*, o diálogo é apresentado numa carta escrita pelo conde a um lorde inglês, daí o longo subtítulo. Uma forma epistolar sobreposta a uma forma dialogal cria complicações, mas Pelleport parece aprazer-se nas complexidades rococós da sua narrativa, que recheia de insinuações e alusões ambíguas apropriadas ao cenário operístico. Ao apresentar escândalos parisienses sob a óptica de um observador inglês, ele pode enfatizar a perspectiva do outro lado do Canal sem perder de vista o gênero de panfletagem antigovernamental bem representado por um libelo popular contra o ministério de Maupeou, *L'espion anglais, ou lettre de milord All'Ear à milord All'Eye*. Combinando gêneros diversos, Pelleport faz do leitor uma espécie de bisbilhoteiro, como se estivesse sentado no mesmo camarote atrás dos dois experientes homens de sociedade e pudesse acompanhar conversa de ambos como se fosse da mesma estirpe. Presumivelmente lisonjeado de ser incluído em tal companhia, o leitor ofereceria então sua própria glosa do texto, preencheria as lacunas dos nomes e decifraria o encadeamento geral da história.

O jogo que a narrativa revela é profundamente decadente, mas Pelleport apresenta-o sem nenhum laivo moralizante. Pelo contrário, narra todas as perversões da comédia humana no ambiente da ópera como se fossem simples fatos da vida em alta sociedade. Quando pergunta quem é a elegante dama no camarote à sua frente, o conde inglês é recompensado com um retrato verbal da princesa de Bouillon. Velha e feia debaixo da maquiagem, ela padecia de um apetite sexual voraz e inextinguível. Ainda jovem, no rústico ducado alemão de seu pai, ela tomara o único amante ali disponível, o jardineiro do palácio, e dera à luz um filho ilegítimo. Chegara à França para casar-se com o príncipe de Bouillon. Este, porém, como seu pai, era impotente e, portanto, sua linhagem só se perpetuaria se lhe pusessem chifres. A princesa não se fez de rogada e tomou um amante após outro: o príncipe de Guéménée, que a usou para conseguir o cargo de camareiro-mor real e um apartamento em Versalhes; o duque de Chartres, que se revelou mesquinho demais para recompensar seus favores com um tributo decente em joias; o marquês de Castries, que pagou o direito de compartilhar-lhe o leito com verbas do Ministério da Marinha; e, dentre muitos outros, seu favorito, um dúbio chevalier conhecido como Jardinié, cuja principal qualidade eram suas proezas na cama.

Enquanto descreve a vida amorosa da princesa, o informante parisiense vai esboçando as perversidades de todos os que pertenciam a seu círculo e chega, enfim, às orgias envolvendo a dança do urso e as ceias íntimas (*petits soupers*). Após noitadas na ópera, explica ele, a princesa costumava convidar um séquito de aristocratas para jantar em sua residência em Paris, o hotel Bouillon. Enquanto se embebedavam com vinho e abriam o apetite para o sexo, apreciavam um curioso espetáculo de cabaré: um monge peludo copulava, em pé, com a camareira idosa da princesa — a dança do urso. Infelizmente, um dos cocheiros da princesa, que também tinha um caso com a camareira, descobriu-a fazendo essas cabriolas com o monge. Num acesso de fúria, expulsou-o para fora de casa a chicotadas, causando tanta comoção que acordou a vizinhança inteira e acabou a noite sob a custódia da polícia. Furiosa que a impetuosidade do cocheiro viesse a expor suas orgias aos olhos e ouvidos de toda Paris, a princesa ameaçou-o com prisão perpétua no hediondo presídio de Bicêtre. O cocheiro, incapaz de suportar tal punição, preferiu se enforcar, usando seu chicote como laço.

Longe de expressar alguma condolência pelo infeliz cocheiro, Pelleport narra sua morte em tom de galhofeiro cinismo.[59] E, em seguida, apresenta outras descrições de orgias, que vão numa escalada da licença ao obsceno à mais completa devassidão, num estilo que lembra algumas cenas de *Les bohémiens*. Na época, a pornografia continha uma mensagem política, pois Pelleport enfatiza que o sexo era subsidiado pelo Ministério da Marinha. A fim de deixar as implicações claras, ele observa no final do livro que a recente derrota da frota francesa na Batalha de Saintes em 12 de abril de 1782, que custara aos franceses 20 milhões de *livres* em navios destruídos, podia ser atribuída à incompetência de Castries como ministro da Marinha.[60] Ao longo do caminho, Pelleport vai maldizendo outras figuras políticas, incluindo o guarda-selos [espécie de ministro da Justiça] Miromesnil, e Lenoir, o chefe de polícia. E culmina os ataques aos ministros com uma passagem comparando o príncipe e a princesa de Bouillon a Luís XVI e Maria Antonieta. Os dois casais ilustrariam o mesmo tema, o marido impotente e incompetente dominado por uma esposa irresponsável e sedenta de sexo.[61]

Em termos de libelos franceses, *Les petits soupers et les nuits de l'hôtel Bouillon* é particularmente viperino, mas não é pior do que o que era servido costumeiramente em Londres. A vida pública na Grã-Bretanha era saturada de libelos. Como lorde North observou: "A primeira coisa em que colocamos as mãos de manhã é um libelo; a última coisa que nossas mãos largam à noite é um libelo. Quando abrimos nossos olhos, vemos libelos; e diante de libelos os fechamos. Em suma, libelos, pasquins e sátiras são tudo o que se escreve, imprime e lê em nossos dias".[62] Esse estilo jornalístico abertamente contundente e injurioso era estranho aos franceses e só seria assimilado pelos leitores do outro lado do Canal depois de traduzido para uma linguagem que pudessem entender. Os expatriados franceses em Londres tinham todas as qualidades necessárias, tanto linguísticas como culturais, para servir de tradutores. Tinham aprendido a produzir panfletos tópicos, *libelles* e *nouvelles à la main* na França, e, ao cruzarem o Canal, logo dominaram as variedades inglesas de jornalismo. Ao emigrarem de uma Grub Street para outra, tornaram-se intermediários capazes de mediar entre culturas similares mas separadas.

Contudo, seria simples demais reduzir o tráfico de libelos através do Canal a um punhado de franceses ligados ao *Courrier de l'Europe*. Escritores de aluguel e *émigrés* ideológicos cruzavam o Canal entre a França e a Inglaterra havia gerações, ou mesmo séculos. Talvez o primeiro emissário do novo jornalismo londrino tenha sido o próprio John Wilkes, que, perseguido em 1764 por causa de seu *North Briton*, fugiu e passou dois anos deleitando-se nos bacanais de Paris, onde fez muitos amigos, incluindo o barão d'Holbach, seu colega da Universidade de Leyden. Em 1771, quando Morande publicou *Le gazetier cuirassé*, os ouvidos franceses, pelo menos os da elite parisiense, já haviam se acostumado com a maledicência e os escândalos ingleses. Pelleport e os demais libelistas da década de 1780 rebentaram as comportas de um mercado que havia sido entreaberto muitos anos antes.

Além disso, a distância cultural entre Paris e Londres não deve ser superestimada. Alguns jornais londrinos eram tão sisudos quanto o *Journal de Paris* e, como vimos, a noção inglesa de parágrafo praticamente não diferia do conceito francês de anedota. Os *nouvellistes* franceses podiam ser considerados equivalentes aos *paragraph men* ingleses, e as *chroniques scandaleuses* francesas consistiam em breves itens reunidos da mesma maneira que os parágrafos do *Morning Chronicle* ou *Town and Country*. Notícias são construtos sociais, que variam de lugar para lugar e de época para época, como qualquer um pode constatar estudando jornais — o design de suas páginas, a retórica de seus artigos, a estilização de seu esforço diário para comunicar acontecimentos em palavras. Tampouco a história das notícias deve ser restringida a jornais, pois informações sobre eventos correntes e assuntos públicos sempre foram disseminadas por uma variedade de veículos — tal como hoje; basta ver a proliferação de blogs. Quando Aretino colou sonetos escritos à mão no busto de Pasquino em 1522, ele estava publicando notícias — um tipo específico de notícia, envolvendo os escândalos de figuras públicas, que fascinavam o público leitor de toda parte nos primórdios da Europa moderna. O que distinguia, então, as notícias escandalosas que chegaram à França vindas da Inglaterra durante a segunda metade do século XVIII?

Não os escândalos em si. Leitores franceses sempre puderam ler relatos sobre a má conduta dos grandes nas *nouvelles à la main*. Mas o povo sofria de algo que na época se deu o nome de *nouvellomanie*, isto é, um apetite insaciável por notícias. Essa fome não podia ser aplacada pela imprensa censurada e o pouco que havia de literatura clandestina só servia para aguçar o desejo por mais notícias. Em Londres, porém, os escândalos transitavam livremente pelas ruas: eram o ingrediente essencial de uma cultura noticiosa que se desenvolvera muito além do que os parisienses podiam imaginar. Desse modo, não havia nada melhor para despertar a imaginação de Paris do que os libelos franceses provenientes de Londres. Embora não diferissem completamente da variedade mais antiga de libelos franceses autóctones, possuíam uma qualidade e um frescor jornalístico provocativo que os tornavam particularmente irresistíveis.

Parece-me válido concluir que na década de 1780 os libelos existentes na França já constituíam um vasto corpus literário que abrangia vários gêneros distintos. Apesar de suas diferenças, tinham algumas características em comum. Comprimidos em parágrafos curtos ou estendidos em histórias em vários volumes, traziam anedotas, retratos e notícias. Para fins de análise, esses três ingredientes podem ser separados, mas nos textos em si fundiam-se um no outro. Uma anedota muitas vezes tomava a forma de um retrato, que por sua vez transmitia uma notícia. Nossa intenção ao nos concentrar em algumas características básicas dos libelos não é reduzi-los a uma fórmula única, mas sim entender o que tinham em comum. Agora que os caracterizamos de maneira genérica, talvez seja possível examinar como evoluíram dos escritos difamatórios sob o Ancien Régime ao tipo mais letal de assassinato de reputações que marcou a política da Revolução.

PARTE IV

LIBELOS COMO LITERATURA

Vidas privadas

25. Metamorfoses revolucionárias

A Revolução Francesa transformou a vida dos homens e mulheres franceses comuns. Reordenou o espaço e o tempo, subverteu a religião, aboliu privilégios, tornou todos os homens iguais perante a lei, reorganizou a vida familiar,
criou novos sistemas jurídicos e financeiros, forjou uma nação a partir de um
amontoado de instituições antiquadas, substituiu o monarca pelo povo como
fonte de autoridade legítima e empreendeu guerra contra nações inimigas de
toda a Europa. Os revolucionários refizeram o mundo tão completamente que,
no final de 1789, ao olharem em retrospecto para a ordem que haviam destruído apenas alguns meses antes, era como se tudo pertencesse a outra época, à
qual deram o nome de Ancien Régime. Entretanto, nenhuma sociedade consegue eliminar todos os vestígios de sua existência anterior e toda revolução ab-
sorve ingredientes que restaram do regime antigo. Por mais violenta e utópica
que seja uma revolução, sempre incluirá elementos de continuidade presentes
no tecido das instituições e cravados na consciência coletiva. A simultaneidade
de mudança e continuidade é difícil de acompanhar, pois pode ser imperceptí-
vel e assumir diversas formas, o estudo aprofundado de uma dessas formas —
nesse caso, um gênero literário — talvez esclareça um pouco como os franceses
construíram um novo mundo a partir de material velho.

O gênero em questão é um tipo particular de libelo, a biografia difamatória, cujo caráter costuma ser proclamado por títulos que começam com *A vida privada de...* ou *A vida secreta de...*, seguido do nome da vítima. E uma das vítimas favoritas nas décadas de 1780 e 1790 foi o duque de Chartres, que se tornou duque d'Orléans em 1785 e, por fim, Philippe Egalité em 1792. Embora sua persona pública mudasse, o homem interior continuou o mesmo — pelo menos essa é a mensagem mais óbvia de cinco libelos: quatro que atacaram Orléans (como o chamarei por uma questão de conveniência) em 1784, 1789, 1793 e no Ano II (1793-4 do novo calendário revolucionário) e um que o defendeu em 1790. Mas os libelos revelam muito mais do que variações sobre um único tema injurioso: mostram também como os autores adaptaram recursos retóricos às circunstâncias políticas, como destinavam seus textos a diferentes tipos de leitores e como os libelos fizeram parte do processo geral de redesenhar a linha que separava a esfera privada da pública durante o período revolucionário. Evidentemente, os problemas de estimar a continuidade na mudança não podem ser resolvidos com o simples estudo de cinco textos. Depois de utilizá-los como ponto de entrada de um tema mais amplo, será necessário estender nosso escopo, remontar ao século XVII e examinar algumas das mais importantes "vidas privadas" que emergiram no Ancien Régime e culminaram no âmago da Revolução.

Vie privée ou apologie de très-sérénissime prince monseigneur le duc de Chartres (1784) possui todas as características dos libelos franceses no auge de seu desenvolvimento antes da Revolução. A obra consiste em uma série de anedotas entremeadas com trechos de canções, epigramas e pasquinadas apresentadas à maneira de uma *chronique scandaleuse*. Inclui alguns episódios pornográficos dignos de Aretino, a quem evoca explicitamente, acompanhados das ressalvas de sempre: o libelista anônimo, fazendo-se passar por historiador, alega lamentar a inclusão de cenas tão chocantes e que só o faz pelo dever de promover a virtude expondo o vício a nu. Tomadas juntas, as partes do livro compõem o retrato de uma das figuras públicas francesas mais conhecidas, um príncipe que o povo adorava odiar. Ódio, no entanto, é um termo forte demais. Orléans, ou Chartres como era então conhecido, foi tema de fuxicos, escândalos, escárnio e diversão. Seu mau comportamento dava enorme prazer ao público, fazendo com que o libelo tenha um lado mais leve. De fato, possui forte veia humorística, não só no seu tom predominantemente irônico, mas também nas suas piadas e trocadilhos.[1] O livro brinca o tempo todo com o leitor, a começar pela página de rosto, obviamente uma gozação:

VIDA PRIVADA
OU APOLOGIA
DO SERENÍSSIMO PRÍNCIPE
MONSEIGNEUR
O DUQUE
DE CHARTRES,
Contra um libelo difamatório escrito em mil setecentos
e oitenta e um; mas que não apareceu
devido às ameaças que fizemos
ao autor de desmascará-lo.

Por uma Sociedade de Amigos do Príncipe:

NOSSOS LÁBIOS JAMAIS TRAÍRAM A VERDADE

A CEM LÉGUAS DA Bastilha

M. DCC. LXXXIV.

O longo e elaborado fraseado, composto com itálicos e imponentes letras em caixa-alta de variados tamanhos, destaca o caráter burlesco da obra toda, o que é confirmado pelo endereço falso na parte inferior, "a cem léguas da Bastilha" — o mesmo endereço provocador usado em *Le gazetier cuirassé* e outras obras dos libelistas londrinos.

Outros gracejos preliminares seguem. Uma falsa dedicatória dá o tom que permeia todo o livro, segundo a qual um grupo de amigos do príncipe arregimentou-se para defender-lhe a reputação contra certas alegações infames — se o público se interessar por essa história, tanto melhor. Um discurso introdutório burlesco oferece uma amostra das maldades e maledicências que virão em seguida, e a primeira página do texto esclarece que será refutado nos mais gloriosos detalhes tudo que foi dito contra o duque. O libelista antilibelista prossegue refutando essas calúnias, mas de maneira tão pouco convincente que confirma as piores delas, como que piscando para o leitor e dizendo: "Espero que estejas apreciando o espetáculo".

Como em *Vie privée de Louis XV* e na maioria dos outros libelos, o texto não tem capítulos ou pausas tipográficas. Sua unidade básica é a anedota, embora alguns episódios se estendam por vários parágrafos. Cada anedota é uma

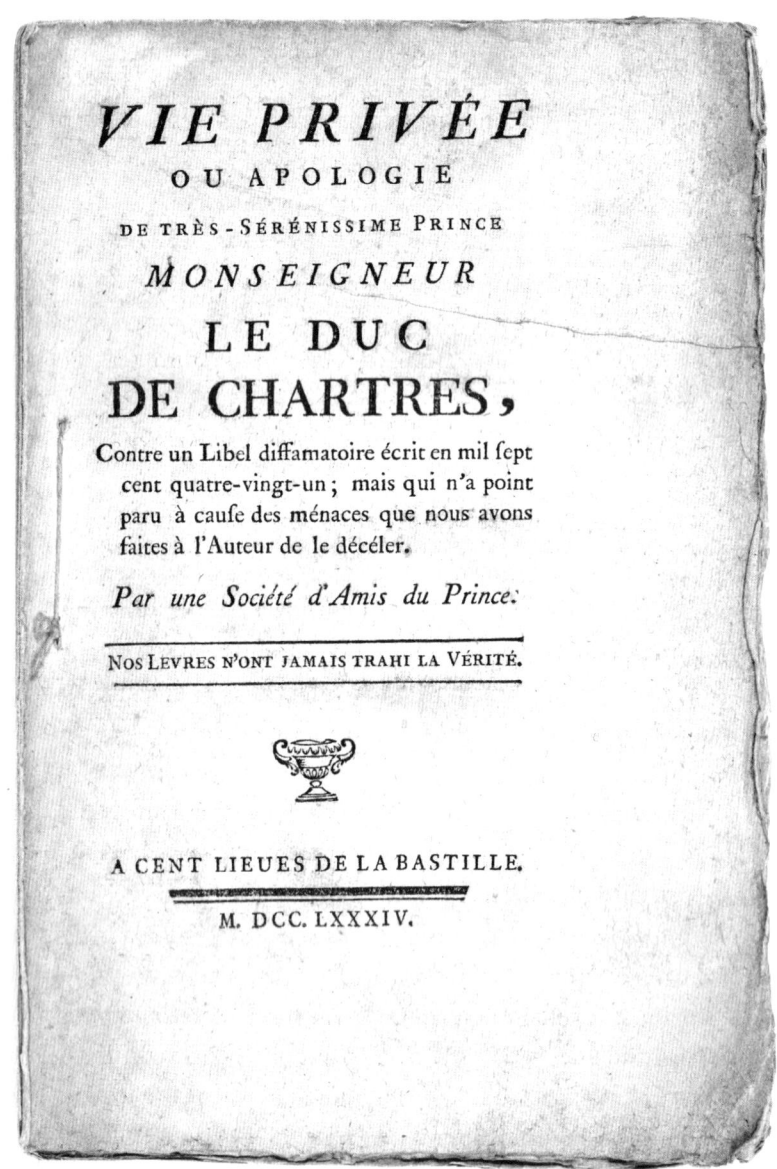

VIE PRIVÉE

OU APOLOGIE

DE TRÈS-SÉRÉNISSIME PRINCE

MONSEIGNEUR

LE DUC
DE CHARTRES,

Contre un Libel diffamatoire écrit en mil sept
cent quatre-vingt-un ; mais qui n'a point
paru à cause des ménaces que nous avons
faites à l'Auteur de le décéler.

Par une Société d'Amis du Prince.

Nos Levres n'ont jamais trahi la Vérité.

A CENT LIEUES DE LA BASTILLE.

M. DCC. LXXXIV.

Figura 42. Página de rosto do primeiro libelo contra o duque de Chartres, posteriormente duque d'Orléans e Philippe Egalité. (Cópia particular)

história autônoma, inserida no texto como se fosse uma peça de um boletim clandestino. A narrativa pula de uma anedota para outra, enfileirando-as em ordem cronológica ao longo de 101 páginas. Os principais episódios podem ser assim resumidos:

Nascimento. Orléans père era ocupado demais com suas concubinas para procriar herdeiros legítimos. A mãe do garoto, incapaz de satisfazer sua irrefreável lubricidade mesmo com o gigantesco membro de seu principal amante, o conde de P... [Polignac], provavelmente concebeu-o com um de seus cocheiros, de nome Lefranc.

Educação. O jovem duque (chamado duque de Chartres até herdar o título de seu pai, duc d'Orléans, em 1785) nada aprendeu, exceto as obscenidades vindas de Aretino e os turpilóquios de sua mãe e das rameiras ao seu redor.

Primeira experiência sexual. Mademoiselle Deschamps, uma prostituta particularmente depravada pela qual seu pai tinha predileção, iniciou o garoto nos maus hábitos que ele logo passou a cultivar em todos os bordéis de Paris.

Casamento. Chartres queria casar-se com a princesa de Lamballe a fim de pôr as mãos nas riquezas que ela herdaria do pai, duque de Penthièvre, e assumir o cargo de *grand-amiral de France.* Mas o irmão dela, príncipe de Lamballe, entravava-lhe o caminho. Assim, Chartres tornou-o seu companheiro em devassidão e o jovem não demorou a morrer de uma doença venérea.

Senhorio do Palais-Royal. Enquanto ia abrindo novos caminhos nos prostíbulos, Chartres cedeu a outro vil apetite: a avareza. A fim de aumentar sua renda já enorme, reduziu o tamanho do jardim do Palais-Royal e atulhou-o de lojas, que alugava a preços extorsivos. Paris inteira protestou com canções e pasquinadas a conduta tão degradante de um príncipe de sangue real.

A batalha de Ouessant. Embora seus conhecimentos náuticos fossem nulos, Chartres estava determinado a ser nomeado *grand-amiral* e conquistar glória militar na guerra contra a Inglaterra. Assumiu, pois, o comando de uma belonave, que carregou com os melhores vinhos e iguarias. Em 23 de julho de 1778, quando os franceses se preparavam para combater os ingleses perto de Ouessant, na costa da Bretanha, insistiu em comandar sua própria embarcação e cometeu tatos desatinos que prejudicou a formação da frota francesa. Assim que os canhões britânicos começaram a atirar, refugiou-se aterrorizado embaixo do convés. Um oficial experiente assumiu o comando e outro navio interveio para receber o fogo britânico. A batalha foi inconclusiva, mas Chartres conquistou uma reputação de covardia, que logo se disseminou de alto a baixo e fez a festa dos galhofeiros parisienses, cuja mofa favorita era: o único campo de batalha que o príncipe tinha capacidade de defender era a Ópera.

Turfe e jogatina. Chartres, no entanto, conseguiu derrotar os ingleses num dos desportos que mais apreciavam, a corrida de cavalos. Importou os melhores garanhões e jóqueis da Inglaterra e ganhou uma fortuna em apostas, auxiliado por truques aperfeiçoados em Pérfida Álbion [Inglaterra para os anglófobos]. Além disso, transformou o Palais-Royal num antro de jogatina, onde ganhou ainda mais dinheiro, graças às técnicas de trapaça que lhe foram ensinadas pelos carteadores mais matreiros de Paris.

O carnaval de 1778. Houve uma discussão entre os membros da família real que compareceram ao baile de máscaras na Ópera para celebrar o carnaval em 1778. O conde d'Artois, irmão caçula de Luís XVI, totalmente embriagado, chamou a irmã de Chartres, a duquesa de Bourbon, de prostituta. Furiosa, ela arrancou-lhe a máscara. Ele retrucou estraçalhando a dela e houve um tumulto generalizado em que cada parte exigia satisfação da outra. A duquesa queria que Chartres defendesse-lhe a honra num duelo, ainda mais que ela recentemente cuidara dele depois de uma grave doença, mas ele, covarde até o fim, nada fez.

O grand tour. Num *grand tour* ao estilo inglês pela Itália, Chartres saboreou os encantos de uma famosa prostituta de Modena. Depois de uma noite bebendo, comendo e copulando, ele tentou sair sem pagar. Mas, antes que pudesse se safar, a caftina bateu palmas, quatro truculentos rufiões apareceram e, receoso de levar uma surra, Chartres rendeu a bolsa.

As fivelas de sapato de diamante. Num momento de fraqueza, quando seu desejo de ostentação superou sua avareza, Chartres encomendou de um joalheiro um par de fivelas de sapato de diamante por 34 mil *livres*. Mas quando o joalheiro as entregou, ele se recusou a pagar, fingindo-se insatisfeito com o desenho da peça. Temendo um desastre financeiro, o joalheiro finalmente aquiesceu em vender as fivelas por 18 mil *livres* e assumir o restante do prejuízo. Quando Chartres apareceu com as fivelas em público, um embaixador estrangeiro elogiou-lhes a beleza. Chartres respondeu que já estava cansado daquelas fivelas e que se desfaria delas por 24 mil *livres*. O embaixador pagou a quantia sem pestanejar. Mais tarde, precisando ajustar as fivelas a seus sapatos, levou-as ao mesmo joalheiro, que comentou que tivera tanto prejuízo ao vendê-las que desejaria nunca tê-las fabricado. Quando o embaixador soube que Chartres pagara apenas 18 mil *livres*, assegurou ao joalheiro que o duque lhe compensaria a diferença, pois um príncipe de sangue real não podia tirar vantagem de um comerciante. Chartres, porém, recusou, asseverando que quando se faz um negócio um acordo é um acordo.

O livro termina aqui, sem trazer nenhuma mensagem política. Apenas enterra Chartres na ignomínia e, sempre que se refere a Luís XVI ou a seus ministros, cumula-os de elogios. Nas observações finais, que soam como pós-escritos, o autor identifica-se como "Mr. Scribler [sic]", membro de um grupo de londrinos que se reunia regularmente para discutir questões públicas. Graças aos extraordinários atributos dos três outros membros, "Mr. Longéars [sic]", "Mr. Longsight" e "Mr. Understanding",* eles obtinham informações precisas sobre tudo que acontecia. Esses nomes, como muitos leitores hão de reconhecer, evocam duas personagens favoritas dos panfletos contra o ministério de Maupeou em 1771-4, milorde All'Eye e milorde All'Ear.[2] Mr. Scribler segue explicando que Mr. Longéars falecera recentemente (alusão ao desaparecimento de Pelleport na Bastilha?), mas que numa reunião dos três membros sobreviventes ele lhes dirigira a palavra do outro mundo e prometera continuar fornecendo boletins de notícias, isto é, relatos sobre "tudo de máximo interesse e curiosidade que é dito e feito nos palácios, aposentos reais, gabinetes e boudoirs e alcovas da corte, das assembleias e de toda a Europa; numa palavra, nos lugares mais secretos e inacessíveis" (101). Em troca dessa *chronique scandaleuse*, Longéars pede-lhes que preparem uma defesa de Chartres que servisse para inibir o infame

* *Scribbler* = escrevinhador; *long ears* = orelhas compridas/ouvidos longos; *long sight* = vista longa; *understanding* = compreensão.

libelista que planejava publicar ataques contra ele. Com isso, o leitor é advertido a aguardar continuações da obra que tem em mãos, que claramente pertence à corrente de jornalismo escandaloso que inundara o mercado livresco francês nas duas décadas anteriores.

Uma observação em inglês na última página anuncia que o livro poderia ser adquirido na loja de "J. Hodges, London Bridge & W. Reeves, Londres" e também em outras livrarias "nas maiores cidades e vilas da Europa", juntamente com três outras obras: *Le diable dans un bénitier, La gazette noire* e *Les contes couleur de rose*. Essas referências indicam que *Vie privée ou apologie de très--sérénissime prince monseigneur le duc de Chartres* fora produzido no círculo de libelistas londrinos que vinha atacando figuras públicas na França desde a publicação de *Le gazetier cuirassé* em 1771; o suposto local de publicação — "a cem léguas da Bastilha" — identifica-o com as obras daquele grupo e a referência a "Mr. Scribler" evoca a literatura mercenária da Grub Street dos expatriados franceses. Talvez possa até ter sido escrito por Morande, que se tornara agente secreto do governo francês em 1783. Nessa época, os elementos mais destacados da corte francesa, em especial o rei e a rainha, haviam desenvolvido tamanha ojeriza por Chartres que não é impossível que tenham contratado Morande para arruinar-lhe a reputação aos olhos do público.[3]

Só podemos especular sobre o que teria provocado o primeiro libelo contra Orléans, mas o propósito do segundo, *Vie de Louis-Philippe-Joseph, duc d'Orléans* (1789),[4] é mais fácil de identificar. Quando foi publicado, Louis--Philippe-Joseph herdara do pai o título de duque de Orléans e fomentara oposição ao governo tanto no *parlement* de Paris como nas ruas da capital. Quando os Estados Gerais se reuniram em maio de 1789, ele sentou-se entre os nobres radicais, defendeu a causa do Terceiro Estado e apoiou todas as medidas revolucionárias com tanta audácia que muitos desconfiaram que pretendesse tomar o lugar de Luís XVI, como regente ou mesmo como rei de direito. As suspeitas de uma trama orléanista chegaram ao ápice durante os levantes de 5 e 6 de outubro de 1789, quando uma multidão de mulheres da feira, seguidas por Lafayette e pela Guarda Nacional, marcharam até Versalhes e trouxeram a família real de volta a Paris, onde permaneceria praticamente prisioneira no Palácio das Tulherias. Embora nenhuma prova existisse associando Orléans a uma conspiração contra a Coroa, a crença generalizada de que ele arquitetara a marcha sobre Versalhes fez com ele prudentemente aceitasse uma missão a Londres, onde permaneceria até julho de 1790. *Vie de Louis-Philippe-Joseph, duc d'Orléans* foi escrito em algum momento logo após as Jornadas de Outubro, a segunda da série de violentas *journées*, iniciadas em 14 de julho, que continuaram impelindo a Revolução para a esquerda até 1795.

A violência fora propiciada pelo povo — artífices e pequenos comerciantes, reforçados por profissionais liberais, especialmente advogados —, mobilizado nos sessenta distritos parisienses em que ocorreram eleições para a Assembleia dos Estados Gerais. Em meados de outubro de 1789, todos desconfiavam não apenas da corte, mas também da Assembleia Nacional, que acompanhara o rei a Paris. Os líderes mais conservadores da Revolução — especialmente Bailly como prefeito de Paris, Lafayette como chefe da Guarda Nacional e Mirabeau como o mais destacado orador da Assembleia Nacional — tentaram conter a violência popular. Fizeram preparativos para impor a lei marcial e excluíram os pobres dos batalhões da Guarda Nacional que patrulhavam as ruas para manter a ordem. E a calma, de fato, retornou em 1790, devido principalmente à queda no preço do pão após safras abundantes. O alto preço do pão frequentemente provocava tumultos quando ultrapassava o poder aquisitivo dos consumidores comuns, como acontecera pouco antes das *journées* de 14 de julho e de 5 e 6 de outubro de 1789. Os distritos, entretanto, continuavam a representar uma ameaça. Foram criadas assembleias de bairro e comitês executivos nos quais os militantes locais, os futuros sans-culottes, instigavam hostilidades contra os políticos que atuavam na Assembleia Nacional e na municipalidade de Paris. Sempre ansiosos por detectar conspirações, os radicais dos distritos especializavam-se em denúncias e, depois de outubro de 1789, fizeram de Bailly, Lafayette e Mirabeau, para não falar em Luís xvi e Maria Antonieta, seus principais alvos. *Vie de Louis-Philippe-Joseph, duc d'Orléans* ecoava esses sentimentos. Foi, para todos os efeitos, um panfleto político.

Por outro lado, é também uma "vida privada". A primeira metade do texto de 94 páginas narra a biografia de Orléans antes da Revolução e traz quase todas as anedotas que haviam aparecido no libelo de 1784 — o nascimento ilegítimo, a educação relapsa, a descoberta da libertinagem, o maltrato da esposa, a cumplicidade na morte do príncipe de Lamballe, as corridas de cavalos, a jogatina, a covardia em Ouessant e a especulação comercial com o novo projeto dos jardins do Palais-Royal —, mas não o segue de perto, pois modifica e retoca diversos detalhes: o jovem Chartres é iniciado no sexo por uma meretriz particularmente hedionda chamada Montigny, não por uma prostituta de luxo, mademoiselle Deschamps; Lamballe morre ao ser castrado, durante uma cirurgia desesperada para salvar-lhe da sífilis; e doenças venéreas aparecem em toda parte como sintomas da podridão moral que permeava a aristocracia — e Orléans em particular: "Não será surpresa nenhuma descobrir que, levando a mais desregrada e escandalosa vida possível, monseigneur sentia seus ossos calcinarem-se, queimarem-se, putrefazerem-se com o fatal veneno que inalara de todas as prostitutas que afagara" (27). Em vez de desfiar as anedotas como uma série de episódios estanques, aqui todas elas são confusamente agrupadas e embebidas em prolixa moralização. Não há descrições lascivas e, em contraste com as obscenidades de 1784, essa versão se levanta contra os males do sexo e lança insultos a todos a quem denuncia. Seus epítetos prediletos para Orléans são "facínora" e "monstro", termos que aparecem ao longo de todo o livro. O autor anônimo também enfatiza os males das conspirações, as quais detecta em toda parte sob a superfície dos acontecimentos, e se descreve como um dos poucos patriotas vigilantes que conseguia perceber as maquinações secretas dos inimigos da Revolução. Na realidade, conspiração é o tema central da biografia de Orléans a partir de 1789: "Pessoas bem informadas e céticas seguiram o duque d'Orléans nos insidiosos labirintos de seus projetos depois de pegarem o primeiro fio. Estudaram suas manobras, expuseram seus passos e descobriram os segredos de suas conspirações" (64-5). Longe de recorrer à ironia ou a algo que lembrasse o humor, adota um tom de indignação e repulsa. Não escarnece de Orléans; denuncia-o, censura-o e condena-o.

A retórica da denúncia se tornaria lugar-comum em 1793-4. O que torna *Vie de Louis-Philippe-Joseph, duc d'Orléans* extraordinário é o fato de adotar uma versão plenamente desenvolvida dessa retórica tão cedo na Revolução. O autor reclama que, depois de reunirem-se por seis meses (isto é, do início de maio ao final de outubro de 1789, período durante o qual o texto foi escrito), os Estados Gerais ou Assembleia Nacional não realizara praticamente nada. Nada! A derrubada de um poder soberano, a abolição do feudalismo, a Declaração dos Direitos do Homem e do Cidadão sequer são mencionadas. Em vez de reconhecer um ou outro desses grandes avanços de 1789, o autor insiste numa única medida, a mais importante de todas, como diz, que deveria ter sido decretada desde o início mas nem chegou a ser promulgada: uma lei que fixasse o preço do pão permanentemente em dois *sous* por libra. Se o povo não puder comprar pão por um preço decente, adverte ele, derrubará os aristocratas que conspiram contra ele na Assembleia Nacional e também na municipalidade de Paris: "Se Paris ficar sem pão neste inverno, ó aristocratas, é melhor que façais algo para salvar vossa pele. Fugi, carregai para longe vossas fortunas, pois o povo está enfurecido com todas as vossas falsas promessas e sinistras intrigas. Uma terceira revolução trará reparação por vossa repulsiva duplicidade" (89).

Esse linguajar lembra a velha ideia do complô da fome usada pelo rei e pela corte para subjugar o povo, mas também antecipa as denúncias dos *enragés* (homens enraivecidos) e dos hebertistas (seguidores de Jacques-René Hébert), que usariam o tema do pão para promover levantes entre os sans-culottes na fase mais radical da Revolução. O autor não apela aos elementos mais pobres da sociedade parisiense, que descreve como um "populacho" (64) volúvel[5] e mira sua retórica nos ditos bons burgueses (*honnêtes bourgeois*) (85). Entretanto, ele localiza essas pessoas em meio à gente comum dos distritos, especialmente do distrito St. Martin, que parece ter sido sua base de operações. Em suma, ele escreve como um radical imerso nas camadas mais reles da Revolução e o livro traz indícios dessa origem. Mal impresso em papel ordinário, as folhas montadas em cadernos de cores díspares, o texto repleto de erros ortográficos e tipográficos, parece um projeto feito nas coxas, às pressas, mostrando pouca ou nenhuma preocupação com o fraseado ou a coesão narrativa.

Mas por que um livro desses concentraria seu poder do fogo no duque d'Orléans? Uma sequência de conspirações quase pusera a Revolução a perder desde o início, revela. Orléans estivera por trás de todas elas e agora estava planejando tomar o poder e subjugar o povo mediante uma versão pessoal de despotismo real. Todos os líderes da Revolução eram corruptos, todos eles — Necker, Sieyès, Mousnier, Mirabeau, Bailly, Lafayette, a corja toda. Haviam sido comprados por Orléans e recentemente se reunido numa de suas propriedades. Num longo discurso (fornecido por um amigo patriota e que o autor reproduz), Sieyès defendera a necessidade de depor o rei e despachá-lo para um mosteiro, enquanto Lafayette escoltaria Orléans ao Hôtel de Ville e Bailly o proclamaria regente. A conspiração vazara antes que pudesse se materializar, mas Orléans teria outros complôs nas mangas. Num dado momento, chegou a convocar Maria Antonieta — "Ó execrável mulher, teus crimes, teus ultrajes, são mais numerosos que os minutos do ano!" (40) — para lhe abrir caminho livrando-se de Luís XVI, um "monarca imbecil" a quem ela já fizera impotente por meio de poções secretas (40). Com a colaboração de seu amante incestuoso, o conde d'Artois, ela mataria todos os herdeiros ao trono e o entregaria a Orléans (que teria obtido controle sobre ela depois de endividá-la). Essa trama, "a mais horrível e inimaginável conspiração" (40), fora abortada pelo irromper da Revolução, mas agora a própria Revolução estava prestes a sucumbir a uma nova sucessão de intrigas sendo urdidas por seus inimigos mais malévolos e mais pérfidos. A Revolução só seria salva pela destruição do homem que representava tudo o que ela abominava. E o autor coloca a questão ao leitor sem rodeios: "Seremos eternamente as vítimas deploráveis dos aristocratas?" (92). Caberia ao leitor, tido de antemão como um comilitante de algum distrito parisiense, responder a essa pergunta entrando em ação.

Vie de Louis-Philippe-Joseph, duc d'Orléans, lido a uma distância de mais de duzentos anos, pode parecer histérico e incoerente demais para ser levado a sério. Mas na segurança do presente é fácil subestimar as paixões e fantasmas que atormentavam os parisienses em 1789. Aquele foi o ano em que os eventos escaparam de todo e qualquer controle, em que as pessoas comuns mal conseguiam comprar seu pão diário, em que as ruas se atulharam de amotinados e arruaceiros, cabeças eram desfiladas na ponta de lanças e soldados ameaçavam levar a repressão para dentro das casas com baionetas, enquanto no longínquo âmbito da política oradores furiosos discursavam uns contra os outros ensandecidamente, enchendo o ar com uma língua estranha e aprovando resoluções para refazer o mundo. Escrito numa linguagem capaz de ressoar entre a arraia-miúda (*menu peuple*) de Paris, *Vie de Louis-Philippe-Joseph, duc d'Orléans* foi uma das primeiras de muitas tentativas de mobilizar as camadas populares na Revolução e voltá-las contra os líderes revolucionários. Orléans era um alvo particularmente atraente porque parecia incorporar não só os aspectos mais odiosos da velha aristocracia como também os elementos mais suspeitos da nova elite política. Além disso, dispunha de abundantes recursos para montar uma campanha de propaganda em seu favor. O terceiro libelo, *Vie secrète de Louise-Marie-Adélaïde de Bourbon Penthièvre, duchesse d'Orléans, avec ses correspondances politiques* (1790), faz parte dessa contraofensiva. Lido concomitantemente com *Vie de Louis-Philippe-Joseph, duc d'Orléans*, mostra por que os partidários de Orléans se julgavam vulneráveis e como tentaram aparar os golpes desferidos contra o duque.

O título, *Vie secrète de Louise-Marie-Adélaïde de Bourbon Penthièvre, du-*

chesse d'Orléans, sugere que pertence ao grande corpus de vidas "privadas" e "secretas" que difamavam seu sujeito, mas algumas dessas obras eram argumentos que o defendiam. Com suas promessas de revelar material secreto, instigavam o leitor a esperar calúnias, mas logo revertiam essa expectativa e tentavam conquistar suas boas graças provando que o herói fora injustamente denegrido. Como narrativas biográficas, tentavam expor a pessoa privada por trás da persona pública a fim de revelar um domínio "secreto" de inconspurcada virtude. A *Vie secrète* da esposa de d'Orléans leva essa estratégia ao extremo, apresentando-a como esposa e mãe dedicada, tão devotada à virtude doméstica, na verdade, que deveria ser considerada uma *bonne bourgeoise* (47). Seu nascimento, sua educação, sua juventude, seu casamento feliz, sua caridade para os pobres — tudo na biografia testifica uma vida privada exemplar. Além disso, do seio privado da família, ela apoiava as atividades públicas patrióticas do duque. Excertos (claramente inventados) da correspondência entre ambos durante o inverno de 1789-90 mostram-na insistindo para que ele demonstrasse dedicação ainda maior à Revolução, enquanto ele respondia de Londres que esperava obter resultados maravilhosos da missão secreta que estava coordenando com Mirabeau e Necker. A duquesa também mantinha boas relações com os patriotas mais ilustres de 1789 — Mirabeau, Barnave, Lameth, Pétion, le Chapelier. Mas, como boa esposa, permanecia sempre em segundo plano: "Ela confiava que, inspirando em seu marido sentimentos mais humanos, mais generosos para com o povo sensível e sofredor, estaria realizando uma boa obra agradável a Deus. Devido a esse princípio de compaixão cristã, ela compartilhava as opiniões de seu consorte e o incentivou a fomentar secretamente a revolução que se realizou" (50).

Não que o patriotismo de Orléans precisasse de alento. O panfleto — na verdade, um volume substancial de 83 páginas — dedica tanto espaço às virtudes dele quanto às de sua esposa. Refuta praticamente todas as acusações mais frequentes nos libelos escritos contra ele, anedota por anedota. Por exemplo, celebra a reconstrução do Palais-Royal como exemplo da mestria arquitetônica do duque e de seu sólido tino comercial. Ele ganhou dinheiro com o empreendimento, é certo, mas usou sua riqueza para aliviar o sofrimento dos pobres durante o terrível inverno de 1788-9 — e, por falar nisso, o que havia de errado em um membro da família real dedicar-se aos negócios? Ao contrário do conde d'Artois, que esbanjava sua fortuna no luxo e em prazeres pessoais, Orléans era um príncipe progressivo. Ele renunciara a seu título e a todas as taxas feudais a que tinha direito. Ganhando a vida com suas próprias empresas e feliz no seio de sua família, ele era um patriota modelar. Na realidade, o duque e a duquesa retratados em *Vie secrète* parecem ser modelos antecipados da "monarquia burguesa" que seu filho, Louis Philippe, instalaria na França em 1830.

O duque d'Orléans de 1790, um patriota burguês e um homem do povo, não permanecia confinado à esfera doméstica. Ele era um revolucionário genuíno — ou, como diz o panfleto, "pai do seu povo e antagonista dos príncipes" (vii). Ao designá-lo com esse título, convoca-o a substituir Luís XVI, pois a revolução atingira uma fase tão crucial que Orléans tinha de ser nomeado regente. Não havia dúvidas acerca de seu patriotismo, visto que apoiara secretamente a causa revolucionária desde o princípio. Agora ele deveria assumir o poder e, ao fazê-lo, pôr fim às intrigas de Maria Antonieta, que vinha dissipando o tesouro público em prol de seu irmão em Viena e tramando tomar controle do reino. Luís XVI era uma nulidade. A rainha estava prestes a depô-lo e governar em seu próprio nome, a despeito das restrições da Lei Sálica que excluía as mulheres do trono. Somente as ações heroicas do duque poderiam salvar a Revolução nesse mais crítico dos momentos.

Na verdade, a crise mitigou-se em 1790, quando o preço do pão voltou ao normal, os deputados da Assembleia Nacional se concentraram em elaborar uma nova ordem constitucional e o país celebrou a vitória sobre o Ancien Régime numa onda de sentimentos patrióticos em 14 de julho, o primeiro aniversário comemorativo da tomada da Bastilha. *Vie secrète* não chega a explorar esse estado de ânimo dominante no país, mas aproveita-se do ressentimento cada vez maior contra Maria Antonieta. Tomando por base os libelos escritos contra a rainha, faz a duquesa parecer sua antítese: defendendo a causa orleanista, celebra o casal modelo e contrasta-o com a incompetência e depravação personificadas por Luís XVI e Maria Antonieta. A personalização da política tornara-se uma corrente poderosa na época. *Vie secrète* mostra como ela atuava nas polêmicas revolucionárias e como libelos eram usados para combater libelos.

À medida que a Revolução ia entrando na fase mais violenta, aumentava também a violência das polêmicas. *La vie et les crimes de Philippe duc d'Orléans* (1793), o quarto libelo envolvendo Orléans, ilustra essa tendência que já permeava a propaganda da direita contrarrevolucionária. O livro foi provavelmente impresso em Colônia, como indica a página de rosto, e foi com certeza escrito por um propagandista da causa dos *émigrés* — os aristocratas que fugiram da França depois de 14 de julho de 1789 e continuaram chegando à Renânia até bem depois do colapso da monarquia em 10 de agosto de 1792. Muitos *émigrés* odiavam Orléans ainda mais do que odiavam os jacobinos, porque ele, como primo de Luís xvi e membro da Convenção revolucionária, tinha depositado um voto crucial no julgamento do rei, que culminara na execução de Luís em 21 de janeiro de 1793.

O quarto libelo extrai grande parte de seu material do primeiro, mas adota um tom moralista semelhante ao do segundo e do terceiro, ainda que de uma perspectiva contrarrevolucionária. Em termos de estrutura e estilo, difere do libelo de 1789 por oferecer uma cronologia clara da vida de Orléans. As anedotas, desde o nascimento ilegítimo do duque até sua humilhação com a prostituta em Modena e o episódio das fivelas de diamante, seguem-se umas às outras, como no texto de 1784, mas o autor anônimo as narra com mais indignação do que ironia. Como seu predecessor de 1789, cumula seu anti-herói de insultos, lamentando que a língua francesa não contivesse nada mais forte do que os desgastados epítetos *scélérat* (celerado, facínora) e *monstre* (52). Quando chega à Revolução, enfatiza as implicações políticas que poderiam ser extraídas da história da vida privada de Orléans: "Mostraremos que ele é um mau cidadão, um traidor de sua pátria, do rei, da nobreza à qual pertenceu. Veremos como faz uso da bandeira da revolta, de subornos e até da máscara de virtude e de patriotismo para atingir suas metas e avançar pouco a pouco em direção ao ápice do crime, tornando-se assassino de seu parente, o mais virtuoso dos reis" (36).

Em vez de oferecer um relato detalhado do papel de Orléans na história política da Revolução, o autor se atém a observações genéricas sobre suas maquinações e sua corrupção. Ele nota que Orléans orquestrara as Jornadas de Outubro e depois conspirara de diversas maneiras para impedir que a monarquia constitucional pudesse funcionar. Curiosamente, não atribui grande importância à função desempenhada por Orléans na crise que quase destruiu a monarquia no verão de 1791, quando se suspeitou que estivesse tentando tornar-se regente no lugar de Luís xvi, aproveitando-se da agitação desencadeada pela fuga do rei para Varennes em 20 de junho, que culminou no massacre do Campo de Marte em 17 de julho. O autor passa por cima de todos esses eventos e salta diretamente para a crise que por fim derrubou a monarquia em 1792, mas mesmo aqui não dá atenção às intrigas políticas que levaram à insurreição de 10 de agosto, às eleições para a Convenção e aos Massacres de Setembro. Apenas indica que Orléans tivera participação em todos esses desastres, numa súmula da moral do livro inteiro: vícios privados levam a calamidades públicas. Sob essa óptica, o voto de Orléans pela execução do rei foi a culminação de uma vida de crimes e um ato que precipitou a suprema tragédia da história do reino. Mas os leitores podiam se consolar sabendo que Orléans logo seria punido. Ele se encontrava numa prisão em Marselha, onde certamente seria assassinado ou guilhotinado. Qualquer que fosse o seu fim, o autor desincumbira-se de sua tarefa, a saber, "apresentar aos franceses todo o negrume do caráter moral do assassino de seu rei" (100).

> Franceses, cocidadãos, meus irmãos, possa este tableau despertar em vós o mais ativo horror, possa despertar todas as faculdades de vossa alma e de vossa mente. Considerei-me obrigado pelo dever apresentá-lo a vós, fiéis súditos do mais virtuoso dos reis, e exacerbar vossa aversão ao vício e vosso amor aos soberanos; a vós, ilustres *émigrés*, a fim de exaltar vossa bravura ainda mais, se isso fosse possível. (100)

Não havia dúvida quanto à ideologia que unia o autor a seus leitores. Ele evoca as doutrinas da Igreja Católica e condena o "filosofismo moderno" (91), em contraste com o autor do libelo de 1789, que apela ao "divino Jean-Jacques".[6] Não obstante, os dois escritores têm certo terreno comum. Ambos relegam um estudo aprofundado da política revolucionária, pois tratam os acontecimentos como o produto de personalidades. Para ambos, a "vida secreta" dos líderes da revolução determinou em última análise o curso inteiro de suas obras. Produzir um retrato do vilão supremo da Revolução significava, portanto, expor a sua dinâmica interior, mesmo para aqueles que escrevessem de lados antagônicos e buscassem promover resultados opostos.

O último libelo acompanha Orléans até a morte. Na verdade, *Vie de L.-P.-J. Capet, ci-devant duc d'Orléans, ou mémoires pour servir à l'histoire de la Révolution française* (An II) persegue-o até o além-túmulo. O frontispício defronte à página de rosto observa que ele foi guilhotinado em 17 brumário, ano II (6 de novembro de 1793), cuja legenda serve de epitáfio negativo: "Infiel a tiranos e traidor de sua pátria". O texto deriva em grande parte do libelo original de 1784: três quartos do material são as mesmas anedotas, ligeiramente reordenadas e com um ou outro detalhe diferente (por exemplo, o preço das fivelas de sapato de diamante é inflado para 600 mil *livres* e a avareza de Orléans posta a nu quando um diamante se solta durante um baile). Quando chega à Revolução, o autor anônimo renega narrar os acontecimentos e contenta-se em extrair uma lição moral de suas consequências: as forças do bem e do mal haviam se digladiado até o momento da morte de Orléans, mas agora, graças à coragem dos sans-culottes e à vigilância dos líderes da Revolução, o bem triunfara. O maniqueísmo que atua no processo histórico podia ser visto mais claramente no caráter dos protagonistas: de um lado, Orléans e seus comparsas, "todos trapaceiros, sicofantas, sovinas, sem gênio, sem coragem"; do outro, "homens de gênio, lídimos, *philosophes*, filhos verdadeiros da liberdade, que com braços poderosos e eloquência viril derrubaram o trono, destruíram a superstição e permitiram que um só altar remanescesse, o da razão" (55).

O tom moralizante significa que todos os detalhes lascivos tiveram de ser eliminados das anedotas: "Leitor, não esperes que eu macule esta obra com a descrição das infames orgias de um homem que exalava perversão de todos os seus poros" (17). O autor lida com epítetos, não descrições — ao contrário de Manuel, que oferece ao leitor descrições vivazes da imoralidade sob o Ancien Régime. Na verdade, Manuel é denunciado como o coconspirador de Orléans que cunhara o nome Philippe Egalité para ocultar seu caráter corrupto e aristocrático (46). O autor congratula as autoridades revolucionárias por refrear a prostituição e reprimir a luxúria. A França, livrando-se dos aristocratas empoados e emperucados, tivera sua fibra moral fortalecida. E não havia nada mais atraente do que uma camponesa com flores no cabelo e um "varonil sans-culotte" de rosto limpo (32). O autor discute esses assuntos com seus leitores de maneira franca, de homem para homem (seu tom parece excluir as "mulheres do povo"), de um sans-culotte para outro: "Tremei, honestos e virtuosos sans-culottes, mas devo ainda narrar outros crimes" (19). O público visado era óbvio, mas por que o autor se esforça tanto para condenar um vilão que não era mais uma ameaça? Ele deixa suas intenções claras no prefácio: "Cidadão da França, meu irmão, meu camarada, toma isto e lê. Amarás ainda mais o ditoso governo a ti conferido por um destino propício e pelo vigor de teus braços" (vi). O libelo era uma tentativa de granjear apoio para o governo dentre as forças populares que o haviam catapultado ao poder. É pura propaganda robespierriana, à qual os robespierrianos tinham de recorrer porque não se sentiam seguros de que permaneceriam no poder.

Em cada ponto crucial de sua trajetória, a Revolução guinara para a esquerda mediante insurreições. Em 14 de julho de 1789, 5 e 6 de outubro de 1789, 10 de agosto de 1792 e 31 de maio a 2 de junho de 1793, os artífices e trabalhadores de Paris forneceram a violência que fazia com que os impasses políticos se resolvessem. De sua própria perspectiva, portanto, a gente comum ou arraia-miúda (*le menu peuple, les petites gens,* geralmente designados sans-culottes a partir de meados de 1792) estava sempre sendo explorada pelos "grandes" (*les grands, les gros,* os que detinham poder e tendiam a ser conhecidos como aristocratas, qualquer que fosse sua nascença). No outono de 1793, o povo aprendera a desconfiar de líderes políticos que usavam a violência popular para seus próprios fins, sem cumprir as promessas de atender demandas populares. Os sans-culottes das 48 Seções de Paris (que tinham substituído os distritos eleitorais de 1789) derrubaram a monarquia numa sangrenta batalha urbana em 10 de agosto de 1792. Sua intervenção abriu o caminho para que um ministério brissotiano interino governasse enquanto eram realizadas eleições para uma Convenção apta a criar uma nova ordem republicana. Entretanto, uma vez instalados na Convenção, os políticos "brissotianos" ou "girondinos" nada fizeram para atender às exigências dos sans-culottes — controle de preços, medidas enérgicas para vencer a guerra e a supressão dos suspeitos de contrarrevolução. Na realidade, à medida que as condições se deterioravam em todos os frontes, os girondinos passaram a atacar abertamente as Seções. Os sans-culottes deram o troco de 31 de maio a 2 de junho, invadindo a Convenção e expurgando-a dos líderes girondinos. Mas o que garantia que os montanheses (jacobinos radicais) que tomaram seu lugar seriam mais fiéis ao programa dos sans-culottes?

Os preços continuaram a disparar durante todo o verão de 1793. Enquanto isso, os exércitos invasores ameaçavam descer sobre a capital, os simpatizantes dos girondinos se revoltavam nas maiores cidades provincianas e a situação na Vendée se degenerava em guerra civil. Um Comitê de Salvação Pública composto pelos principais montanheses, inclusive Robespierre, revelou-se não mais eficaz que os ministros girondinos em dominar a situação. Para piorar as coisas, um novo grupo de radicais, os hebertistas, criavam forte excitação nas Seções, exigindo preço fixo para o pão e a execução sumária dos contrarrevolucionários. Sans-culottes militantes tomaram de assalto a Convenção em 4 e 5 de setembro — outra insurreição potencial, que por um tempo pareceu repetir os acontecimentos de 31 de maio a 2 de junho. Mas os montanheses conseguiram aplacar os sans-culottes cooptando seus líderes e prometendo medidas vigorosas para pôr em prática seu programa. A Convenção decretava uma medida de emergência após outra: uma draconiana Lei dos Suspeitos (17 de setembro), a Lei do Máximo Geral tabelando os preços (29 de setembro) e a centralização do poder no Comitê de Salvação Pública (10 de outubro, seguida de leis complementares em 4 de dezembro).

Em retrospecto, a instauração do Terror sob a ditadura do Comitê de Salvação Pública parece uma política coerente e premeditada. Na época, porém, foi uma resposta improvisada a circunstâncias que se modificavam a cada instante. Ninguém sabia se a situação se sustentaria ou para onde levaria. Durante várias semanas, o Tribunal Revolucionário pareceu hesitar em despachar os prisioneiros identificados mais ostensivamente com a contrarrevolução. Maria Antonieta e os líderes girondinos só foram guilhotinados em outubro, e Orléans, que fora preso em 5 de abril, só subiu ao cadafalso em 6 de novembro. Durante esse período, Robespierre e os outros onze membros do Comitê de Salvação Pública continuaram apreensivos, receando serem varridos do poder por novas ondas de violência popular. As Seções tinham seus próprios batalhões e organizações políticas. A soberania, tal como a entendiam, lhes era inerente — isto é, ineria à gente comum, reunida em assembleias de bairro onde expressavam sua vontade diretamente; não pertencia aos políticos que diziam falar em nome do povo enquanto faziam pose e entravam em palanfrórios intermináveis no palco nacional. No verão de 1794, o Comitê de Salvação Pública desmantelaria as Seções e absorveria seus líderes no exército e na burocracia revolucionária. No final de 1793, contudo, ainda se esforçava para preservar seu apoio, o que significava não só promulgar o seu programa mas também conquistá-los por meio de propaganda.

Vie de L.-P.-J. Capet, ci-devant duc d'Orléans faz parte dessa ofensiva propagandística. Sua página de rosto anuncia que fora impresso na "Imprimerie de Franklin, rue de Cléry nº 75". Três outros libelos lançados mais ou menos na mesma época trazem o mesmo endereço: *Vie secrète de Pierre Manuel, Vie secrète et politique de Brissot* e *Vie privée et politique de J.-R. Hébert*. Outra edição da *Vie privée* de Hébert traz um subtítulo adicional — "Para servir de continuação às vidas de Manuel, Pétion, Brissot e Orléans" — e um libelo contra duas outras vítimas do Terror, *Vie privée de l'ex-capucin François Chabot et de Gas-*

pard Chaumette, também diz ter sido impresso na rue de Cléry, embora no número 15, não 75. Não consegui identificar as gráficas que funcionavam nesses endereços, mas no auge do Terror Benjamin Franklin foi celebrado como tipógrafo e homem do povo pelos revolucionários franceses, de modo que não chega a surpreender que seu nome tenha sido usado para legitimar panfletos que defendiam o Comitê de Salvação Pública atacando seus inimigos.

A linha de ataque seguia a doutrina partidária dos robespierrianos. Um pós-escrito no final de *Vie de L.-P.-J. Capet, ci-devant duc d'Orléans* nota que Robespierre desmascarara a mais hedionda conspiração de Orléans num discurso recente perante a Convenção: o antigo duque tramara assumir o trono e entregá-lo ao duque de York. Essa informação contradiz uma passagem no mesmo livro, segundo a qual Orléans alienara membros da família real na Inglaterra comportando-se de maneira abominável e covarde em suas visitas a Londres. Entretanto, como o Incorruptível havia se pronunciado, o panfletista achou melhor retratar-se: "É muito natural que as informações disponíveis ao cidadão Robespierre sejam superiores às minhas; tal covardia é bastante extraordinária, embora se conforme com o caráter de Philippe" (56). Em todos os pontos, o panfleto defende o governo revolucionário: "O regime atual é uma obra-prima do espírito humano" (viii). Todavia, seus protestos são enfáticos demais, como se o autor se sentisse compelido a reafirmar a justiça dos homens por trás do Terror. Não resta dúvida, explica ao leitor, que os *grands* que haviam dominado governos anteriores sempre foram corruptos. Eram a destilação de todos os piores vícios: "vileza, crueldade, devassidão, infâmia e covardia" (vii). O governo atual, porém, era baseado na virtude. Graças às ações vigorosas dos sans-culottes e à vigilância inequívoca do Clube dos Jacobinos, uma nova era estava raiando na história da humanidade: "Ó, semelhante meu que lês esta história, pensa como a humanidade foi degradada! Conclama bênçãos para nossa ditosa revolução e não te assombres que os nobres e os *grands* ainda existam sobre a terra. Não, não, o dia não está longe em que todas essas quiméricas grandezas desaparecerão, quando todos os povos imitarão a augusta nação francesa e respeitarão somente a liberdade e a razão" (38-9).

O duque percorrera um longo caminho. Depois de fornecer escândalos cativantes para leitores sofisticados sob o Ancien Régime, ele incitou indignação moral em todas as facções desde as primeiras fases da Revolução. E, do além do túmulo, forneceu aos robespierrianos o material de que precisavam para afirmar sua autoridade perante os sans-culottes. Embora a temática tenha permanecido a mesma, seu significado não parou de mudar. Qualquer que tenha sido, porém, contraria o tão abusado provérbio francês, *Plus ça change, et plus c'est la même chose.*

26. Sexo e política

Sexo nos altos escalões sempre existiu. Figuras públicas têm vidas privadas. Também têm uma vida sexual, que geralmente tentam manter privada. Quando sua vida sexual transborda para a vida pública, pode tornar-se um problema político — embora não necessariamente: em algumas sociedades, o governante chega a valer-se de sua virilidade para impressionar os governados ou, caso haja um sistema de crenças apropriado, até para fazer com que as plantações tenham boa safra. Devido à grande diversidade de crenças, valores e maneiras de organizar o poder, a interação entre sexo e política assumiu os mais variados aspectos ao longo da história, mas sempre exprimiu os pressupostos que tornam sua reciprocidade concebível — em particular, o senso basilar de que, inevitavelmente, as vidas pública e privada colidem entre si e invadem a alçada uma da outra.

Na França, a demarcação das esferas pública e privada sob o Ancien Régime se dava primordialmente por meio de instituições ligadas ao rei: a corte, a Igreja, o judiciário e a polícia.[1] Fazia-se conhecer por meio de cerimônias, atos de ostentação real, arquitetura, música, imagens e todos os meios de difundir informação. Os libelos eram um elemento bastante secundário nessa topografia cultural cuidadosamente desenhada, mas eram importantes porque a perturbavam. Expunham a vida privada do rei perante seus súditos, traziam questões da corte à vistoria pública e tratavam o povo como se fosse participante dos assuntos arcanos de governo, ainda que apenas como testemunha. Não que os libelos sempre abalassem as figuras políticas, pois o sistema era capaz de absorver boa dose de turbulência. As épocas variavam e variava também o poder da calúnia. Os libelos podiam ser chocantes, irreverentes, blasfemos, engraçados, triviais, sacrílegos ou sediciosos, mas sempre traziam a marca da cultura em que estavam imersos. Apelavam aos valores e preconceitos predominantes, faziam uso de convenções retóricas conhecidas, teciam histórias em conformidade com os cânones usuais e usavam a linguagem de maneiras que faziam sentido a seus leitores. Se atentarmos aos pressupostos que os subjaziam, eles podem nos revelar muito sobre o mundo em que foram escritos. Em vez de serem relegados como escuma literária, os libelos merecem ser estudados a sério. Eles proliferaram principalmente sob Luís XV e Luís XVI, embora mesmo no auge de seu desenvolvimento, entre 1770 e 1790, continuaram recorrendo a motivos que datam dos séculos XVI e XVII.

O libelo sexual mais famoso da época de Luís XIV — e, provavelmente, o mais lido — foi *Histoire amoureuse des gaules*, de Roger de Rabutin, conde de Bussy. O histórico editorial da obra ilustra bem os perigos de publicar o privado numa época de absolutismo real. Bussy-Rabutin (geralmente conhecido apenas como Bussy), um libertino notório, nunca pretendeu publicar seu texto, um *roman à clef* sobre intrigas amorosas na corte. Ele dizia que o escrevera apenas para se entreter enquanto esteve exilado em sua propriedade em Burgundy em 1659-60.[2] Tempos depois, em diversas ocasiões, ele o leria em voz alta para pequenos grupos de cortesãos. Certo dia, madame de la Baume pediu-lhe emprestado o manuscrito para que pudesse lê-lo em particular. Sem que ele soubesse, porém, ela fez uma cópia do texto e não demorou até que as cópias se multiplicassem. Notícias da disseminação do escândalo acabaram chegando ao rei, que despachou Bussy para a Bastilha em 1665. Depois de um ano de confinamento, ele foi novamente exilado para a propriedade. E embora lhe permitissem reaparecer na corte em 1687, continuou excluído de todas as funções públicas até sua morte em 1693.

Inevitavelmente, diferentes versões das cópias manuscritas acabaram sendo impressas. A primeira edição, que inclui uma chave que permite ao leitor identificar os nomes fictícios, foi publicada em Liège em 1665 e reimpressa pelo menos onze vezes até 1700. Em 1666, outra versão apareceu com o título *Histoire amoureuse de France*, contendo os nomes reais das personagens e alguns versos escatológicos, conhecidos como "Aleluias", insultando o rei e membros

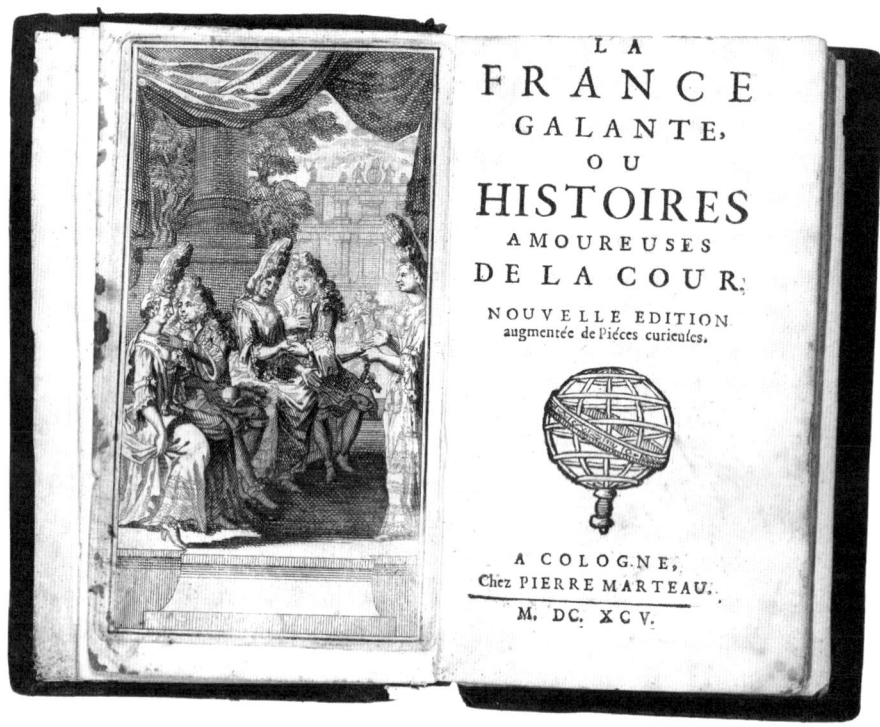

Figura 43. *La France galante*, edição de 1695. (Bibliothèque Nationale de France)

da família real. Essa versão teve pelo menos quatro edições até o final do século e foi seguida por outras obras com títulos como *Amours des dames illustres de notre siècle* e *Recueil des histoires galantes*, que mergulhou as historietas levemente eróticas de Bussy numa profusão de contos sexuais vulgares e obscenos. A mais conhecida dessas sequências, *La France galante, ou histoires amoureuses de la cour*, que teve no mínimo cinco edições nas décadas de 1680 e 1690, costumava ser atribuída a Bussy, embora ele não tivesse participação alguma. O texto dessa obra foi enxertado no seu em edições posteriores e, mais tarde, outras obras "galantes" foram acrescentadas, formando uma grande antologia de libelos sobre sexo na corte de Luís XIV. A expansão da biblioteca pseudobussyana chegou ao auge em 1754, com a publicação de uma edição em cinco volumes com o título usual. Em 1789, essa edição já fora reimpressa diversas vezes e Bussy conquistou a reputação de ter sido outro Aretino.[3]

Bussy escreveu apenas uma minúscula parcela dos libelos atribuídos a ele. A versão original de seu livro, tosada de todas as excrescências que foram se

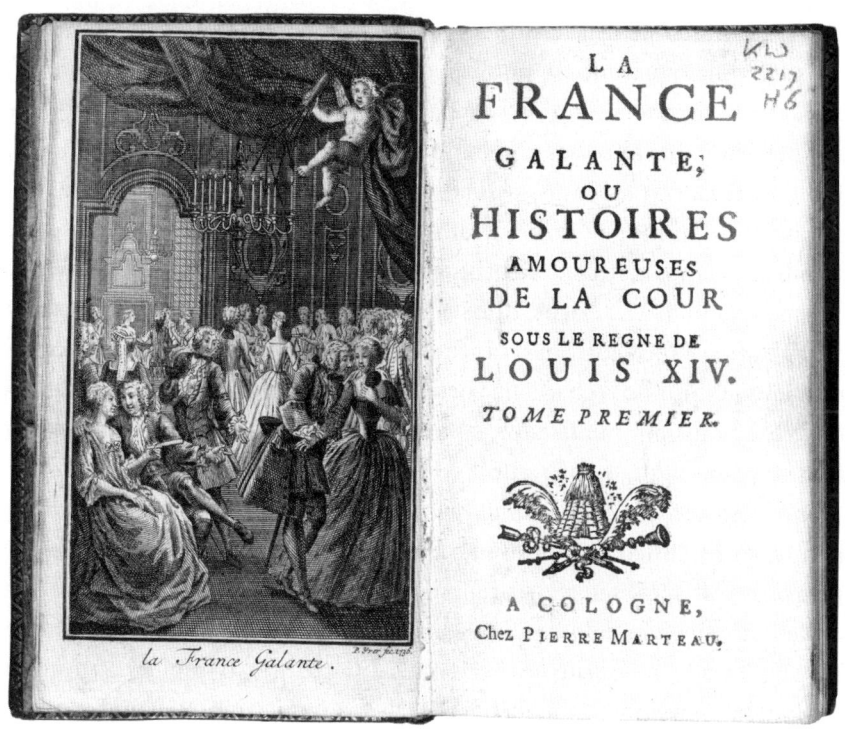

Figura 44. *La France galante*, edição de 1754. (Bibliothèque Nationale de France)

acumulando com o tempo, é hoje reconhecida como uma das mais belas obras de um século de grandes obras literárias. Qual foi, então, a natureza de seu delito? Não resta dúvida de que *Histoire amoureuse des gaules* expõe os pecadilhos de cortesãos e cortesãs proeminentes e que, antes de narrar suas intrigas, apresenta retratos impiedosos do eu interior e exterior de diversos nobres. Mas tudo é escrito em belo e casto francês, semelhante ao de sua prima, madame de Sévigné. Além do mais, não continha nenhuma irreverência ao rei, o qual, aliás, apreciava a espirituosidade erótica de Bussy (chegou a pedir um exemplar de *Maximes d'amour* para ler ao lado de sua amante, mademoiselle de La Vallière) e apoiou sua eleição para a Académie Française em janeiro de 1665. Alguns dos eventos discutidos em *Histoire amoureuse* datam de 1649 e eram bem conhecidos na corte. Bussy simplesmente reordenou-os numa narrativa cristalina que deve muito a fontes clássicas como *Satiricon*, de Petrônio. E ele não "publicou" esses relatos; apenas os lia para pequenos grupos de membros afins da corte. Performances orais desse tipo eram consideradas entretenimento aceitável na aristocracia. Madame de la Baume, porém, cruzou a linha do permissível, a linha que dividia o privado do público, quando circulou sua cópia clandestina. Depois disso, tornou-se impossível estancar a proliferação de novas cópias e Bussy percebeu que as coisas não iam ficar nada bem para ele. Tão logo soube que seu manuscrito tornara-se "relativamente público",[4] pediu explicações a madame de la Baume e os dois tiveram uma briga violenta. Mas já era impossível conter os danos e, quando a primeira edição impressa foi lançada, Bussy já estava na Bastilha. Mexericos, ditos espirituosos e todo tipo de virtuosidade oral podiam ser tolerados na França de Luís XIV, desde que permanecessem confinados ao mundo fechado da corte. Se exsudassem para fora, a situação se agravava; e se fossem publicados, como manuscritos ou livros impressos, podiam se tornar questões de Estado.

A publicação de *Histoire amoureuse des gaules* implicou Bussy em complexos imbróglios, difícil de desenredar. Embora as evidências sejam ambíguas, parece provável que o seu texto original corresponde à versão mais tardia, mais completa e mais escandalosa publicada como *Histoire amoureuse de France* em 1666.[5] Tenha ou não escrito a versão mais difamatória, o público atribuiu-a a ele e associou seu nome às sequências cada vez mais caluniosas que continuaram aparecendo a partir de 1665. Entretanto, independentemente do grau de detração envolvido, o crime de Bussy foi basicamente ter violado a fronteira que impedia que as questões da corte fossem contempladas pela plebe. Nenhum membro da corte podia admitir que sua vida privada fosse exposta em público sem sentir-se humilhado. Madame de Sévigné, alvo de algumas das sátiras mais mordazes, expressou bem a atitude prevalecente: "Estar nas mãos de todos, tornar-se obra impressa, acabar como um livro que diverte todas as províncias onde essas coisas causam danos irreparáveis, encontrar-se a si mesma nas bibliotecas [...!]".[6] A essência do crime de Bussy, do qual não era culpado, consistiu na publicação, não na redação da obra.

Comparado com a impudência de ser publicado, o conteúdo do livro é relativamente inofensivo. Não contém nenhum tipo de comentário político, embora muitas das intrigas narradas tenham ocorrido durante a Fronda. Angélie (a duquesa de Châtillon), uma das duas principais anti-heroínas, quase acaba implicada num complô para assassinar Mazarin, é aprisionada por ele, perde o marido em uma das batalhas da guerra civil, tem um caso com o príncipe de Condé (comandante das forças que combateram a Coroa nas fases finais da Fronda) e, em certo momento, considera a possibilidade de casar-se com o pretendente Stuart, que ascenderia ao trono britânico em 1660 como Charles II. Quase todos, de quase todas as facções políticas, se apaixonam por ela, mas ela só se interessa por fama e dinheiro, e em momento algum seus idílios amorosos se confundem com a política. A única coisa que importa nessa *histoire amoureuse* é o próprio amor, ou melhor, os jogos que acompanham o amor. Amantes vigiam uns aos outros, interceptam cartas, subornam os criados de seus rivais, trapaceiam e fazem papel de tolo — tornando-se ridículos quando perdem ou pavoneando-se comicamente quando vencem. Importam-se menos com a conquista sexual do que com a aparência de conquista, pois paixão é algo que raramente sentem. Desejam pouco mais do que impressionar os outros na corte, conquistar a reputação de intrepidez no amor e evitar a humilhação. O narrador, que participa da ação com seu nome verdadeiro, humilha todos eles. Ele se apresenta como o maior dos sedutores e faz os demais protagonistas parecerem ridículos no corre-corre geral para trocar de parceiros. Sob o olhar devastador de Bussy, suas personagens desempenham papéis numa comédia erótica que carece de referência a qualquer outro valor que não seja a exaltação do eu. Há sexo nesse mundo cruel, mas apenas como um meio para um fim. É quase o oposto de libidinoso e totalmente apolítico.

La France galante, supostamente uma continuação do livro de Bussy, mostra como o velho tema do sexo na corte foi se politizando.[7] Também contém "retratos" sardônicos dos grandes e mostra-os atropelando-se uns aos outros numa disputa renhida para seduzir e pôr cornos. Como *Histoire amoureuse des gaules*, foi publicado numa edição em formato duodécimo [12,5 cm × 18,7 cm], ideal para esconder no bolso enquanto se busca o local ou momento adequado para lê-lo sub-repticiamente. Mas é muito mais grosso que o livro elegante de Bussy. A edição de 1695 tem 492 páginas, com tipologia densa, e inclui sete noveletas. Luís XIV aparece em todas elas, ostentando um nome imponente — *le Grand Alcandre* —, mas é uma figura deplorável. Nas primeiras narrativas, que se passam na fase inicial de seu reinado, ele só pensa em seduzir mulheres, como todos os outros, mas elas quase sempre o fazem parecer ridículo. Numa das histórias, ele acaba reduzido ao papel de um criado. Uma de suas amantes, madame de Montespan, está prestes a dar à luz. O rei deseja estar presente ao evento, mas em segredo. Faz com que um médico tenha os olhos vendados e seja levado ao quarto secreto. Sem saber onde está ou quem o convocou, o médico pede um pouco de comida e vinho, e o rei, a quem ele toma por um plebeu, é constrangido pela situação a servi-lo à mesa — uma cômica inversão de papéis para um leitor do século XVII familiarizado com a teatralidade dos jantares reais em Versalhes. Numa cena posterior, Luís e madame de Maintenon estão brigando e acabam trocando insultos tão grosseiros quanto os de quaisquer outros amantes. Ele faz questão de lembrá-la de sua vida de casada com o poeta deformado Pierre Scarron, mas ela acaba levando a melhor escarnecendo do seu desempenho na cama. Ao contrário de alguns dos amantes que tivera, diz ela, o rei possui algumas deficiências anatômicas — e, além do mais, cheira mal. Ao longo das narrativas, Luís tenta impor sua vontade numa corte caótica, mas põe a perder suas medidas mais autoritárias, manda infratores para o exílio e depois inexplicavelmente os traz de volta, confunde-se com suas próprias intrigas e acaba cativo de beldades menores. Longe de governar como um Rei Sol, ele parece e age como uma pessoa qualquer, exceto pelo fato de que seu comportamento vil numa posição exaltada o torna muito mais ridículo do que os meros mortais.[8]

As últimas histórias de *La France galante* mostram Luís perto do fim de seu reinado, reduzido à impotência como amante e como soberano. Ele caiu totalmente sob o domínio de sua última amante, madame de Maintenon, que por sua vez é manipulada por jesuítas ladinos. Seguindo instruções das forças retrógradas e intolerantes agindo por trás do trono, o rei tenta estabelecer uma atmosfera de austera devoção em Versalhes, mas os jovens cortesãos parecem degenerados. Ao contrário de seus predecessores em *Histoire amoureuse des gaules*, eles não dão a mínima para a galanteria e são contumazes na petulância. Os maridos têm vergonha que se saiba que dormiram com suas esposas; as esposas fornicam com seus criados domésticos; irmãos seduzem irmãs; mulheres correm sôfregas atrás dos homens; e os homens recuam para a homossexualidade. Na mais torpe das noveletas, "La France devenue italienne avec les autres désordres de la cour", a sodomia é o tema principal. Descreve uma sociedade secreta misógina formada por jovens aristocratas que se embriagam e, num estado de embrutecimento, amarram uma prostituta na cama e a fazem explodir inserindo um rojão em suas partes íntimas. (A despeito de toda a obscenidade, o texto continua honrando a convenção de evitar termos vulgares.) Versalhes não é nenhuma Camelot. É totalmente depravada, um mundo virado de pernas para o ar, e exala seu veneno para o mundo exterior, que também vai se dissolvendo no caos. Desse modo, apesar do foco nas intrigas sexuais, o texto traz uma mensagem política: a incapacidade de Luís em controlar sua corte corresponde ao seu fracasso em obter domínio sobre a França e em consolidar o poderio francês na Europa.

A lição do livro não assume apenas a forma de uma alegoria corriqueira — a noção da corte como um microcosmo do reino — e não se limita a reflexões genéricas sobre a podridão moral que consome a sociedade. O texto deixa explícitas algumas reflexões políticas. Condena o ministro das Finanças, Louis Phélypeaux, conde de Pontchartrain, por infligir impostos insuportáveis aos pobres e até por provocar fome ao especular com a exportação de grãos. Suas políticas, diz o texto, logo reduzirão a população em um terço. Como na época a França atravessava um dos maiores desastres demográficos de sua história, observações como estas cutucavam uma ferida aberta. Contudo, o texto não insiste muito nisso e concentra-se mais na revogação do Édito de Nantes (em 1685), que provocou a expulsão de centenas de milhares de protestantes do reino e provocou uma série de rebeliões. Uma história, "Le divorce royal, ou guerre civile dans la famille du Grande Alcandre", descreve uma discussão acalorada entre madame de Maintenon e madame de Montespan, a amante que a primeira desalojara. As duas brigam como megeras, produzindo "uma pequena guerra civil" (460) que se espalha pela corte inteira e corresponde à guerra civil que grassava pela França. Madame de Montespan quer ajudar um huguenote a fugir para a segurança de Genebra, mas madame de Maintenon recusa-se a abrir qualquer brecha, por menor que seja, na regra tirânica que ela e os jesuítas haviam imposto ao reino. Em outra história, "Les amours de monseigneur le Dauphin avec la comtesse de Rourre", Luís aparece como uma mera sombra do que fora, tão obcecado por seus pecados, graças ao trabalho persistente dos jesuítas, que não consegue mais dormir à noite. Madame de Maintenon ajuda-o a enfrentar os ataques de pânico borrifando água benta por todo o quarto.

Nada poderia estar mais distante das sofisticadas safadezas de Bussy-Rabutin. *La France galante* transforma sua novela em uma indiciação de Luís XIV. Usa o escândalo sexual como uma arma para desfazer o culto do Rei Sol. Como tratado político, faz parte da propaganda ofensiva contra Luís XIV lançada pelos huguenotes exilados na Holanda e em Genebra. É geralmente atribuído a Gatien de Courtilz de Sandras, um aventureiro literário que cumpriu pena na Bastilha e é hoje mais conhecido como o autor de *Mémoires de monsieur d'Artagnan* (1700), a principal fonte de *Les trois mousquetaires*. Como Alexandre Dumas aprenderia a apreciar quase dois séculos depois, Courtilz de Sandras sabe contar histórias muito bem. Ele produziu diversos libelos, incluindo *Mémoires de monsieur L.C.D.R. contenant ce qui s'est passé de plus particulier sous le ministère du cardinal de Richelieu et du cardinal de Mazarin* (1687) e *Vie de Jean-Baptiste de Colbert* (1695), mas estes eram biografias e novelas semificcionais, não denúncias jornalísticas. Courtilz de Sandras continuou, no plano da vulgaridade, o tipo de narrativa desenvolvida por Bussy-Rabutin e outros escritores importantes como madame de Scudéry e madame de Lafayette. Em comparação com as obras destes, as sete noveletas "galantes" em *La France galante* parecem toscas e mal-acabadas. Mas a julgar pelo número de edições que teve, essas noveletas conquistaram os leitores do século XVII — compreensivelmente, pois entretecem detalhes escandalosos em longas histórias repletas de descrições de caráter, diálogos e intrigas. Ao lado dos romances sobre pessoas de carne e osso — *romans à clef*, memórias ficcionais ou intercâmbios epistolares —, os libelos ocuparam um setor importante do comércio livresco no final do século XVII. Seu caráter narrativo os distinguia dos libelos derivados de *chroniques scandaleuses*, que pouco mais eram do que o encadeamento de anedotas. Bussy-Rabutin iniciou um gênero literário que poderíamos chamar de libelo novelesco — obras que infligem danos políticos por saberem contar uma boa história (tida como verdadeira ou, pelo menos, baseada em fatos) e, principalmente, por serem fascinantes de ler.

O amor como ingrediente de calúnia e difamação continuou moldando as narrativas de outras obras do século XVII. Os dois melhores exemplos dessa vasta literatura são *Les amours d'Anne d'Autriche avec monsieur le C.D.R., le véritable père de Louis XIV, aujourd'hui roi de France* (1693) e *Les amours de madame de Maintenon épouse de Louis XIV, roi de France* (1694). Embora só fosse publicado no final do século, *Les amours d'Anne d'Autriche* narra os acontecimentos desde o seu início. Descreve a suposta sedução de Ana da Áustria, rainha de Luís XIII e mãe de Luís XIV, por um obscuro estrangeiro identificado apenas como C.D.R.[9] Concentra-se nesse único escândalo e alega provar a ilegitimidade do reinado de Luís XIV, como o extenso subtítulo deixa claro: *où l'on voit au long comment on s'y prit pour donner un héritier à la couronne, les ressorts qu'on fit jouer pour cela, et enfin tout le dénouement de cette comédie* (em que se mostra plenamente o que foi feito para dar um herdeiro para o trono, os procedi-

mentos adotados e, por fim, o desenlace dessa comédia). Ao caracterizar o texto como uma peça, o subtítulo indica seu caráter; embora possà ser lido como um romance, é organizado em cenas e suas partes mais dramáticas são escritas em forma de diálogo.

A primeira cena mostra o cardeal Richelieu, um rematado canalha, conspirando para fortalecer sua tirania sobre a França e preparar o caminho para uma ditadura pan-europeia sob o mando do papa. Como ele já havia consolidado o seu poder seduzindo a rainha anterior, Maria de Médici, julga que será fácil arquitetar a sedução de sua sucessora, Ana da Áustria. Inicialmente, porém, ele tenta perpetuar seu mando indireto arranjando o casamento de sua sobrinha com Gaston d'Orléans, irmão de Luís XIII e provável sucessor ao trono, posto que Luís, além de incompetente, é impotente e não tem herdeiro. Gaston responde a essa proposta esbofeteando o cardeal no rosto. Engolindo a sua ira, Richelieu recorre então a uma trama digna de um príncipe da Igreja. Ele escolhe C.D.R., que chamara a atenção da rainha num baile, para tornar-se amante dela e instrui *père* Joseph, um arquiconspirador capuchinho, para ir lhe amolecendo o coração no confessionário. Joseph nada consegue, porém, pois a rainha revela-se inexplicavelmente virtuosa. Apesar de seu temperamento ardente e a frustração de um casamento de 23 anos sem sexo, ela resiste a todos os argumentos que lhe são apresentados na cena climática do livro, em que Richelieu e Joseph unem forças numa última tentativa de sobrepujá-la por meio da casuística. Dependem, portanto, de manipular C.D.R., a quem adornaram com roupas esplêndidas e instalaram como primeiro cavalheiro nos aposentos da rainha. Enquanto isso, a sobrinha de Richelieu, confidente da rainha, finge buscar sua ajuda para frustrar uma suposta trama de Gaston, afirmando que Gaston pretende estuprá-la em seu leito. Se a rainha se dignasse a tomar seu lugar debaixo das cobertas, poderia testificar as intenções criminosas de Gaston. A rainha concorda. O ladino cardeal substitui Gaston por C.D.R. e o jovem cumpre com brio sua tarefa. A rainha, iniciada assim numa nova vida de prazeres sexuais, não olha mais para trás e logo — *voilà!* — o futuro Luís XIV dá as caras ao mundo como um bastardo.

A história é contada com bastante talento, embora não com o gênio que permeia *Histoire amoureuse des Gaules*. Ao contrário de Bussy, o narrador anônimo evita qualquer vestígio de eroticidade. Quando manobra enfim a rainha ao leito ao lado de seu amante, muda abruptamente de cena: "Aqui torna-se necessário, por motivo de modéstia, fechar a cortina e trazer o leitor de volta ao cardeal" (129). O sexo, para ele, é totalmente subordinado à política e, ao demonstrar a ilegitimidade do nascimento de Luís XIV, contesta também a legitimidade de seu reinado: "Ele nasceu por meio de uma fraude e manteve-se [no poder] por meio da falsidade e da perfídia. [...] A infidelidade presidiu sua concepção e continuou tão preponderante que sua vida tem grande parecença com seu nascimento e ele carrega o cetro do mesmo modo que o adquiriu" (7). Esse argumento tinha mais do que força metafórica, pois pela Lei Sálica, uma das leis fundamentais do reino, o trono francês só poderia ser ocupado por herdeiros masculinos legítimos. O autor também evoca a Bíblia como autoridade para a punição vindoura de Luís. Em um *Avis au lecteur*, ele troveja como um dos huguenotes que buscaram refúgio nos Países Baixos depois da revogação do Édito de Nantes (que em 1685 acabou com a tolerância ao protestantismo na França). Também celebra a revolução de 1688 na Inglaterra e saúda William III como um herói de grande caráter, cuja legítima reivindicação ao governo da Grã-Bretanha e da República Holandesa fora estabelecida desde o nascimento, um nascimento plenamente legítimo, em contraste com o infame "minúsculo sêmen" (3) que maculara a vida de Luís desde o momento da concepção. O autor sustenta que a verdadeira história do nascimento de Luís XIV desconcertaria os libelistas franceses que publicaram obras em defesa do rei durante a Guerra da Liga de Augsburg (1688-97). *Les amours d'Anne d'Autriche* nada tinha a ver com o amor; era um tratado político.

Les amours de madame de Maintenon, lançado um ano depois, lembra *Les amours d'Anne d'Autriche* em alguns aspectos. Os dois são livros curtos, em formato duodécimo — o primeiro tem 132 páginas de texto, o segundo noventa —, publicados com os endereços falsos comumente usados na literatura clandestina: o primeiro indica "à Cologne, chez Pierre Marteau", o segundo "à Ville Franche, chez David du Four". É provável que fizessem parte da mesma ofensiva propagandística contra Luís XIV. Contudo, *Les amours de madame de Maintenon* difere de seu irmão mais velho tanto na organização como em tom. É uma biografia simples, que trata seu sujeito com certa gracilidade, como prenuncia o prefácio ao convidar o leitor a apreciar um estranho espetáculo. Pois quando se iniciou no caminho que a levaria ao trono, a futura amante do maior rei da cristandade partiu da posição social mais humilde possível: "Se encontrares algo de ridículo nisso, não culpes esta cópia; culpa o original" (4).

A heroína de *Les amours de madame de Maintenon* nasceu em Martinica, filha de um criminoso francês condenado ao exílio e da mulher de pouca virtude que lhe fora designada de uma batelada de prostitutas expulsas de Poitou. Aos três anos de idade, Guillemette, como era chamada, deixou a miserável fazenda de tabaco do pai e foi cuidar das galinhas no terreiro de sua madrinha. Aos seis anos, acompanhou a boa mulher, que ao que parece também era prostituta, a um vilarejo perto de Poitou, mas ao completar quinze anos foi abandonada sem recursos quando sua madrinha faleceu. De início, Guillemette sentiu-se propensa a aceitar a melhor oportunidade disponível no momento: um pedido de casamento de um camponês corcunda e caolho. Ele a cortejara com tortas e quinquilharias compradas em feiras das redondezas: "Ah, minha querida Guillemette", dizia, "amo-te profundamente. Serei tão bom para ti e te darei tão lindos presentes que te sentirás forçada a sentir algum amor por mim" (9). Entretanto, algo cochichou nos ouvidos da futura concubina de Versalhes que ela poderia sair-se muito melhor na vida, e ela foi engabelando o camponês enquanto continuava aceitando suas fitas e agulhas, até que uma senhora de um château das proximidades resolveu contratá-la como criada.

A partir daí, Guillemette começou a aprender como o mundo funcionava, graças em parte às atenções de um marquês local, que lhe enviava sonetos e pedidos para que se juntasse a ele em sua fazenda. Embora receasse desqualificar-se para o mercado matrimonial, Guillemette resolveu aproveitar a oportunidade de viver como uma dama e mudou-se para a casa do marquês. Dez anos depois, com suas maneiras devidamente polidas, partiu para Paris. Quando suas economias acabaram, pensou em empregar-se como doméstica novamente, mas uma alcoviteira (que era também intermediária de esponsais) pediu-a em casamento em nome de Pierre Scarron, o poeta conhecido tanto por sua sagacidade mordaz como por suas deformidades físicas. Ponderando os prós e os contras, como fizera diante da proposta do camponês corcunda, Guillemette decidiu que a riqueza de Scarron superava sua fealdade. Ele, porém, logo lhe aliviou o fardo falecendo, abrindo caminho para que ela fosse se insinuando nos circuitos de Versalhes, onde acabou se tornando confidente de madame de Montespan, amante do rei. Graças a sua astúcia campesina, logo tomou o lugar de madame de Montespan e começou a interferir em questões de Estado. As coisas iam às mil maravilhas até que ela se apaixonou por um de seus criados. Père la Chaise, a força jesuítica por trás do trono, soube do caso e aproveitou-o para manipulá-la. No final, tomou o lugar do outro jovem na cama dela e os dois governaram o reino juntos, buscando novas amantes para Luís XIV até que ele desistisse tanto do sexo quanto de governar.

A narrativa avança rapidamente e o autor tende a evitar comentários políticos. Nunca menciona as guerras, impostos e abusos de autoridade de Luís. Nem leva a biografia de Maintenon à fase derradeira, quando ela acabou identificada com o clima opressivo de devoção e perseguição religiosa do final do reinado de Luís XIV. Ele deixa a história falar por si mesma — e é isso que a torna tão poderosa. Descrevendo com habilidade a ascensão de uma amante real ao poder, o autor acusa o próprio sistema de poder. Mas sua mão é suave e ele preserva um tom de boa ironia mundana, evitando detalhes ofensivos nas referências ao sexo e entremeando a narrativa com pequenos trechos de diálogos cômicos e versos tópicos. Uma edição de 1694 termina com uma antologia de dezessete páginas de poemas indecorosos e *énigmes* (charadas em verso) e o leitor é convidado a adivinhar a quem se referem. Nada têm a ver com Luís XIV e as catástrofes militares e demográficas que acometeram a França num dos períodos mais negros de sua história. *Les amours de madame de Maintenon* já aponta para o século vindouro, a era do rosa-pompadour, pelo menos aos olhos da rodada seguinte de libelos.

Houve proliferação de todos os tipos de libelos durante a Regência (1715--23), uma época notável pela libertinagem da alta sociedade. Os poemas satíricos do jovem Voltaire, as *Philippiques* de La Grange-Chancel, as *Lettres persanes* de Montesquieu e outras obras atacaram figuras públicas com uma verve que superou em muito tudo o que se vira no século anterior. Mas a primeira "vida privada" que apresentou o sexo e a política da realeza para o público em geral foi *Les amours de Zéokinizul, roi des kofirans*, que só apareceria em 1746. (*Vie privée du cardinal Dubois*, que é examinado no próximo capítulo e oferece uma história da Regência repleta de escândalos, só foi publicado em 1789.) Como indica o título completo, *Les amours de Zéokinizul, roi des kofirans; traduits de l'arabe du voyageur Krinelbol* segue a linha dos *amours* difamatórios que datam desde Bussy-Rabutin. Esse libelo é igualmente uma novela, e também um *roman à clef*, mas disfarça os nomes dos protagonistas de uma maneira que revela o quanto difere de seus predecessores. Esses nomes são anagramas, obviamente, e por aparecerem com tanto destaque já no título, convidam o leitor a entrar e participar do jogo. Quem era Zéokinizul? Trata-se de alcunha comicamente exagerada, embora difícil de decifrar, isto é, até que se examine o anagrama seguinte, *kofirans*, mais próximo do francês original: *français*. Identificado como rei dos franceses e dizendo-se seu nome em voz alta, Zéokinizul torna-se Louis Quinze. É uma charada relativamente fácil, mas difícil o bastante para instigar o leitor a aventurar-se pelo texto. A alegação de que o livro fora traduzido de uma obra exótica em árabe pode ser relegada como uma convenção literária; mas quem seria o tradutor-autor que se disfarça de Krinelbol? Ninguém que não estivesse por dentro do mundo literário de Paris poderia saber. Os estudiosos ainda divergem, mas a maioria identifica-o com Crébillon, ou seja, Claude-Prosper Jolyot de Crébillon, conhecido como Crébillon filho para distingui-lo de seu pai, um renomado dramaturgo.[10] O texto tem todas as características das demais obras de Crébillon — jovialidade, obscenidades, irreverência, anticlericalismo, observações psicológicas sagazes e um enredo forte.

Como acontece em tantos libelos do século XVIII, o aspecto lúdico do texto envolve a resolução de charadas. Nem todos os anagramas aparecem na extensa chave publicada ao final da maioria das edições e muitos leitores certamente desejavam decifrar os nomes à medida que liam o texto. Tendo identificado Zéokinizul com Luís XV, não teriam dificuldade em ver Zokitarezoul como Luís XIV e Zeoteirizul como Luís XIII. O contexto torna outras identificações óbvias: Kam d'Anserol é o duque d'Orléans, que governou a França como regente depois da morte de Luís XIV; e Jeflur é Fleury, que dominou o governo logo após a morte do regente. As filhas do marquês de Nesle que se tornaram amantes de Luís XV podem ser reconhecidas pela ordem em que sucederam umas às outras: Liamil (madame de Mailly), Leutinemil (madame de Ventimille) e Lenertoula (madame de La Tournelle, mais tarde madame de Châteauroux). As proezas militares de Vameric tornam-no reconhecível como marechal de Saxe, embora o nome talvez fosse um empecilho para alguns leitores (Vameric é Maurice, conde de Saxe). A justaposição de nomes fáceis e difíceis torna os enigmas ainda mais divertidos. Pepa é obviamente le Pape. Mas quem é Suesi? (Jésus.) Bileb é Bible [Bíblia], mas o que é Linguelan? (l'Evangile.) Nhir é le Rhin [rio Reno], mas e Junes? (Unies, ou Provinces Unies, Holanda). E Vorompdap (Pompadour) é divertidíssimo não por ser difícil de adivinhar, mas por ser tão cabalmente absurdo.

Os anagramas dão o tom do texto, que visa divertir o leitor e cuja narrativa, portanto, avança em ritmo célere. Depois de um pouco de história, que enfatiza a liberdade dos krans (francos) antes de sua submissão a uma monarquia absoluta, estende-se num relato confidencial da vida amorosa de Luís XV. Como vimos no capítulo 20, o livro acompanha o rei em seus idílios com as irmãs de Nesle e aos braços de Pompadour. Luís tem de ser instruído a cada parada ao longo do caminho, pois é tímido e inepto demais para ser um bom amante. Fleury formula a estratégia para o primeiro rendez-vous, mas é o duque de Richelieu (Kelirieu) quem se encarrega das táticas. Sendo o duque um consumado sedutor, aproveita-se da simploriedade do rei para fazê-lo superar seus pruridos em trair a rainha e, em seguida, lhe dá lições de como seduzir as mulheres. Mesmo assim, são necessários três encontros até que Luís consiga sobrepujar sua covardia paralisante e só consegue mostrar-se à altura da situação porque madame de Mailly, previamente instruída por Fleury, o toma à força. Desse dia em diante, assume tacitamente que mulheres lhe serão entregues. Richelieu atua como o entregador, conquistando cada vez mais a confiança do rei, enquanto vai enchendo os bolsos e solapando a influência de Fleury.

Pompadour, entretanto, constitui um problema. Embora infeliz e mal casada, ela é uma burguesa e, portanto, ao contrário das damas da corte, reluta em cometer adultério. Mais uma vez, Richelieu é a salvação da lavoura. Ele a conhece como a palma da mão, atento a cada alteração de cor em sua cútis, cada vago indício de paixão oculta em seus olhos. Prepara-lhe armadilhas com a sua versão libertina da casuística: o adultério é definido como enganar o cônjuge, mas nesse caso o marido havia generosamente concordado em sacrificar a esposa em prol de seu soberano. Ela, portanto, não estaria violando nenhum voto matrimonial, visto que o marido já nulificara o contrato conjugal. Do outro lado, a recusa da rainha em dormir com o rei também invalidara, para todos os efeitos, o casamento deles. Além disso, os maiores imames do reino se dispõem a resolver qualquer confusão ética remanescente, pois especializam-se em adaptar a religião a casos especiais. Por fim, num toque de mestre para obter sua aquiescência, Luís tinha outra candidata em vista, menos bela porém mais flexível, de modo que Vorompdap-Pompadour perderia a grande chance de sua vida se não agisse rapidamente. Na verdade, ela deveria ceder não só por si mesma, mas também por seu marido, já que ele era um notório omeriseruf (*sous fermier*, coletor de impostos subalterno sabidamente peculatário) e Luís poderia sentir-se tentado a fazer dele um exemplo da rigorosa justiça real. Quando ela retruca com um débil protesto sobre os danos a sua reputação, Richelieu derruba-a com um argumento conclusivo: "Um rei de joelhos a teus pés, cortesãs às tuas ordens, tesouros a teu dispor, podem todas essas coisas merecer desprezo? Oh! Para de imaginar quimeras para depois combatê-las: dá teu consentimento, faze Zéokinizul feliz e eu o trarei de volta a teus pés mais apaixonado que nunca" (84).

Richelieu triunfa, enfim, mas a narrativa não acompanha o rei desfrutando os despojos da vitória, pois não é ele o vencedor. O verdadeiro sedutor de Pompadour é Richelieu e é ele quem emerge como a personagem mais importante do livro depois de Vorompdap. Desse ponto em diante, Luís praticamente desaparece de cena. Ele goza um breve momento de glória na Batalha de Fontenoy, mas este logo cede lugar para as duas intrigas finais que encerram o livro. Na primeira, Pompadour apaixona-se por um belo inglês capturado na batalha. Richelieu percebe a paixão que se esconde atrás de seus olhos e tenta arranjar um encontro. Mas o inglês, comprometido com o seu verdadeiro amor que ficara na Inglaterra, recusa-se a cooperar. Embora frustrada no papel de sedutora, Pompadour torna-se a verdadeira governante da França, enquanto Luís tenta a sorte uma última vez, agora sem a intermediação amorosa de Richelieu. Enamorado da linda noiva de um de seus cortesãos, ele resolve despachar o jovem em uma missão. A noiva, no entanto, resiste aos avanços reais. Seu amado retorna às escondidas e volta a cortejá-la, mas o rei despacha-o dessa vez para a prisão e está prestes a mandar executá-lo por desobedecer a suas ordens. A noiva, porém, implora misericórdia com tanta eloquência que Luís não só acaba lhe concedendo o pedido, como abandona o modo de vida licencioso e resolve dedicar-se dali para a frente à felicidade de seu povo. O final feliz não é muito convincente, mas é uma conclamação para que o rei leve suas funções a sério (ele que mal chegara à metade de seu reinado).

Crébillon (supondo-se que ele seja o autor) tempera o enredo com diálogos e descrições dos conflitos que ocorrem no âmago de suas personagens. Cada toque que dá aumenta o efeito cômico geral e é realizado com a mesma destreza de seus outros romances, notadamente *Les égarements du cœur et de l'esprit* (1736), que desenvolve um enredo semelhante sobre a iniciação de um amante tímido e papalvo. O sexo é sugerido, não descrito, e a temática erótica permanece subordinada ao tom trocista da novela. Mundano, sagaz, bem-humorado, *Les amours de Zéokinizul* leva uma variante antiga do libertinismo a um novo território: o amplo mercado livresco do século XVIII. Bussy-Rabutin restringira a narração de escândalos a seus colegas de corte; Crébillon traz a vida amorosa de Luís XV e madame de Pompadour aos olhos do público leitor em geral. E combina sexo com algo inédito: o Iluminismo. Usa recursos familiares para zombar dos mollaks (prelados) e faquirs (padres), mas vai além do velho anticlericalismo fazendo um apelo por tolerância, zombando dos dogmas cristãos e atacando a autoridade da Igreja. Muitas passagens poderiam ter sido escritas por Voltaire. Uma sequência em particular, também presumivelmente escrita por Crébillon, leva a irreligiosidade a um novo patamar. Como indica o título, *L'asiatique tolérant: traité à l'usage de Zéokinizul, roi des kofirans, surnommé le Chéri; ouvrage traduit de l'arabe du voyageur Bekrinoll* (1748) concentra-se no tema voltairiano da tolerância. Condena a perseguição dos huguenotes e satiriza o fanatismo e a beatice que se instalara sob Luís XIV e que continuara oprimindo os franceses sob Luís XV. Na época, alardeou sua ilegalidade com uma paródia da sanção dos censores, subscrita com nomes anagramatizados de *philosophes*, e com uma paródia de privilégio real, assinado por "le BON SENS en son conseil". Era uma mensagem perigosa e séria até a morte, mas era transmitida com discreta airosidade, segundo o espírito da jovialidade típico do início do Iluminismo.

Crébillon, ou o narrador anônimo, também entretece uma mensagem política em *Les amours de Zéokinizul*. Ele ressalta que o rei estava tão embevecido com suas amantes que sequer percebeu que a Guerra de Sucessão Austríaca tomara a vida de 100 mil soldados e custara 7 milhões de *tomans* (*livres*). Zéokinizul é um *roi fainéant*, um rei mandrião, que nada faz, mas é também um déspota, ainda que permita que suas amantes e seus ministros exerçam o poder em seu nome. Os comentários históricos no início do livro retomam uma questão que fora popularizada na década de 1730 pela resistência dos *parlements* aos éditos reais, a saber, que o rei não possuía poder ilimitado nos primórdios da monarquia e que sua autoridade provinha do consentimento do independente povo franco. Entretanto, o poder real fora pouco a pouco aumentando às custas da liberdade do povo e, sob Richelieu, Mazarin e Luís XIV, a monarquia se degenerara em despotismo: "O governo, outrora monárquico, tornou-se puramente despótico" (6).[11] Por implicação, portanto, o governo atual da França era ilegítimo; enquadrava-se na categoria do despotismo asiático, tema popularizado pelas *Lettres persanes* de Montesquieu, embora Crébillon localize sua história na África.

Contudo, *Les amours de Zéokinizul* não deve ser tomado como um tratado revolucionário. Não há nele, por exemplo, nada da raiva de textos posteriores mais radicais. Com seu humor perspicaz e uma certa leveza, respira o espírito da Era Pompadour, mesmo que a tome como seu alvo. Para entendermos como os elementos mais sombrios do tema do despotismo acabaram dominando a literatura libelista, devemos acompanhar as histórias de sexo real até a segunda metade do século XVIII.

27. Decadência e despotismo

Em 1750, os libelistas já haviam associado sexo e política às idas e vindas de amantes e ministros reais. Essas ligações temáticas podiam ser retrabalhadas em combinações infindáveis e tornaram-se uma maneira de organizar a narrativa histórica da época; o rei permanecia uma constante — tão apático e incompetente que se esvaneceu para o pano de fundo dos acontecimentos, enquanto uma sucessão de mulheres ia determinando as entradas e saídas dos homens que efetivamente moldavam os eventos. Essa fórmula pode ser aplicada a quase tudo de importante que ocorreu entre 1733, quando Luís XV deitou-se pela primeira vez com madame de Mailly, e 1774, quando ele morreu. Ao acrescentarem novas anedotas ao mesmo enredo de sempre, os libelistas apenas o reforçaram. Todavia, como nenhuma história pode ser repetida sem sofrer mudanças, as proezas sexuais reais adquiriram novo tom depois de 1750.

A mudança pode ser vista comparando-se um libelo tardio contra madame de Pompadour com outro composto antes. *L'histoire de madame la marquise de Pompadour* (1759) carece de toda a leveza de *Les amours de Zéokinizul, roi des kofirans* (1746). É uma longa e desconexa diatribe publicada anonimamente na segurança de Londres por Marianne Agnès de Fauques. Mademoiselle Fauques não tinha, nem de longe, o talento de Crébillon filho. Ela produzira meia dúzia de romances afobados, mas era conhecida principalmente como uma aventureira que se safara de um convento no sul da França e vivia na periferia da sociedade elegante de Paris, acumulando amantes e propalando escândalos. Tinha ficha na polícia como uma figura perigosa. Ela falsificava cartas, traía suas amizades mais íntimas e ostentava "o temperamento mais acalorado e mais violento que já se viu. [...] Não há nada pior que uma criatura dessa espécie, que já foi freira. Além disso, tem a mente tão escura quanto o rosto. Fala apenas em adagas e venenos, e conversa sobre essas coisas coloquialmente, como se fossem trivialidades sem importância".[1] Em 1759 mademoiselle Fauques acompanhou um de seus amantes a Londres, mas foi abandonada e precisou dar aulas de francês e escrever para se sustentar.

L'histoire de madame la marquise de Pompadour foi uma tentativa de tirar proveito da demanda por informações sobre a amante de Luís XV, na época no auge de seu poder. A obra começa como uma biografia, destacando as origens ignominiosas de sua anti-heroína e o corre-corre em Versalhes para fornecer mulheres ao rei. Contudo, depois que deita Pompadour no leito real, deixa a cronologia para trás e põe-se a apresentar anedotas uma após outra ao longo de 189 páginas de texto sem qualquer tipo de divisão ou capítulo. Se for possível falar em um princípio organizador, o livro pretende oferecer ao leitor uma visão do verdadeiro caráter de Pompadour, que ilustra por meio de revelações sobre pequenos incidentes na corte: ela põe fim ao enfado de Luís pelos jantares privados, o que resultou em sinecuras para sua indigna família e palácios para si; solapa a influência do conde d'Argenson, atribuindo erroneamente uma carta sediciosa a um de seus criados; manda repreender o jovem delfim que lhe mostrara a língua; finge reconciliar-se com o marido ausente a fim de participar da liturgia da Sagrada Comunhão e ter acesso aos aposentos da rainha; mantém seu domínio sobre a vida sexual do rei promovendo orgias noturnas com meninas obscuras no Parc-aux-cerfs; e, acima de tudo, detém controle sobre todas as nomeações e todas as políticas do governo.[2]

Uma mensagem política vai emergindo dos escândalos sexuais e revela um quadro de irrestrito despotismo, que parece tanto mais repreensível pelo fato de a déspota ser uma mulher. Longe de expressar alguma simpatia pelo próprio sexo, mademoiselle Fauques deplora a generificação equivocada do poder. Sob Pompadour, as políticas de governo provêm "das artimanhas de uma mulherzinha [*femmelette*], não de uma coragem máscula e bravia" (129). Aumento dos impostos, fracassos em política externa e derrotas no campo de batalha — tudo pode ser atribuído à incapacidade de uma mulher que se acredita apta a governar o reino do mesmo modo como governa seu dócil amante.[3] No final, portanto, toda a história do reino se resume à dominação de uma estadista (*femme d'Etat*) incompetente e ignóbil.[4] Revelar a verdadeira natureza de Pompadour é explicar o curso dos acontecimentos. O livro condensa essa mensagem nas últimas páginas em dois "retratos". O primeiro, de Pompadour aos 23 anos de idade, pouco depois de ter assumido controle do reino: uma figura perfeita, uma cútis maravilhosa, olhos reluzentes, que depreendiam um fogo interior. O segundo:

> Hoje (1758), agora que ela está com cerca de 38 anos, é difícil discernir seu verdadeiro rosto, soterrado e obumbrado sob uma polegada de ruge e talco. [...] Quanto a sua figura, além das mudanças impostas pela idade, tornou-se tão magra em decorrência da doença que apenas olhar para ela é suficiente para extinguir qualquer apetite carnal. Alguém que tentasse se satisfazer com um petisco tão descarnado certamente morreria de fome. [...] Se combinarmos esse retrato sepulcral [da pessoa exterior] com a representação de um coração corroído pelo engodo e a velhacaria, teremos um objeto digno apenas de piedade e desprezo. Assim é o ingênuo e sincero retrato da marquesa de Pompadour tal como aparece hoje em meio ao esplendor, riquezas e o decidido favor do rei que ela logrou cativar. (189)

Os libelos sobre a amante oficial (*maîtresse en titre*) que a sucedeu, madame du Barry, são igualmente maldosos mas são mais eficazes em transmitir uma mensagem fundamental, a saber, que a decadência personificada pelas amantes do rei fortalecia o despotismo exercido por seus ministros. Os dois males eram inseparáveis e reforçavam-se mutuamente. Ao martelarem esse tema, os libelos da segunda metade do século XVIII tornaram a narração de vidas privadas congruente com as ideias de teoria política. Não que citassem filósofos ou elaborassem argumentos abstratos; longe disso, pois deviam seu sucesso a um entrecho cativante e ao viço das suas anedotas; todavia, os detalhes vívidos que sobressaíam a um enredo intrigante podiam transmitir uma mensagem ideológica, mesmo que carecessem de referências a ideólogos.

Por exemplo, a simples utilização jocosa do termo "kofirans" em *Les amours de Zéokinizul* evoca a noção de que os franceses descendem dos francos — isto é, da suposta tribo germânica que amava a liberdade, conquistara os gauleses e criara a monarquia como instrumento da vontade do povo. Jansenistas e radicais no *parlement* de Paris tinham se valido dessa visão mítica da história para defender limites constitucionais ao poder real e seus argumentos alimentaram os conflitos político-religiosos das décadas de 1730 e 1740. Conflitos que voltaram a eclodir na década de 1750 em disputas que lançaram jansenistas contra jesuítas, os *parlements* contra ministros reformadores e os novos e eloquentes partidários do Iluminismo contra os defensores do privilégio e da tradição. Na década de 1770, as linhas de batalha haviam sido traçadas e retraçadas tantas vezes que os libelos não podiam mais ser compreendidos fora do seu contexto na complexa paisagem ideológica do país.

Enquanto ideólogos balizavam suas posições nas polêmicas, facções políticas digladiavam-se pelo poder em Versalhes. Assim indivíduos e ideias colidiam e se combinavam de acordo com padrões com os quais muitos leitores dos libelos estavam familiarizados. Uma narrativa que celebrasse a queda de madame de Châteauroux como amante de Luís xv poderia ser usado como munição para o partido "devoto" (*dévot*) na corte. Um retrato favorável de madame de Pompadour reforçaria a posição dos *philosophes* e da facção pró-austríaca que se formava em torno do duque de Choiseul. E uma anedota escandalosa sobre madame du Barry poderia parecer propaganda dos *parlements* contra o governo e também contra os *dévots*. Infelizmente, não há documentação suficiente para reconstruirmos como os libelos eram recebidos no contexto político na época de sua publicação.[5] Mas podemos caracterizar a conjuntura ideológica geral dos libelos a partir de 1750 se atentarmos para seu tema mais importante e para o filósofo que fez desse tema o conceito central de sua teoria política. O tema é o despotismo; o filósofo é Montesquieu.[6]

Montesquieu elevou o conceito de despotismo a uma categoria fundamental da ciência política. Como Aristóteles, ele distingue três tipos básicos de Estados. Mas se Aristóteles os definira de acordo com o âmbito do poder (monarquias ou o governo de um; aristocracias ou o governo de muitos; e democracias ou o governo de todos), ele os classifica de acordo com o modo como o poder opera — isto é, conforme o espírito de suas leis, que ele entende como um ethos formado ao longo de extensos períodos de tempo por uma variedade de fatores, como clima, religião, costumes e opinião. Após um cuidadoso estudo da história antiga e do mundo contemporâneo, julgou possível construir uma tipologia que fizesse justiça ao ethos dominante (o "princípio" ou "causa moral" ou espírito ativador original) dos diferentes sistemas políticos. Daí seus três tipos de Estados, cada um com princípio próprio: monarquias, mantidas pela honra; repúblicas (aristocráticas ou democráticas), energizadas pela virtude cívica; e despotismos, movidos pelo medo.

Longe de reduzir todos os Estados a esses tipos ideais, Montesquieu mostra que eles vão se matizando uns nos outros em processos cíclicos inerentes à história. Numa monarquia saudável, o rei respeita as leis fundamentais do reino; seu poder é transmitido por meio de órgãos intermediários, como os *parlements* franceses; e seus súditos obedecem-no de acordo com os deveres e privilégios prescritos por sua posição social. Mas se o rei começa a governar segundo as arbitrariedades de sua vontade, ele debilita as restrições institucionais ao seu poder, seus súditos passam cada vez mais a obedecer-lhe por medo e, por fim, depois uma sucessão de reinados similares, o monarca acaba se transformando num déspota que domina escravos. Seus ministros também se tornam escravos — meros sátrapas e paxás que se congregam ao redor do trono, adulando-lhe todos os apetites e saciando os seus próprios. Intriga e voluptuosidade tomam o lugar da honra e da dedicação, e o serralho ou harém se torna a instituição suprema do Estado.

O uso de metáforas orientais por Montesquieu indica que ele adotou uma convenção literária da época, a qual ele já explorara em *Lettres persanes*. Mas sua noção de despotismo também brotou de experiências e reflexões pessoais. Ele se horrorizara com os desastres que haviam acometido a França durante os últimos anos do reinado de Luís XIV, o abuso de poder sob a Regência e as ameaças à autoridade dos *parlements* durante as últimas décadas do reinado de Luís XV. *De l'esprit de lois* forneceu uma base teórica para a percepção cada vez mais intensa entre os franceses de que sua monarquia estava se degenerando em despotismo. Houve outras fontes também: admoestações parlamentares, manifestos jansenistas, tratados sobre direito constitucional. Por certo, a oposição ideológica à Coroa não pode ser reduzida a um só livro, mas ao colocar o problema do despotismo no cerne da teoria política, *De l'esprit des lois* forneceu precisamente o que os libelos careciam: uma perspectiva filosófica rigorosa para as idas e vindas de amantes e ministros.

De todas as vidas privadas, a que expressa mais cabalmente essa perspectiva é *Vie privée de Louis XV*, de Moufle d'Angerville, mas a que mais vendeu foi uma publicação-irmã, *Anecdotes sur madame la comtesse du Barry* (1775), de Pidansat de Mairobert. Os dois libelistas eram amigos e também *nouvellistes* que colaboravam no boletim clandestino que seria mais tarde publicado como *Mémoires secrets pour servir à l'histoire de la république des lettres en France*, cujas anedotas frequentemente agafanhavam. Também se valiam dos panfletos antigoverno dos "patriotas" que se opunham ao golpe de Maupeou contra os *parlements*. Todas essas publicações faziam parte do estoque comum de material produzido e reciclado por radicais no início dos anos 1770. O que distingue *Anecdotes sur madame la comtesse du Barry* dos demais é o modo como condensa os temas gerais da decadência e do despotismo numa narrativa focada com precisão na mais notória das amantes de Luís xv.[7]

A notoriedade de madame du Barry advinha principalmente de seu passado um tanto dúbio. *Anecdotes sur madame la comtesse du Barry* dá grande destaque ao fato de ela ter supostamente nascido na camada mais humilde da sociedade. O livro diz que ela seria filha de uma cozinheira e de um monge itinerante — mas, afetando falso rigor histórico, afirma também que as autoridades mais bem informadas ainda debatiam a identidade do pai, que talvez fosse um *rat de cave* (um dos odiados fiscais na base da burocracia, encarregado de coletar impostos). A intensidade desse tipo de calúnia talvez se perca para os leitores modernos, pois levamos questões de linhagem bem menos a sério que os leitores do século xviii. Sob o Ancien Régime, o nascimento determinava a posição social, que adquiria ressonância especial no caso das amantes reais. Todas as mais célebres — Agnès Sorel, Diane de Poitiers, Gabrielle d'Estrées, Louise de la Vallière, a marquesa de Montespan, a marquesa de Maintenon — provinham da nobreza. Longe de macularem o trono, agregavam-lhe esplendor. Os reis costumavam escolher suas amantes dentre as mais finas damas da corte ou as apresentavam oficialmente à corte numa cerimônia que as qualificava a serem reconhecidas com *maîtresse en titre* — ou seja, a desfrutarem status oficial com direito a concederem audiências e a recepcionarem embaixadores. Luís xiv havia coreografado a vida em Versalhes com tanto requinte que era extremamente difícil alguém de fora abrir caminho pelos rituais exigidos de uma amante oficial. Contrário ao que relata *Les amours de madame de Maintenon*, madame de Maintenon não tinha dificuldade alguma em manter a dignidade de sua posição. Longe de ser uma camponesa sem vintém, ela nascera e fora educada entre aristocratas. É verdade que acabou caindo na pobreza e que, para escapar da penúria, se casara com um plebeu, Pierre Scarron. Mas após a morte do marido, tornou-se governanta dos filhos legitimados de Luís xiv e dominara a etiqueta cortesã muito antes de o rei torná-la sua amante — e, mais tarde, sua esposa morganática. As primeiras amantes de Luís xv seguiram o mesmo padrão, mas não madame de Pompadour. A despeito de sua sagacidade inata e excelente educação, ela era irredimivelmente plebeia, a começar por seu lamentável nome de solteira, Jeanne Antoinette Poisson (peixe), que fornecia aos libelistas possibilidades infindáveis de trocadilhos com peixes, peixarias e peixeiras. E sua sucessora como *maîtresse en titre*, madame du Barry, levou a trajetória descendente das amantes reais a seu ponto mais baixo, segundo *Anecdotes*. Du Barry vinha da escuma da sociedade — na verdade, ela era uma prostituta. Seu domínio em Versalhes representou o estágio derradeiro na degradação da monarquia francesa.

Esse leitmotiv permeia todos os aspectos de *Anecdotes sur madame la comtesse du Barry*, uma rematada biografia que se estende por quase 350 páginas e teve diversas edições. Como em tantos outros libelos, os olhos do leitor têm de seguir um fluxo contínuo de anedotas sem divisões em capítulos e sem seções narrativas distintas.[8] Os cinco anos de madame du Barry na corte, de abril de 1769 a maio de 1774, ocupam quatro quintos do livro, presumivelmente por oferecerem os detalhes mais *piquants* prometidos no prefácio. Na realidade, a história é de tal modo atulhada com esses episódios escandalosos que fica difícil acompanhar a cronologia. As páginas dedicadas ao começo da vida de du Barry sustentam-se melhor como narrativa, acompanhando-a desde a infância numa cidadezinha em Champagne até sua ida a Paris, onde a mãe, uma viúva empobrecida, buscou ajuda do padrinho da menina, um financista que, num gesto de *noblesse oblige*, tornara-se seu patrono de batismo. O padrinho proveu-lhes o suficiente para que sobrevivessem por alguns anos e a pequena Jeanne recebesse uma educação — não mais do que uma rudimentar capacidade de ler e de rabiscar algumas poucas palavras (ela não era capaz de soletrar *comtesse* quando o rei a transformou em uma).

Sua mãe arranjou emprego de cozinheira e, mais tarde, de empregada doméstica. Jeanne, por sua vez, florescia a olhos vistos e tornou-se uma beldade adolescente. Exatamente quem teve a regalia de desvirginá-la ainda é questão controversa, explica o narrador e, sendo ele um historiador conscencioso, prefere não se pronunciar em favor de um ou outro dos muitos contendores: um abbé, um coronel ou um dos muitos criados onde sua mãe trabalhava. Seja como for, Jeanne deleitou-se no sexo como um pato na água, pois era travessa, amante do prazer, fagueira e dotada de muito *tempérament* (lascívia natural). Aos dezesseis anos, começou a trabalhar como vendedora numa butique de luxo, o lugar perfeito para lançar uma carreira em galanteria.

Madame Gourdan, dona do bordel mais refinado de Paris, descobriu o belo rosto de Jeanne atrás do balcão e não teve dificuldade em recrutá-la: a oferta de alguns vestidos, meia dúzia de berloques e um pouco de dinheiro vivo foi o bastante. Devidamente treinada e apresentada como mademoiselle Lançon — seu nome ia mudando à medida que ela ascendia socialmente —, a futura amante do rei foi vendida repetidas vezes como virgem (graças à tecnologia desenvolvida pelos profissionais da indústria do sexo) para os melhores clientes de Gourdan: bispos, aristocratas, juízes do *parlement* e financistas. Infelizmente, um desses financistas foi o seu padrinho, que teve um acesso de fúria e fez com que ela fosse expulsa do prostíbulo. Mademoiselle Lançon seguiu então a carreira de concubina, vivendo como amásia de um caixeiro, depois de um cabeleireiro e, por fim, sob o nome de mademoiselle L'Ange, de Jean du Barry, um falso conde que operava uma casa de jogo e vendia a moça para os clientes como bônus. Entre um e outro amante, e em companhia de sua mãe, ela também trabalhava como rameira de rua. Aos vinte anos, portanto, dominava todos os requintes conhecidos das profissionais da arte do amor: daí o domínio que viria a exercer sobre o rei, cujas amantes anteriores tinham achado difícil satisfazer um parceiro de cama tão augusto sem sucumbirem elas próprias à inibição. Depois que Luís esteve com mademoiselle L'Ange pela primeira vez, ele confidenciou ao duque d'Ayen que jamais desfrutara tantos e tão variados prazeres. O duque respondeu com um *bon mot* que acabaria sendo repetido por todo o *beau monde*: "Senhor, é que nunca estivestes num bordel" (24).

De um antro de jogatina e bordel para o trono, o salto não foi difícil, graças ao intermediário do rei, seu *valet de chambre*, Dominique Guillaume Le Bel, que obtinha meninas para as noitadas de Luís no Parc-aux-cerfs, o famoso "harém" (55) do rei nos jardins de Versalhes. Segundo o narrador, essas meninas vinham e iam ao ritmo de uma por semana. Tinham de ser aprumadas, perfumadas, vestidas e descartadas a um custo de 10 milhões de *livres* por ano, gorjetas e subornos inclusos. O "conde" Jean du Barry — *Le roué*, como era conhecido — conhecia o suficiente desse negócio para saber que podia exigir condições melhores. Ele se recusou a liberar mademoiselle L'Ange para Le Bel a menos que o rei, depois de degustá-la, concordasse em fazer dela *maîtresse en titre*. Uma vez instalada como acessório permanente da corte, L'Ange lhe seria como um salvo-conduto para surrupiar quantias ilimitadas do tesouro real.

A estratégia funcionou com perfeição. O rei não se cansava de mademoiselle L'Ange, muito pelo contrário. A fim de criar uma aura mínima de respeitabilidade, du Barry a fez casar com um irmão seu, "conde Guillaume", um vigarista corpulento conhecido como "o du Barry gordo", que foi subornado e logo depois despachado. A irmã dos du Barry tornou-se companheira da nova condessa e lhe transmitia instruções de "du Barry le roué", que permaneceu escondido em Paris. Não demorou até que estivesse nomeando e demitindo ministros, enquanto sugava milhões do tesouro real. Madame du Barry executava suas ordens exaurindo o rei com sexo e bebida e fazendo-o assinar os éditos desejados. Ao contrário de madame de Pompadour, ela não tinha ambições pessoais e ou interesse por política. Sequer desejava acumular castelos. Vestidos finos, joias e folias e estrepolias nos aposentos privados do rei (*petits appartements*) bastavam para deixá-la feliz.

Em si, a história não difere fundamentalmente das biografias negativas dos libelos que a precederam. O que a distingue é o relato minucioso das intrigas cortesãs contido nas anedotas usadas para ilustrar a corrupção e a vulgaridade prevalecentes. A fim de manter seu domínio sobre o rei, explica o narrador anônimo, madame du Barry precisava ser apresentada formalmente à corte — uma tarefa nada fácil, pois exigia um patrono adequado e a aprovação de diversas facções, do delfim e das filhas do rei — *Mesdames de France*, conhecidas por sua estrita piedade e dedicação ao partido dos *dévots*. Pode parecer incrível que elas aceitassem como aliada uma criatura saída da sarjeta de Paris, mas essas eram as exigências da política cortesã: os *dévots* estavam dispostos a usar a amante do rei para investir contra seus rivais, o partido dos choiseulistes, que dominava o governo desde 1758, quando o duque de Choiseul tornara-se ministro do Exterior.

Segundo o narrador, a apresentação de madame du Barry à corte em 22 de abril de 1769 foi um grande evento político — foi, na realidade, o momento decisivo do reinado de Luís. Choiseul voltara-se contra ela, embora ela nada houvesse feito para ofendê-lo. (Bem treinada, tratava-o e a todos com propriedade sempre que circulava pelos setores públicos de Versalhes.) O problema era a irmã de Choiseul, a duquesa de Grammont, que também ambicionava tornar-se amante real e foi tão agressiva nesse intento que os du Barry, tendo ao seu lado simpatizantes como o duque de Richelieu, tiveram de empreender uma vigorosa campanha contra ela por simples instinto de autopreservação. Eles acabaram conquistando o apoio dos rivais de Choiseul dentro do governo: Maupeou, o ministro da Justiça [*chancelier*], e Terray, o controlador geral das finanças. Maupeou já vinha planejando destruir os *parlements* a fim de eliminar toda e qualquer resistência ao poder da Coroa. Choiseul sempre conciliara os *parlements*, mas em junho de 1770 o rei invalidou o julgamento no *parlement* de Paris de seu maior inimigo, o duque d'Aiguillon. Com o apoio de Maupeou e de madame du Barry, d'Aiguillon começara a tramar tomar o lugar de Choiseul no governo. No final do ano, as intrigas atingiram o clímax e, em 24 de dezembro de 1770, o rei mandou Choiseul para o exílio. Maupeou começou a erradicar os *parlements* em janeiro e D'Aiguillon tornou-se ministro do Exterior em junho de 1771. A partir daí e até a morte do rei em maio de 1774, a França foi governada por um "triunvirato" formado por Maupeou, Terray e d'Aiguillon, embora cada um conspirasse contra os outros dois e todos dependessem da fonte máxima de poder, madame du Barry.

Quando se refere a essa "revolução", o narrador deixa sua posição bastante clara: ele é partidário dos *patriotes* que se opunham ao governo e trata o golpe de Maupeou como um passo fatal no caminho para o despotismo.[9] Todavia, não evoca explicitamente os argumentos ideológicos de Montesquieu ou da literatura panfletária da época. Em vez de referir-se a limites constitucionais ao poder da Coroa e aos precedentes históricos para restringi-lo, deixa que os leitores façam essas inferências e se concentra num assunto com mais chances de cativar-lhes a atenção: o papel de du Barry no meio das intrigas cortesãs. Para tanto, lança mão de anedotas. Mais do que proposições abstratas, elas destacam o caráter degenerado da política e a degradação da monarquia. Alguns exemplos:

Antes da queda do duque de Choiseul e de seu primo, o duque de Choiseul-Praslin, que era ministro da Marinha, madame du Barry divertia-se pegando duas laranjas, espremendo-as e jogando-as para o alto enquanto gritava, "Pula, Choiseul! Pula, Praslin!" (89). (A expressão "pular" [*sauter*] referia-se à expulsão de um ministro.)

Na privacidade dos *petits appartements*, o rei gostava de se entreter fazendo café. Certo dia, distraiu-se e o café ferveu e transbordou, levando madame du Barry a gritar, "Ei, França! Cuidado! Teu café está indo para o beleléu" (215). (*"Eh! La*

France, prends donc garde, ton café fout le camp." "La France" era o seu apelido para o rei na intimidade, que ela acompanhava com o tratamento familiar "tu".)

A fim de tratarem de assuntos eclesiásticos, o núncio papal e o cardeal de la Roche-Aymon tiveram uma audiência com o rei no quarto de madame du Barry. A certa altura, ela levantou-se da cama, totalmente nua, e pediu que os dois prelados lhe passassem os chinelos. Cada um lhe colocou um chinelo nos pés e aproveitou a oportunidade para admirar furtivamente o resto de seu corpo. (224)

O duque d'Aiguillon queria tirar o marquês de Monteynard do Ministério da Guerra a fim de assumir o seu cargo. O rei era apegado a Monteynard, mas quando madame du Barry juntou forças com d'Aiguillon, viu que não seria capaz de suportar a pressão. "É inevitável que ele caia", lamentou Luís. "O único que o apoia sou eu." (294)

Depois da morte do rei, madame du Barry foi exilada, por ordem de Luís XVI, para a abadia de Pont-aux-Dames, em Brie. Contrariada, ela exclamou, "Que reinado mais fodido vai ser este, que começa com uma lettre de cachet". (330)

Por tratarem dos mesmos temas — a vulgaridade de du Barry, a pusilanimidade do rei, a trivialidade das intrigas cortesãs, a sordidez do comportamento de todos, o poder arbitrário do qual o sistema inteiro abusa — as anedotas se reforçam mutuamente e têm efeito cumulativo, fazendo com que a monarquia pareça não só despótica como também decadente. E tudo isso é transmitido sem muitos comentários, à maneira típica dos libelos.

Apesar de as amantes reais serem um alvo mais do que atraente, os libelistas também miravam suas armas nos ministros. O melhor exemplo de um ataque a um político proeminente foi também um best-seller, *Mémoires de l'abbé Terray, contrôleur général, contenant sa vie, son administration, ses intrigues et sa chute* (1776).[10] O livro pode ser lido como uma continuação de *Anecdotes sur madame la comtesse du Barry*, pois inclui várias das mesmas anedotas, trata dos mesmos temas e aborda a crise de 1770-4 do mesmo ponto de vista: o da oposição "patriótica" ao governo. Contudo, difere de *Anecdotes* em um aspecto: em vez de concentrar-se na subjugação sexual do rei, apresenta um relato detalhado da politicagem e das lutas pelo poder que ocorriam ao seu redor em nível ministerial.

De acordo com uma nota do editor, a primeira parte de *Mémoires de l'abbé Terray* foi escrita em 1773 por um jovem advogado, Jean-Baptiste-Louis Coquereau, que, "inflamado por zelo patriótico" (iii) e levado ao desespero pelas medidas despóticas do triunvirato, cometeu suicídio antes de completar o texto. A parte 1 abrange as primeiras 123 páginas; a parte 2 continua a história até a demissão de Terray em 1774 em mais 127 páginas. Um segundo volume contém uma miscelânea de obras polêmicas escritas entre 1768 e 1775. Juntos, os dois volumes cobrem a crise no final do reinado de Luís xv em grande detalhe. Concentram-se principalmente nas questões financeiras e na luta pelo poder e, portanto, mais parecem um manifesto político escrito do ponto de vista dos "patriotas".

O prefácio de *Mémoires* insiste que o livro deve ser lido como historiografia, apesar da sugestão obviamente ficcional do título, de que foi escrito pelo próprio Terray como suas memórias. Embora os partidários do despotismo certamente denegririam o autor como um libelista, explica o prefácio, ele é na realidade um historiador, um historiador da mais nobre estirpe, cuja função é "defender a causa de uma nação, e às vezes da humanidade inteira, contra ministros poderosos e potentados temíveis que a ultrajam, a arruínam, a degradam, a escravizam e a oprimem sob os grilhões de um despotismo intolerável" (v-vi). Seja como for, os libelos frequentemente tentavam se legitimar aos olhos dos leitores alegando serem obras historiográficas e, a despeito de toda sua retórica inflada e pretensiosa e de sua dedicação à causa patriótica, *Mémoires de l'abbé Terray* é na realidade um libelo do tipo mais nocivo, o tipo que tenta destruir uma figura pública expondo a sua vida privada.

Coquereau esgota a primeira parte da biografia de Terray em um parágrafo. Nascido em uma família obscura em uma cidadezinha perto de Lyon, o jovem Terray tinha dois trunfos: sua lábia e um tio rico. O tio, médico oficial do duque d'Orléans durante a Regência, chamou o jovem a Paris, fê-lo ingressar nas ordens menores do clero (como subdiácono, não padre) e comprou-lhe um cargo de conselheiro clerical do *parlement* de Paris. Enquanto galgava a hierarquia do *parlement*, Terray manteve uma postura discreta, segundo *Mémoires*. Vestia-se mal, vivia frugalmente e conquistou respeito como um "patriota" (9) redigindo protestos contra a política fiscal do governo. Mas tão logo seu tio faleceu, deixando-lhe uma fortuna, adquiriu um château e começou a arranjar amantes — primeiro a esposa de um cliente provinciano, que se tornou anfitriã de sua mesa suntuosa e lhe deu uma filha; depois a melhor amiga dela, que se esgueirou ao leito do abbé num momento oportuno e acabou se instalando como chefe do seu "serralho" [harém] (209). *Mémoires* não se aprofunda na vida sexual de Terray, pois afirma que ele usava as mulheres apenas para saciar sua lubricidade enquanto ia montando sua carreira política. Mesmo assim, às vezes oferece vislumbres voyeurísticos de suas cópulas. As anedotas escabrosas a seu respeito pintam-no em certo momento como um estuprador e o rol de suas amantes inclui até mesmo sua filha ilegítima, que lhe proporcionou tanta satisfação sexual que ele tentou passá-la para o rei, usando madame du Barry como intermediária.

A paixão dominante de Terray, como *Mémoires* enfatiza a cada instante, não era o sexo mas a ambição — a ânsia crua e indomável por dinheiro e poder. Ele buscara secretamente cair nas boas graças de Maupeou e não demorou a abjurar sua oposição ao governo (que, afinal, fora apenas simulação de patriotismo com vistas a aumentar sua influência no *parlement*). Por fim, em 1769, aceitou o cargo de controlador geral das finanças e, a partir desse momento, aproveitou cada oportunidade para tributar os franceses até a morte. Extraiu tanta riqueza da população exaurida e abusou de sua autoridade com tanta desfaçatez que logo se tornou a figura mais odiada do reino — tornou-se a própria corporificação do mal supremo do sistema político (não a autoridade real em si, mas sua versão degenerada conhecida como despotismo ministerial).

Mémoires oferece ao leitor a história secreta dessa transformação. Maupeou, o ministro da Justiça, sequioso de uma oportunidade para solapar o poder dominante do duque de Choiseul dentro do governo, armou uma cilada para Maynon d'Invault, o controlador geral protegido de Choiseul, numa sessão tumultuada do Conselho de Estado e conseguiu convencer o rei a substituí-lo por Terray. Em seguida, a fim de persuadir Terray a aceitar a nomeação, que o exporia à hostilidade do povo, Maupeou o seduziu com a perspectiva de poder ilimitado: os dois trabalhariam juntos para destruir os *parlements*, desalojar Choiseul, preencher os ministérios com seus protegidos e governar lado a lado como senhores absolutos do reino. Luís XV era uma tamanha nulidade que essa tramoia mal chegou a levá-lo em conta.

A execução da estratégia, tal como descrita em *Mémoires*, transforma-se numa descrição de todas as voltas, reviravoltas e negociatas que constituíram a história política da França até a morte de Luís XV em 1774. Terray passou esses cinco anos concebendo medidas arbitrárias para tributar o país até a morte. Maupeou eliminou os últimos vestígios de oposição ao governo com a criação de um novo sistema judiciário. E, a fim de terem controle completo do governo, convocaram o duque d'Aiguillon para exercer seu temperamento tirânico como ministro do Exterior. O livro mostra como o triunvirato solidificou seu poder, incidente por incidente, uma intriga após outra. Revela também como as fissuras foram aparecendo. Visto que cada um dos três era um vilão legítimo em seu próprio domínio e promovia indiscriminadamente o próprio interesse, a divisão de poder acabava criando infindáveis possibilidades de traição. Mas a coalizão se manteve, não obstante, pois havia um mecanismo para arbitrar os conflitos: madame du Barry. Embora não tivesse interesse pessoal em governar, sua ascendência sobre Luís permitia que interviesse sempre que o equilíbrio do poder ameaçava pender demais para o lado de um dos três escroques que exerciam autoridade absoluta em nome do rei. Nos últimos anos de seu reinado, quando Luís tudo negligenciou, o triunvirato continuou agindo a seu bel-prazer, macerando os franceses.

Terray era o mais apto a abusar do poder no dia a dia do despotismo, pois tinha controle completo sobre as finanças do rei. *Mémoires* dedica a maior parte do texto a descrever sua dilapidação fiscal. Revela como aumentou os impostos, desfalcou pensões, defraudou anuidades reais, despojou os detentores de cargos, espoliou a Ferme Générale (cartel que coletava impostos indiretos), apropriou os ativos da Compagnie des Indes, monopolizou o comércio de grãos e levou o povo à miséria e à destituição. A história sigilosa do peculato de Terray envolve lutas ininterruptas pelo poder e acaba se transformando numa verdadeira narrativa política, expondo a nu a última rodada de astúcias, má-fé e velhacarias do longo reinado de Luís xv.

Em linhas gerais, o relato que o livro faz das intrigas políticas mostra que Terray alinhou-se primeiro com Maupeou para expulsar Choiseul do cargo, depois transferiu seu apoio para d'Aiguillon numa tentativa de destituir Maupeou, continuou deslocando-se de um aliado para outro, na esperança de obter um capelo de cardeal e o Ministério da Marinha ou o cargo de guarda-selos, e por fim reverteu para uma aliança com Maupeou (quando revelou que d'Aiguillon estava conspirando para reconvocar o *parlement* e assumir o governo). Em cada momento crítico, segundo *Mémoires*, Terray fortaleceu sua posição buscando o apoio de madame du Barry. Ele começou seu mandato de ministro dobrando-lhe a pensão. No auge da contenda com Maupeou, acresceu-a em mais 100 mil *livres*. Ao longo do caminho, consolidou seu poder pagando todas as notas promissórias que ela escrevia ao banqueiro da corte e culminou seus subsídios dando-lhe de presente uma *toilette* de ouro maciço, tão extravagante que tiveram de escondê-la do olhar dos curiosos.

Ao acumular anedotas desse tipo, *Mémoires* transforma seu anti-herói no supremo vilão de um governo descrito como o mais infesto do século. Entretanto, o retrato que traça de Terray contradiz a opinião de inúmeros historiadores, que o veem como um reformador progressista que buscava combater interesses arraigados e desigualdades.[11] Em nenhum momento *Mémoires* leva isso em consideração. Pelo contrário, denuncia Terray numa linguagem tão virulenta e tão extrema que o faz parecer inumano: "rematado monstro" (223), "vampiro político que sugou o sangue de toda a França" (59), "um ser disforme, culpado do mais grave dos delitos, o crime de lesa-nação, tão maior que o de lesa-majestade quanto a nação é maior que seu soberano" (309). Todavia, a julgar por uma resenha que sobreviveu num dos periódicos clandestinos da época, esse retrato caricatural pareceu convincente para alguns dos contemporâneos de Terray.[12] Por outro lado, como a última observação deixa claro, a obra tem também um viés ideológico, pois defende a ideia de que o mando do rei deve ser subordinado à autoridade maior da nação e que a nação não pode afirmar seu direito de determinar o próprio destino sem antes destruir o mal personificado por Terray: o despotismo ministerial.

A difamação de ministros prosseguiu até 1789, com intensidade ideológica cada vez maior. Os libelistas arrastaram para a lama todos os controladores gerais importantes que sucederam Terray — Turgot, Necker e Calonne — e embora esse tipo de literatura geralmente assumisse a forma de panfletos políticos, alguns eram bastante longos (*Monsieur de Calonne tout entier*, de 1788, tem 370 páginas). Contudo, o libelo mais interessante na linha das "vidas privadas" dos últimos anos do Ancien Régime ataca um ministro que já estava morto havia muito tempo. A publicação de *Vie privée du cardinal Dubois, premier ministre, archevêque de Cambrai etc.* (o endereço na página de rosto diz apenas "Londres, 1789") coincidiu com a eclosão da Revolução, mas o livro pretende revelar tudo sobre o mais notório político desde o início do século, o abbé Guillaume Dubois, primeiro-ministro durante a Regência do duque d'Orléans (1715-23).

De acordo com um prefácio e uma nota do editor, o material extraordinariamente chocante — e supostamente verdadeiro — proveio de um manuscrito perdido por um dos secretários de Dubois. O editor apenas acrescentara algumas informações suplementares e alguns dados obtidos de outras vidas privadas. Os libelos muitas vezes começavam com esse tipo de afirmação, que raramente era levada a sério. Na realidade, *Vie privée du cardinal Dubois* é uma obra encomendada, geralmente atribuída a um literato menor, Antoine Mongez, que se tornou revolucionário ardoroso e, por fim, membro do Institut de France.[13] Embora tenha um núcleo narrativo que a sustente como uma biografia, não deixa de ser uma antologia de anedotas sobre as malfeitorias dos grandes. As anedotas sucedem umas às outras num fluxo contínuo de escândalos — 389 páginas, sem interrupções para capítulos ou algum lenitivo na forma de uma ideia original. Em retrospecto, o mais intrigante desse livro é a data de publicação: 1789. Justamente quando o Ancien Régime estava ruindo, alguém decidiu lançar um ataque maciço e difamatório contra um ministro da Regência, um homem que morrera 65 anos antes. Por quê?

Evidências internas indicam que o texto foi escrito em 1783.[14] Não há referência à convocação dos Estados Gerais ou a qualquer acontecimento da Revolução ou da pré-Revolução de 1787-8. Com toda certeza, o livro fez parte da onda de calúnias que chegou ao auge com as atividades dos libelistas londrinos em 1783; mas por que o autor escolheu um assunto tão antiquado? Talvez porque as anedotas envolvendo Dubois ainda fossem suficientemente chocantes para que o livro vendesse bem no aquecido mercado de literatura proibida na década de 1780. O esforço do Estado para reprimir esse mercado, iniciado em junho de 1783, possivelmente fez o editor adiar a publicação até um momento mais seguro.[15] Em 1789, havia pouco risco em lançar uma obra dessas e boas perspectivas de ganhar dinheiro explorando o fascínio do público com os males do regime que acabara de ser derrubado. Talvez *Vie privée du cardinal Dubois* tenha sido uma mera especulação financeiro-literária, mas quaisquer que tenham sido os motivos por trás de sua publicação, o texto merece ser estudado como um exemplo tardio de um libelo do tipo "vida privada".

Começa, como a maioria dos libelos, narrando o nascimento de seu herói, um tema propício para reflexões acerca das origens humildes de uma personagem que ascenderia ao pináculo do poder. De acordo com *Vie privée*, Dubois era filho de um boticário provinciano de Brive-la-Gaillarde. Saiu-se bem o bastante nas escolas locais para tornar-se um abbé e empregar-se como preceptor na casa de um magistrado de Bordeaux. Não demorou, porém, até que engravidasse uma criada: o magistrado o despediu e a moça insistiu em casamento. Depois de uma cerimônia rápida em Limousin, o casal mudou-se para Paris, onde Dubois ganhou a vida dando aulas particulares e sua esposa desapareceu. O golpe de sorte de Dubois aconteceu em 1683, quando foi contratado como um dos tutores do duque de Chartres, o qual sucederia seu pai como duque d'Orléans. Dubois conquistou as boas graças do jovem duque iniciando-o nos prazeres da carne e logo mulheres da vida começaram a chegar aos borbotões no quarto do rapaz pelas escadas dos fundos do Palais-Royal. O fluxo de meretrizes nunca cessou, pois o abbé, mais tarde cardeal, continuou caftinando para o príncipe até sua morte. Daí a placa afixada na igreja Saint-Honoré, onde o cardeal foi enterrado:

Rome rougit d'avoir rougi
Le m… [maquereau] qui gît ici (22).

(Roma enrubesce por ter outorgado a púrpura
ao c… [cafetão] que descansa aqui.)

O texto contém muitos poemas, canções e ditos espirituosos recolhidos de mexericos e *chroniques scandaleuses*. Suas anedotas são temperadas com os palavrões que fizeram a fama de Dubois, especialmente b… (*bougre*, fanchono [sodomita]) e f… (*foutre*, foder), que aparecem em toda parte como indicação de sua grosseria. Graças ao patronato orléanista, Dubois não demorou a acumular várias prebendas. Também contraiu sua primeira doença venérea e gerou um segundo filho — este concebido por uma camponesa de uma paróquia ligada a uma de suas abadias. (Dubois ordenou que um criado se fizesse de pai no batismo da criança.) Nem por isso deixou de organizar a vida devassa do duque em Paris. O texto estende-se longamente sobre esse assunto inesgotável, embora evite detalhes obscenos, mas as anedotas continuam rolando, uma após a outra, sem dar folga ao leitor. Um exemplo pode ser tomado como típico de seu teor, conforme a sinopse abaixo:

Enquanto aliciava carne fresca para o duque, Dubois deparou com uma viúva belíssima, mas excessivamente piedosa. A única possibilidade de fazer algum progresso com ela seria ele próprio seduzi-la. Ele prometeu-lhe tudo, até casamento, e por fim ela consentiu. No banquete após o casamento, Dubois apresentou-a ao duque. Quando ela se retirou para o quarto, onde ficou aguardando no escuro seu novo marido, Dubois instruiu o duque a tomar seu lugar. Na manhã seguinte, a noiva despertou, encontrou o duque dormindo ao seu lado e soltou um grito. Dubois entrou correndo. Ela lhe implorou que a perdoasse, pois na confusão e na escuridão não percebera que estava fazendo amor com o homem errado. Suas súplicas foram tão sinceras que acabaram comovendo o duque, que tinha bom coração e admitiu que os dois tinham montado juntos a farsa adulterina. Furiosa e desesperada, a noiva de Dubois jurou que nunca mais queria vê-lo e foi embora para as províncias para nunca mais voltar.

Dubois era agora um bígamo, ou seja, duplamente desqualificado para tornar-se clérigo, mas a experiência solidificara sua relação com o duque, que dali para a frente foi incapaz de recusar-lhe o que quer que fosse. Quando sucedeu a seu pai, assumiu-lhe o título e tornou-se regente e governante da França, o duque d'Orléans precisou de um assistente de confiança. Dubois caiu-lhe como uma luva, não apenas pelos laços estabelecidos na vida devassa compartilhada, mas também porque o abbé devia tudo a ele. Obscuro demais para ter contatos próprios, Dubois era plenamente confiável para executar a política adotada pelo duque de usurpar o poder dos grandes aristocratas ou mesmo para cuidar de missões diplomáticas. *Vie privée* não se aprofunda na história política, mas fornece informações sobre os principais acontecimentos: a criação da Tríplice Aliança (no final das guerras de Luís XIV, a França estabilizou a paz alinhando-se com suas antigas inimigas, a Grã-Bretanha e a Holanda, em 1716--7), o malogro da conspiração Cellamare (em 1718, Orléans sufocou um complô liderado pelo embaixador espanhol, o príncipe de Cellamare, para derrubá-lo do poder e colocar Felipe V da Espanha no trono francês) e o colapso do sistema de Law (o aventureiro escocês John Law armou um conglomerado financeiro patrocinado pelo Estado que implodiu espetacularmente em 1720).

Dubois desempenhou papel importante em todos esses eventos, mas *Vie privée* descreve seus feitos como se fossem pouco mais que uma constante busca de mulheres e dinheiro. Na realidade, trata-o como um palhaço. Ao narrar suas missões diplomáticas, toma emprestado metáforas dos teatros dos bulevares: Dubois era um "arlequim" (140) que saltitava de uma "cena ridícula" (142) a outra. Na Holanda, exerceu ofícios paralelos: penhorista e agiota. Ao cruzar o Canal, sentiu-se tão mareado que praguejou "como um cocheiro atolado na lama" (145). Na Inglaterra, passou a maior parte do tempo em prostíbulos e, ao retornar à França, solicitou que todas essas suas traquinices fossem recompensadas com nada mais, nada menos que o arcebispado de Cambrai.

Dessa vez, até o regente, calejado com suas extravagantes propostas, ficou perplexo: "Estás louco? Tu, um arcebispo? És um velhaco, bem sabes; além do mais, quem haveria de ordenar-te padre?" (226). Como abbé, Dubois havia sido tonsurado, isto é, passara pela cerimônia preliminar do cercilho, o primeiro passo para receber as ordens sagradas, mas ainda não fora ordenado padre. Sem se deixar dissuadir, submeteu-se às pressas ao elaborado cerimonial necessário e tomou posse de uma das prebendas mais ricas da França no mesmo dia. *Vie privée* também faz referência à chacota que estava na boca de todos, pois aquele também fora o dia de sua primeira comunhão, maculado apenas pelo fato de Dubois ter perdido a cabeça durante a desconcertante sucessão de ritos e urinado na túnica do arcebispo. Restava-lhe, porém, superar um último obstáculo. Ao saber que ele tirara a sorte grande, sua primeira esposa apareceu do nada e exigiu uma audiência. Dubois mandou prendê-la por tentativa de suborno e ameaças e, em seguida, despachou um intendente para destruir as provas de seu casamento num obscuro vilarejo de Limousin. O intendente simulou um acidente defronte à igreja, pediu abrigo ao pároco, colocou-o para dormir com um pouco de vinho misturado com drogas e arrancou a página incriminadora do registro de casamentos.

Vie privée narra no mesmo estilo os últimos estágios da ascensão de Dubois ao poder. Ele acumulou sete abadias, juntou uma fortuna, fez-se nomear cardeal e terminou como *premier ministre*. Demonstrou certa sagacidade ao longo do caminho, admite o narrador, mas mesmo como cardeal continuou um bufão. *Vie privée* insiste nesse ponto com infindáveis anedotas, um "retrato" completo (103-4) e diversos excertos de avisos e anúncios contemporâneos, reunindo todo esse material à maneira de um libelo convencional. Entretanto, essas histórias já não tinham valor de notícia em 1789. Por que, então, dar-se ao trabalho de caluniar um homem que estava morto havia décadas? A resposta mais simples é que a biografia de Dubois contém tantos episódios chocantes e revoltantes que sua leitura era — e continua sendo, ao menos em doses pequenas — fascinante. Dubois personificava uma época tão notória pela imoralidade que gerou um folclore próprio sobre a devassidão na alta sociedade. Um libelista precisava apenas consultar o enorme repertório de histórias sobre o regente e seus *roués* para produzir um possível best-seller. Os historiadores, com razão, consideram essas histórias caricaturas e dão nota alta para o regente e para Dubois como políticos. Mas o folclore político, montado com certo requinte, também merece atenção. Fragmentos impressos começaram a aparecer na primeira metade do século XVIII, mas a narrativa histórica completa só foi concluída na década de 1780, quando os libelistas realmente puseram mãos à obra. *Vie privée de Louis XV* apresenta uma visão panorâmica em 1781, enquanto *Vie privée du cardinal Dubois* oferece o primeiro relato detalhado dos anos 1715-23 — altamente impreciso, por certo, mas engraçadíssimo em determinados trechos.

O tom humorístico que o texto adota para relatar os acontecimentos corresponde ao da década de 1780, a época de *As bodas de Fígaro* e do Caso do Colar de Diamantes. Evidentemente, nenhum período histórico pode ser reduzido a uma só corrente na atmosfera geral, mas havia no ar então uma frivolidade entre as classes superiores que tinha certa afinidade com o despreocupado erotismo da Regência. O clima mudou drasticamente em 1789, quando catilinárias e imprecações contra a depravação dos aristocratas — *mauvaises moeurs* (mau comportamento), de acordo com uma expressão favorita da época — passaram a ditar a nova postura em assuntos públicos. Por outro lado, um libelo escrito em 1783, ainda que carecesse de intenção moralizante e apenas fizesse troça de seu sujeito, também podia contribuir para a empresa revolucionária. Os franceses não sabiam que tinham vivido sob um "Ancien Régime" até que o destruíram. Depois de 14 de julho de 1789, porém, tiveram de encarar de frente o que ele havia sido. Mas exatamente o que havia sido? O povo carecia de informações e de entendimento para responder a essa pergunta adequadamente. Nenhum relato histórico produzido antes de 1789 era considerado confiável, além de serem pouquíssimos, visto que história e biografia contemporâneas não tinham tido espaço no antigo sistema de controle da imprensa. Os franceses tiveram de aprender sobre seu passado recente por meio dos libelos e esse aprendizado tornou-se imperioso em 1789, quando depararam com a necessidade de reconstruir o Ancien Régime — não de ressuscitá-lo, é óbvio, mas de recriá-lo como artefato literário para que o público, o público leitor no âmago de um povo soberano, pudesse conhecer o que fora derrubado e o que poderia ressurgir se a corrupção voltasse a prevalecer. *Vie privée du cardinal Dubois* faz parte desse empreendimento, ainda que esta não tenha sido sua intenção original, e foi seguido por uma contribuição muito mais importante, *Vie privée du maréchal de Richelieu.*

Vie privée du maréchal de Richelieu (1791) leva a longa série de libelos sobre a vida privada dos grandes sob o Ancien Régime a um merecido clímax, pois percorre todo o terreno coberto pelos demais e os revê da perspectiva dos primórdios da Revolução. A vida do duque, mais tarde marechal de Richelieu, sobrinho-neto do famoso cardeal, presta-se bem a essa abordagem panorâmica. Armand de Vignerot du Plessis nasceu no final do século XVII (em 13 de março de 1696) e faleceu (em 8 de agosto de 1788) menos de um ano antes de irrupção da Revolução Francesa. Seus três casamentos ocorreram em três reinados diferentes, o terceiro quando já tinha 84 anos. Ao longo do caminho, participou de muitos dos maiores acontecimentos do século como cortesão, soldado e diplomata, e seduziu dezenas de mulheres, a última depois de completar 86 anos — e ainda fez amor com o furor de vinte, ela teria alardeado. Tanta vitalidade e tantas mulheres tornaram-no irresistivelmente interessante para seus contemporâneos. Ele já figurara em diversos libelos, em especial como o vilão digno de Iago que roubou o espetáculo em *Les amours de Zéokinizul*. Um relato completo de sua vida não tinha como não fascinar os leitores de 1791, não apenas pelos escândalos, mas também por proporcionar um belo panorama do Ancien Régime.

O porte desse *Vie privée* é tão monumental quanto seu sujeito — três grossos volumes, meticulosamente divididos em capítulos, um requintado sumário com resumos dos capítulos e mais de duzentas páginas de documentos suplementares, todos aparentemente autênticos. Não há nada no corpus de vidas privadas que chegue a seus pés, exceto talvez *Vie privée de Louis XV*, que cobre mais ou menos o mesmo terreno. Os autores permanecem anônimos, mas no prefácio dão vários indícios do que estava por trás de seu empreendimento.[16] Eles insistem que o texto se conforma perfeitamente à verdade histórica e que se baseia em documentos do próprio Richelieu, mas logo contrariam essa afirmação convencional apelando ao interesse voyeurístico do leitor: "É o herói posto a nu que será apresentado ao público" (1: 2). Prometem oferecer "uma narrativa muito picante", repleta de "anedotas curiosas" do tipo que outrora divertira a intelligentsia sofisticada dos salões parisienses. *Vie privée du maréchal de Richelieu* foi publicado dois anos depois da irrupção da Revolução, mas pretendia transmitir a malícia, a sagacidade e o riso que remanesciam nos círculos mais elegantes desde o final do Ancien Régime.

Os primeiros capítulos apresentam o herói como uma das maiores figuras nos "anais da galanteria" (1: 41) — ou seja, evocam a literatura galante que remonta a Bussy-Rabutin, ou mesmo antes, às histórias de amor cortesão de Boccaccio e outros. Capítulos posteriores citam libelos do século XVIII, inclusive *Vie privée de Louis XV* e *Mémoires secrets pour servir à l'histoire de Perse*, quase sempre para apontar imprecisões. Mas a pretensão de manter-se fiel ao registro histórico não chega a disfarçar o caráter fundamental do livro. *Vie privée du maréchal de Richelieu* é um libelo. Na verdade, é uma espécie de súmula da literatura libelista, ainda que ultraje um homem já morto. É composto essencialmente de anedotas, embora as entreteça com habilidade em uma narrativa que se estende por um século inteiro, e inclui inúmeras informações sobre guerras e política que ajudam o leitor a se orientar.[17] Alguns exemplos:

Apresentado à corte de Luís XIV aos catorze anos de idade, o jovem Richelieu começou a perseguir rabos de saia como um querubim safado. (Na verdade, talvez tenha sido o modelo para Cherubino, em *Le mariage de Figaro*.) Sua primeira conquista ocorreu quando se esgueirou na cama da duquesa de *** e ficou escondido num canto debaixo das cobertas. Já amolecida por seu flerte insistente, a dama capitulou depois que aquela trouxinha sobre a cama se transformou num menino e o menino num amante. (3: 21)

Quando chegou à idade de assumir o papel de urbanita sofisticado, Richelieu cultivou uma reputação de sedutor. Certa noite, visitou três de suas amantes e estacionou sua carruagem diante da casa de uma quarta para que a notícia de sua proeza se espalhasse. Ele chegou a "cornear" até o regente e seu principal ministro, o cardeal Dubois, seduzindo suas muitas amantes. Uma delas, que se fazia passar por devota, oferecera grande resistência ao cardeal. Depois que finalmente capitulou, Dubois a encontrou na cama com Richelieu. Em vez de voltar-se contra seu rival, ele a amaldiçoou: "F...! Madame, por que me atormentaste com tua virtude e tua pudicícia, para depois saíres a saracotear com esse diabo de homem que está em toda parte?". (1: 225)

O golpe mais famoso de Richelieu, que se tornou "chacota de Paris inteira", ocorreu alguns anos depois, quando superou obstáculos aparentemente intransponíveis para cornear um renomado financista, Alexandre-Joseph Le Riche de La Popelinière. La Popelinière casara-se com uma atriz, Mimi Dancourt, e a mantinha sob estrita vigilância por um exército de criados em sua suntuosa casa na cidade. Sem desalentar, Richelieu alugou uma casa vizinha, mandou cavar um buraco na parede que dava para o boudoir de Mimi e instalou uma lareira giratória, para que pudessem fazer amor enquanto o senhor da casa passava a noite em seu quarto separado. Um criado descontente revelou o truque e La Popelinière despachou Mimi para um convento. Richelieu, porém, não se incomodou de perdê-la. Tudo o que lhe importava era a proeza em si e a glória que ela acrescentara a sua reputação. (2: 34, 93)

O autor estende-se longamente sobre essas anedotas e as complementa com descrições de como Richelieu espreitava suas presas, decifrava-lhes a expressão facial, modulava sua conversa aliciadora, jogava emoções conflitantes umas contra as outras, criava expectativas e as frustrava com períodos de fingida indiferença, e, quando as últimas defesas haviam ruído, aproximava-se para a matança. De acordo com o prólogo, o texto dos volumes 1 e 2 foi compilado a partir dos documentos de Richelieu, mas o volume 3 teria sido escrito pelo próprio marechal, no qual revela suas primeiras conquistas na primeira pessoa do singular e, portanto, oferece aos leitores vislumbres de sua psicologia. Quase metade do volume é dedicada a um único episódio, a sedução de duas mulheres de classe média baixa (uma era esposa de um artífice que fabricava espelhos, a outra uma viúva pobre). As duas eram amigas e viviam na mesma casa modesta — daí a atração de Richelieu por elas: ao seduzir duas beldades debaixo do mesmo teto, transporia fronteiras de classe social e violaria laços de amizade. O fato de a esposa do artífice ser extremamente devota só tornava a aventura mais instigante. O narrador-Richelieu descreve tudo em detalhes. Explica como se aproveitou da vaidade das mulheres, o fascínio delas pelo mundo dos grandes, seus temores e suas esperanças de melhorar de vida, seus impulsos contraditórios de desejo e vergonha, e, por fim, seu sentimento autêntico de amor. Revela, pois, qual era a força que o movia verdadeiramente: não a conquista, mas o amor à perseguição; não o prêmio, mas o desafio de superar as dificuldades de obtê-lo; não as mulheres, mas o engrandecimento do próprio ego. Estamos no mundo de Les liaisons dangereuses. O próprio Laclos reconheceu os paralelos com seu romance. Numa resenha de *Vie privée du maréchal de Richelieu* publicada em 8 de fevereiro de 1791, ele trata os dois livros como autênticos e exatos.

Este livro histórico é tão interessante quanto os romances mais famosos e chega a superar todos aqueles que foram acusados de exagero ao retratarem a moralidade decrépita da alta sociedade. Quem o ler ficará convencido de que as mais atrozes e escandalosas ficções utilizadas pelos autores para expor e condenar as personagens malignas de seus romances ficam bem aquém da realidade. [...] Mostra que a revolução foi necessária tanto para a restauração da liberdade como da moralidade.[18]

O autor ou autores de *Vie privée du maréchal de Richelieu* carece(m) do talento de Laclos — e como! —, mas os temas abordados e o ponto de vista são os mesmos. O volume 3 é uma legítima novela, o derradeiro produto de uma linhagem de literatura libelista que data do século XVII.

Mas os volumes 1 e 2 contêm muito mais do que um simples dom-juanismo semificcional. Acompanham Richelieu ao longo de cada fase de sua carreira militar, desde seu serviço militar, como ajudante de ordens do marechal Villars durante a Guerra da Sucessão Espanhola (1700-14), até sua última e desastrosa campanha como marechal na Guerra de Sete Anos (1756-63). Ao longo dessa trajetória, falam de suas missões diplomáticas e de seu envolvimento na política — não em detalhes, pois os autores se dizem biógrafos e preferem deixar a história militar, diplomática e política para os historiadores. Entretanto, embora deem aos casos de sedução lugar de destaque nos capítulos dedicados à política, não menosprezam a importância de Richelieu como político. Pelo contrário, ressaltam seu compromisso com o absolutismo real. O rei, segundo o relato que fazem da filosofia de Richelieu, possuía poder ilimitado e, portanto, nada deveria limitar o poder dos agentes reais. Como *gouverneur* da Guyenne [Aquitânia] (um cargo basicamente honorífico que fez dele o mais alto representante do rei na região em torno de Bordeaux), Richelieu desprezou ou tratou com rudeza as sensibilidades locais, despachou adversários para a prisão mediante *lettres de cachet* e auferiu prazer especial em suprimir o *parlement* de Bordeaux durante o golpe de Maupeou. Também exerceu poder arbitrário em seus assuntos pessoais, mandando prender criados que o desagradassem e intimidando até a polícia. Pessoalmente, era um "déspota muito temido" (2: 136) e não tinha o menor escrúpulo de exercer poder, pois estava convencido que este lhe pertencia de direito como membro da alta aristocracia. Supostamente falando em sua própria voz no volume 3, ele enfatiza a necessidade de uma estrita hierarquia na ordem social.

> Um rei rodeado por uma nobreza opulenta brilha com ainda mais grandeza com o lustre que os nobres refletem e que está ligado a sua própria representação. Um grande fidalgo é um elo na corrente que tem origem no trono e desce em graus imperceptíveis até a gente comum. Ele obedece a seu senhor [o rei], de quem por sua vez obtém o poder de fazer-se obedecer por aqueles que lhe são inferiores. Ele deve maravilhar e intimidar o povo e a riqueza é um dos melhores meios para este fim. (3: 119)

Nada poderia ser mais politicamente incorreto do que os mesmos sentimentos em 1791. Os autores tomam o cuidado de desaboná-los[19] e criticam o comportamento brutalmente aristocrático de seu herói. Às vezes, porém, insinuam certa admiração por Richelieu, especialmente por sua coragem no campo de batalha: "Jamais perdeu o domínio de si em situações de máximo perigo e auferia tanto prazer de uma batalha quanto de um rendez-vous com belas mulheres" (1: 316). A identificação entre guerra e sexo aponta para a mensagem básica do livro. Sob o Ancien Régime, as mulheres eram objetos de conquista e as batalhas para conquistá-las correspondiam aos jogos de poder que permeavam a sociedade inteira, de alto a baixo. A competição pelo poder era mais evidente na corte e, portanto, *Vie privée du maréchal de Richelieu* enfatiza o papel do marechal como um cortesão que exercia influência por meio das amantes reais. Depois de patrocinar madame de Châteauroux, consolidou sua ascendência manipulando madame de Pompadour, embora uma altercação que teve com ela o afastou do círculo interno das decisões por um tempo. Mas a chegada de madame du Barry, sua *protégée*, deu-lhe rédeas livres para determinar os acontecimentos. Ele aproveitou-se da situação para elevar um parente, o duque d'Aiguillon, à posição de ministro do Exterior e para ajudar Maupeou a esmagar os *parlements*. A essa altura, Richelieu já abandonara toda ambição de tornar-se ministro. Com o advento de Luís XVI em 1774, ele foi rapidamente perdendo poder e, na velhice, contentou-se em dirigir despoticamente a Comédie Italienne, uma benesse que lhe coubera na qualidade de *premier gentilhomme de la chambre du roi* [cavalheiro primeiro do quarto do rei]. Uma das últimas cenas de Richelieu em Versalhes mostra-o no *coucher* de Luís XVI, cambaleando pelo quarto enquanto segura a camisola do rei, que, distraído, caminha pelo aposento.

No final, portanto, a narrativa de Richelieu funde-se com a história de Versalhes, uma mistura de invejas pessoais, calúnias e maledicências, brigas infindáveis a respeito de *préséance* [precedência], ostentação extravagante, etiqueta absurda, devassidão, hipocrisia, orgulho, indolência e incompetência, tudo sincronizado com as idas e vindas de amantes reais e o mandamento supremo de seduzir ou ser seduzido. No centro do vórtice ficava o rei, sentado em seu trono, sem fazer nada, como um "sultão apático" (2: 156) que não se interessava por coisa alguma senão a caça e as mulheres. Cada detalhe do livro aponta para a mesma conclusão: a França se degenerara num despotismo asiático — "asiático" por combinar depravação moral e abuso político. Em 1791, esse tema já fora abordado tão extensivamente que pareceria ter sido exaurido. Mas *Vie privée du maréchal de Richelieu* deu-lhe novo fôlego; e aos revolucionários interessava revivê-lo, pois definiam o presente a partir da reconstrução do passado. Richelieu personificava tudo o que eles pretendiam abolir em 1791, sobretudo os males gêmeos da decadência e do despotismo. No entanto, a vida secreta do marechal provou-se estranhamente fascinante, pois expressava a vivacidade e o bom humor de um mundo que eles haviam perdido.

28. Depravação real

Da perspectiva dos libelos que vinham ultrajando rainhas e amantes desde o início do século XVII, era inevitável que Maria Antonieta despontasse em algum momento como alvo de calúnia e difamação. No final, porém, ela recebeu muito mais injúrias do que seria a sua cota justa. A avalanche de difamação que a vitimou entre 1789 e sua execução em 16 de outubro de 1793 não tem paralelo na história da vilificação. A bibliografia de todo o material impresso até 1794 que a tomou como mote contém cerca de 150 itens, a maioria dos quais a vilipendia em linguagem tão extrema que mal podemos acreditar no que lemos,[1] embora tudo parecesse crível e plausível para muitos e muitos franceses na época. Isso constitui um problema.

Talvez jamais consigamos entender as obsessões que tomam conta de populações inteiras. Contudo, sem especular sobre a patologia da imaginação coletiva, podemos apontar algumas explicações parciais para o ódio à rainha. Sendo uma princesa austríaca, ela representava o principal inimigo que os franceses vinham combatendo desde o século XVI. Essa inimizade provocou emoções viscerais em 1792 e 1793, quando a invasão austríaca ameaçou transformar-se num massacre da população civil. A política interna também assumiu caráter de vida ou morte à medida que a Revolução se radicalizava e, portanto, os partidos de esquerda podiam usar colaboração com a rainha como uma acusação a ser lançada contra os partidos de direita. Não houve nenhuma oposição leal que surgisse em meio a essas mútuas incriminações, pois numa época tão turbulenta era impossível chegar a um consenso acerca dos princípios básicos do sistema político. Opositores do governo conspiravam para derrubá-lo pela esquerda ou para solapá-lo pela direita. Além disso, a distinção entre esquerda e direita — em si uma invenção da Assembleia Nacional em 1789 — não parava de mudar, pois cada *journée* revolucionária alterava o espectro político e transformava os esquerdistas de ontem nos reacionários de hoje. No âmago de tudo, estava o fato de que o rei traíra a constituição que ele jurara defender. Nos primeiros anos da Revolução, quando parecia desempenhar de boa-fé o papel de monarca constitucional, ele se revelou tão recalcitrante e tão incompetente que inspirou apenas desconfiança. Os céticos e descrentes apontavam para *l'Autrichienne* como o verdadeiro poder por trás do trono. Maria Antonieta só podia estar conspirando para sabotar a Revolução e entregar a França nas mãos de seu irmão em Viena: de que outra forma explicar os desastres contínuos que ameaçavam destruir a nova ordem recém-nascida?

Explicações conspiratórias constituíam o cerne da literatura libelista durante a Revolução Francesa, mas as tramas não podiam ser concebidas a partir do nada. Os libelos tomavam por base o material produzido sob o Ancien Régime. A mitologia que florescera em torno de Maria Antonieta antes de 1789 forneceu-lhes um rico repertório de imagens e temas, que incluía até as atividades dos agentes duplos da polícia e dos libelistas em Londres.

Rumores desagradáveis sobre a rainha começaram a circular em meados dos anos 1770. De acordo com as memórias de sua *femme de chambre*, Jeanne--Louise-Henriette Campan, resultaram em parte da antipatia que Maria Antonieta sentia pelos opressivos cerimoniais em Versalhes, incluindo a estrita separação entre os homens e as mulheres de seu entourage. Em vez de ser escoltada por um bando de damas de companhia engrinaldadas quando caminhava pelo palácio, ela restringiu seu séquito a três lacaios. Substituiu as criadas que a serviam no jantar por homens. E, desejosa de escapar dos rituais sufocantes da rotina diária, organizou concertos ao ar livre nas noites de verão. Embora sempre se cobrisse com véu e se sentasse num palanque com a família real durante a *Nachtmusik*, boatos começaram a se espalhar que ela escapava para encontrar--se furtivamente com seus amantes no parque. Incidentes triviais faziam as línguas rodarem soltas. Em certa ocasião, a caminho de um baile de máscaras em Paris, sua carruagem quebrou e ela chegou à festa em um coche alugado — sinal claro de um encontro secreto segundo os mexeriqueiros, que designaram o conde d'Artois, o mais garrido dos dois irmãos do rei, como seu amante. E não apenas ele, mas também as duas favoritas da rainha, a princesa de Lamballe e a duquesa de Polignac. Luís XVI aparentemente sofria de fimose, condição que lhe deixou impotente nos primeiros sete anos de casamento. Embora uma pequena cirurgia tenha corrigido o problema e Maria Antonieta tenha dado à luz seu primeiro filho em 1778, o rei — desajeitado, corpulento, apreciador das bebidas e com um fascínio pouco régio por fechaduras — era fácil de ser caricaturado como um cornudo.[2]

As primeiras calúnias, na forma de canções e epigramas, apareceram em 1774.[3] No final de 1778, eram tantas em circulação que algum mal-intencionado compilou um volume inteiro de cópias manuscritas e deixou-o exposto no palácio, para que fosse levado perante o rei, que reagiu com previsível indignação.[4] Libelos impressos mais polpudos começaram a proliferar em 1778. No final do reinado de Luís XV, Morande mostrara que era possível fazer fortuna difamando os grandes de Versalhes e, depois que se deixou subornar pelo governo, seus sucessores dentre os expatriados franceses em Londres, Bruxelas, Liège e Amsterdã miraram seu poder de fogo em Luís XVI e Maria Antonieta. Alguns trabalhavam para a polícia que fora enviada para capturá-los. As intrigas de ambos os lados da lei engendraram tantas tramas e subtramas que talvez seja útil aqui resumir todo o terreno coberto na parte II.

Como vimos nos capítulos 9 a 12, P.-A.-A. Goupil, o inspetor de polícia que se tornara editor de livros clandestinos, produziu diversas obras que retratavam Maria Antonieta como adúltera e lésbica. Recebeu 92 mil *livres* para confiscar um libelo sobre a rainha e a princesa de Lamballe que ele próprio escrevera e mandara imprimir nos Países Baixos. Em março de 1778, tendo dado um salto maior que as pernas, foi enredado pelas intrigas da corte e acabou preso na Bastilha. Mas os libelos continuaram a aparecer. Em 1779, o governo pagou 192 mil *livres* para suprimir o ataque de um extorsionário de Londres contra a rainha, e a edição inteira, selada com o brasão de lorde North, que colaborara na transação, foi depositada na Bastilha. A essa altura, Jacquet de la Douay se tornara o agente especial da polícia parisiense encarregado de suprimir a produção de libelos fora da França. Ele superou Goupil na contratação dessas obras. Acabou sendo preso em dezembro de 1781, depois de produzir uma série inteira de livretos difamatórios sobre a rainha e os principais ministros, alguns dos quais acabaram chegando, a duras penas, aos armazéns da Bastilha. Enquanto isso, Vergennes, o ministro do Exterior, despachara outros agentes para conter a crescente produção de libelos em Londres, que se tornara o principal centro da indústria difamatória. Goesman, disfarçado como o barão de Thurne, adquiriu *Les amours de Charlot et Toinette* por 18,6 mil *livres* em 31 de julho de 1781 e encaminhou a edição inteira, segundo disse, para a Bastilha. Mas depois que seus alertas sobre outros libelos, sempre acompanhados de pedidos de mais dinheiro, começaram a soar suspeitos, Vergennes e Lenoir enviaram outro agente policial, Alexis d'Anouilh, para investigar. Ele retornou com nada para mostrar, exceto uma gigantesca conta de despesas, e também foi parar na Bastilha. Por fim, Vergennes e Lenoir convocaram Receveur, o fidelíssimo agente, que se aposentara depois de perseguir Jacquet. Disfarçaram-no também como falso barão e o enviaram para comprar os mais recentes libelos, inclusive *Les passe-temps d'Antoinette*, e tentar pôr fim à produção de libelos em geral. *Les passe-temps* acabou não sendo publicado, pelo menos não com esse título, e Receveur não conseguiu avançar suas negociações com Pelleport, o qual expôs a missão do espião parisiense em *Le diable dans un bénitier*, um libelo contra a polícia e contra os ministros por trás dela. Mas a vigilância sobre Pelleport continuou e acabou levando a sua prisão em 1784, pondo fim à maior parte da produção de libelos em Londres.

O que resultou de toda essa atividade? Em *La police de Paris dévoilée*, Pierre Manuel publica uma lista dos livros confiscados, que Lenoir ordenara que fossem guardados a sete chaves na Bastilha, presumivelmente até que se decidisse a sua destruição. Entre eles havia libelos contra três ministros e diversos membros da corte, e também contra o rei e a rainha — quinze títulos no total, sete dos quais provenientes da operação de Jacquet. O número de exemplares atingiu 3105, além de edições completas de cinco outras obras, ou seja, mais 2,5 mil a 5 mil cópias. Um funcionário da polícia registrou o número de exemplares em estoque e acrescentou alguns comentários para identificar cada título. Os dois libelos mais importantes sobre Maria Antonieta foram descritos assim:

> Edição completa de *Amours de Charlot et Antoinette*. [...]
>
> Versos e
> gravuras muito
> insultuosos à R.

E das "obras que monsieur Jacquet publicara":

534 *Essais sur la vie d'Antoinette*. [...]

Abominável libelo
contra a R.[5]

Se consultarmos essas duas obras, teremos uma boa ideia do tipo de calúnias que eram dirigidas à rainha na década de 1780.

Boissière, o livreiro francês em Londres que atuou como intermediário do autor anônimo de *Les amours de Charlot et Toinette*, assinou um contrato garantindo ter entregue todas as cópias existentes do livro; mas, como costuma acontecer nesses casos, alguns exemplares escaparam e muitos outros circularam em edições reimpressas depois de 1789.[6] A edição original pode ser facilmente distinguida das reimpressões e tem características, como chamadas, que a identificam como um livro impresso em Londres. Entretanto, mal chega a contar como livro, pois contém apenas oito páginas e duas gravuras, ambas obscenas, que correspondem ao tema principal do texto. Uma mostra um grupo de médicos examinando o pênis flácido do rei, com uma legenda que diz: "A Consulta. A Faculdade [de Medicina] declara-o impotente". A outra retrata Artois prestes a copular com a rainha e uma legenda que diz: "Generosidade Fraternal. Os dois produzem um herdeiro".[7]

O texto é um longo poema obsceno repleto de palavrões, sem expurgos ou elipses, exceto no caso de nomes óbvios, como L... no lugar de Louis. Começa com uma descrição de Antonieta se masturbando. Ela não tem como canalizar seu desejo, explica, pois o rei é incapaz de satisfazê-la. Depois de examiná-lo da cabeça aos pés, os professores da faculdade de medicina o declararam impotente e o poeta não poupa o falo real em seus versos.

> Ou sait bien que le pauvre Sire,
> Trois ou quatre fois condamné
> Par la salubre faculté,
> Pour impuissance très complète
> Ne peut satisfaire Antoinette.
> De ce malheur bien convaincu,

Attendu que son allumette
N'est pas plus grosse qu'un fétu;
Que toujours molle et toujours croche,
Il n'a de vit que dans la poche;
Qu'au lieu de foutre, il est foutu.

(É bem sabido que o pobre Senhor,
Três ou quatro vezes condenado
Pela salubre faculdade [de medicina],
Por completa impotência,
Não consegue satisfazer Antonieta.
Bem convencido desse infortúnio,
E ciente de que seu palito de fósforo
Não é maior que uma haste de palha,
Sempre flácido e sempre curvado,
Ele não tem pinto se não no bolso;
Em vez de foder, ele é fodido.)

Entra o conde d'Artois, todo ardor e galanteios. Ele seduz Antonieta num repente, despojando-a não só de suas roupas mas de tudo que possa sugerir majestade real. Tal como o poeta a descreve, a rainha é só carne palpitante e reage aos avanços de Artois com a naturalidade e deselegância de uma balconista.

Il baise ses beaux bras, son joli petit con,
Et tantôt une fesse et tantôt un téton:
Il claque doucement sa fesse rebondie,
Cuisse, ventre, nombril, le centre de tout bien;
Le prince baise tout dans sa douce folie.

(Ele beija seus belos braços, sua linda bocetinha,
Aqui uma nádega e ali um peitinho:
Docemente, ele bate em sua bunda rebolada,
Coxa, barriga, umbigo, o centro de tudo que é bom;
O príncipe beija tudo em sua doce loucura.)

No auge da paixão, ouve-se um sino e um pajem aparece, mas logo em seguida sai correndo. Desconcertados, os amantes retomam as carícias, mas novamente o sino toca e os expõe ao olhar incrédulo do criado. Antonieta, abatida e desalentada, acaba descobrindo a causa das interrupções: na fúria de seus ardores, os dois esbarravam numa fita, escondida debaixo de uma almofada, que estava presa ao sino para chamar o pajem. Cada arremetida de Artois era uma convocação para o criado aparecer correndo. Resolvido o problema, os amantes vão em frente e o poeta os deixa fornicando felizes para sempre, terminando sua ode com uma moral sibarítica:

Quant à moi, si l'on m'asservit
A jouir de grands biens, sans rire, foutre, et plaire,
Afin de me sauver d'une telle misère,
J'aime mieux me couper le vit.
Quand on nous parle de vertu,
C'est souvent par envie;
Car enfin serions-nous en vie,
Si nos pères n'eussent foutu?

(Quanto a mim, se eu fosse condenado
A desfrutar grande riqueza sem rir, foder e agradar,
Para me salvar dessa desgraça,
Preferia cortar fora meu pau.
Quando falamos de virtude,
É muitas vezes por inveja,
Pois, afinal, estaríamos vivos,
Se nossos pais não tivessem fodido?)[8]

Les amours de Charlot e Toinette é uma obra menor. Praticamente não difere em tom das obscenas canções de botequim improvisadas por Pierre Gallet, Charles François Pannard e os outros cantores de vaudeville que se reuniam em bares como o Café du Caveau. Tem a frivolidade de *Sopha*, de Crébillon, os artifícios de *Bijoux indiscrets*, de Diderot, a malícia das pinturas que Boucher fez de mademoiselle O'Murphy — e nem uma palavra sobre ministros, assuntos estrangeiros ou disputas com os *parlements*. O poema tem grande valor de choque, evidentemente. Aos olhos do Ministério das Relações Exteriores e da polícia, constituía crime de lesa-majestade. Tratar o rei como um corno e a rainha como uma esposa tarada os faz parecer ridículos — mas não ameaçadores. Maria Antonieta não era mais satânica do que madame du Barry — nem mais distinta. À luz do que foi publicado durante a Revolução, *Les amours de Charlot et Toinette* mais parece uma piada de mau gosto do que uma bomba prestes a explodir.

Dez anos depois, a Maria Antonieta que surge nas obras impressas é outra pessoa. A diferença decorreu basicamente do aquecimento do clima político e, em particular, do Caso do Colar de Diamantes. Panfletos, memórias oficiais, canções e epigramas tomaram conta do país depois da prisão do cardeal de Rohan em 15 de agosto de 1785. A mais branda dessas peças trata a história como um conto do vigário: alguns aventureiros teriam convencido Rohan de que ele poderia conquistar as boas graças da rainha se a presenteasse com um colar de diamantes absurdamente caro (o qual eles então surrupiaram). Nas versões mais extravagantes do caso, o cardeal e a rainha põem cornos no rei, mas logo têm uma briga terrível e se voltam um contra o outro. Rohan é preso e vai a julgamento perante o *parlement* de Paris. A Coroa, no entanto, anula o julgamento e envia Rohan para o exílio. Diante disso, praticamente tudo parecia ser possível e praticamente tudo em termos de perversão e crime começou a ser atribuído a Maria Antonieta.

A "vida privada" que registrou essa mudança mais plenamente foi *Essais historiques sur la vie de Marie-Antoinette d'Autriche, reine de France, pour servir à l'histoire de cette princesse*, ou, como o título apareceu em algumas edições, *Essai sur la vie privée de Marie-Antoinette d'Autriche, reine de France*. A obra foi publicada em duas partes, ambas com data de 1789. A primeira teve dez edições, oscilando entre 58 e 140 páginas. A segunda, às vezes publicada separadamente, às vezes junto com a primeira, teve seis edições a mais, algumas em dois volumes.[9] O fato de tantas versões do mesmo texto terem sido publicadas no mesmo ano indica que os editores estavam atendendo a uma enorme demanda. *Essais historiques* provavelmente alcançou mais leitores do que qualquer outro libelo durante a Revolução Francesa e certamente contribuiu mais do que todos para a demonização da rainha.

Porém, longe de ser um panfleto revolucionário, a primeira parte lembra o tipo de difamação desenvolvida pelos libelistas londrinos na década de 1770. Evidências internas indicam que foi escrita entre maio e outubro de 1781. Uma introdução, acrescentada em algum momento depois de 14 de julho de 1789, explica que a obra fora encontrada na Bastilha e que se trata provavelmente de *Les passe-temps d'Antoinette*, o libelo que Receveur tentara suprimir durante sua missão em Londres, publicado com outro título.[10] Tudo indica que o texto provém dos 534 exemplares de *Essais sur la vie d'Antoinette* que Lenoir mandara depositar na Bastilha junto com os outros libelos encomendados por Jacquet de la Douay.

Embora a versão original de *Essais historiques* fosse reimpressa inúmeras vezes depois da queda da Bastilha, continha muito material que não agradava aos novos editores, que acrescentaram onze páginas de anotações para retificar passagens que julgavam politicamente incorretas. Onde o antigo libelo atacava o duque d'Orléans, por exemplo, eles o louvavam como um patriota.[11] Inversamente, incluíram comentários depreciativos sobre Necker, cujo conservadorismo alienara a esquerda quando ele reingressou no governo depois de 14 de julho, e não pouparam elogios a Mirabeau.[12] No tópico mais fundamental, eles refutaram as linhas gerais do retrato de Maria Antonieta do texto de 1781, insuficientemente nefando para o seu gosto. Os editores de 1789 imaginavam a rainha totalmente depravada, o equivalente moderno das mais monstruosas governantes do passado distante: Messalina, a devassa imperatriz romana, e Fredegunda, a consorte assassina de Chilpéric, o rei merovíngio do século VI. As duas, além de muitas outras — Catarina de Médici, Brunilda, Cleópatra —, aparecem com frequência em libelos posteriores contra Maria Antonieta.[13] Entretanto, em vez de citar esses precedentes mais condignos, a parte 1 de *Essais historiques* (isto é, a versão mais antiga de 1781) comparava a rainha com madame du Barry. Os editores protestaram contra esse paralelo enganador, pois a amante de Luís XV, embora fosse totalmente imoral, era, tal como a viam e como os libelos pré-revolucionários a retratavam, frívola e galhofeira. Ela se deixava manipular, mas não tinha interesse em política, ao passo que Maria Antonieta não só dava rédeas largas a seus apetites infandos, como também tomava as rédeas do governo e usava seu poder para oprimir o povo.[14] Na realidade, os pecados políticos da rainha eram tão formidáveis, segundo os editores de 1789, que ela deveria ser enxotada do trono e castigada em algum claustro que fosse terrível como uma masmorra.[15]

Embora insuficientemente revolucionária do ponto de vista de 1789, a parte 1 de *Essais historiques sur la vie de Marie-Antoinette* calunia e difama a rainha sem dó, à maneira prevalecente em 1781. Tem todas as características clássicas de um libelo: anedotas enfileiradas em ordem cronológica, avivadas por retratos das personagens principais. Além disso, contém tantas fofocas sobre a corte que em certos trechos mais parece uma *chronique scandaleuse*. Começando com a chegada de Maria Antonieta à França em 1768, o texto segue narrando seus casos amorosos, um após outro. Ela fornica com praticamente qualquer um que consiga agarrar, mas, por preferir mulheres, a condessa (mais tarde duquesa) de Polignac, conhecida como "madame Jule", acaba triunfando e se torna sua amante principal. Como em *Les amours de Charlot et Toinette*, também aqui o rei é um simplório impotente, ansioso (a despeito de sua incapacidade sexual) por acreditar que é o pai dos filhos da rainha.[16] Agora, porém, Maria Antonieta é apresentada como uma sibarita tarimbada, movida por uma libido inesgotável. Ela tem tantos amantes que a corte inteira, baseando-se nos inúmeros mexericos que lá circulam, se diverte fazendo cálculos para descobrir quem teria gerado sua prole — a filha, Maria Teresa Carlota, nascida em 19 de dezembro de 1778, e o bebê (que se chamaria Luís José) ainda por nascer na época em que o texto foi escrito. Muitas das anedotas dizem respeito a estrepolias sexuais nos jardins de Versalhes durante os concertos noturnos de verão. De modo geral, não passam de mexericos escandalosos, mesmo quando tocam em questões políticas. A queda de Turgot, por exemplo, é narrada como efeito colateral de uma trama para livrar a rainha da censória supervisão de sua pundonorosa *dame d'honneur*, a condessa de Noailles (conhecida como "madame Etiquette").

Em dado momento da saga sexual, porém, a política toma um rumo sério, tal como interpretada em 1781. Maria Antonieta e madame Jule formam um "comitê" ou "conselho", que se reúne a portas fechadas em Versalhes e que elas preenchem com seus amantes e favoritos e favoritas — cada um recebe um "retrato" difamatório — e usam para governar a França. "Era nessas assembleias que elas deliberavam sobre as questões mais importantes envolvendo o gabinete, paz, guerra, política, finanças, a queda de ministros e o grau de privilégio e de crédito que mereciam — tudo tratado e decidido como num tribunal de última instância. O rei era convocado apenas por formalidade, para ratificar as decisões dessa ridícula assembleia."[17] Como exemplo do poder do comitê, o texto descreve a deposição do príncipe de Montbarrey do cargo de ministro da Guerra em dezembro de 1780 e sua substituição pelo marechal de Ségur — meras intrigas e favoritismo, nada mais. Embora pouco importante em si, o inci-

Figura 45. O monstro chileno num cartaz de 1784. (Bibliothèque Nationale de France)

dente provoca a hostilidade da facção da corte mais antagônica à rainha, a clientela do conde de Maurepas, o qual Maria Antonieta acaba conquistando quando pede ajuda dele para convencer Luís XVI de que ele era, de fato, o responsável por sua segunda gravidez. No final, portanto, Maria Antonieta ascende ao pináculo governante do sistema político. Em nenhum momento o texto menciona questões ou princípios que estivessem em jogo em meio às calúnias e brigas pelo poder, embora expresse certa solidariedade com os sofrimentos do povo e muita indignação diante da degradação da monarquia aos olhos do público.[18] Mas não chega a nenhuma conclusão; apenas expressa seu desdém pela decadência da corte,[19] a qual, todavia, fornece material de primeira qualidade para a literatura. O autor anônimo encerra sua história prometendo uma con-

Figura 46. Maria Antonieta como um monstro numa gravura popular de 1789.

tinuação, pois "a vida de nossa ilustre Maria Antonieta certamente fornecerá exuberante conteúdo para outros volumes de anedotas".[20]

A continuação, publicada em 1789 como parte 2 de *Essais historiques sur la vie de Marie-Antoinette d'Autriche* e também como um volume autônomo, incorpora as anedotas em um relato feroz e revolucionário da política real.[21] Retoma os primeiros anos de Maria Antonieta na corte, mas narra-os agora na sua própria voz, isto é, na primeira pessoa do singular. Uma nota de um suposto editor explica que ele tomou as palavras da rainha de um manuscrito que lhe caíra nas mãos, embora não se digne a explicar por que Maria Antonieta teria escrito um texto tão longo e autoincriminatório e como este chegara até ele. Como recurso literário, a narrativa na primeira pessoa é muito menos eficaz do que em *Vie privée du maréchal de Richelieu*, mas o propósito é o mesmo: tornar verossímil para o leitor a ilusão de estar contemplando diretamente a alma do narrador. Na realidade, o texto mais parece o solilóquio de um vilão num melodrama. Maria Antonieta exulta em sua malvadeza — "Sou um monstro execrado por toda a natureza" (6) — e deleita-se contemplando os crimes que planeja cometer: "incêndios, sacrilégios, estupros, incestos, parricídios, profanações" (123).

A essa altura, a noção da rainha como um monstro já havia sido incorporada em panfletos e folhetos vendidos em qualquer esquina. Em 1784, quando a notícia da captura de um suposto monstro no Chile era discutida por toda Paris, os gravuristas da rue Saint Jacques lançaram milhares de cartazes revelando a aparência do bicho. Em 1789, adaptaram o mesmo desenho para um novo propósito: retratar Maria Antonieta.

De acordo com *Essais historiques sur la vie de Marie-Antoinette d'Autriche*, a qualidade mais monstruosa da malvada rainha era sua libido patológica. Ao contrário da Toinette relativamente inocente de *Les amours de Charlot e Toinette*, ela aqui sempre age como a agressora, copulando furiosamente com tudo que lhe cruza o caminho — homens, mulheres, nobres, lacaios, os parentes mais próximos e qualquer forasteiro que conseguisse atrair na escuridão em seus passeios noturnos pelos jardins de Versalhes. Para sua dieta diária de perversão, ela depende do conde d'Artois e da condessa (mais tarde duquesa) de Polignac. Para suas orgias, contudo, ela deixa claro que busca um escoadouro mais poderoso para suas paixões — fornicar com tudo e com todos não basta; é preciso também aniquilar aqueles a quem odeia. Daí seu relato de um *ménage à trois* com Artois e Polignac: "Nossos três corpos entrelaçados compunham as mais raras e exóticas combinações. Debilitados por nossos prazeres, exauridos pela fadiga, fazíamos pausas apenas para escarnecer da miséria do povo e beber do fundo do cálice do crime. A infusão que o preenchia era como um augúrio de que, à maneira de Calígula, logo estaríamos bebendo o sangue do povo francês de seus próprios crânios" (122).

A passagem do sexo para o crime transporta Maria Antonieta para território eminentemente político. Na verdade, o tema sexual do texto de 1789 serve mais como veículo para sua mensagem política e a narrativa em si é bastante pudica. Em vez de ater-se aos detalhes eróticos, restringe-se a algumas observações genéricas e enfatiza a depravação sexual da rainha como indício de sua natureza satânica. Reverbera temas de libelos anteriores, especialmente os panfletos contra madame du Barry e Maupeou, a polêmica do Caso do Colar de

Diamantes e até os escândalos associados ao marechal de Richelieu. Os delitos de Maria Antonieta aparecem como a culminação de anos e anos de abuso político, e ela própria representa o apogeu da linhagem de rainhas malignas que se estende até Agripina e Messalina. A narrativa também mostra como ela exercia sua influência malévola por trás do trono. Valendo-se de uma receita herdada de Catarina de Médici, ela envenena dois ministros, Maurepas e Vergennes, e o próprio filho, o delfim, a fim de abrir o caminho do trono para o conde d'Artois. Na sucessão de ministros das Finanças, ela tem predileção por Calonne, que lhe dá acesso ilimitado ao tesouro real, e odeia Necker por sua repulsiva honestidade. Na verdade, Maria Antonieta precipita a Revolução ao fazer com que o rei demita Necker; quando este cai, ela tem um time inteiro de contrarrevolucionários prontos para preencher o gabinete. O complô fracassou, é claro, mas apenas porque o povo francês interveio no curso dos acontecimentos tomando a Bastilha de assalto.

Em contraste com a parte 1, as conspirações políticas estão no cerne da narrativa de 1789. Maria Antonieta usa as orgias com o conde d'Artois para promover uma trama diabólica: ela envenenará o delfim; Artois arquitetará um golpe para depor Luís e exilá-lo num mosteiro; eles darão um jeito de livrarem-se do irmão mais velho de Artois, o conde de Provence; e então assumirão o comando do reino, ele como regente (pelo menos até matarem o novo bebê, o que tornaria Artois rei), ela como a fonte derradeira de poder. Trata-se, no mínimo, de um complô bastante elaborado e eles precisam recrutar outros asseclas que os ajudem a executá-lo — príncipes de sangue, prelados, generais e os membros mais depravados da aristocracia. Os conspiradores participam de reuniões secretas e juram defender o pacto, cujas cláusulas Maria Antonieta cita na íntegra. O artigo 2 diz: "Os membros desta honrada liga, que sempre sentiram insuperável horror pelo sangue francês e desejam banhar-se nele, concordam em empregar os meios mais certeiros para fazê-lo fluir aos borbotões" (115). Além da força militar, eles se valerão da "calúnia, essa execrável deusa do crime" (119), e de táticas de capa e espada — incluindo uma tentativa de Artois assassinar o rei, frustrada no último instante pelo conde d'Estaing, um dos poucos patriotas da aristocracia. Na véspera de 14 de julho, os conspiradores afiam suas espadas, preparam seus venenos e enviam soldados para cercar Paris. Maria Antonieta exulta antecipadamente com a carnificina: "Oh, tu que lês este relato, presta bem atenção nos detalhes dessa conspiração e concordarás que em nenhum lugar da Terra é possível encontrar monstro tão degenerado como eu" (128). Mas o levante dos parisienses impede que tudo aconteça. Artois e os principais aristocratas fogem da França, deixando a rainha rangendo os dentes de raiva e frustração. Ela confidencia ao leitor que encontrará outra maneira de aniquilar a Revolução e vingar-se dos parisienses, pois eles certamente relaxarão a vigilância assim que retomarem suas atividades cotidianas.

Não há sutileza alguma na moral da história: Cuidado, ó bravos parisienses, com as conspirações contrarrevolucionárias. O texto chega a apresentar Luís XVI sob uma óptica favorável: embora fraco e ridículo, suas intenções são boas. Ele tenta conter os gastos extravagantes da rainha e apoia as tentativas de Necker para colocar as finanças da coroa em ordem. Imediatamente após 14 de julho, vai a Paris expressar sua disposição de governar como monarca constitucional. Segue-se — implicitamente, pois Maria Antonieta continua sendo a suposta narradora — que o povo francês deveria apoiar Luís, mas apenas na medida em que ele cooperasse com a Assembleia Nacional. A verdadeira ameaça à Revolução vem da rainha, não do rei. Ela jamais deixará de conspirar e suas tramas podem irromper a qualquer momento.

Para deixar clara essa mensagem, o autor tem de recorrer a alguns expedientes canhestros, já que o texto dá a voz à própria arquiconspiradora. Ela lança advertências aos leitores sobre seus complôs para exterminá-los e o público a quem se dirige é tacitamente composto de patriotas. Mas a relação narrador-leitor vai ficando toda emaranhada. "Lê e treme" (9), ela admoesta o leitor quando começa a descrever suas malvadezas. "Esta minh'alma vil e abjeta será desvelada a ti. Poderás aqui conhecê-la tão bem quanto eu mesma a conheço. Que terrível revelação! Tu que já havias proscrito minha cabeça quando estes hediondos segredos ainda te eram desconhecidos, o que farás agora?" (52). Maria Antonieta não só expõe a público a maldade de seu eu interior, como conclama a sua própria extinção. É difícil acreditar que alguém tenha levado a sério esse discurso, mesmo com as paixões correndo à solta nas ruas de Paris em 1789 e mesmo que o livro tenha tido uma edição após outra. Tosco, moralista, veemente, hiperbólico ao ponto da histeria, a obra representou um novo tipo de apelo para um novo tipo de público: revolucionários convictos, ainda que não sans-culottes.

Os libelos contra Maria Antonieta constituem uma classe à parte, devido à qualidade extrema de vituperação, mas ocupam lugar central no corpus de libelos contra membros da família real. Vidas privadas de Luís XVI, do conde d'Artois, do príncipe de Condé, do príncipe de Conti e do duque d'Orléans apareceram em 1790 e todos eles retrabalham temas de *Essais historiques sur la vie de Marie-Antoinette*. São biografias relativamente substanciais, com cerca de cem páginas, e se conformam ao mesmo modelo: primeiro uma seção sobre os primórdios da vida do anti-herói, que dá ao libelista a oportunidade de revelar a verdadeira natureza do homem por trás da personagem pública; depois uma série de anedotas sobre suas malfeitorias sob o Ancien Régime; e, por fim, uma seção de fechamento com envolvimento da personagem em tramas contrarrevolucionárias. Todos eles, embora variem em estilo e conteúdo, colocam a rainha no centro das conspirações. Ela aparece como uma Jezebel e o rei como um corno desnorteado, enquanto as anedotas sexuais ensejam imprecações sobre a decadência da aristocracia.

A situação política modificara-se o bastante no final de 1790 para que mudassem também os papéis dos principais protagonistas. Necker agora aparece como um vilão na maioria das "vidas privadas" dessa segunda onda de libelos; Orléans não se encaixa bem em nenhuma das facções; e os demais príncipes pertencem a grupos de *émigrés* que conspiram invadir a França do exterior e solapá-la por dentro. Os libelos geralmente expressam pontos de vista da extrema esquerda e todos eles tratam a política do mesmo modo, a saber, como algo redutível a um conflito de personalidades. Nenhum libelo menciona a Declaração dos Direitos do Homem e do Cidadão ou a abolição do feudalismo. Nada dizem sobre os debates na Assembleia Nacional, a reestruturação do Estado, a Constituição Civil do Clero ou qualquer questão de princípio. Embora tendam a honrar o povo por ter salvo a Revolução em 14 de julho, não expressam ideia clara sobre o que fora a Revolução. Parecem supor que seu caráter geral pode ser compreendido revelando-se o caráter dos homens que nela se envolveram. Expor a vida privada de um indivíduo proeminente seria o mesmo que explicar a direção tomada pelos acontecimentos.

Evidentemente, o rei mereceu uma "vida privada" própria, embora não tivesse muito a ofertar em termos de anedotas para o seu libelista-biógrafo. Apesar do título, *Vie de Louis XVI, revue, corrigée et augmentée de nouvelles anecdotes très intéressantes* (*Vida de Luís XVI, revisada, corrigida e ampliada com novas anedotas muito interessantes*) ("Londres", 1790), a obra parece insossa ao lado dos libelos fogosos sobre Maria Antonieta. O autor tenta imiscuir algumas profecias interessantes de um horóscopo preparado por ocasião do nascimento do rei e preenche seus anos de formação com as histórias de sempre sobre atividades malévolas ou imorais na corte de Luís xv. Tal como o descreve, Versalhes adquire as nuances sombrias de Roma sob os Bórgia ou Calígula. Em vez de galanteria, dedicava-se à perfídia, com predileção por tramas de envenenamento. O autor afirma que Luís xv envenenou o próprio filho para impedir uma tentativa de assassinato. Ele mesmo só escapara de morrer envenenado porque se recusou a tomar comunhão no dia em que os jesuítas misturaram uma poção fatal à eucaristia. O veneno foi o fim de madame de Pompadour. Quando menino, Luís xvi bebeu uma infusão preparada com larvas venenosas que o deixaram estéril. E, depois que ascendeu ao trono, envenenadores eliminaram dois de seus ministros: Maurepas, que encontrara Maria Antonieta e o conde d'Artois em flagrante delito, e Vergennes, que descobrira os subsídios secretos da rainha para seu irmão em Viena. Era fácil detectar a mão por trás dos últimos assassinatos: Maria Antonieta.

Mas o que poderia ser dito contra Luís xvi? Ele fora perturbadoramente bem-comportado desde a mais tenra idade. O libelista onerado, escrevendo como um autoproclamado "historiador fiel" (6), só consegue apresentar histórias sobre incidentes de caça, seu fascínio por fechaduras e, mais tarde na vida, sua obesidade, obtusidade e amor à bebida. Por certo, essas características tornavam Luís um alvo perfeito para ser ridicularizado como um corno, mas mesmo nesse papel ele é ofuscado por Maria Antonieta. A rainha sempre rouba a cena, mesmo em *Vie de Louis XVI*, que menciona às pressas os acontecimentos de 1789 para chegar à seguinte conclusão, ilustrativa do pouco refinamento dos argumentos e do estilo da obra: "Antonieta é uma rameira que jurou acabar com os franceses; o gordíssimo Luís é um folgazão e a nação o está engordando numa jaula. Nada mais é necessário: ele crê em tudo e nada vê. [...] Luís xvi é um simplório, um tacanho de espírito, mas se tivesse caído nas mãos de uma mulher sábia e patriota, talvez pudesse ter sido alguma coisa. 'Mas', diz Antonieta, 'farei o que for preciso para me livrar do meu pateta e governarei sozinha'" (103).[22]

Tomados em conjunto, os libelos sobre príncipes de sangue confirmam essa visão do rei e da rainha. Cada obra concentra-se em seu anti-herói específico, mas todas tornam os príncipes basicamente iguais — dissolutos, tolos, sem princípios e determinados a exterminar os patriotas a fim de restaurar o Ancien Régime. Os libelos fazem referências uns aos outros e também a *Essais histori-*

ques sur la vie de Marie-Antoinette, reciclam as mesmas anedotas e adotam o mesmo tom, um misto de invectiva e moralização. Como todos os libelos construídos em cima de denúncias, são difíceis de o leitor moderno suportar, mas justamente essa dificuldade serve para nos lembrar o quão radicalmente a Revolução transformou o estilo do discurso público. Em vez da libertinagem, humor e sofisticação que prevaleciam antes de 1789, os libelistas da década seguinte admoestavam e profetizavam. Como seus predecessores, adotaram a pose de historiadores objetivos ou editores conscienciosos com acesso a um acervo de documentos comprometedores; ao mesmo tempo, porém, mesmo permanecendo ocultos em anonimato, ostentam sua superioridade moral em relação às pessoas que desmascaravam e insistem que tais denúncias são um dever patriótico.

O autor de *Vie privée de Charles-Philippes* [sic] *de France, ci-devant comte d'Artois* ("Turim", 1790),[23] que se diz um "homem de letras que decidiu ser historiador", anuncia que o livro ensinará as gerações futuras a detestar o crime, graças a seu nobre propósito: "consignar à execração dos séculos futuros os monstros cuja sacrílega existência foi uma série ininterrupta de ultrajes variados e que quiseram submergir num rio de sangue a pátria em que nasceram" (3). O autor de *Vie politique et privée de Louis-Joseph de Condé* ("Chantilly", 1790) assume o mesmo tom. Escrevendo como um "historiador filosófico", ele se autocongratula por expor, no espírito do igualitarismo revolucionário, a depravação de Condé. Um autor obscuro podia agora desnudar um príncipe em público porque os tempos haviam mudado: "Posição, títulos e bens são meras distinções concebidas por intentos políticos para manter a hierarquia da subordinação" (8). E segue expondo os adultérios do príncipe e da princesa até que, subitamente, em meio às denúncias, faz uma pausa para anunciar que tinha plena confiança na própria esposa, cuja virtude destacava-se como uma indiciação das damas no topo da sociedade que faziam da infidelidade um esporte. É um comentário estranho vindo da boca de um libelista, mas ilustra bem a postura que ele adotara em relação ao seu sujeito. Ao condenar Condé, o autor se posta em terreno moralmente superior; e, ao moralizar, faz com que a oposição entre virtude e vício sirva de argumento para nivelar a ordem hierárquica do Ancien Régime.

O autor de *Vie privée et politique de Louis-François-Joseph de Conti, prince du sang, et sa correspondance avec ses complices fugitifs* ("Turim", 1790) retrabalha os mesmos temas. Depois de proclamar sua estrita imparcialidade como historiador e como *philosophe*, investe pesadamente contra Conti. À maneira de todos os outros príncipes de sangue real — e dos Bourbon em particular, todos eles "monstros execráveis" (21) —, Conti era feito do mesmo material que Nero e Calígula. Mas diferia de seus primos reais em um aspecto: ele se interessava apenas por dinheiro. Ao contrário dos demais, portanto, apoiara Maupeou em 1771, que impôs um governo despótico ao reino. Como recompensa, recebeu milhões e milhões surrupiados do tesouro real por Terray, o controlador geral das finanças. Em 1789, contudo, Conti juntou-se à coalizão de príncipes que tentou destruir a Assembleia Nacional. Depois que o golpe pretendido fracassou, ele emigrou para Turim, mas continuou conspirando. Retornou a Paris em 1790, proferiu um juramento ostensivo de fidelidade ao novo regime (com o intuito de disfarçar suas tramas contrarrevolucionárias) e agora era provável que atacasse a qualquer instante. O libelista anônimo publica cartas, as quais garante serem autênticas, entre Conti e os demais conspiradores. Elas provam a gravidade da ameaça e confirmam a conclusão do autor, dirigida a todos os franceses amantes da liberdade: "Armai-vos, armai-vos" (99).

Ainda que agora se conformassem ao novo tom do discurso revolucionário, as vidas privadas dos príncipes continuaram a mesclar retratos e anedotas à maneira dos libelos antigos. Todas elas dedicam metade do texto a relatos de devassidão sob o Ancien Régime e metade a revelações de complôs para derrubar a Revolução. Na primeira metade, em que descrevem a juventude dos príncipes, reciclam material de *chroniques scandaleuses* pré-revolucionárias. Por exemplo, dão grande importância ao incidente no baile de máscaras mencionado no capítulo 25 e recontado em vários libelos anteriores, no qual a duquesa de Bourbon interrompe Artois, que está saindo às pressas para um encontro amoroso com uma cortesã, e ele, num acesso de fúria, arranca-lhe a máscara do rosto e esmaga-a. A honra exigiria que seu marido, o duque de Bourbon, tomasse satisfação. Ele, porém, era um covarde e só exigiu desculpas às instâncias do pai, o príncipe de Condé. No final, ele e Artois acertam contas num duelo burlesco e sem sangue no Bois de Boulogne.[24] Os libelistas também retrabalham o Caso do Colar de Diamantes e dão destaque à suposta correspondência entre o cardeal Rohan e a imperatriz Maria Teresa, em que ele teria relatado o adultério incestuoso de Maria Antonieta.[25] Embora já rançosas, essas anedotas requentadas preparam o caminho para o tema principal dos libelos, demonstrar a depravação dos homens que naquele momento conspiravam para destruir a Revolução.

Os relatos de conspirações são essencialmente os mesmos em todas as vidas privadas, mas o mais detalhado de todos encontra-se em *Vie privée… d'Artois*, versão dramática do complô de Artois e seus colaboradores para assassinar Luís XVI: os conspiradores conversam em surdina, mas são entreouvidos por um valet de chambre; este informa o conde d'Estaing, que vai correndo para o quarto do rei; lá, ouvem passos num quarto adjacente; d'Estaing abre a porta e dá de cara com Artois; ele lhe apresenta duas pistolas e desafia-o a escolher uma delas para um duelo: "Alteza, não adentrarás os aposentos de Vossa Majestade a menos que eu esteja morto e estendido no assoalho" (59); Artois recua e vai embora. Embora seja totalmente inventada, esta anedota aparece em diversos libelos. A tentativa de assassinato teria ocorrido em 12 de julho, parte de uma conspiração mais ampla para exterminar o incipiente movimento revolucionário em Paris. Daí outros diálogos fabricados:

A rainha: Em três dias Paris será uma planície devastada.
Artois: Talvez na quarta-feira vejamos a realização da previsão do homem que disse, "Dia chegará em que um pai dirá a seu filho: 'Paris ficava aqui'". (62)

Tal como descrito em *Vie privée… d'Artois*, esse complô seria uma conjuração em grande escala, incluindo um ataque militar a Paris comandado pelo marechal de Broglie. O libelista apresenta diversas provas aparentemente concretas para mostrar quanto os conspiradores haviam chegado perto de acabar com a Revolução. Cita o relatório de um soldado alemão que fora recrutado para o massacre mas desertara para o lado dos patriotas, a descoberta de quatro barris de pólvora que seriam usados para explodir a Assembleia dos Estados Gerais, a apreensão de adagas produzidas especialmente para batalhas de rua (uma xilogravura reforça a descrição impressa) e vários documentos capturados, entre eles um recibo assinado pelo príncipe de Lambescq por "três mil cartuchos recebidos à uma hora da manhã" (70). Foi a partir de pseudoevidências como estas — detalhes específicos, testemunhos irrefutáveis, documentos autênticos, relatos de primeira mão de lídimos patriotas — que a mentalidade conspiratória foi se moldando. Paris foi inundada com "notícias" desse tipo em 1789; nos campos, onde grassava o Grande Medo, as camponesas juravam que tinham visto seus maridos serem mortos a seus pés por salteadores que jamais existiram.[26]

Graças à intervenção da gente comum em 14 de julho, explica *Vie privée... d'Artois*, a conspiração foi abortada. Paris foi salva e os príncipes fugiram para fortalezas contrarrevolucionárias fora da França. Mas continuaram a conspirar. De algum modo, o libelista conseguira cópias das cartas que eles tinham enviado de Turim e Viena e publica todas elas para que o mundo inteiro possa lê-las. Artois e Condé tinham granjeado para a sua causa o rei da Espanha, cujas tropas logo invadiriam a França num avanço coordenado com as forças sendo mobilizadas pelos Habsburgo no norte da Itália e na Áustria. Orléans, fazendo-se passar por um patriota em missão de comprar cereais na Inglaterra, coordenaria os planos com os britânicos. Desse modo, os príncipes tinham a Revolução sob cerco e, mais importante, tinham agentes para destruí-la dentro da própria França. Conti, que também adotara o disfarce de um prosélito do patriotismo, retornara à França para organizar um levante interno. Ele estabelecera contato com padres e aristocratas, e podia contar com apoio dos líderes da Revolução: Necker, Bailly e Lafayette. Todas essas intrigas podiam ser documentadas nos mínimos detalhes, graças à vigilância de patriotas como o vigia noturno em Montargis, que abordara uma figura dúbia que ia em direção ao Hôtel de Picardia em 27 de setembro de 1789. O suspeito dissera ser um vendedor viajante chamado Laporte, mas descobriu-se que era na realidade certo chevalier Tremblay portando uma carta de Artois a Necker. O texto, reproduzido na íntegra, provava que Necker estava tentando quebrar a espinha dorsal do movimento revolucionário em Paris empurrando o preço do pão a níveis inacessíveis para o povo e que Lafayette estava planejando tomar o poder por meio de um golpe com a ajuda da Guarda Nacional. Outras cartas, também interceptadas milagrosamente por patriotas, davam detalhes da trama. Numa epístola secreta a Condé datada 8 de abril de 1790, Artois exultava que Lafayette estava pronto para atacar, que Necker acabara de enviar 4 milhões de *livres* surrupiadas do tesouro e que este tinha dado ordens para que a safra da primavera fosse colhida com os grãos ainda verdes a fim de sabotar o suprimento de alimentos. "Logo estaremos completamente vingados", vangloriava. "A França inteira será reduzida a ruínas, rios de sangue e cadáveres" (90).

A conclusão podia ser uma só e era evidente: havia conspirações em toda parte. "Cada dia, cada hora, cada passo que damos na Revolução traz à tona novas conspirações" (91). Diante de evidências tão avassaladoras, os libelistas exortavam seus leitores a se prepararem para empunhar armas. "Bravos parisienses", escreve o autor da vida privada de Condé, cuidado com o príncipe e suas tramas, pois ele é "um conhecido traidor, um criminoso culpado de *lèze--nation*" (88). "Bravos franceses", conclui o libelista de Artois, "não permitais que o infame canalha, cuja vida agora conheceis, retorne ao vosso meio para contemplar novas atrocidades" (94). E, caso os príncipes ousassem colocar os pés em território francês, "Não mostreis piedade; dilacerai suas entranhas palpitantes para que todos os demais tiranos do universo possam saber da terrível punição que recaiu sobre os de sua laia" (96).[27]

A difamação da família real já atingira esse grau de veemência no final de 1790, durante a fase mais calma da Revolução Francesa. Dali em diante e até 1794, os acontecimentos sucederam-se tão rapidamente e a Revolução deu tantas reviravoltas radicais que tudo o que se falara antes sobre perfídia e conspirações pareceu confirmar-se. Para termos uma amostra de um libelo antimonarquista no auge do Terror, o melhor talvez seja estudar um último ataque a Maria Antonieta, *Vie privée libertine et scandaleuse de Marie-Antoinette d'Autriche, ci--devant reine des français* (Paris, 1793). Esse livro combina material novo e antigo num longo e complexo compêndio de escritos antimonarquistas. Embora se sustente como obra autônoma, é uma espécie de colcha de retalhos, composta de excertos de velhas *chroniques scandaleuses*, anedotas extraídas ou reescritas de outros libelos e relatos de acontecimentos recentes — tudo montado de maneira tão tosca que as emendas saltam à vista. A obra é composta de quatro "partes", em três "livros", e tem 26 gravuras que ilustram episódios do texto. A paginação nas partes 1 e 2 é contínua; as partes 3 e 4 têm paginação separada. Embora a parte 4 tenha sido concebida como uma continuação das anteriores e tenha o mesmo formato pequeno in-dezoito [15,5 cm × 10 cm], é uma publicação distinta. Cobre as fases posteriores da Revolução e o texto, publicado com um título ligeiramente diferente, inclui ilustrações adicionais executadas em estilo peculiar. Parece ter sido vendida tanto separadamente como junto com as três primeiras partes. A Bibliothèque Nationale de France possui ambas as versões: um exemplar avulso da parte 4, em embalagem grosseira de cartolina, e um exemplar das quatro partes, refilado e costurado, com folhas de guarda marmorizadas douradas e encadernação elegante e contemporânea. Como objetos físicos, a impressão que cada um transmite é totalmente diferente. Um parece um pan-

Figura 47. *Vie privée libertine et scandaleuse de Marie-Antoinette d'Autriche* como objeto de luxo e como panfleto barato. (Bibliothèque Nationale de France)

fleto que poderia ter saído do bolso de um sans-culotte; o outro caberia perfeitamente na estante da biblioteca de um jacobino abastado. Esse é o efeito da embalagem sobre o modo como um texto insinua sua importância social.

Independentemente do formato, o conteúdo do livro apresenta problemas. O texto é apropriadamente antimonarquista, mas contém várias passagens obscenas — e em 1793 a virtude era a ordem do dia. Numa circular que anunciava uma obra semelhante, que estaria disponível em sua loja no final de 1793, um livreiro parisiense advertiu:[28]

> Avisamos antecipadamente aos pais que não permitam que esta obra caia nas mãos de seus filhos. As gravuras explícitas que a acompanham, o estilo igualmente vívido em que é escrito, podem produzir efeitos desastrosos, que eles mais tarde lamentariam. Chegamos a um momento em que uma moralidade severa deve

reger a educação de nossos jovens. Portanto, este livro deve circular apenas entre homens maduros e mesmo eles precisam ser advertidos de que não lerão a verdade completa, mas apenas suposições fortes sobre a maioria dos fatos ali contidos.

O aviso também pode servir de advertência contra o perigo de supor que os franceses acreditavam em tudo o que liam.

As três primeiras partes de *Vie privée libertine et scandaleuse de Marie-Antoinette d'Autriche* certamente narram episódios difíceis de acreditar, em especial o defloramento de Maria Antonieta pelo irmão: "a introdução do *Membro Imperial* no *Canal Austríaco* conjuminou a paixão do incesto, os prazeres mais asquerosos, o ódio aos franceses, a aversão aos deveres de esposa e mãe, em suma, tudo o que rebaixa a humanidade ao nível das bestas-feras" (1: 5). O texto inclui as pasquinadas mais vulgares dos boletins clandestinos, além da safra usual de anedotas sobre as orgias de Maria Antonieta com o conde d'Artois, a duquesa de Polignac e o cardeal de Rohan, além de toda sorte de incidentes plagiados de libelos anteriores.[29] Para atrair o leitor, o livro abre com uma dedicatória farsesca a Maria Antonieta em nome de Dom-Bougre, o narrador ficcional de um dos romances mais pornográficos da época de Luís XV. Em linguagem elegante e irônica, o monge libertino presta homenagem à rainha, não por sua posição — a seus olhos, o sexo torna todas as pessoais iguais —, mas por sua intrepidez como sibarita. Em 1793, tratar a igualdade como se fosse uma piada de um romance obsceno de 1745 era provocar a fúria dos guardiões da moralidade pública. Robespierre, entretanto, ainda não havia instaurado a ditadura do Comitê de Salvação Pública e toques frívolos desse tipo não são muito frequentes em *Vie privée libertine et scandaleuse de Marie-Antoinette* — quando ocorrem, parecem vestígios de um estilo mais antigo de libelo e tendem a ser ofuscados pelo tom predominante de indignação moral. O autor estabelece esse tom logo ao apresentar Maria Antonieta, que não seria uma mortal qualquer, mas a encarnação suprema do mal em uma longa linhagem de rainhas malfazejas: "Todas as vilanias registradas pela história, a lubricidade das Messalinas associada à crueldade das Fredegundas, toda a astúcia que nossos romancistas atribuíram a suas heroínas satânicas, tudo isso se combina em MARIA ANTONIETA DA ÁUSTRIA num grau de atrocidade e refinamento desconhecido na Terra antes de ela juntar-se ao herdeiro do trono" (1: 4).[30] Uma água-forte de Maria Antonieta ilustra bem essa concepção: ela aparece com os seios à mostra, uma variedade de instrumentos para cometer seus delitos (uma adaga, um pênis artificial, apetrechos para preparar veneno) e um epitáfio que resume o tema do livro:

É em vão que se busca na memória
O nome de seres odiosos.
Em parte alguma da história
Acha-se alguém que se compare a ela.

Essa retórica hiperbólica tem ecos de *Essais historiques sur la vie de Marie-Antoinette* de 1789. Na verdade, as três primeiras partes de *Vie privée libertine et scandaleuse de Marie-Antoinette* são basicamente versões retrabalhadas do libelo anterior. O autor simplificou as coisas abandonando a primeira pessoa do singular e interpôs algum material novo e comentários de seu próprio punho, embora siga a mesma sequência de anedotas e chegue a plagiar passagens inteiras.[31] A parte 4 retoma a história a partir de 1790, no ponto em que *Essais historiques* a havia deixado, e avança até a prisão de Maria Antonieta no Templo depois da derrubada da monarquia e dos Massacres de Setembro em 1792. Continua descrevendo os casos sexuais da rainha, mas insere-os num relato de acontecimentos políticos, pois, de outra forma, explica o autor, "a narrativa de sua vida seria apenas um romance libidinoso, que produziria nada mais do que um sorriso entre os [leitores] mais indiferentes" (89).

Daí para a frente, são relatos de conspirações que definem a narrativa. Maria Antonieta vai tomando amantes, um após outro, tão logo eles ascendem a posições de liderança, e os manipula para seus fins pérfidos. Ela usou Lafayette para tentar solapar o trabalho da Assembleia Nacional em 1790 e 1791. Como ele ainda servia a seus propósitos (a execução do Massacre do Campo de Marte em 17 de julho de 1791, por exemplo), continuou a fornicá-lo intermitentemente mesmo depois de tê-lo trocado por Barnave, o deputado mais influente da última fase da redação da constituição. Quando a Assembleia Legislativa começou a se reunir, ela envolveu seus tentáculos em torno do conde de Montmorin, que atuou como ministro do Exterior até outubro de 1791 e continuou influenciando a política externa mesmo depois. Como figura principal do infame "Comitê Austríaco", ele se enquadrava no estratagema de Maria Antonieta de provocar uma guerra e abrir caminho para seu irmão, Leopoldo II (que sucedera a seu

Figura 48. A rainha e sua parafernália de objetos para o mal em *Vie privée libertine et scandaleuse de Marie-Antoinette d'Autriche*. (Bibliothèque Nationale de France)

irmão mais velho, José II, no trono austríaco em 20 de fevereiro de 1790), invadir a França e restaurar o Ancien Régime. A guerra contra a Áustria, declarada em 20 de abril de 1792, forneceria infindáveis oportunidades de traição. Em sonho, Maria Antonieta tem uma visão de todas as rainhas malévolas da França, lideradas por Fredegunda, que lhe dá conselhos sobre as melhores técnicas da deslealdade. Inspirada por esses conselhos oníricos, ela arquiteta os Massacres de Setembro. E continuou incubando conspirações mesmo prisioneira no Templo, apesar de ter perdido acesso aos políticos e de precisar acalmar suas "fúrias uterinas" com pênis artificiais. Ainda estava tramando complôs quando a Convenção começou a deliberar sobre seu destino e o de Luís XVI. Nesse ponto, em algum momento do final de 1792, a narrativa chega ao fim, instigando o leitor a uma conclusão inevitável: a rainha mereceu a guilhotina — e o rei também, pois, à sua maneira simplória, deixara-se manipular por ela e era, portanto, igualmente culpado de traição.

Seria difícil imaginar explicação mais tosca para a trajetória da Revolução. Além disso, *Vie privée libertine et scandaleuse de Marie-Antoinette* ainda recorre a uma linguagem mais do que vulgar. Como provas, inclui um apêndice com cartas de Maria Antonieta, que teriam sido descobertas numa "pequena pasta verde" escondida em uma gaveta secreta de sua mesa (4: 113). Nelas, a rainha fala como uma rameira. Numa delas, a Artois, parabeniza suas proezas adulterinas: "Fodeste-me bem na cama de meu esposo" (4: 120). Em outra, descreve como manipulara o pênis flácido do rei para fazê-lo acreditar que ele havia gerado um herdeiro. A julgar pela linguagem que utiliza e o tipo de raciocínio a que recorre, o autor parecia ter em vista um público pouco sofisticado para sua narrativa. Para cada desastre ocorrido desde 1789 ele oferece uma interpretação simples: todos eles podem ser atribuídos a Maria Antonieta — "Todas as nossas calamidades passadas, presentes e futuras sempre foram e sempre serão exclusivamente obra dela" (3: 134). Porém, embora tenha se atido ao tipo mais simples de narrativa, foi-lhe impossível evitar as armadilhas lançadas em seu caminho pela complexidade e turbulência dos acontecimentos. Numa versão preliminar da parte 4, ele parece ser favorável aos girondinos — ou seja, à facção mais moderada da Convenção — e denuncia Marat como um colossal anarquista. Numa versão posterior, ele ou o editor cortaram essa passagem, evidentemente porque o equilíbrio de poder na Convenção começara a pender para o lado mais radical dos montanheses.[32] Um bom libelista não podia simplesmente invectivar contra a rainha do mal; ele tinha de encaixá-la num enredo. Mas a história da Revolução Francesa não parava de desconcertá-lo. Ela se recusava a permanecer fixa a uma fórmula simplificada, mesmo na sua mais extrema forma mitológica.

Além disso, a mitologia pode ter inflamado a imaginação coletiva de maneira mais profunda do que relatos jornalísticos sobre os acontecimentos poderiam captar. Em 1789, segundo Camille Desmoulins, um garoto de quatro anos foi carregado pelos jardins do Palais-Royal nos ombros de um porteiro, gritando: "Polignac exilada a cem léguas de Paris! Condé, o mesmo! Conti, o mesmo! D'Artois, o mesmo! A rainha… não ouso repeti-lo".[33] Na mesma época, Arthur

Young observou reações semelhantes quando visitou as províncias. Ele raramente encontrava jornais, mesmo nas cidades mais importantes, mas os boatos circulavam por toda parte. Certa vez, enquanto buscava em vão um jornal no caminho entre Estrasburgo e Besançon, presenciou discussões como esta em Colmar em 24 de julho de 1789:

> As notícias na *table d'hôte* [mesa comunal de restaurante a preço fixo] em Colmar são curiosas: a rainha teria tramado um complô e estava prestes a executá-lo: explodir a Assembleia Nacional com uma mina e avançar um exército até Paris para massacrar a cidade inteira. Um oficial francês ali presente ousou duvidar que isso pudesse ser verdade e foi imediatamente subjugado por um sem-número de línguas. [...] Se o anjo Gabriel descesse e tomasse um lugar à mesa para convencê-los, não lhes teria abalado a fé.[34]

Young não encontrou um único jornal atual em Besançon; "Pessoas bem-vestidas estão agora conversando sobre notícias de duas ou três semanas atrás e seu discurso mostra claramente que elas nada sabem do que está acontecendo".[35] Informações eram igualmente escassas em Dijon, onde chegou em 30 de julho.

> Estive em vários cafés, mas alguém acreditará que consegui encontrar apenas um nesta capital de Burgundy onde pude ler um jornal? Num pequeno boteco na praça, li um jornal depois de esperar uma hora até poder entrar. Em toda parte encontrei as pessoas desejosas de ler jornais, mas são raras as que conseguem satisfazer esse desejo. [...] Embora sejam lentas em saber o que realmente aconteceu, são rápidas em ouvir o que é impossível de acontecer. A notícia mais falada no momento, à qual se dá todo o crédito possível, é que a rainha foi condenada por armar um complô para envenenar o rei e Monsieur, entregar a regência ao conde d'Artois, pôr fogo em Paris e fazer explodir o Palais-Royal com uma mina![36]

Em Royat, uma vilarejo perto de Clermont-Ferrand, Young quase acabou preso em 13 de agosto de 1789 por uma multidão desconfiada de "que eu sou um agente da rainha que pretende explodir a cidade com uma mina e enviar todos os que escaparem para as galés. O zelo empreendido para fazer o povo detestar o caráter dessa princesa é inacreditável; não parece haver, em lugar algum, absurdo chulo demais ou circunstância impossível demais para abalar-

-lhes a credulidade".[37] A circulação de informações era tão falha que frequentemente as pessoas só tinham notícias dos acontecimentos, inclusive a tomada da Bastilha, muito depois de ocorrerem.[38] Isso não impedia que se acreditasse em toda parte que a rainha estava tramando para destruir a Assembleia Nacional. Por algum processo de osmose através da palavra falada ou impressa, os temas dos libelos tinham penetrado a fundo no imaginário de uma população fora do alcance da imprensa diária.

Maria Antonieta nunca aparece como pessoa digna de confiança na literatura libelista. Ela era um fantasma que assombrava a imaginação dos revolucionários, acreditassem ou não literalmente nos libelos. Ela é retratada por toda a imprensa revolucionária — e em especial em publicações como *Le Père Duchesne*, dirigidas aos sans-culottes — com as qualidades que os libelistas lhe atribuíam.[39] Parte Messalina, parte Fredegunda, mudava incessantemente de forma dependendo das circunstâncias políticas. Nos primeiros libelos, aparece na corte de Luís XV como uma princesa em uma história de fadas libidinosa; não inocente, apenas frustrada pela falta de virilidade de seu marido. Nos últimos, ela se metamorfoseara numa supermulher satânica, a conspiradora suprema e inimiga máxima da Revolução Francesa.

Os libelos não pararam por aqui, contudo. Tinham muitas tarefas mais práticas a realizar, pois a maioria das "vidas privadas" publicadas depois de 1789 caluniavam líderes revolucionários, não membros da família real. Os libelos do tipo mais comum provinham da balbúrdia da política revolucionária, embora também eles tivessem uma dimensão mítica.

29. Vidas privadas e assuntos públicos

A Revolução não tinha senso de humor. Dedicou-se a refazer o mundo com toda a seriedade possível. Se alguém lhe barrasse o caminho, ela os denunciava e a denúncia era decantada como um dever patriótico. As novas cédulas de dinheiro, impressas a partir do Ano II (1793-4), traziam a seguinte inscrição:

La loi punit de mort le contrefaiseur
La nation récompense le dénonciateur

(A lei pune o falsificador com a morte
A nação recompensa o denunciador)

Os libelos revolucionários seguiram o exemplo. Mesmo sob o Ancien Régime, a difamação acabava se matizando em denúncia, pois o libelista frequentemente revelava algum delito ou crime. Entretanto, os libelos mais antigos em geral se contentavam em denegrir pessoas ou reputações e costumavam fazê-lo escarnecendo de suas vítimas. O riso era arma bastante usada nas polêmicas dos meados do século XVIII. Como disse Voltaire, "Precisamos ter o riso do nosso lado".[1] A irrisão provocava lesões profundas em suas vítimas, mas oferecia diversão aos leitores, que apreciavam o espetáculo de figuras públicas expostas ao ridículo. O riso, é claro, pode assumir muitas formas. Em 1750, a gargalhada rabelaisiana e outras variantes jucundas capazes de soltar as tripas e deslocar a mandíbula haviam cedido lugar a sorrisos presunçosos e risadas à socapa, pelo menos na elite. O sorriso sardônico de Voltaire, capturado na escultura de Houdon e nos croquis de Jean Huber, fez com que o maxilar adquirisse ângulos inauditos.

O afetado riso voltairiano teve efeito devastador sobre a intolerância e a beatice do Ancien Régime, mas os revolucionários também o odiavam. É verdade que reverenciavam o culto de Voltaire e consagraram suas cinzas no Panteão, mas rendiam homenagem ao Voltaire que defendera Calas (aquele que liderara a campanha para revogar a decisão do *parlement* de Toulouse de executar Jean Calas em 1762, um protestante erroneamente acusado de assassinar o filho para impedir que ele se convertesse ao catolicismo) e que denunciara a injustiça, não o autor zombeteiro de *La pucelle* e *Le mondain*. Em seus discursos perante os jacobinos, Robespierre vociferava contra os *philosophes* e citava apenas um pensador iluminista digno de louvor: Jean-Jacques Rousseau, o paladino dos sentimentos. Em 1789, os homens espirituosos geralmente se alinhavam com a direita. Antoine Rivarol e outros colaboradores da revista satírica *Actes des Apôtres* perfuravam a seriedade revolucionária, enquanto os radicais retrucavam da melhor maneira que podiam com pequenos gracejos burlescos no *Courrier de Versailles*, de Antoine Joseph Gorsa, e uma ou outra epigrama de S.-R. Nicolas de Chamfort. Sob o Terror, a perspicácia espirituosa tornou-se sinal de simpatias contrarrevolucionárias. Desmoulins prejudicou a própria causa quando adotou um tom satírico em *Le vieux cordelier*. Depois que ele e outros dantonistas desapareceram em abril de 1794, tornou-se difícil encontrar o mais leve indício de um sorriso nos procedimentos do Clube dos Jacobinos, na Comuna e na Convenção. O humor só foi retornar depois que a Reação Termidoriana começou a adquirir ímpeto (e mesmo então escondia-se de si mesmo, envergonhado). Será que Bonaparte gargalhou alguma vez na vida?[2]

Difamação e injúria contribuíram para a oclusão do humor depois de 1789. Se acompanharmos a literatura libelista desde o Ancien Régime até a Revolução, podemos quase ver o clima da opinião pública se enevoando. Não que tenha ficado completamente escuro. Pelo contrário, a energia utópica liberada

Figura 49. Croquis de Voltaire, por Jean Huber. (Fundação Voltaire)

em 1789 descortinou um futuro brilhante para a gente comum, enquanto a famosa *douceur de vivre* dos anos pré-revolucionários restringia-se a alguns poucos privilegiados. Foi o tom do discurso público que assumiu uma coloração sombria. Os quatro libelos que examinamos no começo do livro ilustram de modo geral a natureza da transformação. Em 1771, Morande atacou o ministério de Maupeou com pasquinadas, trocadilhos, epigramas, rébus, *bon mots*, piadas sujas e qualquer outro tipo de pilhéria que pudesse escarnecê-lo. Utilizou recursos que tinham servido aos libelistas desde a época de Aretino. Com Pelleport, a mesma coisa. Por outro lado, quando Manuel partiu de onde eles haviam parado, o tom mudou. Um novo conjunto de metáforas começou a prevalecer nos textos. Em vez de provocarem riso ou escárnio, os libelos agora visavam desvelar, desmascarar, puxar as cortinas e expor as vidas secretas que existiam por trás das fachadas falsas mostradas em público. Quando o próprio Manuel tornou-se vítima desse tipo de ataque, a arte da calúnia já estava transformada. Mas até que ponto esses quatro libelos eram típicos? Como que os libelistas miraram e atiraram contra os novos alvos que surgiram depois da Revolução? E como que o gênero "vida privada" se adaptou às condições políticas altamente instáveis pós-1789?

Consegui identificar 42 "vidas privadas" publicadas entre 1789 e 1800.[3] Embora compartilhem importantes características gerais, como veremos, esses libelos variam enormemente tanto em aparência física como em viés político. Alguns são panfletos toscos em meia folha in-oitavo (oito páginas), outros são volumes consideráveis, ainda que nenhum se aproxime em tamanho e complexidade dos grandes libelos contra Maria Antonieta. Uns defendem a contrarrevolução, outros a radicalização revolucionária, e expressam pontos de vista de diferentes facções políticas até a assunção de poder por Bonaparte. Catorze incluem imagens de seus anti-heróis, geralmente bustos com legendas hostis, como em *Vie secrète de Pierre Manuel*. Todos são anônimos, embora a maioria ostente o nome e endereço de um livreiro na página de rosto. E alguns poucos trazem endereços fictícios — "no Vaticano", "a cem léguas da Bastilha" — que faziam parte da retórica satírica dos libelos sob o Ancien Régime.

O mesmo endereço usado por libelos de mesma tendência política pode ser tomado como indício de uma campanha coordenada de propaganda, não de ataque isolado contra um indivíduo. Quatro "vidas privadas" de políticos guilhotinados durante o Terror — Orléans, Manuel, Brissot e Hébert — foram impressas na "Imprimerie de Franklin, rue de Cléry nº 75". A julgar pelo seu conteúdo, devem ter sido um esforço do Comitê de Salvação Pública para alentar o apoio dos sans-culottes depois das execuções. O endereço mais intrigante, "chez Prévost, rue de la Vieille Bouclerie nº 126", aparece em libelos manifestamente jacobinos, mas hostis às tendências ultrarrevolucionárias, publicados depois da queda de Robespierre. Prévost era dono de uma papelaria especializada em livros escolares, jogos de cartas e gravuras para emoldurar, entre elas uma feita especialmente para colocar sobre a cama de uma criança: "Homenagem ao Ser Eterno, ou a oração universal dos republicanos, uma grande folha quadrada, ideal para substituir as imagens [religiosas] que outrora se costumava afixar perto da cabeceira". Num anúncio inserido no começo de um libelo contra o terrorista Jean-Baptiste Carrier, Prévost ofereceu-se para imprimir e distribuir livros para autores que quisessem publicar por conta própria, sem depender de livreiros. Ele explica que trabalhava com mascates patrióticos (*citoyens colporteurs*) e que sua esposa podia costurar as folhas.[4] Ao que parece, tinha montado um micronegócio, algo mais próximo de um bazar do que propriamente uma livraria. Mas, graças a intermediários como Prévost, os libelos podiam ser produzidos por um custo baixo e sem passar pelos canais oficiais do comércio livresco.

As "vidas privadas" mais baratas parecem ter sido dirigidas a um público de leitores e ouvintes pouco sofisticados, primordialmente sans-culottes. Eram impressas em papel fino, com tipos desgastados e, a julgar pelos erros tipográficos e ortográficos, não passavam por revisões muito cuidadosas. Várias parecem ter sido produzidas às pressas, em resposta a circunstâncias prementes. Um libelo denunciando Robespierre logo após sua execução indica corretamente sua cidade natal como Arras, mas outra passagem afirma que ele nasceu em Arles. Um libelo contra François Chabot situa uma anedota importante em Villefranche, mas logo em seguida transfere-a equivocadamente para Montpellier. Os libelos distribuídos por Prévost eram publicados em papel sujo, mal entintados e impressos com tipologia variada.

Alguns dos textos são tão primitivos quanto a tipografia. Na edição que Prévost fez de *Vie sans pareille, politique et scandaleuse du sanguinaire CARRIER*, o autor anônimo demonstra a natureza nefanda da personagem principal reunindo "anedotas secretas", tal como anuncia o subtítulo do livro. Ele revela que o pequeno Jean-Baptiste gostava de arrancar as asas de moscas, matava gatos a pancadas e maltratava os cachorros dos vizinhos. Vagava pelos campos atraindo carneiros com comida e depois matava-os a pauladas. Retirava filhotes de pássaros dos ninhos e despedaçava-os com as próprias mãos. Depois de torturar todas as formas de vida animal em seu vilarejo, surgiu de súbito como um rematado jacobino em plena Revolução Francesa e passou a massacrar civis inocentes. O libelista não explica como Carrier foi dos confins de Auvergne para a posição poderosa de agente do Comitê de Salvação Pública, mas oferece detalhes pavorosos das atrocidades cometidas por ele nos afogamentos coletivos (*noyades*) que organizou em novembro de 1793 para punir os contrarrevolucionários em Nantes. Para dar mais ênfase, o libelista permeia a narrativa com epítetos como "facínora" (*scélérat*) e "monstro", as duas ofensas preferidas da maioria dos libelos revolucionários. Mas sua predileta é uma terceira: tigre:

"tigre", "tigre devorador", "homem-tigre", "tigre bárbaro", "tigre sanguinário" (13, 18, 19, 29, 58). A repetição do xingamento serve para reforçar não só o intento do libelista como também o enredo das anedotas, e a argumentação chega ao clímax com um "retrato" de Carrier no final do panfleto.

> Exibirei diante de vossos olhos o retrato fiel de Carrier, agora que já tracei o panorama de sua vida e de sua conduta, tanto privada como pública. Esse monstro corpulento tinha grossos braços e longas pernas; suas costas eram meio recurvadas, sua cabeça pequena, seu rosto afilado e bastante intenso, seus olhos diminutos, profundos e de uma coloração que misturava sangue e bílis; seu nariz era longo e aquilino, sua aparência medonha. Sua tez era marrom-cobre. Ele era magro e irrequieto, e a protuberância de seu quadril, somada a falta de barriga, fazia-o parecer cortado ao meio, como uma vespa. Quando discursava no palanque, meio empolgado, a aspereza de sua voz, reforçada por um sotaque sulino, fazia parecer que suas palavras emergiam de alguma zona lacerada de suas entranhas, pronunciando os erres como o rosnar de um tigre. Sua aparência física era expressão fiel de seu caráter violento, impetuoso e irascível. Fúria e sanguinolência eram os elementos constitutivos de seu temperamento. A natureza cometeu um erro ao não muni-lo também com garras. (60)

Os tempos tinham mudado desde que Bussy-Rabutin delineara retratos escritos das damas da corte de Luís XIV. Mas havia uma urgência adicional na época em que a vida privada de Carrier foi publicada, pouco antes de 11 de novembro de 1794. Nessa data, Carrier compareceu perante o Tribunal Revolucionário para ser julgado por seus crimes. O julgamento resultou na sua execução em 16 de novembro e foi um momento de virada na reação contra o Terror durante o período caótico que se seguiu à deposição de Robespierre em 9 de termidor (27 de julho). Para os termidorianos, era importante conduzir essa reação numa direção favorável e um panfleto que fizesse Carrier parecer um monstro ajudaria a assegurar aos sans-culottes que os líderes atuais da Revolução estavam eliminando os excessos do Terror sem abandonar o programa jacobino. As "vidas privadas" sempre foram subservientes a agendas políticas, por mais extravagante que fosse seu linguajar.

Sua organização interna também tende a seguir o mesmo padrão. Geralmente começam com o autor, sempre anônimo, garantindo aos leitores que escrevera como um patriota determinado a desmascarar traidores e a revelar a natureza pérfida de suas almas. "Caro leitor, meu amigo", diz o autor de *Vie politique de Jérôme Pétion* (1793), "é importante, é necessário que cada patriota fiel conheça os recôncavos internos do coração humano. A prova disso está nas trapaças, ardis e outros expedientes que Jérôme utilizou para atrair de volta o povo ao jugo do tirano."[5] Em seguida, vêm detalhes sobre a formação do anti-herói, quanto mais específicos, melhor, pois o libelista deve apresentar informações tidas como factuais para estabelecer sua autoridade. Os autores das vidas privadas de Necker, Lafayette, Marat e Hébert apresentam-se a seus leitores como historiadores e tomam o cuidado de indicar a data e local de nascimento dos homens que ultrajam. Em *Vie publique et privée de monsieur le marquis de La Fayette* (1791), o "historiador" anônimo esforça-se ao máximo para refutar a anedota de um libelo rival, mas tão hostil quanto o seu, segundo a qual Lafayette participara da Revolução Americana a fim de evitar as humilhações de ter sido corneado. Não é verdade, afirma o autor de *Vie publique et privée*. Como o da maioria dos aristocratas, o casamento de Lafayette fora arranjado, mas ele se ofereceu para lutar na América por amor à aventura — e lutou bravamente, ainda que tenha colocado tudo a perder mais tarde como comandante da Guarda Nacional em Paris. É importante entender os fatos corretamente, pois "veracidade e imparcialidade são as qualidades mais indispensáveis do historiador".[6] Ao destrinchar a verdadeira história da juventude de Lafayette, o autor enxergara-lhe o fundo da alma e podia, pois, oferecer uma avaliação ponderada de suas contribuições para Revolução Francesa: Lafayette fora um traidor que merecera a guilhotina.[7]

Quase todos os libelistas valem-se de anedotas sobre a infância do anti-herói que retratam para mostrar que conhecem o âmago de sua alma e para julgar seu papel na Revolução. Em geral, concentram-se na carreira pré-revolucionária da personagem, visto que estavam mais interessados em difamar-lhes o caráter do que acompanhar sua trajetória nos acontecimentos. "Acompanhemos Marat ao deixar sua família honesta e o sigamos" (6), escreve o autor de *Vie criminelle et politique de J. P. Marat* (1795), que promete revelar a natureza íntima da figura pública. Ele descreve Marat como um charlatão que vagava de feira em feira vendendo remédios falsos, prática que o preparou para engabelar os sans-culottes fazendo-se de Amigo do Povo. *Vie criminelle et politique* não oferece nenhuma descrição detalhada das atividades de Marat durante a Revolução, preferindo, em vez disso, longas tiradas temperadas com epítetos: "É hora de levantarmos o véu que encobriu até agora a carcaça odiosa e esquelética desse monstro sanguinário e retificar nossas lembranças dele" (3).

A maioria dos libelos também passa rapidamente pela história da Revolução, mesmo que seus autores se digam historiadores.[8] Às vezes, contam um ou outro incidente particular, como o papel do duque d'Orléans nas Jornadas de Outubro ou as atrocidades cometidas por Carrier em Nantes, mas raramente se debruçam sobre as complexidades da situação. Mencionam quase nada sobre alinhamentos políticos, não oferecem análises de eventos e pouquíssimas vezes citam ideias ou princípios, exceto para opor patriotismo e contrarrevolução ou virtude e depravação. Com isso, concentrando-se inteiramente no caráter de um indivíduo, reduzem a Revolução a uma mera interação de personalidades. Preferem "retratos" em vez de relatos de causalidades e eventualidades. O de Robespierre, por exemplo, como o de Carrier, evoca qualidades morais mediante descrições físicas.

> Aqui está um retrato que se fez dessa pessoa ambiciosa. Ele viveu 35 anos; sua altura era cinco pés e duas ou três polegadas; sua postura rigidamente ereta; sua maneira altiva, vivaz e até mesmo um pouco brusca; costumava bulir as mãos como algum tipo de tique nervoso; o mesmo movimento podia ser visto em seus ombros e pescoço, que era sacudido convulsivamente para a esquerda e a direita; suas roupas eram elegantes e imaculadas e seu cabelo sempre cuidadosamente penteado; sua fisionomia um tanto severa nada tinha de incomum; sua cútis era lívida, biliosa; seus olhos desluzidos e sem brilho. [...] Seus discursos — às vezes modulados com harmonia, às vezes ásperos e brilhantes, e às vezes triviais — eram sempre compostos de lugares-comuns e digressões sobre *virtudes, crimes* e *conspirações.*[9]

Tendo estabelecido o caráter interior e exterior de Robespierre, o autor não se detém nos graves acontecimentos de 1793-4; prefere descrever sua queda em 9 de termidor (27 de julho de 1794), despachá-lo para a guilhotina e encerrar a obra com uma mensagem aos leitores: "Possa este exemplo ensinar-vos a largar de vez os ídolos. [...] Lembrai que a liberdade não existe nos homens e que, pelo contrário, são os homens que destroem a liberdade. Uni-vos em prol da Convenção. [...] A virtude será sempre o fundamento de suas ações".[10] As vidas privadas costumavam terminar nesse tom exortatório. Todas tinham propósitos políticos imediatos mas, como os contos populares, eram histórias com uma moral no final.

A maioria das vidas privadas segue o mesmo modelo geral. Entretanto, variam enormemente, surgem em contextos diferentes e defendem ou acusam políticos de muitos campos diferentes. Se as lermos como narrativas ambientadas em fases sucessivas da Revolução, será que suas diferenças superam o que têm em comum? Um exame conciso de alguns textos típicos, organizados em ordem cronológica, talvez nos ajude a tirar conclusões acerca de sua natureza geral.

Vie privée et ministérielle de monsieur Necker (1790) ilustra bem como se praticava a destruição de reputações nos primórdios da Revolução. É um panfleto longo e semidesconexo de oitenta páginas, escrito na primavera de 1790, quando Necker ainda dominava o governo, e ressalta os seguintes aspectos de sua biografia. *Nascimento e educação*: em uma família de comerciantes genebreses, não se destacou na escola, exceto nas aulas de aritmética, que alimentaram sua paixão dominante, a luxúria pela riqueza. *Início de carreira*: funcionário de um banco comercial de Paris, especulou com dinheiro que desfalcou dos caixas e apropriou-se de 800 mil *livres* do patrimônio de um inglês que morrera numa visita a Paris, acumulando capital suficiente para abrir seu próprio banco. *Devassidão secreta*: embora casado com a filha de um pastor genebrês, seduziu uma jovem condessa alemã que vivia em Paris. Depois que se tornou ministro das Finanças, ela ameaçou denunciá-lo se não devolvesse 24 mil *livres* que ele lhe tomara emprestado. Ele retrucou dando-lhe um soco no estômago e ameaçando-a com uma lettre de cachet. A essa altura, já se enfurnara com um sem-número de prostitutas, mantendo sempre a atitude austera de um protestante suíço. Mas seu grande interesse continuou sendo o acúmulo de riquezas, suplementado por uma nova paixão, a ânsia pelo poder. *Carreira política*: sua destreza como especulador levou-o a ser nomeado ministro das Finanças, cargo que lhe permitiu enriquecer às custas do povo e levou o governo à falência, enquanto ele continuava a cultivar uma reputação de integridade. Engordou sua fortuna monopolizando e especulando com o comércio de grãos ao longo de 1789. Quando o preço astronômico do pão provocou tumultos nas ruas, tentou manipular a multidão de maneira a solapar a Assembleia Nacional e transformar-se no governante *de facto* de uma monarquia despótica. Sua estratégia incluiu inúmeras conspirações com aristocratas, *émigrés*, financistas e falsos patriotas dos primeiros escalões da liderança revolucionária. Seus conluios chegaram ao clímax nas Jornadas de Outubro, que ele secretamente conduzira de seu escritório em Versalhes. Com o rei sob seu controle em Paris, começou a tramar nova escassez de alimentos e a sabotar a constituição que a Assembleia Nacional estava redigindo. *Perspectiva atual*: mais morticínio nas ruas, guerra civil e uma ampla e irrestrita contrarrevolução. *Moral da história*: cuidado, cidadãos, esse monstro depravado está prestes a atacar novamente; ele montou uma conspiração para restaurar o Ancien Régime e escravizar toda a população.[11]

Vie publique et privée de Honoré-Gabriel Riquetti, comte de Mirabeau (1791) revê a Revolução a partir de um momento posterior e de outra perspectiva. É uma peça de propaganda contrarrevolucionária que apresenta tudo o que aconteceu entre 1789 e 1791 como resultado do gênio maligno de um homem, Mirabeau. O autor reconhece sem titubear que Mirabeau era de fato um gênio, a figura mais extraordinária do século, pois enfatizar a vilania sobre-humana de seu sujeito permite-lhe explicar tudo o que havia de errado na França. A história começa com a precoce perversidade da criança, ilustrada por sua tentativa, ainda garoto, de envenenar o pai. Quando chegou à meia-idade, já estivera na prisão diversas vezes, engodara todos os que haviam lhe cruzado o caminho e aprendera a ganhar a vida como literato mercenário, produzindo obras pornográficas e panfletos políticos a quem quer que se dispusesse a subsidiá-lo. A vida escandalosa de Mirabeau teria fornecido uma abundância de detalhes lascivos, mas o libelista os evita, preferindo retratar sua degradação antes de 1789 por meio de anedotas sobre a sua sofreguidão para ganhar dinheiro — como roubou o relógio de seu cabeleireiro, trapaceou os mascates que vendiam suas obras ilegais, engambelou seus editores e arrastou suas amantes de um quartinho a outro num esforço infindável para escapar dos credores. A narrativa evoca uma existência típica de Grub Street e chega a descrever a primeira fase da Revolução como uma "insurreição de autores de aluguel esfomeados" (50) tendo Mirabeau à frente.

Quando a monarquia começou a cambalear, Mirabeau viu ali sua oportunidade de enriquecer. Depois de eleger-se para os Estados Gerais, ele e seu editor, Le Jay, lançaram um dos primeiros jornais sem censura, *Journal des Etats--Généraux*, um "libelo periódico" (52) que, só de assinaturas, trouxe-lhes 60 mil *livres* nos três primeiros dias. Logo percebeu que poderia ganhar ainda mais dinheiro vendendo seus talentos para a corte. Ele ganhava um salário secreto de 6 mil *livres* mensais, afora o emolumento de 1 milhão de *livres* que recebera para fazer discursos em prol da política fiscal do governo. À medida que ia engordando o bolso, foi adquirindo apetite pelo poder. A história secreta das Jornadas de Outubro, que o libelista reconta longamente, prova que Mirabeau conspirara para destruir o monarca que comprava seus serviços. Cogitou assassinar Luís xvi durante uma caçada ou assustá-lo de tal modo que ele se escafedesse do reino. No final, Mirabeau decidiu cooperar com Necker em um complô para provocar uma guerra civil e deixar a população de Paris à míngua, sem pão. Desse modo, o rei poderia ser assassinado com a conivência de Lafayette quando os pobres marchassem sobre Versalhes; ou, caso fosse capturado, poderia ser forçado a abdicar em favor de uma regência sob o duque d'Orléans, outro cúmplice, o qual permitiria que Mirabeau governasse por trás do trono. Essa conspiração, "a mais terrível trama já forjada" (80), não saiu conforme o planejado. Os *gardes-du-corps* salvaram o rei e a rainha em 5 e 6 de outubro, ainda que a família real tenha sido levada refém a Paris, onde Mirabeau continuou manipulando os eventos. Ao avaliar a situação na primavera de 1791, o libelista conclui que as coisas pareciam pior do que nunca. A ordem feudal havia sido irremediavelmente derrubada, o povo parisiense parecia prestes a explodir outra vez e os últimos membros decentes da Assembleia Nacional, os monarquistas de direita conhecidos como *monarchiens*, haviam fugido para salvar a pele. O único vislumbre de esperança surge quando o libelo termina: em 2 de abril de 1791, Mirabeau morreu depois de uma orgia com algumas dançarinas da Ópera: "Assim foi o fim do homem mais extraordinário que a França produziu, [...] modelo perfeito de vilania" (105).

Longe de tratar Brissot como alguma exceção à regra, o autor de *Vie secrète et politique de Brissot* (1793) descreve-o como exemplar típico de uma espécie que ameaçara desfazer a revolução desde o início: o falso patriota. O padrão da vida de Brissot, tal como traçado pelo libelista, corresponde ao de muitos líderes revolucionários. Ele nasceu numa família devota e humilde em Chartres, mas esforçou-se para renegar as origens modestas fazendo-se passar por filósofo e acrescentando um sufixo pseudoaristocrático ao seu nome: "de Warville". Na verdade, seus escritos eram basicamente compilações de obras alheias — e libelos, pois o autor, que diz escrever como verdadeiro patriota e narrar apenas fatos, afirma que foi Brissot quem compôs as obras mais ultrajantes de Pelleport, inclusive *Le diable dans un bénitier*. Depois de difamar tantos outros, Brissot aparece agora em sua própria "vida privada" como um aventureiro e mascate literário capaz de escrever qualquer coisa "a fim de ter sapatos e camisas" (33). O libelista também o caracteriza como um "financista", ainda que não muito bem-sucedido, visto que sua participação em especulações escusas não logrou salvá-lo da indigência. A falta de dinheiro levou Brissot de uma atividade dúbia a outra. Em 1789, já era um rematado trapaceiro e tratou a Revolução como não mais que um grandioso conto do vigário. Em coligação com espíritos afins, como Pierre Manuel, um de seus colaboradores mais próximos, cultivou a reputação de superpatriota. Conseguiu imiscuir-se no Clube dos Jacobinos, depois na Assembleia Legislativa e na Convenção, onde aproveitou cada oportunidade para enriquecer rapidamente. Por sorte, alguns jacobinos perspicazes perceberam o disfarce, arrancaram-lhe a máscara e o denunciaram como o maior hipócrita nas fileiras dos contrarrevolucionários.[12] O Tribunal Revolucionário logo revelaria o grau de sua corrupção, mas o autor já descobrira o suficiente para pronunciar-se sobre a lição que fora ensinada. Dirigindo-se diretamente ao "leitor cidadão" (44), enfatiza dois pontos: cuidado com os falsos patriotas e apoie a Convenção. Junto com *Vie secrète de Pierre Manuel* e *Vie politique de Jérôme Pétion*, *Vie secrète et politique de Brissot* foi uma das peças-chave do esforço do radical partido dos montanheses na Convenção para destruir os girondinos aos olhos do público no final de 1793, durante a primeira fase do Terror.

Vie privée et politique de J.-R. Hébert (1794) e *Vie privée de l'ex-capucin François Chabot* (1794) pertencem à fase seguinte, a primavera de 1794, quando os robespierrianos expurgaram os extremistas (hebertistas) à esquerda e os moderados (dantonistas) à direita. Como várias outras "vidas privadas" — as de Brissot, Pétion, Manuel, Orléans e Chaumette (não cheguei a encontrar uma vida privada de Danton) —, representam uma tentativa por parte do Comitê de Salvação Pública de reafirmar seu apoio entre os sans-culottes, que, depois de verem tantos patriotas proeminentes serem guilhotinados como contrarrevolucionários, poderiam presumivelmente nutrir alguma dúvida em relação ao patriotismo do governo atual.

Metade da vida privada de Hébert é composta de anedotas sobre suas malfeitorias antes da Revolução. De acordo com o libelista, ele aperfeiçoou a técnica das "falsas denúncias" (9) — sua especialidade durante a Revolução — na escola, onde aprendeu a culpar os amigos por seus próprios delitos. Como muitos jovens provincianos, foi buscar fortuna em Paris e logo se viu reduzido a sobreviver às custas de pequenos expedientes, a maioria de natureza criminosa. Trabalhou como porteiro no Théâtre des Variétés por quinze meses, até fugir com 3 mil *livres* do cofre. Sete meses de coabitação com uma prostituta exauriram toda essa quantia e deixaram-no sem um vintém e na rua novamente. Implorou abrigo a um amigo, que o recebeu em casa, só para ser despojado de todos seus pertences quando Hébert desapareceu. Quando acabou de gastar o produto desse roubo, Hébert repetiu o mesmo truque, dessa vez com um médico que se apiedara de seu estado de desnutrição, o alimentara e o abrigara — e também acabou despojado de seus bens mais valiosos, que Hébert penhorou para comprar roupas. Incapaz de ganhar a vida com a pena, continuou afundando progressivamente na penúria: "Sem camisa, sem sapatos, nunca deixava a mansarda que alugara no sexto andar, exceto para pedir emprestados 24 *sous* de seus amigos ou obtê-los com alguma trapaça" (13).

A salvação finalmente chegou com a Revolução. Depois de persuadir um amigo a investir certa quantia, Hébert fundou *Le Père Duchesne*, um periódico repleto de comentários políticos em linguagem violenta, que teve sucesso em grande medida por causa de suas falsas denúncias. Ele se casou, usou a fortuna da esposa para relançar a revista com o próprio nome e tornou-se uma figura poderosa na Comuna. Instigando a fúria popular diante do aumento dos preços dos alimentos, tentou produzir uma nova insurreição, dessa vez dirigida contra a Convenção, que fosse capaz de mergulhar a França em guerra civil. Assim que a anarquia nas ruas houvesse criado as condições propícias para um golpe, ele pretendia assumir o poder e instalar um sistema despótico de governo. Felizmente, patriotas alertas na Convenção descobriram a conspiração. Hébert e seus cúmplices foram condenados pelo Tribunal Revolucionário em 22 de março de 1794. Desmascarado e execrado pelo público que iludira, passou sua última noite berrando como um demente em sua cela. Por fim, fiel a si mesmo, morreu covardemente na guilhotina: "Assim esse monstro chegou ao fim; assim terminarão todos os traidores que ainda ousam combater o gênio da República" (30).

Vie privée de l'ex-capucin François Chabot mostra como os líderes da Convenção triunfaram sobre um movimento igualmente perigoso vindo da direita. Chabot personificou-o, segundo o autor, porque sua vida consistia em nada mais que intrigas e ele nunca se comprometera com a Revolução — ou com coisa alguma, exceto o acúmulo de ganhos ilícitos. Nascido numa família relati-

515

vamente próspera de Milhaud, saiu-se bem o bastante na escola para iniciar uma carreira eclesiástica. Porém, debaixo da túnica clerical, ele era um libertino. Passou a juventude seduzindo mulheres e despojando-as de suas riquezas. Sua primeira vítima, uma viúva rica de Villefranche, ofereceu-lhe a bolsa além de seu corpo. Quando Chabot julgou ter usufruído o suficiente de ambos, abandonou-a. Ela morreu com o coração partido, mas não sem antes lhe deixar um relógio de ouro no testamento. Sua criada, enviada para entregar o relógio, acabou na cama de Chabot. Depois de engravidá-la, convenceu um carroceiro, a quem corrompera no confessionário, a casar-se com ela. Esse arranjo acabou levando a uma empresa de contrabando, que Chabot dirigia sob a cobertura de suas funções sacerdotais. Embora tivesse mais interesse por dinheiro do que por sexo, continuou seduzindo mulheres sempre que surgia uma oportunidade. Ele incrementava sua renda dando aulas particulares para uma moça de quinze anos; quando ela engravidou, convenceu um cirurgião a realizar um aborto brutal e letal. Foi o confessor da moça no leito de morte e embolsou a grande soma de dinheiro que a tia dela lhe pagara para oficiar o funeral. Continuou passando de mulher em mulher e de especulação em especulação — cada uma, tema de uma anedota indignada — até ser eleito para a Assembleia Legislativa e, mais tarde, para a Convenção. O narrador não explica qual foi o truque de Chabot para trocar a devassidão nas províncias pela política da capital, como também não entra em detalhes sobre sua carreira política, pois acredita que bastava ao leitor compreender as anedotas sobre corrupção: "Depois de termos delineado a vida privada de Chabot, deixamos para nossos leitores julgar o que a nação poderia esperar de um homem tão corrupto, cujo apego ao vício e paixão pelo engodo e pela riqueza tornavam-no capaz de cometer todo e qualquer crime político e moral. [...] Intriga, perfídia, vileza, velhacaria e especialmente hipocrisia — ele usou tudo e todos para usurpar a reputação de patriota" (39). Corrupção era a principal acusação feita aos dantonistas, cuja venalidade os tornava todos essencialmente iguais, segundo o libelista, como os hebertistas do lado oposto do espectro político. Desse modo, Chabot acabou na guilhotina com Danton e seus seguidores em 5 de abril de 1794, um espetáculo que deveria edificar o leitor, pois ensinava uma lição salutar: "Felizmente, homens virtuosos e esclarecidos se levantam contra esses monstros, frustram suas tramas e [...] asseguram a felicidade da França. [...] Em vão a intriga agita, em vão a calúnia paira sobre os homens virtuosos e esclarecidos que defendem a soberania do povo e garantem a execução da lei" (v). A conclusão é clara: apoiem Robespierre e seus companheiros no Comitê de Salvação Pública.

Alguns meses depois, contudo, foi a vez de Robespierre ser desmascarado. *Vie secrète, politique et curieuse de monsieur J. Maximilien Robespierre* (1794) mostra que ele não era diferente dos demais. Filho de pais relativamente pobres de Arras, saiu-se bem na escola e atraiu patronato local suficiente para conquistar uma vaga no Collège Louis-le-Grand em Paris. Pôde praticar advocacia e tentar conquistar uma reputação como homem de letras em sua cidade natal. Quando irrompeu a Revolução, fez nome para si como deputado na Assembleia Nacional denunciando outros. Mas a postura patriótica servia apenas para acobertar sua ambição, pois acima de tudo ele era um hipócrita determinado a tomar o poder. Sua grande oportunidade chegou enfim — o autor pula os quatro primeiros anos da Revolução num único e lépido salto — quando começou a conduzir o Terror por meio do Comitê de Salvação Pública. Cada noite, Robespierre preparava uma lista de suas próximas vítimas, colocando um "A" (absolver) ao lado de seus nomes se pretendesse poupá-las ou um "G" se sua intenção fosse enviá-las para a guilhotina. Nada lhe dava mais prazer do que incutir pavor no coração dos outros deputados ameaçando-os em discursos perante a Convenção ou apenas olhando-os fixamente durante os debates. Por fim, em 9 de termidor (27 de julho de 1794), a Convenção ergueu-se contra ele. Quando tentava despachar mais um grupo de vítimas inocentes para a guilhotina, os deputados prevaleceram sobre ele aos berros, expuseram suas intrigas contrarrevolucionárias e decretaram sua prisão. "Robespierre, desmascarado, range os dentes e ruge como um tigre impedido de esquartejar a presa que lhe escapou" (18). O autor descreve o levante de termidor em certo detalhe, como se fosse um jornalista noticiando um evento recente. Quando a cabeça de Robespierre tomba na guilhotina, os demais aspectos da Revolução passam para segundo plano. Afinal, ela fora não mais que uma sucessão de conspirações, explica o autor. Um líder sucedera a outro, todos eles fazendo-se de patriotas, enganando o povo, eliminando os adversários e governando como déspotas. Robespierre fora o pior de todos. Mas agora a Revolução chegara ao fim da longa lista de traidores e só restava uma opção para os leitores dessa história horripilante: "Uni-vos em prol da Convenção" (35).

Mas a lista não terminou em termidor. Os libelistas continuaram denunciando conspiradores em "vidas privadas" até o advento de Bonaparte, embora as últimas publicações nada acrescentassem de novo ao corpus dessa literatura, apenas variações sobre os temas interligados da hipocrisia, corrupção e traição. Continuaram lançando os mesmos epítetos e martelando as mesmas metáforas no mesmo tom de indignação moral. Em *La vie de Boissy d'Anglas* (1796?), por exemplo, o libelista dirige-se a sua vítima, François-Antoine Boissy d'Anglas, um veterano da Convenção e membro de destaque do corpo legislativo que a substituíra (o Conseil des Cinq-Cents, eleito em setembro de 1795), nos seguintes termos: "Réptil velhaco e insidioso, assumiste todas as posturas, todas as máscaras conforme as circunstâncias! [...] Com o mais nefando, mais atroz coração, afetas um ar de gentileza e bondade, todavia és um verdadeiro tigre, um abutre esfaimado. Quando te examinamos, não importa de qual perspectiva, enchemo-nos de indignação" (5-6).

A essa altura, o gênero já havia sido tão explorado que os libelistas o viraram de pernas para o ar e produziram "vidas privadas" positivas. Uma *Vie privée de J. P. Marat* favorável apareceu em 1793, embora tenha sido eclipsada pela vituperadora *Vie criminelle et politique de J. P. Marat* de 1795. *Vie privée des cinq membres du Directoire* (1795) superou suas predecessoras com biografias elogiosas de todos os membros do corpo executivo do Diretório numa obra que parece uma peça de propaganda para reelegê-los. François-Martin Poultier d'Elmotte, o libelista que colaborara com Goupil e espionara para Lenoir antes da Revolução, também usou uma "vida privada" positiva para promover a própria carreira sob o Diretório, mas acrescentou um novo toque. Em *Les crimes et forfaits du représentant du peuple Poultier, avec l'acte d'accusation porté contre lui* (1797?), ele publica uma indiciação contra si mesmo e, em seguida, refuta triunfantemente todas as acusações, ocultando-se por trás do anonimato. *Vie privée du général Buonaparte* (1798?) parece brando em comparação: apenas celebra o herói da campanha italiana de 1797 como o maior soldado-estadista de todos os tempos.

Quando examinamos o corpus completo de "vidas privadas" publicadas entre 1789 e 1800, o elemento que mais se destaca é a sua surpreendente mesmice. Os libelos atacam políticos de todas as tendências, em todas as fases da Revolução, e todavia todos se parecem. É claro, os panfletos mais curtos afiguram-se mais toscos e rudimentares que as biografias elaboradas, e é possível detectarmos diferenças de estilo. No entanto, todos seguem a mesma fórmula básica e utilizam as mesmas técnicas retóricas, a maioria derivada da literatura libelista do Ancien Régime. Montam seus argumentos reunindo anedotas e, embora os autores acrescentem bastante comentários para esclarecer seu intento, recorrem primordialmente ao poder narrativo das próprias anedotas para transmitir sua mensagem. Também se valem de retratos — em frontispícios, em requintadas descrições escritas e na forma de esboços das personagens que vão se acumulando ao longo de toda a obra. Com esses retratos, buscam estabelecer sua credibilidade como especialistas capazes de penetrar o homem interior por trás da figura pública e afirmar sua autoridade como historiadores que narram fatos com imparcialidade. Por outro lado, os fatos que selecionam são tão enviesados e tão intimamente relacionados com os acontecimentos mais recentes que os libelistas atuam mais como jornalistas — mas jornalistas que, com raras exceções, não produzem reportagens detalhadas sobre os acontecimentos importantes como as Jornadas de Outubro e a queda de Robespierre. Os libelos faziam parte da mídia noticiosa da época, mas só genericamente, à maneira dos panfletos, não dos jornais. Restringiam-se a esboços da personalidade de figuras públicas, como fazem algumas revistas noticiosas dos nossos dias, exceto que os do século XVIII eram inexoravelmente polêmicos. Embora alegassem informar os leitores, tentavam manejá-los a favor ou contra esta ou aquela facção política conforme a pressão dos últimos acontecimentos.

Qualquer que fosse seu viés, o tom e o estilo dos libelos são notavelmente similares. Usam uma linguagem calculada para provocar indignação no leitor e recorrem primordialmente a expressões violentas e hipérboles. O indivíduo atacado é sempre o mais abominável malfeitor que se pode imaginar; as conspirações descobertas são sempre as tramas mais tenebrosas da história. Os libelistas também intensificam o tom de sua retórica xingando suas vítimas. Têm predileção especial por "facínora" e "monstro", e também por ofensas de origem animal: vampiro, réptil, tigre. Além disso, quando trovejam contra a malignidade de seus anti-heróis, adotam uma atitude de retidão moral. Defendem a virtude contra o vício e moralizam incessantemente. O tom puritano faz com que evitem detalhes eróticos quando conclamam contra delitos sexuais. Na realidade, quase sempre enfatizam a luxúria por dinheiro, não por mulheres, como a paixão dominante dos homens que difamam — todos os anti-heróis eram homens, com exceção de Maria Antonieta. A misoginia e a corrente libidinal subjacente aos ataques contra ela colocam esses libelos numa classe à parte. As demais "vidas privadas" têm pouco a dizer sobre as mulheres, exceto como vítimas de machos predadores. A única mulher que mencionam dentre os líderes da Revolução é Théroigne de Méricourt, que comandou a marcha sobre Versalhes nas Jornadas de Outubro, e ela é descrita como uma "amazona" repulsivamente masculina por seu travestismo e jeito brutamontes.[13] Como regra geral, os libelos do Ancien Régime realçavam a depravação sexual; os da Revolução, a corrupção econômica. Os vilões revolucionários quase sempre se fazem passar por patriotas a fim de encher os bolsos; e, caso não buscassem a riqueza, ansiavam pelo poder. Arrancar a máscara de um falso patriota era, portanto, expor um determinado tipo de corrupção, caracterizada por conluios para provocar escassez de víveres, peculato e apropriação dos bens de vítimas presas em nome da nação. A corrupção sexual tende a ser excitante e era um tema apropriado para libelos do tempo de Luís xv, não para uma época de regeneração revolucionária. Depois de 1788, os libelos adotaram um tom de indignação moral ao qual se ativeram rigidamente até 1800. Não pretendiam mais entreter; queriam denunciar e consideravam a denúncia um dever público.

Qual foi sua importância? Todos os libelos eram agressivos. Pretendiam infligir danos e tinham objetivos claros — destruir um político, denegrir uma facção ou sustar a simpatia por um movimento político. Mas também transmitiam uma visão panorâmica da Revolução, que sempre despontava como uma luta do bem contra o mal, ainda que a identidade dos heróis e dos vilões variasse conforme a inclinação política do libelista. Independentemente de serem vistas como de esquerda ou de direita, as forças do mal tinham uma característica em comum: elas agiam por meio de conspirações.[14] Longe de ser uma peculiaridade dos sans-culottes, a mentalidade conspiratória sempre permeou todos os participantes da Revolução, desde a tomada da Bastilha até a tomada do poder por Napoleão — e mesmo depois. Os libelistas davam voz a ela valendo-se de seus dois recursos favoritos: as denúncias de corrupção e o desmascaramento dos hipócritas. Sua obsessão pelo desmascarar — uma metáfora recorrente nos textos, ao lado de desvelar e puxar as cortinas — expressa uma visão peculiar do esforço revolucionário: a despeito da mobilização das massas, tudo se resume num conflito entre indivíduos. A única "vida privada" que ataca uma coletividade, *Vie privée des ecclésiastiques, prélats et autres fonctionnaires publics, qui n'ont point prêté leur serment sur la Constitution Civil du Clergé* (1791), é na realidade composta de dezenas de retratos individuais, todos admoestando contra os mesmos defeitos: hipocrisia e decadência. Em última análise, portanto, um libelo sempre implicava a difamação de uma pessoa em particular. Essa personalização conferia aos libelos um atrativo especial para um público confuso diante das complexidades da política revolucionária, além de torná-los interessantes como fonte de informação, de acordo com uma fórmula que prevalece até os nossos dias: nomes são notícia. Entretanto, notícias desse tipo transmitiam uma imagem distorcida da Revolução, pois simplificavam todos os acontecimentos. Partidos e programas passavam a ser identificados com indivíduos, como confirmam os rótulos de fayettista, brissotiano, rolandista, dantonista, hebertista e robespierriano. Ao reduzirem política a personalidades, os libelos obscureceram importantes conflitos de princípios e interesses que permeavam a Revolução. É por isso que todos eles se parecem.

A personalização da política não apenas simplificava e distorcia os eventos, como também alterava o equilíbrio entre as esferas privada e pública. É verdade que o conceito de esfera pública tem sido tão evocado por historiadores que agora parece explicar tudo e aplicar-se a todos os lugares e todas as épocas, desde o final da Idade Média até o presente.[15] Mas os libelos revolucionários mostram como a linha que dividia o público do privado foi apagada num momento crucial da história. A partir de 1789, quando um libelista desmascarava uma vítima, ele não revelava apenas o homem verdadeiro por trás do rosto que era mostrado ao mundo e não contrapunha simplesmente o interno e o externo — ele destruía a distinção entre um e outro. Ao transformarem os aspectos mais íntimos da vida de suas vítimas em tópicos de debate público, os libelistas tornavam o privado público. Expor a vida privada que subjazia a pessoa pública significava mudar o caráter do discurso público e tornar o conflito político uma batalha de denúncias.

Evidentemente, os libelos constituíam apenas uma pequena corrente na caudalosa torrente de literatura revolucionária. Nem de longe tinham poder de, por si, transformar a política. Além disso, os revolucionários tinham muitos outros meios de comunicação a seu dispor. Em artigos de jornais, panfletos, discursos em clubes políticos, debates em assembleias legislativas e cerimônias públicas, eles expunham habilmente seus pontos de vista com base em princípios elevados e temperavam sua retórica com referências a Tácito, Cícero, Montesquieu e Rousseau. No entanto, até mesmo Robespierre, o rousseauniano supremo, o paladino da antiga virtude e profeta do culto do Ser Supremo, agia antes e acima de tudo por meio de denúncias. Para entender essa dimensão da

Revolução, é crucial ler a vida privada de todas as suas vítimas e do próprio Robespierre.[16]

Os libelos não determinaram o curso da Revolução Francesa. Mas pontuaram sua evolução, demarcando-a como uma série de conspirações, e disseminaram a noção de que todas as suas falhas eram obra de falsos patriotas. Desmascarar conspirações tornou-se um modo de ação revolucionária, que, quando assumia a forma de um libelo, valia-se de uma nova linguagem voltada para um novo tipo de público. Em 1793, o libelista dirigia-se ao leitor como se este fosse um cocidadão e um sans-culotte igual a si. Pegava o leitor pelo braço, por assim dizer, obrigava-o a parar para pensar e punha-se a conversar com ele cara a cara, cheio de indignação e veemência, com forte senso de urgência e todo o fervor possível. Nunca mais a empatia, os olhares afins e os sorrisos cúmplices entre autor e leitor de épocas anteriores, quando os libelos pretendiam divertir e entreter enquanto desincumbiam-se de sua tarefa básica de destruir reputações. A longa lista de "vidas privadas" mostra como a Revolução retrabalhou o material que herdara do Ancien Régime: manteve-lhe a forma e mudou sua substância, adequando um gênero surgido na corte de Luís XIV a um povo insubmisso que buscava uma nova forma de organizar-se politicamente.

Conclusão

Caluniar, injuriar, difamar, maldizer, destruir e enlamear reputações, xingar e ofender, divulgar escândalos, vituperar e detrair — nunca se fez tanto disso como na França do século XVIII. Por outro lado, a vilificação sempre existiu em quase todos os sistemas políticos, desde a Antiguidade até o presente. O que podemos aprender examinando o exemplo francês?

Primeiro, ninguém deve relegar a difamação como mero ruído de fundo, como um acompanhamento inevitável do conflito em qualquer tipo de governo. Alguns Estados podem ser capazes de absorvê-la sem maiores perturbações, mas a atividade difamatória é capaz de infligir sérios danos em outros. Um Estado baseado no culto à personalidade do líder tende a ser vulnerável a ataques pessoais, mesmo que monopolize outras formas de poder. Cortes principescas podem ser derrocadas por libelos que destruam reputações, rompam os laços de patronato e interrompam práticas clientelistas. Mesmo o presidente de uma república moderna verá seu poder se esvair se seus gerentes de campanha e especialistas em relações públicas não conseguirem silenciar escândalos envolvendo sua vida privada.

Na monarquia do Ancien Régime, em que a soberania se identificava com a pessoa do monarca e era investida de poder sagrado, a difamação do rei podia enviar ondas de choque pelo sistema inteiro. Era crime de lesa-majestade. O sistema conseguia absorver a maioria dos choques, não resta dúvida, e havia outras fontes mais sérias de malefício ideológico: o jansenismo, que desafiava a autoridade política mobilizando crenças religiosas; a obstrução parlamentar, que solapava os fundamentos jurídicos do absolutismo Bourbon; até mesmo o Iluminismo, que sujeitava toda autoridade à crítica racional. Como veículo de ideologia, a literatura libelista não constituía ameaça comparável. Pouco contribuía em termos de reflexões políticas rigorosas, embora tenha sido identificada com os interesses e ideias de diferentes facções políticas em épocas diferentes ao longo do século. Em vez de atuarem no âmbito intelectual, os libelos atingiam abaixo da cintura e visavam produzir reações viscerais. Retrataram Luís XV como um simples mortal — uma frívola mediocridade na juventude, um velhote safado no final do reinado; fizeram Luís XVI parecer impotente e incompetente; e caricaturaram Maria Antonieta como um monstro moral e agente dos inimigos austríacos.

Para o leitor moderno, essas caricaturas talvez pareçam estapafúrdias demais para serem levadas a sério, mas o fato é que elas foram concebidas para sensibilizar especificamente os leitores do século XVIII — e foram tão bem-sucedidas nesse intento que alarmaram o governo. Diplomatas, ministros e chefes de polícia fizeram de tudo, a um custo enorme, para estancar a produção e distribuição de libelos. Em vez de relegarem calúnia e difamação como algo indigno sequer de desprezo — a atitude que prevaleceu entre a elite inglesa —, temiam seus efeitos sobre um povo pouco sofisticado. É provável que tivessem razão, embora não haja evidência suficiente para um estudo mais completo das reações dos leitores.

"Dessacralização" é um bom termo para descrever a erosão da aura de santidade que envolvera tradicionalmente o rei da França,[1] mas não faz justiça aos efeitos mais amplos dos libelos, que atacavam qualquer pessoa eminente, especialmente *les grands* da capital e da corte. Os membros da corte eram particularmente vulneráveis à difamação, pois neles conviviam governança e redes pessoais de patronato e proteção, e quase todos viviam na atmosfera supercarregada de Versalhes, onde nos corredores do poder ainda reluziam lembranças do Rei Sol. Como acontecera no século XVII, o poder ainda era exercido por favoritos e amantes, as facções ainda se congregavam em torno dos aposentos reais, os lobistas ainda tramavam nas antecâmaras, e o reino ainda era conduzido pelos ministros que conseguissem conquistar a confiança oscilante do rei.

Uma calúnia bem colocada desencadeava lutas de poder em diversos pontos do sistema. Isso sempre aconteceu nas cortes, pelo menos desde os primórdios do Renascimento. A França, porém, era o país mais populoso e mais poderoso da Europa do século XVIII. Seus administradores tinham idealizado maneiras racionais de lidar com problemas complexos e podiam contar com uma burocracia moderna (a palavra em si data de 1764) para executá-las. Entretanto, não tinham concebido maneiras equivalentes de defender o Estado contra o tipo de maledicência e perfídia que abalara as pequenas cortes italianas três séculos antes. O fato de as pasquinadas continuarem tão letais tanto tempo depois de Aretino revela muito sobre a evolução desigual do Estado moderno.

É claro que, como arma política, a injúria era muito mais do que o boca a boca maldoso da corte. Em 1750, um grande público leitor passara a existir em todos os centros urbanos da França e sobretudo em Paris. Em 1789, esse público tinha um apetite enorme por notícias e obtinha nos panfletos difamatórios seu suprimento básico de informações acerca dos afazeres dos grandes. Embora boa parte dessas informações se originasse de boatos e mexericos em Versalhes, a maioria era passada para a forma escrita por obscuros autores de aluguel. A população de escritores também cresceu tremendamente entre 1750 e 1789, enchendo mansardas e cortiços e transbordando nos cafés, onde o disse que disse se espalhava. Sempre enfrentando dificuldades para se manter, os escritores de aluguel às vezes vendiam seu talento sicário para destruir reputações a quem pagasse o melhor preço. Mais amiúde, porém, especulavam por conta própria, atendendo a grande demanda por sujidades no lucrativo comércio livresco clandestino ou conjuminando atividade literária e extorsão. A colônia de libelistas franceses em Londres era apenas uma dentre muitas operações similares numa rede de Grub Streets que se estendia por toda a Europa ocidental.

Os libelistas londrinos merecem atenção especial porque suas atividades podem ser documentadas em grande detalhe, tanto a partir de suas próprias publicações como dos arquivos da polícia parisiense e do Ministério das Relações Exteriores da França. A história traz um elenco esplêndido de patifes e trapaceiros, dignos de estudo em si, mas ela é importante porque lança luz sobre como a produção de libelos penetrara as fileiras das autoridades. Quando inspetores de polícia como Goupil e Jacquet de la Douay contrataram libelistas e montaram seus próprios empreendimentos editoriais clandestinos, o sistema de poder viu-se ameaçado de dentro. O fato de homens poderosos como Vergennes e Lenoir terem dedicado tanto esforço a combater os libelos confirma a gravidade da ameaça.

Contudo, quão ameaçadores eram os libelos na realidade? A questão não pode ser resolvida em definitivo, devido a nossa incapacidade de rastrear e ponderar o impacto que sua leitura teve sobre a opinião pública — não temos sequer como saber qual era exatamente a opinião pública na época e como ela foi ganhando força às vésperas da Revolução. Entretanto, há evidências suficientes para indicar a existência de uma poderosa maré de hostilidade contra o governo em locais específicos como o Palais-Royal, de onde partiu a convocação para a tomada da Bastilha. Os libelos ajudaram a mobilizar a enfurecida população parisiense e a dirigir sua ira contra alvos específicos, como os dois principais ministros de 1787-8, Charles-Alexandre de Calonne e Etienne-Charles Loménie de Brienne. Evidentemente, outros fatores, como o preço do pão e a ameaça de impostos descabidos, também instigaram o descontentamento popular, mas o impacto dos libelos não se restringiu aos danos infligidos a um ou dois indivíduos. O efeito deles foi cumulativo e contribuiu para a criação do que chamei de mitologia política.

Do início ao fim do século XVIII, os libelistas martelaram o mesmo tema: despotismo. Ao atacarem ministros, amantes reais e o próprio rei, estabeleceram a imagem de uma monarquia crivada por abusos de poder. O mal, tal como o apresentavam, era sistêmico, não um mero efeito colateral das lutas pelo poder entre pessoas de má índole. Por certo, os libelos narravam histórias pessoais e eram essencialmente revelações sobre as vidas privadas de figuras públicas, mas os detalhes concretos dramatizavam e enfatizavam seu assunto principal. Os libelos mostravam como indivíduos maus chegavam ao topo da hierarquia governamental, onde davam plena vazão a sua maldade, sem qualquer tipo de restrição institucional. Embora tal conjuntura fosse propícia para promover discussões sobre questões constitucionais e princípios normativos, os libelistas evitavam se envolver com teoria. Eles moralizavam, mas não filosofavam. Os leitores interessados nas implicações filosóficas das histórias que narravam tinham de consultar outros livros — que, por sinal, eram empacotados junto com os libelos nos engradados que abasteciam toda a rede de literatura clandestina: as obras de Rousseau, Mably, d'Holbach e outros *philosophes*, particularmente Montesquieu. Montesquieu denunciara os perigos do despotismo em *Lettres persanes* e analisara-o em *De l'esprit des lois*. As monarquias tendem a se degenerar em despotismo, disse. O despotismo era uma variedade distinta de governo, com seu próprio espírito ativador e sua própria cultura. Não era preciso estender muito a imaginação para associar os serralhos orientais que Montesquieu descreveu ao "harém" do Parc-aux-cerfs mencionado em muitos libelos contra Luís XV. Mas os libelistas deixavam que os leitores fizessem essa ilação. Eles reduziam questões complexas a jogos de personalidades e, ao fazê-lo, mostravam que a corrupção pessoal atuava como a força motriz por trás dos acontecimentos — ou seja, pintavam um quadro geral da história do seu tempo.

Em seus prefácios, os libelistas costumavam se identificar como historiadores e descreviam seus livros como obras historiográficas, em parte para convencer o leitor a aceitar sua pretensão de objetividade, mas também porque os textos eram realmente *histoires*, nos dois sentidos da palavra: contavam histórias e narravam acontecimentos. Mesmo as "vidas privadas" podiam ser lidas como histórias, notadamente *Vie privée de Louis XV*, cujos quatro volumes oferecem um relato minucioso dos eventos de 1715 a 1774. Evidentemente, todas as narrativas eram enviesadas e todas elas transmitiam a mesma mensagem: a França mergulhava cada vez mais no despotismo. Transformavam o passado recente numa sucessão de ministros corruptos, um pior que outro. Os reis não eram particularmente perversos, mas entregavam o reino aos mais infames dentre seus favoritos, geralmente às instâncias de alguma amante degenerada ou, no caso de Luís XVI, de uma rainha depravada. Portanto, a história contemporânea podia ser reduzida a variações sobre um único tema: o despotismo ministerial.

Embora os libelistas admitissem exceções ocasionais a essa fórmula — às vezes até tinham algo de bom a dizer a respeito de Turgot ou de Necker —, ela certamente não fazia justiça às complexidades da história francesa depois de 1715. Mas a questão é justamente essa. Os libelos eliminaram a complexidade ao reduzirem suas narrativas a um enredo único, ainda que desenvolvessem múltiplas variações desse enredo acrescentando-lhe detalhes sem fim. Na prática, a técnica resumia-se a acumular anedotas e encadeá-las de modo a formar uma história. Todavia, é preciso ter em mente que a noção de "anedota" no século XVIII difere fundamentalmente da nossa atual: referia-se ao lado secreto da história, a eventos que tinham efetivamente ocorrido mas tinham sido ocultados do público. As anedotas tomavam a forma de informações sobre incidentes que poderiam comprometer pessoas no poder e, a princípio, circularam de boca em boca ou como itens de não mais de um parágrafo em boletins clandestinos. Esses parágrafos tornaram-se os blocos de construção dos libelos. Os libelistas extraíam-nos de *nouvelles à la main* ou de cartas e os transcreviam de fontes orais. Qualquer que fosse sua origem, eram tratados como fatos indubitáveis, fragmentos autênticos de experiência passada que podiam ser reunidos numa história coesa. Além disso, os libelistas também reordenavam esses itens para criar novas narrativas e costumavam usar anedotas tiradas dos textos uns dos outros. Com isso, os libelos foram adquirindo certa semelhança, como uma série de mosaicos ou afrescos da mesma escola de artistas. Em 1789, um corpus literário já havia se formado, contendo os mesmos ingredientes que podiam ser encontrados em toda parte, todos eles tidos como verdadeiros, cada um reforçando os demais numa caracterização comum do passado recente. Havia, é claro, exceções — um ou outro libelo composto como narrativa contínua, que fluía normalmente sem ser interrompida por anedotas. Mas a maioria dos libelos encaixava-se no mesmo quadro geral, ou metanarrativa. Os leitores eram capazes de reconhecer os principais episódios e distinguir a estrutura básica de todos os enredos, de tal modo que tinham uma contextura mental através da qual podiam triar os acontecimentos. Os libelos desembocaram numa visão coletiva de mundo.

Estou ciente que essa afirmação envolve um pouco de especulação. Não podemos reconstruir o mundo tal como era vivenciado por pessoas que morreram séculos atrás. Não podemos traçar seus processos mentais durante a leitura. O máximo que podemos fazer é estudar os indícios que remanesceram, dispersos em fontes díspares e nos textos em si. Mas uma leitura atenta e comparações entre os textos revelam algumas tendências em comum. Os autores sempre se dirigiam diretamente ao leitor, orientando suas reações e norteando-lhe o caminho ao longo das narrativas. Em alguns casos, lançavam charadas ou enigmas que só admitiam uma solução ou desafiavam o leitor a identificar os vilões de uma história à maneira de um *roman à clef*. Porém, mesmo depois de descobrirem a solução, os leitores eram convidados a tirar as conclusões que quisessem. Em última análise, porém, não há como resolver os problemas apresentados pelo caráter aberto e multifacetado da leitura e, portanto, o argumento depende da natureza daquilo que é lido. Se o material de leitura fosse bastante difundido e propagasse um conjunto básico de temas, podemos esperar encontrar certa congruência entre esses temas e o modo como o público os apreendia.

As páginas precedentes tentam defender essa tese. E a estendem até o período revolucionário. À primeira vista, seria de esperar que a literatura libelista desaparecesse depois de 1789, visto que quase toda ela estava voltada à sensibilidade específica do Ancien Régime — o fascínio por jogos de palavras e ditos espirituosos, por exemplo, e a conexão entre as anedotas e a vida interna da corte. Os libelos certamente mudaram durante a Revolução. Em 1792, seus autores não queriam mais entreter os leitores e haviam deixado de ridicularizar e começado a denunciar. O tom dos libelos tornou-se mais rude, sua retórica mais moralista. Sua forma, no entanto, permaneceu essencialmente a mesma: reuniam anedotas, esboçavam retratos e revelavam notícias sensacionalistas, tal como antes da Revolução. Tinham predileção pelas metáforas já gastas usadas na literatura anterior: puxavam cortinas, abriam véus e tiravam máscaras para revelar os verdadeiros traços dos vilões que atacavam. E continuaram narrando "vidas privadas", exatamente como os libelos sob Luís XIV, e continuariam a fazê-lo até a ascensão de Napoleão — e mesmo depois, século XIX adentro.

Como seus predecessores, os libelos revolucionários não tratavam de ideias abstratas nem ofereciam análises políticas. Também eles reduziam eventos complexos ao choque de personalidades. Como todas as personalidades tinham os mesmos defeitos — a luxúria por dinheiro e a ânsia de conspirar com os contrarrevolucionários sob um verniz hipócrita de patriotismo —, todos eles são notavelmente parecidos. A similaridade estendia-se até os partidos a que estavam ligados, pois fossem fayettistas, brissotianos, dantonistas, hebertistas ou robespierrianos, todos eram identificados por nomes, não diretrizes políticas; e não representavam nada além do perigo constante de colaboração com conluios contrarrevolucionários.

Ainda que a tendência de personalizar a política não distinguisse os libelos revolucionários daqueles do Ancien Régime, a retórica da denúncia deu-lhes um novo alento e esforçaram-se para atrair leitores plebeus. Entre os leitores parisienses de 1793 havia muito mais sans-culottes do que indivíduos de formação sofisticada, e os autores que escreviam para esse público mais rústico adotaram o estilo de jornalismo belicoso desenvolvido por Hébert e Marat. Visavam provocar indignação e ira, as emoções descomplicadas do *Le Père Duchesne*. Comparada com *Vie privée de Louis XV*, a *Vie secrète de Pierre Manuel* parece tosca e rudimentar. Era uma peça do esforço de propaganda que clamava por sangue e acabou levando Manuel para a guilhotina. O cáracter letal dos libelos sob o Terror distancia-os dos livros libertinos que entretinham os leitores sob o Ancien Régime. Todavia, tinham muitas características comuns e tal continuidade não deve nos surpreender, pois revoluções não podem criar mundos novos a partir do nada, a despeito da energia utópica que as impele. Elas têm de construir usando materiais catados das ruínas do regime antigo. Os libelistas do Terror adotaram técnicas desenvolvidas por seus antecessores sob Luís XV, que por sua vez tinham aprendido os truques do ofício com Aretino e Procópio. Todos tentavam propagar sua causa perante o público expondo os vícios da vida privada.

Não é uma narrativa edificante. A história literária carece de nobreza quando vista de baixo para cima, isto é, da perspectiva de Grub Street, onde os libelos eram montados à maneira da vida de seus autores, a partir de sujeira e determinação. A sujeira pode ser desagradável, mas a determinação infundiu energia num vasto corpo literário, hoje praticamente esquecido, mas merecedor de estudo, pois atingia leitores em toda parte e ajudou a moldar sua compreensão do mundo em que viviam. Esse mundo desapareceu, mas calúnia e difamação continuam nos calcanhares dos grandes. Examinar como os libelos ajudaram a derrubá-los no século XVIII não significa extrair uma lição do passado, mas sim entender como regimes autoritários podem ser vulneráveis a palavras e como palavras bem colocadas são capazes de mobilizar a força misteriosa que conhecemos como opinião pública.

Notas

1. Antoine de Rivarol, *Le petit almanach de nos grands hommes* (s.l., 1788). Procurei calcular o crescimento da população literária na França do século XVIII em dois estudos, "Um inspetor de polícia organiza seus arquivos: a anatomia da República das Letras" de *O grande massacre de gatos e outros episódios da história cultural francesa* (Graal, 1988) e "The facts of literary life in eighteenth--century France" em Keith Baker (org.), *The political culture of the Old Regime* (Oxford, 1987), pp. 261-91. Todas as estimativas são dificultadas pelos problemas de como definir um autor e de como interpretar fontes imperfeitas. Levando em conta essas dificuldades, concluí que a França possuía pelo menos 3 mil autores em 1789, tomando "autor" como alguém que tivesse publicado pelo menos um livro.

2. Veja alguns estudos reveladores em Aleksandr Stroev, *Les aventuriers des lumières* (Paris, 1997).

3. Veja Pat Rogers, *Grub Street: studies in a subculture* (Londres, 1972) e John Brewer, *Party ideology and popular politics at the accession of George III* (Cambridge, 1976).

4. Os franceses não tinham equivalente para o termo inglês "Grub Street" no século XVIII, mas referiam-se com frequência a *la basse littérature, la canaille de la littérature* e *les Rousseau du ruisseau* — expressões que aparecem amiúde nas obras de Voltaire, Louis-Sébastien Mercier e outros. Não existem estudos aprofundados sobre esse contexto, mas esbocei alguns de seus aspectos em *The literary underground of the Old Regime* (Cambridge, Massachusetts, 1982).

5. A fonte mais rica de informações sobre os expatriados franceses em Londres são os arquivos do Ministério das Relações Exteriores francês no Quai d'Orsay: Ministère des Affaires Etrangères, Correspondance politique: Angleterre, especialmente os manuscritos 540-50. As

fontes impressas mais importantes incluem o libelo anônimo, tendencioso, mas extremamente revelador de Anne-Gédéon Lafitte (ou simplesmente Lafite em algumas versões de seu nome), marquês de Pelleport (ou Pellepore em algumas versões), *Le diable dans un bénitier, et la métamorphose du gazetier cuirassé en mouche...* (Londres, 1784); os relatórios de polícia publicados por Pierre-Louis Manuel, *La police de Paris dévoilée* (Paris, 1790), 2 vols.; a versão editada e parafraseada feita por Manuel dos documentos da Bastilha, *La Bastille dévoilée, ou recueil de pièces authentiques pour servir à son histoire* (Paris, 1789-90), 8 *livraisons*, ou volumes, dependendo de como são encadernados; e a extraordinária coleção de documentos editada por Gunnar von Proschwitz e Mavis von Proschwitz, *Beaumarchais et le "Courrier de l'Europe"* (Oxford, 1990), 2 vols. A biografia do mais notório libelista, Charles Théveneau de Morande, de Paul Robiquet, *Théveneau de Morande: étude sur le XVIIIe siècle* (Paris, 1882), utiliza essas fontes, mas interpreta-as erroneamente em diversos momentos. Esta obra foi superada por Simon Burrows, *Blackmail, scandal and revolution: London's French libellistes, 1758-92* (Manchester, 2006). Burrows discorda da minha interpretação desse tema, que publiquei pela primeira vez como "The high enlightenment and the low-life of literature in prerevolutionary France", *Past and Present: a Journal of Historical Studies*, n. 51, maio (1971), pp. 81-115. Veja uma discussão dessas questões em Haydn Mason (org.), *The Darnton debate: books and revolution in the eighteenth century* (Oxford, 1998).

6. A fonte mais rica de informações sobre censura são os relatórios e memorandos escritos pelos próprios censores, encontrados na Bibliothèque Nationale de France, coleção Anisson, manuscrits français 22137-52, e *Mémoires sur la librairie*, de Chrétien-Guillaume de Lamoignon de Malesherbes, *directeur de la librairie* [diretor do comércio livresco], cargo do governo real submetido ao Ministério da Justiça, de 1750 a 1763. Veja Roger Chartier (org.), *Mémoires sur la librairie: mémoire sur la liberté de la presse* (1809; Paris, 1994). Dentre obras de apoio, veja especialmente Barbara de Negroni, *Lectures interdites: le travail des censeurs au XVIIIe siècle, 1723--1774.* Veja uma síntese das obras sobre todos os aspectos do comércio livresco no Ancien Régime em Henri-Jean Martin e Roger Chartier (orgs.), *Histoire de l'édition française: tome II, le livre triomphant, 1660-1830* (Paris, 1984).

7. Giles Barber, "French royal decrees concerning the book trade, 1700-1789", *Australian Journal of French Studies*, n. 3, v. 3 (1966), pp. 312-30.

8. Esta é minha estimativa, mas admito que não posso comprová-la. Baseia-se na leitura de praticamente todos os documentos do período 1750-89 nas coleções de manuscritos da Bibliothèque Nationale de France e da Bibliothèque de l'Arsenal, bem como de 50 mil cartas de livreiros, editores e outras pessoas envolvidas na indústria do livro nos documentos da Société Typographique de Neuchâtel, Bibliothèque Publique et Universitaire, Neuchâtel, Suíça. Como o Estado francês não tinha como realmente impor os privilégios para livros, a literatura clandestina tornou-se um grande negócio, muito maior do que a produção legal.

9. Robert Darnton, *Os best-sellers proibidos da França pré-revolucionária* (Companhia das Letras, 1998) e o volume correlato *Edição e sedição: o universo da literatura clandestina no século XVIII* (Companhia das Letras, 1992). A técnica de amostragem e o problema do viés existente nas fontes são discutidos nesses volumes.

10. Veja alguns estudos exemplares: Roland Barthes, *Mitologias* (Difel, 2003); Clifford Geertz, *Negara: the theatre state in nineteenth-century Bali* (Princeton, New Jersey, 1980); e Jacob Burckhardt, *A cultura do renascimento na Itália* (Companhia das Letras, 1991).

11. Os cientistas sociais oferecem diversas definições de mito e de folclore. Embora os conceitos se sobreponham na linguagem comum, mito tende a conotar crença em algo transcendental ou profundamente significativo, como a origem do mundo, ao passo que folclore refere-se à cultura expressiva ligada a temas mais seculares como charadas ou histórias de embusteiros. Veja os ensaios "Folklore" e "Myth" em Neil J. Smelser, Paul B. Bates (orgs.), *International encyclopedia of the social and behavioral sciences* (Amsterdã, 2001), v. 8, pp. 5711-5 e v. 15, pp. 10 273-8. Usei ambos os termos aqui. "Folclore" parece-me mais apropriado tratando-se de libelos, mas "mito" transmite melhor o modo geral como eles veem a natureza fundamental do sistema político.

1. O GAZETEIRO ENCOURAÇADO [pp. 23-37]

1. Veja um estudo magistral do reinado inteiro em Michel Antoine, *Louis XV* (Paris, 1989). Sobre a crise de 1770-4, duas obras do século XIX continuam fundamentais: Jules Flammermont, *Le chancelier Maupeou et les parlements* (Paris, 1885) e Marcel Marion, *La Bretagne et le duc d'Aiguillon* (Paris, 1898). As polêmicas ideológicas provocadas pela "revolução" de Maupeou são discutidas em Durand Echeverria, *The Maupeou revolution: a study in the history of libertarianism, France, 1770-1774* (Baton Rouge, 1985), mas esse estudo será superado com o lançamento do livro de Shanti Marie Singham baseado em sua tese de doutorado pela Universidade de Princeton, "'A conspiracy of twenty million frenchmen': public opinion, patriotism and the assault on absolutism during the Maupeou years, 1770-1775" (1991).

2. Identifiquei seis edições de *Le gazetier cuirassé* — duas de 1771, uma de 1772, uma de 1777, uma de 1785 e uma de 1790 —, mas provavelmente existem várias outras, a maioria piratas. O que considero ser a primeira edição, de 1771, uma obra mal impressa, em papel de baixa qualidade, não tem frontispício. Um exemplar de outra edição de 1771 na Bibliothèque Nationale de France, Lb38.1270, é mais bem-acabada e estampa o requintado frontispício que aparece nas edições subsequentes. As edições posteriores incluem não só o frontispício como também material adicional sobre a Bastilha. É um tanto equivocado falar em edições "piratas", pois a original não tinha nenhum tipo de copyright, privilégio ou pretensão de legalidade. O Ministério das Relações Exteriores da França soube de uma edição impressa em Genebra e exigiu que as autoridades genebreses punissem o impressor. Veja Theodore Besterman (org.), *The complete works of Voltaire: correspondence and related documents* (Banbury, 1975), v. 38, p. 197.

3. Agradeço a Denis Feeney pela ajuda em traduzir o texto em latim.

4. Veja "Baril" em *Le grand vocabulaire français* (Paris, 1768), v. 1, p. 147: "Le 'l' final est muet devant une consonne; mais il se fait sentir devant une voyelle". Veja também André Martinet e Henriette Walter, *Dictionnaire de la prononciation française dans son usage réel* (Paris, 1973), p. 129.

5. *Le gazetier cuirassé ou anecdotes scandaleuses de la cour de France* (1777), p. 54. Uma nota de rodapé na mesma página deixa a alusão 'ainda mais clara: "Si ce casque royal avait été *ombragé* de tous les panaches que la comtesse aurait pu y ajouter, le piédestal se serait écroulé à coup sûr". Veja outros trocadilhos com *baril* na página 32. Por questão de conveniência, as citações foram extraídas da edição de 1777, embora as frases sejam iguais às das edições de 1771.

6. A obra que eu julgo ser a segunda edição de 1771 contém uma *explication du frontispice* no verso da página de rosto. "Un homme armé de toutes pièces et assis tranquillement sous la

protection de l'artillerie qui l'environne, dissipe la foudre et brise le [sic] nuages qui sont sur sa tête à coups de canon. Une tête coiffée en méduse, un baril, et une tête à perruque son les emblèmes parlants des trois puissances qui ont fait tant de belles choses en France. Les feuilles qui voltigent à travers la foudre au-dessus de l'homme armé sont des lettres de cachet dont il est garanti par la seule fumée de son artillerie, qui les empêche d'arriver jusqu'à lui. Les mortiers auxquels il met le feu sont destinés à porter la vérité sur tous les gens vicieux qu'elle écrase, pour en faire des exemples." Essa explicação não se encontra nas edições posteriores, presumivelmente porque caberia aos leitores decifrá-la por si mesmos.

7. *Le gazetier cuirassé*, p. 44.

8. *Le diable dans un bénitier, et la métamorphose du gazetier cuirassé en mouche, ou tentative du sieur Receveur, inspecteur de la police de Paris, chevalier de St. Louis, pour établir à Londres un police à l'instar de celle de Paris* (Paris, 1783), pp. 37, 79.

9. *Le gazetier cuirassé*, p. 31.

10. Veja Erica-Marie Bénabou, *La prostitution et la police de mœurs au XVIIIe siècle* (Paris, 1987), pp. 257-9. Essa obra rigorosa de história social examina a fundo as lendas em torno de madame du Barry e das outras mulheres que eram obtidas para Luís XV, muitas delas prostitutas.

11. *Le gazetier cuirassé*, p. 34.

12. Ibid., p. 123. Aparentemente, esse exemplar na Bibliothèque Nationale de France, Réserve, Lb38.1270, é da segunda edição de 1771. O texto da chave é o mesmo que o das notas de rodapé das outras edições. Nessa edição, o texto principal é seguido de duas seções distintas, *Mélanges confus sur des matières fort claires, par l'auteur de Gazetier cuirassé: Imprimé sous le soleil* e *Le philosophe cynique, pour servir de suite aux Anecdotes scandaleuses de la cour de France: Imprimé dan un île qui fait trembler la terre ferme.* Elas são apresentadas na forma de suplementos, com paginação à parte e suas próprias chaves ao final. Naquela que julgo ser a primeira edição, também publicada em 1771 (é difícil determinar a sequência exata de edições), todo esse material é reunido, com paginação contínua e com notas de rodapé em vez de chaves. Os títulos e endereços galhofeiros e as diversas maneiras de dividir o texto aparentemente visavam capturar a atenção do leitor e diverti-lo.

13. *Le gazetier cuirassé*, p. 124.

14. Ibid., p. 49.

15. Ibid., p. 172.

16. Ibid., pp. 41, 176.

17. Veja, por exemplo "Copie d'une lettre écrite de Paris le 10 juin 1771", ibid., pp. 118-22, e "Epître à un ami", ibid., pp. 75-6, nas quais o autor anônimo se congratula por seu heroísmo em opor-se à tirania e adota um estilo sentimental que contrasta com seus ataques difamatórios como um autoproclamado "philosophe cynique".

18. Veja, por exemplo, o ataque ao duque de Praslin, primo distante de Choiseul, que servira no governo como ministro do Exterior e ministro da Marinha. *Le gazetier cuirassé*, p. 27.

19. Ibid., p. 47.

20. O libelista observa que em 1771 o rei já não conseguia mais copular, apesar dos truques que madame du Barry aprendera nos bordéis e empregava para reavivar-lhe a libido exaurida. Ibid., pp. 54-5, 57. Veja na página 171 um exemplo da aviltação dos símbolos da monarquia: "On a publié un monitoire pour savoir ce qu'étaient devenus le sceptre et la main de justice d'un des

plus grands rois de l'Europe. Après des perquisitions très longues, ils se sont trouvés sur la toilette d'une jolie femme appelée comtesse, qui s'en sert pour amuser son chat".

21. Ibid., p. 106.

22. Ibid., p. 20 do suplemento no final, intitulado "Remarques historiques et anecdotes sur le château de la Bastille et l'Inquisition de France".

23. Voltaire, "Quisquis" em *Questions sur l'Encyclopédie par des amateurs* (s.l., 1775), v. 6, p. 278. Uma resenha de *Le gazetier cuirassé* nas clandestinas *Mémoires secrets pour servir à l'histoire de la république des lettres en France*, em 15 de agosto de 1771, trata o livro como um ataque audacioso contra os poderosos, inclusive o rei, mas nota que seu tom jocoso e suas anedotas escabrosas tornavam-no "une rapsodie très informe et fort méchante".

24. *Le gazetier cuirassé*, p. 174.

25. Voltaire para Jean Le Rond d'Alembert, 13 de agosto de 1760, *Complete works of Voltaire*, v. 106, pp. 44-5.

26. D'Alembert para Voltaire, 2 de setembro de 1760, ibid., v. 106, p. 88.

27. A polêmica de 1759-60 foi um momento crucial de virada no Iluminismo francês. D'Alembert, escrevendo de Paris, admoestou Voltaire, como líder dos *philosophes*, por ele não ter compreendido a gravidade da ameaça à causa iluminista. De início, Voltaire hesitou, mas depois de convencer-se da necessidade de partir para a ofensiva, produziu uma série de ataques contra os *antiphilosophes*. Veja todas as cartas que eles trocaram em 1760 e, em especial, d'Alembert a Voltaire em 6 de maio, ibid., v. 105, p. 284; d'Alembert a Voltaire em 26 de maio, ibid., v. 105, p. 329; Voltaire a d'Alembert em 10 de junho, ibid., v. 105, p. 361; d'Alembert a Voltaire em 16 de junho, ibid., v. 105, p. 375; Voltaire a Nicolas Claude Thiriot em 7 de julho, ibid., v. 105, p. 443; Voltaire a d'Alembert em 9 de julho, ibid., v. 105, p. 449; e Voltaire a Thiriot em 9 de setembro, ibid., v. 106, p. 108. A maioria dos ataques foi dirigida ao inimigo favorito de Voltaire, Elie Catherine Fréron, editor de *L'Année Littéraire*, que na realidade reagiu com grande dignidade e tratou-os como *libelles*. Veja Fréron a Chrétien Guillaume de Lamoignon de Malesherbes, 20 de agosto de 1760, *Complete works of Voltaire*, v. 106, p. 67.

2. O DIABO NA ÁGUA BENTA [pp. 38-54]

1. *Le diable dans un bénitier, et la métamorphose du gazetier cuirassé en mouche* (1783), pp. 84-5.

2. "Diable" em Pierre Larousse, *Grand dictionnaire universel du XIXᵉ siècle* (Paris, 1866), e Alain Rey e Sophie Chantreau, *Dictionnaire des expressions et locutions* (Paris, 1989), p. 406. O texto de *Le diable dans un bénitier* não explica a quem o título se refere. O diabo poderia ser Morande, mas isso não parece provável, pois a narrativa destaca o fato de Receveur ter sido repudiado por suas pretendidas vítimas dentre os libelistas.

3. *Le diable dans un bénitier*, p. 36.

4. De acordo com a versão desse incidente narrada em *Mémoires secrets pour servir à l'histoire de la république des lettres en France* (Londres, 1777-89), no apontamento de 5 de fevereiro de 1774, os londrinos quase massacraram os agentes secretos da polícia parisiense: "L'exempt Receveur en a eu une telle frayeur qu'il est encore fou". Visto que há tantas edições

mutuamente incompatíveis de *Mémoires secrets*, citações dessa obra aparecem apenas com a data do apontamento, sem indicação de volume ou página.

5. *Le diable dans un bénitier*, p. 100.

6. Esse pub, fundado em 1723, ainda existe na Great Russell Street, em frente ao British Museum.

7. *Le diable dans un bénitier*, p. 106.

8. Ibid., pp. 158-9.

9. Ibid., pp. 5-6, 10-1, 52.

10. Ibid., pp. 31, 37, 40.

11. Veja ibid., pp. 59-60, 119-22.

3. A POLÍCIA DE PARIS DESVELADA [pp. 55-67]

1. A figura angelical na parte superior do frontispício pode ser Cronos, embora não esteja segurando uma ampulheta, a representação iconográfica mais comum do tempo. Não consigo identificar a raposa do gênio maligno que segura uma adaga.

2. Pierre Manuel, *La police de Paris dévoilée* (Paris, 1790), v. 2, p. 235. Referências aos libelistas londrinos estão espalhadas por toda a obra. Veja v. 1, pp. 38-9, 136-56 e 236-75; e v. 2, pp. 28--30, 231-69.

3. Ibid., v. 2, p. 28.

4. Brissot e Manuel fazem frequentemente menção um ao outro em seus escritos. Veja, por exemplo, Claude Perroud (org.), *J.-P. Brissot: mémoires, 1754-1793* (Paris, 1910), v. 1, p. 187; v. 2, pp. 26, 205-6. No final de 1792, Manuel já era conhecido como um "brissotiano" ou "girondino" proeminente, e o Clube dos Jacobinos acusou-o de haver sido "brissotizado". Veja Alphonse Aulard (org.), *La Société des Jacobins: recueil de documents pour l'histoire du Club des Jacobins de Paris* (Paris, 1892), v. 4, p. 612.

5. *La Bastille dévoilée, ou recueil de pièces authentiques pour servir à son histoire* (Paris, 1789), 8 fascículos encadernados em 4 volumes, v. 3, p. 78. Em diversas fontes, como o catálogo da Bibliothèque Nationale de France, essa obra é atribuída tanto a um certo Charpentier como a Manuel. Ela possui todas as características das outras compilações que Manuel produziu a partir das mesmas fontes durante a Revolução Francesa: *La police de Paris dévoilée* e *La chasteté du clergé dévoilée, ou procès-verbaux des séances du clergé chez les filles de Paris, trouvés à la Bastille* (Paris, 1790). O editor anônimo de *La Bastille dévoilée* observa (v. 3, p. 75) que estava publicando a notificação da prisão de Brissot que ele recebera do próprio Brissot. Em suas memórias, Brissot indica que esse editor era Manuel, que lhe enviara o seu dossiê na Bastilha, "en me disant qu'il ne fallait pas qu'il restât rien de moi dans les ordures de la police", *J.-P. Brissot: mémoires*, v. 2, p. 23. Concluo que Manuel escreveu sozinho *La Bastille dévoilée*, ou a maior parte dela, embora possa ter recebido alguma ajuda.

6. *La Bastille dévoilée*, v. 3, p. 66.

7. *La police de Paris dévoilée*, v. 2, pp. 258-9.

8. Ibid., v. 2, p. 236. Em outro relatório, a polícia descreve a loja de Boissière como um

"conciliabule politique" onde os refugiados franceses trocavam comentários ofensivos sobre o regime francês (ibid., v. 2, p. 246).

9. Ibid., v. 2, p. 234. Sobre o *Courrier de l'Europe*, veja Gunnar von Proschwitz, "Courrier de l'Europe, 1776-1792" em Jean Sgard (org.), *Dictionnaire des journaux, 1600-1789* (Oxford, 1991), v. 1, pp. 282-93; e a excepcional coleção de documentos e comentários publicada por Gunnar von Proschwitz e Mavis von Proschwitz, *Beaumarchais et le "Courrier de l'Europe"* (Oxford, 1990).

10. *La police de Paris dévoilée*, v. 2, p. 246.

11. Ibid., v. 2, p. 231.

12. Ibid., v. 2, p. 247.

13. Ibid., v. 2, pp. 231-2.

14. Ibid., v. 1, p. 6.

15. Ibid., v. 2, pp. 91, 93, 123.

16. Ibid., v. 1, p. 8.

17. Ibid., v. 1, p. 7.

18. Ibid., v. 1, pp. 8-9.

19. Ibid., v. 1, p. 6.

20. Veja o "Discours préliminaire" de Manuel em *Lettres originales de Mirabeau* e sua defesa no julgamento, publicada como *Interrogatoire de Pierre Manuel, procureur de la Commune* (1792), Bibliothèque Nationale de France Lb39.5939.

4. A VIDA SECRETA DE PIERRE MANUEL [pp. 68-76]

1. *Vie secrète de Pierre Manuel* (Paris, s.d., publicado em 1793), p. 63.

2. Ibid., p. 28.

3. Ibid., p. 29.

4. Ibid., p. 47.

5. Ibid., p. 34.

5. O FIM DA LINHA [pp. 77-8]

1. Veja Antoine-Alexandre Barbier, *Dictionnaire des ouvrages anonymes* (Paris, 1879), v. 4, pp. 964, 983, 1001. Embora tivesse acesso a alguns documentos importantes, Barbier cometeu vários erros em suas atribuições, além de não citar suas fontes. Turbat não consta de J.-M. Quérard, *Les superchéries littéraires dévoilées* (Paris, 1869) e de nenhuma outra obra sobre periódicos e jornalistas do século XVIII. Ele é mencionado em Maurice Tourneux, *Bibliographie de l'histoire de Paris pendant la Révolution Française* (Paris, 1890-1913), mas nesse caso Tourneux obteve suas informações de Barbier.

2. *Petite Feuille de Paris par Turbat, imprimeur en lettres*, n. 42, 25 frimaire An II (15 de dezembro de 1793), p. 166.

3. *Les Tuileries, le Temple, le Tribunal Révolutionnaire et la conciergerie, sous la tyrannie de la*

Convention par un ami du trône (Paris, 1814; anônimo, mas de Pierre Turbat de acordo com o catálogo da Bibliothèque Nationale de France), p. 86.

4. Ibid., p. 85.

6. BIBLIOGRAFIA E ICONOGRAFIA [pp. 79-100]

1. A despeito de seu papel de destaque nos acontecimentos de 1792-3, não há nenhuma biografia de Manuel anterior à publicação de Huguette Leloup-Audibert, *Pierre Louis Manuel, 1753-1793: du pouvoir à l'échafaud* (Gien, 2006), que traz poucas informações sobre sua infância e juventude. A nota biográfica em Auguste Kuscinski, *Dictionnaire des conventionnels* (Paris, 1916-9), v. 2, pp. 427-8, resume a maior parte das informações disponíveis sobre sua vida. Alguns documentos fundamentais sobre sua carreira pré-revolucionária estão em um dossiê ligado a seu aprisionamento na Bastilha em 3 de fevereiro de 1786: Archives Nationales W295, n. 246; Bibliothèque de l'Arsenal ms. 12460; *La Bastille dévoilée, ou recueil de pièces authentiques pour servir à son histoire* (Paris, 1789-90), v. 3, pp. 105-6; e Frantz Funck-Brentano, *Les lettres de cachet à Paris, étude suivie d'une liste des prisonniers de la Bastille, 1659-1789* (Paris, 1903), pp. 415-6. Há também algumas observações perspicazes sobre a vida de Manuel como escritor de aluguel antes de 1789 em Gudrun Gersmann, *Im Schatten der Bastille: die Welt der Schriftsteller, Kolporteure und Buchhändler am Vorabend der französischen Revolution* (Stuttgart, 1993), pp. 146-52. Afora o que ele próprio escreveu, as melhores fontes sobre o papel de Manuel na Revolução são F. A. Aulard (org.), *La Société des Jacobins: recueil de documents pour l'histoire du Club des Jacobins de Paris* (Paris, 1889-97), 6 vols., e Paul Robiquet, *Le personnel municipal de Paris pendant la Révolution* (Paris, 1890), 2 vols.

2. Anne Louise Germaine Necker, baronesa de Staël-Hostein, *Considérations sur la Révolution Française*, Jacques Godechot (org.) (1818; Paris, 1983), p. 283.

3. Bibliothèque Nationale de France, Département des estampes, D203602-5, D203608-10, e *Collection complète des tableaux historiques de la Révolution Française, en deux volumes* (Paris, 1798). Veja também *Images de la Révolution Française: catalogue du vidéodisque coproduit par la Bibliothèque Nationale et Pergamon Press* (Paris, 1990), 3 vols.

4. Embora não haja nenhum estudo de fôlego sobre Basset, a natureza do seu negócio pode ser determinada a partir de referências em Maxime Préaud, Pierre Casselle, Marianne Grivel e Corinne Le Bitouzé, *Dictionnaire des éditeurs d'estampes à Paris sous l'Ancien Régime* (Paris, 1987), pp. 45-6; Roger Portalis e Henri Béraldi, *Les graveurs du dix-huitième siècle* (Paris, 1882), v. 3, p. 719; e Marcel Roux, *Bibliothèque Nationale, département des estampes: inventaire du fonds français* (Paris, 1933), v. 2, pp. 157-8. Veja uma descrição geral das gravuras do século XVIII em Pierre-Louis Duchartre e René Saulnier, *L'imagerie parisienne* (*l'imagerie de la rue Saint-Jacques*) (Paris, 1944); Antoine de Baecq, *La caricature révolutionnaire* (Paris, 1988); Klaus Herding e Rolf Reichardt, *Die Bildpublizistik der französischen Revolution* (Frankfurt am Main, 1989); Christoph Danelzik-Brüggemann e Rolf Reichardt, *Bildgedächtnis eines welthistorischen Ereignisses: Die Tableaux historiques de la Révolution Française* (Göttingen, 2001); e François-Louis Bruel, *Un siècle d'histoire de France par l'estampe, 1770-1871* (Paris, 1909), 8 vols.

5. *Collection complète des tableaux historiques de la Révolution Française* (Paris, 1798-1802),

538

v. 2, s.p. Sobre a complexa história editorial desta obra, veja Claudette Hould, "Neue Hypothesen zu den französischen Ausgaben der *Tableaux historiques de la Révolution Française*" em *Bildgedächtnis eines welthistorischen Ereignisses*, de Denelzik-Brüggermann e Reichardt, p. 35-84.

6. De Baecq, *La caricature révolutionnaire*, p. 27.

7. LEITURAS [pp. 101-25]

1. A história da leitura tornou-se um importante campo de estudos. Pelo que sei, teve início na Alemanha, onde os problemas teóricos e empíricos começaram a ser enfrentados na década de 1960. Entre os teóricos, Hans Robert Jauss e Wolfgang Iser demonstraram o potencial de uma *Rezeptionsästhetik*. Veja Jauss, *Literaturgeschichte als Provokation* (Frankfurt am Main, 1970). Entre os empiricistas, Rolf Engelsing revelou o quanto era possível descobrir sobre as práticas de leituras em seu estudo pioneiro de Bremen, publicado com um título um tanto enganoso, *Der Bürger als Leser: Lesergeschichte in Deutschland, 1500-1800* (Stuttgart, 1974). Ao longo de sua pesquisa, ele formulou a tese de uma "revolução na leitura" no século XVIII, envolvendo a passagem da leitura "intensiva" e repetitiva de alguns poucos livros para a leitura "extensiva" de todo tipo de material impresso. Veja seu "Die Perioden der Lesergeschichte in der Neuzeit: Das statistische Ausmass und die soziokulturelle Bedeutung der Lektüre", *Archiv für Geschichte des Buchwesens*, v. 10 (1969), col. 944-1002. Eu faço uma crítica dessa tese na minha tentativa de esboçar uma visão panorâmica da questão em "First steps toward a history of reading", *Australian Journal of French Studies*, v. 23 (1986), pp. 5-30. Roger Chartier concorda com ela, porém, e associa-a à ideia de uma "comunidade interpretativa", proposta por Stanley Fish em seus ensaios, notadamente "Communautés de lecteurs" em *L'ordre des livres: lecteurs, auteurs, bibliothèques en Europe entre XIVᵉ et XVIIIᵉ siècle* (Paris, 1992), pp. 13-33. Do mesmo modo, Reinhard Wittmann aceita a argumentação de Engelsing, embora também a contrarie, pois observa que o modo mais antigo de leitura "intensiva" era frequentemente mecânico, ao passo que a versão moderna da leitura "extensiva" tende a ser passional. Veja seu "Une révolution de la lecture à la fin du XVIIIᵉ siècle?" em Gug
lielmo Cavallo e Roger Chartier (orgs.), *Histoire de la lecture dans le monde occidental* (Paris, 1997), pp. 331-64. Os ensaios reunidos nesta última obra oferecem ótimos exemplos de pesquisas mais recentes. O presente capítulo retoma a argumentação a partir do ponto em que a deixei em *Os best-sellers proibidos da França pré-revolucionária* (Companhia das Letras, 1998), capítulo 9.

2. Bibliothèque de l'Arsenal, ms. 10170, fólio 4.

3. A estimativa de 380 cafés vem de Jacques Savary des Bruslons, *Dictionnaire universel de commerce* (1723), citado em Jean Claude Bologne, *Histoire des cafés et des cafetiers* (Paris, 1993), p. 102. Em *Tableau de Paris* (Amsterdã, 1788), v. 12, p. 297, Louis-Sébastien Mercier afirma que Paris tinha oitocentos cafés em 1788. Outras estimativas colocam o número de cafés em mil e o de cabarés em 3 mil ou mais em 1789. Veja Thomas Brennan, *Public drinking and popular culture in eighteenth-century Paris* (Princeton, New Jersey, 1988), pp. 76-89. Brennan observa que os cabarés (tavernas), diferentemente dos cafés, tendiam a atender a uma clientela plebeia. Eram centros de socialização da vizinhança e, pelo que é possível depreender dos arquivos judiciais, as conversas geralmente envolviam mexericos locais, não assuntos públicos.

4. *Lettre à milord XXX au sujet de monsieur Bergasse et de ses observations dans l'affaire de*

monsieur Kornmann (1788), p. 3. Em seu *Tableau de Paris*, v. 5, p. 57, Mercier nota que no auge da demanda por certas obras, os livreiros às vezes dividiam os livros em partes e as alugavam por hora.

5. Tentei desenvolver a ideia de Paris do século XVIII como um sistema de informação em dois ensaios: "The news in Paris: an early information society", *American Historical Review*, v. 105 (fevereiro 2000), pp. 1-35, e "Public opinion and communication networks in eighteenth-century Paris" em Peter-Eckhard Knabe (org.), *Opinion* (Berlim, 2000), pp. 149-230.

6. Essa observação famosa aparece no primeiro parágrafo de *Neveu de Rameau*, de Diderot.

7. Pierre-Antoine-Auguste Goupil para Jean-Charles-Pierre Lenoir, chefe de polícia, 18 de janeiro de 1775, na Bibliothèque de l'Arsenal, ms. 12446.

8. Ibid.

9. Todas as fases da investigação podem ser acompanhadas a partir dos documentos na Bibliothèque de l'Arsenal, ms. 12446. Para obter mais informações sobre Manoury e seu papel no comércio livresco clandestino, veja meu *Edição e sedição: o universo da literatura clandestina no século XVIII* (Companhia das Letras, 1992), capítulo 5.

10. Mercier, *Tableau de Paris*, v. 12, p. 93.

11. Ibid., v. 12, pp. 94-5.

12. Louis-Sébastien Mercier, *Les entretiens du Palais-Royal* (Paris, 1786). Veja também as descrições de conversas e leituras feitas por Mercier em *Les entretiens du jardin des Tuileries de Paris* (Paris, 1788). A respeito de Mercier como um observador de Paris, veja a introdução do editor Jean-Claude Bonnet e as notas suas e de seus colaboradores na excelente edição de *Tableau de Paris* (Paris, 1994, reimpressão das edições sucessivas de 1781-7), 2 vols.

13. Mercier, *Les entretiens du Palais-Royal*, p. 105.

14. Ibid., pp. 105-6. Veja também a observação de Mercier sobre o poder dos libelos na p. 104: "Orgon sort d'une société blanc comme la neige, on lui campe un libelle à sa porte; le voilà plus noir que l'encre même, et demain la ville et les faubourgs qui l'adorent aujourd'hui, le déchireront à belles dents".

15. "Les nouvellistes", ibid., pp. 184-8.

16. Ibid., p. 185.

17. Ibid., p. 187.

18. Mercier mudou de opinião sobre muitas coisas durante a Revolução, inclusive o efeito da imprensa livre e da opinião pública. Veja seu *Le nouveau Paris* (Paris, 1799; reimpresso e organizado por Jean-Claude Bonnet, Paris, 1994), continuação de *Tableau de Paris*, especialmente os capítulos "Palais-Egalité ci-devant Palais-Royal", "Philosophisme", "Esprit public", "Imprimeries", "Consommation de papier", "Libellistes" e "Sans-culottes".

19. Bibliothèque Nationale de France, Département des estampes, coleção Hennin n. 8362. O endereço nesse cartaz indica que foi produzido por Jean-Baptiste Crépy, "rue Saint-Jacques, à l'image de Saint Pierre". Crépy foi um importante comerciante de gravuras populares durante a segunda metade do século XVIII. Veja Maxime Préaud, Pierre Casselle, Marianne Grivel e Corinne Le Bitouzé, *Dictionnaire des éditeurs d'estampes à Paris sous l'Ancien Régime* (Paris, 1987), pp. 92-3.

20. Jean Sgard (org.), *Dictionnaire des journaux, 1600-1789* (Oxford, 1991), v. 2, pp. 856-7.

21. Muitas dessas coleções são catalogadas como "*chansonniers*" ou livros de recortes com canções populares, mas elas contêm todo tipo de verso e prosa, além das canções. Uma delas, ms.

C.P. 4312 na Bibliothèque Historique de la Ville de Paris, contém no final uma tabela indicando seu conteúdo (todos os verbetes são em verso) de acordo com os seguintes gêneros: "épigrammes, rondeaux, odes, épitaphes, épîtres, chansons, contes, huitains, madrigaux, quatrains, bons mots, ballades, frivolets, fables". Veja outros exemplos em Bibliothèque Historique de la Ville de Paris, mss. C.P. 4274-9, 4289, 4290-1 e N.A. 229. As fontes mais importantes na Bibliothèque Nationale de France são o Chansonnier Clairambault (estudei principalmente o volume de 1749, ms. fr. 12719) e o Chansonnier Maurepas (estudei principalmente o ms. fr. 12650, que abrange 1747). Os estudiosos têm se concentrado nesses dois últimos *chansonniers* mais conhecidos e há poucas pesquisas sobre outras formas de coleções, que incluíam muitos tipos de objetos efêmeros. Na falta de termo melhor, chamei-os de "álbuns de recortes" [*scrapbooks*]. A expressão mais próxima em francês é *journal*, embora tenha conotação próxima a "diário". Não conheço nenhum equivalente em francês para "*commonplace book*" [caderno de trivialidades ou diário pessoal com citações, excertos literários, comentários pessoais etc.], uma prática que está florescendo hoje na Grã-Bretanha e nos Estados Unidos.

22. *Les étrennes des acteurs des théâtres de Paris, contenant leurs noms, portraits et caractères*, v. 9 (Paris, 1747), em Bibliothèque Nationale de France, Chansonnier Maurepas, ms. fr. 12650, pp. 387-422.

23. Bibliothèque Nationale de France, Chansonnier Clairambault, ms. fr. 12719, p. 243.

24. Ibid., ms. fr. 12719, p. 23. Veja também a charada satírica sobre Saxe e Lowendahl no Chansonnier Maurepas, ms. fr. 12650, p. 145. Foi escrita como legenda de uma gravura que mostra o diabo arrastando os dois para o inferno. O diabo descreve-os assim: "Tous deux vaillants,/ Tous deux prudents,/ Tous deux galants;/ Tous deux paillards,/ Tous deux pillards,/ Tous deux bâtards;/ Tous deux sans foi,/ Tous deux sans loi,/ Tous deux à moi".

25. Chansonnier Maurepas, ms. fr. 12650, p. 155.

26. E. J. B. Rathery (org.), *Journal et mémoires du marquis d'Argenson* (Paris, 1862) v. 5, p. 456.

27. Chansonnier Clairambault, ms. fr. 12719, p. 224.

28. Canções de rua parecem ter sido mais radicais e mais disseminadas do que versos informais. Veja meu "Public opinion and communication networks".

29. Veja Eric Schön, *Der Verlust der Sinnlichkeit oder die Verwandlungen des Lesers: Mentalitätswandel um 1800* (Stuttgart, 1987), um relato ousado mas especulativo dos elementos cinéticos e sensuais da leitura.

30. Louis Sébastien Mercier, *Histoire d'une jeune luthérienne* (Neuchâtel, 1785), pp. 142-3; *Mon bonnet de nuit* (Lausanne, 1788), v. 1, p. 72; *Tableau de Paris*, v. 5, pp. 57, 168.

31. Chrétien Guillaume de Lamoignon de Malesherbes, *Mémoires sur la librairie: mémoire sur la liberté de la presse*, Roger Chartier (org.) (1809; Paris, 1994), p. 226.

32. J.-A.-N. Caritat, marquês de Condorcet, "Huitième époque: depuis l'invention de l'imprimerie jusqu'au temps où les sciences et la philosophie secouèrent le joug de l'autorité", em O. H. Prior (org.), *Esquisse d'un tableau historique des progrès de l'esprit humain* (1794; Paris, 1933).

33. Jürgen Habermas, *The structural transformation of the public sphere: an inquiry into a category of bourgeois society*, traduzido por Thomas Burger e Frederick Lawrence (Cambridge, Massachusetts, 1989), pp. 49-56 [*Mudança estrutural da esfera pública: investigações quanto a uma*

categoria da sociedade burguesa (Tempo Brasileiro, 2003)]. Sobre o público leitor e a opinião pública, veja também pp. 23-6 e 85-8.

34. Veja Timothy Tackett, *Becoming a revolutionary: the deputies of the French National Assembly and the emergence of a revolutionary culture, 1789-1790* (Princeton, New Jersey, 1996).

35. Gabriel Tarde, *L'opinion et la foule* (Paris, 1901). Há uma seleção de escritos de Tarde traduzidos para o inglês em Terry N. Clark (org.), *Gabriel Tarde on communication and social influence* (Chicago, 1969). Tarde antevê algumas das ideias desenvolvidas por Benedict Anderson em *Imagined communities: reflections on the origin and spread of nationalism* (Londres, 1983).

36. Mercier, *Les entretiens du Palais-Royal*, p. 51. Veja também p. 67.

37. Mercier, *Les entretiens du jardin des Tuileries*, pp. 3-5.

8. CALÚNIAS E POLÍTICA [pp. 129-38]

1. Devo confessar que meu entendimento da literatura libelista deve muito ao tipo de crítica literária representada por Roland Barthes, notadamente em seu *Mythologies* (Paris, 1957).

2. O relato que segue é baseado nos documentos de Lenoir na Bibliothèque Municipale d'Orléans, mss. 1421, 1422 e 1423. Georges Lefebvre declarou-os genuínos e descreveu-os sucintamente em "Les papiers de Lenoir", *Annales historiques de la Révolution Française*, n. 21 (maio-junho de 1927), pp. 300-1. Desde então, já foram utilizados em alguns estudos, dos quais o mais importante é Pierre Chevallier, "Les philosophes et le lieutenant de police Jean-Charles-Pierre Le Noir, 1775-1785", *French Studies*, v. 17 (abril 1963), pp. 105-20. Eu publiquei longos excertos dos papéis de Lenoir em dois artigos, "Le lieutenant de police J.-C.-P. Lenoir, la Guerre des Farines e l'approvisionnement de Paris à la veille de la Révolution", *Revue d'Histoire Moderne et Contemporaine*, v. 16 (1969), pp. 611-24, e "The Memoirs of Lenoir, lieutenant de police of Pairs, 1774-1785", *English Historical Review*, v. 85 (1970), pp. 532-59. Uma versão completa está sendo preparada para publicação na Université d'Orléans e uma seleção dos ensaios de Lenoir sobre libelos pode ser consultada no suplemente eletrônico deste livro. Curiosamente, os documentos de Lenoir não foram muito aproveitados na biografia dele por Maxime de Sars, *Le Noir, lieutenant de police* (Paris, 1948); além disso, de Sars rejeitou o uso desses papéis pelo arquivista de polícia Jacques Peuchet em *Mémoires tirés des archives de la police de Paris, pour servir à l'histoire de la morale et de la police, depuis Louis XIV jusqu'à nos jours* (Paris, 1838), v. 3, pp. 1-104. A julgar pelo estilo e conteúdo do material publicado por Peuchet, creio que ele teve acesso a alguns papéis de Lenoir que desde então desapareceram. Seja como for, sua obra em seis volumes contém informações valiosas sobre a polícia sob o Ancien Régime.

3. Louis-Sébastien Mercier, *Tableau de Paris* (Amsterdã, 1783), v. 1, pp. 192-3.

4. Veja o relato de Lenoir sobre suas relações com os ministros em Darnton, "The memoirs of Lenoir".

5. Ibid., p. 535, n.1.

6. Esboço de um ensaio intitulado "Sciences et arts libéraux", documentos de Lenoir, Bibliothèque Municipale d'Orléans, ms. 1422, tit. 8.

7. "Sûreté", documentos de Lenoir, ms. 1422, tit. 6.

8. O termo era usado genericamente para designar todas as obras que atacavam o ministé-

rio de Maupeou, mas também referia-se especificamente à coleção de panfletos intitulada *Correspondance secrète et familière de monsieur de Maupeou avec monsieur de Sor***, conseiller au nouveau parlement*, publicada originalmente em três volumes em 1771 e reimpressa pelo menos duas vezes antes de 1774 sob o título *Maupeouana*.

9. "Sur les écrits clandestins", documentos de Lenoir, ms. 1423, pp. 263-4.

10. Darnton, "The memoirs of Lenoir", pp. 342-3.

11. Ibid., pp. 556-7.

12. Anotações agrupadas sob o título "Moufle, Costard, Prudhomme, Godefroy, Desauges, Granger, Neveu, Le Normand, Sauson", documentos de Lenoir, ms. 1422, tit. 6.

13. "De l'administration de l'ancienne police concernant les libelles, les mauvaises satires et chansons, leurs auteurs coupables, délinquants, complices ou adhérents", documentos de Lenoir, ms. 1422, tit. 6.

14. Ibid.

15. Ibid.

16. Veja um relato detalhado desse episódio em Robert Darnton, "Public opinion and communication networks in eighteenth-century Paris" em Peter-Eckhard Knabe (org.), *Opinion* (Berlim, 2000), pp. 149-230.

17. "Mélanges", documentos de Lenoir, ms. 1423.

18. "Des imprimeurs et libraires, des colporteurs, des censeurs d'ouvrages littéraires", documentos de Lenoir, ms. 1422, tit. 6.

19. "Des Mesures de police contre la médisance et contre la calomnie", documentos de Lenoir, ms. 1423: "Les mœurs du successeur de Louis Quinze étant inattaquables, le nouveau roi fut inaccessible de ce côté à la calomnie pendant les premières années de son règne, mais on commença en 1778 à le diffamer du côté de sa faiblesse, et les premières calomnies qui furent ourdies contre sa personne ne préludèrent que de très peu de mois ceux de la méchanceté contre la reine".

20. Darnton, "The memoirs of Lenoir", p. 545. Em um apontamento misturado entre seus papéis, ms. 1423, fol. 338, Lenoir observou: "Je n'avais fait encore jusques là [1777] en aucune circonstance distribuer de l'argent pour exciter les cris de *vive la reine*. Depuis, j'en ai vainement fait répandre; ce moyen n'a produit que des cris presqu'isolés ou des battements de mains que l'on disait et reconnaissait avoir été payés".

21. Darnton, ibid., pp. 545-6.

22. Documentos de Lenoir, ms. 1422, tit. 2.

23. Darnton, ibid., pp. 541, 546.

24. "Résidus, notes éparses", documentos de Lenoir, ms. 1423, fol. 83.

25. Ibid.

26. "Sûreté", documentos de Lenoir, ms. 1422, tit. 6.

9. A POLÍCIA ANTILIVROS EM AÇÃO [pp. 139-49]

1. Veja Robert Darnton, *O grande massacre de gatos e outros episódios da história cultural francesa* (Graal, 1988), capítulo 4.

2. Essa descrição da carreira e funções de d'Hémery é baseada em um longo estudo de seus

documentos, conhecidos como coleção Anisson, na Bibliothèque Nationale de France, ms. fr. 22061-22193. Ernest Coyecque incluiu uma breve biografia de d'Hémery na introdução em magnífico inventário de seus papéis, *Inventaire de la Collection Anisson sur l'histoire de l'imprimerie et la librairie principalement à Paris* (Paris, 1900), 2 vols.

3. "Etat des objets relatifs à la librairie dont le sieur Goupil doit être chargé sur la démission du sieur d'Hémery qui en avait le détail ci-devant", Bibliothèque de l'Arsenal, documentos da Bastilha, ms. 10028, fols. 307-10. Há uma outra cópia na Bibliothèque Nationale de France, ms. fr. 22053, peça 44.

4. Claude Perroud (org.), *J.-P. Brissot: mémoires, 1754-1793* (Paris, 1910), v. 1, pp. 104-5.

5. Veja o verbete sobre Poultier d'Elmotte por François Moureau em Jean Sgard (org.), *Dictionnaires des journalistes, 1600-1789* (Oxford, 1999), v. 2, pp. 807-8; as esparsas informações sobre a prisão de Poultier na Bastilha em 1778 nos documentos da Bastilha, Bibliothèque de l'Arsenal, mss. 12478, 12481; Pierre Manuel (org.), *La Bastille dévoilée* (Paris, 1789), v. 4, p. 17; v. 5, pp. 65-8; v. 6, pp. 9-22; *Les crimes et forfaits du représentant du peuple Poultier* (Paris, 1794), um libelo cheio de informações sugestivas, mas pouco confiáveis; e as observações sobre Goupil e Poultier nos documentos do chefe de polícia Jean-Charles-Pierre Lenoir, Bibliothèque Municipale d'Orléans, ms. 1422, tit. 6.

6. Frantz Funck-Brentano, *Les lettres de chachet à Paris: étude suivie d'une liste des prisonniers de la Bastille, 1659-1789* (Paris, 1903), p. 402, e documentos da Bastilha, Bibliothèque de l'Arsenal, ms. 12478.

7. *La Bastille dévoilée*, v. 5, pp. 65-8; v. 6, pp. 9-22; *Révolutions de Paris*, n. 29 (30 de janeiro de 1790), pp. 33-5; n. 30 (6 de fevereiro de 1790), pp. 33-8; e n. 31 (13 de fevereiro de 1790), pp. 35-8. A carta de Poultier d'Elmotte publicada ao longo dessas três edições de *Révolutions de Paris* confirma o relato de sua prisão publicado em *La Bastille dévoilée* usando a mesma linguagem, mas traz detalhes adicionais.

8. *La Bastille dévoilée*, v. 6, pp. 11-2. O termo *nouveautés*, quando usado por livreiros, geralmente significava as publicações mais recentes, mas Poultier d'Elmotte usa a expressão para se referir aos últimos libelos.

9. Ibid., v. 3, pp. 54-65. Veja também *Mémoires secrets pour servir à l'histoire de la republique des lettres en France* (Londres, 1777-89), apontamentos de 29 de março e 11 de maio de 1778. Em suas memórias, Jeanne-Louise-Henriette Campan, *femme de chambre* de Maria Antonieta, narra uma versão desse incidente segundo a qual o lucro de Goupil teria sido 72 mil *livres* por adquirir o libelo, o qual ele mesmo teria escrito, e 24 mil *livres* como recompensa por realizar a missão com tanta presteza: *Mémoires sur la vie de Marie-Antoinette, reine de France et de Navarre* (Paris, 1876), pp. 119-20.

10. Em sua carta no *Révolutions de Paris*, n. 30 (6 de fevereiro de 1790), pp. 33-4, Poultier d'Elmotte afirma que Goupil descreveu suas intrigas da seguinte maneira: "Je suis sur le point d'obtenir, par la faveur de madame la princesse de Lamballe, un bon de visiteur général des postes. J'entretiens cette éminente protection par le moyen des nouveautés que je lui porte et dont ensuite elle fait part à une personne d'une plus haute importance". Ele mais tarde se referiu à princesa de Lamballe "*et sa royale commettante*" aludindo claramente à rainha.

11. Em seu relato dessa conspiração no *Révolutions de Paris*, n. 30 (6 de fevereiro de 1790), p. 35, Poultier d'Elmotte destaca seus contatos com os fornecedores de libelos localizados fora da

França: "Je cherchai tous les moyens de me procurer les nouveautés qui s'imprimaient chez l'étranger. Pour cela, j'entretiens des correspondances très dispendieuses à Londres, en Suisse, à Genève, et en Allemagne".

12. *Révolutions de Paris*, n. 31 (13 de fevereiro de 1790), p. 37.

13. Bibliothèque Municipale d'Orléans, documentos de Lenoir, ms. 1422, tit. 6: "Goupil, sa femme, Delmotte [sic], etc.".

14. Veja Olwen Hufton, *The poor of eighteenth-century France, 1750-1789* (Oxford, 1974).

15. Além dos documentos de Lenoir, que são a principal fonte do relato da prisão e morte de Goupil, veja Pierre Manuel, *La police de Paris dévoilée* (Paris, 1790), v. 1, pp. 262-5.

16. Veja um exemplo de como a polícia de Paris serviu de modelo para outros regimes que queriam modernizar suas forças policiais em "Mémoire sur l'administration de la police". O texto foi escrito para José II e Maria Teresa da Áustria em 1776 por um comissário de polícia chamado Lemaire e publicado por Augustin Gazier em *La police de Paris en 1770* (Paris, 1879). Lenoir baseou-se no relato de Lemaire quando organizou seus documentos e redigiu suas memórias.

17. Essas observações são baseadas em papéis dispersos em uma caixa na Bibliothèque de l'Arsenal, documentos da Bastilha, ms. 10028. Incluem a carta de Sartine recomendando Goupil a madame Payen em 9 de novembro de 1770: "On m'a rendu de lui en différentes occasions un assez bon témoignage. Plusieurs personnes de considération s'y intéressent. Je lui connaît de l'intelligence et de l'activité. Peut-être met-il un peu trop de vivacité dans les affaires dont il est chargé, mais il y a lieu de croire qu'il s'en corrigera avec l'âge et l'expérience, et je ne crois pas, madame, que ce doive être un obstacle aux arrangements que vous auriez à faire avec lui, s'il vous convient d'ailleurs. Quant à la protection que je peux lui accorder, elle dependra de la façon dont il se conduira". A caixa também contém diversos relatórios de prisões feitas por Goupil desde 9 de novembro de 1768. Goupil recebeu o cargo e sucedeu d'Hémery em 4 de novembro de 1773. Em carta anexa, Sartine instruiu-o a seguir as orientações de d'Hémery. Foi a transferência de cargo nessa ocasião que levou a d'Hémery a escrever o memorando sobre suas funções mencionado no começo deste capítulo.

10. UM AGENTE DUPLO E SEUS AUTORES [pp. 150-67]

1. *Mémoires secrets pour servir à l'histoire de la république des lettres en France* (Londres, 1777-89), apontamento de 21 de dezembro de 1781.

2. Veja *Anecdotes sur madame la comtesse du Barry* (Londres, 1775), p. 251: "On fait assez volontiers sur la fin de l'année de *noëls* où la cour est ordinairement critiquée. On y rappelle les anecdotes les plus scandaleuses du moment, ou galantes ou politiques. [...] Il y a toujours des méchants qui font parvenir ces facéties aux gens intéressés".

3. *Mémoires secrets*, apontamentos de 15 e 20 de dezembro de 1781.

4. Ibid., 21 de dezembro de 1781.

5. Ibid.

6. Ibid., 28 de janeiro de 1782.

7. Ibid., 2 de novembro de 1782.

8. De modo geral, essas fontes são concordantes e podem ser confirmadas em parte por

documentos do Ministério das Relações Exteriores. Embora Manuel insistisse que não mudara uma só palavra dos originais e os oferecesse para serem inspecionados por seus contemporâneos, sua edição revela distorções óbvias. Desse modo, é importante comparar sua versão dos acontecimentos com os documentos disponíveis de outras fontes.

9. Bibliothèque Municipale d'Orléans, documentos de Lenoir, ms. 1422; rascunho para um ensaio intitulado "Sûreté".

10. Ibid. Em *La police de Paris dévoilée* (Paris, 1790), v. 1, pp. 37-9, Manuel publicou um documento dos arquivos da polícia redigido como um inventário listando os livros proibidos num depósito lacrado da Bastilha, que incluíam: "Toute l'édition d'un ouvrage acheté à Londres. Malle cachetée du Lord North. On pense que c'est un libelle contre la R. [Reine]".

11. Há alguns lapsos evidentes no relato de Lenoir. Por exemplo, sua menção a de Launay como um abbé preso junto com Jacquet e Marcenay. Os arquivos da Bastilha indicam que o segundo escritor preso em 30 de outubro de 1781 foi Duvernet e que de Launay, um médico que se tornara jornalista, só foi preso em 4 de setembro de 1782. Veja Bibliothèque de l'Arsenal, documentos da Bastilha, ms. 12453. Desconfio que, ao escrever suas memórias, Lenoir confundiu Duvernet com de Launay.

12. Bibliothèque de l'Arsenal, documentos da Bastilha, ms. 12453, peças 61-76. Sobre Swinton e o *Courrier de l'Europe*, veja Claude Perroud (org.), *J.-P. Brissot: mémoires, 1754-1793* (Paris, 1910), v. 1, pp. 155-79; Gunnar von Proschwitz, "Courrier de l'Europe, 1776-1792" em Jean Sgard (org.), *Dictionnaire des journaux, 1600-1789* (Oxford, 1991), v. 1, pp. 282-93; e Gunnar von Proschwitz e Mavis von Proschwitz, *Beaumarchais et le "Courrier de l'Europe": documents inédits ou peu connus* (Oxford, 1990), v. 1, pp. 100-3; v. 2, pp. 611-6.

13. Veja, por exemplo, *Mémoires secrets*, apontamento de 11 de outubro de 1784.

14. Embora os resumos dos arquivos da polícia publicados em *La Bastille dévoilée* pareçam se ater de perto aos originais, que são frequentemente citados verbatim, ao descrever o caso de de Launay o livro extrai parte do texto de *Le diable dans un bénitier, et la métamorphose du gazetier cuirassé en mouche* (1783) sem lhe dar crédito. Veja *La Bastille dévoilée*, v. 3, pp. 56-7, e *Le diable dans un bénitier*, p. 57. No entanto, o relato em *La Bastille dévoilée* concorda com alguns documentos originais que sobreviveram na Bibliothèque de l'Arsenal, documentos da Bastilha, ms. 12453. Entre estes estão parte da correspondência entre de Launay e Swinton e um relatório de um médico que examinou o corpo de de Launay e atestou que ele morrera de causas naturais.

15. *La Bastille dévoilée*, v. 3, pp. 39-40.

16. Ibid., v. 3, pp. 36-9.

17. Ibid., v. 8, pp. 102-33.

18. *Les joueurs et monsieur Dusaulx* (1780), p. 59.

19. Ibid., pp. 11-2.

20. Ibid., p. 53.

21. Bibliothèque de l'Arsenal, documentos da Bastilha, ms. 12453, peça 48. Embora esse documento não seja nem assinado nem datado, acompanha outros papéis do dossiê de Duvernet, de modo que provavelmente foi escrito por ele na Bastilha.

22. Além dos documentos publicados em *La Bastille dévoilée*, v. 8, pp. 102-33, há informações sobre esse caso na Bibliothèque de l'Arsenal, documentos da Bastilha, ms. 12451, fol. 105, e ms. 12453, peças 37, 45-52.

23. *La Bastille dévoilée*, v. 3, pp. 37-9; v. 8, pp. 113, 123.

24. Bibliothèque de l'Arsenal, documentos da Bastilha, ms. 12453, peças 1-4, 37. Os títulos dos dois panfletos contra Necker são *Conversations de monsieur Necker* e *Les administrations provinciales*. Receveur retornou de sua missão em Bruxelas e Leiden com um grande carregamento de livros: cinco pacotes contendo os libelos mencionados acima, que foram armazenados no *dépôt des livres* da Bastilha. Esses livros correspondem a diversos títulos incluídos num inventário de "Ballots conservés au dépôt de la Bastille sous le cachet de monsieur Lenoir", publicado em *La police de Paris dévoilée*, v. 1, p. 39. A lista inclui uma seção especial de "ouvrages que le sieur Jacquet a fait imprimer", discriminadas abaixo:

200 *Réflexions sur les pirateries du sieur Gombault*

300 *Administration provinciale*

79 *Conversation de madame Necker*

534 *Essais sur la vie d'Antoinette* [...] libelle abominable contre la R.

34 *Les joueurs de Dussault* [sic] [...] libelle contre monsieur Amelot et autres

500 *Erreurs et désavantages de l'Etat* par Pellisery [...] libelle contre monsieur Necker

700 *De l'administration provinciale, in quarto par monsieur le Trône* [...] ouvrage saisi et retenu par ordre de monsieur le garde des sceaux et de monsieur Necker

Desses títulos, o segundo e o último provavelmente referem-se à mesma obra, um ataque à proposta de governos provinciais feita por Necker: Guillaume-François Le Trosne, *De l'administration provinciale et de la réforme de l'impôt* (Basileia, 1780). Não consegui identificar *Réflexions sur les pirateries du sieur Gombault*, mas era provavelmente um libelo atacando o papel de Gombault na fiscalização do jogo, relacionado com *Les joueurs et monsieur Dusaulx*. *Conversations de madame Necker* (não monsieur Necker, conforme consta nos documentos da Bastilha, ms. 12453, peça 1) pode ter sido uma edição anterior de *Conversation de madame Necker avec madame la princesse de P...* (1789). O outro ataque a Necker é Roche-Antoine de Pellissery, *Erreur et désavantage pour l'Etat de ses emprunts du 7 janvier et du 7 février 1777* (Basileia, 1777).

25. O relato que segue é baseado em documentos de *La Bastille dévoilée*, v. 3, pp. 36-40; v. 8, pp. 108-33.

26. Veja uma discussão completa desse importante libelo no capítulo 27.

27. *La Bastille dévoilée*, v. 3, p. 40.

28. Ibid., v. 8, p. 118.

29. Bibliothèque de l'Arsenal, documentos da Bastilha, ms. 12400, dossiê Imbert de Boudeaux. Os livros incluíam obras de Voltaire e Rousseau e diversos tratados ateístas produzidos pelo barão d'Holbach e seus colegas, notadamente *Système de la nature*, *Le christianisme dévoilé*, *Recherches sur l'origine du despotisme oriental* e *Histoire critique de Jésus Christ*. Em seus interrogatórios, Imbert afirmou ter frequentado o círculo do cientista Jean-Jacques Dortous de Mairan, onde conheceu d'Alembert.

30. Bibliothèque de l'Arsenal, documentos da Bastilha, ms. 12453, peça 14. As cartas de Jacquet, endereçadas ao governador da Bastilha e a seu auxiliar-chefe, Antoine Jérôme de l'Osme, não são datadas. Elas nada revelam sobre suas atividades como agente duplo e contêm apenas apelos para aliviar seu sofrimento. Daí ibid., peça 28: "Jamais mortel n'a souffert autant que moi".

31. Conforme explicado no capítulo 17, Manuel não distorceu os manuscritos que publicou e disponibilizou-os para exame público. No entanto, selecionou-os de uma maneira que se

adequava a seus propósitos e também resumiu alguns dossiês com suas próprias palavras. O sumário que fez do material referente a Jacquet em *La Bastille dévoilée*, v. 3, pp. 36-9, certamente não é lisonjeiro e não há motivo para duvidar de sua exatidão. O mesmo vale para o ensaio sobre Jacquet em *La police de Paris dévoilée*, v. 1, pp. 256-62.

11. MISSÕES SECRETAS [pp. 168-81]

1. O livro mais importante sobre Morande, os libelistas franceses em Londres e suas relações com as autoridades francesas é Gunnar von Proschwitz e Mavis von Proschwitz, *Beaumarchais et le "Courrier de l'Europe": documents inédits ou peu connus* (Oxford, 1990), 2 vols. A única biografia de Morande é Paul Robiquet, *Théveneau de Morande: étude sur le XVIIIe siècle* (Paris, 1882), que é superficial e impreciso, mas, em minha opinião, descreve-o corretamente como um aventureiro literário destituído de princípios. Simon Burrows, em "A literary low-life reassessed: Charles Théveneau de Morande in London, 1769-1791", *Eighteenth-Century Life*, v. 22 (1998), pp. 76-94, contém um retrato bem pesquisado da carreira de Morande, mas conclui — sem nos convencer — que ele era um patriota magnânimo dedicado a reformar a sociedade e não apenas voltado a seus próprios interesses.

2. *Mémoires secrets pour servir à l'histoire de la république des lettres en France* (Londres, 1777-89), apontamento de 1º de setembro de 1771.

3. Bibliothèque Nationale de France, ms. fr. 22101, peça 91, nota de d'Hémery datada 10 de agosto de 1771 em *Le gazetier cuirassé*: "Cet ouvrage [...] est une satire affreuse contre la France et tous ses ministres et les personnes en place. [...] Le chevalier L. qui m'a prêté ce livre m'a dit qu'il savait de bonne part que l'auteur était un monsieur le chevalier de Morande, qui avait resté longtemps à Paris jouissant de la plus mauvaise réputation et répandu beaucoup avec la société qu'on appelle de ces Messieurs, qui avait passé en Angleterre, où ayant fait des dettes dans l'auberge où il était logé, avait épousé la fille de la maison pour s'en débarrasser; qu'il avait assuré qu'il avait été lieutenant dans les carabiniers, et qu'enfin depuis qu'il avait fait cet ouvrage il avait un carrosse et faisait beaucoup de dépense. On assure aussi qu'il est lié avec d'Eon [Charles de Beaumont, chevalier d'Eon, o famigerado agente da diplomacia secreta de Luís XV em Londres, que se disfarçava de mulher] et qu'il pourrait bien avoir été de société avec lui pour la composition. Pour moi, je crains bien que monsieur le comte de Lauragais [Louis Léon Félicité de Brancas, conde de Lauragais, patrono das artes e diletante intelectual que passou bastante tempo em Londres] y a eu quelque part, car il est impossible que des gens absents de Paris depuis longtemps aient pu être si bien au fait de toutes les nouvelles qu'on raconte. On assure encore que le chevalier de Morande a deux ouvrages du même genre tous prêts à imprimer". Sobre *Mémoires secrets d'une femme publique*, veja também *Anecdotes sur madame la comtesse du Barry* (Londres, 1775), p. 312.

4. *Mémoires secrets*, apontamento de 30 de abril de 1774. Em 1791, quando ele retornara à França e se envolveu em uma polêmica com Jacques-Pierre Brissot, Morande publicou a sua versão de suas atividades em Londres nas décadas de 1770 e 1780: *Réplique de Charles Théveneau de Morande à Jacques-Pierre Brissot sur les erreurs, les oublis, les infidélités et les calomnies de sa réponse* (Paris, 1791), especialmente pp. 19-22. Apesar do viés polêmico dessa autoapologia, o relato de Morande parece ser bastante preciso e concorda com as informações nos arquivos do Mi-

nistério das Relações Exteriores e nos arquivos da polícia parisiense publicados (e, em parte, parafraseados) por Pierre Manuel em *La police de Paris dévoilée* (Paris, 1790), v. 1, pp. 265-7; v. 2, pp. 250-3.

5. Bibliothèque Nationale de France, ms. fr. 22101, peça 9, nota de d'Hémery datada 10 de agosto de 1771.

6. *La police de Paris dévoilée*, v. 1, pp. 265-6; v. 2, pp. 250-3; *Mémoires secrets*, apontamentos de 5 e 19 de fevereiro e 30 de abril de 1774. Na sua versão do caso, Morande afirma que também obteve um mandado de prisão para os agentes franceses: *Réplique à Brissot*, pp. 20-1. As informações dessas fontes coincidem com o relato das atividades de Morande em *Anecdotes sur madame la comtesse du Barry*, pp. 310-3, 321-4. *Anecdotes* contém algumas passagens que também aparecem em *Mémoires secrets*, provavelmente porque foram escritas pela mesma pessoa, Mathieu--François Pidansat de Mairobert. Ambas as obras devem ser lidas com cautela, devido a seu caráter tendencioso, mas são bem informadas.

7. Dos muitos estudos sobre Beaumarchais, a antiga biografia de Louis de Loménie, *Beaumarchais et son temps* (Paris, 1856), 2 vols., ainda oferece um panorama seguro de uma carreira extraordinária. A biografia mais recente, por Maurice Lever, é excelente: *Pierre-Augustin Caron de Beaumarchais* (Paris, 1999-2004), 3 vols. Quando a correspondência de Beaumarchais for publicada, provavelmente nos próximos anos, muitos aspectos de suas aventuras ficarão claros. Até lá, suas relações com Morande podem ser acompanhadas na rica coletânea de documentos em Gunnar von Proschwitz e Mavis von Proschwitz, *Beaumarchais et le "Courrier de l'Europe"*, que é a principal fonte do relato que segue.

8. De acordo com Lever, a própria madame du Barry usou o termo: *Pierre-Augustin Caron de Beaumarchais*, v. 1, p. 464.

9. Gunnar von Proschwitz e Mavis von Proschwitz, *Beaumarchais et le "Courrier de l'Europe"*, v. 1, p. 221.

10. Ibid., v. 1, p. 112.

11. *Le diable dans un bénitier, et la métamorphose du gazetier cuirassé en mouche* (1784), pp. 58-9.

12. Goesman merece uma biografia aprofundada. Há algumas informações biográficas básicas no verbete "Goetzmann" em J. Balteau et al. (org.), *Dictionnaire de biographie française* (Paris, 1933-). Muitos outros detalhes podem ser obtidos de sua correspondência com a Société Typographique de Neuchâtel (STN), 38 cartas discutindo seus projetos editoriais e sua multifacetada carreira: Bibliothèque Publique et Universitaire de Neuchâtel, documentos da STN, ms. 1158. Esse dossiê pode ser suplementado com informações sobre Goesman nos dossiês de outros correspondentes da STN, notadamente Du Terraux, ms. 1146; Bailleux, ms. 1115; e Boullanger, ms. 1126. O relato que segue é baseado nesse material, nas obras publicadas de Goesman, especialmente *Histoire politique du gouvernement français, ou les quatre âges de la monarchie française* (Paris, 1777), da qual apenas o prospecto e o primeiro volume chegaram a ser publicados, e em sua extensa correspondência com o Ministério das Relações Exteriores francês (veja Ministère des Affaires Etrangères, Correspondance politique, Angleterre, mss. 533-45).

13. Os projetos editoriais de Goesman, mencionados em sua correspondência com a STN, incluem meia dúzia de livros de direito, a história da monarquia, a história da nobreza francesa e alguns panfletos anônimos sobre eventos atuais. O primeiro volume de sua altamente ortodoxa e

monarquista *Histoire politique du gouvernement français* foi publicado em 1777, com aprovação e privilégio de Jean-Augustin Grangé, um livreiro e gráfico parisiense. Embora estivesse planejada para quatro volumes, os demais nunca foram lançados. Antes da publicação do primeiro volume, Goesman acertara com a STN imprimir o mesmo texto como *Tableau historique, politique et juridique de la monarchie française* e com a Société Typographique de Lausanne como *Les fastes de la nation française*. Vendeu-o também para outro editor parisiense, Edme-Jean Le Jay, como *Les trois âges de la monarchie française*. Quando descobriram que haviam sido ludibriadas, os editores de Neuchâtel e Lausanne planejaram unir forças e piratear a edição parisiense de 1777, mas não chegaram a executar o projeto. Pelo que pude determinar, a edição incompleta de 1777 foi a única versão do livro que chegou a ser impressa. Goesman tentou vender seu manuscrito a todos esses editores. No caso da STN, ele chegou a contratar a impressão, mas então tentou fazer a própria STN arcar com os custos, pretendendo ser remunerado com exemplares de cortesia ou uma porcentagem das vendas. A STN quase concluiu a impressão do volume 1, mas interrompeu-a quando percebeu que Goesman não iria pagar a conta, que chegava a 2267 *livres*. O resultado foi uma ação judicial, um acordo entre as partes fora do tribunal e, por fim, um prejuízo de 1705 *livres* para a STN. Apesar de todo o imbróglio e confusão, a história dessa especulação comercial confirma uma conclusão: Goesman tentou publicar a mesma obra em quatro editoras diferentes com quatro títulos diferentes.

14. Samuel Frédéric Ostervald à STN, 7 de junho de 1775, documentos da STN, ms. 1189.

15. Goesman conseguiu conquistar as boas graças de lorde Shelburne e Charles James Fox. Suas cartas fornecem um comentário interessante da política britânica, enquanto discorrem extensamente sobre a genialidade de seu autor como observador e sua necessidade de dinheiro. Depois de retornar definitivamente para a França, ele escreveu um relato de suas experiências, datado 6 de setembro de 1783, tendo provavelmente Vergennes como destinatário. Resumia suas atividades e incluía cópias de cartas de Sartine e Vergennes autorizando-as. A carta de Sartine, sem data, enfatiza a necessidade de um espião — "un homme sûr dont le caractère ait subi des épreuves" — e explica a sua escolha: "J'ai jeté les yeux sur le sieur Goesman de Thurne, dont je connais le zèle, l'application, et les études". Ministère des Affaires Etrangères, Correspondance politique, Angleterre, ms. 544.

16. Goesman a Vergennes, 15 de agosto de 1781, Ministère des Affaires Etrangères, Correspondance politique, Angleterre, ms. 533. Goesman não usava o código em suas cartas cotidianas, que enviava por meio de Larcher e Baudouin; reservava-o para despachos especiais, conforme explicou nessa carta: "Pour tromper la vigilance et la curiosité des commis au bureau des postes, il a été convenu qu'on ferait un usage très sobre du chiffre". Essa carta foi reproduzida com exatidão em *La police de Paris dévoilée*, v. 1, pp. 239-40, presumivelmente de uma cópia enviada para a polícia. A conformidade dessa versão com o manuscrito original é indicação da fidedignidade dos documentos reproduzidos em *La police de Paris dévoilée*.

17. Vergennes a Baudouin, 12 de dezembro de 1783. Ministère des Affaires Etrangères, Correspondance politique, Angleterre, ms. 546.

18. A respeito do passado escuso de Boissière, veja o relatório da polícia sobre ele em *La police de Paris dévoilée*, v. 2, pp. 236-7, e o relatório subsequente sobre Goesman, v. 2, pp. 237-8, que é descrito como seu "intime ami". Em um despacho para Vergennes em 31 de março de 1783, o conde de Moustier mencionou a seguinte informação obtida pela polícia parisiense em Lon-

dres: "On a découvert que Boissière connaît Matousky. Il a pâli à ce nom. Les indices font présumer qu'il est le voleur de ce joueur". Ministère des Affaires Etrangères, Correspondance politique, Angleterre, ms. 541.

19. Relato autobiográfico de Goesman datado 6 de setembro de 1783, presumivelmente destinado a Vergennes: Ministère des Affaires Etrangères, Correspondance politique, Angleterre, ms. 544. O relato foi reproduzido corretamente, com omissão de uma frase, em *La police de Paris dévoilée*, v. 1, pp. 237-8 — outro indício da autenticidade dos documentos dessa obra.

20. Relato autobiográfico de Goesman datado 6 de setembro de 1783; *La police de Paris dévoilée*, v. 1, pp. 38-9.

21. Infelizmente, nada resta sobre a missão de d'Anouilh nos documentos da Bastilha exceto o registro de seu confinamento em 3 de setembro de 1782. Veja Frantz Funck-Brentano, *Les lettres de cachet à Paris: étude suivie d'une liste des prisonniers de la Bastille, 1659-1789* (Paris, 1903), p. 410. Mas suas atividades e as origens da missão de Receveur podem ser reconstruídas a partir de informações em *La police de Paris dévoilée*, v. 1, pp. 267-8; *La Bastille dévoilée, ou recueil de pièces authentiques pour servir à son histoire* (Paris, 1789), v. 3, pp. 51-5; e *Le diable dans un bénitier*, pp. 14-54. Este último, embora bem informado, é tão tendencioso que precisa ser lido com boa dose de ceticismo.

12. AZAFAMADOS E ATARANTADOS [pp. 182-99]

1. *La police de Paris dévoilée* (Paris, 1790), v. 1, pp. 250-5.

2. Sobre a fascinante carreira desse aventureiro literário, veja Jean-Claude Hauc, *Ange Goudar: un aventurier des Lumières* (Paris, 2004).

3. Moustier a Vergennes, 11 de abril de 1783: Ministère des Affaires Etrangères, Correspondance politique, Angleterre (citado daqui para a frente como AE), ms. 542.

4. Goesman a Vergennes, 14 de fevereiro de 1783, AE, ms. 540.

5. Goesman a Vergennes, 5 de janeiro de 1783, AE, ms. 540. Goesman enviou uma sinopse dessa obra para Vergennes examinar, usando Baudouin como intermediário na correspondência secreta entre ambos. Vergennes mais tarde se declararia satisfeito com o que viu, de modo que podemos presumir que o governo francês enviou uma verba para suprimi-la. Os detalhes do caso são obscuros, pois a maior parte das decisões foi tomada em uma reunião entre Baudouin e Vergennes em Versalhes. Eles também discutiram sua própria correspondência, repleta de referências cifradas: Goesman, por exemplo, era "Mr. Smith" e os libelos eram "chevaux" [cavalos] a serem comprados em Ostend. A correspondência entre Baudouin e Vergennes, entremeada com relatórios de Goesman, inclui cerca de uma dúzia de cartas escritas durante as duas primeiras semanas de janeiro de 1783. Pelo que sei, as *Réflexions politiques* nunca foram publicadas.

6. Lenoir a Vergennes, 24 de fevereiro de 1783, AE, ms. 541.

7. Vergennes a Lenoir, 25 de fevereiro de 1783, e Vergennes a Moustier, 26 de fevereiro de 1783, AE, ms. 541.

8. Goesman a Vergennes, sem data, mas claramente final de fevereiro de 1783, AE, ms. 541. Goesman expressou os mesmos sentimentos em várias outras cartas, notadamente as de 7 e 12 de março de 1783, AE, ms. 541. Na primeira, insistiu: "Il ne saurait être indifférent de s'exposer de

laisser aller à la postérité des estampes qui tendent à déshonorer une reine, à vilipender son auguste époux, et à exciter le ressentiment dans un prince à peine né. C'est que, d'après ce que j'ai aperçu, ceci tient à une intrigue de cour, et si je suis autorisé à faire des propositions, je la dévoilerai". Na segunda, salientou mais uma vez o perigo de uma conspiração em Versalhes, embora não tenha explicitado sua ameaça potencial a Vergennes, e solicitou o rápido pagamento de sua "pensão": "Elle me servira à gagner Boissière de manière que je sois sûrement instruit de tous les pas qui se feront dans la négociation actuelle, à même d'en éclairer et arrêter la conclusion, et de parvenir ainsi à soustraire à la publicité un libelle que la méchanceté présente et future ne manquerait pas d'accueillir. De veiller et de travailler à la gloire de mes maîtres, est le meilleur usage que je puisse faire du revenu, quoique modique, que je tiens d'eux".

9. Veja as instruções de Lenoir em *La police de Paris dévoilée*, v. 1, p. 241. Esse texto, como os demais documentos publicados no livro, parece fidedigno. Embora não tenha sido preservado nos arquivos do Ministério das Relações Exteriores, é seguido em *La police de Paris dévoilée* por uma carta de Moustier a Vergennes, datada de 16 de março de 1783 (AE, ms. 541), que corresponde exatamente à cópia preservada nos arquivos do ministério. Vários outros documentos em ambas as fontes também são idênticos. Alguns aparecem em *La police de Paris dévoilée* e não nos arquivos do Ministério das Relações Exteriores, pois Manuel teve acesso aos arquivos da polícia de onde desapareceram os originais. Há mais detalhes da chantagem à duquesa de Bouillon em *La police de Paris dévoilée*, v. 1, p. 254, e uma súmula jurídica preparada para Moustier por Edward Bancroft, advogado inglês, incluída num despacho de Moustier para Vergennes, 18 de abril de 1783, AE, ms. 542.

10. Moustier a Vergennes, 16 de março de 1783, AE, ms. 541.

11. Veja especialmente Moustier a Vergennes, 17 e 19 de março de 1783, AE, ms. 541; Moustier a Vergennes, 6 de maio de 1783, AE, ms. 542; e Adhémar a Vergennes, 4 de outubro de 1783, AE, ms. 545.

12. Moustier a Vergennes, 19 de março de 1783, AE, ms. 541: "Le nommé Thurne paraît jouer les deux partis".

13. Veja especialmente Moustier a Vergennes, 23 de março de 1783 (duas cartas enviadas na mesma data) e 31 de março de 1783, AE, ms. 541; e Vergennes a Adhémar, 4 de julho de 1783, AE, ms. 543.

14. *La police de Paris dévoilée*, v. 2, p. 259.

15. Os relatórios de Receveur eram enviados diretamente a Lenoir, de modo que não constam dos arquivos do Ministério das Relações Exteriores, mas Manuel encontrou-os nos arquivos da polícia e publicou vários deles em *La police de Paris dévoilée*, v. 2, pp. 231-69.

16. Moustier incluiu uma cópia do cartaz, reproduzido no capítulo 2, em carta a Vergennes em 11 de abril de 1783, AE, ms. 542. Também anexou uma tradução e observou que o cartaz comprometia-o e a Receveur, pois a referência a Duke Street seria interpretada como designação da embaixada francesa. Sentiu-se particularmente estarrecido com o fato de que "les ouvrages abominables que cette race infernale a enfantés y sont annoncés avec l'impudence la plus affectée".

17. Adhémar a Vergennes, 12 de junho de 1783, AE, ms. 542.

18. Moustier a Vergennes, 22 de março de 1783, AE, ms. 541, que inclui a tradução de uma carta de Barrington.

19. Moustier incluiu um longo memorando num despacho para Vergennes em 7 de abril de 1783, AE, ms. 541.

20. Moustier a Vergennes, 18 de abril de 1783, AE, ms. 542.

21. Memorando sem título e sem data de Morande, aparentemente enviado num despacho de Moustier para Vergennes em 18 de abril de 1783, AE, ms. 542. Morande cita alguns processos vitoriosos contra calúnia e difamação que tiveram Wilkes como réu e Burke como um dos querelantes.

22. Goesman incluiu uma cópia desse memorando sem data num longo relato de sua missão enviado a Vergennes em 6 de setembro de 1783, AE, ms. 544.

23. *Les petits soupers et les nuits de l'hôtel Bouill-n: lettre de milord comte de ****** à milord ****** au sujet des récréations de monsieur de C-stri-s ou de la danse de l'ours; anecdote singulière d'un cocher qui s'est pendu à l'hôtel Bouill-n, le 31 décembre 1778 à l'occasion de la danse de l'ours* (1783), pp. 84-5.

24. A respeito dessa complexa discussão sobre estratégia, veja especialmente Lenoir a Vergennes, 1º e 7 de abril de 1783, AE, ms. 541; Moustier a Vergennes, 18 de abril de 1783, AE, ms. 542; e Lenoir a Vergennes, 17 de maio de 1783, AE, ms. 542.

25. Sob esse aspecto, a obra de sir Lewis Namier permanece válida, a despeito dos convincentes argumentos contrários de John Brewer. Veja Namier, *The structure of politics at the accession of George III*, 2ª ed. (Londres, 1957), e Brewer, *Party ideology and popular politics at the accession of George III* (Cambridge, 1976).

26. O texto foi incluído no despacho de Moustier para Vergennes em 21 de abril de 1783, AE, ms. 542. Outra cópia, datada 6 de maio de 1783 (AE, ms. 542), consta dos arquivos anexados a uma carta de Vergennes a Lenoir na mesma data.

27. Moustier a Vergennes, 6 de maio de 1783, AE, ms. 542.

28. Adhémar a Vergennes, 27 de outubro de 1783, AE, ms. 545. Veja também Adhémar a Vergennes, 4 de outubro de 1783, e Vergennes a Adhémar, 16 de outubro de 1783, AE, ms. 545.

29. Memorando de Receveur a Lenoir, 4 de junho de 1783, AE, ms. 542. O memorando também menciona uma obra definitiva, que estava sendo escrita por um expatriado que não tinha ligação com os libelistas: "Un ouvrage intitulé *Les rois de France jugés au tribunal de la raison* avec gravures, qui se fait par le moine dom Louis, évadé de l'abbaye de saint Denis il y a 18 mois. Cet ouvrage est protégé par milady Spencer, mais il n'est pas encore question de le vendre".

30. Moustier a Vergennes, 23 de março de 1783, AE, ms. 541.

31. Por exemplo, em sua carta a Vergennes de 23 de março de 1783 (AE, ms. 541), Moustier informa: "Je joindrai la brochure en question [provavelmente *La naissance du dauphin dévoilée*] à cette lettre. Elle est presq'aussi courte qu'elle est mauvaise, heureusement. Le libraire [Boissière] voudrait qu'on la 'r'habillât', qu'on lui donnât plus de 'piquant'". E em carta a Vergennes em 11 de abril de 1783 (AE, ms. 542), que provavelmente se refere a *La naissance du dauphin dévoilée*, ele nota como os libelistas retrabalhavam material antigo em novas publicações: "Vous en avez en ce moment, Monseigneur, un exemple frappant. On a supprimé ici des estampes contre la reine; on a étouffé ailleurs un ouvrage horrible contre Sa Majesté. Ne faut-il pas encore employer l'argent pour supprimer un ouvrage qui doit réunir l'un et l'autre de ces infâmes et exécrables projets? Enfin il n'est que trop vrai que Goesman a vu les estampes en question, ainsi que l'ouvrage auquel elles doivent être jointes, et que c'est de l'argent que l'on veut pour les supprimer".

32. Vergennes a Adhémar, 16 de outubro de 1783, AE, ms. 545.

33. Vergennes a Moustier, 9 de abril de 1783, AE, ms. 541. Em um memorando datado 23 de abril de 1783 (AE, ms. 542), Vergennes observou que ele aprovara uma carta de crédito de quatro-centos *louis* para financiar a missão de Receveur.

34. Lenoir a Vergennes, 21 de abril de 1783, AE, ms. 542.

35. *La police de Paris dévoilée*, v. 1, pp. 136-7. Esse relato corresponde à versão em *Le diable dans un bénitier* (1784), p. 119, que afirma que *Les petits soupers* começou a ser vendido depois que seu autor recusou uma oferta de 150 *louis* e exigiu 175.

36. *La police de Paris dévoilée*, v. 1, p. 251. Em carta a Vergennes em 16 de março de 1783 (AE, ms. 541), Moustier informa que *Les petits soupers* acabara de ser publicado: "On dit qu'elle est écrite dans le plus mauvais ton et qu'elle est désagréable à lire. Je le crois facilement d'après le prospectus qu'on m'avait adressé et que j'avais jeté au feu". Ele devia estar se referindo a uma se-gunda edição. Um exemplar de *Les petits soupers* na Bibliothèque Municipale de Rouen contém uma nota introdutória que diz tratar-se de uma segunda edição, pois a polícia havia confiscado um carregamento com a primeira (presumivelmente toda a primeira edição) num *entrepôt* nas cercanias de Paris. Esse exemplar traz um endereço falso: "Bouillon, 1783" e termina na página 93 com a observação de que o texto fora concluído em 30 de maio de 1782. Não consegui localizar nenhum exemplar da primeira edição.

37. "Compte rendu à son excellence monsieur le comte d'Adhémar, ambassadeur de Sa Majesté Très Chrétienne en Angleterre", de 22 de maio de 1783 (AE, ms. 542), de Receveur para Lenoir e apresentada a Adhémar. Em carta a Vergennes em 9 de maio de 1783 (AE, ms. 542), Goes-man informa que Boissière lhe dissera que o manuscrito de *La naissance du dauphin* ainda estava em suas mãos, que ele prepararia uma sinopse de *Les passe-temps d'Antoinette* e de *Les amours du vizir de Vergennes*, e que ele queria vender todos os três libelos, um pacote completo.

38. Goesman a Vergennes, 9 de maio de 1783, AE, ms. 542.

39. Vergennes deixa claro em carta a Adhémar em 16 de outubro de 1783 (AE, ms. 545) que o governo nunca pagara para suprimir nenhum dos libelos buscados por Receveur. No relatório de sua missão que Receveur enviou de Londres em 22 de maio de 1783 (AE, ms. 542), ele discute a possibilidade de processar Boissière e de usar provas obtidas por Goesman "sur la proposition de lui vendre les horreurs dont lui sieur Goesman a donné avis, qui sont *La naissance du dauphin dévoilée et les amusements de la reine* représentés en quatre planches avec des notes analogues les plus obscènes et des couplets de noëls qui intéressent l'honneur du roi, de la reine, de monsieur de Coigny, et de madame de Polignac, adaptés à des figures plus mordantes et plus saillantes (ce sont les termes du sieur Goesman) que celles des *Amours de Charlot et d'Antoinette*, sur la propo-sition aussi de lui procurer la vente de deux autres libelles faits à ce qu'il lui a dit, et le fait est vrai, par l'auteur de *Petits soupers de l'hôtel de Bouillon*, intitulés *Les passe-temps d'Antoinette* avec figu-res et *Les amours du vizir de Vergennes*".

40. Veja Lenoir a Vergennes, 4 de maio de 1783, e Vergennes a Lenoir, 6 de maio de 1783, AE, ms. 542.

41. Goesman, "Mémoire concernant les libelles", de 9 de maio de 1783, AE, ms. 542, e Goes-man a Vergennes, 12 e 13 de maio de 1783, AE, ms. 542.

42. Receveur, "Compte rendu à son excellence Monsieur le comte d'Adhémar, ambassadeur de Sa Majesté Très Chrétienne en Angleterre", de 22 de maio de 1783, AE, ms. 542.

43. Adhémar a Vergennes, 12 de junho de 1783, AE, ms. 542.

44. Adhémar a Vergennes, 27 de maio de 1783, AE, ms. 542. Adhémar julgou particularmente repreensível o fato de Receveur ter retornado "sans avoir rempli l'objet de sa mission, mais non sans avoir pris bien des peines et sans avoir compromis le gouvernement par des traites, des offices, des promesses, et toutes sortes de démarches qui n'ont abouti qu'à relever l'insolence d'un tas de drôles qui se sont moqués de l'agent de la police".

45. *La police de Paris dévoilée*, v. 1, p. 255.

46. Vergennes a Adhémar, 25 de junho de 1783, AE, ms. 543.

47. As atividades de Goesman depois que ele retornou à França podem ser acompanhadas numa longa série de cartas que escreveu no verão de 1783: AE, mss. 544, 545. Veja também a avaliação de Adhémar a seu respeito em despachos para Vergennes de 15 e 25 de junho de 1783, AE, mss. 542, 543.

48. Adhémar a Vergennes, 15 de junho de 1783, AE, ms. 542.

13. EMBOSCADA [pp. 201-12]

1. Pierre Manuel, *La police de Paris dévoilée* (Paris, 1790), v. 2, p. 235. Este relatório foi provavelmente escrito por Receveur ou por seu lugar-tenente, Ange Goudar, durante sua investigação dos expatriados franceses em Londres. É de supor que Receveur enviou-o a Lenoir e que permaneceu nos arquivos da polícia até Manuel publicá-los.

2. *La Bastille dévoilée* (Paris, 1789), v. 3, pp. 66-71; Claude Perroud (org.), *J.-P. Brissot: mémoires, 1754-1793* (Paris, 1910), v. 1, pp. 303, 318-22, 395-6; e minha edição da correspondência de Brissot com a Société Typographique de Neuchâtel, em que Pelleport aparece com frequência: *J.-P. Brissot, his career and correspondence, 1779-1787* (Oxford, 2001), disponível no site da Voltaire Foundation. Há também material importante sobre Pelleport espalhado pelos papéis de Brissot nos Archives Nationales, Paris, ms. 446, AP 1-24. Por fim, Pelleport inseriu muitas informações autobiográficas, facilmente identificáveis, em duas de suas publicações anônimas: um longo romance, *Les bohémiens* (Paris, 1790), 2 vols., e um poema picaresco, *Le boulevard des Chartreux* (Grenoble, 1779).

3. *Les bohémiens*, v. 1, p. 63.

4. Ibid., v. 1, p. 64.

5. Ibid., v. 2, p. 152.

6. Na seção sobre a detenção de Pelleport na Bastilha, Pierre Manuel observou: "Les divers interrogatoires qu'on lui a fait subir pourraient tenir lieu du catalogue de tous les pamphlets qui on paru depuis six ans. Il était soupçonné de les avoir tous composés". *La Bastille dévoilée*, v. 3, p. 66.

7. Paul Robiquet, *Théveneau de Morande: étude sur le XVIIIᵉ siècle* (Paris, 1882), p. 109. Antoine-Alexandre Barbier, *Dictionnaire des ouvrages anonymes* (Paris, 1874), v. 2, col. 526, atribui *La gazette noire* a Morande, mas J.-M. Quérard, *Les supercheries littéraires dévoilées* (Paris, 1874), v. 2, p. 142, tende a achar que foi escrito por Pelleport. O contrato que Morande negociou com Beaumarchais em 1774 obrigava-o a parar de escrever libelos e dali em diante ele colaborou com as autoridades francesas. Desse modo, parece improvável que ele tenha escrito inúmeras passagens de *La gazette noire par un homme qui n'est pas blanc; ou œuvres posthumes du gazetier*

cuirassé ("imprimé à cent lieues de la Bastille, à trois cent lieues des Présides, à cinq cent lieues des Cordons, à mille lieues de la Sibérie", 1784) que insultam Vergennes, Lenoir, Sartine e até mesmo Luís XVI. Diversas passagens nas primeiras 48 páginas do texto, que incluem denúncias radicais do despotismo francês, têm forte semelhança com trechos de outras obras de Pelleport, e partes do diálogo nas páginas 169-203 lembram de perto o diálogo em *Les petits soupers et les nuits de l'hôtel Bouillon*, mencionando até mesmo um "*milord anglais*". Não creio que Morande tenha jamais escrito diálogos.

8. No prefácio do segundo volume de *Le chroniqueur désoeuvré, ou l'espion du boulevard du Temple* (Londres, 1783), p. 6, o autor anônimo brinca com o leitor apresentando dicas de sua identidade. Ele não era Mayeur de Saint-Paul, escreve, nem Poultier d'Elmotte: "Je me fais appeler M. de P et trois étoiles". Se cada estrela representar uma sílaba, "de P***" pode muito bem ser "de Pelleport", desde que se estenda a pronúncia para Pel-le-port.

9. Em duas passagens claramente autobiográficas de *Les bohémiens*, v. 1, pp. 124, 129, Pelleport identifica-se como o autor de um poema, *Le boulevard des Chartreux*. O poema, uma sátira secular contra o monasticismo, foi publicado como um panfleto anônimo de 31 páginas, *Le boulevard des Chartreux, poème chrétien* ("à Grenoble, de l'imprimerie de la Grande Chartreuse", 1779), e um exemplar sobreviveu na Bibliothèque Municipale de Grenoble, section d'études et d'information, 0.8254 Dauphinois. No prefácio de sua tradução de um ensaio radical do filósofo inglês David Williams, *Lettres sur la liberté politique, adressées à un membre de la Chambre des Communes d'Angleterre, sur son élection au nombre des membres d'une association de comté; traduites de l'anglais en français par le R. P. de Roze-Croix, ex-Cordelier*, 2ª edição (Liège, 1783-9), Pelleport descreve-se como "le Révérend Père de Roze-Croix, auteur du *Boulevard des Chartreux* et de bien d'autres petits ouvrages en vers". Pelleport também se descreve como "le très-révérend père Rose-Croix" [sic] em *Les bohémiens*, v. 1, p. 110. Ele parece ter se divertido lançando charadas para o leitor e espalhando pistas sobre sua identidade ao longo de suas obras anônimas.

10. Interrogatório de Brissot, 21 de agosto de 1784, Archives Nationales, Paris, ms. 446, AP2.

11. Veja, por exemplo, o prefácio e a nota de Pelleport na página 3 de *Lettres sur la liberté politique*: "La famille des Bourbons s'imagine posséder en toute propriété la nation française: elle a une possession de fait, préférable à celle de droit. Cela durera jusqu'à ce que le peuple, ayant réfléchi sur les siens, veuille s'en mettre en possession". Aparentemente, a primeira edição da tradução foi publicada em 1783, mas consegui localizar apenas uma "seconde édition" publicada em 1789. Pelleport traduziu o texto inglês com bastante precisão, mas suas notas de rodapé são muito mais raivosas e extremas do que qualquer coisa do original, que David Williams publicou anonimamente como *Letters on political liberty addressed to a member of the English House of Commons on his being chosen into the committee of an associating county* (Londres, 1782). Williams, que conhecia Brissot muito bem, defendia uma reforma radical do Parlamento para que os ingleses recuperassem a liberdade política que supostamente teriam desfrutado antes da conquista normanda. Veja Brissot a Williams, "Londres, ce vendredi matin" (final de 1783) em Claude Perroud (org.), *J.-P. Brissot: correspondance et papiers* (Paris, 1912), p. 77.

12. Carta evidentemente dirigida a Vergennes (daí o "Monseigneur"), 12 de abril de 1783, em Ministère des Affaires Etrangères, Correspondance politique, Angleterre (citado daqui para frente como AE), ms. 542.

13. Na realidade, a assinatura de Pelleport aparece como "LaF de Pellepor". Seu nome era escrito de diversas maneiras na época. Usei a versão mais comum: Lafitte de Pelleport.

14. Moustier a Vergennes, 21 de abril de 1783, AE, ms. 542.

15. Vergennes a Moustier, 24 de abril de 1783, AE, ms. 542.

16. Lenoir a Vergennes, 4 de maio de 1783, AE, ms. 542. Ao encaminhar os relatórios de Receveur sobre todos os expatriados em Londres, Lenoir explicou a Vergennes: "Le sieur Brissot d'Warville dont il parle pages 1 et 2, auquel il attribue d'abord beaucoup de menées, de propos, et qu'il paraissait disposé à croire auteur, en partie, des lettres de Pelleport, m'est connu pour avoir composé quelques ouvrages sur les lois criminelles de différents royaumes qu'il a parcourus depuis plusieurs années. Il a été l'année dernière à Bruxelles et dans les Pays-Bas. Il est depuis quatre ou cinq mois à Londres et m'a dit, avant de partir, qu'il allait y prendre, sur la constitution de l'Angleterre, des connaissances capables de le guider dans la suite de ses ouvrages. Je n'ai pas lieu, jusqu'à présent, de le croire mauvais sujet ni libelliste, et je pense que le sieur Receveur n'en a une si mauvaise idée que parce qu'il aura su qu'il était connu de Pelleport, Maurice, et autres réfugiés, et qu'il le croit réfugié lui-même". Quando advertiu Vergennes a respeito de Brissot, Moustier dissera que ele achava que Brissot já trabalhara para o Ministério das Relações Exteriores. Vergennes, porém, respondeu em carta em 25 de abril de 1783 (AE, ms. 542) que ninguém no ministério o conhecia.

17. Goesman a Vergennes, 9, 12 e 13 de maio de 1783, AE, ms. 542.

18. Em um "compte rendu" [relatório] a Adhémar de 22 de maio de 1783 (AE, ms. 542), Receveur descreve minuciosamente suas negociações com Pelleport a respeito de *Les passe-temps d'Antoinette* e conclui: "Par tous ses mensonges, ses fourberies, son embarras à m'en communiquer seulement le titre, et par sa réputation, j'ai jugé qu'il était lui-même l'auteur de celui qu'il voulait me vendre (seulement sept cents louis), et j'ai jugé juste, puisqu'il a montré celui qu'il a fait à un particulier nommé Warville [i. e., Brissot], un des écrivassiers du *Courrier de l'Europe* aussi anti-français que lui, et qu'il a proposé a un autre réfugié nommé Doucet de le mettre au net". Sobre este episódio, veja também *J.-P. Brissot: mémoires*, v. 1, pp. 320-1.

19. A embaixada em Londres imediatamente atribuiu o livro a Pelleport e associou-o a *Les petits soupers et les nuits de l'hôtel Bouillon*, que também havia sido publicado anonimamente: Adhémar a Vergennes, 4 de outubro de 1783, AE, ms. 545. Segundo *La police de Paris dévoilée*, v. 2, p. 29, Morande adquiriu algumas páginas de *Les petits soupers* com correções feitas por Pelleport e enviou-as para a França como prova de sua autoria.

20. Veja, por exemplo, a anedota sobre "Philidor", um dos expatriados que convivia com a ralé no Café d'Orange, relatada em *Le diable*, p. 145: "Philidor, étant gris, se permit devant les valets qui peuplent ce taudis, des propos indécents sur une personne qu'il doit respecter". Pelleport narra esse incidente piscando os olhos para o leitor capaz de identificar Philidor, a pessoa que ele insultou e os ouvintes de seus comentários, entre os quais estava um dos espiões de Receveur. Embora qualquer um pudesse entender o teor geral da passagem, não era possível apreciar sua causticidade sem saber que a anedota se referia a um dos companheiros de bar de Pelleport, um artista expatriado de Lyon chamado Laboureau. O incidente é descrito da seguinte maneira no relatório sobre Laboureau em *La police de Paris dévoilée*, v. 2, pp. 258-9: "Le sieur Laboureau, orateur né du Café d'Orange où se rassemblent tous les réfugiés français qui viennent déclamer à Londres contre la France. […] Comme Laboureau est celui des Français qui sont à Londres qui

tient le dé le plus souvent dans les taudis et les cafés du bas étage fréquentés par les réfugiés, il n'est pas hors de propos d'observer que c'est un des hommes les plus dangereux qui existent. […] L'officier français envoyé à Londres en mars 1783 l'a entendu tenir à une table d'hôte le propos le plus impertinent, en disant avec le sourire du mépris, 'Si j'étais à l'hôtel du *Bougre bon*, par allusion à celui de Bourbon, rue des Petits-champs à Paris, je ferais meilleure chère qu'ici'".

21. *Le diable dans un bénitier, et la métamorphose du gazetier cuirassé en mouche* ("Paris", sem data), pp. 97, 119, 120, 121, 135, 137, 139, 140, 144. A mudança de pontos para traços começa na página 135, provavelmente resultado de uma fase posterior da composição do texto.

22. Ibid., p. 97. Veja também a descrição na página 120: "M. de la F...., tout étourdi qu'il est, ne manque pas d'une sorte de pénétration, il crut apercevoir la possibilité de gagner quelques louis, en servant le roi et la reine. On dit qu'il est assez bien né et que son père est attaché au roi".

23. Ibid., p. 98.

24. Ibid., p. 99. A passagem mais longa sobre as atividades de M. de la F.... envolve uma conversa privada com Moustier na embaixada francesa. Segundo a versão desse incidente em *Le diable dans un bénitier*, pp. 135-44, a F.... respondeu às ameaças de enforcar os libelistas feitas por Moustier com uma defesa eloquente das liberdades civis garantidas pela constituição britânica.

25. Pelleport presta homenagem a Linguet em sua carta a Vergennes de 12 de abril de 1783, AE, ms. 542: "J'aime et j'estime Monsieur Linguet. Il est ici comme moi sous la protection des lois". E, em *Le diable dans un bénitier*, p. 96, cita o exemplo de *Mémoires sur la Bastille*, de Linguet.

26. *Le diable dans un bénitier*, pp. 59-60, 119-21. Curiosamente, o texto indica que Morande contribuiu para a obra. Não sei como explicar essa observação, exceto como uma tentativa de Pelleport mostrar que Morande colaborara com os libelistas pelas costas de Receveur. Em uma frase sugestiva na página 119, Pelleport insinua que ele próprio era o "dépositaire" dos manuscritos de Jacquet: "M. de la F.... […] avait des liaisons avec le possesseur des libelles de Jacquet".

27. Adhémar a Vergennes, 3 de outubro de 1783, AE, ms. 545; memorando não assinado para Vergennes de um membro de sua equipe, datado 14 de outubro de 1783, AE, ms. 545. Em carta a Vergennes de 17 de outubro de 1783 (AE, ms. 545), Moustier reclama: "Enfin je trouve bien amer ce fruit posthume de ma mission à Londres qui en a été offert par la vengeance de quelques scélérats, qui me croient l'auteur du refus qui leur a été fait de leur payer la contribution honteuse qu'ils exigeant pour prix de leur silence. La brochure détestable qui circule actuellement n'est que le prélude des horreurs auxquelles se prépare cette bande exécrable. Il est affreux d'alimenter de pareilles espèces. […] C'est le produit du *Courrier de l'Europe*, qui fournit à leur existence".

28. Vergennes a Adhémar, 16 de outubro de 1783, AE, ms. 545.

29. Moustier a Vergennes, 17 de outubro de 1783, e Adhémar a Vergennes, 26 de outubro de 1783, AE, ms. 545. Veja também *La police de Paris dévoilée*, v. 2, p. 255.

30. O relato da situação confusa de Pelleport é baseado em vinte cartas escritas a Brissot por um certo Larrivée, agente deste último em Paris. Archives Nationales, Paris, documentos de Brissot, ms. 446, AP1.

31. O censor, o abbé Jean-Louis Aubert, editor do jornal oficial *Gazette de France*, é uma das figuras satirizadas em *Le diable dans un bénitier*, pp. 73-4. Ele havia cortado algumas cartas que Pelleport publicara na edição londrina do *Courrier de l'Europe* em abril de 1783, números 30-40, revelando o plano de Morande para reorganizar a polícia londrina com base no modelo parisiense. Pelleport refere-se a este episódio em uma passagem de *Le diable*, p. 141, que louva as liberda-

des asseguradas pela constituição britânica em contraste com o despotismo francês. Lenoir também o menciona em carta a Vergennes sobre os libelistas londrinos, que lhe responde em 6 de maio de 1783 (AE, ms. 542): "La diatribe sous le nom de Pelleport concernant la police, insérée dans les derniers numéros du *Courrier de l'Europe*, ayant été retranchée de cet ouvrage qui se répand en France, il n'y a pas d'autre suite à donner à cette affaire, qui est déjà oubliée". Brissot trabalhou na edição francesa do *Courrier de l'Europe* em 1778 e descreve a censura ao jornal em *Mémoires*, v. 1, pp. 321-2.

32. Veja Gunnar von Proschwitz, "Courrier de l'Europe, 1776-1792" em Jean Sgard (org.), *Dictionnaire des journaux, 1600-1789* (Oxford, 1991), v. 1, pp. 282-93.

33. Swinton tentara encontrar outro periódico similar quando criou a *Gazette Anglo--Française* tendo de Launay como chefe de redação em 1780. No final de junho de 1784 (AE, ms. 549), Adhémar enviou a Vergennes um folheto impresso, um "prospectus d'un ouvrage périodique sous le titre de *Journal de la Grande Bretagne*". Seria uma publicação quinzenal, distribuída por dois livreiros que comercializavam muitos livros franceses proibidos, Changuion, de Amsterdã, e Virchaux, de Hamburgo. Pode muito bem ter sido outra versão do *Mercure* pretendido por Pelleport.

34. Adhémar a Vergennes, 22 de junho de 1784, AE, ms. 549.

35. Gérard de Rayneval (substituto de Adhémar, que retornara à França em licença) a Vergennes, 13 de outubro de 1784, AE, ms. 550. Sobre os aspectos subsequentes dessa trama, veja Adhémar a Vergennes, 1º de dezembro de 1784, AE, ms. 550.

36. Adhémar a Vergennes, 7 de dezembro de 1784, e Vergennes a Adhémar, 17 de dezembro de 1784, AE, ms. 550.

14. A PERSPECTIVA DE VERSALHES [pp. 213-20]

1. Estas expressões podem ser encontradas em quase todas as cartas. Por exemplo, Rayneval a Vergennes, 1º de março de 1783; Moustier a Vergennes, 23 de março, 11 de abril e 6 de maio de 1783, em Ministère des Affaires Etrangères, Correspondance politique, Angleterre (citado daqui para a frente como AE), ms. 541.

2. Memorando sem título datado "1er mars 1783 (environ)", AE, ms. 541. No parágrafo anterior, Rayneval classificou a difamação de monarcas como "les crimes de lèse majesté". As citações dos parágrafos seguintes provêm do mesmo memorando.

3. Moustier a Vergennes, 23 de màrço de 1783, AE, ms. 541.

4. Moustier a Vergennes, 6 de maio de 1783, AE, ms. 542.

5. Moustier a Vergennes, 11 de abril de 1783, AE, ms. 542. Veja observações parecidas no despacho de Moustier em 6 de maio de 1783, ibid.

6. Adhémar a Vergennes, 12 de junho de 1783, AE, ms. 542: "En général, Monsieur, le ton de l'espionnage, les rapports de toutes les espèces, une communication continuelle avec les scélérats qui remplissent Londres ont jeté du ridicule sur notre manière d'être ici. [...] Permettez-moi donc, Monsieur, de débarrasser l'ambassade de tous ces fripons qui l'obsèdent et qui n'ont été que trop employés jusqu'à présent".

7. Adhémar a Vergennes, 27 de maio de 1783, com uma cópia do relatório de Receveur sobre sua missão datado 22 de maio de 1783, AE, ms. 542.

8. Vergennes a Adhémar, 29 de maio de 1783, AE, ms. 542. Essa carta mais parece uma comunicação pessoal do que um despacho oficial. Vergennes gentilmente repreende Adhémar, renovando sua estima por ele (em outra carta, deu-lhe conselhos amigos sobre como melhorar seus despachos), e Adhémar, pressentindo um grave *faux pas*, aceita a crítica dessa maneira: Adhémar a Vergennes, 12 de junho de 1783, AE, ms. 542.

9. Adhémar a Vergennes, 12 de junho de 1783, AE, ms. 542.

10. A respeito das medidas agressivas de Adhémar contra os libelistas, veja especialmente sua carta a Vergennes de 4 de outubro de 1783 (AE, ms. 545), na qual revê suas atividades e recomenda sequestrar Pelleport.

11. Veja Adhémar a Vergennes, 17 de fevereiro de 1784, AE, ms. 547: "Vous savez, Monsieur, quels motifs respectables m'ont porté à leur faire la guerre. Je les ai ruinés". Em uma carta a Vergennes em 17 de dezembro de 1784 (AE, ms. 550), Adhémar volta a observar seu recuo de uma política de inconspurcado *mépris*.

12. Vergennes a Le Camus de Néville, 19 de novembro de 1783, AE, ms. 546. Veja também Vergennes a Laurent de Villedeuil, 25 de novembro de 1784, AE, ms. 550: "Je crois qu'il y a beaucoup d'inconvénients à laisser introduire et distribuer en France tous ces ouvrages où les sujets discutent leurs droits vis-à-vis des souverains".

13. Veja, por exemplo, Receveur a Adhémar, 22 de maio de 1783, AE, ms. 542; Adhémar a Vergennes, 4 de outubro de 1783, AE, ms. 550; e Goesman a Vergennes, 12 de março de 1783, AE, ms. 541.

14. Em uma carta de 12 de fevereiro de 1783 (AE, ms. 540), Vergennes agradece a Baudouin, um de seus agentes secretos em Paris, por comunicar "des choses intéressantes sur la manière dont le public de Paris envisage la paix qui se négocie". Veja também o relatório que Lenoir enviou a Vergennes em 26 de novembro de 1783 (AE, ms. 546) sobre a "publicação" do tratado de paz por meio de cerimônias realizadas nas ruas de Paris.

15. Goesman a Vergennes, 12 de março de 1783, AE, ms. 541.

16. Lenoir a Vergennes, 27 de março de 1783, AE, ms. 541. Segundo seu testemunho na Bastilha, reproduzido em *La Bastille dévoilée*, v. 8, p. 126, Imbert de Villebon disse que o manuscrito original dos libelos de Jacquet contra a rainha provinha de uma fonte da própria corte. Jacquet confidenciou "qu'il tenait ce manuscrit d'un seigneur de la cour mécontent du roi, lequel seigneur l'avait donné à Jacquet pour le faire imprimer".

17. Veja uma descrição das políticas em Versalhes durante o reinado de Luís XVI em John Hardman, *French politics, 1774-1789: from the accession of Louis XVI to the fall of the Bastille* (Londres, 1995).

18. Em sua carta a Vergennes de 12 de abril de 1783 (AE, ms. 541), na qual se oferece para lidar com os supostos libelistas, Pelleport ressalta que "Il n'est quant à présent dans la constitution anglaise aucun moyen de les arrêter". Além da constituição inglesa, ele cita o "droit des gens et de la nature". E rejeita todos os "actes du pouvoir arbitraire", como o suposto plano de Receveur para sequestrar Linguet: "J'aime et j'estime Monsieur Linguet. Il est ici comme moi sous la protection des lois, et tout homme est obligé de faire en son particulier tout ce que lui est possible

pour empêcher que ces lois ne soient violées". É uma linguagem extraordinária para uma operação de extorsão e não deve ser descartada como mera retórica ou cinismo.

19. Goesman a Vergennes, 16 de maio de 1783, AE, ms. 542.

20. Vergennes a Adhémar, 21 de maio de 1783, AE, ms. 542.

15. O DIABO NA BASTILHA [pp. 221-32]

1. Segundo um relato bem informado, provavelmente escrito por Pierre Manuel, em *La Bastille dévoilée, ou recueil de pièces authentiques pour servir à son histoire* (Paris, 1789), v. 3, pp. 66-9, Pelleport deveu sua soltura às instâncias de sua esposa e do protetor dela, o chevalier Pawlet, e à aquiescência do novo ministro responsável pela Bastilha, Laurent de Villedeuil. Veja também Manuel, *La police de Paris dévoilée* (Paris, 1790), v. 2, pp. 235-6.

2. Duas das melhores e mais recentes obras na vasta literatura sobre a Bastilha são Hans-Jürgen Lüsebrink e Rolf Reichardt, *The Bastille: a history of a symbol of despotism and freedom*, traduzido por Norbert Schürer (Durham, 1997), e Monique Cottret, *La Bastille à prendre: histoire et mythe de la forteresse royale* (Paris, 1986).

3. Um bom exemplo de como ele inseriu denúncias contra o despotismo em sua narrativa é o capítulo 9 de *Le diable dans un bénitier*, no qual descreve um encontro imaginário dele mesmo como M. de la F.... e o conde de Moustier, plenipotenciário francês em Londres. Em resposta à defesa que Moustier faz do poder arbitrário, M. de la F.... desconcerta-o com um longo discurso em favor da liberdade de imprensa, do julgamento por júri e das restrições constitucionais ao governo.

4. Simon-Nicolas-Henri Linguet, *Mémoires sur la Bastille et sur la détention de Monsieur Linguet, écrits par lui-même* (Londres, 1783), e Honoré-Gabriel Riqueti, conde de Mirabeau, *Des lettres de cachet et des prisons d'état: ouvrage posthume, composé en 1778* (Hamburgo, 1782). Além dos livros supracitados na nota 2, veja o antigo mas ainda útil estudo de J. Delort, *Histoire de la détention des philosophes et des gens de lettres à la Bastille et à Vincennes* (Paris, 1829), 3 vols.

5. Embora não haja evidência direta das circunstâncias em que Pelleport compôs *Les bohémiens*, parece certo que ele escreveu todo o texto, ou a maior parte dele, na Bastilha. Não poderia ter escrito um romance tão longo e complexo nos poucos meses após sua libertação em 3 de outubro de 1788, ainda mais que ele estava ocupado em 1789 com questões de família e viagens entre Paris e Stenay, conforme se lê em *La Bastille dévoilée*, v. 3, pp. 69-70. Além disso, o texto não faz referência a nenhum acontecimento posterior a 1788 nem insinua em momento algum a possibilidade de uma revolução. Pelo contrário, a ambientação do livro é uma ordem social opressiva, mas estável, como se o terremoto de 1789 fosse impensável.

6. Pelo que sei, *Les bohémiens* (Paris, 1790), 2 vols., foi completamente esquecido. É mencionado sob o nome de Pelleport no catálogo de várias bibliotecas e é citado de passagem em Fernand Drujon, *Les livres à clef* (Paris, 1888), v. 1, col. 139, e em Charles Monselet, *Les oubliés et les dédaignés* (1857; reimpressão, Paris, 1993), v. 1, p. 12. Encontrei apenas uma discussão a respeito da obra na literatura secundária, um breve ensaio de Paul Lacroix, *Bulletin du bibliophile* (Paris, 1851), pp. 408-9. Com bastante perspicácia, Lacroix descreve a obra assim: "Voilà un admirable, voici un abominable livre. Il mérite d'être placé à côté des romans de Voltaire et de Di-

derot, pour l'esprit, pour la verve, pour le talent prodigieux qu'on est tout étonné d'y rencontrer; il doit aussi avoir sa place à côté des infamies du marquis de Sade et des grossières obscénités de l'abbé Dulaurens. Dès que ce singulier ouvrage aura éveillé la curiosité des amateurs, il sera certainement très recherché". Lacroix afirma, sem citar fonte alguma, que o romance foi publicado por Charles-Joseph Panckoucke, que destruiu a maioria das cópias ao descobrir que ele próprio era uma das muitas figuras literárias satirizadas na obra. Existem dois exemplares nos Estados Unidos, na Library of Congress e na Boston Public Library, e um na França, na Bibliothèque Municipale de Rouen.

7. Veja minha discussão das relações entre Pelleport e Brissot em Robert Darnton, *J.-P. Brissot, his career and correspondence, 1779-1787* (Oxford, 2001), disponível no site da Voltaire Foundation: <http://www.voltaire.ox.ac.uk>.

8. Receveur descreveu assim os dois homens num relatório sobre suas atividades em Londres que apresentou ao conde d'Adhémar, o embaixador francês que sucedeu a Moustier em 1783: Receveur a Adhémar, 22 de maio de 1783, em Ministère des Affaires Etrangères, Correspondance politique: Angleterre (citado daqui para frente como AE), ms. 542.

9. Moustier a Vergennes, 21 de abril de 1783, AE, ms. 542: "Le sieur Brissot de Warville, personnage suspect, a été dans les bureaux de Mgr. le comte de Vergennes. [...] *Les passe-temps d'Antoinette* et les *Amours du vizir* ont, dit-on, été envoyés de France, mais il est plus probable que les auteurs sont Brissot de Warville et Pelleport". Lenoir enviou a Vergennes um parecer favorável sobre Brissot em 4 de maio de 1783 (AE, ms. 542): "Le sieur Brissot d'Warville [...] m'est connu pour avoir composé quelques ouvrages sur les lois criminelles de différents royaumes qu'il a parcourus depuis plusieurs années. Il a été l'année dernière à Bruxelles et dans les Pays Bas. Il est depuis quatre ou cinq mois à Londres et m'a dit, avant de partir, qu'il allait y prendre, sur la constitution de l'Angleterre, des connaissances capables de le guider dans la suite de ses ouvrages. Je n'ai pas lieu, jusqu'à présent, de le croire mauvais sujet ni libelliste, et je pense que le sieur Receveur n'en a une si mauvaise idée que parce qu'il aura su qu'il était connu de Pelleport, Maurice et autres réfugiés, et qu'il le croit réfugié lui-même". Vergennes confirmou a hipótese de Lenoir observando que Brissot jamais fora contratado pelo Ministério das Relações Exteriores: Vergennes a Moustier, 25 de abril de 1783, AE, ms. 542.

10. A respeito dos aspectos legais dos interrogatórios na Bastilha, veja Frantz Funck-Brentano, "La Bastille d'après ses archives", *Revue historique*, v. 42 (1890), p. 61.

11. Claude Perroud (org.), *J.-P. Brissot: mémoires, 1754-1793* (Paris, 1910), v. 2, p. 23.

12. *La Bastille dévoilée*, v. 3, p. 78.

13. *La police de Paris dévoilée*, v. 2, p. 28: "Brissot de Warville, dont le seul défaut est celui du sévère Caton, la passion de la vertu, [...] ne devait pas être mi sur la même ligne que le marquis de Pelleport, qui avec autant d'esprit et de tempérament n'aima que les femmes et les plaisirs". Veja também *La Bastille dévoilée*, v. 3, p. 66.

14. Documentos de Brissot, Archives Nationales, 446, AP2. Esses documentos são a fonte do relato que segue. Eles ainda não haviam sido depositados nos Archives quando comecei a pesquisar Brissot e não me foi concedido acesso a eles quando lá chegaram. Agora que já tive a oportunidade de consultá-los, modifiquei minha opinião severa sobre Brissot que expressei em "The Grub Street style of revolution: J.-P. Brissot, police spy", *Journal of Modern History*, v. 40 (1968), pp. 301-27. Os documentos deixam claro que Brissot resistiu muito bem aos interrogatórios a

que foi submetido na Bastilha e que ele não colaborou em nenhum libelo. Por outro lado, indicam que ele tinha bastante contato com os libelistas e com outras figuras da literatura clandestina e não confirmam a descrição moralista de suas relações com os expatriados franceses em Londres que ele mais tarde produziu: "En m'établissant dans cette île, je m'étais fait une loi d'éviter tous les réfugiés dont la vie n'était pas intacte et dont la liaison, si elle n'eût pas été dangereuse pour moi, eût pu paraître suspecte à des yeux peu éclairés. Cependant j'ai quelquefois laissé venir chez moi des Français dont les erreurs me paraissaient condamnables; mais j'espérais les ramener à la vertu. La conduite, les opinions, la vie intérieure de l'homme vertueux on nécessairement de l'influence sur celui dont le cœur n'est pas entièrement gangrené". *J.-P. Brissot: mémoires*, v. 1, pp. 302-3.

15. Vingtain a Brissot, 3 de abril de 1784, em resposta à carta de Brissot de 30 de março, em Claude Perroud (org.), *J.-P. Brissot: correspondance et papiers* (Paris, 1912), p. 467. A carta de Vingtain foi publicada pela primeira vez por Morande em *Réplique de Charles Théveneau de Morande à Jacques-Pierre Brissot, sur les erreurs, les oublis, les infidélités et les calomnies de sa réponse* (Paris, 1791), pp. 106-7. Como Brissot não contestou sua autenticidade durante a polêmica com Morande em 1791, eu a aceito como genuína. Bruzard de Mauvelain, amigo íntimo de Brissot que ganhava a vida com negócios escusos no comércio clandestino de livros em Troyes, enviou duas cartas à Société Typographique de Neuchâtel (STN) sobre a prisão de Brissot, que ele atribuiu à sua relação comprometedora com Pelleport: "Il a eu un tort de se lier avec un imprudent, et un plus grand encore — celui de se mettre sous la coupe du ministère de France". Bruzard de Mauvelain à STN, 20 de agosto de 1784, em Darnton, *J.-P. Brissot*, p. 349. Mauvelain provavelmente obtivera informações de Brissot sobre a produção de libelos em Londres, pois solicitou à STN que lhe fornecesse várias das obras mais radicais, inclusive "6 *Passe-temps d'Antoinette* avec figures". Mauvelain à STN, 15 de fevereiro de 1784, Bibliothèque Publique et Universitaire de Neuchâtel, documentos da STN, ms. 1179.

16. As cartas de Larrivée encontram-se junto com os documentos de Brissot, Archives Nationales, 446, AP1. A respeito de Mettra, veja o ensaio de Jean-Robert Armogathe e François Moureau em Jean Sgard (org.), *Dictionnaire des journalistes, 1600-1789* (Oxford, 1999), v. 2, pp. 711-3.

17. *J.-P. Brissot: mémoires*, v. 2, p. 8.

18. Nota sem data de Pelleport dentre as diversas cartas e mensagens que ele pediu aos administradores da Bastilha que enviassem e que eles, ao contrário, confiscaram. Bibliothèque de l'Arsenal, documentos da Bastilha, ms. 12454.

19. Registros dessas visitas e outros detalhes sobre o confinamento de Pelleport constam da correspondência administrativa dos oficiais da Bastilha: documentos da Bastilha, ms. 12517.

20. Nota sem data, documentos da Bastilha, ms. 12454.

21. Pelleport ao barão de Breteuil, 16 de dezembro de 1786; documentos da Bastilha, ms. 12454.

22. Madame Pelleport a de l'Osme, 1º de abril (provavelmente de 1788), documentos da Bastilha, ms. 12454. Um dos parentes de de l'Osme servira com os irmãos de Pelleport no exército e de l'Osme tratava Pelleport de maneira amigável. Pelleport permaneceu grato a ele e tentou, sem sucesso, salvá-lo do linchamento após a tomada da Bastilha. *La Bastille dévoilée*, v. 3, pp. 69-70.

23. Pelleport a François de Rivière de Puget, *lieutenant du roi* na Bastilha, 22 de novembro de 1787, documentos da Bastilha, ms. 12454. Em uma carta anterior que escreveu a de Puget, sem data e no mesmo dossiê, Pelleport diz que, apesar de repreender sua esposa, ele ainda sentia "beaucoup d'amitié pour elle".

24. Em nota sem data ao governador da Bastilha, marquês de Launay, de Losne recomenda conceder o seguinte pedido de Pelleport: "Je vous prie, Monsieur, de laisser écrire le sieur de Pelleport, de lui donner des livres, plume, encre et papier". Uma observação na parte inferior, datada 11 de julho de 1784, indica que tal permissão fora dada: "Fait comme il est requis". Documentos da Bastilha, ms. 12517.

25. Nota sem data de Pelleport a pessoa não identificada, documentos da Bastilha, ms. 12454.

26. Verso sem data de Pelleport num pedaço de papel, sob o título "Mes adieux à Pluton", documentos da Bastilha, ms. 12454. Alfred Bégis afirmou que Pelleport se dava bem com de Launay e que este o presenteava com frutas como recompensa pelas aulas de música que dava para sua filha. Esse tratamento privilegiado poderia ter ocorrido algum tempo antes de Pelleport voltar-se contra de Launay. Bégis, porém, comentou isso somente com Franz Funck-Brentano, em particular e sem fornecer nenhuma documentação: Funck-Brentano, "La Bastille d'après ses archives", p. 72.

27. Pelleport a de Launay, carta sem data, documentos da Bastilha, ms. 12454.

28. Pelleport a de l'Osme, 16 de novembro de 1784, documentos da Bastilha, ms. 12454.

29. Jean-Claude Fini (conhecido como Hypolite Chamoran ou Chamarand) a de Launay, carta sem data (provavelmente meados de 1786), documentos da Bastilha, ms. 12454. Chamoran permaneceu detido na Bastilha de 27 de novembro de 1785 a 31 de julho de 1786. Ele e sua suposta esposa, Marie-Barbara Mackai, parecem ter se envolvido com Pelleport na produção de *libelles* e nas operações de extorsão em Londres. Ele, porém, negou tudo e denunciou Pelleport com veemência durante sua permanência na Bastilha. Ele é mencionado de passagem em *La Bastille dévoilée*, v. 3, p. 101, e em carta de Morande ao ministro do Exterior, Armand-Marc, conde de Montmorin, em 28 de abril de 1788. Veja Gunnar von Proschwitz e Mavis von Proschwitz, *Beaumarchais et le "Courrier de l'Europe": documents inédits ou peu connus* (Oxford, 1990), v. 2, p. 1013.

30. Por exemplo, em notas sobre pedidos especiais e permissões concedidas a prisioneiros, um funcionário anotou que a esposa de de Sade lhe enviara um colete e uma vela em 13 de novembro de 1784, e que a esposa de Pelleport o visitara em 19 de novembro. Documentos da Bastilha, ms. 12517, fols. 79, 82. Dois livros recentes na vasta literatura sobre de Sade trazem relatos minuciosos de sua vida na Bastilha: Laurence L. Bongie, *Sade: a biographical essay* (Chicago, 1998), e Francine du Plessix Gray, *At home with the marquis de Sade: a life* (Nova York, 1998). A respeito dos escritos de de Sade na Bastilha, veja especialmente Jean-Jacques Pauvert, *Sade vivant* (Paris, 1989).

31. Veja Funck-Brentano, "La Bastille d'après ses archives", pp. 38-73, 278-316; Monique Cottret, *La Bastille à prendre: histoire et mythe de la forteresse royale* (Paris, 1986), pp. 31-3, 129; Claude Quétel, *De par le Roy: essai sur les lettres de cachet* (Toulouse, 1981), pp. 48-9; e Joseph Delort, *Histoire de la détention des philosophes et des gens de lettres à la Bastille et à Vincennes* (Paris, 1829; reimpressão, Genebra, 1967), 3 vols.

1. *Les bohémiens* (Paris, 1790), v. 1, p. 3.

2. Ibid., v. 1, p. 33.

3. Ibid., v. 1, p. 38.

4. Ibid., v. 1, p. 41.

5. A edição de 1762 do *Dictionnaire de l'Académie Française* dá a seguinte definição: "BOHÈME, ou BOHÉMIEN, BOHÉMIENNE. Ces mots ne sont point mis ici pour signaler les peuples de cette partie de l'Allemagne qu'on appelle *Bohème*, mais seulement pour désigner une sorte de vagabonds qui courent le pays, disant la bonne aventure et dérobant avec adresse. 'Une troupe de Bohémiens.' On dit familièrement d'une maison où il n'y a ni ordre ni règle, que 'C'est une maison de Bohème'. On dit proverbialement 'Qu'un homme vit comme un Bohème' pour dire qu'il vit comme un homme qui n'a ni feu ni lieu". Uma das primeiras referência aos boêmios literários, *Le chroniqueur désoeuvré ou l'espion du boulevard du Temple* (Londres, 1783), v. 2, p. 22, descreve causticamente um teatro de vaudeville, Les Variétés Amusantes, como "cet espèce d'antre de Bohémiens".

6. Pierre Manuel, *La police de Paris dévoilée* (Paris, 1790), v. 2, pp. 244-7. A respeito de Saint-Flocel e o *Journal des Princes*, veja Jean Sgard (org.), *Dictionnaire des journalistes, 1600-1789* (Oxford, 1999), v. 2, p. 899.

7. Claude Perroud (org.), *J.-P. Brissot: mémoires, 1754-1793* (Paris, 1910), v. 1, p. 329; *La police de Paris dévoilée*, v. 2, pp. 246-7.

8. Veja Darline Gay Levy, *The ideas and careers of Simon-Nicolas-Henri Linguet: a study in eighteenth-century French politics* (Champaign, Illinois, 1980), e Daniel Baruch, *Simon Nicolas Linguet ou l'irrécupérable* (Paris, 1991).

9. *La police de Paris dévoilée*, v. 2, pp. 231-69.

10. *Les bohémiens*, v. 1, p. 47.

11. Ibid., v. 1, p. 50.

12. Ibid., v. 1, p. 51.

13. Brissot a Pelleport, carta sem data de 1779 em Robert Darnton, *J.-P. Brissot, his career and correspondence, 1779-1787* (Oxford, 2001), p. 66. As cartas de Brissot a Pelleport desse período mostram que os dois eram amigos íntimos.

14. Veja nota 39 abaixo.

15. Ibid., v. 1, p. 56.

16. Ibid., v. 1, p. 60. Num aparte subsequente ao leitor, o narrador, que neste ponto pode ser identificado com o autor, parece endossar o hedonismo do asno (v. 2, pp. 63-5).

17. Ibid., v. 1, p. 1.

18. Ibid., v. 1, p. 53.

19. Ibid., v. 1, pp. 54-5.

20. Ibid., v. 1, p. 65. Veja também comentários parecidos em v. 1, pp. 75, 181.

21. Ibid., v. 1, p. 68.

22. Ibid., v. 1, p. 59. "Riénisme" sugere o "zero" mencionado no capítulo 15, que, segundo Hypolite Chamoran, era a "profissão de fé" de Pelleport.

23. Ibid., v. 1, pp. 45-6.

24. Ibid., v. 1, p. 135.

25. Ibid., v. 1, p. 93. Veja também comentários semelhantes em v. 1, p. 132.

26. Ibid., v. 1, p. 136. Veja também v. 1, p. 127 sobre "la douce pitié, mère de toutes les vertus".

27. Ibid., v. 2, p. 113. A cena de estupro é narrada com pseudoingenuidade por Félicité num diário que o narrador afirma ter encontrado no "Lycée de Londres" — referência ao clube filosófico que Brissot tentou criar em Londres seguindo o modelo do museu parisiense de Mamès-Claude Pahin de la Blancherie (v. 2, p. 112). Em um episódio anterior, o narrador apresenta Félicité como alguém sequiosa de ser estuprada (v. 1, p. 158).

28. Pelleport estudara ciência e matemática e aparentemente ensinara ambas as matérias quando foi preceptor em Le Locle e Londres. *Les bohémiens* inclui uma longa digressão sobre ciência, inspirada em parte pelos voos de balões e experimentos com eletricidade da época, que conclui que "le gaz inflammable est le principe universel" (v. 1, p. 164). Metáforas sobre flogisto ou ar inflamável permeiam as descrições de atividade sexual de Pelleport. Daí as referências a "fluid igné" (v. 1, p. 192), "étincelles phosphoriques" e "foyer électrique" (v. 1, p. 195), "flamme" (v. 1, p. 199) e "feu violent" (v. 1, p. 214).

29. *Les bohémiens*, v. 1, pp. 203-9.

30. Ibid., v. 1, p. 210.

31. Pelleport evoca *Dom Quixote* no final da descrição da briga. *Les bohémiens*, v. 1, p. 214.

32. Embora mantenha um tom elevado e faça uso da retórica clássica, muitas vezes de maneira pseudo-heroica, Pelleport às vezes surpreende o leitor interrompendo a narrativa com *grosses blagues* (piadas sujas). Por exemplo, ele menciona gratuitamente "Beaumont-le-Vicomte, dont le seigneur des accords a troqué le *m* du premier mot contre le *c* du troisième" (v. 2, p. 128).

33. *Les bohémiens*, v. 2, p. 131.

34. Ibid., v. 2, p. 135.

35. Um exemplo das alusões autobiográficas que Pelleport espalha pelo texto inteiro é uma referência lacônica a Edme Mentelle, o professor de geografia da Ecole Militaire que protegera a ele e a Brissot, como "Manteau" em *Les bohémiens*, v. 2, p. 141.

36. Veja a longa invectiva contra as injustiças da ordem social em v. 2, pp. 167-77, especialmente a condenação pelo poeta da "ancienne tyrannie du droit féodal" (v. 2, p. 168).

37. *Les bohémiens*, v. 2, p. 185.

38. A biografia de Labre, escrita pouco depois de sua morte por seu confessor, Giuseppe Loreto Marconi, *Ragguaglio della vita del servo di Dio, Benedetto Labre Francese* (Roma, 1783), foi traduzida para o francês um ano depois pelo padre Elie Hard com o título *Vie de Benoît-Joseph Labre, mort à rome en odeur de sainteté* (Paris, 1784). Veja o artigo sobre Labre na *New catholic encyclopedia* (Nova York, 2003), v. 9, p. 267.

39. Catau des Arches pode ser uma troça com Catherine Dupont. O texto escarnece de madame Dupont sem dó, ressaltando seu corpo hediondo e sua vida sexual frustrada. Afirma que ela devorou vinte amantes desgraçados enquanto mantinha uma fachada de respeitabilidade burguesa em Boulogne. Também sugere que Pelleport a responsabilizou — e a Morande — por seu *embastillement*. Em v. 2, p. 231, o poeta menciona a colaboração entre madame Dupont (Catau des Arches) e Morande (Thonevet): "Le calomniateur Thonevet s'était avisé de composer plusieurs atroces libelles et de me les attribuer. Il s'unit, dans le dessein de me perdre, avec la veuve irritée. Ils écrivirent au ministre, et je fus enlevé à midi dans la ville de Boulogne et conduit à la Bastille".

40. *Les bohémiens*, v. 2, p. 227.

41. Brissot republicou ensaios de outros em uma antologia de dez volumes intitulada *Bibliothèque philosophique du législateur, du politique, du jurisconsulte* (Neuchâtel, 1782-5). No relato que faz de sua viagem a Londres, o poeta diz ter acompanhado a mais jovem das quatro filhas de madame des Arches e a depositado na residência londrina de "un benêt de gendre, négociant en friperie" (v. 2, p. 202), a quem ele mais adiante escarnece como o "fripier Bissoto de Guerreville" (v. 2, p. 219). Madame Dupont tinha, de fato, quatro filhas e a caçula, Nancy, encontrou-se com os Brissot em Londres em 1783. Ela pode muito bem ter feito a viagem em companhia de Pelleport, que é mencionado junto com ela na correspondência entre Brissot e membros da família Dupont. Veja as três cartas do irmão de Nancy, François Dupont, a Brissot em 22 de abril, 7 de maio e 14 de maio de 1783 em Claude Perroud (org.), *J.-P. Brissot: correspondance et papiers* (Paris, 1912), pp. 52-5. Veja também *Brissot, mémoires*, v. 2, pp. 302, 338.

42. *Les bohémiens*, v. 2, p. 227.

43. Ibid., v. 2, p. 226.

44. Ibid., v. 2, p. 234.

45. Ibid., v. 2, pp. 88-9. Entre outras coisas, essas referências evocam o "Lycée de Londres" de Brissot, seu jornalístico *Correspondance Universelle sur ce qui Intéresse le Bonheur de l'Homme et de la Société*, bem como sua *Bibliothèque philosophique du législateur, du politique, du jurisconsulte*. Ao acertar contas com Brissot, Pelleport retrata-o — corretamente, eu diria — como um típico mascate literário lutando para sobreviver nas difíceis condições de Grub Street.

46. *Les bohémiens*, v. 1, p. 111.

47. Essa cena, narrada em v. 1, p. 113, se passa na livraria do editor do *Almanach des muses*, que na época era Nicolas-Augustin Delalain. O texto, todavia, identifica-o como "P...", de modo que eu talvez não tenha captado a alusão pretendida por Pelleport.

48. *Les bohémiens*, v. 1, pp. 11-8. Essa longa passagem, repleta de detalhes concretos, demonstra grande familiaridade com a vida dos escritores de aluguel em Paris, mas também faz parte de um gênero literário, o das vicissitudes da vida de um *littérateur*, tema favorito de escritores conhecidos como Voltaire e Linguet.

49. *Les bohémiens*, v. 2, p. 76.

50. Gérard Genette e outros teóricos da literatura insistem, com razão, nas distinções que se evidenciam ao longo de *Les bohémiens*, notadamente a distinção entre a voz do narrador e a do autor, e a distinção entre o texto como um conjunto de signos e o enredo como uma sequência de eventos. Veja uma súmula dessas questões no que diz respeito à teoria literária em Gerald Price, *A dictionary of narratology* (Lincoln, Nebraska, 1987), e Mieke Bal, *Narratology: introduction to the theory of narrative* (Toronto, 1985).

51. Examinei as mais importantes revistas literárias e outros periódicos de 1790 e não encontrei uma única referência a *Les bohémiens*.

17. O CAMINHO DA REVOLUÇÃO PASSA POR GRUB STREET [pp. 250-68]

1. Veja Edna Lemay, *Dictionnaire des constituants, 1789-1791* (Paris, 1991), 2 vols., e Timothy Tackett, *Becoming a revolutionary: the deputies of the French National Assembly and the emergence of a revolutionary culture, 1789-1791* (Princeton, New Jersey, 1996).

2. Veja Jean Sgard, "Postface: répartition et typologie des titres" em Jean Sgard (org.), *Dictionnaire des journaux, 1600-1789* (Oxford, 1991), v. 2, pp. 1131-40; Jacques Godechot, "Caractères généraux de la presse révolutionnaire" em Claude Bellanger, Jacques Godechot, Pierre Guiral, Fernand Terrou (orgs.), *Histoire générale de la presse française* (Paris, 1969), v. 1, pp. 428, 434-6; Pierre Rétat, *Les journaux de 1789: bibliographie critique* (Paris, 1988); Hugh Gough, *The newspaper press in the French Revolution* (Chicago, 1988); e Jeremy Popkin, *Revolutionary news: the press in France, 1789-1799* (Durham, North Carolina, 1990).

3. Louis-Sébastien Mercier, *De la littérature et des littérateurs* (Yverdon, 1778), p. 39, e "Trente écrivains en France, pas davantage" em seu *Tableau de Paris*, Jean-Claude Bonnet (org.) (Paris, 1994, reimpressão das sucessivas edições de 1781-7), v. 2, pp. 318-9.

4. As observações que seguem pretendem ser apenas uma visão panorâmica de um assunto complexo, que tentei explorar em publicações anteriores, especialmente "The high enlightenment and the low-life of literature", *Past and Present: a Journal of Historical Studies*, n. 51, maio 1971, pp. 81-115, e "The facts of literary life in eighteenth-century France" em Keith Baker (org.), *The political culture of the Old Regime* (Oxford, 1987), pp. 261-91. Creio que o argumento principal dessas obras ainda é válido, mas gostaria de enfatizar três ressalvas que elas não deixam suficientemente claras. Primeiro, a natureza hierárquica da República das Letras não excluía a possibilidade de jovens talentosos galgarem até o topo: a carreira de Marmontel é um bom exemplo de mobilidade social ascendente. Segundo, o aumento da população do ambiente que descrevo como Grub Street não significou que a República das Letras era completamente polarizada entre os que estavam no topo e na base da hierarquia; pelo contrário, havia muitas posições intermediárias ocupadas por homens (e algumas mulheres) que se consideravam escritores mas não dependiam da literatura para viver. Terceiro, embora a ambição frustrada tenha amargurado muitos desses literatos e subliteratos, isso em si não os transformava em escritores de aluguel, libelistas ou pornógrafos. Eles se tornavam mascates literários pela pobreza. Era a pobreza a característica que definia Grub Street, não o ressentimento psicológico. A meu ver, Grub Street deve ser entendida sociologicamente, como um dos elementos do que Pierre Bourdieu caracterizou como "le champ littéraire", e ela também existia no âmbito das representações coletivas por causa da polêmica acerca da posição de diversos escritores.

5. Veja estudos das repercussões literárias de "Le pauvre diable", o famoso poema de Voltaire, em Henri Duranton (org.), *Le pauvre diable: destins de l'homme de lettres au XVIIIᵉ siècle* (Saint-Etienne, 2006). Eu também tentei chegar à realidade por trás desse tema literário no estudo "The life of a 'poor devil' in the Republic of Letters" em Jean Macary (org.), *Essays on the Age of Enlightenment in honor of Ira O. Wade* (Genebra, 1977), pp. 39-92. Dentre os muitos retratos de escritores pobres e marginais em *Tableau de Paris*, de Mercier, veja especialmente os capítulos intitulados "Auteurs", "Des demi-auteurs, quarts d'auteur, enfin métis, quarterons, etc.", "La littérature du faubourg Saint-Germain, et celle du faubourg Saint-Honoré", "Misère des auteurs" e "Le Musée de Paris".

6. "Sans-culottes" em Jean-Claude Bonnet (org.), *Le nouveau Paris* (Paris, 1994), pp. 445-9; citação da página 446.

7. "Fabre d'Eglantine" em *Le nouveau Paris*, pp. 450-1.

8. Veja Haim Burstin, *L'invention du sans-culotte: regards sur Paris révolutionnaire* (Paris, 2005).

9. Além das fontes citadas no capítulo 5, nota 1, veja M. Michaud, *Biographie universelle ancienne et moderne* (Paris, 1843-65), pp. 26, 396-7; e Jean Tulard, Jean-François Fayard, Alfred Fierro, *Histoire et dictionnaire de la Révolution Française, 1789-1799* (Paris, 1987), p. 969.

10. O relato que segue é baseado no interrogatório de Manuel e nos dossiês respectivos nos Archives Nationales, W295, n. 246. Frantz Funck-Brentano usou esse material na excelente resenha da prisão de Manuel em *Les lettres de chachet à Paris: étude suivie d'une liste des prisonniers de la Bastille, 1659-1789* (Paris, 1903), p. 415. Manuel refere-se de passagem a esse episódio em *La Bastille dévoilée ou recueil de pièces authentiques pour servir à son histoire* (Paris, 1789), v. 3, pp. 105-6.

11. *Lettre d'un garde du roi, pour servir de suite aux Mémoires sur Cagliostro* (Londres, 1786), citação da página 4. Na página 30, o soldado dá sua opinião sobre a questão dos libelos: "Un libelle n'est pas un grand délit. [...] Cependant je conçois qu'il serait affreux de tolérer les libellistes. Nos réputations seraient continuellement menacées".

12. Das muitas fontes contemporâneas sobre o envolvimento de Mirabeau no mundo editorial, em propaganda e em finanças, a mais reveladora é Etienne Dumont, *Souvenirs sur Mirabeau et sur les deux premières assemblées législatives, ouvrage posthume publié par J. L. Duval* (Paris, 1832). E da enorme literatura secundária sobre Mirabeau, a velha biografia por Louis de Loménie e Charles de Loménie ainda se sustenta admiravelmente bem: *Les Mirabeau: nouvelles études sur la société française par Louis de Loménie, de l'Académie Française, deuxième partie continuée par son fils* (Paris, 1889), 4 vols. Muito do lado financeiro da história literária pode ser encontrado nas obras de Jean Bouchary, especialmente *Les manieurs d'argent à Paris à la fin du XVIIIème siècle* (Paris, 1939), 3 vols. Já examinei as especulações e o *ghostwriting* por trás dos panfletos de Mirabeau em "Trends in radical propaganda on the eve of the French Revolution, 1782-1788 (dissertação de doutorado, Oxford University, 1964), capítulo 5 e apêndice 3, e publiquei um resumo dessa pesquisa como "The pursuit of profit: rousseauism on the bourse" em *George Washington's false teeth: an unconventional guide to the eighteenth century* (Nova York, 2003), capítulo 7.

13. *De la banque d'Espagne, dite de Saint-Charles: par le comte de Mirabeau* (s.l., 1785); *Sur les actions de la Compagnie des Eaux de Paris: par Monsieur le comte de Mirabeau* (Londres, 1785); *Réponse du comte de Mirabeau à l'écrivain des administrateurs de la Compagnie des Eaux de Paris* (Bruxelas, 1785).

14. Documentos de Lenoir, Bibliothèque Municipale d'Orléans, ms. 1422.

15. Ibid.

16. Jacques Peuchet, *Mémoires tirés des archives de la police de Paris, pour servir à l'histoire de la morale et de la police, depuis Louis XIV jusqu'à nos jours* (Paris, 1838), v. 1, p. 11; v. 3, pp. 15-25, e o ensaio de um *commissaire* de polícia chamado Le Maire escrito para a imperatriz Maria Teresa da Áustria e publicado por Augustin Gazier como "La police de Paris en 1770" em *Mémoires de la société de l'histoire de Paris et de l'Ile de France* (1879), v. 5, pp. 1-131. Em vez de pagamento, a polícia muitas vezes permitia que os agentes recrutados de lugares de má reputação continuassem com suas atividades criminosas — desde prostituição até a venda de livros ilegais — em troca de informações sobre outros envolvidos no mesmo tipo de negócio. Como confirmação da ideia contemporânea de que havia espiões por toda a parte em Paris e que seus relatórios tornavam o chefe da polícia parisiense onisciente, veja os capítulos intitulados "Espions", "Les colporteurs", "Hommes de la police" e "Lieutenant de police" em *Tableau de Paris*, caps. 59, 60, 61, 63.

17. Peuchet, *Mémoires*, v. 3, p. 17. Encontrei a mesma passagem, com uma ou outra palavra diferente, nos documentos de Lenoir, Bibliothèque Municipale d'Orléans, ms. 1422.

18. *Résumé pour Charles-Pierre Bosquillon, citoyen actif contre Monsieur Manuel, élu procureur de la Commune de Paris* (Paris, 1791), p. 11. A *Biographie universelle*, de Michaud, v. 26, p. 396, decreve Manuel como um "précepteur des enfants d'un riche financier, qui lui assura une pension. Il vivait dans la capitale de ce revenu et du produit de quelques pamphlets distribués sous le manteau". *Nouvelle biographie générale* (Paris, 1850), p. 33, col. 326-9, especifica que ele ensinava os filhos de um banqueiro chamado Tourton. Kuscinski, *Dictionnaire des conventionnels*, v. 3, p. 427, afirma que ele era um "précepteur dans plusieurs familles et employé chez le libraire Garnery" e que essa existência precária o deixara "pauvre et aigri" quando irrompeu a Revolução.

19. Em um artigo sobre *Lettre d'un garde du roi*, apontamento de 11 de fevereiro de 1786, *Mémoires secrets pour servir à l'histoire de la république des lettres en France* observa: "Un Monsieur Manuel, [...] qui ayant perdu son état de gouverneur des enfants de Monsieur Tourton par la sortie violente qu'un certain abbé Royou avait fait contre lui dans l'*Année Littéraire*, en le représentant comme un impie, comme un homme abominable, avait été obligé pour ressource de se faire libraire, ou colporteur, a été aussi arrêté". *Mémoires secrets* refere-se pejorativamente a Manuel nos apontamentos de 12 de fevereiro e 29 de abril, mas em 30 de abril traz uma resenha positiva de seu *Coup d'œil philosophique sur le règne de saint Louis*, notando em especial seu desdém pelas Cruzadas. Também o menciona favoravelmente em um artigo de 14 de maio, anunciando sua soltura da Bastilha.

20. Maurice Tourneux (org.,), *Correspondance littéraire, philosophique et critique par Grimm, Diderot, Meister, etc.* (Paris, 1879), v. 14, pp. 392-5.

21. Além das fontes já citadas, determinadas informações — sugestivas, porém não confiáveis — podem ser extraídas de algumas obras polêmicas publicadas durante a Revolução, notadamente *Vie secrète de Pierre Manuel* (um libelo, mas com informações aparentemente precisas sobre a juventude de Manuel em Montargis) e *Collection complète des tableaux historiques de la Révolution Française* (Paris, 1798), v. 3, s.p. (uma coleção de gravuras com notas biográficas).

22. Pierre Manuel, *Coup-d'œil philosophique sur le règne de saint Louis* ("à Damiette, et se trouve à Paris chez les marchands qui vendent les nouveautés", 1788), p. 5. A data é estranha, pois a obra foi resenhada em 1786 e não parece ter merecido outra edição.

23. Ibid., p. 44.

24. *Correspondance littéraire*, v. 14, p. 394.

25. Entretanto, em seu *Coup-d'œil philosophique*, pp. 92-5, Manuel tem algumas coisas a dizer em prol da emancipação das mulheres e também dos escravos e judeus.

26. Pierre Manuel, *L'Année française, ou vie des hommes qui ont honoré la France, ou par leurs talents, ou par leurs services, et surtout par leurs vertus: pour tous les jours de l'année* (Paris, 1789), v. 2, p. v.

27. Ibid., v. 1, p. ix.

28. Manuel, "Vers à mon amie", *Mercure de France*, 20 de março de 1784, p. 98.

29. Pierre Manuel, *Essais historiques, critiques, littéraires et philosophiques* (Genebra, 1783), p. 80.

30. Ibid., p. 10.

31. Esse tema aparece em muitas obras de Mercier, inclusive *Tableau de Paris*, e de Linguet,

notadamente *L'Aveu sincère, ou lettre à une mère sur les dangers que court la jeunesse en se livrant à un goût trop vif pour la littérature* (Londres, 1763). Foi dramatizado em uma das peças com que P. F. N. Fabre d'Eglantine tentou, sem êxito, fazer um nome para si como escritor antes da Revolução: *Les gens de lettres*, representada em 1787 e publicada em *Mélanges littéraires par une société de gens de lettres* (Paris, 1827).

32. *Le petit almanach de nos grands hommes* (s.l., 1788), p. 120.

33. *Supplément à la nouvelle édition de Petit almanach des grands hommes, ou lettre à Messieurs de Rivarol et de Champcenetz, par un des grands hommes du Petit almanach* (s.l., 1788), p. 12. Após esse rompante, Manuel insere um de seus poemas. Embora tenha publicado anonimamente esse panfleto de 31 páginas, sua autoria é fácil de detectar e ele foi logo exposto por seus adversários.

34. *Ibid.*, pp. 5, 9, 30. A respeito do caráter relativamente aberto e democrático do Musée, em oposição aos salões e academias dominados pela elite literária, veja Mercier, *Tableau de Paris*, caps. 531, 946.

35. *Lettre d'une muséenne à Monsieur Manuel, auteur du Supplément au Petit almanach des grands hommes* (s.l., s.d.), citação das páginas 4 e 8.

18. DA DIFAMAÇÃO AO TERROR [pp. 269-89]

1. A carreira de Manuel depois de 1789 pode ser traçada por meio de suas inúmeras publicações, listadas no catálogo da Bibliothèque Nationale de France. Veja especialmente a coleção dos discursos e ensaios que ele publicou com Garnery em 1792, *Les lettres de P. Manuel, l'un des administrateurs de 1789, sur la Révolution, recueilles par un ami de la constitution* (Paris, 1792). Os ataques feitos a ele abrangem o mesmo material de uma perspectiva oposta, e podem ser suplementados com publicações dos dois julgamentos que determinaram sua sina: *Interrogatoire de Pierre Manuel, procureur de la Commune* ([Paris], 1792) e *Jugement rendu par le Tribunal Révolutionnaire, établi par la loi du 10 mars 1793, séant à Paris, au Palais, qui [...] condamne Pierre Manuel à la peine de mort, conformément à la loi du 16 décembre 1792* (Paris, 1793). Veja também os documentos relativos a seu julgamento perante o Tribunal Revolucionário em Archives Nationales, W295, n. 246, peças 46-54. As muitas obras polêmicas envolvendo Manuel são citadas em Maurice Tourneux, *Bibliographie de l'histoire de Paris pendant la Révolution Française* (Paris, 1890-1913), 5 vols., e seus numerosos discursos no Clube dos Jacobinos podem ser acompanhados em F.-A. Aulard, *La Société des Jacobins: recueil de documents pour l'histoire du Club des Jacobins de Paris* (Paris, 1889-97), 6 vols. Os discursos de Manuel na Convenção estão resumidos nas atas, conforme relatado em *Gazette nationale ou le Moniteur universel* e, mais convenientemente, em Mavidal e E. Laurent (orgs.), *Archives parlementaires de 1787 à 1860* (Paris, 1897), v. 52-60. Por fim, o papel de Manuel na política revolucionária de Paris pode ser documentado a partir de Sigismond Lacroix (org.), *Actes de la Commune de Paris pendant la Révolution Française* (Paris, 1894), première série, v. 2-3, e deuxième série, v. 8. Algumas informações adicionais podem ser encontradas em Paul Robiquet, *Le personnel municipal de Paris pendant la Révolution* (Paris, 1890), 2 vols.

2. Em *Interrogatoire de Pierre Manuel*, pp. 13-4, Manuel refere-se a si mesmo como um

"vainqueur de la Bastille", mas abandona esse título em *Lettres de P. Manuel*, em que enfatiza seu martírio como prisioneiro, p. 36.

3. *Lettre d'un citoyen à un frondeur, sur les affaires présentes* (c. 1788). Embora esse panfleto anônimo seja costumeiramente atribuído a Manuel e segue seu estilo, sua autoria permanece incerta.

4. *Vie secrète de Pierre Manuel* (Paris, [1793]), pp. 47-8.

5. *Lettres de P. Manuel*, p. 98. Veja também o tributo de Manuel aos mascates em *La Bastille dévoilée* (Paris, 1789), v. 4, pp. 65-6: "Il ne suffisait pas que des écrivains-philosophes composassent des livres, il fallait encore les faire imprimer, les faire colporter, les faire arriver jusqu'à nous, à travers une infinité d'obstacles, à travers une armée d'espions et de délateurs. Un colporteur d'alors a plus fait, à mon avis, pour la révolution, que les citoyens qui viennent d'endosser l'habit bleu, la giberne et le mousquet [isto é, membros da Guarda Nacional]".

6. *Lettres de P. Manuel*, pp. 71-89.

7. De acordo com o título que ele usou para se identificar durante o julgamento de 1792, Manuel tornara-se "administrateur de la municipalité provisoire au département de la police" e "administrateur de la police provisoire" (*Interrogatoire de Pierre Manuel*, pp. 2-3). Como um dos vários deputados que supervisionavam a polícia, ele assumiu um cargo especializado como "administrateur particulièrement de la librairie", p. 6. Isso, porém, não significa que ele exercia poder policial diretamente, função assumida pelo gabinete do novo prefeito de Paris. A Assemblée Générale de la Commune Provisoire reuniu-se pela primeira vez em 8 de outubro de 1789 e, no dia seguinte, nomeou Manuel e seis outros *conseillers administrateurs* vinculados ao Département de la Police. Veja Robiquet, *Le personnel municipal de Paris*, pp. 253-7, e *Actes de la Commune de Paris*, première série, v. 2, p. 682, em que Manuel é identificado como representante do distrito de Val-de-Grâce unido ao distrito de Saint-Jacques du Haut Pas, "38 ans, littérateur".

8. *Lettres de P. Manuel*, pp. 90-1, 95-6, 101-2, 111-2, 121, 141, 204; citação da página 111.

9. Manuel cita a carta de Maissemy em *La police de Paris dévoilée* (Paris, 1790), v. 1, pp. 64-5. O original e as ordens de Maissemy para confiscar o prospecto encontram-se na Collection Anisson-Duperron, Bibliothèque Nationale de France, ms. fr. 22070, peça 78.

10. A respeito das primeiras reações contra a liberdade irrestrita da imprensa, veja G. Charles Walton, "Policing public opinion in the French Revolution" (dissertação de doutorado, Princeton University, 2003).

11. *Interrogatoire de Pierre Manuel*, p. 3. Na página de rosto de *La police de Paris dévoilée*, Manuel usa um termo mais simples, "L'un des administrateurs de 1789". As diferentes fórmulas por ele utilizadas — conforme mencionado acima, nota 7 — sugerem incerteza na delimitação da autoridade nessa época de caos institucional. Algumas das atividades de Manuel podem ser acompanhadas a partir dos decretos da Comuna de Paris. Veja, por exemplo, *Actes de la Commune de Paris*, première série, v. 2, p. 550; v. 4, p. 682.

12. Mesmo o hostil *Vie secrète de Pierre Manuel*, p. 34, elogia Manuel por agir como um "véritable philosophe" por não tomar nenhuma medida para coibir a liberdade da imprensa.

13. *Résumé pour Charles-Pierre Bosquillon, citoyen actif, contre Monsieur Manuel, élu procureur de la Commune de Paris* (Paris, 1791), p. 11.

14. Ibid., especialmente pp. 9-15. A respeito de documentos relativos ao caso Bosquillon, veja *Actes de la Commune de Paris*, deuxième série, v. 8, pp. 517-50.

15. *La Bastille dévoilée*, v. 1, p. 1; v. 2, p. 137. O "avertissement" no começo do volume 1 explica as circunstâncias e o propósito da publicação. Nesta e em outras referências, os fascículos, chamados "livraisons", são citados como volumes, embora fossem geralmente encadernados juntos.

16. No início do terceiro fascículo, um aviso em página não numerada diante da página de rosto descreve os apontamentos sobre os prisioneiros como "des notes historiques sur ces mêmes prisonniers, fournies ou par des mémoires qu'ils nous ont remis ou par des dépositions qu'ils nous on faites, ou prises dans des papiers trouvés à la Bastille, dont les originaux sont entre nos mains".

17. *Mémoires historiques et authentiques sur la Bastille* (Paris, 1789), v. 1, pp. x-xi. Carra faz uma referência (v. 1, p. vi) que indica claramente sua autoria. Ele não continuou sua publicação dos documentos da Bastilha além do volume 3, que termina em 1775.

18. A respeito da história dos documentos da Bastilha e sua publicação, veja Frantz Funck-Brentano, *Catalogue des manuscrits de la Bibliothèque de l'Arsenal* (Paris, 1892), v. 9, introdução, e Funck-Brentano, *Les lettres de cachet à Paris: étude suivie d'une liste des prisonniers de la Bastille, 1659-1789* (Paris, 1903), pp. xlvii-liii. Veja também François Ravaisson, *Archives de la Bastille* (Paris, 1866-84), 16 vols., embora não vá além de 1759. Como a maioria das outras fontes, o catálogo da Bibliothèque Nationale de France atribui *La Bastille dévoilée* a Manuel. Funck-Brentano nota que Manuel colaborou com certo Charpentier, embora não ofereça nenhuma corroboração. Creio ser possível que Manuel tenha tido um ou mais colaboradores na preparação dos primeiros fascículos, mas, como explico abaixo, evidências internas sugerem que ele assumiu sozinho a edição da obra a partir do terceiro fascículo.

19. *La Bastille dévoilée*, v. 4, p. 3.

20. Maurice Tourneux (org.), *Correspondance littéraire, philosophique et critique par Grimm, Diderot, Raynal, Meister, etc.* (Paris, 1879), v. 15, p. 495.

21. *La Bastille dévoilée*, v. 1, p. 3.

22. Ibid., v. 6, p. 1.

23. Claude Perroud (org.), *J.-P. Brissot: mémoires, 1754-1793* (Paris, 1910), v. 2, p. 23. Quando publicou o ensaio de Brissot, Manuel incluiu uma nota indicando seu próprio papel como editor: "Il a bien voulu se donner la peine de faire son article. Nous l'insérons tel qu'il nous l'a envoyé". *La Bastille dévoilée*, v. 3, p. 75.

24. *La chasteté du clergé dévoilée, ou procès-verbaux des séances du clergé chez les filles de Paris, trouvés à la Bastille* ("à Rome, de l'Imprimerie de la Propagande, et se trouve à Paris, chez les marchands de nouveautés", 1790), v. 1, p. x.

25. Ibid., v. 1, p. vi.

26. Ibid., v. 1, p. 24.

27. *Vie secrète de Pierre Manuel*, pp. 47-8: "Il a vendu pour son profit au libraire Duplain, passage de la Cour du commerce, tous les procès-verbaux que les commissaires de police avaient dressés lors de l'arrestation des différents ecclésiastiques trouvés au b... [bordel] et c'est par le fait de cet intriguant malévole chargé de veiller sur les mœurs, que la jeunesse curieuse fut corrompue et empoisonnée après la lecture des anecdotes libertines des prêtres, anecdotes qui auraient dû rester secrètes, mais qu'il avait vendues moyennant 1.000 livres le cahier à Duplain, après s'être fait payer par Champion de Cicé, alors archevêque de Bordeaux et chancelier, 3.000 livres pour

tenir ces aventures secrètes. Il trouvait cet honorable trafic si lucratif qu'il y prit goût. Il forma une compilation de toutes les pièces dont il était le dépositaire de confiance, pour en faire un recueil piquant qu'il vendit 12.000 livres à Garnery, et après s'être fait payer encore de ceux qui, croyant reprendre la totalité de leurs pièces, n'en recevaient que les parties les plus insignifiantes et les moins utiles".

28. Jean-Louis Carra, um escritor de aluguel que lembra muito Manuel, tentou atrair leitores com uma retórica como a de Manuel na introdução de *Mémoires historiques et authentiques sur la Bastille*, v. 1, p. x: "Que ceux qui lisent ces mémoires s'identifient un moment avec les infortunés [...] et que de là ils élancent leur imagination indignée sur le sopha voluptueux de la prostituée favorite [de Luís xv]".

29. *La police de Paris dévoilée*, v. 1, p. 7.

30. Ibid.; citações de v. 2, pp. 115, 121, 153, 93.

31. Ibid., v. 2, p. 229.

32. *Lettres originales de Mirabeau, écrites du donjon de Vincennes pendant les années 1777, 78, 79 et 80; contenant tous les détails sur sa vie privée, ses malheurs, et ses amours avec Sophie Ruffei, marquise de Monnier* (Paris, 1792), v. 1, p. viii.

33. Ibid., v. 1, p. ix.

34. Ibid., v. 1, p. xxxviii.

35. Ibid.; citações de v. 1, pp. xv, xvi, xix.

36. Citações da reimpressão do artigo de Chénier em seu *Oeuvres complètes*, Gérard Walter (org.) (Paris, 1950), pp. 267-72. Embora Chénier tenha escrito a mais longa e mais veemente condenação da edição das cartas de Mirabeau feita por Manuel, muitos outros críticos reagiram negativamente. Até *Le Moniteur* (14 de fevereiro de 1792), normalmente brando em suas resenhas, condenou o mau gosto e a moralidade questionável do discurso preliminar de Manuel. Veja referências a outras reações e a polêmica em torno da edição em *Actes de la Commune de Paris*, deuxième série, v. 8, pp. 551-608.

37. *Interrogatoire de Pierre Manuel*, p. 9. Esse panfleto, uma transcrição do interrogatório de Manuel em 22 de maio de 1792, no julgamento envolvendo *Lettres originales de Mirabeau*, contêm grande quantidade de informações sobre a publicação das cartas e pode ser suplementado com os documentos coligidos em *Actes de la Commune de Paris*, deuxième série, v. 8, pp. 551-608.

38. *Lettres de P. Manuel*, p. iv. Manuel refere-se a si mesmo na terceira pessoa, pois escreveu como se fosse o editor anônimo das cartas. Ele completa sua ideia inserindo uma sentença que havia publicado em *La police de Paris dévoilée*, v. 2, p. 229: "Il fallait bien constater à quel degré en était la corruption, la gangrène des mœurs".

39. Ibid.

40. Aulard, *La Société des Jacobins*, v. 3, p. 348. O texto é citado em Auguste Kuscinski, *Dictionnaire des conventionnels* (Paris, 1916-9), v. 3, p. 427.

41. Esse ponto de vista foi expresso pela caricatura monarquista reproduzida no capítulo 5 (Figura 20).

42. Quando lhe perguntaram sobre sua apropriação dos arquivos, Manuel respondeu o seguinte, de acordo com *Interrogatoire de Pierre Manuel*, p. 7: "A répondu qu'il s'en est emparé les 14 et 15 juillet, dans ce moment où tout ce qu'avait volé le despotisme était à la disposition du peuple qui recouvrait et sa souveraineté et ses propriétés; qu'ils sont devenus dans ses mains les

armes de l'opinion publique tout comme les fusils enlevés aux Invalides sont devenus les armes de la liberté; et que cette conquête lui était plus facile qu'à un autre parce que lui-même enfermé à la Bastille, il avait pu sur les lieux connaître les archives de cet enfer des vivants; qu'il a recueilli les lambeaux de lettres et des papiers indéchiffrables, qu'il fallait toute sa patience, tout son opiniâtreté dans le travail pour tirer parti des papiers poudreux qui eûssent effrayé un savant du seizième siècle; et que c'est un bienfait national que d'avoir deviné un trésor là où tant d'autres n'auraient cru voir que des papiers de procureurs". O senso da própria virtude que transparece na defesa de Manuel pode parecer tendencioso aos leitores modernos, mas é preciso lembrar que disputas semelhantes sobre acesso aos arquivos policiais irromperam por toda a Europa Oriental depois do colapso dos regimes comunistas em 1989-90.

43. Manuel apresentou *Lettres originales de Mirabeau* aos jacobinos de maneira histriônica, colocando-as sob um busto de Mirabeau e exclamando: "Je dépose ces lettres sous son buste, sous les lauriers mêmes que vous lui avez décernés. [...] La peine qu'il m'a fallu prendre pour les lire, et je ferais mieux de dire pour les deviner, est une preuve de mon patriotisme". Também apresentou uma lettre de cachet que obtivera nos arquivos da Bastilha, a qual os jacobinos decidiram emoldurar e exibir ao lado de uma pedra da Bastilha. Aulard, *La Société des Jacobins*, v. 3, p. 335. Veja também as outras referências ao julgamento de Manuel nas atas das sessões dos jacobinos (v. 3, pp. 599, 639).

19. PALAVRAS E ATOS [pp. 290-302]

1. André Chénier, "Observations aux auteurs du *Journal de Paris sur l'éditeur des lettres de Mirabeau*", em Chénier, *Oeuvres complètes*, Gérard Walter (org.) (Paris, 1950), p. 271. Chénier descreveu Manuel como típico da nova ordem de escritores que dominaram a imprensa revolucionária: "Ils ne veulent pas voir que, cette partie d'industrie humaine ayant longtemps été comprimée sous des entraves sans nombre, dès que la barrière a été levée, une foule immense a dû se précipiter pour goûter à la hâte le plaisir de tout imprimer; et que nécessairement, le plus grand nombre de ces nouveaux écrivains avait négligé jusque-là de savoir lire et de savoir penser, préliminaires indispensables de l'art d'écrire", p. 271.

2. Pierre Augustin Caron de Beaumarchais, *Beaumarchais à Monsieur Manuel* (Paris, 1792), p. 3. É preciso ressaltar, no entanto, que Beaumarchais imiscuiu certa ironia em seus elogios e não resistiu à oportunidade de criticar o comercialismo por trás das publicações revolucionárias de Manuel: "Mais si jamais j'imprime à mon profit les souillures de la police, les lettres d'autrui dérobées, je me condamnerai d'avance aux reproches fondé du procureur syndic actuel de la commune de Paris", p. 5.

3. Como no capítulo 5, o relato que segue é baseado em Germaine Necker, baronesa de Staël-Holstein, *Considérations sur la Révolution Française*, Jacques Godechot (org.) (1818; Paris, 1983), pp. 283-6.

4. Pierre Manuel, *La Bastille dévoilée* (Paris, 1789), v. 3, pp. 69-70.

5. Em nota prefacial diante da página de rosto do volume 3, Manuel explica que os apontamentos foram baseados em "des notes historiques sur ces mêmes prisonniers fournies ou par des

mémoires ou par des dépositions qu'ils nous ont faites". Ele pode ter conhecido Pelleport na própria Bastilha, onde ambos foram prisioneiros em 1786.

6. Essa tendência foi estimulada principalmente por François Furet, *Penser la Révolution Française* (Paris, 1978). Embora eu admire Furet e tenha certa vez trabalhado a fundo com ele, discordo de sua ênfase no discurso e no efeito determinante das ideias. Minha abordagem da Revolução Francesa, como deve ficar evidente neste capítulo, pende bem mais para a história social e ressalta a percepção contemporânea dos acontecimentos, bem como o caráter contingente desses acontecimentos.

7. Discursos no Clube dos Jacobinos em 5 e 12 de fevereiro e 18 de julho de 1792, em F.-A. Aulard, *La Société des Jacobins: recueil de documents pour l'histoire du Club des Jacobins de Paris* (Paris, 1897-8), v. 3, pp. 364, 374, 648.

8. Ibid., v. 3, p. 683. Manuel atuou como vice-presidente e presidente dos jacobinos em junho de 1792, no ápice de seu prestígio com a esquerda.

9. Paul Robiquet, *Le personnel municipal de Paris pendant la Révolution* (Paris, 1890), v. 2, p. 488.

10. Aulard, *La Société des Jacobins*, v. 3, pp. 639, 648, 668; v. 4, pp. 79, 111; Robiquet, *Le personnel municipal de Paris*, p. 498.

11. Claude Perroud (org.), *J.-P. Brissot: mémoires, 1754-1793* (Paris, 1910), v. 2, p. 243.

12. Aulard, *La Société des Jacobins*, v. 4, p. 460.

13. Ibid.

14. Como exemplo dos escritos mercenários de Collot d'Herbois e a política que expressavam quando percorreu as províncias com uma trupe em 1775, veja sua peça *Le bon Angevin, ou l'hommage du cœur, comédie en un acte, mêlée de chants et vaudevilles et suivie d'un divertissement, composée en l'honneur de Monsieur, Frère du Roi, duc d'Anjou* (Angers, 1775), p. 4: "Français! Quelle nation plus heureuse que la vôtre! Votre roi veut être votre père; les princes augustes qui l'entourent veulent être vos frères et vos amis: le plaisir suit aujourd'hui l'obéissance, et le devoir parmi vous conduit à la félicité".

15. Aulard, *La Société des Jacobins*, v. 4, p. 612.

16. Mavidal e E. Laurent (orgs.), *Archives parlementaires de 1787 à 1860* (Paris, 1897), v. 52, p. 69.

17. Ibid., v. 54, pp. 244-5.

18. *Les Tuileries, le Temple, le Tribunal Révolutionnaire et la Conciergerie, sous la tyrannie de la Convention* (Paris, 1814), p. 85. Essa obra monarquista anônima cita a observação de Manuel a partir de um exemplar do *Journal de Cléry* em 1792. Não consegui cotejá-la com o original.

19. "Interrogatoire de Manuel, 23 brumaire An II", Archives Nationales, ms. W295, n. 246, peça 46.

20. O relato mais completo da suposta tentativa de Manuel falsificar a contagem é uma "dénonciation" de Elisabeth Mouttenot, femme Vialla, datada de 24 brumário, Ano II, nos documentos de seu julgamento, Archives Nationales, ms. W295, n. 246, peça 43. Há também uma alusão a esse incidente em "Acte d'accusation" de Antoine Quentin Fouquier-Tinville, datado 23 de brumário, Ano II, ibid., peça 54. Louis Sébastien Mercier também se refere a ele em Jean--Claude Bonnet (org.), *Le nouveau Paris* (1798; Paris, 1994), p. 879.

21. *Archives parlementaires*, v. 60, p. 346. Veja também *J.-P. Brissot: mémoires*, v. 2, p. 227.

22. Fouquier-Tinvillee, "Acte d'accusation", Archives Nationales, ms. W295, n. 246, peça 54. As várias denúncias precedem esse documento, peças 47-53. Uma versão impressa da demanda de Fouquier-Tinville contra Manuel foi publicada com o decreto do Tribunal Revolucionário condenando-o à morte como *Jugement rendu par le Tribunal Révolutionnaire, établi par la loi du 10 mars 1793, séant à Paris, au Palais, qui* [...] *condamne Pierre Manuel à la peine de mort, conformément à la loi du 16 décembre 1792* (Paris, 24 de brumário, Ano II).

23. *Jugement rendu para le ribunal* [sic] *criminel révolutionnaire, établi par la loi du 10 mars 1793, séant à Paris, au Palais, qui* [...] *condamne à la peine de mort, sur la place de la Révolution, Pierre Manuel* (Paris, s.d.), p. 4. Essa frase não aparece na publicação oficial de mesmo título. Ambas aparecem em Bibliothèque Nationale de France, L41b.2232.

24. *Véritable testament de Pierre Manuel ci-devant Procureur de la Commune et député à la Convention Nationale, écrit la veille de sa mort, dans la prison de la Conciergerie, suivi de plusieurs morales touchantes qu'il fit au Tribunal Révolutionnaire pour gagner le peuple à son avantage* (s.l., s.d.), pp. 2, 8.

20. PÓS-ESCRITO, 1802 [pp. 303-5]

1. Essa última referência a Pelleport aparece nos relatórios diários preparados para Bonaparte pela polícia comandada por Joseph Fouché: "Préfecture de police, 1ère division, 19 brumaire An XI", Archives Nationales, ms. F7.3831. Foi publicada por F.-A. Aulard em *Paris sous le Consulat: recueil de documents pour servir à l'histoire de l'esprit public à Paris* (Paris, 1903-9), v. 3, pp. 386-7.

2. *Gazette Nationale ou le Moniteur Universel*, 16 de fevereiro de 1792.

3. Ibid., 18 de fevereiro de 1792.

4. Nesse ponto, a documentação torna-se escassa e pouco fidedigna. A melhor fonte é um pequeno ensaio, "Lafitte de Pelleport", assinado por S. Churchill em *L'Intermédiaire des chercheurs et curieux* (30 de outubro de 1904), p. 50, col. 634-7. O texto cita um relato do cerco de Valenciennes em junho e julho de 1793, no qual Pelleport talvez tenha atuado como agente secreto do Ministério das Relações Exteriores francês. Cita também Gérard de Contades (org.), *Journal d'un fourrier de l'armée de Condé: Jacques de Thiboult du Puisact, député de l'Orne* (Paris, 1882), que contém uma descrição convincente de Pelleport como um espirituoso soldado-poeta no exército do príncipe de Condé em Steinstadt no verão de 1795. Em seu diário, pp. 63, 65, 69, Thiboult comenta que "Lafitte de Pelleport" entreteve Condé e outros oficiais com seus poemas, notadamente alguns versos sobre o duque de Bourbon, os quais ele improvisou enquanto montava guarda certa manhã de julho. Entretanto, em uma nota na página 63, Contades afirma que Pelleport deixara o exército em novembro de 1795 para juntar-se a sua irmã em Filadélfia. Em obra posterior, *Emigrés et chouans: le chevalier de Haussey, Armand de Chateaubriand; un chouan à Londres; les gentilshommes poètes de l'armée de Condé; Puisaye et d'Avaray* (Paris, 1895), p. 190. Contades afirma que Pelleport morreu de febre amarela logo depois de chegar a Filadélfia. Esse fim improvável é contradito por um ensaio mais curto, mas mais sóbrio, sobre Pelleport em *Biographie universelle ancienne et moderne* (Paris, 1843), v. 32, p. 398, segundo o qual Pelleport morre em Paris por volta de 1810. Duas outras notícias em *Intermédiaire des chercheurs et curieux* (20 de janeiro de 1904), p. 49, col. 79, não esclarecem os pontos obscuros da biografia de Pelle-

port. Todavia, é possível deduzir muito mais mediante um estudo atento de seus escritos, que contêm muitas referências autobiográficas, as quais podem ser identificadas, a despeito de seu anonimato, por insinuações e dicas espalhadas pelos textos.

5. "Préfecture de police, 1ère division, 19 brumaire An xi", Archives Nationales, ms. F7.3831.

21. A NATUREZA DOS LIBELOS [pp. 309-22]

1. Muitas discussões modernas sobre esse tema partem do famoso ensaio de Jean-Paul Sartre, "Qu'est-ce que la littérature?", publicado em *Temps modernes* de fevereiro a julho de 1947, e de Roland Barthes, *Le degré zéro de l'écriture* (Paris, 1965).

2. Quando indivíduos sentiam-se caluniados ou difamados, podiam levar o caso aos tribunais cíveis, mas geralmente não o faziam a fim de evitar publicidade desagradável. Em termos legais, *libel* [normalmente traduzido como calúnia*] eram detrações por escrito, que podiam ser processadas como crime ou como delito civil; *slander* [geralmente traduzido como difamação] eram detrações orais, que só podiam ser processadas como delito civil. Mas nenhuma fronteira clara separava os dois termos em uso cotidiano. Veja C. R. Kropf, "Libel and satire in the eighteenth century", *Eighteenth-Century Studies*, v. 8 (1974-5), pp. 153-68; e Philip Hamburger, "The development of the law of seditious libel and the control of the press", *Stanford Law Review*, v. 37 (1985), pp. 661-765.

3. Evidentemente, pessoas que se considerassem difamadas ou caluniadas por um libelo podiam levar o caso aos tribunais, mas um processo jurídico não era opção viável para alguém eminente que buscasse emenda ou reparação de um escritor obscuro ou anônimo. Nos tribunais, os processos por calúnia ou difamação geralmente envolviam pessoas comuns de condição social média. Veja, por exemplo, *Mémoires secrets pour servir à l'histoire de la république des lettres en France*, 30 de dezembro de 1784.

4. Compilei essas estatísticas a partir de Frantz Funck-Brentano, *Les lettres de cachet à Paris: étude suivie d'une liste des prisonniers de la Bastille, 1659-1789* (Paris, 1903). A categoria com maior número de ofensas era "Jansénisme", embora o termo abrangesse todo tipo de atividade além da publicação. Indeterminados "délits de la librairie" eram também uma categoria grande, mas não é possível averiguar os tipos de publicações abrangidos sem consultar os dossiês um a um.

5. A respeito dos libelos da primeira metade do século xvii, veja Christian Jouhaud, "Les libelles en France dans le premier xviie siècle: lecteurs, auteurs, commanditaires, historiens", *XVIIe siècle*, v. 49 (1998), pp. 203-17. Não existe estudo geral dos libelos nos primórdios da Europa moderna.

6. Utilizei a edição de 1691: Antoine Furetière, *Dictionnaire universel* (Haia e Roterdã, 1691). As frases são praticamente as mesmas no verbete *libelle* do *Dictionnaire de Trévoux* (Trévoux, 1704). As edições do século xviii do *Dictionnaire de l'Académie Française* restringem sua

---

* A definição desses crimes contra a honra não corresponde à da legislação atual. No Brasil, "calúnia" é imputar falsamente a alguém uma conduta definida como crime. "Difamação" é imputar a alguém uma conduta desonrosa, mas não necessariamente ilícita. "Injúria" é uma ofensa à honra subjetiva da pessoa. (N. T.)

definição a duas palavras: "écrit injurieux". Samuel Johnson não vai muito além no verbete "libel" do seu *Dictionary of the English language*, 4ª ed. (Dublin, 1775): "A satire; defamatory writing; a lampoon" ["Uma sátira; escrito difamatório; um pasquim"].

7. Veja "libelle" em *La grande encyclopédie, inventaire raisonné des sciences, des lettres et des arts* (Paris, 1886-1902) e em *Grand dictionnaire universel du XIXᵉ siècle* (Paris, 1866-70). Na época de Augusto, os romanos usavam *libellus* para designar um panfleto difamatório. P. G. W. Glare (org.), *Oxford Latin dictionary* (Oxford, 1996), p. 1022, nota o uso do termo nos *Anais* de Tácito: "Augusto foi o primeiro a instituir tribunais contra panfletos caluniosos (*famosi libelli*) tendo como pretexto a lei de lesa-majestade (*maiestas*)". Por estas e outras informações sobre libelos entre os antigos, sou grato a Christopher Jones e Peter Brown.

8. Veja o artigo sobre ele em *Allgemeine Deutsche biographie* (Berlim, 1887; reimpressão, 1970), p. 24. Sou grato a Martin Muslow por essa referência e por informações gerais sobre disputas humanistas.

9. "Libelle" em *Grand dictionnaire universel du XIXᵉ siècle*. Pierre Bayle discute o édito de 1561, sua renovação em 1577 e outras medidas contra libelos em "Dissertation sur les libelles diffamatoires" no final de seu *Dictionnaire historique et critique* (1695-7; Paris, 1820), v. 15, pp. 160-9.

10. "Libelle" em *Grand dictionnaire universel du XIXᵉ siècle*.

11. Veja exemplos de utilização no verbete "libelle" em *Grand Larousse de la langue française* (Paris, 1975); *Le grand Robert de la langue française* (Paris, 2001); e *Trésor de la langue française: dictionnaire de la langue du XIXᵉ et du XXᵉ siècle, 1789-1960* (Paris, 1971-94).

12. Chrétien-Guillaume de Lamoignon de Malesherbes, *Mémoires sur la librairie: mémoire sur la liberté de la presse*, Roger Chartier (org.) (texto original data de 1759; Paris, 1994), pp. 101--2. Malesherbes também nota que os censores reais costumavam ser incapazes de detectar comentários difamatórios velados acerca dos grandes, pois não pertenciam ao mundo elevado dos "gens [...] considérables", p. 91.

13. Pierre Bayle, "Dissertation sur les libelles diffamatoires", em *Dictionnaire historique et critique* (1695-7; Paris, 1820), v. 15, p. 173.

14. Voltaire, "Mémoire sur la satire à l'occasion d'un libelle de l'abbé Desfontaines contre l'auteur" em *Oeuvres complètes de Voltaire* (1739; Paris, 1879), v. 23, pp. 47-64.

15. "Libelle" em *Dictionnaire de Trévoux*.

16. "Libelle" em *Encyclopédie ou dictionnaire raisonné des sciences, des arts et des métiers* (Paris e Neuchâtel, 1751-72).

17. Louis-Sébastien Mercier, *Tableau de Paris*, Jean-Claude Bonnet (org.) (Paris, 1994, reimpressão das sucessivas edições de 1781-7), v. 2, p. 28. Como exemplo de um libelista com fortes interesses pecuniários, Mercier alude às atividades de Goupil (v. 2, p. 27).

18. Simon-Nicolas-Henri Linguet, *Théorie du libelle, ou l'art de calomnier avec fruit, dialogue philosophique pour servir de supplément à la théorie du paradoxe* (Amsterdã, 1775), p. 11.

19. Bibliothèque Nationale de France, ms. fr. 22101. O arrêt du Conseil condenou o livro como um "libelle [...] contenant d'ailleurs des injures, des déclamations et calomnies contre des personnes dignes de l'estime et de la confiance publique".

20. Linguet, *Théorie du libelle*, pp. 223-4.

21. *Théorie du paradoxe* (Amsterdã, 1775), p. 128.

22. Uma carta do marquês de Favras ao chefe de polícia citada em Pierre Manuel, *La police de Paris dévoilée* (Paris, 1790), v. 1, p. 111. Veja exemplo semelhante em ibid., v. 1, p. 224.

23. Linguet, *Théorie du libelle*, p. 9.

24. Jean-Paul Marat, *Offrande à la patrie, ou discours au tiers-état de France* (1789), p. 25.

25. Bibliothèque Nationale de France, ms. fr. 22101. O édito deplora a tendência de os libelos enfraquecerem a monarquia expondo os segredos internos do governo: "Heureuse la France si ces problèmes politiques fussent toujours demeurés sous le voile dont la prudence de nos pères avait enveloppé tout ce qui concerne le gouvernement et l'administration, pour ne point exciter de fermentation dans les esprits. [...] Les auteurs de ces deux ouvrages ne cherchent qu'à détruire toute subordination dans le corps politique de l'État". Malesherbes também fustiga os escritos polêmicos que desafiavam a autoridade do rei embora não difamassem nenhum indivíduo como "libelles téméraires". Malesherbes, *Mémoires sur la librairie*, p. 57.

26. Veja uma discussão ampliada da leitura e dos *romans à clef* em meu ensaio "Mademoiselle Bonafon and the private life of Louis xv: communication circuits in eighteenth-century France", *Representations* (verão de 2004), pp. 102-24.

27. Em sua edição de *Anecdotes curieuses de la cour de France sous le règne de Louis XV* (Paris, 1908), pp. ciii, xcvii-c, Paul Fould contesta essa atribuição padrão e defende que *Mémoires secrets pour servir à l'histoire de Perse* (Amsterdã, 1745) foi escrito por François-Vincent Toussaint. Ele afirma que *Anecdotes curieuses* foi uma versão inicial de *Mémoires secrets*, escrito por Toussaint sem a ambientação persa para camuflar os nomes. Fould oferece algumas evidências importantes, mas não acho seu argumento totalmente convincente, ainda mais que Pecquet recebe um tratamento demasiado favorável, que soa como uma falácia de alegação especial [*special pleading*], em *Mémoires secrets* (Berlim, ed. 1759), pp. 94-5.

28. Imbert de Boudeaux, *Le chronique scandaleuse, ou mémoires pour servir à l'histoire de la génération présente, contenant les anecdotes et les pièces les plus piquantes que l'histoire secrète des sociétés a offertes pendant ces dernières années* (Paris, 1791), v. 1, p. 37.

29. *La police de Paris dévoilée*, v. 1, p. 123.

22. ANEDOTAS [pp. 323-58]

1. "Anecdote", em *Dictionnaire de l'Académie Française* (1762; reimpressão, Nimes, 1778). Samuel Johnson arremedou os franceses ao promover sua própria definição, que não continha nenhuma sugestão de imprecisão, rumores falsos ou boatos pouco confiáveis: "1. Something yet unpublished; secret history. 2. It is now used, after the French, for a biographical incident; a minute passage of private life" [1. Algo ainda inédito; história secreta. 2. O termo agora indica incidente biográfico, à maneira dos franceses; pequeno trecho de uma vida privada], *A dictionary of the English language*, 4ª ed. (Dublin, 1775).

2. Veja um resumo bastante útil da literatura sobre Procópio em *Paulys realencyclopädie des classischen Altertumswissenschaft* (Stuttgart, 1957), v. 45, col. 273-599.

3. *Anecdotes sur madame la comtesse du Barry* (Londres, 1775), prefácio (não paginado). Veja estatísticas sobre a enorme divulgação desse libelo em Robert Darnton, *The corpus of clandestine literature in France, 1769-1789* (Nova York, 1995), pp. 19-20.

4. *Remarques sur les anecdotes de madame la comtesse Dubarri par madame Sara G...* (Londres, 1777), p. 11. O autor, provavelmente Ange Goudar escrevendo na pessoa de sua amante Sarah, retoma as anedotas mais ultrajantes sobre madame du Barry, mas pretende estar acima dessas coisas e mostra seu desprezo pelo autor rival, "un assassin littéraire qui tue périodiquement. [...] Chaque ligne est une satire, et chaque page forme un libelle diffamatoire", pp. 84-5. *Remarques* acrescenta algumas anedotas novas, embora condene o *Anecdotes sur madame la comtesse du Barry* original por fazer exatamente a mesma coisa: "Comme le sac des anecdotes commençait à se vider, et que l'auteur en avait besoin pour grossir son livre, il a recours aux historiettes accessoires", p. 127. Na realidade, *Remarques* é provavelmente uma obra encomendada para explorar o sucesso do libelo que supostamente refuta.

5. *Correspondance Littéraire Secrète* (s.l., s.d.), 16 de maio de 1781.

6. Ibid., 14 de novembro de 1781.

7. Ibid., 21 de setembro de 1784. O autor está resenhando um novo quarto volume anexado ao texto original, lançado em dois volumes em 1752.

8. Testemunhos dessa experiência de leitura podem ser encontrados em Valentin Jamerey-Duval, *Mémoires: enfance et éducation d'un paysan au XVIIIᵉ siècle*, Jean Marie Goulemot (org.) (Paris, 1981); Claude Perroud (org.), *Mémoires de madame Roland* (Paris, 1905); e Jeanne-Louise-Henriette Campan, *Mémoires sur la vie de Marie-Antoinette, reine de France et de Navarre* (Paris, 1886). Veja também Jacques-Louis Ménétra, *Journal de ma vie: Jacques-Louis Ménétra, compagnon vitrier au 18ᵉ siècle*, Daniel Roche (org.) (Paris, 1982), e Nicolas Edme Restif de la Bretonne, *Monsieur Nicholas; ou, le cœur humain dévoilé*, J.-J. Pauvert (org.) (Paris, 1959).

9. É preciso notar, contudo, que Morande mais tarde repudiou *Le gazetier cuirassé* como um "ramas d'anecdotes". *Réplique de Charles Théveneau Morande à Jacques-Pierre Brissot sur les erreurs, les oublis, les infidélités, et les calomnies de sa réponse* (Paris, 1791), p. 19.

10. *Le gazetier cuirassé, ou anecdotes scandaleuses de la cour de France* (1777), p. 100.

11. Ibid., p. 34.

12. Erica-Marie Benabou, *La prostitution et la police des mœurs au XVIIIᵉ siècle* (Paris, 1987), pp. 257-9.

13. Louis-Sébastien Mercier, *Tableau de Paris*, Jean-Claude Bonnet (org.) (Paris, 1994, reimpressão das sucessivas edições de 1781-7), v. 2, pp. 25-9.

14. Um exemplo raro de uma obra histórica tolerada pelo regime é *Journal historique, ou fastes du règne de Louis XV* (Paris, 1766), mas é pouco mais que uma compilação de acontecimentos, não uma narrativa, e exclui tudo que pudesse ofender as autoridades. Paul-Philippe Gudin de La Brenellerie, autor de uma história inócua, *Aux mânes de Louis XV et des grands hommes qui on vécu sous son règne, ou essai sur les progrès des arts et de l'esprit humain sous le règne de Louis XV* (Lausanne, 1777), explica no prefácio que supusera ser possível publicá-la legalmente na França, mas depois de tentar obter a aprovação dos censores, desistiu e resolveu lançar a obra anonimamente no exterior. Os censores eram tão temerosos, diz ele, que não permitiam nem a mais ínfima observação que pudesse desagradar alguma pessoa influente.

15. Nougaret é uma personagem fascinante de Grub Street e um rival de Restif de la Bretonne, mas, pelo que pude descobrir, nunca foi estudado. Veja uma lista de suas publicações, extraordinariamente variadas e profusas até a véspera de sua morte em 1823, veja Alexandre Cioranescu, *Bibliographie de la littérature française du dix-huitième siècle* (Paris, 1969), v. 2, pp. 1342-5.

Veja também uma breve menção a ele em Jean Sgard (org.), *Dictionnaire des journalistes, 1600-*
-1789 (Oxford, 1999), v. 2, pp. 746-7.

16. Os historiadores costumam considerar que a guerra começou com a invasão da Silésia
por Frederico II em dezembro de 1740, mas os franceses datam o início a partir do envolvimento
da França em 1741; daí o título da obra de Voltaire, *Histoire de la guerre de 1741*. A discussão que
segue deve muito à edição escrupulosa do texto por Jacques Maurens, *Histoire de la guerre de 1741*
(Paris, 1971) e ao trabalho de René Pomeau, especialmente *Voltaire en son temps* (Oxford, 1985-
-94), 5 vols.

17. Voltaire a Charles Augustin Feriol, conde d'Argental, 5 de abril de 1745, Theodore Besterman (org.), *The complete works of Voltaire: correspondence and related documents* (Genebra,
1970), v. 93, p. 224.

18. René Louis de Voyer de Paulmy, marquês d'Argenson, a Voltaire, 15 de maio de 1745,
ibid., v. 93, p. 243: "Voici les anecdotes que j'ai remarquées ou que l'on a remarquées pour moi".
Veja observações semelhantes sobre anedotas em Voltaire a d'Argenson, 26 de maio de 1745,
ibid., v. 93, p. 255, e Voltaire a conde Otto Christoph von Podewils, 1º de maio de 1745, ibid., v. 93,
p. 233.

19. Voltaire a d'Argenson, 17 de agosto de 1745, ibid., v. 93, p. 306. Veja também Voltaire a
d'Argenson, 30 de setembro de 1745, ibid., v. 93, p. 306, e Voltaire a d'Argental, outubro de 1745
(a data exata não é indicada), ibid., v. 93, p. 346.

20. René Pomeau, uma das maiores autoridades em Voltaire, descreveu-o em relação a
Histoire de la guerre de 1741 como um "reporter de génie" e caracterizou sua pesquisa como o
"contact du journaliste avec le réel". Veja a introdução de Pomeau a Voltaire, *Oeuvres historiques*
(Paris, 1978), p. 15.

21. Referências dispersas a *portefeuilles* de anedotas podem ser encontradas em muitas
fontes, incluindo os próprios libelos. Por exemplo, um libelo contra o controlador geral das finanças, o abbé Joseph Marie Terray, narra um incidente que confirma rumores sobre as especulações do governo com o comércio de grãos, e em seguida comenta: "L'anecdote au surplus, pour
qu'elle ne fût pas oubliée, fut consignée dans de méchants vers, que les curieux recueillirent toujours dans leur portefeuille, comme très courus alors et complettant le recueil de tant d'autres où
les opérations sinistres du contrôleur général étaient consignées", *Mémoires de l'abbé Terrai* ("à la
Chancellerie", 1776), p. 265.

22. Veja capítulo 9 e as fontes lá citadas.

23. Veja Bernadette Fort, Jeremy Popkin (orgs.), *The "Mémoires secrets" and the culture of*
publicity in eighteenth-century France (Oxford, 1998), especialmente o ensaio de Pierre Rétat,
"L'Anecdote dans les *Mémoires secrets*: Type d'information et mode d'écriture", pp. 61-72.

24. Pierre Manuel, *La Bastille dévoilée, ou recueil de pièces authentiques pour servir à son*
histoire (Paris, 1789), v. 7, p. 132.

25. Pierre Manuel, *La police de Paris dévoilée* (Paris, 1790), v. 1, p. 218.

26. Ibid., v. 1, p. 212.

27. *La Bastille dévoilée*, v. 8, pp. 50-1.

28. Documentos da Bastilha, ms. 11683, Bibliothèque de l'Arsenal. Esse volumoso dossiê
contém muitas informações sobre Mairobert, que foi descrito por um agente policial (provavelmente Joseph d'Hémery), em uma nota em 2 de julho de 1745, como "un jeune homme qui ai-

mait à recueillir les vers courants, qui ne négligeait pas ceux qui étaient malins, les portait dans ces poches, et ne se faisait pas prier pour les réciter ou pour en laisser prendre copie. [...] Ses entretiens ordinaires se tenaient dans les cafés toujours garnis d'espions de police". Quando requisitou um cargo administrativo em 1762, Mairobert descreveu a si mesmo como "sans fortune et réduit aux talents". Ele parece ter ganho a vida por meio de diversos expedientes, embora tivesse contatos na elite parisiense. Trabalhou por um tempo no Ministério da Marinha e chegou até a atuar como censor real. Ao notificar o chefe de polícia sobre a prisão de Mairobert em 2 de julho de 1749, o comissário Rochebrune observou que o irmão dele, um advogado, dissera à polícia que Mairobert cortara todos os laços com a família e não quisera seguir carreira em direito ou finanças. Pelo contrário, entregou-se a "le fol empressement qu'il avait d'avoir toutes les pièces fugitives et satyriques qui paraissent et de les distribuer par un principe de vanité et pour faire croire qu'il était en relation avec tous les auteurs". Veja nota biográfica em *Dictionnaire des journalistes*, v. 2, pp. 787-9.

29. *La Bastille dévoilée*, v. 8, pp. 19, 129.

30. Ibid., v. 8, p. 54.

31. Embora nunca tenha visto uma descrição completa de uma cena como essa, já me deparei com vários relatos de *café gossip* e *nouvellistes* recitando anedotas. Para um tratamento mais exaustivo da interação entre contato oral e escrito, veja meu ensaio "Public opinion and communication networks in eighteenth-century Paris", em Peter-Eckhard Knabe (org.), *Opinion* (Berlim, 2000), pp. 149-230, que foi publicado em livro como *Poesie und Polizei: öffentliche Meinung und Kommunikationsnetzwerke im Paris des 18. Jahrhunderts* (Frankfurt am Main, 1996). Muitas das coleções de material anedótico do século XVIII são conhecidas como "chansonniers", pois concentram-se em canções, embora também costumem incluir anedotas em prosa, e muitas coleções de livros de recortes contêm os mais variados tipos de excertos anedóticos, às vezes copiados com bastante capricho, outras vezes colados a esmo nas páginas. Uma pesquisa sistemática dessas fontes revelaria muito sobre a transmissão de informações sob o Ancien Régime. Ainda há muito a ser extraído das coleções da seção de manuscritos da Bibliothèque Nationale de France, notadamente mss. fr. 12650, 12719, 13659, 13662, 13694-5, 13699-712. A Bibliothèque de l'Arsenal tem um rico acervo de documentos similares, e.g., manuscritos 10029, 10169-70, 10319, 10819, 11544. E alguns dos materiais mais ricos podem ser encontrados na Bibliothèque Historique de la Ville de Paris, especialmente os manuscritos 580, 625-36, 648-9, C.P. 4274-9, C.P. 4311- -2 e N.A. 229.

32. *Vie privée de Louis XV, ou principaux événements, particularités et anecdotes de son règne* (Londres, 1781), p. vii.

33. Moufle foi enviado para a Bastilha duas vezes — em 1750, por colaborar em um libelo, *Le cannevas de la Pâris, ou mémoires pour servir à l'histoire de l'hôtel de Roulle* (1750), e em 1781, por *Vie privée de Louis XV*. Nas duas ocasiões, foi libertado depois de alguns dias, sem dúvida graças à intervenção de protetores. Embora viesse de uma família relativamente rica, ele parece ter mergulhado na pobreza depois de perder o emprego no Ministério da Marinha em 1760. Veja *La Bastille dévoilée*, v. 8, pp. 49-54; o relatório da polícia sobre Moufle na Bibliothèque Nationale de France, n.a.f., ms. 10782; e *Dictionnaire des journalistes*, v. 2, pp. 733-5. *Mémoires secrets* não cobre o período anterior a 1762, de modo que Moufle não pode ter utilizado a obra para os dois primeiros volumes de *Vie privée*, que leva a história do reino até 1754. Os dois últimos volumes

contêm muitas passagens que aparecem em *Mémoires secrets* e em outras obras que Moufle escreveu em parceria com Mairobert, notadamente *Journal historique de la révolution opérée dans la constitution de la monarchie française par le chancelier de Maupeou* (Londres, 1774-6), 7 vols. Moufle pode ter participado de três outras obras normalmente atribuídas a Mairobert: *Maupeouana ou correspondance secrète et familière du chancelier de Maupeou avec Sorhouet* (Londres, 1771), 2 vols.; *L'Observateur anglais ou correspondance secrète entre milord All'eye et milord All'ear* (Londres, 1777-8), 2 vols.; e *Anecdotes sur madame la comtesse du Barry*. Na realidade, Moufle e Mairobert colaboraram tão intensamente que é impossível saber quem escreveu o quê.

34. Veja os comentários genéricos de Moufle sobre história, a qual ele descreve como um ciclo de ocorrências análogas, em *Vie privée de Louis XV*, v. 1, p. 30.

35. Veja ibid., v. 1, pp. 82, 199, como exemplos da técnica de Moufle para lançar o leitor no papel de um "lecteur philosophe", que deve refletir sobre o significado geral dos acontecimentos. Quando cita os *philosophes* franceses, Moufle tem predileção por Voltaire, mas também faz referências a Montesquieu, Helvétius e Raynal. Embora nunca mencione Rousseau pelo nome, ele invoca o conceito de um "contrato social" (v. 1, p. 5).

36. Ibid., v. 2, p. 224. Veja comentários semelhantes sobre filosofia: v. 1, p. 168; v. 2, p. 315; v. 4, pp. 114, 203-4.

37. Veja, por exemplo, ibid., v. 1, pp. 4-5; v. 2, pp. 46, 95; v. 4, pp. 66, 95, 172, 232.

38. Ibid., v. 1, p. 128.

39. Veja, por exemplo, ibid., v. 4, pp. 172, 204, 224, 231.

40. Ibid., v. 1, p. vii.

41. Ibid., v. 1, p. vi.

42. Ibid., v. 3, p. 205.

43. Ibid., v. 1, p. 1. Em outras passagens, Moufle atribui anedotas a "une relation manuscrite" (v. 3, pp. 116-7, 138) e a "un mémoire manuscrit curieux" (v. 3, p. 138).

44. Bibliothèque Nationale de France, n.a.f., ms. 10783. A respeito da autoria de *Mémoires secrets pour servir à l'histoire de Perse*, veja o verbete correspondente em Antoine-Alexandre Barbier, *Dictionnaire des ouvrages anonymes, troisième édition, revue et augmentée par MM. Olivier Barbier, René et Paul Billard* (Paris, 1872-9), v. 3, pp. 244-6, e as observações no capítulo anterior, nota 27. Veja também a referência a Pecquet em *Vie privée de Louis XV*, v. 2, p. 41.

45. Compare *Vie privée de Louis XV*, v. 2, pp. 14-5, e *Mémoires secrets pour servir à l'histoire de Perse* (Amsterdã, 1745; Berlim, 1759), pp. 100-1.

46. *Vie privée de Louis XV*, v. 1, p. 52.

47. Ibid., v. 2, p. 62.

48. Ibid., v. 2, p. 300.

49. Voltaire mais tarde incorporou *Histoire de la guerre de 1741* a *Précis du siècle de Louis XV* (1770), que estendeu a narrativa até o final da década de 1760, embora *Précis* fosse ainda mais incompatível com o ponto de vista de Moufle. De modo que, ao discutir os últimos anos do reinado, Moufle evitou o relato de Voltaire e voltou-se a obras mais radicais como *Anecdotes sur madame la comtesse du Barry* e *Mémoires de l'abbé Terray*.

50. Por exemplo, depois de copiar o relato da sedução do rei por madame de Mailly, ele acrescenta a seguinte nota (*Vie privée de Louis XV*, v. 2, p. 30): "Voyez *Les amours de Zéokinizul, roi des kofirans, ouvrage traduit de l'arabe, du voyageur Krinelbol*, un de ces écrits obscurs et licen-

cieux, dont il faut se défier cependant, et que nous n'adoptons qu'autant que le faits se rapportent avec les manuscrits plus authentiques que nous avons sous les yeux, ou avec le récit des courtisans contemporains".

51. Ibid., v. 2, p. 220. Veja o comentário semelhante no igualmente apócrifo *Mémoires de madame la marquise de Pompadour*, v. 2, p. 359.

52. Ibid., v. 2, p. 112, e *Journal historique, ou fastes du règne de Louis XV, surnommé le Bien--aimé* (Paris, 1766), v. 2, p. 2.

53. *Les fastes de Louis XV, de ses ministres, maîtresses, généraux, et autres notables personnages de son règne* ("à Ville-Franche, chez la Veuve Liberté", 1782), p. xiv. O autor de *Anecdotes du règne de Louis XVI, contenant tout ce qui concerne ce monarque, sa famille et la reine* (1776; Paris, 1791), v. 1, p. ix, também admite ter surrupiado anedotas: "J'ai recueilli les anecdotes les plus intéressantes éparses dans plusieurs ouvrages très rares".

54. *Les fastes de Louis XV*, v. 1, pp. 122-3; *Vie privée de Louis XV*, v. 2, pp. 34-5; *Mémoires secrets pour servir à l'histoire de Perse*, pp. 76-8.

55. *Mémoires secrets*, 19 de dezembro de 1784: "Les bonnes choses qu'on y trouve sont des lambeaux pillés de l'*Espion anglais*, des *Mémoires secrets*, des *Mémoires de l'abbé Terray*, de la *Gazette Littéraire de l'Europe*, etc.".

56. *Correspondance Littéraire Secrète*, 7 de março de 1781. O resenhista identifica o autor do livro como sendo "Monsieur Mouffle de Georville" (modificado, embora incorretamente, para "d'Amberville" em uma nota subsequente em 14 de março) e observa que ele estava preso na Bastilha por sua audácia. A despeito de algumas críticas, a resenha é bastante favorável: "Le style m'en a paru négligé, mais l'ouvrage n'en est peut-être pas moins curieux. [...] L'histoire des maîtresses de Louis XV se lit aussi avec tous ses détails".

57. Classifiquei-os na 32ª e 39ª posições dentre as 720 obras proibidas cuja difusão eu estudei em *The corpus of clandestine literature*.

58. Outras obras aludem aos mesmos incidentes e seguem o mesmo entrecho, mas não incluem as anedotas na íntegra, com o remate final. Por exemplo, *Mémoires de Louis XV, roi de France et de Navarre* (Roterdã, 1775) segue de perto a narrativa e a mensagem geral de *Vie privée de Louis XV*, mas não extraiu material de publicações anteriores.

23. RETRATOS [pp. 359-75]

1. *Mémoires secrets pour servir à l'histoire de Perse* (Amsterdã, 1745; Berlim, 1759), p. 31. E *Vie privée de Louis XV, ou principaux événements, particularités et anecdotes de son règne* (Londres, 1781), v. 1, p. 42.

2. Bibliothèque Nationale de France, ms. fr. 12650, p. 147.

3. *The debaucht court: or, the lives of the emperor Justinian and his empress Theodora* (Londres, 1682), pp. 42-5. Na página 1, o autor anônimo dessa tradução identifica a obra como "The secret history of Procopius".

4. *Vie privée de Louis XV*, v. 1, p. vi.

5. *Correspondance Littéraire Secrète* (s.l., s.d.), 1º de março de 1781 (sem paginação).

6. Ibid., 21 de setembro de 1784. Em uma resenha de *Les portraits, ou dialogues entre un*

peintre et un poète, 14 de janeiro de 1781, o autor também enfatiza a importância dos retratos escritos e cita alguns deles longamente. Também cita anedotas da mesma maneira, a fim de satisfazer "les amateurs d'*anecdotes toutes fraîches*" (14 de novembro de 1781).

7. Louis Sébastien Mercier, *Tableau de Paris,* Jean-Claude Bonnet (org.) (Paris, 1994, reimpressão das sucessivas edições de 1781-7), v. 1, p. 154.

8. É impossível estimar o número de franceses que viram algum retrato oficial de Luís xv. Pinturas e bustos eram copiados, de modo que os parisienses podiam vê-los nos salões semestrais (exposições no Louvre), que atraíam grandes públicos na segunda metade do século xviii. Veja Thomas E. Crow, *Painters and the public in eighteenth-century Paris* (New Haven, Connecticut, 1985), e Willibal Sauerländer, *Ein Versuch über die gesichter Houdons* (Munique, 2003). Seja como for, a divulgação de imagens de Luís xv parece ter sido bastante limitada em comparação com as campanhas de propaganda que disseminavam a iconografia associada a Luís xiv. Veja Louis Marin, *Le portrait du roi* (Paris, 1981), e Peter Burke, *The fabrication of Louis XIV* (New Haven, Connecticut, 1994). A respeito do distanciamento de Luís xv dos parisienses, veja Arlette Farge, *Dire et mal dire: l'opinion publique au XVIIIᵉ siècle* (Paris, 1992).

9. Com pertinência, Colin Jones lembra que pernas belas e longas eram um aspecto da representação dos reis, especialmente de Luís xiv, admirado como dançarino. Veja *The great nation: France from Louis XV to Napoleon, 1717-99* (Nova York, 2002), pp. 1-2.

10. A distinção entre Luís como um pessoa comum e bastante afável e Luís como um rei incompetente é um dos grandes temas de *Vie privée de Louis XV,* enfatizada desde o início (v. 1, p. 2): "Qui de nous n'a pas entendu dire à ses serviteurs, à ses familiers, à ses ministres: 'Que le roi n'est-il né parmi nous! Il serait le particulier le plus aimable, le meilleur mari, le meilleur père, le plus honnête homme de son royaume'".

11. *Le gazetier cuirassé, ou anecdotes scandaleuses de la cour de France* (1771), pp. 126-34, e *La gazette noire par un homme qui n'est pas blanc, ou œuvres posthume du gazetier cuirassé* (1784), pp. 130-69. Embora a maior parte de *La gazette noire* seja plagiada de outros libelos, acredito que a primeira parte foi escrita por Pelleport. O autor não poderia ter sido Morande, que em 1784 já renunciara aos libelos e começara a trabalhar em segredo para a polícia de Paris.

12. Como exemplos dessa frivolidade, veja os esboços dispersos por *chroniques scandaleuses* como *Le chroniqueur désoeuvré, ou l'espion du boulevard du Temple* (Londres, 1781-3), 2 vols.; *Le vol plus haut, ou l'espion des principaux théâtres de la capitale* ("Memphis, chez Sincère, réfugié au puits de la vérité", 1784); *Correspondance de madame Gourdan* (1783); e *Portefeuille d'un talon rouge* (Paris, 178*). No prefácio do volume 2, *Le chroniqueur désoeuvré* traz algumas insinuações provocativas sobre a identidade de seu autor: "Je me fais appeler M. de P et trois étoiles" (v. 2, p. 6). Se cada estrela representar uma sílaba do nome do autor, pode muito bem ter sido "de Pel--le-port". O tom radical da primeira parte do livro corresponde ao de outras obras de Pelleport, que também costumava incluir esse tipo de dica sobre sua identidade.

13. Mercier, *Tableau de Paris,* v. 1, p. 159.

14. Pierre Manuel, *La police de Paris dévoilée* (Paris, 1790), v. 1, p. 224.

15. *Mémoires secrets,* 30 de abril de 1774.

16. Veja, por exemplo, *La police de Paris dévoilée,* v. 1, p. 111.

17. Abbé Guiroy a um alto funcionário não especificado da Direction de la Librairie, 25 de outubro de 1751, Bibliothèque Nationale de France, coleção Anisson-Duperron, ms. fr. 22137.

18. Relatório de um censor chamado Rousselet, 30 de outubro de 1751, ibid., ms. fr. 22139.

19. Relatório de um censor chamado Simon, 23 de fevereiro de 1752, ibid., ms. fr. 22139: "Le tout est susceptible d'allégories fines et délicates sous des noms saints, qui peuvent avoir des applications malignes à la cour, raisons pour lesquelles je crois qu'il serait dangereux d'en permettre l'impression dans ce royaume, même avec permission tacite, et ce pour ne point être exposé à des reproches et réprimandes à cause des différentes applications qu'on en peut faire". Veja também comentários similares em um relatório de outro censor, Morin, 31 de julho de 1761, ibid., ms. fr. 22150. "Applications" era o termo comumente usado para se referir a alusões ocultas a uma figura pública. Veja, por exemplo, *Le gazetier cuirassé*, p. 92.

20. Carta sem data de um censor chamado de La Haye a Chrétien-Guillaume de Lamoignon de Malesherbes, ibid., ms. fr. 22138.

21. Relatório sem data de um censor chamado Mercier, ibid., ms. fr. 22152.

22. Chrétien-Guillaume de Lamoignon de Malesherbes, *Mémoires sur la librairie: mémoire sur la liberté de la presse*, Roger Chartier (org.) (texto original datado 1759; Paris, 1994), p. 101. Malesherbes, que pertencia ao mundo dos *les grands*, dedicou as *Mémoires* a seu pai [Guillaume de Lamoignon de Blancmesnil], o *chancelier* [ministro da Justiça], e deixou clara a inferioridade social dos censores, ressaltando a necessidade de levar suas limitações em conta para se conceber uma política exequível. Veja seus comentários sobre censores nas páginas 58, 91-3, 101-2, 206.

23. *La Bastille dévoilée, ou recueil de pièces authentiques pour servir à son histoire* (Paris, 1789), v. 7, p. 13. Esse comentário é irônico demais para ser tomado literalmente, mas ilustra a principal preocupação da polícia: proteger a reputação de indivíduos importantes, não impor respeito por princípios gerais.

24. Carta de Rességuier, aparentemente ao governador da Bastilha, 16 de dezembro de 1750, Bibliothèque de l'Arsenal, ms. 11733.

25. Ibid. As páginas do romance estão cobertas de anotações da polícia e são entremeadas com páginas escritas à mão que a polícia copiou do manuscrito de Rességuier, o qual também faz parte do dossiê. Veja mais detalhes sobre este e outro caso semelhante — um *roman à clef* intitulado *Tanastès*, que também contém "applications" difamatórias — em meu ensaio "Mademoiselle Bonafon and the private life of Louis XV: communication circuits in eighteenth-century France", *Representations* (verão de 2004), pp. 102-24.

26. A discussão que segue é baseada na ampla literatura sobre Aretino e a Renascença, notadamente Bertrand Levergeois, *L'Arétin ou l'insolence du plaisir* (Paris, 1999), e Thomas Caldecott Chubb, *Aretino: scourge of princes* (Nova York, 1940). Veja discussões sobre editoração e política no final da Renascença em Brian Richardson, *Printing, writers and readers in Renaissance Italy* (Cambridge, 1999), e Laurie Nussdorfer, *Civic politics in the Rome of Urban VIII* (Princeton, New Jersey, 1992). A respeito do caso esclarecedor do pretenso sucessor de Aretino, Ferrante Pallavicino, veja Francesco Urbinati, *Ferrante Pallavicino: il flagello dei Barbarini* (Roma, 2004); e a respeito do caso paralelo das "anecdotes" e a história secreta de Florença, veja Harald Hendrix, "Firenze segreta: l'aneddoto nella prosa storiografica del seicento" em *Studi di teoria e storia letteraria in onore di Pieter de Meijer*, Dina Aristodemo, Costantino Maeder, Ronald de Rooy (orgs.) (Florença, 1996), pp. 351-62. Sou grato a Harald Hendrix por orientar-me nessa literatura.

27. Embora Aretino mencionasse seu nome em alguns dos sonetos, a atribuição permanece incerta em diversos casos. Veja Vittorio Rossi, *Pasquinate di Pietro Aretino ed anonime per il con-*

clave e l'elezione di Adriano VI (Palermo e Turim, 1891). Usei aqui a edição moderna: *Sonetti lussuriosi e pasquinate* (Roma, 1980).

28. Aretino a Vassallo, dezembro de 1552, Thomas Caldecott Chubb (org.), *The letters of Pietro Aretino* (New Haven, Connecticut, 1967), p. 304.

29. *The autobiography of Benvenuto Cellini*, traduzido por George Bull (Londres, 1956), pp. 364-7.

30. Bénigne Dujardin, *La vie de Pierre Aretin par monsieur de Boispréaux* (Haia, 1750). Dujardin usou Boispréaux como pseudônimo. Ele escreveu uma interpretação bem pesquisada e equilibrada da vida e das obras de Aretino, recorrendo extensamente ao *Lettere*. Aretino aparece no texto (p. iii) como "un homme à qui l'éloge et la satire donnent deux visages. [...] Si j'interroge ses partisans, c'est un poète divin, le fléau des princes, le censeur du monde. Si je consulte ses ennemis, je ne trouve qu'un ignorant, un misérable écrivain dont l'impudence cynique et la causticité seules on fait le mérite". Veja referência ao papel de Aretino como libelista e mercenário literário que fez fortuna disseminando escândalos nas páginas 2, 32-54, 185, 229-30.

31. Voltaire a René Louis de Voyer de Paulmy, marquês d'Argenson, 16 de junho de 1745, Theodore Besterman (org.), *The complete works of Voltaire* (Genebra, 1970), v. 93, p. 274. Veja também Voltaire ao marquês d'Argenson, 19 de outubro de 1745, ibid., v. 93, p. 312: "Je mets les princes à contribution comme l'Arétin, mais c'est avec des éloges".

32. *Année Littéraire* (1786), v. 7, p. 234.

33. Frederico II a Voltaire, 15 de maio de 1774, *The complete works of Voltaire*, v. 124, p. 415.

34. Pelleport usou essa frase em uma das extensas notas que acrescentou ao tratado de David Williams, que ele traduziu como *Lettres sur la liberté politique, adressées à un membre de la Chambre des Communes d'Angleterre sur son élection au nombre de membres d'une association de comté; traduites de l'anglais par le R. P. de Roze-Croix, ex-Cordelier*, 2ª ed. (Liège, 1783-9). Nesse caso, serviu como alusão às extorsões de Morande.

35. *Chronique arétine, ou recherches pour servir à l'histoire des mœurs du dix-huitième siècle* ("à Caprée", 1789), reimpresso em Jean Hervez (org.), *Chroniques libertines* (Paris, 1912), pp. 167--218.

36. *Mémoires secrets*, 31 de agosto de 1778: "Monsieur Linguet a d'autant plus de peine à se départir de son rôle d'Arétin moderne, qu'il l'a trouvé très lucrative l'année dernière, et qu'une année de son journal, tous frais faits, lui a rendu 50.000 l. nettes".

37. *Correspondance Littéraire Secrète*, 14 de setembro de 1784. O resenhista também descreve uma obra pornográfica atribuída a Mirabeau como um "manuel de l'Arétin" (28 de setembro de 1784).

38. *L'Arretin* ("à Rome, aux dépens de la Congrégation de l'Index", 1763), v. 2, p. 35.

39. Ibid., v. 1, pp. 95, 145, 148. Dulaurens também indicou as dificuldades que enfrentou como mercenário literário citando Molière no começo de seu livro (v. 1, p. xvi): "Si l'on peut pardonner l'essor d'un mauvais livre,/ Ce n'est qu'au malheureux qui compose pour vivre".

40. Ibid., v. 1, p. xlv.

41. Entretanto, vale notar que, a despeito de sua fama como Flagelo dos Príncipes, Aretino provavelmente ganhou mais dinheiro com lisonjas e dedicatórias bem direcionadas do que com chantagem e extorsão.

42. *La police de Paris dévoilée*, v. 1, pp. 266-7.

43. *Le gazetier cuirassé*, p. 150. Itálico do original.

44. Ibid., p. 155. O itálico do original visa fazer a "charada" parecer um típico enigma das resenhas literárias, como *Mercure*. Morande deixa clara a identidade de Maupeou em uma nota de rodapé.

45. *Le gazetier cuirassé*, pp. 44-5.

24. NOTÍCIAS [pp. 376-405]

1. *Le gazetier cuirassé, ou anecdotes scandaleuses de la cour de France* (1777, 1ª ed., 1771), p. 14.

2. Pierre Manuel, *La police de Paris dévoilée* (Paris, 1790), v. 1, p. 201. Jacques Peuchet, que conhecia intimamente a polícia do Ancien Régime, salientou o mesmo tema: "Le *Mercure* et la *Gazette de France* étaient soumis à la censure, et rien de ce qui pouvait blesser les gens en place n'y était toléré. La sécheresse était le principal caractère de ces feuilles". Peuchet, *Mémoires tirés des archives de la police de Paris, pour servir à l'histoire de la morale et de la police, depuis Louis XIV jusqu'à nos jours* (Paris, 1838), v. 3, p. 329. Peuchet descreve a proliferação de *nouvelles à la main* clandestinas como consequência da ausência de notícias na imprensa oficial.

3. Esta e a discussão seguinte do jornalismo inglês são baseadas na copiosa pesquisa de muitos historiadores, notadamente Lucyle Werkmeister, *The London daily press, 1772-1792* (Omaha, 1963); Hannah Barker, *Newspapers, politics, and public opinion in late eighteenth-century England* (Oxford, 1998); Jeremy Black, *The English Press, 1621-1861* (Stroud, 2001); e Bob Clarke, *From Grub Street to Fleet Street: an illustrated history of English newspapers to 1899* (Aldershot, 2004). Estimativas de nível de alfabetização e número de leitores envolvem bastante especulação. Os historiadores da imprensa londrina concordam que a venda total de jornais, incluindo trisse- manais e semanais, atingia 25 mil exemplares por dia em 1788. Se cada exemplar fosse lido por dez pessoas, um quarto da população de Londres consultava regularmente um jornal. Essa esti- mativa talvez seja elevada demais, pois muitos londrinos liam mais de um jornal e muitos jornais tinham grande circulação fora de Londres. Contudo, Clarke (*From Grub Street to Fleet Street*, p. 15) afirma que cada exemplar poderia na época chegar a até quarenta pessoas, incluindo os po- bres analfabetos que acompanhavam leituras públicas nas tavernas e nas esquinas. Jeremy Black (*The English press*, p. 104) estima que cada exemplar era lido por vinte pessoas, ou seja, havia 500 mil leitores de jornais. A estimativa de dez leitores por exemplar vem de uma carta de Dennis O'Bryen a Edmund Burke em 1782, citada por Barker (*Newspapers, politics, and public opinion*, p. 23), que julga mais adequada a estimativa mais modesta de 250 mil leitores. Embora a maioria dos londrinos soubesse ler — o índice de alfabetização era quase 100% dentre os pequenos co- merciantes e artífices —, poucos abaixo da classe média podiam esbanjar 2,5 ou 3 *pence* por dia na aquisição de um jornal. A respeito de parágrafos e *paragraph men*, veja Johann Wilhelm von Archenholz, *A picture of England* (Londres, 1789), p. 65, citado em John Brewer, *A sentimental murder: love and madness in the eighteenth century* (Londres, 2004), p. 40; Barker, *Newspapers, politics, and public opinion*, p. 44; e *Literary liberty considered: in a letter to Henry Sampson Wood- fall* (Londres, 1774), pp. 16-7. Quero agradecer a Will Slauter por me indicar essa fonte. Como um estudo notável da transmissão de notícias, gostaria de recomendar seu "News and diplomacy in the age of the American Revolution" (tese de doutorado, Princeton University, 2007).

4. Werkmeister, *The London daily press*, p. 21.

5. Ibid., p. 80.

6. Veja Arthur H. Cash, *John Wilkes: the scandalous father of civil liberty* (New Haven, Connecticut, 2006), e John Brewer, *Party ideology and popular politics at the accession of George III* (Cambridge, 1976).

7. Brewer, *A sentimental murder*, capítulo 4. Veja também John Brewer, "Personal scandal and politics in eighteenth-century England: secrecy, intimacy and the interior self in the public sphere", em Marie-Christine Skuncke (org.), *Media and political culture in the eighteenth century* (Estocolmo, 2005), pp. 85-106. A respeito da longa história da literatura escandalosa na Inglaterra, veja Adam Fox, *Oral and literate culture in England, 1500-1700* (Oxford, 2000); Alastair Bellany, *The politics of court scandal in early modern England: news culture and the Overbury Affair, 1603-1660* (Cambridge, 2002); Harold Love, *English clandestine satire, 1660-1702* (Oxford, 2004); e Anna Clark, *Scandal: the sexual politics of the British Constitution* (Princeton, New Jersey, 2004).

8. Esse breve esboço da história do jornalismo francês deriva de uma tradição acadêmica que vem desde a obra excelente de Eugène Hatin, *Histoire politique et littéraire de la presse en France* (Paris, 1859-61), 8 vols., e de Franz Funck-Brentano e Paul Estrée, *Les nouvellistes* (Paris, 1906). Também faz uso da síntese mais recente de Claude Bellanger (org.), *Histoire générale de la presse française* (Paris, 1969), e deve muito à pesquisa atual inspirada especialmente por Jean Sgard e Pierre Rétat, *Dictionnaire des journaux, 1600-1789*, Jean Sgard (org.) (Oxford, 1991), 2 vols.; Jean Sgard (org.), *Dictionnaire des journalistes, 1660-1789* (Oxford, 1999), 2 vols.; Henri Duranton, Claude Labrosse, Pierre Rétat (orgs.), *Les gazettes européennes de langue française, XVIIe-XVIIIe siècles* (Saint-Etienne, 1993); Pierre Rétat (org.), *"La Gazette d'Amsterdam": miroir de l'Europe au XVIIIe siècle* (Oxford, 2001); Gille Feyel, *L'annonce et la nouvelle: la presse d'information en France sous l'ancien régime, 1630-1788* (Oxford, 2000); Jack R. Censer, *The French press in the age of Enlightenment* (Londres, 1994); e Jeremy D. Popkin, *News and politics in the age of revolution: Jean Luzac's "Gazette de Leyde"* (Ithaca, New York, 1989).

9. *Dictionnaire des journaux*, v. 1, p. 446.

10. Veja um panorama do crescimento da imprensa em *Dictionnaire des journaux*, v. 2, pp. 1131-40; Censer, *The French press in the age of Enlightenment*, p. 8; e Gilles Feyel, "La diffusion des gazettes étrangères en France et la révolution postale des années 1750", em *Les gazettes européennes de langue française*, pp. 81-98.

11. Veja Suzanne Tucoo-Chala, *Charles-Joseph Panckoucke & la librairie française, 1736--1798* (Pau, 1977).

12. *Dictionnaire des journaux*, v. 2, p. 925.

13. Pesquisas recentes sobre *nouvelles à la main* e *nouvellistes* acrescentaram muito material à obra básica de Estrée e Funck-Brentano, *Les nouvellistes*. Veja especialmente François Moureau (org.), *De bonne main: la communication manuscrite au XVIIIe siècle* (Paris, 1993), e François Moureau (org.), *Répertoire des nouvelles à la main: dictionnaire de la presse manuscrite clandestine, XVIe-XVIIIe siècles* (Oxford, 1999).

14. Na qualidade de espião, Mouhy forneceu à polícia o mais completo relato do "bureau de nouvelles" de madame Doublet; veja os documentos reproduzidos por Pierre Manuel em *La police de Paris dévoilée*, v. 2, pp. 206-7, e o material similar em Jacques Peuchet, *Mémoires tirés des*

archives de la police, v. 3, pp. 329-37. Veja também o artigo sobre Mouhy em *Dictionnaire des journalistes*, v. 2, pp. 735-7, e *Répertoire des nouvelles à la main*, p. xxiv.

15. *La police de Paris dévoilée*, v. 1, pp. 327, 350, 358.

16. A respeito de Marin, veja *Dictionnaire des journalistes*, v. 2, pp. 684-5, e *Répertoire des nouvelles à la main*, p. 313.

17. *Le gazetier cuirassé*, p. vi: "Il n'appartient pas à toutes les nations de dire ce qu'elles pensent: la Bastille, le paradis de Mahomet, et la Sibérie sont des arguments trop forts pour qu'on puisse leur rien répliquer. Mais il est un pays sage, où l'esprit peut profiter des libertés du corps et ne rien craindre de ses productions; c'est dans ce pays où les grands ne sont que les égaux des moindres citoyens, où le prince est le premier observateur des lois, que l'on peut parler sans crainte de toutes les puissances de la terre, que le sage peut juger les extravagances et en rire, en donnant des leçons à l'humanité dont la barbarie d'un pouvoir injuste ne le punira pas". A referência de Morande ao paraíso de Maomé era uma alusão corriqueira ao despotismo oriental, como deixa claro em nota de rodapé (p. vi): "En France on enferme, en Turquie on étrangle, en Russie on exile dans les déserts; l'un revient à l'autre".

18. *La gazette noire par un homme qui n'est pas blanc, ou œuvres posthumes du gazetier cuirassé* (1784, "imprimé à cent lieues de la Bastille, a trois cent lieues des Présides, à cinq cent lieues des Cordons, à mille lieues de la Sibérie"), p. 5. Paul Robiquet, em *Théveneau de Morande: étude sur le XVIIIe siècle* (Paris, 1882), pp. 92-3, 108-9, afirma que Morande escreveu esse radical libelo antifrancês, mas isso parece altamente improvável, pois em 1784 Morande se tornara um agente secreto do governo francês. Diversas alusões — investidas contra os capuchinhos, deboche de Vergennes, elogio a Rousseau, o uso de diálogos zombeteiros e toques rabelaisianos — sugerem que o autor anônimo, ao menos da primeira seção, era Pelleport. A primeira seção também inclui algumas denúncias violentas do despotismo francês, que soam como passagens de *Les bohémiens*, de Pelleport, e invocam princípios políticos abstratos, incluindo a concepção normativa de direito preconizada por Pufendorf. As últimas seções basicamente contêm anedotas picantes plagiadas de várias *chroniques scandaleuses*.

19. *Le diable dans un bénitier, et la métamorphose du gazetier cuirassé en mouche* (Paris, 1784), pp. 5-6.

20. *La gazette noire*, p. 195.

21. Adhémar a Vergennes, 27 de outubro de 1783, Ministère des Affaires Etrangères, Correspondance politique, Angleterre, ms. 545.

22. Os despachos de Adhémar a Vergennes em março e abril de 1784 estão cheios de comentários sobre agitação e campanhas eleitorais nas ruas. Ao lê-los, tem-se a impressão de que era mais provável que uma revolução irrompesse em Londres do que em Paris.

23. Adhémar a Vergennes, 7 de dezembro de 1784, Ministère des Affaires Etrangères, Correspondance politique, Angleterre, ms. 550.

24. Adhémar a Vergennes, 17 e 27 de dezembro de 1784, ibid., ms. 550. Consegui localizar esses artigos no *Morning Post* de 11 e 13 de dezembro de 1784, e no *Public Advertiser* de 17 de dezembro de 1784, mas nada encontrei no *Morning Herald*.

25. Adhémar a Vergennes, 17 de dezembro de 1784, ibid., ms. 550.

26. Vergennes a Adhémar, 27 de dezembro de 1784, ibid., ms. 550.

27. *La mazarinade* em Paul Scarron, *Oeuvres* (Genebra, 1970; reimpressão da Slatkine da

edição de Paris, 1786), v. 1, p. 295. As invectivas pessoais nas *mazarinades* costumavam assumir a forma de poemas e cartazes satíricos, como na Inglaterra do século XVII. Obras mais longas, impressas como folhetos ou panfletos, contêm surpreendentemente pouco material difamatório, pelo que pude ver em uma amostra com algumas dezenas delas. Tendem a ressaltar questões ideológicas e podem ser vistas como lances de manobras complexas entre facções rivais. Veja Christian Jouhaud, *Mazarinades: la fronde des mots* (Paris, 1985) e a seleção de *mazarinades* — que, admitidamente, enfatiza seu caráter ideológico — publicada por Hubert Carrier, *La fronde: contestation démocratique et misère paysanne; 52 mazarinades* (Paris, 1982), 2 vols.

28. A discussão que segue é baseada no excelente ensaio de Gunnar von Proschwitz, "Courrier de l'Europe, 1776-1792" em Jean Sgard (org.) *Dictionnaires des journaux, 1600-1789* (Oxford, 1991), v. 1, pp. 267-93; e especialmente Gunnar von Proschwitz e Mavis von Proschwitz, *Beaumarchais et le "Courrier de l'Europe": documents inédits ou peu connus* (Oxford, 1990), 2 vols. Há também muitas informações sobre *Le Courrier de l'Europe* nas memórias de Brissot: Claude Perroud (org.), *J.-P. Brissot: mémoires, 1754-1793* (Paris, 1910), v. 1, pp. 302-97, e em *La police de Paris dévoilée*, v. 2, pp. 231-69. (Seguindo o padrão do século XVIII, o nome do jornal era escrito *Courier*; modernizei todas as referências para *Courrier*.)

29. Claude Perroud (org.), *J.-P. Brissot: mémoires, 1754-1793*, v. 1, p. 157.

30. Ibid., v. 1, pp. 154-79.

31. Essas informações sobre funcionários e salários no *Courrier de l'Europe* foram obtidas nos interrogatórios de Brissot na Bastilha: Archives Nationales, Fonds Brissot 446, AP2. Brissot disse à polícia que ele convencera La Tour a contratar Pelleport "pour travailler à différents articles de sa feuille" por um *louis* por semana (interrogatórios de 3 e 21 de agosto de 1784).

32. Ibid., interrogatório de 21 de agosto de 1784. A respeito de Saint-Flocel ou Flozel, personagem obscura cuja ligação com *Journal de Bouillon* não é clara, veja *Dictionnaire des journalistes*, v. 2, p. 899; Hatin, *Histoire de la presse en France*, v. 3, pp. 446-52; *La police de Paris dévoilée*, v. 2, pp. 246-7; e Claude Perroud (org.), *J.-P. Brissot: mémoires, 1754-1793*, v. 1, p. 329.

33. Interrogatório de 21 de agosto de 1784, Archives Nationales, Fonds Brissot 446, AP2.

34. *La police de Paris dévoilée*, v. 2, pp. 248-9.

35. Von Proschwitz e von Proschwitz, *Beaumarchais et le "Courrier de l'Europe"*, v. 2, p. 1014.

36. O relato que segue é baseado em Claude Perroud (org.), *J.-P. Brissot: mémoires, 1754--1793*, v. 1, pp. 302-97; Claude Perroud (org.), *J.-P. Brissot: correspondance et papiers* (Paris, 1912), pp. 45-80; e o interrogatório de Brissot na Bastilha, Archives Nationales, Fonds Brissot 446, AP2.

37. Claude Perroud (org.), *J.-P. Brissot: mémoires, 1754-1793*, v. 1, p. 377. Veja observações de Brissot sobre tradução em v. 1, pp. 348-9.

38. Ibid., v. 1, p. 378.

39. Interrogatórios de Brissot, 3 e 21 de agosto de 1784, Archives Nationales, Fonds Brissot 446, AP2. Não consegui localizar um exemplar de *Le diable dans un ballon*, cujo título evoca o libelo mais famigerado de Pelleport, *Le diable dans un bénitier*. Brissot mais tarde propôs uma tradução da história de Macaulay para Mirabeau, que distribuiu a tarefa entre vários escritores de aluguel do seu entourage. Eles acabaram produzindo uma obra em cinco volumes, publicada após sua morte: *Histoire d'Angleterre, depuis l'avènement de Jacques I jusqu'à la révolution, par Catherine Macaulay Graham, traduite en français et augmentée d'un discours préliminaire, contenant un précis de l'histoire d'Angleterre jusqu'à l'avènement de Jacques I, et enrichie de notes par*

Mirabeau (Paris, 1791-2). Veja Claude Perroud (org.), *J.-P. Brissot: mémoires, 1754-1793*, v. 1, pp. 348-9.

40. David Williams (anonimamente), *Letters on political liberty addressed to a member of the English House of Commons on his being chosen into the committee of an associating county* (Londres, 1782), p. 40. A respeito desse ponto de vista, bastante difundido entre os Diggers de 1649 e outros radicais ingleses posteriores, segundo o qual o "jugo normando" teria destruído uma espécie de soberania popular na Inglaterra anglo-saxã, veja Christopher Hill, *Puritanism and revolution: studies in interpretation of the English Revolution of the 17th century* (Londres, 1958).

41. Williams, *Letters on political liberty*, p. 65.

42. Ao simular estar traduzindo na pessoa de um padre — um místico rosacrucianista ainda por cima —, Pelleport adota uma identidade burlesca, que utiliza para ridicularizar os fundamentos religiosos da monarquia francesa. Também faz inúmeras alusões ao seu passado pessoal, como ocorre ao longo de *Les bohémiens*, e volta a referir-se a si mesmo como o autor de *Le boulevard des Chartreux*: *Les bohémiens* (Paris, 1790), v. 1, p. 129.

43. *Le boulevard des Chartreux, poème chrétien* ("à Grenoble, de l'Imprimerie de la Grande Chartreuse", 1779; número de identificação 0.8254, Dauphinois), p. 21.

44. *Lettres sur la liberté politique, adressées à un membre de la Chambre des Communes d'Angleterre, sur son élection au nombre des membres d'une association de comté; traduites de l'anglais en français, par le R. P. de Roze-Croix, ex-cordelier. Avec des notes de l'abbé Pacot, auteur de l'Histoire des Pays-Bas, théologien, conseiller autique, etc., etc.* ("seconde édition, imprimées à Liège aux dépens de la Société, 1783-1789"), pp. 47, 54, 72, 85, 101-2.

45. Ibid., p. 29.

46. Ibid., pp. 3-4.

47. Ibid., p. 3.

48. Durante os interrogatórios de Brissot na Bastilha em 21 de agosto de 1784 (Archives Nationales, Fonds Brissot, 446, AP2), a polícia tentou extrair dele informações sobre *Lettres sur la liberté politique*, que caracterizaram como uma "ouvrage plein de sarcasmes et d'injures contre le gouvernement de France, ses ministres, etc.". Ele negou ter colaborado na sua escrita e afirmou que nada tivera a ver com sua distribuição, embora Pelleport tivesse enviado alguns exemplares, junto com duas obras do próprio Brissot, para um dos principais distribuidores de Brissot na França: Chopin, um livreiro em Bar-le-Duc que comercializava muitos livros clandestinos. Pressionado, porém, Brissot admitiu que adiantara dinheiro a Pelleport para adquirir o manuscrito em nome do editor, Virchaux, um livreiro em Hamburgo especializado em literatura francesa ilegal, que agia como distribuidor de Brissot no Norte da Europa. Depois de imprimir a edição, Virchaux enviou grande parte dela para Brissot em Londres, que encaminhou os livros a um livreiro londrino chamado Walter. A obra não vendeu bem e Walter devolveu todos os exemplares, os quais Brissot acabou deixando com Pelleport. No final, segundo o testemunho de Brissot, ele não recuperou o adiantamento que dera pelo manuscrito porque Virchaux faliu.

49. *Lettres sur la liberté politique*, p. 25.

50. Veja Jean-Claude Hauc, *Ange Goudar: un aventurier des Lumières* (Paris, 2004), e a descrição de Goudar por Pelleport em *Le diable dans un bénitier*, p. 62.

51. Veja o ensaio sobre Mettra, cujo nome era muitas vezes escrito "Metra" em Sgard (org.), *Dictionnaire des journalistes*, v. 2, pp. 711-3.

52. Veja *Dictionnaire des journaux*, v. 1, pp. 255-62. Uma leitura atenta dos números de *Correspondance Littéraire Secrète* da década de 1780 (a paginação não é contínua e eles devem ser identificados pela data) indica que era bem informado mas extremamente cauteloso diante da possibilidade de publicar algo que pudesse ofender o governo francês. Como seu título anunciava, era primordialmente uma revista literária e era "secreta" no sentido de que costumava discutir livros proibidos, mas sempre em tom moderado. Era muito menos ostensiva que o altamente ilegal *Mémoires secrets pour servir à l'histoire de la république des lettres en France*. Na realidade, em 8 de dezembro de 1784, condenou o caráter difamatório de *Mémoires secrets* em uma resenha crítica: "Ce recueil littéraire fournira de bons matériaux à l'histoire de ce siècle, mais il conviendrait de le purger d'une infinité de faits calomnieux que ses différents auteurs ont adoptés avec une légèreté bien condamnable".

53. Os títulos são indicados aqui tal como aparecem na transcrição do interrogatório de Brissot em 3 de agosto de 1784, Archives Nationales, Fonds Brissot, 4465, AP2. Versões diferentes dos mesmos títulos aparecem ao longo da correspondência entre Vergennes e seus agentes em Londres, como visto na parte 2. Os quatro primeiros foram provavelmente criados pelos libelistas e apresentados a Receveur na esperança de que ele fizesse uma oferta para adquiri-los. Caso fizesse, Pelleport e seus colaboradores poderiam rapidamente montar um texto e mandá-lo imprimir. Não há nenhuma evidência de que chegaram a ser publicados.

54. Interrogatório de 3 de agosto de 1784, Archives Nationales, Fonds Brissot, 4465, AP2. As perguntas de Chénon indicam que a polícia queria especificamente localizar a fonte das "anecdotes" que Mettra recebia de Versalhes e reciclava em sua *gazette à la main*. As respostas de Brissot deixam claro que ele recebia dois tipos de periódicos de Mettra, "l'une imprimée, l'autre à la main", e que este último continha as "anecdotes".

55. Ibid.

56. Ibid. Brissot enfatiza no interrogatório que ele nada sabia sobre "les correspondants de Paris et de Versailles qui fournissent au sieur Mettra les matériaux de ses feuilles".

57. Ao inserir um hífen em Bouillon, Pelleport seguia a prática inglesa, que evitava escrever os nomes próprios por inteiro a fim de evitar acusações de calúnia ou difamação. Embora o incidente do suicídio tivesse ocorrido no final de 1778, Pelleport apresenta o texto como se fosse uma longa carta e atribui a data de 30 de maio de 1782.

58. *La gazette noire*, pp. 169-203.

59. Veja *Les petits soupers et les nuits de l'hôtel Bouill-n: lettre de milord comte de ****** à milord ****** au sujet des récréations de monsieur de C-stri-s, ou de la danse de l'ours; anecdote singulière d'un cocher que s'est pendu à l'hôtel Bouill-n, le 31 décembre 1778 à l'occasion de la danse de l'ours* ("à Bouillon", 1783), p. 60.

60. Ibid., p. 93.

61. Ibid., p. 89.

62. Citado em Brewer, *Party ideology and popular politics*, p. 139.

25. METAMORFOSES REVOLUCIONÁRIAS [pp. 409-29]

1. Por exemplo, na página 29, reproduz uma pasquinada, "Le prince chiffonnier" (o prínci-

pe maltrapilho), que ridiculariza Orléans por reconstruir o Palais-Royal a fim de ganhar dinheiro alugando quartos, um negócio indigno de um príncipe. O poema termina com um trocadilho, chamando "le prince chiffonnier" de "le prince locques à terre" (i.e., "locataire" [locatário], um jogo com a palavra arcaica "locques", que significa "andrajos"). Esse tipo de paronomásia, típica da literatura ligeira dos últimos anos do Ancien Régime, era anátema para os revolucionários. O número da página das citações será indicado no texto daqui para a frente. Há uma análise excelente das técnicas literárias empregadas no texto e da relação deste com *Mémoires secrets pour servir à l'histoire de la république des lettres en France* em um ensaio inédito, "*La Vie privée* [...] *du duc de Chartres* et les *Mémoires secrets*", de Olivier Ferret, a quem gostaria de agradecer por ter me enviado uma cópia.

2. *L'Observateur anglais, ou correspondance secrète entre milord All'Eye et milord All'Ear* (Londres, 1777-8).

3. Antoine-Alexandre Barbier, em *Dictionnaire des ouvrages anonymes* (Paris, 1872), v. 4, p. 968, atribui o livro a Morande. Embora isso pareça provável, seu estilo sugere que poderia ter sido escrito por Pelleport ou talvez, após a sua prisão em 1784, por um grupo de colaboradores da colônia de expatriados franceses em Londres.

4. O título completo do livro, *Vie de Louis-Philippe-Joseph, duc d'Orléans traduite de l'anglais par M. R. D. W.* ("à Londres, de l'imprimerie du Palais Saint-James", 1789), sugere que, como o libelo anterior, talvez tenha se originado em Londres. Em um "Avertissement", o autor anônimo afirma ser um inglês que ficara conhecendo Orléans a fundo acompanhando-o em farras libertinas em Londres e Paris. Todavia, no corpo do texto, ele deixa de lado essa veleidade e dirige-se ao leitor de igual para igual, como um patriota sincero conversando com outro. O caráter tosco da narrativa não tem semelhança alguma com o tom mais sofisticado dos libelos pré--revolucionários londrinos.

5. A despeito de seus protestos acerca do preço exorbitante do pão, ele observa: "Le peuple est partout un animal que l'on conduit en lui donnant du pain" (p. 46).

6. *Vie de Louis-Philippe-Joseph, duc d'Orléans*, p. 21.

26. SEXO E POLÍTICA [pp. 430-47]

1. De acordo com uma variante de teologia política que vem desde a Idade Média, o rei da França combinava em sua pessoa sagrada dois corpos: o do seu eu pessoal, que perecia ao morrer, e o da monarquia, que nunca morria. Desse modo, ele incorporava o público e o privado. Ao exporem sua vida privada e tratá-lo como um mortal comum, os libelos destruíam essa perspectiva antiga e dessacralizavam a monarquia. Eles nunca se referiam ao conceito dos dois corpos do rei e não é possível saber até que ponto essa ideia persistia no século XVIII. Seja como for, fazia parte do contexto cultural que os libelos exploravam a fim de produzir efeitos chocantes. A respeito da longeva noção do corpo do rei como um elemento da ideologia monárquica, veja Ernst H. Kantorowicz, *The king's two bodies: a study in medieval political theology* (1957; Princeton, New Jersey, 1997); Ralph E. Giesey, *The royal funeral ceremony in Renaissance France* (Genebra, 1960); e Sarah Hanley, *The lit de justice of the kings of France: constitutional ideology in legend, ritual, and discourse* (Princeton, New Jersey, 1983).

2. O relato que segue é baseado na edição preparada por Roger Duchêne, que inclui o texto do interrogatório de Bussy na Bastilha e outros documentos pertinentes, além de uma introdução completa e um conjunto de notas: Roger de Bussy-Rabutin, *Histoire amoureuse des gaules* (Paris, 1993).

3. É difícil determinar a sequência das obras pseudobussyanas, pois a maioria não traz data de publicação e indica apenas uma gráfica notoriamente fictícia, "Pierre Marteau" de Colônia, na página de rosto. Veja informações básicas sobre *La France galante, Histoire amoureuse des gaules, Amours des dames illustres de notre siècle* e *Histoire amoureuse de France* em Antoine-Alexandre Barbier, *Dictionnaire des ouvrages anonymes* (Paris, 1872), v. 3, col. 639-41.

4. *Histoire amoureuse des gaules*, p. 215.

5. De acordo com os documentos e comentários na edição de Duchêne de *Histoire amoureuse des gaules*, parece que a versão original de Bussy, em contraste com a primeira edição relativamente inocente da obra, continha as "Aleluias", supostamente compostas por Bussy e alguns amigos libertinos durante uma orgia que tornou-se conhecida como "la débauche de Roissy". No feriado da Páscoa de 1659, os participantes teriam se encontrado no vilarejo de Roissy, refestelado-se em carne e bebidas, cometido sacrilégios como batizar um porco e improvisado uma canção obscena sobre as figuras mais eminentes do reino. Cada verso terminava com um "Aleluia!" parodiando o regozijo pascal. O primeiro verso ridicularizava o rei e o mais torpe de todos escarnecia de Mazarin por seu suposto caso com a rainha mãe (*Histoire amoureuse des gaules*, p. 193): "Le Mazarin est bien lassé/ de f... un c... si bas percé,/ Qui sent si fort le faguena [mau odor de um corpo doentio]./ Alléluia!". Esse tipo de indecência ecoava as mais vulgares sátiras das *mazarinades*. Bussy se juntara a Mazarin e ao jovem rei durante a Fronda, mas era capaz de zombar de qualquer pessoa; e se sua autoria de um poema como esse pudesse ter sido comprovada, ele talvez sofresse uma punição mais severa do que o exílio que lhe foi imposto em 1659-60. O que provocou a ira de Luís XIV em 1665 foi a circulação de um texto ainda mais desrespeitoso da família real que o que Bussy afirmava ter escrito e que foi o primeiro a ser publicado.

6. Ibid., p. 236, e Marie de Rabutin-Chantal, marquesa de Sévigné, a Bussy-Rabutin, 26 de julho de 1668, em Madame de Sévigné, *Correspondance*, Roger Duchêne (org.) (Paris, 1972), v. 1, p. 93.

7. Ao estudar *La France galante, ou histoires amoureuses de la cour* ("Colônia, Pierre Marteau", sem data), confiei na edição da Bibliothèque Nationale de France, Lb37.3934D, que comparei com cinco outras edições também catalogadas sob Lb37.3934. Todas elas trazem o endereço de Pierre Marteau e quatro têm datas: 1688, 1695, 1696 e 1709.

8. O texto transmite essa mensagem com grande vigor por meio de anedotas, mas também é explícito: "Le Grand Alcandre, tout élevé qu'il était par-dessus les autres hommes, n'était point d'un autre humeur ni d'un autre tempérament que les hommes du commun" (*La France galante*, p. 4).

9. As iniciais representam monsieur le comte de Rochefort, como em *Mémoires de M. L. C. D. R.* (1687) de Gatien de Courtilz de Sandras. Veja Barbier, *Dictionnaire des ouvrages anonymes*, v. 3, col. 204.

10. *Les amours de Zéokinizul* foi publicado com sua continuação, *L'Asiatique tolérant*, nas obras completas de Crébillon em 1779, mas não aparece no *Dictionnaire des ouvrages anonymes* de Barbier, e a autoria de Crébillon não é aceita em obras consagradas como François Moureau

(org.), *Dictionnaire des lettres françaises: le XVIIIᵉ siècle* (Paris, 1995), p. 370. A edição usada na discussão que segue provém de *Oeuvres complètes de monsieur de Crébillon, fils* (Londres, 1779), v. 12. O primeiro libelo de certo porte sobre a vida sexual de Luís XV, *Tanastès*, apareceu em agosto de 1745, um ano antes que *Les amours de Zéokinizul*, mas era um *roman à clef* na forma de uma história de fadas e não se conformava ao gênero "vida privada". Veja meu estudo a respeito da obra e da literatura correlata da década de 1740: "Mademoiselle Bonafon et la vie privée de Louis XV", *Dix-huitième siècle*, n. 35 (2003), pp. 369-91.

11. Veja também os comentários sobre reis em geral e Luís XIII e Luís XIV em particular na página 3: "Mais ils travaillent depuis plusieurs siècles à établir le pouvoir arbitraire, et les deux derniers surtout ont frappé de grands coups pour arriver à cet injuste but".

27. DECADÊNCIA E DESPOTISMO [pp. 448-73]

1. Relatórios do inspetor Joseph d'Hémery, Bibliothèque Nationale de France, nouvelles acquisitions françaises, ms. 10781.

2. A autora descreve seu propósito como "portraiture", reforçada por anedotas: "Au reste, on se flatte [de] n'avoir omis aucun trait historique qui puisse servir à faire sortir le vrai caractère de madame de Pompadour et à donner au lecteur une juste idée de cette fameuse personne. [...] Quant à la sûreté des anecdotes, on s'en rapporte hardiment à ceux qui sont au fait des particularités de sa vie". *L'histoire de madame la marquise de Pompadour traduite de l'anglais* ("Londres, aux dépens de S. Hooper, à la tête de César", 1759), p. 157.

3. Ibid., p. 132. "Elle prenait l'art de gouverner le roi pour celui de commander son royaume. [...] Les ministres les plus habiles, les plus grands généraux de l'armée étaient tous ou vilement soumis à ses ordres ou injustement sacrifiés à sa vanité et à sa vengeance."

4. Ibid., p. 178. "Elle joue la femme d'Etat. [...] Elle veut trancher du despote et donner à la machine politique le mouvement qui lui plaît. [...] Des conseils pleins de bassesse et toujours suivis; des changements faits sans rime ni raison; des ministres disgraciés, des généraux congédiés; voilà les tristes preuves qu'elle donne et de son pouvoir et de son vide de pénétration."

5. Procurei correlacionar a polêmica antigoverno e a política em meados do século em "Public opinion and communication networks in eighteenth-century Paris", Peter-Eckhard Knabe (org.), *Opinion* (Berlim, 2000), pp. 149-230. Um estudo excelente do contexto político e ideológico dos ataques a madame de Pompadour é Thomas Kaiser, "Madame de Pompadour and the theaters of power", *French Historical Studies* v. 19 (outono de 1996), pp. 1025-44.

6. O relato que segue da filosofia política de Montesquieu foi baseado em Robert Shackleton, *Montesquieu: a critical biography* (Oxford, 1961). Além de *De l'esprit des lois*, de Montesquieu, recorre também a suas *Lettres persanes* e *Essai sur les causes que peuvent affecter les esprits et les caractères*.

7. As obras mais importantes para identificar os autores destas e de publicações similares continuam sendo dois clássicos do século XIX: Antoine-Alexandre Barbier, *Dictionnaire des ouvrages anonymes* (Paris, 1872) e Joseph-Marie Quérard, *Les supercheries littéraires dévoilées* (Paris, 1869). Sobre a demanda por esses panfletos anônimos, veja meu *Os best-sellers proibidos da*

França pré-revolucionária (Companhia das Letras, 1998) e o volume correlato *Edição e sedição: o universo da literatura clandestina no século XVIII* (Companhia das Letras, 1992).

8. O texto utilizado aqui, publicado com endereço de Londres em 1775, tem paginação contínua, mas é dividido em duas partes. A julgar por uma observação na página 197, a primeira parte foi concluída em 1772. A parte 2 leva a biografia de du Barry até seu exílio após a morte de Luís XV.

9. Veja um exemplo de como Mairobert usa "patriote" para caracterizar a oposição ao governo de Maupeou na página 268.

10. De acordo com meus cálculos da importância relativa da demanda por obras ilegais, *Anecdotes sur madame la comtesse du Barry* está em segundo lugar na lista dos 720 livros mais pedidos aos livreiros e *Mémoires de l'abbé Terray* está em nono. Veja Darnton, *Edição e sedição: o universo da literatura clandestina no século XVIII*, p. 194.

11. Veja, por exemplo, Marcel Marion, *Histoire financière de France* (Paris, 1914); Michel Antoine, *Louis XV* (Paris, 1989), pp. 943-9; e Alfred Cobban, *A history of modern France* (Baltimore, 1963), v. 1, pp. 94-7.

12. *Mémoires secrets pour servir à l'histoire de la république des lettres en France* (Londres, 1777-89), apontamento de 10 de junho de 1776: "Le héro de l'ouvrage y est peint sous les couleurs les plus odieuses et les plus vraies. […] Il l'emporte de beaucoup en horreurs et en atrocités sur ses prédécesseurs. […] C'est un dernier coup porté à sa réputation par l'histoire des faits, qui la rend à jamais exécrable". Essa reação não chega a surpreender, pois *Mémoires secrets* expressava os pontos de vista das forças antigoverno geralmente conhecidas como patriotas. Porém, ao enfatizar o caráter convincente das "différentes anecdotes" contadas no livro, a resenha sugere que, para alguns leitores ao menos, a narrativa pareceria estritamente factual.

13. Veja o verbete em Barbier, *Dictionnaire des ouvrages anonymes*, v. 4, p. 974.

14. Na página 347, *Vie privée du cardinal Dubois, premier ministre, archevêque de Cambrai, etc.* ("à Londres", 1789) refere-se a d'Alembert, que morreu em 29 de outubro de 1783, como se ainda estivesse vivo. Além disso, o "Avis des éditeurs" no começo do livro afirma que o manuscrito no qual se baseava chegara às mãos dos editores sessenta anos após a morte de Dubois e que estavam publicando-o imediatamente. Como o cardeal morreu em 1723, a referência sugere que eles tinham planejado lançar o livro em 1783, mas adiaram a publicação até 1789.

15. A respeito da repressão de 1783, veja meu *The literary underground of the Old Regime* (Cambridge, Massachusetts, 1982), pp. 191-5.

16. Na edição mais recente, que infelizmente inclui apenas o volume 3, o editor, Benedetta Craveri, atribui os volumes 1 e 2 a Jean-Benjamin de La Borde, um rico coletor de impostos e amigo de Richelieu", e aponta Louis-François Faur, secretário do filho de Richelieu, como o provável autor de volume 3: Benedetta Craveri (org.), *Vie privée du maréchal de Richelieu* (Paris, 1993), pp. 30-1. Esse argumento parece convincente e corresponde às conclusões de estudiosos anteriores, notadamente Olga Wormser em *Amours et intrigues du maréchal de Richelieu* (Paris, 1955). Veja também Olivier Ferret, "Paroles confondantes: l'exemple de la *Vie privée du maréchal de Richelieu*", excelente ensaio inédito gentilmente comunicado pelo autor. As citações que seguem são da edição de Paris, 1791.

17. O texto refere-se com frequência a episódios-chave como anedotas. Por exemplo, de-

pois de contar alguns atos devassos das favoritas do Regente, observa (v. 1, p. 117), "Vingt anecdotes de ce genre pourraient prouver à quel point leurs mœurs étaient dissolues".

18. A resenha foi reimpressa em Benedetta Craveri (org.), *Vie privée du maréchal de Richelieu*, p. 187. Veja uma resenha semelhante de Sébastien-Roch-Nicholas Chamfort em ibid., pp. 188-90.

19. Veja, por exemplo, a longa nota de rodapé (v. 3, p. 120) em que elogiam a abolição do privilégio aristocrático pela Revolução.

28. DEPRAVAÇÃO REAL [pp. 474-502]

1. Maurice Tourneux, *Marie-Antoinette devant l'histoire: essai bibliographique* (Paris, 1901). É impossível calcular um número exato, pois Tourneux listou tanto obras que defendiam como as que atacavam a rainha, e classificou-as sob rubricas que incluíam livros publicados após a morte dela. O número total de publicações dos séculos XVIII e XIX arroladas na sua bibliografia chega a 459.

2. Jeanne-Louise-Henriette Campan, *Mémoires sur la vie de Marie-Antoinette, reine de France et de Navarre* (1823; Paris, 1876). Muitos livros e artigos da enorme literatura sobre Maria Antonieta enfatizam os ataques difamatórios contra ela. O melhor, Chantal Thomas, *La reine scélérate: Marie-Antoinette dans les pamphlets* (Paris, 1989), suplanta os estudos anteriores. Há pouco a ser extraído da obra popular e imprecisa de Henri d'Alméras, *Marie-Antoinette et les pamphlets royalistes et révolutionnaires; avec une bibliographie de ces pamphlets: les amoureux de la reine* (Paris, 1908); e Hector Fleischmann, *Marie-Antoinette libertine: bibliographie critique et analytique des pamphlets politiques, galants, et obscènes contre la reine* (Paris, 1911). Mas há muito a aprender com interpretações mais gerais, como Lynn Hunt, "The many bodies of Marie-Antoinette: political pornography and the problem of the feminine in the French Revolution" em *Eroticism and the body politic*, Lynn Hunt (org.) (Baltimore, 1991); Antoine de Baecq, *Les corps de l'histoire: métaphore et politique, 1770-1800* (Paris, 1993); e Jacques Revel, "Marie-Antoinette dans ses fictions: la mise en scène de la haine" em Martine Godet (org.), *De Russie et d'ailleurs: feux croisés sur l'histoire* (Paris, 1995), pp. 23-38.

3. Campan, *Mémoires*, p. 95.

4. Ibid., p. 157.

5. Pierre Manuel, *La police de Paris dévoilée* (Paris, 1790), v. 1, p. 38.

6. Tourneux, *Marie-Antoinette*, p. 38, e Jacques Peuchet, *Mémoires tirés des archives de la police de Paris, pour servir à l'histoire de la morale et de la police, depuis Louis XIV jusqu'à nos jours* (Paris, 1838), v. 3, p. 31. Peuchet atribui esse libelo a Beaumarchais, mas sem citar evidência alguma. Ele também afirma que meia dúzia de escritores e diletantes intelectuais parisienses produziram libelos contra a rainha.

7. *Les amours de Charlot et Toinette: pièce dérobée à V.....* (s.l., 1779), s.p., Bibliothèque Nationale de France, Réserve, Enfer 592. Esse exemplar contém apenas fotocópias das gravuras em chapa de cobre. Outro exemplar, com data de 1789, é provavelmente uma reimpressão do original e traz uma gravura em papel brilhante mostrando Lafayette prestando juramento com a mão na região genital de Maria Antonieta: Bibliothèque Nationale de France, Réserve, Enfer 593. Uma anotação em caligrafia moderna na parte de baixo da gravura diz: "Dessin de Desrais, dont la

gravure, maintenant inconnue, était destinée à l'ornement du poème des Amours de Charlot et Toinette".

8. O hedonismo desabusado do verso e a conexão com Boissière sugerem que poderia ter sido escrito por Pelleport, mas ele não se fixou em Londres até algum momento no final de 1782 e o contrato para suprimir *Les amours de Charlot et Toinette* foi assinado por Boissière e Goesman em 31 de julho de 1781. Além disso, aquela data parece estranhamente tardia uma vez que a página de rosto do livreto traz a data de 1779. A única explicação que consigo imaginar para essa discrepância é que a primeira edição teria sido impressa em 1779 e mantida em estoque enquanto o libelista tentava negociar as melhores condições possíveis em sua extorsão.

9. Tourneux, *Marie-Antoinette*, pp. 39-44. Consultei as seis edições na Bibliothèque Nationale de France, catalogadas como LB 39-73, Réserve 8-LB 39-73 e Réserve 8-LB 39-73 (A), (B), (C), (D) e (E). A discussão que segue da parte 1 vem de uma cópia particular intitulada *Essais historique sur la vie de Marie-Antoinette d'Autriche, reine de France; pour servir à l'histoire de cette princesse* ("à Londres", 1789).

10. O texto menciona a queda de Necker, que ocorreu em 19 de maio de 1781, e nota que a rainha estava grávida de seu segundo filho, que nasceu em 9 de novembro de 1781: *Essais historiques*, pp. 69-71. A introdução afirma na página vii: "On a voulu racheter à tout prix un manuscrit intitulé *Les passe-temps d'Antoinette*. Il est vraisemblable que c'est ce que nous donnons sous un titre nouveau".

11. Veja a referência crítica a Orléans (na época, duque de Chartres) em *Essais historiques*, p. 10, e a nota na página 74 que a retifica com um retrato lisonjeiro do duque: "Ce prince patriote et bon mari, bon père, bon ami; il est généreux, populaire, bienfaisant". *Essais historiques* pode ter sido parte da propaganda orleanista produzida depois da queda da Bastilha.

12. Ibid., pp. 74-5, 90.

13. Veja, por exemplo *Antoinette d'Autriche, ou dialogues entre Catherine de Médicis et Frédégonde, reine de France, aux Enfers, pour servir de supplément et de suite à tout ce qui a paru sur la vie de cette princesse* (Paris, 1789).

14. Veja *Essais historiques*, pp. 2-3, e a nota retificadora na página 73: "Ces deux femmes ne supportent point le parallèle. L'une avait les faiblesses et la bonhomie d'une fille; l'autre a les ardeurs de Messaline et la cruauté de Frédégonde".

15. Ibid., p. v.

16. Por exemplo, depois de descrever a aquiescência do rei em ser corneado, o libelista comenta: "Le nigaud de mari rentra dans son insouciance et sa nullité" (*Essais historiques*, p. 26).

17. Ibid., p. 54.

18. Por exemplo: "Le Parisien accoûtumé à respecter la décence de la majesté et l'éclat qui doit environner ses maîtres, n'a pu voir sans indignation l'abus que cette favorite [mademoiselle Jule] faisait d'un crédit si vilement acquis, ainsi que la profanation que la reine faisait d'elle-même" (*Essais historiques*, p. 53).

19. A passagem que mais se aproxima de um comentário genérico do significado da história diz o seguinte: "La cour de France est à présent une pétaudière" (*Essais historiques*, p. 69).

20. Ibid., p. 71.

21. O relato que segue provém de *Essai historique sur la vie de Marie-Antoinette, reine de France et de Navarre, née archiduchesse d'Autriche, le deux novembre 1755: orné de son portrait, et*

rédigé sur plusieurs manuscrits de sa main; seconde partie ("De l'an de la liberté française 1789; A Versailles chez la Montensier, Hôtel des courtisanes"), Bibliothèque Nationale de France KB ex: 786 F4. As páginas das quais as citações foram extraídas aparecem entre parênteses no texto que segue.

22. A referência a Vulcano era uma alusão comum à infidelidade conjugal. O autor deixa isso explícito na página seguinte: "Louis XVI sait qu'il est cocu, et il n'en caresse que davantage la malheureuse Bethsabée, qui fait la calamité de ce bel et vaste empire". "Mettre à l'épinette" significa engordar aves em gaiola de vime. Muitos dos comentários sobre Luís XVI parecem propaganda da causa orleanista.

23. O título completo desse libelo mostra sua afinidade com muitas outras "vidas privadas" envolvendo os Bourbon: *Vie privée de Charles-Philippes* [sic] *de France, ci-devant comte d'Artois, frère du roi, et sa correspondance avec ses complices, ornée de son portrait, gravé d'après nature, pour servir de clef à la Révolution Française et de suite aux vies de Marie-Antoinette d'Autriche, reine de France; de Louis-Philippes* [sic] *d'Orléans; de Louis-François-Joseph de Conti; de Louis-Joseph de Condé; de l'agioteur Necker, ci-devant directeur-général des finances; de Jean-Sylvain Bailly, maire de Paris; et du général Mottier, dit La Fayette, commandant-général des bleuets parisiens.* O suposto local de publicação, Turim, alude ao refúgio onde os líderes monarquistas dos *émigrés* planejavam derrubar a Revolução. Embora possam ser vistos como panfletos, a maioria desses libelos eram pseudobiografias de razoável porte, tendo geralmente cerca de cem páginas.

24. Veja os episódios semelhantes em *Vie politique et privée de Louis-Joseph de Condé*, pp. 58-9; *Vie privée de Charles-Philippes* [sic] *de France, ci-devant comte d'Artois*, pp. 39-40; e *Vie privée ou apologie de très-sérénissime prince monseigneur le duc de Chartres, contre un libelle diffamatoire écrit en mil sept cent quatre-vingt-un; mais qui n'a point paru à cause des menaces que nous avons faites à l'auteur de le déceler* ("à cent lieues de la Bastille", 1784), p. 60.

25. *Vie privée de Charles-Philippes* [sic] *de France, ci-devant comte d'Artois*, p. 48, e *Essai historique sur la vie de Marie-Antoinette*, p. 57.

26. Georges Lefebvre, *La grande peur de 1789* (Paris, 1932).

27. A similaridade entre os libelos contra os príncipes sugeriria que foram escritos pela mesma pessoa e encomendados pela mesma fonte, mas seus estilos são bem diferentes. Não encontrei informações sobre seus autores.

28. Tourneux, *Marie-Antoinette*, p. 46. A circular explica ainda que, mesmo que alguns detalhes fossem imprecisos e mesmo que fossem interpretados literalmente, a desinformação não teria nenhum efeito nocivo, pois a família real merecia o mais severo castigo por suas tentativas de destruir a Revolução por meio de "le complot le plus affreux dont l'histoire nous a transmis le détail".

29. Por exemplo, o libelista cita um epitáfio obsceno, que, segundo ele, combinava com a rainha: "Ci-gît l'impudique Manon/ Qui, dans le ventre de sa mère,/ Savait si bien placer son c.../ Qu'elle f..... avec son père" (v. 1, p. 7).

30. Messalina, esposa do imperador Cláudio do século I, era conhecida por seu voraz apetite sexual, e Fredegunda, consorte do rei merovíngio Chilperico I do século VI, famosa por sua monstruosa crueldade.

31. Como exemplo da mudança de voz, veja *Essais historiques*, p. 78 — "Je fus diffamée par l'opinion publique" — e compare com *Vie privée libertine* (v. 2, p. 48): "La reine n'en fut pas

moins diffamée dans l'opinion publique". E como exemplo de plágio, veja as descrições do minis-tro das Finanças Calonne em *Essais historiques*, p. 50 — "une de ces sangsues publiques dont l'âme de boue, insensible aux cris de la douleur, se fasse un jeu de la misère" — e em *Vie privée libertine* (v. 2, p. 7): "cette impitoyable sangsue, cette âme de boue, insensible aux cris de la dou-leur et qui se faisait un jeu de la misère publique".

32. A incapacidade de o texto acompanhar as mudanças nos acontecimentos aparece clara-mente ao se comparar uma impressão anterior (Bibliothèque Nationale de France, Enfer 793) com uma posterior (Bibliothèque Nationale de France, Enfer 792). A versão mais antiga contém cinco páginas de denúncias contra Marat, da segunda metade da página 57 à da página 61; a mais recente elimina as denúncias e ajusta as frases para ocultar o corte, mas o tipógrafo não corrigiu a numeração das páginas, que portanto salta da 57 para a 62. Embora o texto continue essencial-mente o mesmo, a versão antiga pode ser vista como favorável aos girondinos no começo da Convenção e a nova como propaganda em prol de seus inimigos, os montanheses, na fase seguin-te, que levou ao expurgo dos girondinos e à radicalização do Terror. Curiosamente, a versão ante-rior, mais moderada, é a que mais parece um panfleto vagabundo, enquanto a versão radical posterior tem todos os requintes de um livro elegante.

33. Citado em Frantz Funck-Brentano e Paul d'Estrée, *Les nouvellistes* (Paris, 1905), p. 304.

34. Arthur Young, *Travels in France during the years 1787, 1788 & 1789*, Constantia Maxwell (org.) (Cambridge, 1950), p. 185.

35. Ibid., p. 189.

36. Ibid., p. 195.

37. Ibid., p. 209.

38. Em Besançon, em 27 de julho, Young notou a "terrível ignorância do povo": "Neste momento memorável, em que não se exige nenhuma licença e não há mesmo a menor restrição sobre a imprensa, nenhum jornal de Paris circula nas províncias, nem há *affiches* ou *placards* [cartazes] que informem as pessoas de todas as cidades. Pelo que sabem, seus deputados estão na Bastilha, não que a Bastilha foi arrasada". Ibid., p. 189.

39. Um estudo da recepção dos libelos está além do escopo deste livro, mas os temas dos libelos podem ser facilmente acompanhados por meio de jornais, panfletos e discursos nos clubes revolucionários. Quando Maria Antonieta foi julgada perante o Tribunal Revolucionário, o pro-motor público, Antoine Quentin Fouquier-Tinville, abriu o processo com a acusação de que ela teria cometido incesto com seu filho caçula. Esta era uma denúncia comum nos libelos contra Maria Antonieta, mas pareceu forçada e implausível para o público presente, apesar de sua hosti-lidade contra ela. Gérard Walter (org.), *Actes du Tribunal Révolutionnaire* (Paris, 1968), p. 96.

29. VIDAS PRIVADAS E ASSUNTOS PÚBLICOS [pp. 503-22]

1. Esse tema aparece com frequência na correspondência de Voltaire quando ele discute sua estratégia para fazer a causa do Iluminismo triunfar sobre seus adversários. Veja, por exemplo, Voltaire a d'Alembert, 21 de maio de 1760, Theodore Besterman (org.), *Voltaire's correspondence* (Genebra, 1958), v. 41, p. 55; Voltaire a d'Alembert, 31 de maio de 1760, ibid., p. 78; e d'Alembert a Voltaire, 6 de setembro de 1760, ibid., v. 43, p. 96.

2. Como exemplos de obras sobre o riso no século XVIII, veja *Dix-huitième siècle: le rire*, n. 32

(2000) e o excelente estudo de Antoine de Baecque, *Les éclats du rire: la culture des rieurs au XVIIIe siècle* (Paris, 2000).

3. As principais fontes para localizar "vies privées" e "vies secrètes" foram o catálogo da Bibliothèque Nationale de France; André Martin e Gérard Walter, *Catalogue de l'histoire de la Révolution Française* (Paris, 1936-55), 5 vols.; e Maurice Tourneux, *Bibliographie de l'histoire de Paris pendant la Révolution Française* (Paris, 1890-1913), 5 vols. Cinco vidas privadas, agrupadas como biografias curtas, aparecem em *Vie privée des cinq membres du Directoire, ou les puissants tels qu'ils sont* (Paris, 1795). Todas as demais são livros ou panfletos separados. *Histoire de deux célèbres législateurs du dix-huitième siècle, contenant plusieurs anecdotes curieuses et intéressantes* (s.l., s.d.) contém apenas versões reimpressas das vidas de Pétion e de Manuel, que haviam sido publicadas separadamente. O grupo LIRE da Université Lumière Lyon 2, dirigido por Olivier Ferret, A.-M. Mercier-Faivre e Chantal Thomas, está preparando um "Dictionnaire des vies privées", que abrangerá o gênero desde 1789 até meados do século XIX, concentrando-se no período napoleônico. Tive a oportunidade de apresentar minha pesquisa a esse grupo em 2001 e aguardo ansiosamente a publicação dessa obra, que deverá ser definitiva.

4. "Avis" no começo de *Vie sans-pareille, politique et scandaleuse du sanguinaire CARRIER, ex-député à la Convention Nationale et envoyé en qualité de représentant du peuple à Nantes, théâtre de ses fureurs, suivie de quelques anecdotes secrètes sur ses complices* ("à Paris, chez Prévost, ci--devant rue Jacques, présentement rue de la Vieille-Bouclerie, vis-à-vis Mâcon, An III de la République Française"). Veja também o "avis" de Prévost no começo de *Vie criminelle et politique de J. P. Marat, se disant l'ami du peuple, adoré, porté en triomphe comme tel, et après sa mort projeté saint par la Jacobinaille, ou l'homme aux 200.000 têtes, le vampire le plus remarquable de la République Française* (Paris, [1795]).

5. *Vie politique de Jérôme Pétion, ci-devant maire de Paris, ex-député à la Convention Nationale et traître à la République Française* (s.l., [1793]), discurso preliminar, sem paginação.

6. *Vie publique et privée de monsieur le marquis de La Fayette, avec des détails sur l'affaire du 6 octobre, etc.* (s.l., [1791]), p. 4.

7. Ibid., pp. 52-60. O autor afirma ter descoberto "les ressorts secrets qui le font agir", p. 4.

8. Por exemplo, os autores de *Vie privée et ministérielle de monsieur Necker, directeur général des finances, par un citoyen* ("à Genève, chez Pellet, imprimeur, rue des Belles-Filles", 1790), se descrevem como "historiens impartiaux. [...] Les faits parleront", p. 5. Todavia, não deram muita importância aos fatos do período após 1789; pelo contrário, enfatizam num prefácio que "nous ferons précéder nos observations particulières de notes authentiques sur sa vie privée avant son association à la banque, et afin de rendre cet ouvrage plus piquant, nous le sèmeront de quelques anecdotes qui ne sont connues que de fort peu de gens", pp. 5-6.

9. *Vie secrète, politique et curieuse de monsieur J. Maximilien Robespierre, député à l'Assemblée Constituante en 1789, et à la Convention Nationale jusqu'au 9 thermidor l'an deuxième de la république, veille de son exécution et de celle de ses complices: suivie de plusieurs anecdotes sur cette conspiration sans pareille* ("à Paris, chez Prévost, rue Jacques, près de la fontaine Séverin, n° 195, An II de la République Française"), p. 23.

10. Ibid., p. 35.

11. No catálogo da Bibliothèque Nationale de France, *Vie privée et ministérielle de monsieur Necker* é atribuída a Jean-Jacques Rutledge, um mercenário literário que tornou-se partidário militante de Marat e Hébert. Refere-se à prisão de Rutledge por promover protestos contra o preço do

pão no inverno de 1789-90. A julgar por sua discussão da polêmica em torno da Caisse d'Escompte, a obra foi escrita em março de 1790. Como exemplos da retórica violenta de Rutledge acerca da "affreuse conspiration" de Necker, veja páginas 60-4, que conclui com a advertência de que se a Assembleia Nacional não limitar o poder do rei, "dès ce moment, il [o rei] peut disposer de la liberté, de la sûreté, de la fortune, de la vie des citoyens; les décrets de l'Assemblée Nationale seront anéantis, et il ne restera à la nation d'autre fruits de ses longs et pénibles efforts, de ses combats, de ses victoires, que la cruelle nécessité d'obéir en esclave, de gémir en silence et d'être livrée à ses tyrans".

12. Numa passagem típica dos libelos de esquerda e de suas metáforas favoritas, o autor descreve o Clube dos Jacobinos como o principal órgão na missão revolucionária de desmascarar: "La Société des Jacobins, prévoyante autant que juste, accueille tout le monde, mais l'hypocrite dans ce séjour sacré, laisse bientôt tomber son masque, les passions y sont bientôt découvertes, des yeux perçants lisent dans le cœur de l'homme corrompu; alors on le chasse, et le perverti devient l'objet de la haine et du mépris public", *Vie secrète et politique de Brissot* (1793), p. 42. E, também tipicamente, o desmascaramento revela corrupção financeira, não sexual (p. 40): "Les Jacobins [...] ont perdu ces hommes pervers qui, ne voulant que faire leur fortune ou trouver les moyens de rétablir leurs affaires délabrées sans avoir le moindre amour pour la patrie, avaient pris le masque patriotique. La société populaire le leur arrache, et Brissot et ses semblables sont restés avec leur face hideuse".

13. *Vie publique et privée de Honoré-Gabriel Riquetti, comte de Mirabeau* afirma que Mirabeau fornicou com Théroigne na véspera de 5 de outubro de 1789 e instruiu-a a como fomentar agitação em Paris. A descrição que oferece dela no momento mais violento das *journées* é permeada por metáforas sexuais: "C'est cette prostituée qui, habillée en amazone, panachée et à cheval, conduisait la bande des femmes. C'est elle qui porta la lance ensanglantée dans les draps de la reine et qui l'y plongea à plusieurs reprises", p. 89.

14. A respeito da mentalidade conspiratória dos revolucionários, veja Richard Cobb, "The revolutionary mentality in France" em *A second identity: essays on France and French history* (Oxford, 1969) e Cobb, *The police and the people: French popular protest, 1789-1820* (Oxford, 1970).

15. O conceito foi formulado da maneira mais concludente por Jürgen Habermas em *Mudança estrutural da esfera pública: investigações quanto a uma categoria da sociedade burguesa* (Tempo Brasileiro, 2003; edição original alemã, 1962), embora possa ser traçada até Alexis de Tocqueville, *O antigo regime e a revolução* (Universidade de Brasília, 1997; edição original francesa, 1856). Veja uma discussão aprofundada com sociólogos e historiadores contemporâneos sobre a teoria de Habermas em Craig Calhoun (org.), *Habermas and the public sphere* (Cambridge, Massachusetts, 1992).

16. A respeito da denúncia como ingrediente da Revolução desde seus primórdios, veja Colin Lucas, "The theory and practice of denunciation in the French Revolution", *Journal of Modern History*, v. 68 (1996), pp. 768-85.

CONCLUSÃO [pp. 523-30]

1. Veja Jeffrey W. Merrick, *The desacralization of the French monarchy in the eighteenth century* (Baton Rouge, 1990).

Agradecimentos

Este livro nasceu da série de Palestras A.S.W. Rosenbach sobre Bibliografia na Universidade de Pennsylvania em 2005. Para mim, foi uma honra proferir essas palestras e sou grato às discussões fecundas que as acompanharam. Porém, em vez de adaptar o texto delas e preparar um breve livro, decidi aproveitar a pesquisa que eu vinha realizando havia muitos anos e escrever um estudo aprofundado dos libelistas e da literatura libelista. O ponto de partida remonta ao meu primeiro encontro com Charles Théveneau de Morande nos arquivos do Ministério das Relações Exteriores no Quai d'Orsay, em meados da década de 1960. Desde então, recebi subsídios para diversas viagens de pesquisa, bem como licenças sabáticas da Universidade de Princeton. Quero expressar aqui minha gratidão a Princeton por tornar possíveis essas expedições arquivológicas e também a meus colegas no departamento de história de Princeton, com os quais mantive um debate contínuo sobre todos os aspectos da história por quase quatro décadas. Um obrigado muito especial vai para o finado Lawrence Stone, cujo apoio e amizade me sustentaram e me animaram ao longo daqueles anos felizes em Princeton.

Escrevi a maior parte deste livro em 2005, como pesquisador da Fundação Carl Friedrich von Siemens em Munique, que me concedeu generoso apoio em um ambiente estimulante. Graças a uma bolsa da Biblioteca Nacional da Holanda e do Instituto Holandês de Estudos Avançados em 2006, pude completar a primeira versão e realizar estudos adicionais sobre o marquês de Pelleport e seu extraordinário romance, *Les bohémiens*. Sou extremamente grato a Heinrich Meier, Wim Blockmans, Martin Bossenbroek e a todo o pessoal dessas três instituições.

Vários historiadores e *dix-huitiémistes* leram diferentes versões do manuscrito e ofereceram críticas úteis. Quero agradecer a todos eles e, ao mesmo tempo, absolvê-los de qualquer responsabilidade por interpretações minhas das quais eles possam não compartilhar: Olivier Ferret, Renato Pasta, Jeremy Popkin, Jean-François Sené, Will Slauter e Dale Van Kley. Meus agradecimentos também a Jerome Singerman, Yumeko Kawano e aos funcionários da University of Pennsylvania Press por sua proficiência em transformar um manuscrito complexo em um livro impresso.

Um suplemento eletrônico deste livro, contendo alguns apêndices com transcrições de fontes manuscritas, pode ser consultado no site da University of Pennsylvania Press: <http://www.upenn.edu/pennpress/darnton_supplement.html>.

Índice remissivo

absolutismo, 19, 165, 431, 471, 524
abuso de poder, 165, 452
Academia Real de Pintura e Escultura, 84, 93
Académie Française, 33, 277, 323, 433, 565, 569, 578, 580
ação policial, 366, 367, 368
Actes des Apôtres, 504
Adhémar, Jean Balthazar, conde d', 186, 192, 197; e intervenção contra libelos, 216; e liberdade da imprensa na Inglaterra, 386, 387; e marquês de Pelleport, 210; e negociação com libelistas, 52; troca de cartas por, 183
agentes secretos, 17, 45, 53, 155, 170, 174, 186, 187, 197, 209, 213, 236, 535, 560
Aiguillon, Emmanuel Armand de Vignerot, duque d', 24, 29, 175, 176, 457, 458, 461, 472, 533
Alembert, Jean Le Rond d', 33, 36, 223, 266, 313, 535, 547, 598, 602
Aligre, d', 160
almanaques, 16, 251, 264
Almon, John, 380
amas de leite, indústria de (do Ancien Régime), 147

Amelot de Chaillou, Antoine Jean, 144
Ami des lois, L', 317
amostras de caligrafia, 187
Amours d'Anne d'Autriche, Les, 438, 440
Amours de Charlot et Toinette, Les (Jean-Claude Jacquet de la Douay), 46, 136, 179, 183, 188, 320, 477, 478, 481, 483, 599, 600
Amours de madame de Maintenon, Les, 438, 440, 441, 442, 453
Amours de Zéokinizul, roi des kofirans, Les, 319, 344, 346, 350, 352, 442, 448, 584
Amours du vizir de Vergennes, Les, 194, 204, 224, 399, 554
Amusements d'Antoinette, 195
Ancien Régime, 14, 56; administração policial do, 147; condições do, 71; e Pierre Manuel, 66; esferas pública e privada no, 365; libelos como parte do, 132; literatura no, 252
Anecdotes de Louis XIV (Voltaire), 331
Anecdotes du règne de Louis XVI (Pierre Nougaret), 331, 585
Anecdotes sur Fréron (Voltaire), 36
Anecdotes sur le czar Pierre le Grand (Voltaire), 331

Necker, Jacques, 134, 135, 138, 161, 162, 260, 270, 419, 421, 462, 482, 487, 488, 489, 494, 509, 511, 513, 527, 538, 547, 575, 600, 601, 603, 604

Nehra, madame de, 257

Nero, 312, 395, 492

New Foundling Hospital for Wit, 380, 381

Noailles, condessa de, 367, 483

noëls, 151, 183, 193, 545, 554

North Briton, 379, 404

North, lorde, 154, 245, 403, 476

notas de rodapé: em *Le gazetier cuirassé*, 31, 32, 330; em *Les amours de Zéokinizul, roi des kofirans*, 348

notícias: boca a boca, 150, 151, 334; e anedotas, 334, 335, 337, 338; e expatriados franceses na Inglaterra, 376, 377, 389, 390, 391, 392, 393; e John Wilkes, 379; e *Le gazetier cuirassé*, 31; e *Les petits soupers et les nuits de l'hôtel Bouillon*, 401, 402, 403; e *Lettres sur la liberté politique*, 395, 396; e Louis François Mettra, 398, 399; e Pierre Ange Goudar, 398; escândalos sexuais em, 379; na Inglaterra, 386, 387, 404, 405; *nouvelles à la main*, 384; periódicos, 382; *ver também nouvelles*

Nougaret, Pierre, 331, 581

Nourry, Guillaume-Antoine, 252

Nouveau Paris, Le (Louis-Sébastian Mercier), 252, 540, 568, 576

nouveautés, 143, 544, 545, 570, 573

Nouvelle Héloïse, La (Jean-Jacques Rousseau), 121

nouvelles, 18, 321, 329

nouvelles à la main, 64, 150, 164, 259, 261, 334, 336, 384, 385, 399, 404, 405, 528, 589, 590, 591

nouvellistes, 102, 109, 150, 166, 334, 335, 376, 384, 385, 400, 404, 452, 540, 583, 590, 602

nouvellomanie, 405

obras pirateadas, 16

Observateur anglais, ou correspondance secrète entre milord All'Eye et milord All'Ear, L', 16

obstrução parlamentar, 524

Odisseia (Homero), 357

Oigny, Rigoley d', 144

Oldenburger, Philipp Andreas, 311

opinião pública, 13, 36, 56, 65, 75, 101, 108, 109, 110, 121, 123, 124, 132, 134, 138, 153, 172, 210, 214, 218, 220, 281, 288, 315, 365, 371, 387, 504, 526, 530, 540, 542

oposição à Coroa, 19

orgias, 144, 162, 173, 179, 183, 190, 349, 403, 425, 449, 486, 487, 497

Orléans, duque d': e *Les amours de Zéokinizul, roi des kofirans*, 443; e Maria Antonieta, 494; em *La vie et les crimes de Philippe duc d'Orléans*, 422, 423, 424; em *Vie de L.-P.-J. Capet, ci-devant duc d'Orléans, ou mémoires pour servir à l'histoire de la Révolution Française*, 424, 425, 427, 428; em *Vie de Louis-Philippe-Joseph, duc d'Orléans*, 416, 417, 419, 420; em *Vie privée ou apologie de très-sérénissime prince monseigneur le duc de Chartres*, 410, 411, 413, 415

Orléans, duquesa d', 421

Osme, chevalier de l', 229, 231, 292, 547, 563, 564

padres, 63, 64, 71, 72, 135, 278, 279, 280, 281, 294, 299, 446, 494

página de rosto: *La police de Paris dévoilée*, 55; *Le diable dans un bénitier*, 39; *Le gazetier cuirassé*, 23; *Vie privée ou apologie de très-sérénissime prince monseigneur le duc de Chartres*, 39

Paine, Thomas, 299

Palácio Luxemburgo, 158

Palais-Royal, 102, 103, 104, 105, 106, 107, 108, 109, 123, 124, 125, 150, 158, 277, 336, 413, 414, 417, 421, 464, 500, 501, 526, 540, 595

palavra impressa, ascensão da, 250

Panckoucke, Charles-Joseph, 110, 247, 383, 562, 590

panfletos, 15, 270, 293

Parlamento britânico, 191, 379

parlement de Besançon, 152, 256

ESTA OBRA FOI COMPOSTA PELA SPRESS EM MINION E IMPRESSA EM OFSETE
PELA GRÁFICA BARTIRA SOBRE PAPEL PÓLEN SOFT DA SUZANO PAPEL E CELULOSE
PARA A EDITORA SCHWARCZ EM JULHO DE 2012